Dominik Georgi / Karsten Hadwich (Hrsg.)

Management von Kundenbeziehungen

Management von Kundenbeziehungen

Perspektiven – Analysen – Strategien – Instrumente

Herausgegeben von
Dominik Georgi / Karsten Hadwich

Mit Beiträgen von:

René Algesheimer • Thomas Bauer • Martin Benkenstein,
Florian Böckermann • Nicolas Bourbonus • H. Dieter Dahlhoff
Martin Dietrich • Hermann Diller • Franz-Rudolf Esch • Hermann Freter
Andreas Fürst• Dominika Gawlowski • Dominik Georgi • Olaf Göttgens
Andrea Gröppel-Klein • Karsten Hadwich • Kerstin Hartmann
Bernd Helmig • Uta Herbst • Andreas Herrmann • Robert Hörstrup
Nikolaus A. D. Hohl • Christian Homburg • Frank Huber • Peter Ising
Manfred Kirchgeorg • Jörg Königstorfer • Jan R. Landwehr
Heribert Meffert • Silke Michalski • Daniel Mühlhaus • Steffen Munk
Dieter Pfaff • Michael Pohl • André Pohlkamp • Hajo Riesenbeck
Henner Schierenbeck • Christiane Springer • Bernd Stauss
Dieter K. Tscheulin • Sebastian Uhrich • Markus Voeth • Rolf Weiber
Klaus L. Wübbenhorst

Manfred Bruhn zum 60. Geburtstag

GABLER

Bibliografische Information der Deutschen Nationalbibliothek
Die Deutsche Nationalbibliothek verzeichnet diese Publikation in der
Deutschen Nationalbibliografie; detaillierte bibliografische Daten sind im Internet über
<http://dnb.d-nb.de> abrufbar.

Professor Dr. Dominik Georgi ist Inhaber der Deutsche-Bank-Professur für Retail Banking und Dienstleistungsmanagement an der Frankfurt School of Finance and Management.

Professor Dr. Karsten Hadwich ist Professor für Betriebswirtschaftslehre, insbesondere Dienstleistungsmanagement und Dienstleistungsmärkte an der Universität Hohenheim.

1. Auflage 2010

Alle Rechte vorbehalten
© Gabler | GWV Fachverlage GmbH, Wiesbaden 2010

Lektorat: Barbara Roscher | Jutta Hinrichsen

Gabler ist Teil der Fachverlagsgruppe Springer Science+Business Media.
www.gabler.de

Umschlaggestaltung: KünkelLopka Medienentwicklung, Heidelberg
Druck und buchbinderische Verarbeitung: MercedesDruck, Berlin
Gedruckt auf säurefreiem und chlorfrei gebleichtem Papier
Printed in Germany

ISBN 978-3-8349-1800-0

Vorwort

Am 9. Dezember 2009 vollendet Manfred Bruhn, einer der renommiertesten deutschen BWL-Professoren, sein 60. Lebensjahr. Fast die Hälfte dieser Jahre widmete er als Lehrstuhlinhaber, zunächst in Oestrich-Winkel und bis heute in Basel, der Lehre und Forschung in seinem Fachgebiet Marketing. In diesen Funktionen begleitete er die akademischen Aus- und Fortbildung von Generationen von Studierenden und Wissenschaftlichen Mitarbeitern. Manfred Bruhn gilt als Pionier und treibende Kraft der Marketingdisziplin in Deutschland und genießt hohes Ansehen in Wissenschaft und Praxis. Die Begeisterung für sein Fachgebiet und sein unermüdliches Engagement spiegeln sich in einer beachtlichen Liste von Publikationen wider, die mehr als 300 Veröffentlichungen umfasst.

Die Marketingthemen, die er in den letzten drei Jahrzehnten wesentlich mitgeprägt hat, werden durch seine Kernpublikationen verdeutlicht. Zu Beginn seiner akademischen Laufbahn hat er mit der „Ökologischen Orientierung der Konsumenten" sowie der „Konsumentenzufriedenheit" damals noch neue, heute zentrale Themen der Marketingwissenschaft mitangestoßen. Sein Lehrbuch „Marketing Grundlagen" ist heute ein Standardwerk, das das Marketingwissen in kompakter Form und gleichzeitig wissenschaftlich fundiert präsentiert. Mit der „Integrierten Kommunikation" hat er wesentlich zu einer ganzheitlichen Sichtweise des Kommunikationsmanagements, insbesondere auch in der Unternehmenspraxis beigetragen. Den Paradigmenwechsel des Marketing hin zu einer stärkeren Kunden-, Service- und Beziehungsorientierung haben seine Werke „Kundenorientierung", „Dienstleistungsmarketing", „Handbuch Dienstleistungsmanagement", „Handbuch Kundenbindungsmanagement", „Integrierte Kundenorientierung" und „Relationship Marketing" wesentlich mitgetragen.

Gerade das Relationship Marketing hat sich als ein integrierendes Thema im Werk von Manfred Bruhn herauskristallisiert, das seine Bemühungen um eine Systematisierung und Professionalisierung des Managements von Kundenbeziehungen ganzheitlich auf den Punkt bringt. Daher war es naheliegend, das Management von Kundenbeziehungen als Titel für diese Festschrift zu wählen. Diese hat zum Ziel, nicht nur die von Manfred Bruhn bearbeiteten Themen möglichst umfassend zu präsentieren, sondern dies durch seine Kollegen und Wegbegleiter in der deutschen Marketing Community geschehen zu lassen. Dass dieser Bitte durch die Herausgeber so bedeutende Marketingwissenschaftler und -manager gefolgt sind, freut nicht nur die Herausgeber, sondern dokumentiert in besonderem Maße den Integrationscharakter von Manfred Bruhn in der deutschen Marketingwissenschaft.

In der vorliegenden Festschrift greifen insgesamt 44 Autoren in 22 Beiträgen viele der von Manfred Bruhn ausgehenden Impulse auf das Relationship Marketing auf. Das Spektrum der Beiträge dieses Geburtstagsgeschenks reflektiert in seiner Breite die wissenschaftliche Spannweite des Jubilars in vier verschiedenen Themengebieten.

Als Ausgangspunkt der Auseinandersetzung mit dem, der Festschrift namengebenden, Management von Kundenbeziehungen, werden in einem ersten Teil des Buches *Perspektiven des Kundenbeziehungsmanagements* dargestellt.

Als Einstieg in die ebenso spannende wie vielschichtige Thematik gehen *Heribert Meffert, André Pohlkamp und Florian Böckermann* der Frage nach, wie das Kundenbeziehungsmanagement strategisch bzw. wettbewerbsperspektivisch eingeordnet und erfolgreich umgesetzt werden kann. Da Manfred Bruhn die Verbindung von Theorie und Praxis immer ein besonderes Anliegen war, wählen sie dazu ein Vorgehen, das wissenschaftliche Erkenntnisse und Best-Practice-Beispiele vereint. *Bernd Stauss* überprüft in seinem Beitrag, für welche Typen interner Dienstleistungen ein *Internes Relationship Marketing* sinnvoll erscheint. Darüber hinaus wird diskutiert, ob dessen Anwendung zwangsläufig zu einer konsequenten Orientierung des Gesamtunternehmens an den Bedürfnissen und Erwartungen externer Kunden führt.

Der zweite Teil der Festschrift ist *Analysen im Kundenbeziehungsmanagement* gewidmet. Zum Einstieg in diese Thematik beschäftigen sich *Andrea Gröppel-Klein und Jörg Königstorfer* mit der Frage, welche positiven Emotionen ein Kunde erleben muss, um sich an ein Unternehmen langfristig zu binden und welche negativen Emotionen eine Kundenbeziehung beeinträchtigen. Den Umstand, dass nicht jeder Customer-Lifetime-Value-Ansatz für jeden Kontext geeignet ist, greifen *Hermann Diller und Thomas Bauer* auf. Um sich diesem Problem zu nähern, steht im Zentrum ihrer Überlegungen die Anwendung des Customer Lifetime Values (CLV) im Kontext des Einzelhandels. Sie diskutieren Stärken und Schwächen dreier Modelle zur Berechnung des Kundenwerts und geben Empfehlungen für die Wahl eines geeigneten CLV-Modells. *Dieter Pfaff und Peter Ising* geben einen Überblick über die methodischen Grundlagen des Kundencontrolling. Diskutiert werden Methoden, welche die Kundenbeziehung kontinuierlich begleiten und anhand derer ein Unternehmen profitable und unprofitable Kunden identifizieren und differenziert bearbeiten kann. Dies steht in Einklang mit der langjährigen Forderung von Manfred Bruhn, dass Unternehmen die Beziehungen zu besonders profitablen Kunden stabilisieren und ausbauen sollten. *Klaus Wübbenhorst* setzt sich in seinem Beitrag mit Kundenbindung bei Fast Moving Consumer Goods (FMCG) auseinander. Bei FMCG-Gütern werden Kundendaten üblicherweise nicht erfasst, was eine individuelle Ansprache von Kunden erschwert. Kundenbindung ist daher auf diesen Märkten vor allem Markenbindung. Wie Markenbindung bei FMCG entsteht, wie sie gefördert oder beschädigt, steht im Mittelpunkt seines Beitrags. *Olaf Göttgens* stellt in seinem Beitrag fest, dass sich der Wert von Kunden im Zeitablauf verändert und Unternehmen ein Management von Kundenmigration als Teilaspekt des Customer Equity Managements vornehmen müssen.

Strategien des Kundenbeziehungsmanagements sind Bestandteil des dritten Teils der Festschrift. Vor dem Hintergrund, dass sich Kunden in Bezug auf ihren Wert für ein Unternehmen unterscheiden, hat sich die Kundensegmentierung als Grundlage für das Kundenbeziehungsmanagement etabliert. Im Zentrum des Beitrags von *Hermann Freter und Nikolaus Hohl* steht diesbezüglich die Bildung, Auswahl und spezifische Bearbeitung von Kundensegmenten. Aus einer praxisorientierten Perspektive heraus diskutiert *Hajo Riesenbeck* in seinem Beitrag Erfolgsfaktoren des Kundenbeziehungsmanagements aus Effektivitäts- und Effizienzgesichtspunkten. *Silke Michalski und Bernd Helmig* greifen das Bruhn'sche Denken in Erfolgsketten auf und geben Impulse für eine Weiterentwicklung der Erfolgskette in Richtung einer „Service Value Chain" für Nonprofit-Organisationen. *Dieter K. Tscheulin und Martin Dietrich* betrachten das Management von Kundenbeziehungen im Gesundheitswesen. Sie geben einen Überblick, welche Besonderheiten in dieser Branche bestehen und welche spezifischen Probleme ein Management von Kundenbeziehungen im Gesundheitswesen bereitet. Die Folgen der Subprime-Krise haben dazu geführt, dass sich Banken wieder verstärkt auf das oft vernachlässigte Kundengeschäft fokussieren. *Henner Schierenbeck und Michael Pohl* greifen diese Entwicklung auf und gehen in ihrem Beitrag der Frage nach, wie ein Steuerungsinstrumentarium ausgestaltet sein muss, um nachhaltige Kundenbeziehungen aufrechtzuerhalten und zu fördern.

Der abschließende vierte Teil der Festschrift befasst sich mit *Instrumenten des Kundenbeziehungsmanagements. Christian Homburg und Andreas Fürst* setzen sich mit der Frage auseinander, wie Unternehmen ihr Beschwerdemanagement gestalten sollten. Sie wählen dazu einen integrativen Forschungsansatz der gleichzeitig Aktivitäten von Unternehmen in Zusammenhang mit Beschwerden und Reaktionen unzufriedener Kunden analysiert. Die Ausführungen von *Manfred Kirchgeorg und Christiane Springer* knüpfen an jene Perspektiven des Marken- und Kommunikationsmanagements an, denen sich auch Manfred Bruhn im Rahmen seines akademischen Wirkens intensiv widmete und weiterhin widmet. Sie beschäftigen sich mit der Frage, welche Wirkungen das Markenkommunikationsinstrument der Brand Lands entfalten kann und wie seine Effizienz im Vergleich zu den Instrumenten der klassischen und virtuellen Kommunikation zu beurteilen ist. *H. Dieter Dahlhoff* fordert, das Instrument der Direktkommunikation als ganzheitlichen Kommunikationsansatz anzusehen und behauptet, dass diese Erkenntnis mit Gewinn auf den institutionellen Bereich übertragen werden kann. Er zeigt in seinem Beitrag Möglichkeiten und Wege auf, das professionalisierte, bestehende Know-how und Vorgehen der Direktkommunikation zur Gestaltung von Kundenbeziehungen in öffentlichen Institutionen zu etablieren. Wie auch von Manfred Bruhn betont wird, birgt die rasante Ausbreitung des Internets neue Möglichkeiten, aber auch Gefahren für Unternehmen. Den Umstand, dass im Zuge dieser Entwicklung persönliche Interaktionen in Kundenbeziehungen häufig durch Online-Interaktionen ersetzt werden, greifen *Dominik Georgi und Nicolas Bourbonus* auf. Sie gehen in ihrem Beitrag der Frage nach, ob ein Online-Beziehungsaufbau überhaupt möglich ist, d. h., ob Online-Kontakte zum Entstehen einer emotionalen Beziehung und in der Folge zu Beziehungsverhalten führen. *Karsten Hadwich und Steffen Munk* gehen der Frage nach, wie Technologien erfolgreich in Kundenbeziehungen eingesetzt werden können. Sie geben einen Überblick, welche technologischen Möglichkeiten Unternehmen für die Kundenakquisition, -bindung und -rückgewinnung zur Verfügung stehen und stellen ein Wirkungsmodell des Technologieeinsatzes vor, in dessen Mittelpunkt der kundenseitige Adoptionsprozess steht. *Rolf Weiber, Daniel Mühlhaus und Robert Hörstrup* widmen sich der Frage, ob sich unterschiedliche Entscheidungsstrategien beim Kauf von nur schwer vergleichbaren Angebotsalternativen identifizieren lassen. Nach einer Strukturierung von Kaufentscheidungsprozessen werden zwei generische Entscheidungstypen abgeleitet und empirisch überprüft. *Martin Benkenstein und Sebastian Uhrich* diskutieren das Konzept des Shared Decision Making im Rahmen der Arzt-Patienten-Interaktion und geben einen Überblick zum aktuellen Stand der Forschung. Dabei werden auch offene Fragestellungen und Problembereiche identifiziert, deren Untersuchung eine Herausforderung für die Relationship Marketing Forschung darstellt. Mit der Diskussion dienstleistungsbegleitender Produkte thematisieren *Markus Voeth und Uta Herbst* einen weiteren Ansatzpunkt des instrumentellen Kundenbeziehungsmanagements. Welche Ziele Dienstleistungsunternehmen mit dienstleistungsbegleitenden Produkten anstreben können und unter welchen Bedingungen das Angebot solcher Produkte für Dienstleister lohnenswert ist, steht im Mittelpunkt ihres Beitrags. Hohe Bedeutung für das Relationship Marketing hat die Betrachtung von Konsumenteninteraktionen erlangt. *Andreas Herrmann, René Algesheimer, Jan Landwehr und Frank Huber* befassen sich diesbezüglich in ihrem Beitrag mit dem Phänomen der „Brand Communities" und legen dar, inwieweit sich daraus eine Erweiterung des Repertoires von Maßnahmen im Management von Kundenbeziehungen ergibt. Abschließend analysieren *Franz-Rudolf Esch, Kerstin Hartmann und Dominika Gawlowski* in ihrem Beitrag, wie interne Markenführung eingesetzt werden kann, um eine positive Mitarbeiter-Marken-Beziehung zu erreichen. Im Mittelpunkt stehen die Untersuchung verschiedener Instrumente der internen Markenführung und ihre Wirkung auf die Mitarbeiter-Marken-Beziehungen.

Großer Dank gilt allen Autoren, die mit ihren inhaltlich außerordentlich interessanten Beiträgen, in denen teils innovative Fragen untersucht, teils der State of the Art des jeweiligen Bereichs dargelegt und analysiert wird, wesentlich zum Gelingen dieser Festschrift beigetragen haben und damit ihrer besonderen Anerkennung gegenüber der Forschungs- und Lehrleistung von Manfred Bruhn Ausdruck verleihen. Die Herausgeber würden sich freuen, wenn die in dieser Festschrift enthaltenen Abhandlungen Impulse für zukünftige Diskussionen des Managements von Kundenbeziehungen geben.

Ebenso gilt ein wesentlicher Dank dem Gabler Verlag und insbesondere Frau Roscher, die mit ihrer Umsicht und ihren Ideen wesentlichen Anteil an der Gestaltung der Festschrift hat. Bei der Umsetzung der Festschrift haben darüber hinaus Mitarbeiter des Lehrstuhls für Dienstleistungsmanagement der Universität Hohenheim sowie der Deutsche Bank Professur für Retail Banking und Dienstleistungsmanagement an der

Frankfurt School of Finance & Management wesentlich mitgewirkt. Die Herausgeber danken daher Nadja Fries, Florian Becker, Sabine Schierling und Christina Sperker für ihre Unterstützung beim Redigieren und Formatieren der Beiträge. Ganz besonderer Dank gilt Steffen Munk von der Universität Hohenheim für seinen tatkräftigen und engagierten Einsatz rund um die Entstehung der Festschrift.

Dem Jubilar gelten die allerherzlichsten Glückwünsche zu seinem Festtag. Die Herausgeber danken Manfred Bruhn als seine Schüler für seine Wegbereitung und Begleitung in fachlicher und persönlicher Hinsicht und freuen sich, ihm diese Festschrift als ein Geschenk zum Jubiläum überreichen zu können. Verbunden damit ist der Wunsch, dass nicht nur die von Manfred Bruhn angestoßenen Themen über diesen Tag hinaus weiter vorangetrieben werden, sondern dass auch die persönliche Beziehung zum Jubilar in ihrer Intensität und Qualität weiter bestehen bleibt.

Frankfurt und Hohenheim, im Dezember 2009 Dominik Georgi
Karsten Hadwich

Diese Festschrift ist entstanden mit freundlicher Unterstützung von

MAS Marketing
Management

Grußwort von Heribert Meffert

Manfred Bruhn – Ein engagierter und profilierter Vertreter des ganzheitlichen Marketing

Die junge Marketingdisziplin hat sich in der zweiten Hälfte des letzten Jahrhunderts im deutschsprachigen Bereich stürmisch entwickelt. Die große Zahl von Lehrstühlen mit einem breitgefächerten Forschungs- und Lehrangebot legt davon ein beredtes Zeugnis ab. Manfred Bruhn zählt zu jenen Fachvertretern, die im Brückenschlag von Wissenschaft und Praxis zu dieser Entwicklung einen beachtlichen Beitrag geleistet haben. Dem Grundverständnis des Marketing als marktorientierte Unternehmensführung folgend, war und ist es ihm als engagiertem Forscher, Lehrer und Berater immer ein besonderes Anliegen, Fragestellungen und Entwicklungen in der Disziplin aus ganzheitlicher, praktisch angewandter Sicht zu behandeln. Diesen Anspruch teile ich mit ihm in einem fast 40-jährigen fruchtbaren Dialog und fachlicher Zusammenarbeit. Es freut mich deshalb, dass ihm Schüler, Kollegen und Freunde anlässlich seines 60. Geburtstages diese Festschrift widmen und mir Gelegenheit geben, meine Glückwünsche mit einigen Gedanken unserer Kooperation zu verbinden.

Nach der Gründung des Instituts für Marketing an der Universität Münster ist mir Manfred Bruhn erstmals 1970 im Rahmen meiner Lehrveranstaltungen als besonders engagierter, an Herausforderungen und Zukunftsfragen des Faches interessierter Student begegnet. Damals war das Fach angesichts der Konsumerismusbewegung vielfacher Kritik ausgesetzt und es war – wie übrigens auch heute – eine besondere gesellschaftliche Verantwortung der Unternehmungen gefordert. Neben der engeren, klassischen Perspektive des Marketing interessierte sich Manfred Bruhn für diese Herausforderung, unterstützte mich bei Recherchen, brachte eigene Ideen ein und bewies seine besonderen Fähigkeiten zur klaren Strukturierung sowie fundierten wissenschaftlichen Analyse komplexer betrieblicher und marktlicher Sachverhalte. Nach Abschluss des Examens stieß er 1974 in mein Lehr- und Forschungsteam und trug in der Folgezeit wesentlich zum Ausbau bzw. zur Weiterentwicklung des Instituts bei. Im Mittelpunkt seines Interesses stand die verhaltenswissenschaftliche Fundierung und empirische Überprüfung sozialer, ökologischer und gesellschaftlicher Fragen des Marketing. Mit seiner Dissertation „Das soziale Bewusstsein von Konsumenten" (1978) und der Forschungsarbeit „Konsumentenzufriedenheit und Beschwerden" (1982) leistete er im deutschsprachigen Bereich Pionierarbeit und gab richtungweisende Impulse für die weitere Forschung auf diesem Gebiet. Unser Interesse galt den Entwicklungen der US-amerikanischen Marketingwissenschaft. Damals entstand während unserer Forschungsreise der Beitrag „Marketingtheorie – Quo Vadis?". In der mehr als 10-jährigen gemeinsamen Münsteraner Zeit gewann Manfred Bruhn Profil in der Lehre, fand vor allem auf dem Gebiet der Marketingkommunikation Anerkennung in der Praxis und erwies sich in den zahlreichen Doktoranden- und Forschungsseminaren nicht nur als Ideengeber und Konzeptionist für eine ganzheitliche Sichtweise der marktorientierten Unternehmensführung. Vielmehr war er auch in vielen Bergwanderungen ein mutiger Alpinist und Gipfelstürmer.

Mit seiner Berufung auf den Lehrstuhl für Betriebswirtschaftslehre, insbesondere Marketing und Handel an der European Business School (EBS) begann 1983 ein neuer Abschnitt in der wissenschaftlichen Laufbahn von Bruhn. Auch dort leistete er bemerkenswerte Aufbauarbeit, entwickelte ein eigenständiges Lehrprogramm, vertiefte mit der Entwicklung von Fallstudien den Brückenschlag zur Praxis und widmete sich mit großem Nachdruck seiner Lieblingsbeschäftigung, dem Publizieren von Lehrbüchern, Beiträgen in Handbüchern und wissenschaftlichen Zeitschriften. Das Themenspektrum reicht von Marketingkommunikation über Sponsoring und Markenführung bis hin zu Kundenzufriedenheit und Marketingcontrolling. Es umfasst Grundsatzfragen in Lehrbüchern zum Dienstleistungs-, Qualitäts-, bis hin zum Social- und Nonprofit-Marketing. Auch in dieser besonders aktiven Phase als Hochschullehrer haben wir den Arbeitskontakt nicht verloren. Das große Reservoir gemeinsamer Fallstudien führte zu einer entsprechenden Publikation mit Begleitmaterialien für Dozenten. Darüber hinaus entstand die Idee und die Umsetzung eines Lehrbuchs zum Dienstleistungsmarketing, das in den 1980er Jahren im deutschsprachigen Bereich noch relativ stiefmütterlich behandelt wurde und sich inzwischen in der 6. Auflage als Standardwerk im Lehrbetrieb durchgesetzt hat. In dieser häufig sehr knappen Zeit der Koordination und Abstimmung erwies sich das Grundverständnis der marktorientierten Unternehmensführung vor dem Hintergrund des entscheidungs- und managementorientierten Ansatzes als sehr hilfreich. Besonders dankbar bin ich Herrn Bruhn für seine Bereitschaft, mich Anfang der 1990er Jahre während der Übernahme der Aufgaben des Rektors bei der Handelshochschule Leipzig (HHL) im Lehrbetrieb des Marketing an der Universität Münster zu vertreten und zu entlasten. Ohne diese Hilfeleistung hätte ich die herausfordernden Aufgaben beim Verband der Hochschullehrer für Betriebswirtschaft und an der Handelshochschule Leipzig nicht wahrnehmen können.

Die erfolgreiche Zusammenarbeit fand mit der Berufung 1995 auf das Ordinariat für Betriebswirtschaftslehre, insbesondere Marketing und Unternehmensführung am Wirtschaftswissenschaftlichen Zentrum der Universität Basel keinen Abbruch. Im Gegenteil, es wurde nicht nur die Arbeit an den gemeinsamen Lehrbüchern weitergeführt, verfeinert und optimiert. Es gelang auch gemeinsame empirische Projekte aus früheren Zeiten wieder aufzugreifen und fortzuführen. Dies betrifft insbesondere die Arbeiten auf dem Gebiet des Marketing und der Ökologie mit dem Langzeitprojekt „Die Beurteilung von Umweltproblemen durch Konsumenten". Hier wurde dank der Initiative und des Engagements von Bruhn die erste Langzeitstudie seit 1977 über das ökologische Bewusstsein und Verhalten von Konsumenten im deutschsprachigen Bereich initiiert und über das Jahr 1996 bis hin zur Publikation der Veränderungen des Umweltbewusstseins in der Bevölkerung der Bundesrepublik Deutschland 2006 fortgeführt. Die Ergebnisse haben maßgeblich das Umweltverhalten von Unternehmungen (z. B. Einführung phosphatfreier Waschmittel) beeinflusst. Dieser Forschungszweig gewinnt angesichts des sich abzeichnenden Klimawandels und der Energie- und Ressourcenverknappung für die Gestaltung eines wirksamen Nachhaltigkeitsmanagements besondere Aktualität.

Unsere Zusammenarbeit fand mit der Berufung von Bruhn als Honorarprofessor an die Technische Universität München ihre besondere Bewährung. Er übernahm beim Aufbau des von der Bertelsmann Stiftung initiierten Excecutive Programms „communicate" eine wichtige Rolle, in dem er seine reichhaltigen Lehrerfahrungen in der Weiterbildung einbrachte. Es war ihm dabei ein besonderes Anliegen, eine disziplinen- und funktionsübergreifende Denk- und Arbeitsweise in das anspruchsvolle Masterprogramm einzubringen. So absolvierte er in seiner akademischen Laufbahn immer ein bewundernswertes Arbeitsprogramm. Es ist hier nicht der Ort, die große Zahl seiner Publikationen (42 Seiten Publikationsverzeichnis!), die zahlreichen, z. T. in großer Auflagenzahl erschienenen Lehrbücher und wissenschaftlichen Beiträge zu würdigen. Sie befassen sich mit fast allen Gebieten der marktorientierten Unternehmensführung, von denen vor allem die Veröffentlichungen auf dem Gebiet der integrierten Marktkommunikation, des Relationship Marketing sowie des Nonprofit- und Social Marketing hervorzuheben sind. Wenngleich bei der derzeit zunehmenden Spezialisierung das Marketing als „Zehnkämpfer-Disziplin" an Bedeutung zu verlieren scheint, so erbringt Manfred Bruhn mit seinen Veröffentlichungen doch den Beweis, dass bei aller Breite seiner Publikationen auch ein entsprechender Tiefgang möglich, d. h., die Forderung nach „Rigor" und „Relevance" vereinbar ist. Als Herausgeber der schweizerischen Zeitschrift „Die Unternehmung" zeigt er darüber hinaus, dass Marketing im Zusammenspiel der betriebswirtschaftlichen Forschung und Praxis in anspruchsvoller Weise über den Tellerrand des Faches hinausblicken kann. In diesem Sinne wünsche ich Manfred Bruhn für das neue Lebensjahrzehnt weiterhin viel Glück, Freude und Erfolg bei der wissenschaftlichen Arbeit. Mögen sich noch viele Gelegenheiten ergeben, den wissenschaftlichen Dialog in freundschaftlicher Verbundenheit fortzusetzen.

Münster, im Dezember 2009   Heribert Meffert

Vita
Professor Dr. Manfred Bruhn

1949	Geboren in Bremen
1970 - 1974	Studium der Betriebswirtschaftslehre in Münster/Westfalen.
1973	Promotion
1974 – 1983	Wissenschaftlicher Assistent am Lehrstuhl für Betriebswirtschaftslehre an der Universität Münster
1985	Habilitation
1983 - 1995	Inhaber des Lehrstuhls für Marketing und Handel an der European Business School, Private Wissenschaftliche Hochschule (Oestrich-Winkel)
Seit 1995	Inhaber des Lehrstuhls für Marketing und Unternehmensführung der Universität Basel
Seit 2005	Honorarprofessor an der Technischen Universität München

Lehr- und Forschungsschwerpunkte

Strategische Unternehmensführung, Marketingmanagement, Konsumentenverhalten, Kommunikationspolitik, Dienstleistungsmarketing, Non-Profit-Marketing, Relationship Marketing und Markenpolitik

Veröffentlichungen

Mehr als 300 Veröffentlichungen zu Problemen der oben genannten Forschungsschwerpunkte. Herausgeber verschiedener Schriftenreihen, Handbücher und Sammelwerke sowie zahlreicher selbstständiger Schriften.

Mitgliedschaften

Vorstandsmitglied der Schweizer Gesellschaft für Betriebswirtschaft (SGB).

Herausgeber der Schweizerischen Zeitschrift für betriebswirtschaftliche Forschung und Praxis „Die Unternehmung".

Leiter des Masterprogramms (MAS) „Marketing und Betriebswirtschaft" in Deutschland und in der Schweiz.

Mitglied in verschiedenen nationalen und internationalen Gremien.

Inhaltsverzeichnis

Vorwort VII

Grußwort XIII

Vita Prof. Dr. Manfred Bruhn XVII

Autorenverzeichnis XXIII

Teil 1: Perspektiven des Kundenbeziehungsmanagements

Heribert Meffert, André Pohlkamp und Florian Böckermann
Wettbewerbsperspektiven des Kundenbeziehungsmanagements im Spannungsfeld
wissenschaftlicher Erkenntnisse und praktischer Exzellenz 3

Bernd Stauss
Internes Relationship Management – Das Beziehungsmanagement interner
Dienstleister 27

Teil 2: Analysen im Kundenbeziehungsmanagement

Andrea Gröppel-Klein und Jörg Königstorfer
Die Bedeutung von Emotionen für die Bindung an Marken und
Handelsunternehmen 55

Hermann Diller und Thomas Bauer
Kundenlebenswertmodelle im Einzelhandel – Ein empirischer Vergleich
konkurrierender Ansätze 81

Dieter Pfaff und Peter Ising
Kundencontrolling – Wichtige Methoden und Techniken 105

Klaus L. Wübbenhorst
Kundenbindung bei Fast Moving Consumer Goods (FMCG) 129

Olaf Göttgens
Kundenmigration – Die Steigerung des Kundenwerts als zentrales
Unternehmensziel 151

Teil 3: Strategien des Kundenbeziehungsmanagements

Hermann Freter und Nikolaus A.D. Hohl
Kundensegmentierung im Kundenbeziehungsmanagement 177

Hajo Riesenbeck
Erfolgsfaktoren im Kundenbeziehungsmanagement 201

Silke Michalski und Bernd Helmig
Management von Non-Profit-Beziehungen – ein Service Value Chain-orientierter
Ansatz 229

Dieter K. Tscheulin und Martin Dietrich
Das Management von Kundenbeziehungen im Gesundheitswesen 251

Henner Schierenbeck und Michael Pohl
Sicherstellung nachhaltiger Kundenbeziehungen als Herausforderung für
bankbetriebliche Steuerungssysteme 277

Teil 4: Instrumente des Kundenbeziehungsmanagements

Christian Homburg und Andreas Fürst
Gestaltung des Beschwerdemanagements – Eine integrative Betrachtung 297

Manfred Kirchgeorg und Christiane Springer
Einsatz und Wirkung von Instrumenten der Live Communication im
Kundenbeziehungszyklus 325

H. Dieter Dahlhoff
Die Rolle der Direktkommunikation im Management von Kundenbeziehungen
öffentlicher Institutionen 345

Dominik Georgi und Nicolas Bourbonus
Online Relationship Marketing – Einfluss der Online-Interaktionsfrequenz
auf das Beziehungsverhalten der Kunden 367

Karsten Hadwich und Steffen Munk
Einsatz und Auswirkungen von Technologien in Kundenbeziehungen......................387

Rolf Weiber, Daniel Mühlhaus und Robert Hörstrup
Kategoriezentrierte und repräsentantenorientierte Auswahlentscheidungen –
Konsequenzen für das Management von Kundenbeziehungen 407

Martin Benkenstein und Sebastian Uhrich
Dienstleistungsbeziehungen im Gesundheitswesen – Ein Überblick zum Konzept
„Shared Decision Making" in der Arzt-Patienten-Interaktion.......................................431

Markus Voeth und Uta Herbst
Dienstleistungsbegleitende Produkte 453

Andreas Herrmann, René Algesheimer, Jan R. Landwehr und Frank Huber
Management von Kundenbeziehungen durch Brand Communities...........................469

Franz-Rudolf Esch, Kerstin Hartmann und Dominika Gawlowski
Interne Markenführung zum Aufbau von Mitarbeiter-Marken-Beziehungen.............485

Auszug aus dem Schriftenverzeichnis von Prof. Dr. Manfred Bruhn 505

Stichwortverzeichnis 515

Autorenverzeichnis

Algesheimer, René	Prof. Dr. René Algesheimer arbeitet als Professor an der Universität Zürich.
Bauer, Thomas	Dipl.-Kfm. Thomas Bauer ist Assistent am Lehrstuhl für Marketing an der Universität Erlangen-Nürnberg.
Benkenstein, Martin	Prof. Dr. Martin Benkenstein ist Inhaber des Lehrstuhls für ABWL: Absatzwirtschaft der Wirtschafts- und Sozialwissenschaftlichen Fakultät und Direktor des Instituts für Marketing & Dienstleistungsforschung der Universität Rostock.
Böckermann, Florian	Dipl.-Kfm. Florian Böckermann ist wissenschaftlicher Mitarbeiter am Marketing Centrum Münster der Westfälischen Wilhelms-Universität Münster.
Bourbonus, Nicolas	Dipl.-Volkswirt Nicolas Bourbonus ist wissenschaftlicher Mitarbeiter, sowie Doktorand am Deutsche Bank Stiftungslehrstuhl für Retail Banking und Dienstleistungsmanagement der Frankfurt School of Finance & Management.
Dahlhoff, H. Dieter	Univ.-Prof. Dr. H. Dieter Dahlhoff hat den SVI-Stiftungslehrstuhl Kommunikations- und Medienmanagement im DMCC – Dialog Marketing Competence Center der Universität Kassel inne.
Dietrich, Martin	Dr. Martin Dietrich ist Assistent der Abteilung Betriebswirtschaftliches Seminar II an der Albert-Ludwigs-Universität Freiburg.
Diller, Hermann	Prof. Dr. Hermann Diller ist Inhaber des Lehrstuhls für Marketing an der Universität Erlangen-Nürnberg.
Esch, Franz-Rudolf	Prof. Dr. Franz-Rudolf Esch ist Universitätsprofessor für Betriebswirtschaftslehre mit dem Schwerpunkt Marketing und Direktor des Instituts für Marken- und Kommunikationsforschung an der Justus-Liebig-Universität Gießen sowie Gründer und wiss. Beirat von ESCH. The Brand Consultants, Saarlouis.
Freter, Hermann	Prof. Dr. Hermann Freter war bis 2008 Inhaber des Lehrstuhls für Marketing an der Universität Siegen.

Fürst, Andreas	Dr. Andreas Fürst ist Habilitand am Lehrstuhl für Allgemeine Betriebswirtschaftslehre und Marketing I an der Universität Mannheim und Vertreter des Lehrstuhls für Marketing an der Friedrich-Alexander-Universität Erlangen-Nürnberg.
Gawlowski, Dominika	Dipl.-Kffr. Dominika Gawlowski ist Doktorandin an der Professur für Marketing sowie wissenschaftliche Mitarbeiterin an der Professur für Marketing und Projektmitarbeitern am Institut für Marken- und Kommunikationsforschung der Justus-Liebig-Universtität Gießen.
Georgi, Dominik	Prof. Dr. Dominik Georgi ist Deutsche Bank Professor für Retail Banking und Dienstleistungsmanagement an der Frankfurt School of Finance & Management.
Göttgens, Olaf	Dr. Olaf Göttgens ist Chief Executive Officer (CEO) der Rodenstock Gruppe.
Gröppel-Klein, Andrea	Univ.-Prof. Dr. Andrea Gröppel-Klein ist Direktorin des Instituts für Konsum- und Verhaltensforschung und Inhaberin des Lehrstuhls für Marketing an der Universität des Saarlandes.
Hadwich, Karsten	Prof. Dr. Karsten Hadwich ist Inhaber des Lehrstuhls für Dienstleistungsmanagement an der Universität Hohenheim.
Hartmann, Kerstin	Dipl.-Kffr. Kerstin Hartmann ist Doktorandin an der Professur für Marketing an der Justus-Liebig-Universität Gießen.
Helmig, Bernd	Prof. Dr. Bernd Helmig ist Lehrstuhlinhaber für ABWL, Public & Nonprofit Management an der Universität Mannheim.
Herbst, Uta	Prof. Dr. Uta Herbst ist Juniorprofessorin am Lehrstuhl für Marketing der Universität Tübingen.
Herrmann, Andreas	Prof. Dr. Andreas Herrmann ist Direktor der Forschungsstelle für Customer Insight an der Universität St. Gallen.
Hohl, Nikolaus A.D.	Dipl. oec. Nikolaus Hohl ist wissenschaftlicher Mitarbeiter am Lehrstuhl für Marketing an der Universität Siegen.
Homburg, Christian	Prof. Dr. Dr. h.c. mult. Christian Homburg ist Inhaber des Lehrstuhls für ABWL und Marketing I an der Universität Mannheim, Direktor des Instituts für Marktorientierte Unternehmensführung (IMU) an der Universität Mannheim und Vorsitzender des wissenschaftlichen Beirats von Prof. Homburg & Partner.

Hörstrup, Robert	Dipl.-Kfm. Robert Hörstrup ist wissenschaftlicher Mitarbeiter am Lehrstuhl für Betriebswirtschaftslehre, insbesondere Marketing und Innovation an der Universität Trier.
Huber, Frank	Prof. Dr. Frank Huber ist Inhaber des Lehrstuhls für Marketing an der Johannes Gutenberg-Universität in Mainz.
Ising, Peter	Dipl.-Kfm. Peter Ising ist Doktorand und wissenschaftlicher Mitarbeiter am Institut für Rechnungswesen und Controlling, Universität Zürich.
Kirchgeorg, Manfred	Prof. Dr. Manfred Kirchgeorg ist Inhaber des Lehrstuhls Marketingmanagement an der HHL – Leipzig Graduate School of Management.
Königstorfer, Jörg	Dr. Jörg Königstorfer ist wissenschaftlicher Assistent am Institut für Konsum- und Verhaltensforschung an der Universität des Saarlandes.
Landwehr, Jan R.	Dr. Jan R. Landwehr ist Oberassistent und Habilitand an der Forschungsstelle für Customer Insight an der Universität St. Gallen.
Meffert, Heribert	Prof. Dr. Dr. h. c. mult. Heribert Meffert ist emeritierter Direktor und Gründer des Instituts für Marketing am Marketing Centrum Münster (MCM) der Westfälischen Wilhelms-Universität Münster.
Michalski, Silke	Prof. Dr. Silke Michalski ist Inhaberin der Professur für BWL, insb. Management von Öffentlichen, Privaten & Nonprofit-Organisationen an der Universität Hamburg.
Mühlhaus, Daniel	Dipl.-Volksw. Dipl.-Kfm. Daniel Mühlhaus ist wissenschaftlicher Mitarbeiter am Lehrstuhl für Betriebswirtschaftslehre, insbesondere Marketing und Innovation an der Universität Trier.
Munk, Steffen	Dipl. oec. Steffen Munk ist wissenschaftlicher Mitarbeiter am Lehrstuhl für Dienstleistungsmanagement an der Universität Hohenheim.
Pfaff, Dieter	Prof. Dr. rer. pol. Dieter Pfaff ist Ordinarius für Betriebswirtschaftslehre und Direktor am Institut für Rechnungswesen und Controlling, Universität Zürich.
Pohl, Michael	Dr. Michael Pohl ist wissenschaftlicher Mitarbeiter der Abteilung für Bankmanagement und Controlling am Wirtschaftswissenschaftlichen Zentrum der Universität Basel.

Pohlkamp, André	Dr. André Pohlkamp ist wissenschaftlicher Mitarbeiter am Marketing Centrum Münster der Westfälischen Wilhelms-Universität Münster.
Riesenbeck, Hajo	Hajo Riesenbeck ist Director im Düsseldorfer Büro von McKinsey & Company und einer der Leiter der globalen McKinsey Marketing & Sales Practice.
Schierenbeck, Henner	Prof. Dr. Dres. h.c. Henner Schierenbeck ist Vorsteher der Abteilung für Bankmanagement und Controlling am Wirtschaftswissenschaftlichen Zentrum der Universität Basel, Wissenschaftlicher Leiter des Zentrum für Ertragsorientiertes Bankmanagement in Münster und Vorstandsmitglied der Statistisch-Volkswirtschaftlichen Gesellschaft in Basel.
Springer, Christiane	Dr. Christiane Springer war wissenschaftliche Mitarbeiterin am Lehrstuhl Marketingmanagement an der HHL – Leipzig Graduate School of Management und ist Geschäftsführerin der Leipzig School of Media gGmbH.
Stauss, Bernd	Prof. Dr. Bernd Stauss ist Inhaber des Lehrstuhls für Allgemeine Betriebswirtschaftslehre und Dienstleistungsmanagement an der Wirtschaftswissenschaftlichen Fakultät der Katholischen Universität Eichstätt-Ingolstadt.
Tscheulin, Dieter K.	Prof. Dr. Dieter K. Tscheulin ist Direktor der Abteilung Betriebswirtschaftliches Seminar II an der Albert-Ludwigs-Universität Freiburg.
Uhrich, Sebastian	Dr. Sebastian Uhrich ist wissenschaftlicher Mitarbeiter und Habilitand am Institut für Marketing & Dienstleistungsforschung der Universität Rostock.
Voeth, Markus	Prof. Dr. Markus Voeth ist Inhaber des Lehrstuhls für Marketing im Institut für Betriebswirtschaftslehre der Universität Hohenheim.
Weiber, Rolf	Univ.-Prof. Dr. Rolf Weiber ist Inhaber des Lehrstuhls für Betriebswirtschaftslehre, insbesondere Marketing und Innovation an der Universität Trier und ist geschäftsführender Direktor des Competence Center E-Business an der Universität Trier.
Wübbenhorst, Klaus L.	Prof. Dr. Klaus L. Wübbenhorst ist Vorstandsvorsitzender (CEO) der GfK SE und Honorarprofessor am Lehrstuhl für Marketing an der Universität Erlangen-Nürnberg.

Teil 1

Perspektiven des

Kundenbeziehungs-

managements

Heribert Meffert/André Pohlkamp/ Florian Böckermann

Wettbewerbsperspektiven des Kundenbeziehungsmanagements im Spannungsfeld wissenschaftlicher Erkenntnisse und praktischer Exzellenz

1. Bedeutung und Herausforderungen des Kundenbeziehungsmanagements

2. Wettbewerbsvorteile durch Kundenbeziehungsmanagement aus wissenschaftlicher Sicht
   2.1 Wettbewerbsorientierte Ansätze des Kundenbeziehungsmanagements
   2.2 Wettbewerbsvorteile im Marktlebenszyklus von Kundenbeziehungsprogrammen
   2.3 Kontextspezifische Umsetzung von Wettbewerbsstrategien im Kundenlebenszyklus

3. Best Practice im Kundenbeziehungsmanagement – ausgewählte Beispiele
   3.1 Best Practice im Organisationsbereich
   3.2 Best Practice in der Neukundenakquisition
   3.3 Best Practice in der Kundenbindung
   3.4 Best Practice im Kampagnenmanagement

4. Fazit und Perspektiven des Kundenbeziehungsmanagements

Prof. Dr. Dr. h. c. mult. Heribert Meffert ist emeritierter Direktor und Gründer des Instituts für Marketing am Marketing Centrum Münster (MCM) der Westfälischen Wilhelms-Universität Münster. Dr. André Pohlkamp und Dipl.-Kfm. Florian Böckermann sind wissenschaftliche Mitarbeiter am Marketing Centrum Münster der Westfälischen Wilhelms-Universität Münster.

1. Bedeutung und Herausforderungen des Kundenbeziehungsmanagements

In der Marketingdisziplin zeichnet sich seit mehr als zwei Jahrzehnten ein beachtlicher Wandel ab, der mit weitreichenden Akzentverlagerungen in der Gestaltung von Kundenbeziehungen verbunden ist. Eine fast unübersehbare Zahl wissenschaftlicher Veröffentlichungen mit dem Titel *Relationship Marketing, Management von Geschäftsbeziehungen, Customer Relationship (CRM)* oder *Customer-Lifetime-Value-Management* legt davon ein beredtes Zeugnis ab, wie die aktuelle Diskussion über die Implementierung und Wirkungsweise leistungsfähiger Kundenbindungsprogramme in der Unternehmenspraxis zeigt. In der deutschsprachigen Marketingwissenschaft haben vor allem Diller sowie Plinke den Geschäftsbeziehungsansatz aufgegriffen und Bruhn eine umfassende Monographie zum Relationship Marketing vorgelegt (Diller 1996; Plinke 1997; Bruhn 2001). Gemeinsames Merkmal dieser Ansätze sind Interaktionen von Anbietern und Nachfragern einerseits und die längerfristige Existenz und Entwicklung der Geschäftsbeziehungen andererseits. Dem auf kurzfristige Erfolgswirkungen ausgerichteten Transaktionsmarketing steht hierbei eine ganzheitliche und prozessuale Betrachtung mit dem Ziel der Generierung nachhaltiger *Kundenwerte* gegenüber (Helm/Günter 2001). Die treibenden Kräfte dieser Entwicklung in der Praxis liegen in den veränderten Marktbedingungen, insbesondere in einer wachsenden Wettbewerbsintensität in stagnierenden Märkten bei weitgehend austauschbaren Leistungen und daraus resultierenden sinkenden Loyalitätsraten bei abnehmender Markentreue.

Vor diesem Hintergrund hat sich das Kundenbeziehungsmanagement als relativ junges und dynamisches Gebiet in enger Verbindung von Theorie und Praxis entwickelt. Dabei werden neben der Frage, ob es sich beim Relationship Marketing um ein neues Paradigma der Disziplin handelt, weiterhin Fragen der theoretischen Fundierung der Entstehung, Entwicklung und Stabilität von Kundenbeziehungen durch Erklärungsmodelle und praktisch-normative Ansätze zur erfolgreichen Gestaltung des Kundenbeziehungsmanagements vor allem von Manfred Bruhn intensiv diskutiert (Backhaus 1997; Bruhn 2001, 2009). In Weiterführung des Marketingansatzes interpretiert er Kundenbeziehungsmanagement als Philosophie im Sinne einer *Outside-In-Perspektive*, bei der nicht das Produkt, sondern die Beziehung zum Kunden den Ausgangspunkt der Betrachtung darstellt. Im Mittelpunkt einer systematischen Planung, Durchführung, Kontrolle und Anpassung der Unternehmensaktivitäten auf profitable Kundenbeziehungen steht das Lebenszykluskonzept mit den drei Phasen des Kundengewinnungs-, Kundenbindungs- und Kundenrückgewinnungsmanagements. Ausgehend von der Fokussierung auf die Kundenzufriedenheit und Kundenbindung sind dabei ein systematisches und individualisiertes Management der Kundenbeziehungen sowie Wirtschaftlichkeitsüberlegungen und IT-Anwendungen in den Vordergrund gerückt.

Dementsprechend umfasst ein ganzheitlicher Ansatz des Kundenbeziehungsmanagements eine *interne sowie externe Komponente* als Investitionsentscheidung in die Beziehungen zum Kunden. Diese haben als langfristiges Ziel das Kundenportfolio auf Basis einer Wertorientierung, wie beispielsweise Customer-Lifetime-Ansätzen, effektiv und effizient zu steuern. Die interne Komponente setzt sich dabei aus den Investitionen in Technologien, den kundenbeziehungsspezifischen Kenntnissen der Mitarbeiter und einer kundenorientierten Struktur des Unternehmens zusammen. Die externe Komponente schließt sämtliche Investitionen in strategische und operative Maßnahmen ein, welche die Kundenbeziehungen direkt beeinflussen.

Im Rahmen einer strategisch ausgerichteten Planung sind die internen und externen Komponenten des Kundenbeziehungsmanagements in ausgewogener Form zu strukturieren. Ein Blick in die Literatur zeigt, dass der kundenorientierten Perspektive einerseits z. B. Interaktion mit dem Kunden, Kundenzufriedenheit und Loyalität, Aufbau von Wechselbarrieren in Verbindung mit der Wirkungsanalyse typischer Instrumente des Kundenbeziehungsmanagements (z. B. Kundenkarten, Kundenclubs, Cross Selling), IT-Programme und organisatorische Lösungskonzepte unter besonderer Berücksichtigung der Implementierung des eCRM (datenbasiertes Online Marketing, Integration von Schnittstellen zum Kunden) große Aufmerksamkeit gewidmet wird. Demgegenüber findet die wettbewerbsstrategische Perspektive des Kundenbeziehungsmanagements im Sinne des Managements von Wettbewerbsvorteilen bei der Positionierung und Ausgestaltung von Kundenbeziehungsprogrammen bislang nur wenig Beachtung (Bruhn 2009). Für eine vertiefende Analyse des sich dynamisch entwickelnden Kundenbeziehungsmanagement-Wettbewerbs reicht eine Betrachtung auf die vielzitierten Porter'schen Qualitäts- und Führerschaftsstrategien nicht aus. Vielmehr ist unter dem Aspekt des Resource-based View auf kontextspezifische Entwicklungen in Marktlebenszyklen von Kundenbeziehungsprogrammen und deren Umsetzung im Kundenlebenszyklus Bezug zu nehmen.

Manfred Bruhn war und ist die Verbindung von Theorie und Praxis immer ein besonderes Anliegen gewesen. In diesem Sinne soll im folgenden Beitrag anhand von wissenschaftlichen Erkenntnissen und Best-Practice-Beispielen aufgezeigt werden, wie das Kundenbeziehungsmanagement strategisch bzw. wettbewerbsperspektivisch eingeordnet und erfolgreich umgesetzt werden kann. Aufbauend auf dem Konzept komparativer Wettbewerbsvorteile wird untersucht, wie unter Berücksichtigung des Zeitaspektes Kundenbeziehungsprogramme auf der strategischen und instrumentalen Ebene erfolgreich zu gestalten sind. Ausgewählte Best-Practice-Beispiele sollen im Spannungsfeld zwischen Wissenschaft und Praxis Einblicke in zentrale Erfolgsvoraussetzungen beim Einsatz des Kundenbeziehungsmanagements geben.

2. Wettbewerbsvorteile durch Kundenbeziehungsmanagement aus wissenschaftlicher Sicht

2.1 Wettbewerbsorientierte Ansätze des Kundenbeziehungsmanagements

Die Existenzsicherung von Unternehmen kann in wettbewerbsintensiven Märkten nur über den Aufbau und die Absicherung von langfristigen Wettbewerbsvorteilen erfolgen (Meffert et al. 2008). In diesem Rahmen gewinnt neben dem Konzept des *Nettonutzens*, welches auf den Kundenvorteil als vom Kunden wahrgenommenes Kosten-Nutzen-Verhältnis eines Angebotes abstellt, der *komparative Konkurrenzvorteil* an Bedeutung. Hierbei erfährt der Nettonutzenvorteil als Marketingsteuerungsinstrument eine Erweiterung um eine Wettbewerbskomponente. Somit muss zum einen der Nutzenzuwachs durch die Kundenbeziehung *wahrgenommen* und als *wichtig* eingeschätzt werden. Weiterhin ist dieser durch das Kundenbeziehungsmanagement erreichte Vorsprung auf *Dauer* anzulegen und *effizient* zu gestalten (Backhaus/Schneider 2007).

Es wird deutlich, dass die Bewertung des wettbewerbsgerichteten Nettonutzens nicht nur aus Kundensicht zu interpretieren, sondern vielmehr um eine *anbieterbezogene Perspektive* zu ergänzen ist. Infolgedessen muss letztlich aus dem Kundenbeziehungsmanagement sowohl für die Kunden als auch die Anbieter ein wahrnehmbarer Vorteil resultieren, der eine Win-Win-Situation generiert. Ein so verstandenes Kundenbeziehungsmanagement zeichnet sich durch Effektivitäts-, aber auch durch Effizienzvorteile aus (Backhaus 1997). Während kundenseitig eine Reduktion des wahrgenommenen Risikos sowie Kostenvorteile durch geringe Such- oder Informationskosten entstehen können, zeichnet sich die Effektivität und Effizienz beim Anbieter unter anderem durch eine kostengünstigere Bearbeitung und höhere Intensität der Kundenbeziehung aus, sodass der Aufbau langfristiger Geschäftsbeziehungen letztlich als Wettbewerbsvorteil interpretiert werden kann (Krafft 2007).

Vielfach werden diese Wettbewerbsvorteile zur Schaffung von Nettonutzenvorteilen über klassische Wettbewerbsstrategien erzielt. Bruhn unterscheidet im Rahmen des Kundenbeziehungsmanagements zwischen Kosten- bzw. Preisführerschaft, Differenzierung durch Qualität, Zeitvorteile und Markenpräferenzen, die zu einem Alleinstellungsmerkmal gegenüber dem Wettbewerb führen können (Bruhn 2009). Überdies kann auch der Resource-based View einen Beitrag zur Erzielung von Wettbewerbsvorteilen leisten. Dieser ist durch eine Synthese von einmaligen Ressourcenkombinationen sowie der zielgerichteten und deren nutzenbringenden Einbindung in die Wertschöpfungsprozesse des Unternehmens gekennzeichnet. Insbesondere die Koordination von internen und externen Komponenten des Kundenbeziehungsmanagements verdeutlicht die Notwendigkeit des optimalen Einsatzes sowie einer sinnvollen Bündelung von Ressourcen und daraus resultierender Kernkompetenzen, um sich von den Wettbewerbern zu differenzieren.

Dabei vermag das Kundenbeziehungsmanagement aus der Perspektive des Ressource-based View folgende wettbewerbsrelevante Bereiche einzunehmen. Ein erfolgreiches Beziehungsmanagement ist als *einzigartige Unternehmensressource* zu bewerten. Diese setzt sich auf der einen Seite aus den Kunden und den Instrumenten des Kundenbeziehungsmanagements und auf der anderen Seite aus den Technologien, Mitarbeiterkenntnissen sowie der kundenorientierten Unternehmensstruktur und -kultur zusammen (Zander 2005). Die Begründung für die Berücksichtigung des Kunden liegt in der direkten Ertragsgenerierung durch eine hohe Profitabilität sowie in neuen Ansätzen des Einbezugs von Kunden in Unternehmensprozesse, wie beispielsweise Customer Integration in das Innovationsmanagement. Unternehmen besitzen durch ein sich von Wettbewerbern differenzierendes Kundenbeziehungsmanagement die Möglichkeit, ihren Kunden, z. B. durch die Befriedigung individueller Bedürfnisse, einen *höheren Nutzen als der Wettbewerber* zu stiften. Nicht zuletzt kann eine *effektive und effiziente Implementierung von unternehmensinternen Prozessen* zur Ausgestaltung eines leistungsfähigen Kundenbeziehungsmanagements zu Wettbewerbsvorteilen führen.

Die Berücksichtigung dieser Bereiche verdeutlicht, dass mit einer externen Perspektive, dem Markt, und einer internen, dem Unternehmen zugerichteten Perspektive zwei grundlegende Wirkungsrichtungen des Kundenbeziehungsmanagements bedacht werden müssen. Dabei entspricht diese Sichtweise dem häufig zur Veranschaulichung verwendeten *Modell eines Eisbergs*, bei dem ein Großteil der für das effektive und effiziente Management notwendigen Strukturen und Prozesse unternehmensintern und somit im Sinne eines *Back Offices* von außerhalb nicht wahrnehmbar sind. Dieser ist jedoch erfolgsentscheidend für den zu generierenden kundenrelevanten sichtbaren Wettbewerbsvorteil.

Notwendige Voraussetzung für die Wirksamkeit des Kundenbeziehungsmanagements ist schließlich die *Relevanz und Qualität der angebotenen Hauptleistung* des Unternehmens als vorgelagerte Bedingung für eine darauf aufbauende Gestaltung des Kundenbeziehungsmanagements. Die Qualität einer Hauptleistung besteht sowohl aus subjektiven als auch aus objektiven Elementen, wobei eine kundenorientierte Qualität als Erfüllungsgrad eines Abnehmerbedürfnisses verstanden wird. Die Qualitätsbeurteilung wird von der Erwartungshaltung, der subjektiven erlebten Leistung, von situativen Faktoren sowie durch den Vergleich mit Konkurrenzprodukten oder -dienstleistungen beeinflusst, sodass auch von einer relativen Qualität gesprochen werden kann (Meffert 2008). Zur Erreichung eines Qualitätsstandards ist die Berücksichtigung der Qualitätsdimensionen, wie z. B. Gebrauchsnutzen, Haltbarkeit oder die Zuverlässigkeit von Produkten und Dienstleistungen, unerlässlich. Erfüllen die Hauptleistungen derartige Bedingungen nicht, können diese Mängel nicht allein durch Maßnahmen des Kundenbeziehungsmanagements kompensiert werden. Somit ist zu schlussfolgern, dass die Erzielung von Wettbewerbsvorteilen durch das Kundenbeziehungsmanagement *derivativer* Natur ist und insbesondere durch die Instrumente eher einer Value-Added-Funktion gleichkommt. Demgegenüber können Wettbewerbsvorteile durch Differenzierung des Angebots als *originäre* Wettbewerbsvorteile eingeordnet werden. Infolge der häufig kuppelproduktähnlichen Verflechtungen der Haupt- und Zusatzleistungen erweist sich die Erfolgszurechnung auf das Kundenbeziehungsmanagement als schwierig.

2.2 Wettbewerbsvorteile im Marktlebenszyklus von Kundenbeziehungsprogrammen

Die wettbewerbsorientierte Perspektive des Kundenbeziehungsmanagements kann insbesondere auf zeitlicher Ebene erfasst und analysiert werden. Vor dem Hintergrund des investiven Charakters des Kundenbeziehungsmanagements kommt dem Faktor Zeit eine wichtige Rolle zu. Dabei haben sich in den letzten Jahren aufgrund verkürzender Entwicklungszeiten und Produktlebenszyklen Zeitvorteile als wesentliche Ansatzpunkte zur Differenzierung entwickelt (Hungenberg 2004). Auf wettbewerbsintensiven Märkten besitzen zudem Innovationsvorteile eine hohe Bedeutung. Getrieben von den enormen Fortschritten in der Informations- und Kommunikationstechnologie und dem Enthusiasmus gegenüber innovativen Instrumenten des Kundenbeziehungsmanagements ist auch in diesem Bereich eine hohe Wettbewerbsintensität festzustellen. Dies führt zur gesteigerten Relevanz der zeitlichen Dimension der Erlangung von Wettbewerbsvorteilen durch den Zeitpunkt des Markteintrittes. Diese *strategischen Timing-Optionen* basieren auf dem Lebenszykluskonzept, welches als fundamentales Theorem zur Erfassung der Umweltdynamik in der Marketing- und Managementtheorie herangezogen wird (Meffert 1988). Dabei stellen Märkte keine statischen Strukturen dar, sondern sind vielmehr ein dynamisches Gebilde und bedingen phasenspezifische und strategische Timing-Entscheidungen seitens der Unternehmen. Grundsätzlich können wesentliche Erweiterungen oder Innovationen des Kundenbeziehungsmanagements als neuer Lebenszyklus interpretiert werden, die wiederum neue Markteintrittsstrategien ermöglichen (Abbildung 1).

Abbildung 1: *Wettbewerbsvorteile durch Timing-Strategien*

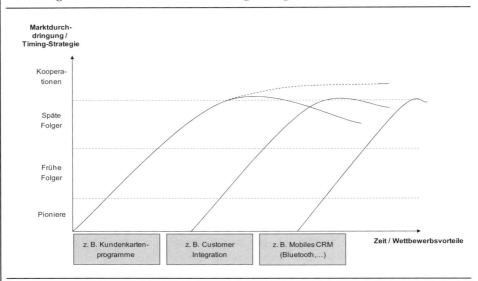

In der ersten Phase der Einführung neuer Ausgestaltungsoptionen des Kundenbeziehungsmanagements wird dabei eine *Pionier-Strategie* verfolgt. Ein wesentliches Ziel von Pionierstrategien ist die Möglichkeit des Aufbaus einer *Monopolstellung*. Daraus abgeleitete zentrale Vorteile der Strategie sind die Generierung von Markteintrittsbarrieren z. B. durch gezieltes Mitarbeiterwissen und technisches Know-how sowie Lernkurveneffekte (Oelsnitz 2000). Das Setzen von Standards eröffnet zudem die Möglichkeit, die Bindungsbereitschaft von Kunden zu erhöhen und ferner Markteintrittsbarrieren gegenüber Wettbewerbern zu generieren. Neben der Chance des Aufbaus einer frühzeitigen Bindung zum Kunden besitzt ein Pionier ebenfalls Freiraum bei der Gestaltung des Instrumentaleinsatzes. Ursächlich hierfür ist die Pionierstellung, die es ermöglicht, zeitweilig außerhalb des Wettbewerbs zu agieren. Als Risiken bzw. Nachteile einer Pionierstrategie sind hohe Kosten im Bereich Forschung und Entwicklung sowie für die Markterschließung zu nennen. Letztere muss der Pionier maßgeblich alleine tragen, verbunden mit dem Risiko, dass der Nutzen der Markterschließung auch nachfolgenden Wettbewerbern beim Markteintritt zugute kommt. Weiter trägt das Pionierunternehmen das Risiko der hohen Ungewissheit in der Nachfrageentwicklung, wie beispielsweise Veränderungen der Kundenbedürfnisse im Hinblick auf verschiedene Kundenbeziehungsinstrumente. Die Gefahr von Technologiesprüngen, welche die Investitionen des Pioniers obsolet werden lassen, zeigt sich als zusätzlicher Aspekt, der bei einer Pionierstrategie berücksichtigt werden muss. Zusammenfassend kann der Pionier-Markteintritt im Kundenbeziehungsmanagement eine *CRM-*

Führerschaft eröffnen, die unter der Abwägung von oben genannten Chancen und Risiken zu Wettbewerbsvorteilen führen kann.

Die Entscheidung für eine *frühe Folgerstrategie* kann sowohl in der Einführungs- als auch in der Wachstumsphase des Marktlebenszyklus begründet sein. Übergeordnetes Ziel der frühen Folger ist dabei der frühzeitige Aufbau einer starken Wettbewerbsposition. Dabei nutzen diese insbesondere den Vorteil eines *geringeren Risikos von Markteinführungen,* da so Fehler des Pioniers vielfach vermieden und die CRM-Konzepte statt einer Imitationsstrategie sogar weiterentwickelt werden können. Zudem liegen Erkenntnisse über Marktstrukturen und Kundenbedürfnisse vor, welche gezielt genutzt werden und zu einem höheren Problemlösungspotenzial führen können. Letztendlich ist es die Möglichkeit, sich durch Value-Added-Services vom Pionier zu differenzieren, die zu Wettbewerbsvorteilen führt. Nachteile der frühen Folgerstrategie sind vor allem in den vom Pionier erreichten Markteintrittsbarrieren zu sehen. Diese können sowohl durch einen beschränkten Ressourcenzugang als auch durch die Marken- bzw. Unternehmenstreue der Kunden gekennzeichnet sein. In die Phase der frühen Folger einzuordnen sind zum heutigen Zeitpunkt beispielsweise sämtliche Versuche, den Kunden nutzenbringend als Ressource aufzufassen und Tools, wie z. B. Kundenbeiräte oder gezielt installierte Communities, in die Innovationsprozesse des Unternehmens einzubinden.

Der *späte Folger* ergreift erst in der Reifephase des Marktlebenszyklus die Initiative mit der Zielsetzung, an den sichtbaren Marktchancen zu partizipieren. Der hohe zahlenmäßige Anstieg der Unternehmen, die ein gezieltes Kundenbeziehungsmanagement eingeführt haben und versuchen, den Status Quo der innovativen Instrumente und Technologien zu erreichen, liegt in der hohen Dynamik des Wettbewerbsumfelds und in typischen Vorteilen von späten Folgerstrategien begründet. Zentrale Vorteile bestehen dabei in den niedrigen Kosten von Forschung und Entwicklung sowie der Markterschließung. Zudem sind es die geringen Produkt- und Prozessrisiken durch Anlehnung an dominante Gebrauchsstandards und Technologien, die zu Vorteilen führen. Nichtsdestotrotz ist es dem späten Folger durchaus möglich, durch eine stetige Verbesserung der Leistung eine Führerschaft in der Technologie einzunehmen. Risiken der Strategie sind in den Imagenachteilen gegenüber etablierten Anbietern oder der noch zu geringen Vertrauenswürdigkeit bei besonderen Kompetenzen zu sehen. Zudem ist der Markt in der Reifephase durch hohe Markteintrittsbarrieren aufgrund des schon bestehenden Marktgefüges gekennzeichnet. Die Phase der späten Folger zeichnet sich aktuell durch die Installierung von Kundenkarten- sowie von Kundenbindungsprogrammen aus. Insbesondere die Differenzierung zum Wettbewerb durch effizientere Prozesse oder einem Zusatznutzen für die Kunden lässt die Implementierung zu einem potenziellen Wettbewerbsvorteil werden. Die Vielzahl der Programme und die daraus resultierende tiefe Marktdurchdringung machen deutlich, dass die Einführung derartiger Programme heutzutage ein wirtschaftliches Basisinstrument ist, welches zur obligatorischen Folgerstrategie führt. Diese können zusammengefasst als

CRM-Folgerschaft beschrieben werden, da hier die Differenzierung von bereits vorhandenen Instrumenten des Kundenbeziehungsmanagements im Vordergrund steht.

Zum Teil auch aus der Vielzahl von einzelnen Kundenbeziehungsprogrammen resultierend hat sich eine weitere Phase der Entwicklung des Kundenbeziehungsmanagements herauskristallisiert, die durch die Kombination aus Pionier- und Folgervorteilen in Form von Kooperationen beschrieben werden kann. Diese sind zumeist *konglomerater* Natur, da die Partner weder in einer Wertschöpfungsbeziehung zueinander stehen, noch miteinander konkurrieren. Ferner stehen die angebotenen Produkte aus Sicht der Kunden komplementär zueinander. Daneben können auch *horizontale Kooperationen*, wie beispielsweise bei der Star Alliance, beobachtet werden. Hierbei agieren die Unternehmen auf derselben Wertschöpfungsstufe. Diese so genannte Form der *Coopetition* mit Mitbewerbern ist durch die Einsicht bestimmt, dass ein intensiver Wettbewerb eine niedrigere Rendite zur Folge hat, als es bei der Kooperation der Fall ist. Dabei sind und waren es die Neuartigkeit der Nutzung von Leistungsverbunden und die gleichzeitige Nutzung vorhandenen Know-hows bei der Ausgestaltung des Kundenbeziehungsmanagements, die Vorteile gegenüber den Wettbewerbern generieren. Nicht zuletzt sind es Kooperationen, die den Marktlebenszyklus von einzelnen Kundenbeziehungsprogrammen, wie beispielsweise Kundenkartenprogrammen, in der Reifephase verlängern können. In Anlehnung an *die CRM-Führerschaft* und *-folgerschaft* kann hier dementsprechend von einer *CRM-Partnerschaft* gesprochen werden.

2.3 Kontextspezifische Umsetzung von Wettbewerbsstrategien im Kundenlebenszyklus

Neben diesen zeitlichen Aspekten des Markteintritts und des Marktstadiums wird der Zeitbezug durch die kontextspezifische Betrachtung des Kundenbeziehungsmanagements mit Hilfe des Kundenlebenszyklus deutlich. Die Unterscheidung der ähnlich dem Marktlebenszyklus definierten Phasen Anbahnung, Wachstum, Reife, Degeneration und Reaktivierung ermöglicht es, drei strategische Optionen zum Aufbau von Wechselbarrieren zu nutzen: *Neukundenakquisition* bzw. das teilweise in die Kundenbindungsphase fallende Neukundenmanagement, die eigentliche *Kundenbindung* sowie die *Kundenrückgewinnung*, die ebenfalls Churn-Prevention beinhaltet. Zudem verdeutlicht die gezielte Nutzung eines Lebenszyklusansatzes die längerfristige Ausrichtung des Unternehmens zur gezielten Entwicklung der Kunden. Folglich sind diese Bemühungen des Unternehmens als *Investitionen* zu verstehen.

Darüber hinaus ist die Relevanz des Kundenbeziehungsmanagements zur Generierung von Wettbewerbsvorteilen abhängig von Kontextfaktoren, wie dem Kundenbindungspotenzial der angebotenen Hauptleistung. So zeigt Jeschke mit einer *hohen Kon-*

sumbedeutung, einer *langen Produktnutzungsdauer,* einer *geringen Benutzerfreundlichkeit,* einer *hohen Servicebedürftigkeit,* einer *geringen Umweltfreundlichkeit* und *hohen Nachkaufkosten* Merkmale auf, die die Kundenbindungsrelevanz insbesondere bei Produkten steigen lässt (Jeschke 1995). Ferner sind es branchenspezifische Charakteristika, die eine differenzierte Ausgestaltung des Kundenbeziehungsmanagements verlangen. Beispielsweise führen homogene Verbrauchsgüter im *Konsumgüterbereich* dazu, dass die Hauptleistung durch eine in den Köpfen der Konsumenten fest verankerte Marke ergänzt werden muss, um die per se vorhandene geringe Kundenbindungsrelevanz durch eine Bindung mit der Marke zu erhöhen (Bruhn 2009). *Dienstleistungen* zeichnen sich insbesondere durch den bei der Leistungserstellung inhärent vorhandenen Kundenkontakt und die Immaterialität aus. Somit sind es emotionale Gründe, wie die wahrgenommene Qualität der Beziehung, die Kundenzufriedenheit oder das Commitment, welche als kaufentscheidend gelten und sich für Wettbewerbsvorteile verantwortlich zeigen. Die wesentlich komplexeren Beurteilungsprozesse im Vergleich zu Produkten sowie die stetige Leistungsfähigkeit des Unternehmens während des Dienstleistungserstellungsprozesses machen zudem die Notwendigkeit von Erfahrungs- und Vertrauenseigenschaften als Merkmale der Verbundenheit deutlich (Nießing 2006; Meffert/Bruhn 2009).

Im Rahmen der *Neukundengewinnung* besitzt das Unternehmen zwei strategische Optionen zur Erreichung von Interesse, Bekanntheit, Präferenzen oder Image, die zu einem Erstkauf führen und gegenseitige Nettonutzenvorteile generieren können (Bruhn 2009). Dem Unternehmen steht entweder die Möglichkeit der *gezielten Nutzung von Anreizen,* wie Sonderangebote und Produktbeigaben, oder die *Überzeugung* unter anderem durch Leistungsproben und Werbemaßnahmen, zur Verfügung. Zudem spielen intangible Elemente wie beispielsweise die Marke oder die Reputation eines Unternehmens als Anreiz- oder Überzeugungsinstrument eine entscheidende Rolle bei der Neukundengewinnung. Kann die strategische Ausrichtung des Unternehmens dabei einer Kostenorientierung zugeordnet werden, ist es insbesondere der Preis als zentrales Erstkaufkriterium, das als Anreiz fungiert. Die Neukundengewinnung durch Überzeugung wird folglich eher von Unternehmen, die eine Qualitäts- oder Markenprofilierung verfolgen, betrieben. Dabei besitzen unter anderem die Mund-zu-Mund-Kommunikation und die Marke als Identifikations- und Vertrauensanker eine besondere Bedeutung. Im Sinne einer ganzheitlichen Betrachtung des Kundenlebenszyklus und eines ausgewogenen Kundenportfolios sind die Ziele der Unternehmen bei der Neukundengewinnung unter anderem die Erweiterung eines geringen Kundenstamms oder die Kompensation einer natürlichen Kundenfluktuation.

Nach der Akquisition verfolgen Unternehmen idealtypisch im Bereich der Wachstums- und Reifephase der Kundenbeziehung strategische Optionen zum Aufbau der *Kundenbindung.* Hierbei können grundsätzlich zwei Wirkungsebenen unterschieden werden, die mit differierenden Anreizen die Bindung des Kunden sichern bzw. erhöhen können. Während eine faktische Bindung auf die *Gebundenheit* des Kunden abzielt und die Kunden zumindest temporär an einem Hersteller- oder Markenwechsel hindert, ist ein solcher Wechsel im Rahmen der *Verbundenheitsstrategie* jederzeit möglich, wird aber aufgrund einer hohen Kundenzufriedenheit unterlassen (Meyer/Oevermann 1995; Gröppel-Klein et al. 2008; Meffert 2008).

Im Rahmen der *vertraglichen* Kundenbindung wird der Kunde durch Verträge an den Hersteller bzw. den Händler gebunden. Zum einen kann dies durch die vertragliche Kopplung von Zusatzleistungen an die Kernleistung, wie z. B. Serviceverträge für EDV-Geräte, erfolgen. Andererseits ist die vertragliche Bindung bei Folgekäufen zu berücksichtigen. Hierbei werden Kunden durch Leasingverträge, Zeitschriftenabonnements oder mehrjährige Laufzeiten von z. B. Mobilfunkverträgen faktisch-rechtlich an das Unternehmen gebunden. *Technisch-funktionale* Kundenbindungen existieren dann, wenn Produkt- bzw. Servicekomponenten nur über einen Hersteller bzw. Händler bezogen werden können. Diese Systembindung garantiert zwar bei komplexen Produkten die Gebrauchsfähigkeit der Problemlösung beim Kunden, wird jedoch vielfach mit einer als negativ empfunden Zwangsbindung, dem so genannten *Lock-in-Effekt*, wahrgenommen. Ziel der *ökonomischen* Kundenbindung ist es, einen Wechsel des Kunden mit Hilfe tatsächlicher oder wahrgenommener Wechselkosten unvorteilhaft werden zu lassen. Beispiele hierfür sind Auflösungsgebühren im Bankbereich oder der Verlust von Vorteilen in Form eines geringeren Rückkaufwertes bei Lebensversicherungen. Zudem stellt die Preissetzung einen weiteren Ansatzpunkt der ökonomischen Kundenbindung dar. Zu nennen sind beispielsweise die Erhebung fixer Eintrittskosten bei gleichzeitiger Ermäßigung der Folgekosten (z. B. BahnCard) ebenso wie die Preisdegression in Abhängigkeit von der Bindungsdauer (z. B. Schadenfreiheitsrabatte bei Versicherungen). Die ökonomische Kundenbindung steht insbesondere bei einer hohen Kostenorientierung (z. B. hohe Fixkostenintensität) im Vordergrund.

Häufig ist mit den skizzierten Kundenbindungsformen die *emotionale* Kundenbindung im Sinne einer Verbundenheit zum Unternehmen assoziiert. Diese beschreibt einen Bindungszustand, der auf psychologischen Ursachen, wie z. B. der Kundenzufriedenheit sowie dem Vertrauen oder positiven Einstellungen gegenüber dem Unternehmen, basiert. Als emotionalisierendes Instrumentarium können hierbei die Markenführung und persönliche Beziehungen genannt werden. Wettbewerbsorientiertes Ziel sollte es dabei sein, eine Marke zu etablieren, die sich mit spezifischen Merkmalen aus Sicht der relevanten Zielgruppen nachhaltig zu anderen Marken, die dieselben Basisbedürfnisse erfüllen, differenziert. Dies führt zu einer Zufriedenheit und gefühlsmäßigen Verbundenheit, die zu Wiederholungskäufen und Weiterempfehlungen führt und letztlich eine hohe Kundenbindung zur Folge hat. Dabei ist es die Kompetenzzusprechung durch den Kunden an das Unternehmen, auch in Zukunft eine entsprechende zufriedenstellende Leistung zu erbringen, die die emotionale Bindung verstärkt und insbesondere im Rahmen einer Qualitätsorientierung von Unternehmen Berücksichtigung finden muss (Meffert et al. 2008).

Neben diesen strategischen Optionen der Kundenbindung unterscheidet Berry *drei Stufen der Kundenbindung*, die sich in der Intensität der Bindung unterscheiden und folglich unterschiedlich gut zur Erreichung langfristiger Wettbewerbsvorteile geeignet sind. So kommen auf der *ersten Stufe* preispolitische Instrumente, wie z. B. Frequent-Flyer-Programme, zum Einsatz, die nur ein geringes Potenzial zur Generierung dauerhafter Wettbewerbsvorteile besitzen. Zurückzuführen ist dies auf die vergleichsweise einfache Möglichkeit, die preispolitischen Maßnahmen zu imitieren. Die *zweite Stufe* beschreibt Geschäftsbeziehungen, die auf sozialen Bindungen aufbauen. Beispielsweise seien hier User Groups von Unternehmen genannt, die im Rahmen einer gezielten Betreuung langfristig an das Unternehmen gebunden werden können. Auf der *dritten Stufe* lassen sich die verteidigungsfähigsten Wettbewerbsvorteile generieren. Hier wird die Intensität der Kundenbeziehung durch gezielte Investitionen in den Kunden vergrößert. Kunden werden in diesem Fall nur dann zum Wettbewerber wechseln, wenn dieser bereit ist, die gleiche kundenspezifische Investition zu tätigen (Berry 1995).

Bei der *Kundenrückgewinnung* liegt der Fokus entweder auf der emotionalen Rückgewinnung abwanderungsgefährdeter oder auf der faktischen Rückgewinnung bereits verlorener Kunden (Bruhn 2009). Dabei liegt dieser Differenzierung die Tatsache zugrunde, dass Kunden häufig bereits vor der endgültigen Abwanderung die Entscheidung über den Beziehungsabbruch getroffen haben. Konsequenterweise muss der Rückgewinnungsprozess somit schon im Vorfeld der eigentlichen Kündigung ansetzen, nicht zuletzt auch deswegen, da sich während des gesamten Kundenlebenszyklus Phasen feststellen lassen, in denen sich die Beziehung zwischen Kunde und Anbieter, z. B. durch mangelhafte Leistungserstellung, negativ entwickeln kann. Die als ein Teilaspekt des Kundenrückgewinnungsmanagements verstandene Churn-Prevention soll diese Gefährdungsphasen identifizieren und geeignete Instrumente zur Verhinderung einer Abwanderung zur Verfügung stellen. Maßnahmen zur Rückgewinnung abgewanderter Kunden sind dabei mit denen der Kundengewinnung zu vergleichen. Abwanderwillige Kunden können durch Wiedergutmachung in Form von Ersatzleistungen oder Entschädigungszahlungen insbesondere im Rahmen einer Kostenorientierung sowie durch Leistungsverbesserung von der Abwanderung im Sinne einer Qualitätsorientierung abgehalten werden.

Die Timing-Strategien im Marktlebenszyklus von Kundenbeziehungsprogrammen sind nicht unabhängig von den skizzierten operativen Maßnahmen im Kundenlebenszyklus zu sehen. So bedingen Strategien der CRM-Führerschaft in den frühen Stadien der Marktentwicklung andere Maßnahmen der Neukundengewinnung als Strategien der CRM-Folgerschaft zur Kundenbindung in der Wachstumsphase oder Programme der Kundenrückgewinnung in der Stagnations- oder Niedergangsphase von Märkten. Die Dynamik der erfolgreichen Entwicklung und Durchsetzung des Kundenbeziehungsmanagements wird dabei vor allem vom Verhalten der Wettbewerber und der Wirkung von Anreizsystemen beim Einsatz verschiedener Kundenbindungsformen bei den Nachfragern bestimmt. Die wissenschaftliche Forschung hat sich mit solchen Fragen bislang kaum beschäftigt. So liegt die Vermutung nahe, dass in den frühen Phasen des Markt- und Kundenlebenszyklus vertragliche und technisch funktionale

Formen der Kundenbindung zur Absicherung des Investitionsrisikos vorherrschen. Die auf diese Weise geschaffenen Wechselbarrieren können den Markteintritt neuer Wettbewerber in der Wachstumsphase zwar erschweren, aber die Imitation und Weiterentwicklung attraktiver Akquisitions- und Kundenbindungsprogramme nicht verhindern. Der Wettbewerb um die Sicherung und den Ausbau von Kundenbeziehungen wird dabei neben spezifisch längerfristig wirkenden Anreizsystemen über emotionale Formen der Verbundenheit mit den Kunden ausgetragen. In den späten Phasen der Stagnation und Rückbildung von Märkten stellt sich die Frage nach der Stabilität kooperativer Kundenbindungsprogramme und deren Wirkung zur Rückgewinnung von Kunden. Vieles spricht dafür, dass in solchen Situationen CRM-Partnerschaften aufgelöst und aggressive preis- und rabattpolitische Instrumente zur Kundenrückgewinnung wieder eingesetzt werden. So gesehen könnten über den Markt- und Kundenzyklus preisliche Aktivitäten im Kundenbeziehungsmanagement einen u-förmigen Verlauf annehmen. Diese Hypothese gewinnt vor allem dann an Plausibilität, wenn in den Wachstumsphasen der Märkte erhebliche Investitionen zur Durchsetzung von Kundenbindungsprogrammen in Infrastruktur und Personal getätigt wurden. Unter diesem Aspekt können im Folgenden einige ausgewählte Beispiele der erfolgreichen Implementierung und Durchsetzung von Kundenbeziehungsmanagement in der Praxis Aufschluss geben.

3. Best Practice im Kundenbeziehungsmanagement – ausgewählte Beispiele

Die Suche nach besonders erfolgreichen Unternehmen, vor allem die Frage nach deren Erfolgskonzepten, beschäftigt die Wissenschaft und Praxis seit Jahren gleichermaßen. Aufbauend auf den theoretischen Erkenntnissen und der damit einhergehenden Fokussierung von Wettbewerbsvorteilen sollen im Folgenden *Best-Practice-Beispiele im Kundenbeziehungsmanagement* vorgestellt werden, die im Rahmen einer Benchmark-Analyse ausgewählter Relationship-Management-Systeme identifiziert wurden. Somit vermag die Untersuchung zum einen den Status Quo des Kundenbeziehungsmanagements in der Praxis und damit potenzielle Unterschiede zu den wissenschaftlichen Erkenntnissen aufzuzeigen und zum anderen einen Beitrag zur Ableitung von Erfolgsvoraussetzungen zu leisten.

Der Untersuchungsbereich der Best-Practice-Unternehmen resultiert aus den als bereits besonders wettbewerbsrelevant identifizierten Aspekten des Kundenbeziehungsmanagements. Somit wurde der Suchraum nicht in allen Teilbereichen gleichermaßen aufgespannt, sondern fokussiert insbesondere die Timing-Strategien sowie die zentralen Strategien und Aktivitäten entlang des Kundenlebenszyklus. Dabei stellt eine einführende Analyse der organisatorischen und prozessualen Implementierung eines Kundenbeziehungsmanagements den Anfang der Untersuchung dar. Überdies werden Einblicke in erfolgreiche Strategien zur Neukundenakquisition mit einer Fallstudie aus dem Bereich der Multipartnerprogramme gegeben, um wettbewerbsgerichtete Best-Practice-Ansätze zu identifizieren. Des Weiteren wurde der Bereich Kundenbindung, welcher vielfach sowohl in der wissenschaftlichen als auch praktischen Auseinandersetzung die größte Aufmerksamkeit erfährt, anhand eines Best-Practice-Falls aus dem Verkehrsdienstleistungsbereich detailliert untersucht. Den letzten Untersuchungsbereich bilden die Kommunikation und das Kampagnenmanagement bei einem Automobilclub.

3.1 Best Practice im Organisationsbereich

Kundenbeziehungsmanagementlösungen sind in den letzten Jahren branchenübergreifend zur Optimierung langfristiger Geschäftsbeziehungen in hoher Zahl eingeführt worden. Vielfach ist diese Einführung auf einen gewachsenen oder veränderten Wettbewerb zurückzuführen. Vor dem Hintergrund staatlicher Deregulierungsanstrengungen sah sich auch der Telekommunikationsbereich einem steigenden Wettbewerbsdruck ausgesetzt. Bereits Anfang des Jahres 1998 kam es in Deutschland im Festnetzbereich zur Öffnung des Marktes mit der Einführung der so genannten *Entbündelung*. Im Jahr 2001 dehnte sich der Wettbewerb auch auf die Anschlüsse und lokalen Gespräche aus. Das zentrale Ziel des Telekommunikations-Regulierers bestand darin, die Wettbewerbsintensität durch den Abbau von Wechselbarrieren zu erhöhen und die Dominanz einzelner Marktteilnehmer zu unterbinden. Angesichts dieser Deregulierungen konsolidierte die Deutsche Telekom AG zur Verteidigung der Marktposition und Bindung der Bestandskunden ihr bislang fragmentiertes Kundenbeziehungsmanagement in den endkundenspezifischen Geschäftsfeldern der T-Com, T-Mobile und T-Online. Hierdurch sollten die Voraussetzungen geschaffen werden, die geschäftsfeldtypischen *vertraglichen Kundenbindungsstrategien* um umfassende strategische Möglichkeiten, welche auf eine einheitliche Sicht der wesentlichen Customer Insights zurückgreifen, zu erweitern.

Aufgrund vielfach hoher Investitionen in IT-Systeme und weitere technische Anbindungen ist der Erfolgsdruck auf das Kundenbeziehungsmanagement allgemein entsprechend hoch. Vor diesem Hintergrund erscheint es umso erstaunlicher, dass Implementierungen teilweise oder sogar gänzlich fehlschlagen. Neben zu hohem Erwartungsdenken ist besonders die organisatorische Verankerung und Einbindung erfolgskritisch. Dabei stellt sich die organisatorische und prozessuale Herausforderung in Unternehmen mit mehreren Geschäftsfeldern wie der Telekom AG, die dem Kunden gegenüber isoliert, intern aber vernetzt auftreten, in hohem Maße. Die Implementierung und Umsetzung des Kundenbeziehungsmanagements kann häufig nur dann erfolgreich sein, wenn gleichzeitig die Organisation durch ein *Change Management* flankiert und dabei die Kundenorientierung der gesamten Organisation weiter entwickelt wird. Hierfür wurde ein neuer Bereich mit Führungsverantwortlichem eingerichtet, welcher direkt dem Vorstand der Telekom AG inhaltlich und disziplinarisch untergeordnet war. Somit ist zu konstatieren, dass das Kundenbeziehungsmanagement bei der Telekom AG strategisch für den deutschen Ländermarkt in einem Lenkungskreis *zentral koordiniert* wird. Dem gegenüber erfolgt eine *dezentrale operative Ausgestaltung* in den Einheiten der jeweiligen Geschäftsbereiche. Dem Kundenbeziehungsmanagement-Bereich kommt hier die Aufgabe einer Koordinationsstelle zu. Aufgaben sind die Abstimmung gemeinsamer Ziele, die Schaffung von Transparenz zwischen den Bereichen sowie die Steuerung zentraler Kundenbeziehungsaktivitäten.

Diesem Change Management lagen mehrere Erfolgsfaktoren zu Grunde: So wurde für die schnelle Umstellung ein Kundenbeziehungsmanagement-Maßnahmenkatalog erarbeitet, bei dem alle Bereiche involviert waren. Inhaltlich wurden Milestones verabschiedet, die eine zügige und gemeinsame Strategie aufzeigten. Weiterhin kam der regelmäßigen Kommunikation der Erfolge im Kundenbeziehungsbereich eine besondere Stellung zu. Mangelnde Personalressourcen wurden durch Umschulungen vorhandener Mitarbeiter aus dem Direktmarketingbereich kompensiert. Somit stellt sich der Bereich Organisation als Best Practice dar, insbesondere vor dem Hintergrund, dass das Kundenbeziehungsmanagement keine Realisierung von Kosteneinsparungen, sondern als ein Investitions- und Wachstumsprogramm angesehen wird. Die Bündelung von unternehmensinternen Ressourcen zu Kernkompetenzen in der kundenorientierten Organisationsstruktur ist dabei ein deutliches Differenzierungsmerkmal und führt in der Konsequenz einer gezielten Bearbeitung von Kunden zu strategischen Wettbewerbsvorteilen.

3.2   Best Practice in der Neukundenakquisition

Als zweites Best-Practice-Unternehmen wird das als offenes und nicht unternehmensgebundenes zu charakterisierende Bonusprogramm Payback vorgestellt, welches von der Loyalty Partner GmbH betrieben wird. Bei Payback handelt es sich um ein Multipartner- und Bonusprogramm, d. h. Partner aus unterschiedlichen Branchen haben sich in einem Bonusprogramm zusammengeschlossen. Die teilnehmenden Unternehmen stammen in der Mehrzahl aus dem Handelsbereich. Seit dem Programmstart hat sich Payback mit mehr als 28 Mio. Karten und 20 Mio. Mitgliederkonten im deutschen Markt zu einem der größten Multipartnerprogramme in Europa entwickelt. Payback ist nach einer Studie von JP Morgan mit 35 Prozent Marktanteil eines der bekanntesten Kundenbindungsprogramme in Deutschland. Durch die Neuartigkeit der Verbundlösung und die hieraus möglich gewordenen Erfolgskennziffern kann das Programm als

Pionier im Multipartnerprogrammbereich eingeordnet werden. Der Markteintritt im Jahr 2000 ist jedoch vor dem Hintergrund bereits mehrjährig etablierter Kundenbindungsinstrumente einer *späten Folgerstrategie* zuzuordnen. Vor diesem Hintergrund ist zu prüfen, ob Payback Erfahrungsvorteile von Wettbewerbern nutzen und das eigene Programm professioneller aufstellen konnte.

Die Payback-Kundenkarte wird interessierten Kunden kostenlos angeboten und über die zahlreichen Partner sowie der damit verbundenen hohen Ubiquität an wichtigen Kundenkontaktpunkten zugänglich gemacht. Daneben können Programminteressierte das so genannte Enrollment-Kit auch über das Internet anfordern. Dabei erfährt das Programm hohe Anreizwirkungen durch das umfassende Partnerportfolio und die dadurch gegebene hohe Einsetzbarkeit im Alltag der Kunden. Ursächlich hierfür ist, dass die Partner von Payback einen Großteil der Konsumausgaben der privaten Haushalte abdecken und somit eine häufige Erlebbarkeit des Karteneinsatzes bieten. Payback ermöglicht es den teilnehmenden Unternehmen, ihre gesamten Kundenbeziehungsmanagementaktivitäten und insbesondere das Direktmarketing effizienter zu gestalten. So wird durch die große Anzahl von Kunden die *Akquisition von Neukunden* für das jeweilige Unternehmen erleichtert, da die Unternehmen auf eine breite Basis von gesammelten Stamm- und Transaktionsdaten der Partner zurückgreifen können.

Ein Multipartnerprogramm bzw. branchenübergreifendes Bonusprogramm kann letztlich drei *Wettbewerbsvorteile* auf Partnerunternehmen oder Kundenebene generieren, die sich wie folgt einordnen lassen: Erstens können auf Seite der teilnehmenden Unternehmen immense Kostendegressionseffekte beim Aufbau und Betrieb des Programms durch mehrere Partner erzielt werden. Zweitens ergibt sich kundenseitig der Vorteil, zusätzliche Serviceangebote zu nutzen, welche in speziellen Leistungen des Multipartnerprogramms, wie z. B. exklusiver Beratung, liegen können. Letztlich ist ein komparativer Konkurrenzvorteil gegenüber unternehmensgebundenen Bonusprogrammen darin zu sehen, dass die Kunden schneller Bonuspunkte sammeln können, um so zeitnah für ihre Treue in Form von Prämien, Coupons etc. belohnt zu werden. Hierbei wird deutlich, dass sowohl die Anreizschaffung durch den einfachen Zugang sowie durch die Ausgestaltung des Prämienangebotes als auch eine Überzeugung des Kunden durch die Darstellung der Leistungsverbunde der teilnehmenden Unternehmen den strategischen Optionen bei der Neukundengewinnung entspricht. Zudem versprechen symbolische Anreize durch die starken Marken der Teilnehmer sowie faktische Anreize durch die Vergabe von zusätzlichen Bonuspunkten eine höhere Wahrscheinlichkeit der Neukundengewinnung.

3.3 Best Practice in der Kundenbindung

Als weiteres Unternehmen wurde die Lufthansa AG untersucht, bei der mit dem Kundenbindungsprogramm *Miles&More* eines der erfolgreichsten Programme mit langjähriger Anbietererfahrung vorliegt. Bereits 1993 hat die Lufthansa AG ihr Frequent-Flyer-Programm Miles&More eingeführt. Als ursächlich für die Einführung ist dabei der gestiegene Wettbewerb im Luftverkehr anzusehen, der es notwendig machte, Kunden wesentlich effizienter zu gewinnen, zu identifizieren und zu entwickeln, um diese letztendlich zu binden. Verstärkend kamen eine wachsende Austauschbarkeit der Kernleistung und eine abnehmende Markentreue der Kunden im Aviationbereich hinzu. Die weitere Durchsetzung eines Preispremiums bedingte neben dem Ausbau der Marke ein individualisiertes Kundenbeziehungsmanagement in Form eines *Kundenbindungsprogramms*. Die Einführung und Forcierung des Kundenbeziehungsmanagements bei der Lufthansa AG ist trotz der frühen Positionierung auf dem deutschen Markt als eine *Folgerstrategie* anzusehen, da internationale Wettbewerber bereits einige Jahre zuvor erfolgreich entsprechende Strategien eingeführt haben.

Als Zielsetzung von Miles&More ist die langfristige Kundenbindung durch gezielte Anreize und ein effizientes sowie an Kundenbedürfnissen ausgerichtetes Beziehungsmanagement zu konstatieren. Zielgruppenspezifisch fokussiert die Lufthansa sowohl die Top- als auch die preisaffinen Basiskunden. Die Lufthansa AG hat dabei einen sehr großen Teil ihrer Kunden über Miles&More erfasst. Dieses Kundenbindungsprogramm zeichnet sich durch eine vom Kunden gelernte Programmfunktionsweise aus, welche eine Bonus- und Statuskomponente beinhaltet. Die *Bonusfunktion* findet sich beim Sammeln von so genannten Prämienmeilen wieder. Dabei orientiert sich die Vergabe der Prämienmeilen an der Anzahl der geflogenen Flugmeilen, der gebuchten Serviceklasse und an einer Buchungsklasse. Mit diesem Vorgehen incentiviert die Lufthansa höherwertige Tickets stärker als geringwertigere Tickets. Die gesammelten Prämienmeilen können vom Kunden durch Prämien in einem sehr umfangreichen Prämienportfolio eingelöst werden. Mit den *Statusmeilen* hingegen erhalten die Kunden von Lufthansa zusätzliche Anreize zur Bindung und Intensivierung ihres Nutzungsverhaltens, indem vier erreichbare Statusklassen mit attraktiven Exklusivitätsleistungen eingeführt wurden. Diese Statuslogik ermöglicht es der Lufthansa, die wichtigsten Kunden entlang der Servicekette sowie der Kundenkontaktpunkte zu identifizieren und zu differenzieren. Dabei entspricht die Intensität der Bearbeitung der Kunden dem jeweiligen Kundenwert, der folglich die zentrale Steuerungsgröße darstellt.

Zur gezielten Kundenansprache besitzt die Lufthansa daher detaillierte *Kundenwert- bzw. Customer-Equity-Modelle*, welche auf Basis der langjährigen Erfahrung sukzessive optimiert und somit als Vorteile der Pionierstrategie im nationalen Wettbewerb genutzt werden konnten. Darauf aufbauend umfasst das Kampagnenmanagement der Lufthansa verschiedene Aktionen zur wert- und potenzialorientierten Steuerung der

Kunden. Zum einen werden in diesem Rahmen so genannte Basisaktionen genutzt, welche relativ undifferenzierte Kampagnen, wie z. B. das Welcome Mailing für neue Miles&More-Kunden, umfassen. Daneben werden mittels Analysen vergangenheitsbezogener Daten kundenindividuelle Anreize zur Steigerung bzw. Steuerung des Flugverhaltens gegeben. Zur Umsetzung und Abwicklung dieser kundenindividuellen Zielkundenaktionen besitzt die Lufthansa eine zentrale und integrierte Struktur des Datenhaushalts bzw. der Systemarchitektur, sodass eine ganzheitliche Kundensicht an fast allen Kontaktpunkten möglich ist. In diesem Kontext werden die Daten in unterschiedlich aggregierten Stufen an die diversen Kundenkontaktpunkte in Echtzeit distribuiert. Auch an diesem Best-Practice-Unternehmen wird deutlich, wie strategische Optionen der Kundenbindung erfolgreich umgesetzt werden können. So ist zum einen eine *ökonomische Gebundenheit* aufgrund der Prämienmeilen festzustellen, die für Leistungen der Lufthansa AG verwendet werden können und bei einer längerfristigen Inaktivität verfallen. Zum anderen gibt es eine aktive Förderung der Verbundenheitsbeziehung durch eine starke Marke im Aviationbereich sowie durch das sehr gut strukturierte Statusprogramm, das eine sukzessive Steigerung der Exklusivleistungen verspricht.

3.4 Best Practice im Kampagnenmanagement

Als führender Mobilitäts-Dienstleister ist der ADAC e. V. in Deutschland in einer Vielzahl heterogener Geschäftsfelder aktiv. Diese umfassen dabei beispielsweise die klassischen Auto-Services, die Autovermietung, die Luftrettung sowie den ADAC Verlag. Der ADAC e. V. ist in insgesamt 18 Regionalclubs föderal gegliedert, wobei die Regionen weitestgehend unabhängig vom Zentralverband agieren können. Hieran wird deutlich, dass es sich beim ADAC nicht nur um einen Anbieter diverser Leistungen, sondern auch um einen Verein mit deutschlandweit circa 16 Mio. Mitgliedern und somit um das Beziehungsmanagement zu Mitgliedern an Stelle von Kunden handelt.

Vor diesem Hintergrund stellt sich eine besondere Situation für das Kundenbeziehungsmanagement dar: Der ADAC verfolgt seit über 20 Jahren den Gedanken der kundenorientierten Unternehmensführung und zeichnet sich durch eine kundenorientierte Unternehmensstrategie aus. Somit ist der ADAC tendenziell als Pionier hinsichtlich der Einführung des Kundenbeziehungsgedankens einzuordnen, jedoch sind komplexe Kundenbeziehungsmanagement-Systeme erst seit circa fünf Jahren implementiert. Dieses umfasst im Wesentlichen die Dokumentation von Kundenreaktionen und ist primär auf die Schaffung einer Verbundenheit und weniger einer Gebundenheit ausgerichtet. Als Best Practice kann in diesem Zusammenhang das Kampagnenmanagement angesehen werden. Dieses zeichnet sich durch ein dreigliedriges Vorgehen zur Minimierung von Streuverlusten und somit zur optimalen Allokation der Marketingbudgets aus. In der ersten Stufe – dem Pre-Test – steht dem ADAC ein hoher

EUR-Betrag pro Jahr zur Verfügung. Hier testet der ADAC eine geplante Aktion mit vier bis fünf verschiedenen Mailingkonzepten in einer kleinen Testgruppe. Dieser Test erfolgt zeitlich weit im Vorfeld vor dem eigentlichen Start der Kampagne. Bei dieser ersten Stufe werden die Reaktion und das Responseverhalten der selektierten Kunden auf die unterschiedlichen Mailingvarianten gemessen. Falls ein Mailing erfolgreich war, wird dieses für die zweite Stufe – den *Dry Test* – adaptiert, welcher ein Jahr vor der eigentlichen Kampagne startet. Somit stellt der ADAC sicher, dass die Kampagne zeitlich in die gleichen Umfeldbedingungen fällt wie die später durchzuführende Kampagne. Dieser Dry Test dient dazu, die Nachfrage nach beworbenen Produkten zu ermitteln. Jedoch werden Alternativangebote bei real eingegangenen Bestellungen offeriert. Die dritte und letzte Stufe beinhaltet den so genannten *Wet Test*, welcher die Angebote lediglich in limitierter Auflage zur Verfügung stellt und eine eventuelle Übernachfrage erst im Nachhinein bedienen kann. Dieses Vorgehen erlaubt es dem ADAC zum einen, die Bedarfsmengen einer Kampagne besser zu prognostizieren und zum anderen, das Risiko einer schlechten Responsequote effizient zu minieren.

4. Fazit und Perspektiven des Kundenbeziehungsmanagements

Die alleinige Fokussierung auf interne oder externe Aspekte zur wertorientierten Steuerung von Kundenbeziehungen greift angesichts der aufgezeigten Herausforderungen deutlich zu kurz. Die Philosophie des Kundenbeziehungsmanagements setzt folglich nicht mehr an das Erreichen einzelner Erfolgspositionen, sondern vielmehr an der Erzielung von *mehrdimensionalen Wettbewerbsvorteilen* an. Hierzu stehen den Unternehmen verschiedene strategische Stoßrichtungen zur Verfügung, die insbesondere auf Basis *eines intelligenten Ressourceneinsatzes* sowie unter Ausnutzung von *zeitlichen Vorsprüngen* komparative Wettbewerbsvorteile eröffnen können.

Auf Basis der Best-Practice-Beispiele können insgesamt vier zentrale Voraussetzungen, die den Erfolg eines Kundenbeziehungsmanagements nachhaltig determinieren, identifiziert werden (Abbildung 2):

Abbildung 2: *Erfolgsvoraussetzungen des Kundenbeziehungsmanagements*

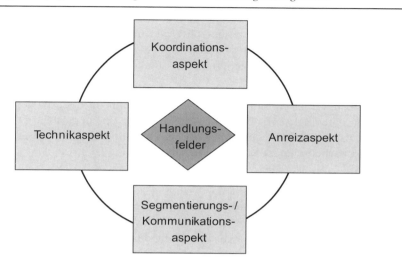

■ Zunächst ist hiermit der *Koordinationsaspekt* angesprochen, der zum einen die Steuerung der internen und externen Prozesse und zum anderen auch das Kundenbeziehungsmanagement als Philosophie umfasst. Grundlegend ist die Schaffung organisatorischer Voraussetzungen für ein effektives und effizientes Kundenbeziehungsmanagement zu gewährleisten. Hierbei muss eine Kundenorientierung in sämtlichen Back-Office-Bereichen sowie Kundenkontaktpunkten verfolgt werden, um Wettbewerbsvorteile aufbauen und halten zu können. Die organisationalen Anforderungen bilden letztlich die Grundlage für eine interfunktionale Koordination hinsichtlich der kundenorientierten Prozesse. Hiermit ist die Abstimmung zwischen Geschäfts- oder Unternehmensbereichen angesprochen, die eine Gesamtsicht auf die Kunden generieren und nutzen müssen.

■ Darüber hinaus konnte ein ausgewogenes Anreiz-Beitrags-Verhältnis als erfolgsbestimmend identifiziert werden. Hierbei kommt dem Beziehungsnutzen sowohl aus Kunden- als auch aus Anbietersicht im Sinne eines *Anreizaspektes* eine entscheidende Rolle zu. Dabei besitzt die frühzeitige und kontinuierliche Einbindung von Wissen des Kunden im Sinne einer Customer Integration neuartige Möglichkeiten zur Differenzierung und Generierung von Markteintrittsbarrieren gegenüber Wettbewerbern. Schließlich kann das Kundenwissen gezielt in Innovationen einfließen und den Kundenbedürfnissen noch besser gerecht werden.

■ Weiterhin dient die Erfassung und Bewertung auf kundenindividueller Ebene einer wertorientierten Steuerung der Kundenbeziehung. Customer Insights verstanden als Wissen über den Kunden besitzt in diesem Zusammenhang eine wesentliche Bedeutung zum Aufbau von Wechselbarrieren oder von emotionaler Gebundenheit. Als wesentlich erscheint die Schaffung eines ausgewogenen Kundenportfolios, welches entsprechend unternehmensspezifischer und wettbewerbsorientierter Gesichtspunkte gesteuert werden muss. Als Basis hierfür kann der *Segmentierungs- und Kommunikationsaspekt* angesehen werden, welcher sich durch den Einsatz vom Kunden präferierter Kommunikationsmedien auszeichnet.

■ Schließlich ist unter dem *Technikaspekt* die Schaffung der IT- und systemseitigen Voraussetzungen zu subsumieren, der sowohl ein einheitliches Data Warehouse als auch die Nutzung neuer Technologien beinhaltet. Leistungsfähige Datenbanken bieten entsprechende Möglichkeiten zur kundenindividuellen Ansprache und gezielten Ausschöpfung der Kundenbeziehung.

Zur Erlangung des Wettbewerbsvorteils Kundenbeziehungsmanagement ist somit eine Abkehr von der isolierten Umsetzung von Einzelansätzen gefordert und die integrierte Betrachtung der Timing- sowie Kundenbeziehungsstrategien notwendig. Nicht die Einzeltransaktion, sondern die langfristige Beziehung zum Kunden sollte im Zentrum der Marketingaktivitäten stehen. Dabei stellt das Kundenbeziehungsmanagement an sich keinen Selbstzweck dar, sondern ist vielmehr als *Value-added* zu interpretieren und zu implementieren, um die als nutzenstiftend wahrgenommene Kern- oder Hauptleistung im Wettbewerb zusätzlich zu differenzieren. Dabei hat die Bewertung und Quantifizierung des Erfolgsbeitrages des Kundenbeziehungsmanagements, verstanden als zusätzlicher Nutzen, in der wissenschaftlichen Diskussion bisher wenig Beachtung gefunden und bedarf somit in Zukunft einer intensiven Auseinandersetzung.

Literaturverzeichnis

Backhaus, K. (1997): Relationship Marketing. Ein neues Paradigma im Marketing?, in: Bruhn, M./Steffenhagen, H. (Hrsg.): Marktorientierte Unternehmensführung. Reflexionen, Denkanstöße, Perspektiven, Festschrift für Heribert Meffert zum 60. Geburtstag, Wiesbaden, S. 19-35.

Backhaus, K./Schneider, H. (2007): Strategisches Marketing, Stuttgart.

Berry, L.L. (1995): Relationship Marketing of Services. Growing Interest, Emerging Perspectives, in: Journal of the Academy of Marketing Science, Vol. 23, No. 4, S. 236-245.

Bruhn, M. (2001): Relationship Marketing, München.

Bruhn, M. (2009): Relationship Marketing, 2. Aufl., München.

Diller, H. (1996): Kundenbindung als Marketingziel, in: Marketing, Zeitschrift für Forschung und Praxis, 18. Jg., Nr. 2, S. 81-94.

Gröppel-Klein, A./Weinberg, P./Terlutter, R. (2008): Verhaltenswissenschaftliche Aspekte der Kundenbindung, in: Bruhn, M./Homburg, C. (Hrsg.): Handbuch Kundenbindungsmanagement. Strategien und Instrumente für ein erfolgreiches CRM, 6. Aufl., Wiesbaden, S. 41-76.

Helm, S./Günter, B. (2001): Kundenwert – eine Einführung in die theoretischen und praktischen Herausforderungen der Bewertung von Kundenbeziehungen, in: Günter, B./Helm, S. (Hrsg.): Kundenwert. Grundlagen, Innovative Konzepte, Praktische Umsetzungen, Wiesbaden, S. 3-35.

Hungenberg, H. (2004): Strategisches Management in Unternehmen. Ziele, Prozesse, Verfahren, Wiesbaden.

Jeschke, K. (1995): Nachkaufmarketing. Kundenzufriedenheit und Kundenbindung auf Konsumgütermärkten, Frankfurt a. M. u. a.

Krafft, M. (2007): Kundenbindung und Kundenwert, Heidelberg.

Meffert, H. (1988): Strategische Unternehmensführung und Marketing. Beiträge zur Marktorientierten Unternehmenspolitik, Wiesbaden.

Meffert, H. (2008): Kundenbindung als Element moderner Wettbewerbsstrategien, in: Bruhn, M./Homburg, C. (Hrsg.): Handbuch Kundenbindungsmanagement. Strategien und Instrumente für ein erfolgreiches CRM, 6. Aufl., Wiesbaden, S. 157-180.

Meffert, H./Bruhn, M. (2009): Dienstleistungsmarketing. Grundlagen, Konzepte, Methoden, 6. Aufl., Wiesbaden.

Meffert, H./Burmann, C./Kirchgeorg, M. (2008): Marketing. Grundlagen marktorientierter Unternehmensführung, Wiesbaden.

Meyer, A./Oevermann, D. (1995): Kundenbindung, in: Tietz, B./Köhler. R./Zentes, J. (Hrsg.): Handwörterbuch des Marketing, Stuttgart, S. 1340-1351.

Nießing, J. (2006): Kundenbindung im Verkehrsdienstleistungsbereich. Ein Beitrag zum Verkehrsmittelwahlverhalten von Bahnreisenden, Wiesbaden.

Oelsnitz, D. (2000): Strategische Interaktionen zwischen Eintrittszeitpunkt und Eintrittsbarrieren, in: Oelsnitz, D. (Hrsg.): Markteintritts-Management. Probleme, Strategien, Erfahrungen, Stuttgart.

Plinke, W. (1997): Grundlagen des Geschäftsbeziehungsmanagemnts, in: Kleinaltenkamp, M./Plinke, W. (Hrsg.): Geschäftsbeziehungsmanagement, Berlin, Heidelberg, S. 1-61.

Zander, I./Zander, U. (2005): The Inside Track. On the Important (But Neglected) Role of Customers in the Resource-Based View of Strategy and Firm Growth, in: Journal of Management Studies, Vol. 42, No. 8, S. 1519-1548.

Bernd Stauss

Internes Relationship Management – Das Beziehungsmanagement interner Dienstleister

1. Problemstellung

2. Interne Dienstleistungen
    2.1   Definition „Interne Dienstleistungen"
    2.2   Dienstleistungen der internen Revision als Beispiel
    2.3   Typen interner Dienstleistungen

3. Konzept des Relationship Marketing bzw. Relationship Managements

4. Relevanz eines Internen Relationship Managements (IRM) für interne Dienstleister
    4.1   Workflow Services
    4.2   Off-Stream Services
          4.2.1   Consulting Services
          4.2.2   Auditing Services

5. Förderung oder Gefährdung der externen Kundenorientierung durch Internes Relationship Marketing?

Prof. Dr. Bernd Stauss ist Inhaber des Lehrstuhls für Allgemeine Betriebswirtschaftslehre und Dienstleistungsmanagement an der Wirtschaftswissenschaftlichen Fakultät der Katholischen Universität Eichstätt-Ingolstadt.

1. Problemstellung

Seit Jahren bekennen sich Unternehmen, die auf umkämpften Wettbewerbsmärkten agieren, zu den Zielen der Kundenorientierung und Kundenzufriedenheit. Grundsätzlich ist damit der Aufgabenbereich des Marketing angesprochen, das sich als eine Führungskonzeption versteht, mit deren Hilfe Unternehmen konsequent auf die Bedürfnisse (externer) Kunden ausgerichtet werden. Doch in der Realität wird dieser konzeptionelle Anspruch nicht eingehalten. Das Marketing beschränkt sich weitgehend auf die Entwicklung und den Einsatz externer marktbezogener Instrumente (Marketingmix), während die interne Förderung und Durchsetzung kundenorientierten Denkens und Handelns nicht als Marketingaufgabe verstanden wird. Die Erfahrung zeigt jedoch, dass die kundenbezogenen Ziele verfehlt werden, wenn nicht auch die innerbetrieblichen Subsysteme und Prozesse konsequent kundenorientiert ausgerichtet werden, und wenn es den Mitarbeitern an kundenorientierten Einstellungen und Verhaltensweisen mangelt. Interne Kundenorientierung erweist sich somit als wesentlicher Treiber der externen Kundenorientierung (Vandermerve/Gilbert 1991; Bruhn 2003a; Bruhn/Georgi 2008; Johnston 2008). Auf der Basis dieser Erkenntnis gewinnt die Überzeugung immer mehr an Bedeutung, dass die auf den externen Kunden bezogene Marketingperspektive einer internen Ergänzung bedarf, eines internen Marketing.

Internes Marketing ist ein Sammelbegriff für die planmäßige Gestaltung unternehmensinterner Austauschbeziehungen (Stauss/Schulze 1990; Bruhn 1995, 1999, 2001). Mit diesem breiten Begriffsverständnis sind konzeptionelle Varianten vereinbar, die sich sowohl hinsichtlich der betrachteten internen Kundengruppe als auch hinsichtlich des Marketingverständnisses unterscheiden (Gremler et al. 1994; Stauss 1995a; Rafiq/Ahmed 2000). In Bezug auf die internen *Kundengruppen* haben zwei Varianten besondere Aufmerksamkeit gefunden: das Personalorientierte Marketing und das Marketing interner Leistungen. Das *Personalorientierte interne Marketing* bezeichnet die Übertragung des Marketingkonzepts auf die Gestaltung der Beziehungen zu Mitarbeitern. Das wesentliche Ziel liegt hier darin, bei Mitarbeitern eine kundenorientierte Einstellung und ein entsprechendes, auf Kundenzufriedenheit ausgerichtetes Verhalten zu fördern. Dieses Konzept hat insbesondere im Dienstleistungskontext Bedeutung erlangt, wo die Dienstleistung vielfach im direkten Kontakt zwischen Mitarbeitern und Kunde produziert wird und somit das Mitarbeiterverhalten den Qualitätseindruck und die Zufriedenheit des Kunden maßgeblich beeinflusst (Berry 1984; Stauss 2000a; Herington et al. 2006; Papasolomou/Vrontis 2006; Gounaris 2008a, 2008b).

Die Variante des *Marketing interner Leistungen*, die ihre konzeptionelle Quelle im Total Quality Management (u. a. Frehr 1994; Kamiske 1994) hat, betrachtet die internen Produzenten von Leistungen als interne Dienstleister und die internen Abnehmer als interne Kunden. Insofern geht es in dem Ansatz um die kundenorientierte Ausrichtung interner Prozesse und Dienstleistungen im Sinne einer planmäßigen Gestaltung interner Kunden-Lieferanten-Beziehungen (Neuhaus 1996; Künzel 1999, 2002). Diese Variante des internen Marketing steht im Fokus des vorliegenden Beitrags.

Nachdem damit die interne Kundengruppe festgelegt ist, gilt es das Marketingverständnis zu klären. In der Diskussion des internen Marketing werden implizit oder explizit sehr unterschiedliche Perspektiven eingenommen, die von einem Transfer des Marketinginstrumentariums bis zur grundsätzlichen Forderung nach einer Orientierung des Unternehmens an den Bedürfnissen interner Kunden reichen (Stauss 1995a). Kaum diskutiert wurde bisher jedoch, ob das in den letzten Jahren in Bezug auf externe Kunden bezogene Konzept eines Beziehungsmarketing (Relationship Marketing) auch sinnvoll auf das Marketing interner Leistungen übertragen werden kann. Deshalb soll hier geprüft werden, inwiefern die konzeptionellen Grundlagen des Relationship Marketing auch bei internen Kunden-Lieferanten-Beziehungen gültig sind. Dabei wird insbesondere untersucht, für welche Typen interner Dienstleistungen ein *Internes Relationship Marketing* sinnvoll erscheint. Darüber hinaus wird knapp diskutiert, ob dessen Anwendung tatsächlich zwangsläufig zu einer konsequenten Orientierung des Gesamtunternehmens an den Bedürfnissen und Erwartungen externer Kunden führt.

2. Interne Dienstleistungen

2.1 Definition „Interne Dienstleistungen"

Zur Festlegung des Begriffs „Interne Dienstleistungen" ist zunächst das Dienstleistungsverständnis zu klären. Zwar hält die Diskussion um eine fruchtbare Definition von Dienstleistungen an, doch es herrscht ein gewisser Konsens, dass sich Dienstleistungen durch spezifische charakteristische Merkmale auszeichnen, zu denen insbesondere Intangibilität und Kundenbeteiligung gehören. So definiert Hentschel (1992, S. 26) Dienstleistungen als „Produkte, die des direkten Kontakts zwischen Anbieter und Nachfrager bedürfen und sich vor, während und nach dem Kontakt als überwiegend intangibel darstellen". Dieses Dienstleistungsverständnis wird auch in Bezug auf Interne Dienstleistungen beibehalten, allerdings vollzieht sich die Leistungserstellung innerhalb eines anderen institutionellen Rahmens. Interne Dienstleistungen werden nicht (primär) auf externen Märkten angeboten, sondern für Abnehmer innerhalb des Unternehmens produziert. Dementsprechend können interne Dienstleistungen in Anlehnung an Witt (1988, S. 660) als solche Leistungen verstanden werden, die gemäß einer Stellen- oder Tätigkeitsbeschreibung von einer Organisationseinheit für andere Einheiten dieser Organisation erstellt werden.

Traditionell haben sich unternehmerische Organisationseinheiten – wie Bereiche oder Abteilungen – nicht als Dienstleister gesehen, sondern vielfach eher als quasi autonom agierende Produzenten. Dies begann sich erst im Zuge einer Entwicklung zu ändern, in der sich Unternehmen immer stärker auf ihre Kernkompetenzen konzentrieren und weniger relevant eingeschätzte Aktivitäten mit geringer Wertschöpfung outsourcen. Denn mit dieser Entwicklung werden Leistungsumfang oder gar Existenz von Einheiten in Frage gestellt und interne Anbieter haben Anlass, ihre internen Abnehmer als Kunden zu begreifen und ein eigenständiges internes Marketing zu entwickeln. Dementsprechend werden entsprechende Überlegungen beispielsweise für IT-Dienstleistungen (Neuhaus 1996; Dous 2007), Human Resources (Collins/Payne 1991; Glassman/McAfee 1992; Stauss/Neuhaus 1999), Forschung und Entwicklung (Gupta/Rogers 1991) oder die Kostenrechnung (Homburg et al. 2000) angestellt. Analoges gilt für den Bereich der Internen Revision, die nachfolgend als illustrierendes Beispiel dargestellt wird.

2.2 Dienstleistungen der internen Revision als Beispiel

„Die interne Revision erbringt unabhängige und objektive Prüfungs- und Beratungsdienstleistungen, welche darauf ausgerichtet sind, Mehrwerte zu schaffen und die Geschäftsprozesse zu verbessern. Sie unterstützt die Organisation bei der Erreichung ihrer Ziele, indem sie mit einem systematischen und zielgerichteten Ansatz die Effektivität des Risikomanagements, der Kontrollen und der Führungs- und Überwachungsprozesse bewertet und diese verbessern hilft" (IRR o.J.; Kreikebaum 1996). In dieser Definition des Deutschen Instituts für interne Revision wird explizit auf den Dienstleistungscharakter der Aufgaben hingewiesen. So ist von Prüfungs- und Beratungsdienstleistungen die Rede, die weiter folgendermaßen konkretisiert werden (IRR 2002; 2005, S. 62ff.):

- *Financial Auditing:* Prüfungen der Finanz- und Vermögenslage sowie der Zuverlässigkeit des Rechnungswesens und daraus abgeleiteter Informationen,

- *Operational Auditing:* Prüfungen der Qualität, Sicherheit, Ordnungsmäßigkeit, Wirtschaftlichkeit und Funktionalität der Strukturen, Prozesse und Systeme,

- *Management Auditing:* Prüfungen der Managementleistungen im Hinblick auf die Strategie und Zielsetzung der Organisation und die Umsetzung der geschäftspolitischen Vorgaben,

- *Internal Consulting:* Begutachtung von Projekten, Strukturen und Prozessen und damit verbundene Beratung der Organisation.

Diese Dienstleistungen der Internen Revision (Revisionsleistungen) weisen einen hohen Grad an Intangibilität und Kundenbeteiligung auf. Sie sind *intangibel*, da es primär um die Erstellung, Verarbeitung und Bewertung nicht materieller Informationen geht. Damit handelt es sich bei Revisionsleistungen in der Regel um Erfahrungsgüter, die erst während oder nach Leistungserstellung beurteilbar sind, bzw. um Vertrauensgüter, die vom internen Kunden überhaupt nicht mit Sicherheit beurteilt werden können. Zudem bedürfen Revisionsleistungen der Kundenbeteiligung, weil interne Kunden sich und ihr Wissen in den Revisionsprozess einbringen müssen. Der Revisionsprozess erfordert eine zeitliche und inhaltliche Abstimmung zwischen internen Revisoren und internen Nachfragern, sowie in der Regel auch eine persönliche, soziale Interaktion zwischen den Beteiligten (Henneberg 2002). Die von der internen Revision erfüllten Aufgaben weisen somit eindeutig Dienstleistungscharakter auf, und da diese Leistungen für andere interne Organisationseinheiten erstellt werden, handelt dieser unternehmerische Funktionsbereich als interner Dienstleister.

2.3 Typen interner Dienstleistungen

Die Frage eines Transfers von Marketingkonzepten auf interne Dienstleistungen kann nicht generell, sondern nur unter Beachtung des jeweiligen Typs interner Dienstleistungen beantwortet werden. Für die Typenbildung sind insbesondere drei Unterscheidungskriterien heranzuziehen:

(1) die Einbindung in unternehmerische Prozesse (Sayles 1964; Davis 1993; Stauss 1995b),

(2) die inhaltliche Ausrichtung der Dienstleistung und

(3) die hierarchische Stellung des Kunden.

In Anwendung des Kriteriums der *Einbindung in unternehmerische Prozesse* ist zwischen sequenzintegrierten und sequenzunabhängigen internen Dienstleistungen zu unterscheiden. *Sequenzintegrierte interne Dienstleistungen ("Workflow Services")* werden von verschiedenen Personen/Organisationseinheiten in einer relativ starr vorgegebenen Reihenfolge innerhalb eines definierten Prozesses erstellt (Abbildung 1).

Abbildung 1: *Sequenzintegrierte interne Dienstleistungen (Workflow Services)*

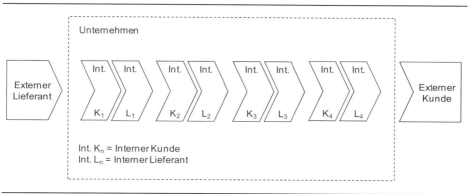

Sequenzunabhängige interne Dienstleistungen („Off-Stream Services") sind nicht in starre Prozessketten eingebunden, sondern werden im Rahmen eines relativ breit definierten Leistungsspektrums geliefert, wobei Zeitpunkt, Quantität und Qualität des Angebots vom internen Kunden und/oder Lieferanten situationsangepasst festgelegt werden können (Abbildung 2).

Abbildung 2: *Sequenzunabhängige interne Dienstleistungen (Off-Stream Services)*

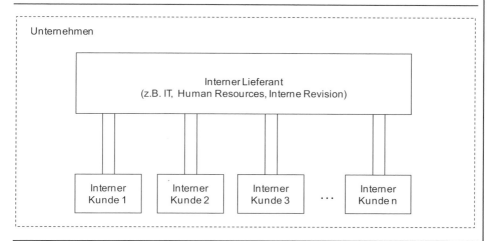

Nach der inhaltlichen Ausrichtung ist zwischen Beratungs- und Kontrollleistungen zu unterscheiden. *Beratungsleistungen („Consulting Services")* dienen dazu, andere Organisationseinheiten und ihre Mitarbeiter in die Lage zu versetzen, die von diesen erwartete Leistung überhaupt bzw. mit verbesserter Qualität zu erbringen. In diesem Fall fragt ein interner Kunde (z. B. die Leitung eines Geschäftsbereichs) bei internen Dienstleistern (z. B. bei der Internen Revision) unterstützende Dienstleistungen (z. B. Beratung oder Problemlösung) nach (Abbildung 3).

Abbildung 3: *Beratungsleistungen (Consulting Services)*

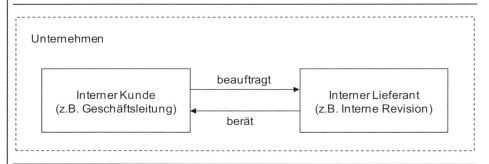

Demgegenüber haben *Kontrollleistungen ("Auditing Services")* die Funktion, die Leistung von Abteilungen und/oder Mitarbeitern zu überwachen und zu bewerten. Allerdings können die überwachten und kontrollierten Einheiten allenfalls als *„interne Kunden zweiter Ordnung"* angesehen werden. Denn nicht die überwachte Einheit ist Auftraggeber, sondern eine vorgesetzte Stelle (z. B. die Geschäftsleitung). In diesem Fall ist die beauftragende Stelle der interne Kunde (erster Ordnung), und die vom internen Dienstleister diesem Kunden zu liefernde Leistung hat den Charakter einer Beratungsleistung. Insofern haben Kontrollleistungen einen Doppelcharakter: In Bezug auf die überwachten Einheiten handelt es sich um Auditing Services, doch die Bereitstellung der gewonnenen Informationen für die Geschäftsleitung stellt aus Sicht dieses internen Kunden eine Beratungsleistung dar, der sie in die Lage versetzt, die überwachte Einheit besser zu steuern (Abbildung 4).

Abbildung 4: *Kontrollleistungen (Auditing Services)*

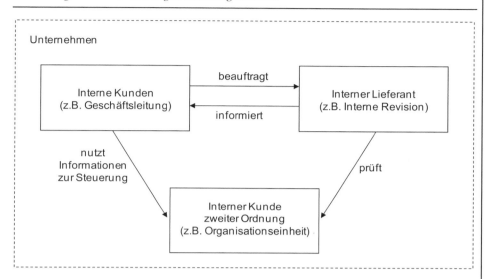

Diese inhaltliche Klassifizierung interner Dienstleistungen kann unmittelbar auf die Aufgaben der internen Revision angewendet werden. So heißt es in einer Veröffentlichung des Deutschen Instituts für Interne Revision: „Damit lässt sich der *„Revisions-dienstleistungsmix* ... grob in *Prüfungs-* („Assurance Services") und *Beratungsleistungen* („Consulting Services") unterteilen" (IRR 2005, S. 62). Aus dem Aufgabenspektrum der Internen Revision gehört Internal Consulting zu den Beratungsleistungen, Financial Auditing, Operational Auditing und Management Auditing zu den Kontrollleistungen.

Die Überlegungen zum Doppelcharakter von Kontrollleistungen weisen auf ein drittes wesentliches Unterscheidungskriterium hin, nämlich die *hierarchische Stellung des internen Kunden*. Zum einen kann es sich bei den internen Kunden um eine andere Organisationseinheit im Unternehmen handeln, die in Relation zum internen Anbieter eine weitgehend gleichberechtigte, in jedem Fall aber nicht übergeordnete Stellung einnimmt. In diesem Fall kann man von *Dienstleistungen für Gleichgestellte ("Peer Services")* sprechen. Zum anderen ist von *Dienstleistungen für Vorgesetzte ("Boss Services")* die Rede, wenn der interne Kunde eine hierarchisch übergeordnete Stellung innehat, mit Vorgesetztenfunktionen ausgestattet ist, und somit aufgrund seiner Machtposition wesentlichen Einfluss auf die Leistungserstellung und deren Rahmenbedingungen nehmen kann. Diese Unterscheidung bezieht sich weitgehend nur auf den Typ der Beratungsleistungen (Abbildung 5).

Abbildung 5: *Dienstleistungen für Vorgesetzte (Boss Services) und Gleichgestellte (Peer Services)*

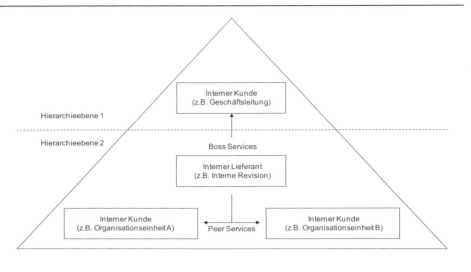

Sämtliche internen Dienstleistungen lassen sich schwerpunktmäßig den genannten Typen zuordnen, und die Typzugehörigkeit determiniert wesentlich die Antwort auf die Frage, inwieweit externe Marketingkonzepte auf das Angebot der internen Dienstleistungen transferiert werden können.

3. Konzept des Relationship Marketing bzw. Relationship Managements

Mit der Zunahme von Marktsättigungserscheinungen und den damit verbundenen erhöhten Schwierigkeiten der Neukundenakquisition verschob sich das Marketingverständnis in den letzten Jahrzehnten von einer transaktions- zu einer beziehungsorientierten Sichtweise. Denn mit zunehmender Marktsättigung und Wettbewerbsintensität wurde die Neukundenakquisition immer kostspieliger und der Erhalt langfristiger Kundenbeziehungen wertvoller (Bruhn 2003b; Payne/Rapp 2003; Bruhn 2009b).

Nach Bruhn (2009c, S. 10) umfasst das Relationship Marketing „sämtliche Maßnahmen der Analyse, Planung, Durchführung und Kontrolle, die der Initiierung, Stabilisierung,

Intensivierung und Wiederaufnahme von Geschäftsbeziehungen zu den Anspruchsgruppen – insbesondere zu den Kunden – des Unternehmens mit dem Ziel des gegenseitigen Nutzens dienen". Damit versteht er Relationship Marketing als einen strategischen Ansatz zum Management von Kundenbeziehungen und grenzt diesen Begriff
von dem verwandten, häufig aber enger gefassten und stärker auf den Einsatz von
Informationstechnologien fokussierenden Begriff des Customer Relationship Management (CRM) ab (Bruhn 2009c, S. 13). Allerdings wird CRM teilweise auch im Sinne
eines strategischen Konzeptes verstanden, in dem der Informationstechnologie zwar
eine wichtige, aber durchaus dienende Funktion zukommt. Beispielhaft sei hier auf
folgende Definition von Hippner (2006, S. 18) verwiesen: „CRM ist eine kundenorientierte Unternehmensstrategie, die mit Hilfe moderner Informations- und Kommunikationstechnologien versucht, auf lange Sicht profitable Kundenbeziehungen durch
ganzheitliche und individuelle Marketing-, Vertriebs- und Servicekonzepte aufzubau-
en und zu festigen".

In Integration der beiden Definitionen werden die Begriffe Relationship Marketing
und (Customer) Relationship Management im Folgenden synonym verwendet. Damit
lassen sich vor allem drei wesentliche Merkmale eines (Customer-)Relationship-Ma-
nagement-Ansatzes identifizieren:

■ Das grundlegende Ziel liegt in der Bindung bereits bestehender Kunden durch
Stärkung der Kundenbeziehung (*Ziele: Kundenzufriedenheit und Kundenbindung).*

■ Es erfolgt eine Bewertung, Priorisierung und Selektion von Kunden entsprechend
ihres Wertes für das Unternehmen. Beziehungsorientierte Aktivitäten werden als
Investitionen verstanden und in Abhängigkeit vom Beitrag des Kunden zum Unternehmenserfolg eingesetzt (*Kundenwertorientierung)* (Bruhn et al. 2000; Bruhn et
al. 2006; Bruhn et al. 2008a; Bruhn et al. 2008b).

■ Die Gestaltung der Kundenbeziehung erfolgt unter Einsatz informations- und
kommunikationstechnischer Instrumente, wobei dem Aufbau und der Nutzung
einer differenzierten Kundendatenbank besondere Bedeutung zukommt (*Informationstechnologische Unterstützung).*

Als konzeptioneller Hintergrund des Relationship Marketing lassen sich insbesondere
die Vorstellung so genannter Erfolgsketten und der Ansatz des Kundenbeziehungslebenszyklus nennen (Bruhn 2009c, S. 53ff.). Die Überlegungen zu *Erfolgsketten* beruhen
auf der Überzeugung, dass die ökonomischen Unternehmensziele im Wesentlichen
nur erreicht werden können, wenn sich Kunden aufgrund ihrer Zufriedenheit mit dem
Leistungsangebot loyal verhalten. Dementsprechend kommt es darauf an, mittels
spezifischer Aktivitäten eine verbesserte Qualitätswahrnehmung, Zufriedenheit und
Bindung des Kunden zu erreichen, um den angestrebten positiven ökonomischen
Effekt zu erzielen (Heskett et al. 1997; Bruhn 2009a; 2009c, S. 66).

Ein weiteres grundlegendes Konzept des Relationship Marketing stellt der Kundenbeziehungslebenszyklus (Stauss 2000b, 2006; Bruhn 2009b) dar, der die Intensität der

Kundenbeziehung in Abhängigkeit von der Dauer der Beziehung zum Ausdruck bringt und eine dynamische Analyse von Kundenbeziehungen ermöglicht (Bruhn 2009b, S. 492). Vor allem aber verdeutlicht das Konzept, dass in den verschiedenen Phasen einer Kundenbeziehung für den Kunden unterschiedliche Situationen mit spezifischen Bedürfnissen und Erwartungen vorliegen, die den Einsatz eines spezifischen Instrumentariums bedürfen. So wird beispielsweise grob zwischen den Aufgaben des Interessentenmanagements, Kundenbindungsmanagements und Rückgewinnungsmanagements unterschieden, wobei jeweils noch eine weitere aufgabenbezogene Differenzierung erfolgt (Stauss 2006).

Die konzeptionellen Überlegungen zu den Erfolgsketten unterstützen im Wesentlichen die Relevanz von Kundenzufriedenheit und Kundenbindung als unternehmerische Zielsetzungen. Das Konzept des Kundenbeziehungslebenszyklus beinhaltet ein zusätzliches, viertes Merkmal des Relationship Marketing:

■ Die wesentlichen Managementaufgaben lassen sich den Phasen des Kundenbeziehungslebenszyklus zuordnen (*Aufgaben: Interessentenmanagement, Kundenbindungsmanagement, Rückgewinnungsmanagement*).

Insofern sind die zentralen Merkmale des Relationship Marketing die Zielsetzungen Kundenzufriedenheit und Kundenbindung, die Kundenwertorientierung, die informationstechnologische Unterstützung, sowie der Aufgabenmix aus Interessentenmanagement, Kundenbindungsmanagement und Rückgewinnungsmanagement. Im Folgenden wird untersucht, inwieweit ein durch diese Merkmale charakterisiertes Verständnis von Relationship Marketing sinnvoll auf interne Dienstleistungen transferiert werden kann.

4. Relevanz eines Internen Relationship Managements (IRM) für interne Dienstleister

In Übertragung des knapp umrissenen Verständnisses von Relationship Marketing kann *Internes Relationship Management (IRM)* verstanden werden als *Management der internen Kundenbeziehungen eines internen Dienstleisters. Es dient im Wesentlichen dem Ziel der Erreichung von Zufriedenheit und Bindung wertvoller interner Kunden mittels eines Aufgabenmix aus Interessenten-, Bindungs- und Rückgewinnungsmanagement unter Nutzung von Informationstechnologie.* Inwieweit ein solches IRM für interne Dienstleister von Relevanz ist, muss differenziert für die verschiedenen Typen von internen Dienstleistungen geprüft werden.

4.1   Workflow Services

Bei sequenzintegrierten Dienstleistungen (Workflow Services) ist die Prozesskette mit den jeweiligen Verantwortlichkeiten für Teilprozesse und den dort zu erstellenden Leistungen eindeutig definiert und festgelegt. Für einen internen Dienstleister, der im Rahmen einer solchen Prozesskette Teilleistungen erbringt, ist das Ziel der Kundenbindung im Sinne des externen Relationship Marketing irrelevant, da keine Abwanderungsmöglichkeit für den nächsten internen Kunden im Prozess besteht. Sinnvoll wird das Ziel der internen Kundenbindung allerdings im eingeschränkten Sinne einer Verbundenheit, die insbesondere die Bereitschaft umfasst, konstruktiv zu kooperieren (Bruhn/Georgi 2008, S. 178) und sich gemeinsam mit dem Anbieter um eine rationelle Abwicklung und ständige Verbesserung des Prozesses sowie um die schnelle Lösung von Konflikten zu bemühen. Diese Kooperationsbereitschaft wird umso eher erreichbar sein, je zufriedener der interne Kunde mit Vorleistung und Verhalten des internen Dienstleisters ist, sodass für diesen die Zufriedenheit des internen Kunden eine relevante Zielgröße darstellt.

Demgegenüber erscheinen die weiteren Merkmale eines Relationship Marketing für Workflow Services ohne oder allenfalls von geringer Bedeutung. Die eindeutigen Festlegungen von Kunden-Lieferanten-Beziehungen lässt eine Wertorientierung nicht zu. Ein spezifischer informationstechnologischer Einsatz zur Beziehungsgestaltung ist ebenso abwegig wie ein Interessenten- oder Rückgewinnungsmanagement. So verbleibt als Aufgabenbereich allein ein rudimentäres „Kundenbindungsmanagement". Dieses besteht im Wesentlichen darin, durch Dialog- und Feedbackformen ständig die Erwartungen des internen Kunden zu erheben, eine Anpassung – soweit möglich – der internen Dienstleistungsqualität an die Kundenanforderungen vorzunehmen und die Erreichung des Ziels der Kundenzufriedenheit durch regelmäßige Messung in der Form „interner Kundenbarometer" (Bruhn/Siems 2004; Bruhn/Georgi 2008) zu überprüfen. Auch wenn somit einzelne Aspekte transferierbar sind, so stellt doch das Relationship Marketing für Workflow Services kein fruchtbares Konzept dar (Abbildung 6).

Abbildung 6: *Relevanz eines Internen Relationship Marketing für Workflow Services*

Merkmale des Internen Relationship Marketing	Workflow Services
Ziele	
◾ Interne Kundenzufriedenheit	Relevant
◾ Interne Kundenbindung	Relevant im eingeschränkten Sinne der Verbundenheit und Kooperationsbereitschaft
Kundenwertorientierung	Irrelevant
Informationstechnologische Unterstützung der Beziehungsgestaltung	Irrelevant
Aufgaben	
◾ Interessentenmanagement	Irrelevant
◾ Kundenbindungsmanagement	Relevant im eingeschränkten Sinne der Erwartungs- und Zufriedenheitsmessung sowie einer Anpassung der Leistungsqualität in den engen Grenzen vorgegebener Standards
◾ Rückgewinnungsmanagement	Irrelevant

4.2   Off-Stream Services

Die Betrachtung von Off-Stream Services muss differenziert erfolgen, je nachdem, ob es sich um Consulting oder Auditing Services handelt.

4.2.1   Consulting Services

Im Vergleich zu Workflow Services weisen Off-Stream Services in der Regel einen weit geringeren Standardisierungsgrad auf und interne Dienstleister verfügen über einen großen Entscheidungsspielraum, die Dienstleistung zu individualisieren und an die Bedürfnisse der internen Kunden anzupassen. Inwieweit interne Dienstleister dazu bereit sind und auch die Notwendigkeit eines internen Relationship Management wahrnehmen, hängt primär von der hierarchischen Stellung des internen Kunden, sekundär von den Wettbewerbsverhältnissen ab. Deshalb werden die beiden Fälle der Dienstleistungen für Gleichgestellte („Peer Services") und der Dienstleistungen für

Vorgesetzte („Boss Services") gesondert und unter Beachtung der Wettbewerbssituation betrachtet.

Peer Services

Für interne Dienstleister, die ihre Leistungen für andere (gleichgestellte) Organisationseinheiten erstellen, können die Ziele der internen Kundenzufriedenheit und Kundenbindung weitgehend irrelevant sein, wenn sie über eine Monopolposition verfügen und sie ihre spezifischen Bereichs- oder Abteilungsziele ohne interne Kundenorientierung erreichen können. Ein Umdenken ist nur zu erwarten, wenn die Monopolstellung eines internen Anbieters aufgehoben wird und er sich dem Wettbewerb stellen muss. In dieser Situation werden interne Kundenzufriedenheit und -bindung relevant, weil nur auf diese Weise die Wettbewerbsposition gegenüber externen oder anderen internen Anbietern behauptet werden kann. Mit einer starken, möglichst wachsenden Inanspruchnahme der Leistungen durch interne Kunden kann es dem internen Dienstleister gelingen, die Notwendigkeit der Existenz der Abteilung nachzuweisen, die Kapazitäten auszulasten und die zugewiesenen Ressourcen effizient einzusetzen (Stauss/Neuhaus 1999, S. 140).

Existiert eine uneingeschränkte Wettbewerbssituation und wird der interne Dienstleister als Profit Center bzw. „Competing Service Unit" (v. Klinski/Haller 2005) organisiert, werden interne und externe Kunden in ähnlicher Weise betrachtet und das Konzept des Relationship Managements erscheint analog anwendbar und bedarf nur einer relativ geringen Modifikation (Abbildung 7). Die Ziele der internen Kundenzufriedenheit und Kundenbindung haben hohe Bedeutung. Interne Kunden sind wie externe Kunden hinsichtlich ihres Wertschöpfungsbeitrags zu bewerten und zu behandeln. Dabei ist allerdings zu beachten, dass der Wert interner Kunden nicht nur anhand ökonomischer Kriterien, sondern auch anhand spezifischer weiterer Kriterien (wie beispielsweise die interne Machtposition und Einflussstärke) zu beurteilen ist.

Wird für das Management der externen Kundenbeziehungen eine entsprechende informationstechnologische Infrastruktur genutzt (z. B. CRM Software, Kundendatenbank) ist ihr Einsatz auch in Bezug auf interne Kundensegmente geboten. Ebenso sind grundsätzlich in gleicher Weise die Aufgaben des Interessenten-, Kundenbindungs- und Rückgewinnungsmanagements von Bedeutung. Selbstverständlich müssen jedoch beim Einsatz die spezifischen internen unternehmenskulturellen Gepflogenheiten und internen Kommunikationsregeln berücksichtigt werden.

Als Besonderheit interner Dienstleistungsbeziehungen dieser Art ist zudem zu beachten, dass vielfach reziproke Beziehungen zwischen den organisatorischen Einheiten in der Weise vorliegen, dass sie in Bezug auf verschiedene interne Dienstleistungen jeweils interne Kunden und Lieferanten sein können (Llewellyn 2001; Künzel 2002; Johnston 2008). Aufgrund dieser Doppelrolle ist es denkbar, dass sie in einer spezifischen internen Kunden-Lieferanten-Beziehung sowohl Subjekt als auch Objekt von Maßnahmen eines Internen Relationship Marketing sind.

Boss Services

Eine völlig andere Situation liegt vor, wenn der interne Kunde eine hierarchisch über-geordnete Stellung mit Vorgesetztenfunktion innehat, wie dies bei der Geschäftslei-tung besonders ausgeprägt der Fall ist.

Viele interne Dienstleister erhalten Auftrag und Budget letztlich von der Geschäftslei-tung und nehmen diese daher auch als primären Kunden wahr. So ist dies beispiels-weise auch bei der Internen Revision der Fall. Sie steht in enger Beziehung zur Unter-nehmensspitze, kommuniziert direkt mit den obersten Führungskräften und wird bisweilen geradezu als „rechter Arm" des Topmanagements bezeichnet (Smith 2005, S. 516). In dieser Situation wird interne Kundenorientierung zur rationalen Handlungs-maxime, wie Spillecke am Beispiel des Controlling ausführt: Da der vorgesetzte inter-ne Kunde sowohl die Nachfrage nach der internen Dienstleistung als auch die Budgets des Bereichs kontrolliert, stellt die „interne Kundenorientierung des Controllingbe-reichs .. eine mögliche Reaktion dar, mit der Abhängigkeit vom Management umzu-gehen und somit die Existenz des Organisationsbereichs zu sichern" (Spillecke 2006, S. 105f.).

Die Zielsetzungen des Relationship Marketing – Kundenzufriedenheit und Kunden-bindung – haben somit auch für Dienstleistungen für Boss Services eine hohe Bedeu-tung. Diese Bedeutung resultiert aus dem überragenden Wert des vielfach einzigen, in jedem Fall aber entscheidenden Kunden, sodass die Orientierung an den Wünschen des beauftragenden Vorgesetzten Ausdruck einer ausgeprägten Kundenwertorientie-rung ist. Insofern ist es auch naheliegend, dass der interne Dienstleister permanent die Erwartungen und Wünsche des internen Kunden erfasst, seine Zufriedenheit ermittelt und gezielt Maßnahmen einsetzt, um die angebotene interne Leistung aus Sicht der vorgesetzten Stelle unverzichtbar bzw. schwer ersetzbar erscheinen zu lassen.

Auch wenn somit Merkmale eines internen Relationship Marketing erkennbar sind, so kann in diesem Fall doch kaum von der Anwendung eines spezifischen Management-konzepts gesprochen werden. Zur Realisierung dieser Form der internen Kundenori-entierung bedarf es vor allem eines kontinuierlichen Dialogs zur Erwartungs- und Zufriedenheitsermittlung und der Fähigkeit zur schnellen, kundenindividuellen An-passung des Leistungsangebots. Eine quantitative Abschätzung des Kundenwerts ist ebenso überflüssig wie der Einsatz eines spezifischen, IT-gestützten Aufgabenmix zur Beziehungsgestaltung. Zwar gehört es zu den existenzsichernden Aufgaben des inter-nen Dienstleisters, den internen vorgesetzten Kunden nicht nur zu binden, sondern ihn auch für die Inanspruchnahme weiterer Leistungen zu interessieren bzw. für die Nutzung zwischenzeitlich nicht mehr nachgefragter Leistungen zurückzugewinnen, allerdings bedarf es hierzu keiner spezifischer und ausgefeilter Managementkonzepte im Sinne eines Interessenten-, Kundenbindungs- und Rückgewinnungsmanagement (Abbildung 7).

Abbildung 7: *Relevanz eines Internen Relationship Marketing für Consulting Services*

Merkmale des Internen Relationship Marketing	Off-Stream Services		
	Consulting Services		
	Peer Services		Boss Services
	Monopol	Wettbewerb	
Ziele			
▪ Interne Kundenzufriedenheit	Irrelevant	Relevant	Relevant
▪ Interne Kundenbindung	Irrelevant	Relevant	Relevant
Kundenwertorientierung	Relevant im Sinne innerbetrieblicher Machtposition	Relevant	Relevant im Sinne innerbetrieblicher Machtposition
Informationstechnologische Unterstützung der Beziehungsgestaltung	Irrelevant	Relevant	Irrelevant
Aufgaben			
▪ Interessentenmanagement			Relevant nur im Sinne des Grundgedankens, nicht als Managementkonzept
▪ Kundenbindungsmanagement	Irrelevant	Relevant	
▪ Rückgewinnungsmanagement			

4.2.2 Auditing Services

In Bezug auf Kontrollleistungen ist das Verhältnis zwischen den überwachenden internen Anbietern und den kontrollierten organisatorischen Einheiten nur sehr eingeschränkt als Kunde-Lieferanten-Beziehung zu charakterisieren. Die überwachte Einheit ist ein „interner Kunde zweiter Ordnung", denn die Bewertung erfolgt anhand von Standards, die von seinen übergeordneten internen Kunden (erster Ordnung), nicht aber von den Kontrollierten vorgegeben wurden. Kundenorientierung im Hinblick auf Kunden zweiter Ordnung bedarf einer spezifischen Interpretation. In diesem Fall geht es nicht darum, die interne Leistung grundsätzlich an den Erwartungen und Bedürfnissen der internen Kunden zweiter Ordnung auszurichten, sondern diese Erwartungen und Bedürfnisse soweit zu erfüllen, dass sie die Aktivität akzeptieren und sich an der Leistungserstellung kooperativ beteiligen (Henneberg 2002). Insofern sind die Zufriedenheit und Bindung im Sinne von Vertrauen und Kooperationsbereitschaft der internen Kunden zweiter Ordnung relevante Zielsetzungen, haben aber eine nachgeordnete und funktionale Funktion in Relation zu den Zielen des internen Dienstleisters, die Zufriedenheit und Bindung seiner internen Kunden erster Ordnung zu erreichen. Wendet man diese Überlegungen auf den Bereich der internen Revision an, so heißt dies, dass es für den internen Dienstleister darauf ankommt, Verständnis und Vertrauen der kontrollierten Organisationseinheiten dadurch zu gewinnen, dass Prüfungsziele, Prüfungsprozess und Performance-Größen klar kommuniziert und die internen Kunden zweiter Ordnung an der Prüfungsplanung – soweit möglich – beteiligt werden. Darüber hinaus können die Interessen der Überwachten in Bezug auf die Zusammenarbeit, die Dokumentation der Ergebnisse und die Entwicklung von Schlussfolgerungen und Maßnahmen berücksichtigt werden. Hinsichtlich dieser Leistungsmerkmale ist auch eine Messung von Erwartungen und Zufriedenheit der internen Kunden zweiter Ordnung relevant (IRR 2005, S. 270). Demgegenüber spielen Kundenwertorientierung, informationstechnologisch gestützte Beziehungsgestaltung und das Aufgabenmix des Beziehungsmanagements bei Auditing Services in Bezug auf Kunden zweiter Ordnung keine Rolle (Abbildung 8).

Abbildung 8: *Relevanz eines Relationship Marketing für Auditing Services in Bezug auf interne Kunden zweiter Ordnung*

Merkmale des Internen Relationship Marketing	Off-Stream Services
	Auditing Services
Ziele	
▪ Interne Kundenzufriedenheit	Relevant, aber der Zufriedenheit des internen Kunden erster Ordnung nachgeordnet
▪ Interne Kundenbindung	Relevant im eingeschränkten Sinne der Akzeptanz und Kooperationsbereitschaft
Kundenwertorientierung	Irrelevant
Informationstechnologische Unterstützung der Beziehungsgestaltung	Irrelevant
Aufgaben	
▪ Interessentenmanagement	Irrelevant
▪ Kundenbindungsmanagement	Relevant im eingeschränkten Sinne der Erwartungs- und Zufriedenheitsmessung sowie einer Anpassung der Leistungsqualität in den engen Grenzen vorgegebener Standards
▪ Rückgewinnungsmanagement	Irrelevant

Es zeigt sich also, dass ein internes Relationship Marketing im Sinne einer Anwendung des für externe Kunden entwickelten Konzeptes für interne Dienstleister keineswegs generell von Bedeutung ist, sondern nur für einen Dienstleistungstyp (Consulting Services) bei Vorliegen spezifischer Bedingungen.

5. Förderung oder Gefährdung der externen Kundenorientierung durch Internes Relationship Marketing?

In Theorie und Praxis herrscht ein weitgehender Konsens über die Richtigkeit der Aussage, dass ein Unternehmen eine externe Kundenorientierung nur realisieren kann, wenn auch intern Kundenorientierung umgesetzt ist. Auf der Basis dieser Überzeugung wird vielfach die Forderung erhoben, die in Bezug auf externe Kunden entwickelten Marketingkonzepte auf interne Kunden zu transferieren. Inwieweit diese Forderung tatsächlich Substanz hat, wurde in diesem Beitrag im Hinblick auf verschiedene Typen interner Dienstleistungen überprüft. Dabei zeigte es sich, dass ein nahezu unmodifizierter Transfer des Relationship Marketing nur auf einen einzigen internen Dienstleistungstyp – Consulting Services – möglich erscheint, und auch hier nur in dem Spezialfall, dass die internen Beratungsleistungen unter Wettbewerbsbedingungen von internen Kunden nachgefragt werden, die in etwa ähnliche, jedenfalls nicht übergeordnete hierarchische Stellung einnehmen (Peer Services). In diesem Fall ist der interne Dienstleister in der Regel auch zugleich Dienstleister für externe Kunden und seine internen Kunden können auch von externen Anbietern Leistungen beziehen. Insofern liegt eine weitgehende Analogie zum externen Relationship Marketing vor. Kundenzufriedenheit und Kundenbindung wertvoller interner Kunden werden zu relevanten Zielgrößen, da ihre Erreichung Existenz und Wachstum des internen Dienstleisters sichern. Insofern ist auch die systematische Erfüllung der spezifischen Aufgaben eines Interessenten-, Kundenbindungs- und Rückgewinnungsmanagements im Hinblick auf das Segment der internen Kunden relevant. Umso stärker dieser Dienstleistungstyp im Unternehmen vertreten ist, um so mehr ist auch zu erwarten, dass sich kundenorientiertes Denken und Verhalten im Unternehmen durchsetzt.

In Bezug auf andere Typen interner Dienstleistungen ergibt sich allerdings ein abweichendes Bild. Bei Workflow Services ist ein eigenständiges Internes Relationship Marketing, das diesen Namen verdient, weder möglich noch notwendig. Bei Auditing Services stellen die überwachten und kontrollierten Organisationseinheiten allenfalls interne Kunden zweiter Ordnung dar, deren Erwartungen und Wünsche im Sinne der reibungslosen Leistungserstellung zu beachten sind, die aber nicht den Orientierungspunkt eines Internen Relationship Marketing darstellen.

Einen besonderen Fall stellen interne Dienstleistungen für Vorgesetzte (Boss Services) dar. Hier verhalten sich interne Dienstleister kundenorientiert, wenn Sie die Erwartungen und Vorgaben der Geschäftsleitung bzw. hierarchisch übergeordneter Organisationseinheiten zur Zufriedenheit erfüllen. Für diese Handlungsweise bedürfen interne Anbieter in der Regel kein neuartiges Instrumentarium eines internen Relationship Marketing. Oft benötigen sie nicht einmal eine Änderung ihres traditionellen Verhaltens, da diese Form der „Kundenorientierung" der herkömmlichen internen Ausrichtung entspricht, die die Interessen der internen Bereiche und ihrer Mitarbeiter mit denen der vorgesetzten Stellen verknüpft. Allerdings darf nicht übersehen werden, dass damit der eigentliche Kerngedanke einer internen Kundenorientierung gleichsam in sein Gegenteil verkehrt wird. Die Idee interner Kunden-Lieferanten-Beziehungen ist Ausdruck des Wunsches, interne Prozesse auf die Anforderungen des Marktes, die externen Kundenerwartungen, auszurichten. Insofern bleibt die externe Kundenzufriedenheit immer Orientierungspunkt für die Definition interner Leistungsketten. Wenn allerdings diese Orientierung verloren geht und sich interne Dienstleister – wie herkömmlich – auf die Erfüllung der Vorgaben „von oben" konzentrieren, ist es möglich, dass das Ziel der externen Kundenorientierung verfehlt wird, auch und gerade wenn die interne Ausrichtung nun unter der modischen Bezeichnung einer internen Kundenorientierung betrieben wird: „without a clear focus on the external customer an internal focus could undermine attempts to improve external service quality" (Johnston 2008, S. 218).

Literaturverzeichnis

Berry, L.L. (1984): The Employee as Customer, in: Lovelock, C.H. (Hrsg.): Services Marketing. Text, Cases, and Readings, Englewood Cliffs, S. 271-278.

Bruhn, M. (1995): Internes Marketing als Baustein der Kundenorientierung, in: Die Unternehmung, 49. Jg., Nr. 6, S. 381-402.

Bruhn, M. (1999a): Internes Marketing. Integration der Kunden- und Mitarbeiterorientierung. Grundlagen, Implementierung, Praxisbeispiele, 2. Aufl., Wiesbaden.

Bruhn, M. (1999b): Verfahren zur Messung der Qualität interner Dienstleistungen – Ansätze für einen Methodentransfer aus dem (externen) Dienstleistungsmarketing, in: Bruhn, M. (Hrsg.): Internes Marketing – Integration der Kunden- und Mitarbeiterorientierung, 2. Aufl., Wiesbaden, S. 537-575.

Bruhn, M. (2001): Notwendigkeit eines Internen Marketing für Dienstleistungsunternehmen, in: Bruhn, M./Meffert, H. (Hrsg.): Handbuch Dienstleistungsmanagement. Von der strategischen Konzeption zur praktischen Umsetzung, 2. Aufl., Wiesbaden, S. 705-731.

Bruhn, M. (2003a): Implementierung einer kundenorientierten Unternehmensführung. Ansatzpunkte einer Integrierten Kundenorientierung, in: ZfO Zeitschrift Führung und Organisation, 72. Jg., Nr. 1, S. 13-19.

Bruhn, M. (2003b): Strategische Ausrichtung des Relationship Marketing, in: Payne, A./Rapp, R. (Hrsg.): Handbuch Relationship Marketing. Konzeption und erfolgreiche Umsetzung, München, S. 45-57.

Bruhn, M. (2009a): Kommunikationspolitik im Relationship Marketing, in: Bruhn, M./Esch, M./Langner, F.-R. (Hrsg.): Handbuch Kommunikation. Grundlagen – Innovative Ansätze – Praktische Umsetzungen, Wiesbaden, S. 485-510.

Bruhn, M. (2009b): Relationship Marketing. Das Management von Kundenbeziehungen, 2. Aufl., Wiesbaden.

Bruhn, M. (2009c): Das Konzept der kundenorientierten Unternehmensführung, in: Hinterhuber, H.H./Matzler, K. (Hrsg.): Kundenorientierte Unternehmensführung. Kundenorientierung – Kundenzufriedenheit – Kundenbindung, 6. Aufl., Wiesbaden, S. 33-68.

Bruhn, M./Georgi, D. (2008): Kundenorientiertes Controlling von Corporate Shared Services durch Interne Kundenbarometer, in: Keuper, F./Oecking, C. (Hrsg.): Corporate Shared Services, Wiesbaden, S. 171-190.

Bruhn, M./Georgi, D./Hadwich, K. (2008a): Kundenwertmanagement – Konzepte, Strategien und Maßnahmen in der Praxis, in: Stadelmann, M./Wolter, S./Troesch, M. (Hrsg.): Customer Relationship Management. Neue CRM-Best-Practice-Fallstudien und -Konzepte zu Prozessen, Organisation, Mitarbeiterführung und Technologie, Zürich, S. 51-62.

Bruhn, M./Hadwich, K./Georgi, D. (2008b): Ansatzpunkte des Customer Value Managements, in: Bruhn, M./Homburg, C. (Hrsg.): Handbuch Kundenbindungsmanagement. Strategien und Instrumente für ein erfolgreiches CRM, 6. Aufl., Wiesbaden, S. 713-732.

Bruhn, M./Georgi, D./Treyer, M./Leumann, S. (2000): Wertorientiertes Relationship Marketing: Vom Kundenwert zum Customer Lifetime Value, in: Die Unternehmung, 54. Jg., Nr. 3, S. 167-187.

Bruhn, M./Hadwich, K./Georgi, D. (2006): Implementierung des Kundenwertmanagements – Modellierung und Anwendungsbeispiel, in: Bruhn, M./Stauss, B. (Hrsg.): Dienstleistungscontrolling. Forum Dienstleistungsmanagement, Wiesbaden, S. 351-368.

Bruhn, M./Siems, F. (2004): Interne Servicebarometer zur Messung und Verbesserung von internen Dienstleistungen – ein Erfahrungsbericht aus der Pharma-Branche, in: Hippner, H./Wilde, K.D. (Hrsg.): Management von CRM-Projekten. Handlungsempfehlungen und Branchenkonzepte, Wiesbaden, S. 559-583.

Collins, B./Payne, A. (1991): Internal Marketing: A New Perspective for HRM, in: European Management Journal, Vol. 9, No. 3, S. 261-270.

Davis, T.R.V. (1993): Managing Internal Service Delivery in Organizations, in: Swartz, T.A./Bowen, D.E./Brown, S.W. (Hrsg.): Advances in Services Marketing and Management, Vol. 2, Greenwich, S. 301-321.

Dous, M. (2007): Kundenbeziehungsmanagement für interne IT-Dienstleister – Strategischer Rahmen, Prozessgestaltung und Optionen für die Systemunterstützung, Wiesbaden.

Frehr, H.-U. (1994): Total Quality Management, München/Wien.

Glassman, M./McAfee, B. (1992): Integrating Personnel and Marketing Functions, in: Business Horizons, Vol. 35, No. 3, S. 52-59.

Gounaris, S. (2008a): Antecedents of Internal Marketing Practice: Some Preliminary Empirical Evidence, in: International Journal of Service Industries Management, Vol. 19, No. 3, S. 400-434.

Gounaris, S. (2008b): The Notion of Internal Market Orientation and Employee Job Satisfaction: Some Preliminary Evidence, in: Journal of Services Marketing, Vol. 22, No. 1, S. 68-90.

Gremler, D.D./Bitner, M.J./Kenneth, R.E. (1994): The Internal Service Encounter, in: International Journal of Service Industries Management, Vol. 5, No. 2, S. 34-56.

Gupta, A.K./Rogers, E.M. (1991): Internal Marketing: Integrating R&D and Marketing within the Organization, in: Journal of Services Marketing, Vol. 5, No. 2, S. 55-68.

Henneberg, M. (2002): Elemente des Dienstleistungsmarketing als Instrumente zur Akzeptanzsteigerung von internen Revisionsabteilungen, in: ZIR, Zeitschrift interne Revision, 37. Jg., Nr. 2, S. 62ff.

Hentschel, B. (1992): Dienstleistungsqualität aus Kundensicht. Vom merkmals- zum ereignisorientierten Ansatz, Wiesbaden.

Herington, C./Johnson, L.W./Scott, D. (2006): Internal Relationships: Linking Practitioner Literature and Relationship Marketing Theory, in: European Business Review, Vol. 18, No. 5, S. 364-381.

Heskett, J./Sasser, W.E./Schlesinger, L.A. (1997): The Service Profit Chain, New York.

Hippner, H. (2006): CRM – Grundlagen, Ziele und Konzepte, in: Hippner, H./Wilde, K.D. (Hrsg.): Grundlagen des CRM, Konzepte und Gestaltung, 2. Aufl., Wiesbaden, S. 15-44.

Homburg, C./Weber, J./Karlshaus, J.T./Aust, R. (2000): Interne Kundenorientierung der Kostenrechnung? Ergebnisse einer empirischen Untersuchung in deutschen Industrieunternehmen, in: Die Betriebswirtschaft, 60. Jg., Nr. 2, S. 241-256.

IRR (Deutsches Institut für Interne Revision e.V.) (o.J.): Definition „Interne Revision", http://www.diir-2009.de/fileadmin/ueberuns/downloads/Definition.pdf, (Zugriff am: 20.03.2009).

IRR (Deutsches Institut für interne Revision e.V.) (2002): IIR-Revisionsstandard Nr. 3 _ Qualitätsmanagement in der Internen Revision, S. 13, http://www.diir-2009.de/fileadmin/ueberuns/downloads/Revisionsstandard_Nr._3.pdf, (Zugriff am: 20.03.2009).

IRR (Deutsches Institut für interne Revision e.V.) (Hrsg.) (2005): Die interne Revision. Bestandsaufnahme und Entwicklungsperspektiven, Berlin.

Johnston, R. (2008): Internal Service – Barriers, Flows and Assessment, in: International Journal of Service Industries Management, Vol. 19, No. 2, S. 210-231.

Kamiske, G.F. (Hrsg.) (1994): Die Hohe Schule des Total Quality Management, Berlin.

Kreikebaum, H. (1996): Kundenorientierte Revision im unternehmensinternen Markt, in: Zeitschrift interne Revision, 31. Jg., Nr. 4, S. 169.

Künzel, H. (1999): Management interner Kunden-Lieferanten-Beziehungen, Wiesbaden.

Künzel, H. (2002): Mit interner Kundenzufriedenheit zur externen Kundenbindung, München/Wien.

Llewellyn, N. (2001): The Role of Psychological Contracts within Internal Service Networks, in: The Service Industries Journal, Vol. 21, No. 1, S. 211-226.

Neuhaus, P. (1996): Interne Kunden-Lieferanten-Beziehungen, Wiesbaden.

Neuhaus, P. (1996): Interne Kunden-Lieferanten-Beziehungen, in: Kleinaltenkamp, M./Meyer, A./Mühlbacher, H./Stauss, B. (Hrsg.): Focus Dienstleistungsmarketing, Wiesbaden.

Payne, A./Rapp, R. (Hrsg.) (2003): Handbuch Relationship Marketing, 2. Aufl., München.

Papasolomou, I./Vrontis, D. (2006): Building Corporate Branding Through Internal Marketing: The Case of the UK Retail Bank Industry, in: Journal of Product & Brand Management, Vol. 15, No. 1, S. 37-47.

Rafiq, M./Ahmed, K.P. (2000): Advances in the Internal Marketing Concept, in: Varey, R./Lewis, B. (Eds.): Internal Marketing – Directions for Management, London/New York, S. 223-237.

Sayles, L.R. (1964): Managerial Behavior, New York.

Smith, G. (2005): Communication Skills are Critical for Internal Auditors, in: Managerial Auditing Journal, Vol. 20, No. 5, S. 513-519.

Spillecke, D. (2006): Interne Kundenorientierung des Controllerbereichs. Messung, Erfolgsauswirkungen, Determinanten, Wiesbaden, S. 104-231.

Stauss, B. (1995a): Internes Marketing, in: Tietz, B./Köhler, R./Zentes, J. (Hrsg.): Handwörterbuch des Marketing, 2. Aufl., Stuttgart, Sp. 1045-1056.

Stauss, B. (1995b): Internal Services: Classification and Quality Management, in: International Journal of Service Industry Management, Vol. 6, No. 2, S. 62-78.

Stauss, B. (2000a): Internes Marketing als personalorientierte Qualitätspolitik, in: Bruhn, M./Stauss, B. (Hrsg.): Dienstleistungsqualität. Konzepte, Methoden, Erfahrungen, 3. Aufl., Wiesbaden, S. 203-222.

Stauss, B. (2000b): Perspektivenwandel: Vom Produkt-Lebenszyklus zum Kundenbeziehungs-Lebenszyklus, in: Thexis, 17. Jg., Nr. 2, S. 15-18.

Stauss, B. (2006): Grundlagen und Phasen der Kundenbeziehung: Der Kundenbeziehungs-Lebenszyklus, in: Hippner, H./Wilde, K.D. (Hrsg.): Grundlagen des CRM Konzepte und Gestaltung, 2. Aufl., Wiesbaden, S. 421-442.

Stauss, B./Neuhaus, P. (1999): Interne Kundenzufriedenheit als Zielgröße einer Personalmanagement-Abteilung, in: Bruhn, M. (Hrsg.): Internes Marketing: Integration der Kunden- und Mitarbeiterorientierung. Grundlagen, Implementierung, Praxisbeispiele, 2. Aufl., Wiesbaden, S. 133-154.

Stauss, B./Schulze, H.S. (1990): Internes Marketing, in: Marketing - Zeitschrift für Forschung und Praxis, 12. Jg., Nr. 3, S. 149-158.

Vandermerwe, S./Gilbert, D.J. (1991): Internal Services: Gaps in Needs/Performance and Prescriptions for Effectiveness, in: International Journal of Service Industries Management, Vol. 2, No. 1, S. 50-60.

von Klinski, S./Haller, S. (2005): Die unsichtbare Hand im Unternehmen. Mit Serviceorientierten Unternehmensstrukturen die Performance steigern und wettbewerbsfähig bleiben, Wiesbaden.

Witt, F.-J. (1988): Die Typologisierung unternehmensinterner Leistungen, in: Zeitschrift für Betriebswirtschaft, 58. Jg., Nr. 7, S. 660-682.

Teil 2

Analysen im

Kundenbeziehungs-

management

Andrea Gröppel-Klein/Jörg Königstorfer

Die Bedeutung von Emotionen für die Bindung an Marken und Handelsunternehmen

1. Einführung

2. Bindung an Marken und Handelsunternehmen

3. Bedeutung von Emotionen für die Marken- und Handelsunternehmensbindung
    3.1   Begriff „Emotion" und Emotionstheorien
    3.2   Empirische Studien zur Bedeutung von Emotionen innerhalb von
          Kundenbindungsprozessen
    3.3   Bedeutung von Mischemotionen für Kundenbindungsprozesse
    3.4   Verkaufsgespräch als Kontakt- (und Knack-)punkt für Kundenbindung?

4. Zusammenfassung und Ausblick

Univ.-Prof. Dr. Andrea Gröppel-Klein ist Direktorin des Instituts für Konsum- und Verhaltensforschung und Inhaberin des Lehrstuhls für Marketing an der Universität des Saarlandes. Dr. Jörg Königstorfer ist Wissenschaftlicher Assistent am Institut für Konsum- und Verhaltensforschung an der Universität des Saarlandes.

1.   Einführung

Die Analyse der Kundenbindung ist seit Beginn der 1990er Jahre ein zentrales Forschungsfeld in der Marketingwissenschaft (Bruhn 2001) und ebenfalls ein dominierendes Thema in der Marketingpraxis. Für Unternehmen stellt die Kundenbindung ein strategisch reizvolles Ziel dar, da treue Kunden mit kontinuierlicher Umsatzgenerierung, Kostenersparnissen im Marketingbereich, positiver Mund-zu-Mund-Kommunikation, höheren Zahlungsbereitschaften, Möglichkeiten des Cross Selling und dem Aufbau von Wechselbarrieren in Verbindung gebracht werden (Diller 1996, Reichheld/Teal 1996). Dies begründet den i. d. R. höheren Kundenwert von treuen Kunden gegenüber Personen, die häufig ihre Anbieter wechseln. Wichtige Determinanten für die freiwillige Bindung von Personen an Marken bzw. Einkaufsstätten sind deren Erwartungshaltung und Zufriedenheit (Bruhn/Georgi 2000; Bruhn et al. 2006; Homburg et al. 2008). Einhergehend mit der Analyse zur Kundenbindung wurde daher auch die Erforschung der Kundenzufriedenheit forciert, größtenteils basierend auf den theoretischen Ausführungen zum Confirmation/Disconfirmation Paradigma (z. B. Oliver 1993; Homburg et al. 2008). Besonders Praktiker weisen jedoch zunehmend darauf hin, dass es in der heutigen Zeit nicht ausreichend sei, Konsumenten zufrieden zu stellen, stattdessen müsse man sie „begeistern" und von ihnen „geliebt" werden. Nur solch ausgeprägte emotionale Zuneigungen – verbunden mit einer kognitiven Zielorientierung – könnten ein langfristiges Treueverhalten bewirken, das im besten Falle ein ganzes Leben lang hält und zudem innerfamiliär übertragen wird. Dies findet auch zunehmend in Unternehmensstrategien Berücksichtigung, wie beispielsweise in der im Jahr 2003 weltweit implementierten „I'm lovin' it"-Kampagne von McDonald's oder in der seit 2004 kommunizierten Strategie von Edeka, in der die Liebe zum Produkt in den Mittelpunkt gestellt wird: „Wir lieben Lebensmittel". Bill Lamar, Leiter der Marketingabteilung von McDonald's, begründet deren Unternehmensstrategie wie folgt: „The 'I'm lovin' it' campaign is a new way of connecting with our customers. It will rekindle the emotional bond our customers have with McDonald's through a campaign that depicts how people live, what they love about life and what they love about McDonald's." Auch Werbeagenturen, wie beispielsweise Saatchi & Saatchi mit dem „lovemarks"-Konzept für Marken (Rogers 2006), berücksichtigen zunehmend Emotionen in ihren Werbekampagnen.

Variablen wie die Zufriedenheit, die empfundene Liebe oder auch die Hingabe von Kunden können aus verhaltenswissenschaftlicher Sicht analysiert werden – einer Wissenschaftsdisziplin, die sich u. a. den emotionalen, kognitiven und unbewusst ablaufenden Prozessen bei (Kauf-)Entscheidungen von Individuen widmet (Kroeber-Riel et al. 2009). Im Folgenden soll insbesondere der Frage nachgegangen werden, welche positiven Emotionen ein Kunde bzw. eine Kundin erleben muss, um sich an ein Unternehmen zu binden und ob diese ihn bzw. sie dann auch dazu motivieren können, eine langfristige Bindung einzugehen und durch dieses Treueverhalten freiwillig auf

Alternativen zu verzichten. Auch gehen wir der Frage nach, welche negativen Emotionen, wie z. B. Enttäuschung, Ärger oder Langeweile, die Kundenbindung beeinträchtigen oder gar scheitern lassen können. Um die Vielfalt an möglichen Kunden-Anbieter-Verhältnissen zu reduzieren, werden wir uns in diesem Beitrag auf das Relationship Marketing in Bezug auf Konsumgütermarken und Handelsunternehmen beschränken.

2. Bindung an Marken und Handelsunternehmen

In Anlehnung an Fournier (1998) und Gröppel-Klein et al. (2008) wird Markenbindung aus verhaltenswissenschaftlicher Sicht als ein psychisches Konstrukt der Verbundenheit oder Verpflichtung einer Person gegenüber einer Marke verstanden. Der Definitionskern bezieht sich auf den inneren Zustand eines Individuums, wobei das Gefühl der Verbundenheit durch Freiwilligkeit gekennzeichnet, positiv belegt und i. d. R. durch eine vorangegangene Zufriedenheit mit der Marke begründet ist. Das Gefühl der Verpflichtung kann sowohl eine positive als auch eine negative Valenz aufweisen. Kundenbindung kann im von Unternehmen gewünschten Fall das Gefühl der Verbundenheit (eventuell einhergehend mit einer Verpflichtung) beschreiben, das mit der Motivation einhergeht, sich weiterhin in der Beziehung zu einem Unternehmen zu engagieren. Analog zur Begriffsdefinition der Markenbindung kann die Bindung von Personen an ein Handelsunternehmen definiert werden.

Aus Sicht von Kunden kann die Beziehung zu beiden Bindungspartnern auch als Zustand der Gebundenheit wahrgenommen werden. Gebundenheit ist entweder freiwilliger oder unfreiwilliger Art und basiert auf der wahrgenommenen Einschränkung der zukünftigen Wahlfreiheit (Eggert 1999). Unfreiwillige Gebundenheit kann beispielsweise durch einen Vertrag entstehen, den ein Kunde auflösen möchte, an den er jedoch noch gebunden ist. Freiwillige Gebundenheit ist dann vorzufinden, wenn bei ohnehin positiver Einstellung zu einem Unternehmen mit diesem auch ein bindender Vertrag abgeschlossen wird. Gebundenheit geht in einem solchen Fall konform mit empfundener Verbundenheit und gegebenenfalls Verpflichtung einher.

Zwischen der Kundenbindung an Marken und Handelsunternehmen können auch Konkurrenzbeziehungen auftreten, wie in folgendem Beispiel veranschaulicht wird: Ein Konsument, der seit Jahren aufgrund persönlicher Beziehungen beim gleichen Autohändler immer die gleiche Automarke kauft, kann sich diesem Autohändler verpflichtet fühlen, obwohl er mittlerweile lieber eine andere Marke fahren möchte. Als Folge ergeben sich so genannte Mischemotionen („Mixed Emotions") und motivationale Konflikte. Auf deren Bedeutung für die Kundenbindung werden wir im weiteren

Verlauf des Beitrags noch eingehen. Fühlt sich der Kunde dem Anbieter nicht nur verpflichtet, sondern auch verbunden, und möchte er die bisherige Automarke weiterhin kaufen, so werden keine unangenehmen oder gemischten Emotionen bzw. Gefühle ausgelöst und zwischen Marken- und Handelsunternehmensbindung besteht eine komplementäre Beziehung.

Gehen Personen eine langfristige Beziehung mit einem Unternehmen ein, so „berauben" sie sich selbst weiterer Wahlmöglichkeiten. Es stellt sich die Frage, wieso Konsumenten freiwillig auf eine möglichst große Anzahl an Entscheidungsalternativen im Konsum verzichten – d. h. warum sollten sie sich überhaupt an eine Marke oder an ein Handelsunternehmen binden? Darüber hinaus stellt sich an dieser Stelle auch die Frage, was passiert, wenn die präferierten Marken nicht von dem präferierten Handelsunternehmen angeboten werden bzw. wenn, allgemein formuliert, jeweils ein beteiligtes Unternehmen für die Nichterfüllung einer gemeinsam erstellten Leistung verantwortlich ist: Führen solche Situationen zu einem Marken- und/oder einem Händlerwechsel? Die Bedeutung emotionaler Prozesse für die Beantwortung dieser Fragen ist Gegenstand dieses Beitrags. Das Erleben von Emotionen im Zusammenhang mit Kundenbindung kann dabei rein in der motivationalen Ebene eines Individuums verankert, jedoch ebenso sozial geprägt oder auf institutionelle Besonderheiten zurückzuführen sein (Sheth/Parvatiyar 1995). Somit wird die Breite der damit assoziierten Phänomene im Alltagsverhalten deutlich. Holt (1995) und Fournier (1998) kommen gar zu dem Schluss, dass Beziehungen zu Marken dem menschlichen Leben Bedeutungen geben können, die nicht nur funktioneller, sondern auch psychosozialer Art sein können. Dies wird in Fourniers (1998, S. 367) Aussage deutlich: „[..] consumers do not choose brands, they choose lives". Es kann somit festgehalten werden, dass die Bindung an Marken bzw. Handelsunternehmen mehr ist als habitualisiertes Wiederkaufverhalten. Doch wie kann es einem Unternehmen gelingen, dass sich Kunden einer Marke oder einem Händler für einen möglichst langen Zeitraum emotional verbunden fühlen? Das folgende Kapitel widmet sich dieser Fragestellung.

3. Bedeutung von Emotionen für die Marken- und Handelsunternehmensbindung

Emotionale Erlebnisse formen die persönliche Einstellung zu und Bindung an Marken und Handelsunternehmen. Das sinnliche Vergnügen beim Genuss einer bestimmten Schokolade, der Stolz, wenn man von Freunden für seinen neuen Sportwagen bewundert wird, oder auch die Geborgenheit bzw. die Anerkennung, die man in einem persönlichen Verkaufsgespräch verspürt, sind beispielhafte Auslöser und positive Verstärker der Kundenbindung. Aber auch die Frustration, der Ärger und die Enttäuschung im Umgang mit Produkten und Dienstleistungen, wie beispielsweise das end-lose Warten in der Warteschleife einer Service Hotline oder die unzureichende Bedie-nungsfreundlichkeit einer Technologie, können die Kundenbindung negativ beeinflus-sen (z. B. Königstorfer/Gröppel-Klein 2007; Dieckmann et al. 2008). Bagozzi et al. (1999) vermuten, dass solche emotionalen Erlebnisse stärkere einstellungs- und verhal-tensprägende Wirkungen haben als die reine (Un-)Zufriedenheit von Konsumenten. Dies wird durch die Erkenntnisse jüngerer Studien in der Emotionsforschung bestätigt (z. B. Bougie et al. 2003; Zeelenberg/Pieters 1999, 2004; Louro et al. 2005). Deshalb stellen Emotionen als innere Zustände von Konsumenten Schlüsselvariablen für die Unternehmenspraxis dar (Kroeber-Riel et al. 2009).

3.1 Begriff „Emotion" und Emotionstheorien

Die bisherigen Ausführungen verdeutlichen, dass Emotionen bestimmende Kräfte für den Erfolg und Misserfolg von Marken und Handelsunternehmen im Kontakt mit ihren Kunden sein können. Emotionen zählen jedoch gleichzeitig zu denjenigen Kon-strukten in der verhaltenswissenschaftlichen Forschung, deren alleinige inhaltliche Bestimmung mit enormen Schwierigkeiten verbunden ist. So liegen vielfältige Defini-tionsvorschläge aus zahlreichen Wissenschaftsdisziplinen vor, und wie Scherer (2005) es einmal (sinngemäß) ausgedrückt hat: das Definieren und das Messen von Emotio-nen verursacht notorische Probleme. Als Gemeinsamkeit vieler Definitionen kann jedoch festgehalten werden, dass eine Emotion eine innere Erregung darstellt, die mehr oder weniger bewusst als angenehm oder unangenehm erlebt wird und mit neurophysiologischen Vorgängen sowie häufig mit beobachtbarem Ausdrucksverhal-ten (Gestik und Mimik, nonverbale Kommunikation) einhergeht (Kroeber-Riel et al. 2009). Freude beispielsweise ist eine grundlegende Emotion, die subjektiv als Gefühl von Selbstvertrauen und Bedeutsamkeit, des Geliebtwerdens und liebenswert zu sein erlebt wird. Neurophysiologisch äußert sich Freude u. a. in Reaktionen des autonomen Nervensystems, was sich auch anhand des Gesichtsausdrucks, häufig in Form eines Lachens oder Lächelns, beobachten lässt (Izard 1991).

„Ausgangspunkt aller Emotionsforschung sind die Gefühle des Menschen, die sich im bewusst zugänglichen subjektiven Erleben manifestieren" (Sokolowski 2008, S. 296). Wie von Sokolowski (2008) empfohlen, wollen auch wir Stimmungen und Gefühle gegenüber Emotionen abgrenzen – auch wenn die Begriffe vielfach synonym verwen-det werden. Stimmungen sind lang anhaltende, diffuse Emotionen, die als Dauertö-nungen des Erlebens bzw. als Hintergrunderlebnisse umschrieben werden. Sie bezie-hen sich nicht auf bestimmte Sachverhalte, können jedoch Informationsverarbeitungs-prozesse einfärben. In diesem Sinne ist beispielsweise jemand niedergeschlagen, sorglos oder guter Laune. Als Gefühle hingegen bezeichnet man das bewusste, subjek-tive Empfinden einer Emotion, oder, wie Scherer (2005) es ausdrückt, Gefühle repräsentieren die kognitive Interpretation einer emotionalen Episode. Gefühle sollen deshalb als eine Komponente von Emotionen verstanden werden, wir könnten hier auch von der bewussten Charakterisierung einer Emotion („Labeling") sprechen.

Grundsätzlich gibt es zwei verschiedene Lager von Emotionstheoretikern (siehe ausführlich hierzu Kroeber-Riel et al. 2009): die so genannten Appraisaltheoretiker und die biologisch orientierten Emotionstheoretiker. Die Appraisaltheoretiker gehen davon aus, dass Emotionen durch den Vergleich von (un-)erwünschten Zielvorstellungen und Zielerreichungsgraden entstehen. Einer ihrer bedeutendsten Vertreter, Lazarus (z. B. 1982), vertritt die Ansicht, dass kognitive Aktivität eine notwendige Voraussetzung für Emotionen darstellt. Danach ist für das Erleben einer Emotion das Verständnis notwendig, dass ein Ereignis – sei es positiv oder negativ – Konsequenzen für das subjektive Wohlergehen einer Person haben kann. Dies bedeutet, dass ein Individuum erst dann eine Emotion erleben kann, wenn es ein bestimmtes Ereignis (eine Episode oder eine unerwartete Stimuluskonstellation) bewertet und interpretiert hat („You must know what the event is before you can like it, or fear it, or ignore it", Lazarus 1982).

Eine bekannte Appraisaltheorie stammt von Roseman (1991), der fünf Dimensionen unterscheidet, nach denen die Bewertung eines Ereignisses vorgenommen werden kann. Jedes Ereignis kann seiner Theorie nach (1) als motiv-konsistent (positive Emotion) bzw. motiv-inkonsistent (negative Emotion) erlebt werden, (2) Appetenz oder Aversion (bei Vorliegen bzw. Abwesenheit von Belohnungen und Bestrafungen) erzeugen und (3) selbst oder durch andere Personen bzw. Umstände verursacht werden, (4) wobei die Ursache mehr oder weniger sicher eingeschätzt (5) und mit unterschiedlicher Intensität verarbeitet wird. Der letztere Punkt bezieht sich auf die Leichtigkeit bzw. Schwierigkeit des Fertigwerdens mit Gefühlen („Coping"). Coping ist ein dynamisches Phänomen und zielt darauf ab, angenehme emotionale Zustände wiederzuerlangen und auftretenden Stress zu reduzieren (Luce 1998; Duhachek 2005).

Appraisaltheorien werden häufig zur Generierung von Hypothesen herangezogen, die erklären sollen, wann welche Emotionen zu erwarten sind (z. B. die Prognose von Freude versus Erleichterung). Den Appraisaltheorien wird außerdem eine hohe Erklärungskraft zugesprochen, wenn es darum geht, das Erreichen von Zielvorstellungen, die für das Marketing von Bedeutung sind, zu analysieren. Ziele werden hierbei definiert als interne Repräsentationen von erwünschten Zuständen. Immer dann, wenn eine Person ein Ziel nicht erreichen kann, reagiert sie mit einer emotionalen Reaktion, die in Stärke und Qualität von ihrem Konfliktbewältigungspotenzial abhängt. Oatley und Johnson-Laird (1987) nehmen in ihrer kognitiven Emotionstheorie an, dass positive Emotionen (wie Glück oder Freude) mit dem Erreichen eines (Zwischen-)Ziels einhergehen, was i. d. R. zu der Entscheidung führt, einen gesetzten Plan weiterzuverfolgen. Negative Emotionen (wie Frustration oder Angst) hingegen entstehen durch die Nichterreichung eines Ziels und haben die Aufgabe des gesetzten Plans zur Folge.

Die bewusste, kognitive Bewertung des Zielerreichungsgrades und der Relevanz des Ziels bestimmen dabei die emotionale Reaktion (Bagozzi et al. 1998).

Auf der Basis der so genannten „How do I feel about it"-Heuristik von Schwarz und Clore (1983, 1988) wird die Frage diskutiert, inwieweit kognitiv antizipierte Gefühle, also das sich Vorstellen einer zukünftig in einer Situation erlebten Emotion, als Informationsgrundlage für zukünftiges Verhalten gelten kann. So ist durchaus nachvollziehbar, dass durch die Antizipation von Gefühlen Konsumentscheidungen beeinflusst werden, beispielsweise wenn sich ein Konsument am Vormittag den Kauf seiner Lieblingsmarke oder den Besuch eines präferierten Händlers am Abend, als eine Art von Selbstbelohnung (Mick et al. 1992), herbeisehnt oder die abendliche Motorradfahrt auf der Harley Davidson antizipiert. Die gedanklich konstruierte Vorfreude stünde dann ebenfalls in einer Ursache-Wirkungs-Beziehung zur Kundenbindung, z. B. in Form von solchen Feierabendritualen.

Vertreter der biologisch orientierten Emotionstheorie sind der Ansicht, dass Emotionen biologisch vorprogrammiert sind (z. B. Zajonc 1980). Ihnen nach können Emotionen automatisch und ohne Beteiligung höherer kognitiver Prozesse durch bestimmte, angeborene oder erlernte Reize ausgelöst werden, bereits bevor man sich dieser Reize bewusst wird (LeDoux 1996). Bildgebende Verfahren der Neurowissenschaften konnten solche automatischen emotionalen Prozesse in den letzten Jahren auf beeindruckende Weise beleuchten. So belegt eine Reihe von Studien, dass Emotionen bereits vor bewussten Überlegungen Entscheidungen in eine bestimmte Richtung lenken können (z. B. Damasio 1996; Bechara/Damasio 2005). Rational betrachtete Argumente hingegen werden häufig lediglich im Nachhinein als Rechtfertigungen für Entscheidungen angeführt (Haidt 2001). So verwundert es nicht, dass Impulskäufe, ein wichtiger Kaufentscheidungstyp am Point-of-Sale in Handelsunternehmen (Kroeber-Riel et al. 2009), mit den Emotionen Freude und Überraschung in Verbindung gebracht werden (Baun 2003; Baun/Gröppel-Klein 2003).

LeDoux (1996) zeigt auf der Basis von neurologischen Studien auch die Möglichkeit der gedanklichen Antizipation bzw. Konstruktion von Emotionen auf. Hier ist eine inhaltliche Übereinstimmung zu den Appraisaltheorien festzuhalten, die nicht zuletzt dazu führte, dass die moderne Emotionsforschung davon ausgeht, dass beide Forschungsrichtungen ihre Berechtigung haben. Emotionen können somit sowohl automatisch und unbewusst ablaufen und spontane Reaktionen auslösen (z. B. „Erstarren") als auch das Ergebnis eines in kortikalen Arealen stattfindenden Prozesses sein, bei dem abgeschätzt wird, ob mehr oder weniger relevante Ziele erreicht werden und ob diese mit Belohnungen oder Bestrafungen bzw. deren Ausbleiben verbunden sind (siehe hierzu ausführlich Kroeber-Riel et al. 2009).

Was die Anzahl und Charakteristika der für das Marketing relevanten Emotionen anbetrifft, so können dimensionale Ansätze von emotionsspezifischen Ansätzen unterschieden werden. Izard (2007) betont, dass emotionsspezifische Betrachtungsweisen bei dem Ziel der Vorhersage von Verhaltensreaktionen dimensionalen Konzepten überlegen sind. Aus diesem Grund werden wir uns im Folgenden auf einzelne Emotionen konzentrieren, die laut theoretischen Erkenntnissen und empirischen Befunden vermutlich eine bedeutende Rolle für das Relationship Marketing haben. Dies sind im Besonderen folgende Emotionen:

■ *Vertrauen*: Vertrauen dient evolutionsbiologisch dazu, Mitgliedern einer eigenen Gruppe Unterstützung zukommen zu lassen. Laut Plutchik (2003) sind Akzeptanz und Bewunderung schwächere bzw. stärkere Ausprägungen von Vertrauen. Vertrauen ist auch Gegenstand zahlreicher Forschungsarbeiten im Marketing (z. B. Morgan/Hunt 1994; Diller 1996; Verhoef et al. 2002).

■ *Freude*: Freude wird von Izard (1991) eher als Nebenprodukt denn als direktes Resultat von Handlungen oder Gedanken angesehen. Freude ist für das Marketing insbesondere in der Kommunikationspolitik von Bedeutung (Zeitlin/Westwood 1986). Sie kann vielfältige Ursachen haben – z. B. Stressreduktion, Reduzierung negativer emotionaler Zustände, Wiedererkennen von Bekanntem oder kreative Anstrengung. Lächeln und Lachen sind der Ausdruck von Freude (Izard 1991). Plutchik (2003) weist darauf hin, dass die Emotion der Freude persönliche (An-)Bindung vorbereitet. Niedrigere bzw. höhere Intensitätsstufen von Freude sind Heiterkeit und Begeisterung. Letztere wird von Chitturi et al. (2008) als besonders marketingrelevant erachtet – die Autoren umschreiben dies mit Entzücken („Delight").

■ *Liebe:* Liebe ist nach Plutchik (2003) die Kombination von Vertrauen und Freude. Das Gefühl der Liebe beinhaltet gegenseitigen Respekt, Zusammengehörigkeitsgefühl, (sexuelle) Anziehung, Seelenverwandtschaft und altruistische Handlungen. Liebe ist länger anhaltend als Freude, welche nur kurzfristig empfunden wird (Plutchik 2003). Richins (1997) weist darauf hin, dass Liebe in Emotionsskalen in Bezug auf Marken häufig ausgelassen wird, weshalb sie an dieser Stelle Berücksichtigung finden soll.

■ *Leidenschaft*: Für McEwen (2004) ist Leidenschaft, die gegenüber einem Unternehmen empfunden wird, die höchste Stufe der Zuneigung. Pichler und Hemetsberger (2007) stellen eine Konzeptionalisierung der Hingabe von Konsumenten vor und weisen zudem auf spirituelle Wurzeln dieser Emotion hin, die auch für das Marketing von Bedeutung sind. Kann ein Unternehmen die Leidenschaft von Konsumenten wecken, werden sie dieses als unersetzlich betrachten, da es seine Wünsche und Bedürfnisse exakt erfüllen kann. Bei den Ansätzen von Izard (1991) und Plutchik (2003) findet die Emotion Leidenschaft keine Berücksichtigung.

■ *Stolz:* Stolz ist nach Plutchik (2003) eine sekundäre Dyade aus Freude und Ärger, d. h. eine Zusammensetzung dieser Emotionen. Stolz tritt häufig als Konsequenz eigenen Handelns auf, z. B. wenn man ein Ziel erreicht hat oder sich selbst als besonders kompetent betrachtet (Weiner 1986).

■ *Langeweile*: Langeweile wird als eine Emotion beschrieben, die eine negative Valenz aufweist und deaktivierend ist (Goetz et al. 2006). Besondere Relevanz gewinnt

Langeweile im Zusammenhang mit der exzessiven Wiederholung von Werbung (Morris/Colman 1993; Kirmani 1997).

▪ *Enttäuschung*: Enttäuschung entsteht, wenn Individuen überraschend Kummer erfahren, d. h. eine negative Entwicklung nicht vorhergesehen haben oder vorhersehen konnten (Plutchik 2003). Diese ist im Sinne des Confirmation/Disconfirmation Paradigmas vor allem bei Leistungen relevant, die unterhalb des subjektiven Anspruchsniveaus von Konsumenten liegen (Kroeber-Riel et al. 2009).

▪ *Ärger*: Ärger ist eine unerwünschte Emotion und wird deshalb so häufig wie möglich vermieden. Frustration und eine unerwartete Veränderung des Erregungszustandes von Individuen aufgrund von provokativen Umständen werden als Auslöser von Ärger betrachtet (Averill 1983). Ungerechtigkeit, unfaire Behandlung durch andere und moralische Empörung sind weitere Ursachen von Ärger (Izard 1991). Ärger setzt ein als Reaktion auf Hindernisse aller Art und ist meist kurzlebig (Plutchik 2003). Ärger kann aus Marketingsicht zu Wechselverhalten führen (Folkes et al. 1987).

Im Folgenden werden die verhaltenswissenschaftlichen Erkenntnisse zur Relevanz dieser spezifischen Emotionen für die Kundenbindung erläutert. Besondere Beachtung in separaten Gliederungspunkten schenken wir den Mischemotionen und persönlichen Verkaufsgesprächen. Abbildung 1 veranschaulicht unser Vorgehen.

Abbildung 1: *Überblick über die Inhalte des Beitrags*

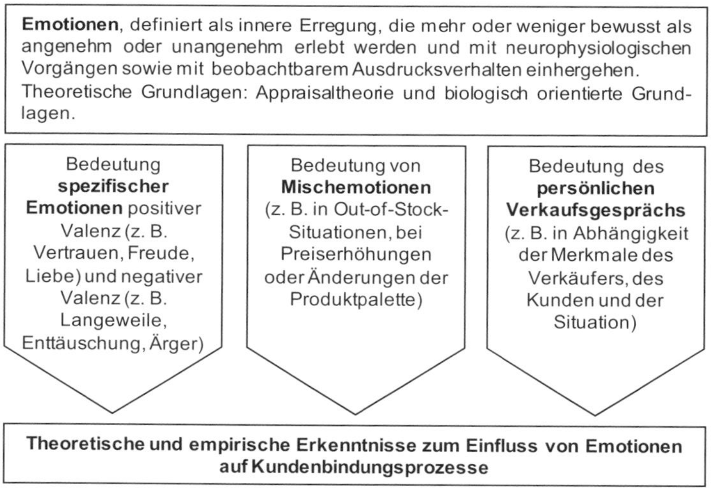

Emotionen, definiert als innere Erregung, die mehr oder weniger bewusst als angenehm oder unangenehm erlebt werden und mit neurophysiologischen Vorgängen sowie mit beobachtbarem Ausdrucksverhalten einhergehen. Theoretische Grundlagen: Appraisaltheorie und biologisch orientierte Grundlagen.

| Bedeutung **spezifischer Emotionen** positiver Valenz (z. B. Vertrauen, Freude, Liebe) und negativer Valenz (z. B. Langeweile, Enttäuschung, Ärger) | Bedeutung von **Mischemotionen** (z. B. in Out-of-Stock-Situationen, bei Preiserhöhungen oder Änderungen der Produktpalette) | Bedeutung des **persönlichen Verkaufsgesprächs** (z. B. in Abhängigkeit der Merkmale des Verkäufers, des Kunden und der Situation) |

Theoretische und empirische Erkenntnisse zum Einfluss von Emotionen auf Kundenbindungsprozesse

3.2 Empirische Studien zur Bedeutung von Emotionen innerhalb von Kundenbindungsprozessen

Zunächst ist festzustellen, dass die meisten bisher vorliegenden Studien zur Bedeutung von Emotionen für Kundenbindungsprozesse auf Basis der Appraisaltheorien konzipiert wurden.

Der erstmals von Westbrook (1980; 1987) empirisch bewiesene Einfluss von mit positiver bzw. negativer Valenz behafteten Emotionen auf die Kundenzufriedenheit und -bindung wurde vor allem im Dienstleistungssektor erforscht. Bloemer und de Ruyter (1999) beispielsweise zeigen, dass positive Emotionen, die während des Mitwirkens von Kunden im Rahmen einer Erstellung einer Dienstleistung entstehen, den Zusammenhang zwischen Kundenzufriedenheit und künftiger Bindungsabsicht bei hoch involvierten Kunden verstärken. Dieser Effekt tritt bei niedrig involvierten Kunden nicht auf, jedoch tragen diese, wie auch bei hoch involvierten Kunden, direkt zur künftigen Bindungsabsicht bei.

Bougie et al. (2003) verfolgen einen emotionsspezifischen Ansatz, indem sie sich der Emotion Ärger widmen und stellen einen direkten negativen Einfluss auf relevante Bindungsparameter sowie eine Mediatorfunktion auf den Zusammenhang zwischen subjektiv erlebter Unzufriedenheit auf der einen Seite und negativer Mund-zu-Mund-Kommunikation, Wechselabsicht und Beschwerdeverhalten von Konsumenten auf der anderen Seite fest. Ärger ist auch für die Akzeptanz von neuen Produkten bedeutend, so konnte Königstorfer (2008) zeigen, dass Anwendungsprobleme bei der Nutzung von technologischen Innovationen stärkeren Ärger verursachen als bei der Nutzung von etablierten Medien. Dieser Ärger steht in einem negativen Zusammenhang zur Weiterempfehlungsabsicht der Innovation und könnte somit deren Diffusion hemmen. Dieses Ergebnis wird von Gelbrich (2009) für die Nutzung von SMS und für kritische Ereignisse von Kunden von Mobilfunkanbietern bestätigt. Die Autorin zeigt, dass die Zufriedenheit und die Bindungsabsicht bei verärgerten Kunden negativ beeinträchtigt werden. Für die in Dienstleistungen erlebten Emotionen des Bedauerns und der Enttäuschung konnten ähnliche verhaltensrelevante Auswirkungen belegt werden, und diese gehen über den negativen Effekt der reinen Unzufriedenheit mit der Leistung hinaus (Zeelenberg/Pieters 1999, 2004). Die Autoren liefern empirische Befunde für einen direkten Effekt der Emotion Enttäuschung – dem Ausmaß nicht erfüllter Erwartungen an Leistungen – auf die Mund-zu-Mund-Kommunikation sowie die Beschwerde- und Wechselabsichten.

Was die emotionsspezifische Betrachtung von Emotionen positiver Valenz anbetrifft, so konnten Louro et al. (2005) zeigen, dass der Einfluss von Stolz auf die Wiederkaufabsicht von Produkten von den selbst regulierenden Zielen der Konsumenten abhängig ist. Stolze Konsumenten, die primär versuchen negative Konsequenzen im Konsum zu vermeiden und nach Sicherheit streben (wie z. B. die Aufnahme von Preisverhandlungen mit dem Ziel der Vermeidung von Zusatzausgaben), weisen geringere Bindungsabsichten auf als stolze Konsumenten, deren Konsumstrategie weniger auf eine Vermeidung, sondern eher auf eine Erzielung positiver und als gewünscht empfundener Zielzustände gerichtet ist (wie z. B. die Aufnahme von Preisverhandlungen aus Sparinteresse). Dieser Effekt tritt unabhängig von der Zufriedenheit von Konsumenten und selbstattribuierten negativen Emotionen wie Schuld oder Scham auf.

In Bezug auf die Emotion Freude stellt Nyer (1997) positive Zusammenhänge zur positiven und negative Zusammenhänge zur negativen Mund-zu-Mund-Kommunikation für den Untersuchungsgegenstand eines im Labor getesteten Computersystems fest. Allerdings betrachtet der Autor die Emotion Freude nicht unabhängig von den Zufriedenheitsurteilen der Probanden. Chitturi et al. (2008) gehen auf die Befriedigung hedonistischer versus utilitaristischer Bedürfnisse von Konsumenten ein. Die Autoren zeigen, dass Gefühle der Sicherheit und Zuversicht Antezedenzen von Zufriedenheit sind, wohingegen Gefühle der Freundlichkeit und Erregung Antezedenzen von Entzücken sind. Was deren Auswirkungen auf die Kundenbindung anbetrifft, so konnte gezeigt werden, dass das Entzücken von Kunden mit der Übererfüllung von Erwartungen bei der Nutzung von hedonistischen Produkten zu stärkeren Bindungsabsichten führt als das Zufriedenstellen von Kunden bei der Nutzung von utilitaristischen Produkten. Im Falle eines Nichterfüllens der Leistung hingegen sind die negativen Effekte für letztere Kundengruppe stärker als für erstere.

Auch zur Bedeutung des Vertrauens liegen einige Studien vor. Für die Beurteilung von Marken und die spätere Markenbindung ist das Vertrauen eine wesentliche Bedingung, um das wahrgenommene Risiko aus Kundensicht zu minimieren (Bosch et al. 2006). Sirdeshmukh et al. (2002) zeigen, dass der Einfluss von Vertrauen auf die Loyalität von Kunden durch den wahrgenommenen Wert mediiert wird. Die Autoren finden zudem heraus, dass das Vertrauen in das Verkaufspersonal besonders gestärkt wird, wenn bei dem Personal eine starke Problemlösungsorientierung wahrgenommen wird und besonders geschwächt wird, wenn sich das Personal wenig wohlwollend gegenüber seinen Kunden verhält. DeWitt et al. (2008) belegen, dass Vertrauen, neben dem Einfluss positiver und negativer Emotionen, die Loyalität auf der Einstellungs- und Verhaltensabsichtsebene positiv beeinflusst. Sie zeigen dies für Bestrebungen von Dienstleistungsunternehmen, vorangegangene Fehler in der Leistungserstellung wieder gut zu machen.

Zur Bedeutung von Liebe zu bzw. Hingabe für Marken und Handelsunternehmen existieren nur wenige Befunde auf der Basis positivistischer Forschungsdesigns, zumal häufig symbolische und gar spirituelle Aktionen relevant sind, die stark mit dem Selbstkonzept von Personen zusammenhängen und tief in den individuellen Motiven von Konsumenten verankert sind. Somit ist es es teilweise schwierig, konkrete Ursache-Wirkungs-Zusammenhänge auszumachen. Pimentel und Reynolds (2004) zeigen anhand des Beispiels von Sportfans auf, wie eine starke Bindung zwischen Individuen und Marken aufgebaut wird, bei der persönliche Besitztümer einen teilweise subjektiv unschätzbaren Wert erlangen und als nahezu heilig betrachtet werden. Groeppel-Klein et al. (2008) zeigen, dass die Bindung zu einem Fußballverein unabhängig vom sportlichen Erfolg ist. Im Falle ihrer empirischen Studie ist dies ein Abstieg aus der ersten Bundesliga, der mit dem Erleben intensiver Emotionen einhergeht.

Studien zu Kundenbindungsprozessen auf der Basis der biologisch orientierten Emotionstheorie sind noch spärlich. Auf diesen Ansatz geht jedoch auch die so genannte Mere Exposure Hypothese zurück, die besagt, dass eine positive Grundhaltung zu einem Gegenstand unbewusst entwickelt werden kann, allein durch die Tatsache, dass man diesem Gegenstand häufig ausgesetzt ist (Zajonc 1968). Die Mere Exposure Hypothese wird kontrovers diskutiert, sie erfährt jedoch in jüngerer Zeit u. a. durch diverse Experimente des Sozialpsychologen Bargh Unterstützung (z. B. Bargh/ Chartrand 1999). Letztlich könnte diese Hypothese einen Erklärungsbeitrag dazu leisten, warum auch bei habitualisiertem Kaufverhalten und geringem Involvement der Kunden die Verbundenheit zu Marken bzw. Handelsunternehmen unbewusst ansteigen kann.

Auch neurologische Studien bieten bislang noch kaum Erkenntnisse über die Kundenbindung an Marken bzw. Handelsunternehmen, jedoch geben sie erste Anzeichen für das zu vermutendes Kundenbindungspotenzial von unbewusst aktivierenden Prozessen. McClure et al. (2004) erfassten die Gehirnaktivität von Coca-Cola und Pepsi trinkenden Konsumenten mit Hilfe von fMRI (functional Magnetic Resonance Imaging). Ihre Ergebnisse verdeutlichen, dass die Aktivierungszustände in Hippocampus und dorsolateralem präfrontalem Kortex bei Coca-Cola-Trinkern höher ausgeprägt sind als bei Pepsi-Trinkern – und dies ist bei allen Probanden der Fall, auch bei denen, die normalerweise Pepsi bevorzugen. Da angenommen wird, dass die in diesem Experiment angesprochenen Gehirnregionen das Verhalten auf Basis von Affekt und Emotionen beeinflussen, wird Coca-Cola eine größere Konnotation zugesprochen als Pepsi, d. h. die Marke besitzt eine stärkere emotionale Ladung und somit möglicherweise ein größeres Kundenbindungspotenzial als ihre Konkurrenzmarke. In einer weiteren fMRI-Studie stellen Deppe et al. (2005) fest, dass beim Betrachten von starken Marken die Gehirnareale, die für die gedankliche Verarbeitung zuständig sind, weniger durchblutet werden als bei schwachen Marken und werten dieses als kognitive Entlastung beim Anblick von starken Marken. Diese neurologischen Untersuchungen bieten erste Anzeichen dafür, dass Loyalität eher mit einer emotionalen Aktivierung als mit einer kognitiven Aktivierung des Gehirns einhergeht. Es ist jedoch weitere Forschung notwendig, um diesen Sachverhalt zu klären und relevante Forschungsfragen und Hypothesen formulieren und mit Hilfe neurologischer Erkenntnisse überprüfen zu können.

3.3 Bedeutung von Mischemotionen für Kundenbindungsprozesse

Mischemotionen („Mixed Emotions") können in unterschiedlicher Weise verstanden werden (siehe ausführlich Kroeber-Riel et al. 2009). Grundsätzlich können Mischemotionen Kombinationen von grundlegenden Emotionen (z. B. der acht primären Emotionen nach Plutchik 2003) repräsentieren, die durch Gemisch oder Interaktion alle anderen Emotionen bilden. Dies kann auch eine Mischung aus gleichgerichteten Emotionen sein.

In der Literatur hat sich der Begriff der Mischemotion jedoch für das simultane Erleben von Emotionen entgegen gesetzter Richtung, d. h. von Emotionen mit positiver *versus* negativer Valenz, durchgesetzt. Die grundlegende Forschung in diesem Bereich beschäftigt sich zwar immer noch mit der Frage, ob und zu welchem Ausmaß das Erleben von Mischemotionen überhaupt möglich ist (McGraw/Larsen 2008), jedoch gehen diverse Forscher davon aus, dass positive und negative Emotionen zwei voneinander unabhängige Dimensionen sind, die simultan erlebt werden können (z. B. Cacioppo et al. 1997; Larsen et al. 2001). Aus neurophysiologischer Sicht werden Emotionen mit entgegen gesetzter Richtung von verschiedenen Gehirnsystemen gesteuert, die gleichzeitig arbeiten können und damit auch die gleichzeitige Aktivierung positiver und negativer Emotionen erlauben (Larsen et al. 2001). Wie auch bei Motivationen und Einstellungen unterschiedlicher Valenz wird jedoch für das Erleben von Mischemotionen vermutet, dass dies ein instabiler und eher kurzfristiger Zustand ist, der sich im Zeitverlauf hin zu einer reinen Emotion auflöst. Die Frage, ob Mischemotionen auch die Beziehungen von Konsumenten zu Marken bzw. Handelsunternehmen prägen können, ist theoretisch vorstellbar und aus Praktikersicht nicht unberechtigt. Man denke beispielsweise an die Beendigung von Beziehungen zwischen Kunden und Unternehmen und die damit einhergehenden emotionalen Prozesse (Bruhn et al. 2008) oder aber das in alltäglichen Konsumsituationen vorstellbare gleichzeitige Erleben der Freude über das Entdecken seiner Lieblingsmarke am Point of Sale und der gleichzeitigen Verärgerung, wenn hierfür eine Preiserhöhung vorgenommen worden ist (Homburg et al. 2005). Oder auch die Begeisterung bzw. die Verärgerung nach einer Veränderung der Produktpalette, die mit Emotionen gegenläufiger Valenz verknüpft sein könnten – wie am Beispiel der von Steven Jobs, Mitgründer und CEO des Computerherstellers Apple, zelebrierten Produktneueinführungen von Apple oder auch des Protestes von treuen Kinderriegel Konsumenten nach einem Austausch des Kindergesichts auf der Produktverpackung im Jahr 2007 ersichtlich ist. Wichtig für die langfristige Kundenbindung ist nun, dass in einem solchen Fall von auftretenden Mischemotionen im Zeitablauf die positive Emotion „überlebt". Allerdings liegen zu dem Thema keine empirischen Untersuchungen vor, insofern kann hier ein echtes Forschungsdefizit ausgemacht werden.

Eine weiterhin interessante Frage ist, wie Mischemotionen entstehen können und welche Bedeutung sie für die Kundenbindung haben, wenn die von den Konsumenten präferierten Handelsunternehmen „Out-of-Stock" sind, oder sie die Lieblingsmarke nicht mehr gelistet haben. Obsiegt hier letztlich die Händlertreue oder die Markentreue und welche Emotionen sind dafür verantwortlich? Eine Point-of-Sale-Befragung zum Konsum von Drogerieartikeln von Helnerus und Müller-Hagedorn (2006) zeigt, dass bei der Produktkategorie Duschgels 36 Prozent der Befragten mit einem Produktwechsel innerhalb der Marke, 30 Prozent mit einem Markenwechsel, 25 Prozent mit einer Verschiebung des Kaufs und 9 Prozent mit einem Geschäftswechsel auf eine (hypothetisch formulierte) Out-of-Stock-Situation reagieren würden. Campo et al. (2004) gehen ähnlich vor und konstatieren, dass Kundenloyalität die Bereitschaft mindert, einen Lebensmitteleinzelhändler nach einem Ausverkauf eines Lebensmittels zu wechseln und zwar unabhängig davon, ob Kunden planen einen Kauf zu verschieben oder nicht. Dieses Ergebnis steht den Erkenntnissen der Studie von Verbecke et al. (1998) entgegen, die in realen Out-of-Stock-Situationen keinen Einfluss der Kundenloyalität zum Händler auf die Wechselbereitschaft in Bezug auf Marken und Händler feststellen können. Emmelhainz et al. (1991) erforschen ebenfalls reale Out-of-Stock-Situationen. Ihre Ergebnisse in Bezug auf die Verhaltensreaktionen ähneln denen von Helnerus und Müller-Hagdorn (2006). Zudem zeigen die Autoren, dass stark markentreue Kunden häufiger die Produkte innerhalb der Marke substituieren als weniger markentreue Kunden.

Zusammenfassend kann festgehalten werden, dass bislang bei der Erforschung von Out-of-Stock-Situationen die Analyse von Verhaltensreaktionen im Mittelpunkt stand. Diese Reaktionen wurden überwiegend mit kognitiven Prozessen erklärt, z. B. mit den wahrgenommenen Substitutions-, Transaktions- und Opportunitätskosten (z. B. Campo et al. 2004) oder dem wahrgenommenen Risiko (Emmelhainz et al. 1991). Eine Ausnahme bildet die Studie von Fitzsimons (2000). In mehreren Experimentalstudien zeigt der Autor, dass im Falle von Out-of-Stock-Situationen mit zunehmendem persönlichem Commitment der Kunden die Zufriedenheit mit dem Entscheidungsprozess sinkt und die Bereitschaft, die Einkaufsstätte zu wechseln, steigt. Das persönliche Commitment hängt dabei von der Produktpräferenz, der Ausbildung des Evoked Sets und dem Ausmaß der persönlichen Ansprache des Ausverkaufs ab. Interessanterweise zeigen die Ergebnisse auch, dass fehlende Produkte bei einer wahrgenommenen Entscheidungsvereinfachung sogar positive Auswirkungen haben können und nicht die Zufriedenheit mit dem Produkt an sich tangieren. Jedoch werden auch hier emotionale Prozesse lediglich in Form des persönlichen Commitments, und nicht emotionsspezifisch oder aus der Perspektive gemischter Emotionen, berücksichtigt.

3.4 Verkaufsgespräch als Kontakt-(und Knack-)punkt für Kundenbindung?

Neben dem Leistungsangebot an sich können auch die Interaktion zwischen Kunde und Verkäufer und deren wahrgenommene Qualität erheblich zur Kundenbindung beitragen. So fragen sich Palmatier et al. (2007) beispielsweise, ob Kundenbindung nicht gar eher auf das Verkaufspersonal denn auf das Unternehmen an sich zurückzuführen ist. Beim Gespräch mit dem Verkaufspersonal spielen vor allem die Merkmale des Verkäufers (z. B. die Glaubwürdigkeit), des Kunden (z. B. die Einstellungen) und der Kommunikationssituation (z. B. wie angenehm diese empfunden wird) eine Rolle und führen – je nach Ausprägung – zu spezifischen Emotionen während des Verkaufsgesprächs (Kroeber-Riel et al. 2009).

■ *Merkmale des Verkäufers*: Die in und nach einer Kommunikation empfundenen Emotionen werden wesentlich davon beeinflusst, welche Glaubwürdigkeit ein Verkäufer ausstrahlt. Die beiden wichtigsten Komponenten der Glaubwürdigkeit sind das Ansehen, das ein Kommunikator als Experte genießt, sowie seine Vertrauenswürdigkeit (Schuchert-Güler 2000). Ein Kommunikator wird als Experte eingeschätzt, wenn er als Quelle stichhaltiger (valider) Behauptungen wahrgenommen wird; und er gilt als vertrauenswürdig, wenn sich der Kunde darauf verlassen kann, dass der Verkäufer seine Informationen möglichst unverfälscht und zutreffend wiedergeben will (Kroeber-Riel et al. 2009). Schwieriger ist es, die Wurzeln der wahrgenommenen Vertrauenswürdigkeit des Kommunikators zu bestimmen; sie reichen vom physischen Erscheinungsbild bis zum (eingeschätzten) sozialen Status und umfassen auch seine wahrnehmbaren Kommunikationsabsichten. Hier spielt die nonverbale Kommunikation für die Vertrauensbildung oftmals eine entscheidende Rolle (Kroeber-Riel et al. 2009).

■ *Merkmale des Kunden*: Die vorhandenen Prädispositionen des Empfängers einer Kommunikation sind weitere Einflussgrößen für die Übernahme einer Nachricht. Wesentlich sind vor allem die allgemeine Beeinflussbarkeit der Person und ihre Einstellung gegenüber der gegebenen Information. Dabei kommt es vor allem darauf an, ob durch die Kommunikation eine konsistente oder inkonsistente Einstellungskonstellation hervorgerufen wird. Je stärker die Übereinstimmung (Konsistenz) der dargebotenen Information mit den vorhandenen Einstellungen der Empfänger ist, desto höher ist die Übernahmewahrscheinlichkeit für die Nachricht und desto positiver sind die damit einhergehenden Emotionen (Kroeber-Riel et al. 2009).

■ *Kommunikationssituation*: Hierunter fallen alle denkbaren situativen Bedingungen des Kontakts zwischen Personen. Beispielsweise errichtet die Zugehörigkeit zu als verschieden wahrgenommenen sozialen Einheiten Schranken und kann Misstrauen verursachen. Die Kontaktaufnahme wird ebenfalls durch persönliche Sympathien und Antipathien der Beteiligten, durch ihre Absichten und Interessen erschwert oder erleichtert. So spielt z. B. die Authentizität des Lächelns im Gesichtsausdruck des Verkäufers eine Rolle für den emotionalen Zustand von Konsumenten und wirkt sich somit indirekt auf deren Zufriedenheit und Bindungsabsichten aus (Hennig-Thurau et al. 2006). Auch die nonverbale Kommunikation beeinflusst die Zufriedenheit mit einem Verkaufsgespräch. Unter nonverbaler Kommunikation werden hier all die Wege der persönlichen Kommunikation und der Massenkommunikation verstanden, die sich nicht auf sprachliche Informationsübertragungen stützen (Kroeber-Riel et al. 2009).

Aufgrund der vermutlich großen Bedeutung der nonverbalen Kommunikation im Rahmen von Verkaufsgesprächen, geht dieser Abschnitt näher auf dieses Thema ein. Prinzipiell beinhaltet die nonverbale Kommunikation zwei Formen: die Gesichts- und Körpersprache sowie die Kommunikation mittels materieller Gegenstände (Kroeber-Riel et al. 2009). Der Gesichtsausdruck spielt eine Schlüsselrolle bei der Übermittlung von Emotionen. Im Durchschnitt wird der emotionale Ausdruck eines Gesichts von ungefähr 60 Prozent aller Kommunikationsteilnehmer richtig gedeutet (Argyle 1992). Auch vokale Mittel wie Ton, Sprechmelodie oder Sprechpausen, zudem die Hautfarbe, der Körpergeruch, das Ausmaß der Körperberührung, etc., also Signale verschiedener Sinnesmodalitäten, prägen eine Kommunikationssituation. Dabei wird der nonverbalen Kommunikation eine höhere Glaubwürdigkeit zugesprochen als verbalen Äußerungen – besonders dann, wenn sie spontan erfolgt und nur unter geringer kognitiver Kontrolle ist (Weinberg 1986). Weinberg und Gottwald (1982) erfassten mit Hilfe von Videobeobachtungen die Gesichtsausdrücke von Konsumenten in reizstarken Kaufsituationen, in denen vorwiegend Impulskäufe getätigt wurden, um die Emotionen bei Kaufhandlungen zu erfassen. Die Gesichtsausdrücke wurden anschließend bewertet, z. B. danach, wie interessiert, neugierig, begeistert, erfreut usw. die Personen waren. Die empirische Studie zeigt, dass der Gesichtsausdruck von (Impuls-)Käufern stärkere Emotionen vermittelt als der von Nichtkäufern. Nonverbale Reize informieren auch über die Persönlichkeit von Gesprächspartnern, beim ersten Kontakt ebenso wie nach längerer Bekanntschaft. Vor allem bei ersten oder flüchtigen Kontakten orientieren sich Konsumenten an vorhandenen Schemata, äußere Gestaltungsmerkmale wie Kleidung, Brille oder Attraktivität helfen dabei (z. B. Jackson et al. 1995).

Gröppel-Klein und Germelmann (2006) machen auf die Bedeutung der äußeren Gestaltungsmerkmale für den Aufbau von Vertrauen aufmerksam. Wenn Menschen sich zum ersten Mal begegnen, kann innerhalb weniger Bruchteile von Sekunden Vertrauen entstehen (Köszegi 2002; Behrens/Neumaier 2004). Hierbei spielt das Anmutungsbild des Gegenübers eine entscheidende Rolle. Entdeckt der Vertrauensgeber Ähnlichkeiten oder vermutet er intuitiv ähnliche Werte oder Lebensstile des Vertrauensnehmers, ist die Wahrscheinlichkeit hoch, dass zwischenmenschliches Vertrauen entsteht. Specht et al. (2007) führten ein originelles Experiment zur Kundenzufriedenheit mit Verkaufsgesprächen durch, bei dem Schauspieler als Verkäufer eingesetzt wurden. Im Rahmen des Experiments wurde nicht nur das verbale Fachwissen der Verkäufer systematisch variiert, sondern auch das nonverbale Verhalten (z. B. das Blättern in einer Zeitschrift oder das sofortige Aufstehen, wenn der Kunde das Geschäft betritt, sowie Achselzucken, Hinwendung zum Kunden usw.). Es zeigt sich, dass das Engagement des Verkäufers eine entscheidende Rolle für die Kundenzufriedenheit spielt. Weitere Experimente dieser Art wären wünschenswert und sollten auch aufzeigen, inwieweit durch die Kommunikation am Point-of-Sale, mediiert durch die ausgelösten Emotionen, langfristige Bindungen an eine Marke bzw. Einkaufsstätte erzielt werden.

4. Zusammenfassung und Ausblick

Ziel des Beitrags war es, die Bedeutung von Emotionen für Kundenbindungsprozesse vor dem Hintergrund des aktuellen Stands der Emotionsforschung zu beleuchten. Dabei sind wir insbesondere auf spezifische und gemischte Emotionen sowie deren Bedeutung im Rahmen von persönlichen Verkaufsgesprächen eingegangen. Unsere Ausführungen sollen als Anstoß für künftige Forschungsarbeiten dienen, z. B. was die Relevanz von besonders starken Emotionen anbetrifft, die über Zufriedenheitsurteile von Konsumenten hinaus gehen (z. B. Liebe oder Hingabe). Auch die Interaktionen zwischen Markenherstellern und Handelsunternehmen und deren emotionale Konsequenzen, z. B. in Out-of-Stock-Situationen oder bei Beendigungen von Beziehungen, sind bislang nur wenig erforschte Felder. Letztlich stellt sich die Frage, inwieweit das persönliche Verkaufsgespräch für eine starke emotionale Bindung verantwortlich ist und inwieweit solche Erlebnisse durch andere Faktoren substituiert werden können. Dies ist vor allem für den wachsenden Bereich des Onlineshoppings von Bedeutung.

Literaturverzeichnis

Argyle, M. (1992): The Social Psychology of Everyday Life, London u. a.

Averill, J.R. (1983): Studies on Anger and Aggression. Implications for Theories of Emotion, in: American Psychologist, Vol. 38, No. 11, S. 1145-1162.

Bagozzi, R.P./Baumgartner, H./Pieters, F.G.M. (1998): Goal-Directed Emotions, in: Cognition and Emotion, Vol. 12, No. 1, S. 1-26.

Bagozzi, R.P./Gopinath, M./Nyer, P.U. (1999): The Role of Emotions in Marketing, in: Journal of the Academy of Marketing Science, Vol. 27, No. 2, S. 184-206.

Bargh, J.A./ Chartrand, T.L. (1999): The Unbearable Automaticity of Being, in: American Psychologist, Vol. 54, No. 7, S. 462-479.

Baun, D. (2003): Impulsives Kaufverhalten am Point of Sale, Wiesbaden.

Baun, D./Gröppel-Klein, A. (2003): Joy and Surprise as Guides to a Better Understanding of Impulse Buying Behaviour, in: Brown, S./Turley, D. (Hrsg.): European Advances in Consumer Research, Valdosta, Vol. 6, S. 290-299.

Bechara, A./Damasio, A.R. (2005): The Somatic Marker Hypothesis. A Neutral Theory of Economic Decision, in: Games and Economic Behavior, Vol. 52, No. 2, S. 336-372.

Behrens, G./Neumaier, M. (2004): Der Einfluss des Unbewussten auf das Konsumentenverhalten, in: Gröppel-Klein, A. (Hrsg.): Konsumentenverhaltensforschung im 21. Jahrhundert, Wiesbaden, S. 3-27.

Bloemer, J.M.M./De Ruyter, K. (1999): Customer Loyalty in High and Low Involvement Service Setting. The Moderating Impact of Positive Emotions, in: Journal of Marketing Management, Vol. 15, No. 4, S. 315-330.

Bosch, C./Schiel, S./Winder, T. (2006): Emotionen im Marketing, Wiesbaden.

Bougie, R./Pieters, R./Zeelenberg, M. (2003): Angry Customers Don't Come Back, They Get Back. The Experience and Behavioral Implications of Anger and Dissatisfaction in Services, in: Journal of the Academy of Marketing Science, Vol. 31, No. 4, S. 377-393.

Bruhn, M. (2001): Relationship Marketing. Das Management von Kundenbeziehungen, München.

Bruhn, M./Georgi, D. (2000): Kundenerwartungen als Steuergröße. Konzept, empirische Ergebnisse und Ansätze eines Erwartungsmanagements, in: Marketing – Zeitschrift für Forschung und Praxis, 22. Jg., Nr. 3, S. 185-196.

Bruhn, M./Lucco, A./Wyss, S. (2008): Beendigung von Kundenbeziehungen aus Anbietersicht. Wirkung der wahrgenommenen Gerechtigkeit auf die Zufriedenheit und Verbundenheit ehemaliger Kunden in unterschiedlichen Beendigungsszenarien, in: Marketing – Zeitschrift für Forschung und Praxis, 30. Jg., Nr. 4, S. 221-238.

Bruhn, M./Richter, M./Georgi, D. (2006): Dynamik und Kundenerwartungen im Dienstleistungsprozess. Empirische Befunde eines experimentellen Designs zur Bildung und Wirkung von Erwartungen, in: Marketing – Zeitschrift für Forschung und Praxis, 28. Jg., Nr. 2, S. 116-133.

Cacioppo, J.T./Gardner, W.L./Berntson, G.G. (1997): Beyond Bipolar Conceptualizations and Measure. The Case of Attitudes and Evaluative Space, in: Personality and Social Psychology Review, Vol. 1, No. 1, S. 3-25.

Campo, K./Gijsbrechts, E./Nisol, P. (2004): Dynamics in Consumer Response to Product Unavailability. Do Stock-Out Reactions Signal to Response to Permanent Assortment Reductions?, in: Journal of Business Research, Vol. 57, No. 8, S. 834-843.

Chitturi, R./Raghunathan, R./Mahajan, V. (2008): Delight by Design: The Role of Hedonic Versus Utilitarian Benefits, in: Journal of Marketing, Vol. 72, No. 3, S. 48-63.

Damasio, A.R. (1996). The Somatic Marker Hypothesis and the Possible Functions of the Prefrontal Cortex, in: Philosophical Transactions of the Royal Society of London, Vol. 351, No. 1346, S. 1413-1420.

Deppe, M./Schwindt, W./Kugel, H./Plassmann, H./Kenning, P. (2005): Nonlinear Responses within the Medial Prefrontal Cortex Reveal When Specific Implicit Information Influences Economic Decision Making, in: Journal of Neuroimaging, Vol. 15, No. 2, S. 171-182.

DeWitt, T./Nguyen, D. T./Marshall, R. (2008): Exploring Customer Loyalty Following Service Recovery. The Mediating Effects of Trust and Emotions, in: Journal of Service Research, Vol. 10, No. 3, S. 269-281.

Dieckmann, A./Gröppel-Klein, A./Hupp, O./Broeckelmann, P./ Walter, K. (2008): Jenseits von verbalen Skalen: Emotionsmessung in der Werbewirkungsforschung, in: Jahrbuch der Absatz- und Verbrauchsforschung, 54. Jg., Nr. 4, S. 319-348.

Diller, H. (1996): Kundenbindung als Marketingziel, in: Marketing – Zeitschrift für Forschung und Praxis, 18. Jg., Nr. 2, S. 81-92.

Duhachek, A. (2005): Coping: A Multidimensional, Hierarchical Framework of Responses to Stressful Consumption Epsisodes, in: Journal of Consumer Research, Vol. 32, No. 1, S. 41-53.

Eggert, A. (1999): Kundenbindung aus Kundensicht, Wiesbaden.

Emmelheinz, M./Stock, J./Emmelheinz, L. (1991): Consumer Response to Retail Stock-Outs, in: Journal of Retailing, Vol. 67, No. 2, S. 138-146.

Fitzsimons, G. (2000): Consumer Response to Stockouts, in: Journal of Consumer Research, Vol. 27, No. 2, S. 249-266.

Folkes, V.S./Koletsky, S./Graham, J.L. (1987): A Field Study of Causal Inferences and Customer Reaction. The View from the Airport, in: Journal of Customer Research, Vol. 13, No. 4, S. 534-539.

Fournier, S. (1998): Comsumers and Their Brands: Developing Relationship Theory in Consumer Research, in: Journal of Consumer Research, Vol. 24, No. 4, S. 343-373.

Gelbrich, K. (2009): Beyond Just Being Dissatisfied: How Angry and Helpless Customers React to Failures When Using Self-Service Technologies, in: Schmalenbach Business Review, Vol. 61, No. 1, S. 40-59.

Goetz, T./Frenzel, A.C./Pekrun, R. (2006): The Domain Specifity of Academic Emotional Experiences, in: Journal of Experimental Education, Vol. 75, No. 1, S. 5-29.

Groeppel-Klein, A./Koenigstorfer, J./Schmitt, M. (2008): „You'll Never Walk Alone" – How Loyal Are Football Fans to Their Clubs When They Are Struggling Against Relegation?, in: Proceedings of the 16th EASM Conference, Bayreuth/Heidelberg.

Gröppel-Klein, A./Germelmann, C.C. (2006): Vertrauen in Menschen, Medien, „Medienmenschen" – eine verhaltenswissenschaftliche Analyse, in: Bauer, H.H./ Schüle, A./Neumann, M.M. (Hrsg.): Konsumentenvertrauen. Konzepte und Anwendungen für ein nachhaltiges Kundenbindungsmanagement, München, S. 119-134.

Gröppel-Klein, A./Königstorfer, J./Terlutter, R. (2008): Verhaltenswissenschaftliche Aspekte der Kundenbindung, in: Bruhn, M./Homburg, C. (Hrsg.): Handbuch Kundenbindungsmanagement. Strategien und Instrumente für ein erfolgreiches CRM, 6. Aufl., Wiesbaden, S. 41-76.

Haidt, J. (2001): The Emotional Dog and Its Rational Tail: A Social Intuitionist Approach to Moral Judgment, in: Psychological Review, Vol. 108, No. 4, S. 814-834.

Helnerus, K./Müller-Hagedorn, L. (2006): Die Lücke im Regal – Out-of-Stock Situationen aus Sicht der Kunden und des Handelsmanagements, in: Handel im Fokus, 58. Jg., Nr. 4, S. 212-224.

Henning-Thurau, Th./Groth, M./Paul, M./Gremler, D.D. (2006): Are All Smiles Created Equal? How Emotional Contagion and Emotional Labor Affect Service Relationships, in: Journal of Marketing, Vol. 70, No. 3, S. 58-73.

Holt, D.B. (1995): How Consumers Consume: A Typology of Consumption Practices, in: Journal of Consumer Research, Vol. 22, No. 1, S. 1-16.

Homburg, Ch./Becker, A./Hentschel, F. (2008): Der Zusammenhang zwischen Kundenzufriedenheit und Kundenbindung, in: Bruhn, M./Homburg, C. (Hrsg.): Handbuch Kundenbindungsmanagement. Strategien und Instrumente für ein erfolgreiches CRM Wiesbaden, S. 105-134.

Homburg, Ch./Hoyer, W.D./Koschate, N. (2005): Customers' Reactions to Price Increases: Do Customer Satisfaction and Perceived Motive Fairness Matter?, in: Journal of Marketing, Vol. 33, No. 1, S. 36-49.

Izard, C.E. (1991): The Psychology of Emotion, New York.

Izard, C.E. (2007): Basic Emotions, Natural Kinds, Emotion Schemas, and a New Paradigm, in: Perspectives on Psychological Science, Vol. 2, No. 3, S. 260-280.

Jackson, L.A./Hunter, J.E./Hodge, C.N. (1995): Physical Attractiveness and Intellectual Competence: A Meta-Analytic Review, in: Social Psychology Quarterly, Vol. 58, No. 2, S. 108-122.

Kirmani, A. (1997): Advertising Repetition as a Signal of Quality: If It Is Advertised So Much, Something Must Be Wrong, in: Journal of Advertising, Vol. 26, No. 3, S. 77-86.

Königstorfer, J. (2008): Akzeptanz von technologischen Innovationen. Nutzungsentscheidungen von Konsumenten dargestellt am Beispiel von mobilen Internetdiensten, Wiesbaden.

Königstorfer, J./Gröppel-Klein, A. (2007): Experiences of Failure and Anger When Using the Mobile and Wired Internet: The Interference of Acceptance- and Resistance-Driving Factors, in: Marketing – Journal of Research and Management, Vol. 27, No. 1, S. 34-47.

Köszegi, S. (2002): Vertrauen und Risiko in virtuellen Organisationen, in: Scholz, C. (Hrsg.): Systemdenken und Virtualisierung. Unternehmensstrategien zur Vitalisierung und Virtualisierung auf der Grundlage von Systemtheorien und Kybernetik, Berlin, S. 109-123.

Kroeber-Riel, W./Weinberg, P./Gröppel-Klein, A. (2009): Konsumentenverhalten, 9. Aufl., München.

Larsen, J.T./McGraw, A.P./Cacioppo, J.T. (2001): Can People Feel Happy and Sad at the Same Time?, in: Journal of Personality and Social Psychology, Vol. 81, No. 4, S. 684-696.

Lazarus, R.S. (1982): Thoughts on the Relations between Emotion and Cognition, in: American Psychologist, Vol. 35, No. 9, S. 1019-1024.

LeDoux, J.E. (1996): The Emotional Brain. The Mysterious Underpinnings of Emotional Life, New York.

Louro, M.J./Pieters, R./Zeelenberg, M. (2005): Negative Returns on Positive Emotions: The Influence of Pride and Self-Regulatory Goals on Purchase Decisions, in: Journal of Consumer Research, Vol. 31, No. 4, S. 833-840.

Luce, M.F. (1998): Choosing to Avoid: Coping with Negatively Emotion-Laden Consumer Decisions, in: Journal of Consumer Research, Vol. 24, No. 4, S. 409-432.

McClure, S.M./Li, J./Tomlin, D./Cypert, K.S./Montague, L.M./Montague, P.R. (2004): Neural Correlates of Behavioral Preference for Culturally Familiar Drinks, in: Neuron, Vol. 44, No. 2, S. 379-387.

McEwen, W.J. (2004): Getting Emotional about Brands, in: Gallup Management Journal Online, 9/9/2004, S. 1-4.

McGraw, A.P./Larsen, J.T. (2008): Midway between the Two? The Case for Mixed Emotions, in: Lee, A. Y./Soman, D. (Hrsg.): Advances in Consumer Research, Duluth, Vol. 35, S. 113.

Mick, D.G./DeMoss, M./Faber, R.J. (1992): A Projective Study of Motivations and Meanings of Self-Gifts. Implications for Retail Management, in: Journal of Retailing, Vol. 68, No. 2, S. 122-144.

Morgan, R.M./Hunt, S.D. (1994): The Commitment-Trust Theory of Relationship Marketing, in: Journal of Marketing, Vol. 58, No. 3, S. 20-38.

Morris, C.E./Colman, A.M. (1993): Context Effects on Memory for Television Advertisements, in: Social Behavior and Personality, Vol. 21, No. 4, S. 279-296.

Nyer, P.U. (1997): A Study of the Relationships between Cognitive Appraisals and Consumption Emotion, in: Journal of the Academy of Marketing Science, Vol. 25, No. 4, S. 296-304.

Oatley, K./Johnson-Laird, P.N. (1987): Towards a Cognitive Theory of Emotions, in: Cognition and Emotion, Vol. 1, No. 1, S. 29-50.

Oliver, R.L. (1993): Cognitive, Affective, and Attribute Basis of the Satisfaction Response, in: Journal of Consumer Research, Vol. 20, No. 3, S. 418-430.

Palmatier, R.W./Scheer, L.K./Steenkamp, J.-B. (2007): Customer Loyalty to Whom? Managing the Benefits and Risks of Salesperson-Owned Loyalty, in: Journal of Marketing Research, Vol. 44, No. 2, S. 185-199.

Pichler, E.A./Hemetsberger, A. (2007): "Hopelessly Devoted to You." Towards an Extended Conceptualization of Consumer Devotion, in: Fitzsimons, G./Morwitz, V. (Hrsg.): Advances in Consumer Research, Duluth, Vol. 34, S. 194-199.

Pimentel, R.W./ Reynolds, K.E. (2004): A Model for Consumer Devotion: Affective Commitment with Proactive Sustaining Behaviors, in: Academy of Marketing Science Review, Vol. 8, No. 7, S. 1-45.

Plutchik, R.E. (2003): Emotions and Life. Perspectives from Psychology, Biology, and Evolution, Washington DC.

Reichheld, F./Teal, T. (1996): The Loyalty Effect, Boston.

Richins, M.L. (1997): Measuring Emotions in the Consumption Experience, in: Journal of Consumer Research, Vol. 24, No. 2, S. 127-146.

Rogers, K. (2006): The Lovemarks Effect: Winning in the Consumer Revolution, Broolyn.

Roseman, I.J. (1991): Appraisal Determinants of Discrete Emotions, in: Cognition and Emotion, Vol. 5, No. 3, S. 161-200.

Scherer, K.R. (2005): What Are Emotions? And How Can They be Measured?, in: Social Science Information, Vol. 44, No. 4, S. 695-729.

Schuchert-Güler, P. (2000): Kundenwünsche im persönlichen Verkauf, Wiesbaden.

Schwarz, N./Clore, G.L. (1983): Mood, Misattribution, and Judgements of Well-Being: Informative and Directive Functions of Affective States, in: Journal of Personality and Social Psychology, Vol. 45, No. 3, S. 513-523.

Schwarz, N./Clore, G.L. (1988): How do I Feel About It? Informative Functions of Affective States, in: Fiedler, K./Forgas, J.P. (Hrsg.): Affect, Cognition, and Social behaviour. New Evidence and Integrative Attempts, Toronto, S. 44-62.

Sheth, J.N./Parvatiyar, A. (1995): Relationship Marketing in Consumer Markets: Antecedents and Consequences, in: Journal of Academy of Marketing Science, Vol. 23, No. 4, S. 255-271.

Sirdeshmukh, D./Singh, J./Sabol, B. (2002): Consumer Trust, Value and Loyalty in Relational Exchanges, in: Journal of Marketing, Vol. 66, No. 1, S. 15-37.

Sokolowski, K. (2008): Emotionen, in: Müsseler, J. (Hrsg.): Allgemeine Psychologie, Berlin, S. 295-333.

Specht, N./Fichtel, S./Meyer, A. (2007): Perception and Attribution of Employees Effort and Abilities: The Impact on Customer Encounter Satisfaction, in: International Journal of Service Industry Management, Vol. 18, No. 5, S. 534-554.

Verbecke, W./Farris, P./Thurik, R. (1998): Consumer Response to the Preferred Brand Out-of-Stock Situation, in: European Journal of Marketing, Vol. 32, No. 11/12, S. 1008-1028.

Verhoef, P.C./Franses, P.H./Hoekstra, J.C. (2002): The Effects of Relational Constructs on Consumer Referrals and Number of Services Purchased from a Multiservice Provider: Does Age of Relationship Matter?, in: Journal of the Academy of Marketing Science, Vol. 30, No. 3, S. 202-216.

Weinberg, P. (1986): Nonverbale Marktkommunikation, Heidelberg.

Weinberg, P./Gottwald, W. (1982): Impulsive Consumer Buying as a Result of Emotions, in: Journal of Business Research, Vol. 10, No. 1, S. 43-57.

Weiner, B. (1986): An Attributional Theory of Motivation and Emotion, Berlin.

Westbrook, R.A. (1980): Intrapersonal Affective Influences on Consumer Satisfaction with Products, in: Journal of Consumer Research, Vol. 7, No. 1, S. 49-54.

Westbrook, R.A. (1987): Product/Consumption-Based Affective Responses and Postpurchase Processes, in: Journal of Marketing Research, Vol. 24, No. 3, S. 258-270.

Zajonc, R.B. (1968): Attitudinal Effects of Mere Exposure, in: Journal of Personality and Social Psychology, Monograph Supplement, Vol. 9, No. 2, Part 2, S. 1-27.

Zajonc, R.B. (1980): Feeling and Thinking. Preferences Need no Inferences, in: American Psychologist, Vol. 35, No. 2, S. 151-175.

Zeelenberg, M./Pieters, R. (1999): Comparing Service Delivery to What Might Have Been: Behavioral Responses to Regret and Disappointment, in: Journal of Service Research, Vol. 2, No. 1, S. 86-97.

Zeelenberg, M./Pieters, R. (2004): Beyond Valence in Customer Dissatisfaction: A Review and New Findings on Behavioral Responses to Regret and Disappointment in Failed Services, in: Journal of Business Research, Vol. 57, No. 4, S. 445-455.

Zeitlin, D.M. /Westwood, R.A. (1986): Measuring Emotional Response, in: Journal of Advertising Research, Vol. 26, No. 5, S. 34-44.

Hermann Diller/Thomas Bauer

Kundenlebenswertmodelle im Einzelhandel – Ein empirischer Vergleich konkurrierender Ansätze

1. Zur Relevanz von Kundenlebenswertmodellen im Einzelhandel

2. CLV-Anwendungen im Handel
    2.1 Spezifische Anforderungen an CLV-Modelle im Handel
    2.2 Modellbeschreibungen
        2.2.1 Customer-Migration-Modell von Dwyer
        2.2.2 Kaufzyklusmodell von Venkatesan und Kumar
        2.2.3 Kaufwahrscheinlichkeitsmodell von Reinartz und Kumar

3. Empirischer Vergleich der drei Modelle
    3.1 Berechnungsergebnisse
    3.2 Interpretation und Schlussfolgerungen
    3.3 Branchenempfehlungen

Prof. Dr. Hermann Diller ist Inhaber des Lehrstuhls für Marketing an der Universität Erlangen-Nürnberg. Dipl.-Kfm. Thomas Bauer ist Assistent am Lehrstuhl für Marketing an der Universität Erlangen-Nürnberg.

1. Zur Relevanz von Kundenlebenswertmodellen im Einzelhandel

Die Pflege und der Erhalt von Kundenbeziehungen sind seit Mitte der 1990er Jahre immer stärker in den Mittelpunkt des Marketing gerückt (Diller/Kusterer 1988; Diller 1995; Krafft 2003; Diller et al. 2005; Krafft 2007; Bruhn 2009). Viele Unternehmen investieren hohe Summen in CRM-Systeme oder Kundenbindungsprogramme, wie Kundenclubs, Bonus- und Kundenkartensysteme (Wilde et al. 2005). In der Erwartung steigender Umsätze und Gewinne unternimmt man dabei große Anstrengungen zur Erhöhung von Kundenzufriedenheit und Kundenbindung (Bruhn/Homburg 2008). Allerdings erweisen sich nicht alle Kunden als gleichermaßen wertvoll, weshalb kostenintensive Beziehungsoffensiven nach dem Gießkannenprinzip nicht die gewünschten Wirkungen erzielen können. Vielmehr zeigt sich die Notwendigkeit, die Marketinginvestitionen für eine Maximierung des Gesamtunternehmenserfolgs so auszurichten, dass letztendlich die „richtigen" Kunden identifiziert und gebunden werden (Bruhn 2007).

Der Kundenlebenswert oder Customer Lifetime Value (CLV), ein nach finanzmathematischen Regeln berechneter Barwert einer kundenspezifischen Ein- und Auszahlungskette, hat sich dabei zur Schlüsselkennzahl für das Management der Profitabilität von Kundenbeziehungen entwickelt (Cornelsen 2000; Bruhn et al. 2000; Reinartz/ Kumar 2003; Thomas et al. 2004; Kumar/Reinartz 2006; Kumar et al. 2006; Gupta et al. 2006; Verhoef et al. 2007). Die Betrachtung von Kunden als Investitionsobjekte, mit denen langfristig Profite erzielt werden sollen, stellt eine zukunftsorientierte und auf ökonomische Ziele ausgerichtete Perspektive dar (Diller 1995). Eine erfolgreiche Arbeit mit dem CLV setzt jedoch voraus, dass eine geeignete Prognose der künftigen Profitabilität von Kundenbeziehungen erfolgen kann, was nicht immer einfach zu bewerkstelligen ist (Diller 2002).

Gelingt es einem Unternehmen, die richtige Kundenbewertungsmethode einzusetzen, können die ermittelten CLVs aber als Steuerungsgrößen in zahlreichen Anwendungsbereichen verwendet werden:

- Servicedifferenzierung, z. B. durch verschiedene Stufen eines Kundenstatusprogramms oder durch differenzierte Bearbeitung im Beschwerdemanagement

- Preisdifferenzierung, z. B. durch individuelle Rabatte, Rückvergütungen, Zahlungskonditionen

- Targeting von Kommunikationsmitteln, z. B. durch intensivere Bewerbung wertvoller Kundengruppen

- Steuerung von Kundeninvestitionen, z. B. durch selektive Einladungen zu Kundenevents

- Bestimmung der Zielgruppenstrategie, z. B. durch Priorisierung wertvoller Kundengruppen

- Bestimmung der Sortimentsstrategie, z. B. durch Priorisierung von Sortimentsbereichen, die von wertvollen Kunden intensiv gekauft werden

- Steuerung von Unternehmensinvestitionen, z. B. Expansion in bestimmten Geschäftsfeldern

- Unternehmensbewertung, z. B. durch Bewertung des Customer Equity als Vermögensgegenstand.

Aufgrund der außerordentlichen Bedeutung des CLV als Ziel- und Steuerungsgröße im Kundenmanagement ist er in der Wissenschaft ein intensiv behandeltes Thema (Günter/Helm 2006). Zur Prognose des CLV wurde eine Vielzahl von Modellen entwickelt, die auch in zahlreichen State-of-the-Art-Beiträgen detailliert beschrieben werden (z. B. Berger/Nasr 1998; Jain/Singh 2002; Gupta et al. 2006; Kumar 2006; Kiwitz/Scheffler 2009). Während diese Beiträge CLV-Modelle verständlich erklären und deren Unterschiede aufzeigen, verschweigen sie jedoch zumeist, dass längst nicht jeder CLV-Ansatz für jeden Kontext geeignet ist. Somit bleiben sie Empfehlungen darüber schuldig, welche Modelle in welchen Branchen und Kontexten eingesetzt werden sollen.

Im Zentrum des vorliegenden Beitrags steht die Anwendung des Customer Lifetime Value (CLV) im Einzelhandel. Unsere Überlegungen sollen dazu dienen, Empfehlungen für die Wahl eines CLV-Modells für den Kontext des Einzelhandels zu geben. Dort sind die Voraussetzungen für eine CLV-Berechnung vergleichsweise günstig, weil viele Händler über individuelle Transaktionsdaten ihrer Kunden verfügen. Seit langem gilt dies für den Versandhandel, zunehmend aber auch für den stationären Handel, der immer häufiger auf Kundenkartendaten zurückgreifen kann. Gleichzeitig nutzen immer mehr Konsumenten solche Kundenkartensysteme. Beispielsweise hat allein das neueste Multipartner-Kundenkartensystem „Deutschlandcard" in einem Jahr über 4,5 Mio. neue Kundenkarten ausgestellt (Deutschlandcard 2009). Dass mehr als 50 Prozent des Umsatzes eines Einzelhändlers über die Kundenkarte läuft, ist keine Seltenheit. Zudem sind die Kundenkartennutzer durch Selektionseffekte bei der Anwendung i.d.R. die wertvollsten Kunden (Müller 2006).

Wir werden nachfolgend drei grundsätzlich geeignete Modelle identifizieren und empirisch anhand eines Datensatzes aus dem Sportartikeleinzelhandel vergleichen (Diller et al. 2008). Damit wird es möglich, Berechnungsunterschiede aufzuzeigen, die charakteristisch für die jeweilige Modellanwendung im Einzelhandel sind, und damit die Stärken und Schwächen dieser Modelle transparent zu machen.

2. CLV-Anwendungen im Handel

2.1 Spezifische Anforderungen an CLV-Modelle im Handel

Für die Anwendung von CLV-Modellen im Handel gilt es, folgende sechs Umstände zu berücksichtigen:

(1) Im Einzelhandel liegt im Gegensatz zur vertraglichen Gebundenheit eine *nicht-vertragliche Verbundenheit* als Art der Kundenbindung vor (Bruhn 2001). Hierbei verspüren Kunden praktisch keine Wechselkosten, wenn sie eine Beziehung abbauen oder beenden, und können, anders als z. B. bei Finanzdienstleistern, die Kundenbeziehung beenden, ohne dies dem Anbieter mitzuteilen. Somit muss ein CLV-Modell im Einzelhandel die permanente Unsicherheit, ob eine Kundenbeziehung tatsächlich noch aktiv ist, berücksichtigen können.

(2) Ferner ist es eine besondere Eigenschaft des Einzelhandels, dass Kunden ihre Käufe typischerweise auf verschiedene im Wettbewerb stehende Unternehmen aufteilen. Da somit häufig immer (noch) Teilmengen bei einem Einzelhändler eingekauft werden, ist in den meisten Fällen eine Messung der vollständigen Abwanderung kaum möglich. Eine lediglich teilweise erfolgende Kundenabwanderung, in der ein Kunde durchgehend eine Kaufwahrscheinlichkeit für einen kleineren Teil seines Bedarfs besitzt, wird als *„Always-a-Share"* – Kundenabwanderung bezeichnet (Dwyer 1997). Im Gegensatz dazu stellt die „Lost-for-Good"-Kundenabwanderung eine endgültigere Form dar, da ein Anbieterwechsel zumeist mit einem langfristigen Commitment für einen anderen Anbieter einhergeht, z. B. durch einen Anbieterwechsel im Telekommunikationsgeschäft. Zwar existiert die theoretische Chance, auch „Lost-or-Good" Kunden zurück zu gewinnen, allerdings sind dafür i.d.R. ähnlich hohe Investitionen erforderlich wie für die Gewinnung gänzlich neuer Kunden, womit es nahe liegend ist, die Kunden zunächst als endgültig verloren zu betrachten und sie bei erfolgreicher Rückgewinnung wie Neukunden zu behandeln.

(3) Die *Heterogenität des Bedarfs* sowie daraus resultierend die Heterogenität der Kaufhäufigkeit und -intensität sind im Einzelhandel stark ausgeprägt (Krafft 2007). Um diese Heterogenität in der Kundenbasis durch CLV-Modelle abbilden zu können, ist eine kundenindividuelle CLV-Prognose anzustreben. In anderen Branchen mit einer geringen Heterogenität des Kaufverhaltens, z. B. bei Zeitschriftenabonnements in der Verlagsbranche, genügt hingegen eine Bewertung auf Kundensegmentebene.

(4) Weiterhin ist die *Anzahl der Kunden* in den Kundendatenbanken des Einzelhandels häufig relativ groß. Somit sollte eine CLV-Prognose allein auf Daten aus operati-

ven Systemen des Unternehmens möglich sein. Individuelle Potenzialeinschätzungen von Mitarbeitern, deren Einbezug in die CLV-Prognose beispielsweise im Investitionsgütergeschäft hohen Nutzen stiftet, wären im Einzelhandel völlig unwirtschaftlich.

(5) Obwohl typische Kaufzyklen im Einzelhandel stark schwanken, je nach dem, ob der Einzelhändler Ge- oder Verbrauchsgüter vertreibt, sind die *Kaufzyklen* dennoch tendenziell kürzer als bei Herstellern langlebiger Gebrauchsgüter, wie z. B. in der Automobilbranche, da der Handel aufgrund seiner Sortimentsbreite Käufe in verschiedenen Produktgruppen auf sich vereinen kann. Somit muss der CLV im Einzelhandel nicht zwingend für einen unendlich langen Zeitraum prognostiziert werden, sondern stiftet häufig schon hohen Nutzen, wenn er z. B. lediglich für die nächsten Jahre vorhergesagt wird. Durch einen kürzeren Prognosezeitraum stellt der CLV zudem eine weniger abstrakte Kennzahl dar als ein theoretisch unendlich langer Zahlungsstrom; ferner sinkt die Unsicherheit der Schätzung.

(6) Das letzte Kriterium für die Eignung eines CLV-Modells im Einzelhandel stellt schließlich eine *adäquate Bewertung von Kunden in unterschiedlichen Phasen ihres Kundenlebenszyklus* dar. So erreichen Neukunden im Einzelhandel erst im Zeitablauf das Niveau ihrer typischen Kaufintensität. Ein CLV-Modell muss hierbei also berücksichtigen, dass sich, anders als z. B. bei Zeitschriftenabonnements oder DSL Flatrates, die Erlöse der nächsten Perioden nicht direkt aus dem Erstkauf hochrechnen lassen. Weiterhin kommt der geeigneten Bewertung von Bestandskunden im Einzelhandel ein großer Stellenwert zu, da diese die bedeutendste Gruppe darstellen, jedoch immer mit der Unsicherheit behaftet sind, bereits abgewandert zu sein.

Obwohl im Prinzip eine einheitlich akzeptierte Grundformel des CLV existiert, resultiert daraus ein erstaunliches Spektrum an unterschiedlichen Kundenlebenswertmodellen. Gründe hierfür sind im unterschiedlichen Detaillierungsgrad der Modellformulierung sowie in der Operationalisierung der Modellvariablen zu sehen. Dabei kann ein Kundenlebenswertmodell generell bezüglich seiner Prognosemethodik gedanklich in zwei Komponenten zerlegt werden. In einer monetären Wertkomponente werden die Erträge und Kosten mit einem Kunden prognostiziert. Eine Zeit- bzw. Risikokomponente beschreibt die Länge der Kundenbeziehung bzw. die Wahrscheinlichkeit, dass diese zu einem zukünftigen Zeitpunkt noch besteht (Diller et al. 2008).

Da es nicht zielführend wäre, alle in der Literatur vorgeschlagenen Operationalisierungen der monetären Wertkomponente und der Zeit- bzw. Risikokomponente zu testen, wurden mit dem *Customer-Migration-Modell* von Dwyer (1997), dem *Kaufzyklusmodell* von Venkatesan/Kumar (2004) und dem *Kaufwahrscheinlichkeitsmodell* in der Variante von Reinartz/Kumar (2003) drei grundsätzlich unterschiedliche Verfahren herausgegriffen. Sie sind gleichermaßen prinzipiell für den Einzelhandel geeignet und unterscheiden sich dennoch grundlegend in ihrer gedanklichen Herangehensweise an die Zeit- bzw. Risikokomponente. Während im Customer-Migration-Modell die Kundenabwanderung modelliert wird, zeichnet sich das Kaufzyklusmodell durch die Prognose der Anzahl zukünftiger Kaufakte aus. Im Kaufwahrscheinlichkeitsmodell hingegen werden individuelle Aktivitätswahrscheinlichkeiten genutzt, um die Wahrscheinlichkeit zukünftig anfallender Erträge zu bewerten. Für die monetäre Wertkomponente wurde einheitlich der Umsatz als Bezugsgröße gewählt, um die Prognosewerte vergleichbar zu machen und damit in allen Modellen Kundenbewertungen als Umsatz-Barwert zu erhalten. Damit geht zwar ein gewisser Informationsverlust gegenüber dem Deckungsbeitrag einher, mangels empirischer Daten über die Handelsspannen der von unserem Testunternehmen verkauften Artikel müssen wir damit aber leben. Die Prüfung der Eignung der Modelle wird hiervon aber nicht tangiert.

2.2 Modellbeschreibungen

2.2.1 Customer-Migration-Modell von Dwyer

Das Customer-Migration-Modell von Dwyer (1997) ist ein frühes Modell der Kundenwertbestimmung, das speziell für „Always-a-Share"-Kundenbeziehungen entwickelt wurde. Kunden werden hierbei in Abhängigkeit ihres letzten Kaufzeitpunktes in so genannte „Recency-Zellen" eingeteilt, um deren Wiederkaufverhalten zu prognostizieren (Abbildung 1). Im linken oberen Tableau der Abbildung 1 sind entsprechende Daten einer hinreichend großen Kundenkohorte dargestellt. Von 26.652 Kunden, die in der ausgewählten Startperiode gekauft haben, kaufen 10.374 auch in Periode 2, 16.280 Kunden kaufen nicht usw.

Mit einer solchen Datenaufbereitung kann man die Wanderung (Migration) von Kunden zwischen den Zellen über mehrere Perioden (hier: Halbjahre) hinweg abbilden. Auf Basis von vergangenen Transaktionsdaten lassen sich für jede Zelle die Kaufneigung der Kunden, d. h. die *Wiederkaufwahrscheinlichkeit* (rechtes oberes Tableau), sowie die erwartete *durchschnittliche Höhe der kundenbezogenen Einnahmen und Ausgaben* (linkes unteres Tableau) zuordnen. Hieraus sind im Anschluss periodenübergreifend für jede Zelle Kundenlebenswerte aus der Summe zukünftiger Erträge, gewichtet mit ihren Eintrittswahrscheinlichkeiten und diskontiert nach der Kapitalwertmethode, kalkulierbar (rechtes unteres Tableau).

Nach Ablauf jeder Periode steigen Kunden, die einen Kauf getätigt haben, in die Recency-Zelle 1 auf, während Nichtkäufer in die jeweils nächst höhere Recency-Zelle wandern. Aufgrund der (empirisch) niedrigeren Kaufneigung eines für längere Zeit „inaktiven" Kunden sinkt die Wiederkaufwahrscheinlichkeit und somit sein individueller Kundenwert.

Abbildung 1: *Anwendungsfall des Customer-Migration-Modells von Dwyer (Quelle: Dwyer 1997)*

	Erst-kauf	WK1	WK2	WK3	WK4
Recency-Zelle 1	26.652	10.374	9.376	7.125	3.644 / 1.428 / 539 / 698 / 6.309
Recency-Zelle 2		16.280	4.863	4.920	3.481
Recency-Zelle 3			12.413	3.474	3.492
Recency-Zelle 4				11.133	2.935
Recency-Zelle 5					10.435

	WS WK1	WS WK2	WS WK3	WS WK4	Ø WS
Recency-Zelle 1	0,39	0,53	0,48	0,51	0,48
Recency-Zelle 2		0,24	0,29	0,29	0,27
Recency-Zelle 3			0,10	0,16	0,13
Recency-Zelle 4				0,06	0,06
Recency-Zelle 5					

	Ums. WK1	Ums. WK2	Ums. WK3	Ums. WK4	Ø Ums.
Recency-Zelle 1	161,43	181,85	192,31	169,65	176,31
Recency-Zelle 2		111,73	153,30	125,04	130,02
Recency-Zelle 3			127,74	116,96	122,35
Recency-Zelle 4				119,21	119,21
Recency-Zelle 5					

Recency-Zelle	Wiederkauf-wahrscheinlichkeit	Erw. Ø Umsatz	Ø CLV pro Kunde
1	0,48	176,31	204,80
2	0,27	130,02	108,72
3	0,13	122,35	54,31
4	0,06	119,21	26,89
5	0,03	111,81	14,35
6	0,02	109,20	8,74

Insgesamt ist am Customer-Migration-Modell positiv festzuhalten, dass es auch Kunden berücksichtigt, die für eine oder mehrere Perioden inaktiv waren. Das Customer-Migration-Modell verzichtet also auf eine für den Handel zu grobe Dichotomisierung in Kunde und Nicht-Kunde. Vorteilhaft wirkt sich weiterhin aus, dass je nach Branche oder Art der Kundenbeziehung weitere Segmentierungsmerkmale flexibel einsetzbar sind. So können beispielsweise im Möbeleinzelhandel Kundengruppen anhand ihrer Phase im Familienlebenszyklus, der Familiengröße oder Ähnlichem gebildet werden, für die dann unterschiedliche durchschnittliche Wiederkaufwahrscheinlichkeiten und erwartete Umsätze sowie in der Folge auch differenzierte Kundenlebenswerte berechnet werden.

Geht man von einem statischen Marktumfeld aus und setzt voraus, dass die Vergangenheitsdaten valide in die Zukunft extrapoliert werden können, dann stellt das Customer-Migration-Modell eine Methodik dar, die der Realität bereits relativ nah kommt. Kritisch zu hinterfragen ist es jedoch in sehr dynamischen Märkten. Kritikwürdig ist ferner die Annahme konstanter Einnahmen durch Kunden, die in jeder Periode kaufen, sich also durchweg in Recency-Zelle 1 befinden. Man könnte z. B. mit Reichheld (1996) davon ausgehen, dass ein aktiver Kunde mit fortschreitender Dauer der Geschäftsbeziehung seine Umsätze als Folge einer zunehmenden Preisbereitschaft sowie durch Cross Selling und Up Selling erhöht. Dies wird im Dwyer-Modell ebenso wenig berücksichtigt wie eine Differenzierung der aktiven Kunden hinsichtlich ihrer Wieder-kaufwahrscheinlichkeit und somit ihres Kundenlebenswerts. Unabhängig von der Be-ziehungsdauer verweilen alle aktiven Kunden in der Recency-Zelle 1 und besitzen damit die gleiche Wiederkaufwahrscheinlichkeit (im Anwendungsfall 48 Prozent).

2.2.2 Kaufzyklusmodell von Venkatesan und Kumar

Eine Möglichkeit, um einen *individuellen* Kundenlebenswert zu berechnen, bietet das Kaufzyklusmodell von Venkatesan und Kumar (2004). Um die zukünftige Aktivität eines Kunden zu ermitteln, empfehlen diese Autoren, sich auf Basis von Vergangen-heitsdaten auf die Prognose künftiger *Kaufhäufigkeiten* (Frequency) eines Kunden zu konzentrieren. Begründet wird diese Herangehensweise mit der auch im Handel sehr plausiblen Annahme, dass Kunden ihre Kaufhäufigkeiten mit großer Wahr-scheinlichkeit reduzieren werden, bevor sie eine Geschäftsbeziehung zu ihrem Anbie-ter endgültig abbrechen. Eine sich abschwächende Kundenbeziehung zeigt deshalb auch trotz gelegentlicher Kaufakte eine Auswirkung auf den Kundenlebenswert. So wird der individuelle Kundenlebenswert mit folgender Formel prognostiziert:

$$CLV_i = \sum_{y=1}^{T_i} \frac{CM_{i,y}}{\left(1+d\right)^{\left(y \,/\, frequency_i\right)}} - \sum_{l=1}^{n} \frac{\sum_m c_{i,m,l} \cdot x_{i,m,l}}{\left(1+d\right)^{l-1}}$$

mit

CLV_i = Kundenlebenswert für Kunde i

$CM_{i,y}$ = Geschätzte Marge für Kunde i (berechnet mittels eines Margenmodells) in Kaufereignis y

$c_{i,m,l}$ = Kosten für einen Kontakt mit Kunden i durch Kanal m in Zeitperiode l

$x_{i,m,l}$ = Anzahl der Kontakte zu Kunde i in Kanal m in Zeitperiode l

$frequency_i$ = geschätzte Kaufhäufigkeit für Kunde i

d = Diskontierungsrate

n = Anzahl der zu prognostizierenden Perioden

T_i = Anzahl der Käufe, die Kunde i bis zum Ende der Planperiode tätigt.

Der CLV besteht also aus den Komponenten: (1) Kaufhäufigkeit (Frequency), (2) Brut-tomarge pro Kauf und (3) Marketingkosten. Für die Schätzung der Kaufhäufigkeit verwenden Venkatesan/Kumar (2004) das von Allenby et al. (1999) entwickelte allge-meine Gammamodell der Zwischenkaufintervalle, welches auch die z. B. von Reinartz und Kumar (2003) gezeigte Exponentialverteilung von Zwischenkaufintervallen berücksichtigt. Für die Modellierung der Bruttomarge hingegen finden Regressions-methoden mit Transaktionsdaten des Einzelhändlers Anwendung. Für eine ausführli-che Herleitung der einzelnen Schätzmodelle sei auf Venkatesan und Kumar (2004) ver-wiesen.

Eine charakteristische Besonderheit des Modells ist es, dass es *kundenindividuelle Mar-ketingkosten* verwendet. So werden die Anzahl der Kundenkontakte differenziert nach unterschiedlichen Kommunikationskanälen und deren spezifischen Kosten eingearbei-tet. Dies ermöglicht es, die Marketingressourcen den einzelnen Kunden so zuzuord-nen, dass deren individueller Lebenswert maximiert werden kann. Im Allgemeinen ist davon auszugehen, dass eine Anpassung häufig genutzter Kommunikationskanäle wie Kundenbesuche, Beratungsgespräche per Telefon, Direct Mailings oder Web-portale auf den individuellen Kunden zu einer höheren Profitabilität desselben führt. Im Einzelhandel ist dieser Umstand aber weniger einschlägig.

Vorteilhaft bei dem Modell von Venkatesan und Kumar ist, dass es neben der Berech-nung eines individuellen Kundenlebenswerts dazu verwendet werden kann, die Reak-tion von Kunden auf Marketingkommunikationsaktivitäten mittels unterschiedlicher Kanäle zu ermitteln. Die Kenntnis des Ansprechverhaltens dient als Grundlage für eine optimale kundenindividuelle Allokation von Marketingressourcen auf die ver-schiedenen Kommunikationskanäle. Weiterhin ist es mit diesem Ansatz möglich, Kunden auf individueller Basis zu selektieren und differenziert anzusprechen.

2.2.3 Kaufwahrscheinlichkeitsmodell von Reinartz und Kumar

Das ebenso individuelle Kaufwahrscheinlichkeitsmodell von Reinartz und Kumar (2003) modelliert die Unsicherheit über zukünftige Erträge durch eine individuelle Wahrscheinlichkeit *P(alive)* dafür, dass eine Geschäftsbeziehung noch am Leben ist. Als Formel für die individuelle Prognose des CLV ergibt sich so der Term:

$$CLV_i = \sum_{t=0}^{T} \frac{m_{it} \cdot P(alive)_{it}}{(1+d)^t}.$$

Problematisch für die Berechnung des CLV ist hier, dass *P(alive)* nicht direkt messbar ist. Deshalb muss *P(alive)* kundenindividuell und damit relativ aufwendig aus den beobachteten Kundenhistorien geschätzt werden. Es stellt deshalb eine latente Variable dar. State-of-the-Art für die Bestimmung des (In-)Aktivitätsgrades von Bestandskun-den ist das *NBD/Pareto-Modell* von Schmittlein et al. (1987), dessen formale Gestalt wie folgt lautet:

$$P_i(Alive|r,\alpha,s,\beta,x_i,t_i,T) =$$

$$\left\{1 + \frac{s}{r + x_i + s}\left[\left(\frac{\alpha+T}{\alpha+t_i}\right)^{r+x_i}\left(\frac{\beta+T}{\alpha+t_i}\right)^{s}F(a_1,b_1;c_1;z_1(t_i)) - \left(\frac{\beta+T}{\alpha+T}\right)^{s}F(a_1,b_1;c_1;z_1(T))\right]\right\}^{-1}$$

mit

$a_1 = r + x_i + s$

$b_1 = s + 1$

$c_1 = r + x_i + s + 1$

$$z_1(y) = \frac{\alpha - \beta}{\alpha + y}$$

$F(a_1,b_1;c_1;z)$: Gauß'sche hypergeometrische Funktion

α: Modellparameter zur Quantifizierung der Transaktionshäufigkeit

r: Indikator der Homogenität der Transaktionshäufigkeit

β: Modellparameter zur Quantifizierung der Abwanderungsrate

s: Indikator der Homogenität der Abwanderungsraten

x_i: Anzahl der Käufe des Kunden i ($i \in I$) im Beobachtungsfenster (bis T)

t_i: Zeitpunkt der jüngsten Transaktion des Kunden i ($i \in I$)

i: Index der Kunden i ($i \in I$)

I: Menge der betrachteten Kunden

T: gegenwärtiger Zeitpunkt ($T=1,...,T_M$)

T_M: Ende des Beobachtungsfensters

Obwohl die Schätzformel eine relativ hohe Komplexität aufweist, bezieht diese sich lediglich auf die Schätzung der Parameter und die Kalibrierung des Modells mit unterschiedlichen Kaufhäufigkeiten (Frequency) und letzten Kaufzeitpunkten (Recency). In seiner praktischen Anwendung auf individuell unterschiedliche Kaufhistorien sind die einmal justierten Ergebnisse des NBD/Pareto-Modells allerdings sehr einfach anzuwenden und geeignet, um eine regelmäßige Neubeurteilung der Kundenbasis vorzunehmen, wie sie im Kontext des Einzelhandels nötig ist. Wir verzichten an dieser Stelle aus Platzgründen auf eine detaillierte Erörterung des komplexen Schätzverfahrens und dessen zahlreicher Prämissen (vgl. hierzu Krafft 2007; Diller et al. 2008), zumal dies auch nicht erforderlich ist, um die Vor- und Nachteile des Modells im Quervergleich zu erkennen.

Das NBD/Pareto-Modell bedient sich für die Berechnung von *P(alive)* eines Kunden lediglich der genannten beiden Kennzahlen der Kundenhistorie, nämlich der Zeit seit der jüngsten Transaktion (Recency) und der Häufigkeit von Transaktionen in einem bestimmten Zeitraum (Frequency). Zur Ermittlung der Parameter des Modells werden jedoch mit den kumulierten Kaufhäufigkeiten pro Kunde und kleinster zeitlicher Betrachtungseinheit (i.d.R. Monate) zusätzlich Informationen darüber benötigt, wann die Kundentransaktionen im insgesamt betrachteten Zeitraum T_M angefallen sind.

Als Ergebnis wird mit der kundenindividuellen Aktivitätswahrscheinlichkeit *P(alive)* eine kontinuierliche Größe mit den beiden Extremen *P(alive)*=1, d. h. der Kunde ist sicher ein aktiver Kunde und *P(alive)*=0, d. h. die Kundenbeziehung ist sicher beendet, ermittelt. Dabei wird *P(alive)* für jede Konstellation kumulierter Kaufhäufigkeiten x und von Kunde zu Kunde unterschiedlichen letzten Kaufzeitpunkten t kalibriert. Werden wie in unserem Anwendungsfall die Transaktionsdaten eines Zeitraums von 24 Monaten herangezogen, so dienen die für T_M=24 geschätzten Parameter des NBD/Pareto-Modells dazu, für alle möglichen Kombinationen von x und t den zugehörigen Wert von *P(alive)* zu berechnen.

Auf individueller Ebene sind am Beispiel von drei Fällen unseres Samples folgende Charakteristika von *P(alive)* zu beobachten (Abbildung 2): Die durchgezogene Linie zeigt den Verlauf von *P(alive)* für den Kunden A, der lediglich zum Zeitpunkt t=1 gekauft hat. Es ist ersichtlich, dass seine Aktivitätswahrscheinlichkeit einem logistischen Verlauf folgend kontinuierlich abnimmt.

Der gestrichelte Verlauf stellt die Aktivitätswahrscheinlichkeit von Kunde B dar, welcher Transaktionen in t=1 und t=5 getätigt hat. Es wird ersichtlich, dass die Wahrscheinlichkeit *P(alive)* nach temporärer Inaktivität mit einem erneuten Kauf sofort wieder den Wert eins annimmt und anschließend bei erneuter Inaktivität in jeder Folgeperiode wieder fällt.

Der gepunktete Verlauf von Kunde C mit insgesamt fünf Kaufakten in t=1, t=3, t=4, t=5 und t=7 veranschaulicht zudem, dass *P(alive)* nach einer hohen Anzahl der kumulierten Transaktionen stärker (steiler) fällt als im Fall weniger vorausgegangener Kaufhandlungen. So fällt in t=16 das *P(alive)* für den Kunden mit dem gepunkteten Verlauf und bereits fünf Kaufakten (x=5) sogar unter das *P(alive)* des gestrichelt gekennzeichneten Kunden (x=2), obwohl dessen letzter Kauf bereits zwei Monate länger zurückliegt. Damit wird der Tatsache Rechnung getragen, dass bei bereits fünf getätigten Kaufakten eine längere Inaktivität als untypischer bewertet wird als bei bislang lediglich zwei Kaufakten.

Abbildung 2: *Verläufe von P(alive) für Kunden mit unterschiedlichen Kaufmustern*

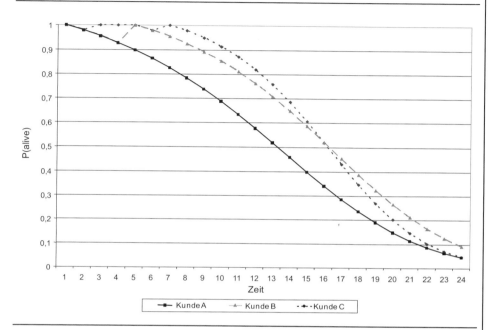

Durch die gezeigten Verläufe wird deutlich, dass -- obwohl die Modellparameter r, α, s und β über alle Kunden gleich sind -- die Verläufe von *P(alive)* bei ausbleibenden Käufen *kundenspezifisch* verlaufen, da *P(alive)* eine Funktion des individuellen Kaufverhaltens der Vergangenheit darstellt.

Zur Prognose der CLVs wird nun die monetäre Komponente *m* als der für einen Kunden typische Umsatz einer Periode mit *P(alive)* als Zeit- bzw. Risikokomponente nach der dargestellten Kundenlebenswertformel kombiniert.

3. Empirischer Vergleich der drei Modelle

3.1 Berechnungsergebnisse

Die praktische Anwendung und der Vergleich der drei CLV-Modelle finden am Beispiel eines filialisierten stationären Sportartikeleinzelhändlers statt. Ein kartenbasiertes Kundenbindungsprogramm liefert die Datenbasis, durch welche die Transaktionen der Kunden des Einzelhändlers über einen mehr als zweijährigen Zeitraum auf Individualkundenebene beobachtet werden können. Da die zudem existierenden Vertriebswege Versand- und Online-Handel organisatorisch vom stationären Einzelhandel getrennt und nicht in das Loyalitätsprogramm integriert sind, beschränkt sich die Betrachtung hier auf den stationären Vertriebsweg. Als Datengrundlage dienen ausschließlich Informationen aus den operativen Systemen des Unternehmens, die auch dem typischen Datenbestand bei stationären Einzelhändlern mit kartenbasierten Kundenbindungsprogrammen entsprechen. Somit beschränkt sich die Betrachtung auf Bestandskunden, die am Kundenbindungsprogramm teilnehmen. Diese vereinen jedoch wegen des typischen Selbstselektionseffekts bei der Kundenkartenakzeptanz einen überproportionalen Umsatzanteil auf sich. Die Datenlage erfüllt die vier von Kumar/Petersen (2005) genannten Bedingungen, wonach (1) kundenindividuelle Daten (2) mit detaillierten Transaktionsinformationen (3) über einen hinreichend langen Zeitraum sowie (4) Informationen über Marketingmaßnahmen verfügbar sein müssen.

Das Ziel des empirischen Modellvergleichs liegt in der Beschreibung der unterschiedlichen Ergebnisse der drei angewendeten CLV-Modelle und in deren Erläuterung. Um in der Modellanwendung vergleichbare Ergebnisse zu erzielen, wurde in allen drei Modellen mit einem Diskontierungssatz von zehn Prozent gerechnet und eine Prognose des Kundenlebenswerts für zwei Jahre in die Zukunft angestellt. Ferner wurden in allen drei Fällen die monetäre Bezugsgröße des Umsatzes gewählt und Kosten außer Betracht gelassen.

Bei einem Blick auf die Testergebnisse in Abbildung 3 wird deutlich, dass sich die Resultate der CLV-Modelle in ihren absoluten Werten erheblich unterscheiden. So prognostiziert das Kaufzyklusmodell bezüglich des arithmetischen Mittelwerts der CLV sowie bezüglich der Summe aller CLVs (= Customer Equity) fast doppelt so hohe Werte wie das Customer-Migration-Modell. Der durchschnittliche CLV nach dem Kaufwahrscheinlichkeitsmodell ist ziemlich genau in der Mitte der beiden anderen Modell-Mittelwerte angesiedelt.

Abbildung 3: *Ergebnisse des Modellvergleichs im Überblick*

Customer Migration Modell		Kaufzyklusmodell		Kaufwahrscheinlichkeitsmodell	
Ø CLV:	128,16 EUR	Ø CLV:	244,45 EUR	Ø CLV:	184,44 EUR
σ CLV:	68,53 EUR	σ CLV:	369,68 EUR	σ CLV:	339,53 EUR
Σ CLV:	55.074.996,91 EUR	Σ CLV:	105.048.683,56 EUR	Σ CLV:	79.259.614,12 EUR

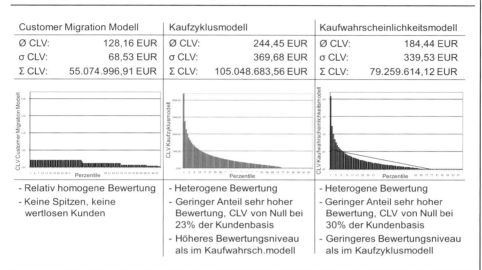

- Relativ homogene Bewertung	- Heterogene Bewertung	- Heterogene Bewertung
- Keine Spitzen, keine wertlosen Kunden	- Geringer Anteil sehr hoher Bewertung, CLV von Null bei 23% der Kundenbasis - Höheres Bewertungsniveau als im Kaufwahrsch.modell	- Geringer Anteil sehr hoher Bewertung, CLV von Null bei 30% der Kundenbasis - Geringeres Bewertungsniveau als im Kaufzyklusmodell

Die erheblichen Unterschiede der Standardabweichungen zwischen dem Customer-Migration-Modell und den beiden anderen Bewertungsverfahren ist darauf zurückzuführen, dass die Werte modellbedingt deutlich weniger streuen, da die Kundenbewertung insgesamt nur sechs verschiedene Werte der CLV-Prognose generiert, basierend auf den sechs Recency-Zellen der Vergangenheitsdaten. Da hierbei die ersten beiden Recency-Zellen fast 70 Prozent der Kundenbasis abbilden, ist ein relativ hoher Median von 108,72 EUR auch kaum verwunderlich.

Auch die Verteilungen der CLV-Werte in den drei Modellen mit den durchschnittlichen Werten pro Perzentil (Abbildung 3 Mitte) zeigen deutliche Unterschiede zwischen dem Customer-Migration-Modell und den beiden anderen Ansätzen. So kann im Customer-Migration-Modell eine homogener bewertete Kundenbasis ohne wesentliche Spitzenbewertungen, allerdings auch ohne als wertlos bewertete Kunden, identifiziert werden.

Das Kaufzyklusmodell und das Kaufwahrscheinlichkeitsmodell zeigen hingegen eine große Heterogenität der Kundenwerte. Die Verteilungen der CLVs weisen in beiden Fällen einen deutlich linkssteilen Verlauf auf, was für den Einzelhandel typisch ist. Das Kaufzyklusmodell unterscheidet sich dabei vom Kaufwahrscheinlichkeitsmodell in der absoluten Höhe der CLV-Prognose. Die gesamte CLV-Kurve des Kaufzyklusmodells weist ein höheres Niveau auf, ist jedoch im Verlauf dem Kaufwahrscheinlichkeitsmodell sehr ähnlich mit prozentual betrachtet sehr wenigen absoluten Top-Kunden. Durch das höhere Verlaufsniveau nimmt beim Kaufzyklusmodell erst das 77.

Perzentil den Wert null an, während dieser Wert im Kaufwahrscheinlichkeitsmodell schon im 70. Perzentil erreicht wird. Beide Modelle bewerten somit, im Gegensatz zum Customer-Migration-Modell, einen wesentlichen Teil des Kundenstamms als abgewandert und damit wertlos. So beträgt dieser Anteil beim Kaufzyklusmodell 23 Prozent und beim Kaufwahrscheinlichkeitsmodell sogar 30 Prozent der Kundenbasis.

3.2   Interpretation und Schlussfolgerungen

Bei einer vergleichenden Bewertung der drei CLV-Modelle im Hinblick auf die spezifischen Anforderungen im Einzelhandel (Abbildung 4) kann zunächst festgehalten werden, dass alle Modelle die elementaren Kriterien erfüllen: Sie leisten sowohl die Modellierung einer nicht-vertraglichen Kundenbindung als auch die Modellierung der Unsicherheit bezüglich temporärer Inaktivitäten und Kundenabwanderung (Always-a-Share) und besitzen auch die Fähigkeit, große Kundenbestände bewerten zu können. In keinem Modell wird somit ein deterministisch auftretender zukünftiger Umsatz angenommen, in allen Modellen ist die Rückkehr eines inaktiven Kunden in die aktive Kundenbasis möglich, und es finden keine subjektiven Bewertungen statt, die realistischerweise nur für eine relativ kleine Kundengruppe durchführbar wären. Aufgrund dieser Eigenschaften fiel im Übrigen auch die Wahl des Modellvergleichs auf die drei betrachteten Modelle, deren Einsatz auch in der Literatur im Einzelhandel beschrieben wird.

Bei der Abbildung der *Heterogenität des Kundenbestands* machte die Perzentil-Darstellung der CLVs deutlich, dass das Customer-Migration-Modell kaum dazu geeignet ist, einen heterogenen Kundenbestand adäquat abzubilden. Kaufzyklusmodell und Kaufwahrscheinlichkeitsmodell prognostizieren hingegen sehr breit streuende Kundenwerte, die prinzipiell geeignet sind, die Heterogenität in der Kundenbasis auch in heterogene Bewertungen umzusetzen.

In der Abbildung der im Einzelhandel typischen relativ *kurzen Kaufzyklen* kann im Anwendungsfall allen Modellen eine hinreichende Eignung attestiert werden. Im Kaufzyklusmodell geht der pro Kunde typische Kaufzyklus direkt als seine Kaufhäufigkeit ein. Das Kaufwahrscheinlichkeitsmodell modelliert den typischen Kaufzyklus indirekt durch die Wahrscheinlichkeit *P(alive)*, dass eine Kundenbeziehung noch intakt ist, zu deren Berechnung die Kaufhäufigkeit x (Frequency) herangezogen wird.

Abbildung 4: Vergleichende Würdigung der drei Modelle

Kriterium	Customer Migration Modell	Kaufzyklus-modell	Kaufwahrschein-lichkeitsmodell	
Art der Kundenbindung	Nicht-vertraglich	Nicht-vertraglich	Nicht-vertraglich	Kontext
Art der Kundenabwanderung	Always-a-Share	Always-a-Share	Always-a-Share	
Anzahl der Kunden	Groß	Groß	Groß	
Heterogenität des Kundenbestands	Gering	Hoch	Hoch	
Typische Kaufzyklen	Kurze Kaufzyklen nicht abbildbar	Kurze Kaufzyklen abbildbar	Kurze Kaufzyklen abbildbar	
Adäquate Bewertung von: -Neukunden	Zu undifferenziert	Unterbewertung	Adäquate Bewertung	Prognose
-Aktiven Bestandskunden	Zu undifferenziert	Adäquate, aber hohe Bewertung	Adäquate Bewertung	
- Inaktiven Bestandskunden	Adäquate Bewertung	Unterbewertung	Unterbewertung	

Ferner ist aber auch die monetäre Komponente des Kaufwahrscheinlichkeitsmodells mit der *typischen Kaufhäufigkeit* eines Kunden korreliert, da Kunden mit typischerweise mehreren Kaufhandlungen pro Periode i.d.R. auch höhere Periodenumsätze aufweisen. Für den speziellen Fall des Sportartikeleinzelhändlers erscheint auch das Customer-Migration-Modell nicht ungeeignet, da die Mehrheit der Kundenbasis weniger als einen Kaufakt pro Saison tätigt und so Inaktivitäten über mehrere Halbjahresperioden hinweg typisch sind. Im Lebensmitteleinzelhandel wäre hingegen die Situation gänzlich anders zu bewerten. Da Kunden typischerweise zwei bis drei Mal pro Woche einkaufen und diese Einkäufe auf mehrere Wettbewerber aufteilen, ist ein Periodenzeitraum eines Halbjahrs zu lange, um zwischen den Kaufzyklen verschiedener Kunden zu differenzieren.

Hinsichtlich der adäquaten *Bewertung von Neukunden* kann für das Customer-Migration-Modell zunächst festgehalten werden, dass jeder Neukunde nach seinem Erstkauf Recency-Zelle 1 zugeordnet wird. Daraus resultiert die Maximalbewertung eines jeden Kunden zu Beginn der Kundenbeziehung. Dabei wird erneut deutlich, dass das Modell generell zu wenig differenziert, da Neukunden die gleiche Bewertung erhalten wie Kunden, die seit Jahren regelmäßig aktiv sind. So findet nicht nur eine Überbewertung von Neukunden statt, sondern eine generell zu undifferenzierte Bewertung der Kundenbasis.

Weniger eindeutig ist die Bewertung der Neukunden im Kaufzyklusmodell und im Kaufwahrscheinlichkeitsmodell, weshalb eine Detailanalyse der Neukunden durchgeführt wurde. Als Neukunden wurden hierbei Kunden betrachtet, die erst in den letzten drei Monaten vor dem Bewertungszeitpunkt neu in den Kundenstamm aufgenommen wurden. Diese Gruppe weist, nach dem Kaufzyklusmodell, einen durchschnittlichen CLV von 265,46 EUR (Std.abw. 277,85 EUR) auf, während der durchschnittliche CLV des Kaufwahrscheinlichkeitsmodells bei 255,48 EUR (Std.abw. 267,72 EUR) liegt. In beiden Fällen liegt der CLV für Neukunden über dem durchschnittlichen CLV der Kundenbasis, allerdings auch weit entfernt von den wirklich hoch bewerteten Stammkunden. Ferner ist zu beobachten, dass in der Detailbetrachtung der Neukunden deren durchschnittliche Kundenlebenswerte des Kaufzyklusmodells lediglich knapp 10 EUR über den durchschnittlichen Kundenlebenswerten der Neukunden des Kaufwahrscheinlichkeitsmodells liegen, während die Differenz der Mittelwerte über die gesamte Kundenbasis noch 60 EUR betrug. Damit sind die Neukunden im Kaufzyklusmodell relativ zum Rest der Kundenbasis niedriger bewertet als im Kaufwahrscheinlichkeitsmodell. Der Grund hierfür liegt in der Modellformulierung. So wird beim Kaufzyklusmodell die vergangene Kaufhäufigkeit in die Zukunft projiziert, was bei Kunden, die lediglich den Erstkauf getätigt haben, zu einer Unterschätzung der Kaufhäufigkeit führt. Im Gegensatz dazu deutet beim Kaufwahrscheinlichkeitsmodell eine prinzipiell hohe Aktivitätswahrscheinlichkeit mit *P(alive)* nahe an eins, da der letzte Kauf (Erstkauf) bei Neukunden definitionsgemäß maximal drei Monate zurückliegt, auf eine Überschätzung der Neukunden hin. Allerdings sorgt hier die monetäre Komponente für einen Ausgleich, da der Wert eines einzigen Kaufs (Erstkauf) als durchschnittlicher Wert pro Jahr angesetzt wird und folglich den tatsächlichen Periodenumsatz mehrerer Käufe unterschätzt. Dieser Ausgleich findet im Kaufzyklusmodell, bei dem der Erstkauf als Umsatz pro Einkauf (nicht für die ganze Periode) angesetzt wird, nicht statt. Das Kaufzyklusmodell unterschätzt also Neukunden systematisch, während das Kaufwahrscheinlichkeitsmodell diese geeigneter abbildet. Dies wird durch die durchschnittlichen CLV-Prognosen in der betrachteten Kohorte von Neukunden belegt.

In der Frage, ob die Modelle eine adäquate Bewertung leisten, wurde für das Customer-Migration-Modell bereits festgehalten, dass eine adäquate Bewertung aufgrund der undifferenzierten Bewertungen nicht gegeben ist. Bei den beiden anderen Modellen, die sich weniger in der Verteilungsstruktur der CLVs unterscheiden als in der absoluten Höhe der Prognosen, ist keine eindeutige Antwort möglich. Ob die absolute Höhe der Modellprognosen erreicht wird, kann lediglich ex post überprüft werden.

Hinsichtlich der *Bewertung inaktiver Bestandskunden* unterscheidet sich wieder das Customer-Migration-Modell von den beiden anderen Modellen. In ihm erreicht ein Kunde, selbst nach langer Inaktivität, nie den CLV von null. Dies ist durchaus realistisch, da die empirische Anwendung gezeigt hat, dass auch aus hohen Recency-Zellen ein gewisser, wenn auch kleiner, Anteil der Kunden ihre temporäre Inaktivität beendet und wieder Käufe tätigt. Im Kaufzyklusmodell hingegen führt eine Prognose von bereits weniger als einem halben Kauf pro Periode zum Wert null. Dabei schließt das Modell zwar auch nicht aus, dass ein Kunde wieder aktiv wird, jedoch wird dieser möglichen Aktivität aufgrund ihrer geringen Wahrscheinlichkeit kein Wert beigemessen. Im Kaufwahrscheinlichkeitsmodell beschreibt zwar die Risikokomponente mit der Wahrscheinlichkeit *P(alive)*, welche nie ganz den Wert null einnimmt, die Möglichkeit, dass ein Kunde aus temporärer Inaktivität heraus wieder Käufe tätigt. Allerdings führt das Fehlen von Umsätzen in dem Zeitraum, aus dem die monetäre Komponente berechnet wird, ebenso zu Kundenbewertungen mit einem CLV von null. Somit unterschätzen sowohl das Kaufzyklusmodell als auch das Kaufwahrscheinlichkeitsmodell den Wert von Kunden, die sich für längere Zeit inaktiv verhalten, deren Inaktivität jedoch lediglich temporärer Natur ist. Diese systematische Unterschätzung der „schlechtesten" Kunden ist jedoch für die meisten Anwendungsfelder des CLV unproblematisch.

3.3 Branchenempfehlungen

Aus der empirischen Anwendung der drei ausgewählten Kundenlebenswertmodelle und der Analyse ihrer Eignung für den Einzelhandel können Empfehlungen für die Anwendung in unterschiedlichen Branchenkontexten abgeleitet werden (Abbildung 5).

Das *Customer-Migration-Modell* ist aufgrund der relativ einfachen Berechnungsweise mit Durchschnittswerten insbesondere dann als geeignet anzusehen, wenn der gesamte Customer Equity eines Unternehmens interessiert. Hingegen ist es zur Kundendifferenzierung oder -priorisierung prinzipiell weniger gut geeignet als die beiden anderen Modelle. Allerdings sind die angebrachten Kritikpunkte dann weniger problematisch, wenn lange Kaufzyklen existieren (< 1 Kauf pro Jahr), eine relativ homogene Bedarfsstruktur unter den Kunden vorliegt und lange Inaktivitätsphasen und/oder hohe Kundenabwanderungsraten auftreten. Einzelhandelsbranchen, auf die diese Merkmale weitestgehend zutreffen, sind beispielsweise Telekommunikationseinzelhändler oder Optiker.

Das *Kaufzyklusmodell* ist sehr gut zur Kundendifferenzierung und -priorisierung geeignet. Gegenüber dem Kaufwahrscheinlichkeitsmodell ist es insbesondere dann vorzuziehen, wenn relativ kurze Kaufzyklen typisch sind (> 10 Käufe pro Jahr), der Anteil von Neukunden und inaktiven Kunden möglichst gering ist und nur relativ kurze Inaktivitätsphasen und/oder relativ geringe Kundenabwanderungsraten auftreten. Damit ist das Kaufzyklusmodell besonders für den Lebensmitteleinzelhandel, Bau- und Heimwerkerhändler und Drogerien geeignet.

Abbildung 5: Branchenempfehlungen

Wahl eines CLV-Modells	Customer Migration Modell	Kaufzyklus-modell	Kaufwahrschein-lichkeitsmodell
Einsatzgebiete	Unternehmensbewertung; Steuerung von Unternehmensinvestitionen	Jegliche Form von Kundendifferenzierung und -priorisierung	Jegliche Form von Kundendifferenzierung und -priorisierung
Typische Kaufzyklen	Lange Kaufzyklen (< 1 Kauf pro Jahr)	Kurze Kaufzyklen (> 10 Käufe pro Jahr)	Mittlere Kaufzyklen (1 - 10 Käufe pro Jahr)
Struktur der Kundenbasis	Möglichst homogene Kundenbasis	Möglichst hoher Anteil aktiver Bestandskunden	Adäquate Abbildung von Neukunden und akt. Bestandskunden
Inaktivität und Abwanderung	Lange Inaktivitätsphasen, hohe Abwanderung	Kurze Inaktivitätsphasen, geringe Abwanderung	Mittlere Inaktivitätsphasen, hohe Abwanderung
Typische Einzelhandelsbranchen	Telekommunikation, Optiker	Lebensmittel, Bau- und Heimwerker, Drogerie, Tiernahrung	Bekleidung und Textil, Sportartikel, Möbel, Bücher, Spielwaren, Universalversand

Das *Kaufwahrscheinlichkeitsmodell*, welches ebenfalls Kunden eines heterogenen Kundenstamms sehr gut differenzieren kann, erweist sich bei Kaufzyklen von circa 1-10 Käufen pro Jahr als besonders geeignet. Dabei bildet das Modell auch Neukunden adäquat ab, weshalb es für Branchen, die sich durch hohe Kundenakquisitionsraten auszeichnen, in Frage kommt. Ferner werden mittlere Inaktivitätsphasen und/oder hohe Kundenabwanderungsraten durch die hohe Bedeutung des letzten Kaufaktes für die CLV-Prognose geeignet abgebildet. Das Kaufwahrscheinlichkeitsmodell hat sich in der vorliegenden Studie bei einem Sportartikelhändler als das am besten geeignete Modell erwiesen, dessen Anwendung auch im Universalversand sowie im Facheinzelhandel für Bücher, Bekleidung und Textil, Möbel, Kfz-Zubehör und anderen Branchen geeignet erscheint.

Abschließend kann man festhalten,

(1)   dass es lohnt, Kundenwertmodelle im Einzelhandel anzuwenden, weil die Heterogenität der Kundenwerte eine Kundenpriorisierung besonders nahe legt.

(2)   dass es kein schlechthin bestgeeignetes CLV-Modell gibt, sondern die spezifischen Branchenkontexte und Anwendungsziele dafür maßgeblich sind, welches Modell sich am besten eignet.

(3) Jeder Anwender sollte aber die spezifischen Prämissen der verschiedenen Modelle und die daraus resultierenden Stärken und Schwächen kennen, um eine rationale Auswahl treffen zu können.

(4) Wissenschaftler stehen in Forschung und Beratung in der Verantwortung, mit scharfen Blick auf die Modellierungsziele und -umfelder zu achten und sich nicht pauschal an ganz bestimmte Modellen zu klammern – auch wenn die mathematische Raffinesse oder umgekehrt auch die Einfachheit der Modellstruktur bzw. der Schätzung dazu verleiten könnten, parteiisch zu werden. Kundenwertmodelle sind Mittel zum Zweck und nicht Selbstzweck.

Literaturverzeichnis

Allenby, G./Leone, R.P./Jen, L. (1999): A Dynamic Model of Purchase Timing with Application to Direct Marketing, in: Journal of American Statistical Association, Vol. 94, No. 446, S. 365-374.

Berger, P./Nasr, N. (1998): Customer Lifetime Value. Marketing Models and Applications, in: Journal of Interactive Marketing, Vol. 12, No. 1, S. 17-30.

Bruhn, M. (2009): Relationship Marketing. Das Management von Kundenbeziehungen, 2. Aufl. 2009, München.

Bruhn, M. (2007): Kundenorientierung. Bausteine für ein exzellentes Customer Relationship Management (CRM), 3. Aufl., München.

Bruhn, M./Georgi, D./Treyer, M./Leumann, S. (2000): Wertorientiertes Relationship Marketing. Vom Kundenwert zum Customer Lifetime Value, in: Die Unternehmung, 54. Jg., Nr. 3, S. 167-188.

Bruhn, M./Homburg, C. (2008): Handbuch Kundenbindungsmanagement. Strategien und Instrumente für ein erfolgreiches CRM, 6. Aufl. Wiesbaden.

Cornelsen, J. (2000): Kundenwertanalysen im Beziehungsmarketing. Theoretische Grundlegung und Ergebnisse einer empirischen Studie im Automobilbereich, Nürnberg.

Deutschlandcard (2009): Deutschlandcard auf Erfolgskurs, http://www.deutschland-card.de/Presse/Aktuelle-Pressemeldungen, (Zugriff am: 20.03.2009).

Diller, H. (1995): Kundenmanagement, in: Köhler, R./Tietz, B./Zentes, J. (Hrsg.): Handwörterbuch des Marketing, 2. Aufl., Stuttgart, S. 1363-1376.

Diller, H. (2002): Probleme des Kundenwerts als Steuerungsgröße im Kundenmanagement, in: Böhler, H. (Hrsg.): Marketing-Management und Unternehmensführung, Stuttgart, S. 297-326.

Diller, H./Bauer, T./Bonakdar, A. (2008): Customer Lifetime Value (CLV)-Modelle für den Einzelhandel – ein empirischer Vergleich konkurrierender Modelle, Arbeitspapier Nr. 162 des Lehrstuhls für Marketing an der Universität Erlangen-Nürnberg, Nürnberg.

Diller, H./Haas, A./Ivens, B.S. (2005): Verkauf und Kundenmanagement. Eine prozessorientierte Konzeption, Stuttgart.

Diller, H./Kusterer, M. (1988): Beziehungsmanagement. Theoretische Grundlagen und explorative Befunde, in: Marketing-Zeitschrift für Forschung und Praxis, 10. Jg., Nr. 3, S. 211-220.

Dwyer, F.R. (1997): Customer Lifetime Valuation to Support Marketing Decision Making, in: Journal of Direct Marketing, Vol. 11, No. 4, S. 6-13.

Günter, B./Helm, S. (Hrsg.) (2006): Kundenwert. Grundlagen, Innovative Konzepte, Praktische Umsetzungen, Wiesbaden.

Gupta, S./Hanssens, D./Hardie, B./Kahn, W./Kumar, V./Lin, N./Ravishanker, N./Sriram, S. (2006): Modeling Customer Lifetime Value, in: Journal of Service Research, Vol. 9, No. 2, S. 139-155.

Jain, D./Singh, S.S. (2002): Customer Lifetime Value Research in Marketing: A Review and Future Directions, in: Journal of Interactive Marketing, Vol. 16, No. 2, S. 34-46.

Kiwitz, K./Scheffler, C. (2009): Methoden zur Messung dynamischer Kundenwerte. Ein State-of-the-Art-Review, Arbeitspapier Nr. 165 des Lehrstuhls für Marketing an der Universität Erlangen-Nürnberg, Nürnberg.

Krafft, M. (2003): (e)-CRM-Strategien und ihre Erfolgswirkungen. Ergebnisse aus zwei branchen- und länderübergreifenden Studien, in: Diller, H. (Hrsg.): Beziehungsmarketing und CRM erfolgreich realisieren, Nürnberg, S. 23-42.

Krafft, M. (2007): Kundenbindung und Kundenwert, 2. Aufl., Heidelberg.

Kumar, V. (2006): CLV: The Databased Approach, in: Journal of Relationship Marketing, Vol. 5, No. 2/3, S. 7-35.

Kumar, V./Lemon, K.N./Parasuraman, A. (2006): Managing Customers for Value. An Overview and Research Agenda, in: Journal of Service Research, Vol. 9, No. 2, S. 87-94.

Kumar, V./ Petersen, J.A. (2005): Using a Customer-Level Marketing Strategy to Enhance Firm Performance. A Review of Theoretical and Empirical Evidence, in: Journal of the Academy of Marketing Science, Vol. 33, No. 4, S. 504-519.

Kumar, V./Reinartz, W.J. (2006): Customer Relationship Management. A Databased Approach, Hoboken.

Müller, S. (2006): Bonusprogramme als Instrumente des Beziehungsmarketing, Nürnberg.

Reichheld, F.F. (1996): The Loyalty Effect. The Hidden Forces Behind Growth, Profits, and Lasting Value, Boston.

Reinartz, W.J./Kumar, V. (2003): The Impact of Customer Relationship Characteristics on Profitable Lifetime Duration, in: Journal of Marketing, Vol. 67, No. 1, S. 77-99.

Schmittlein, D.C./Morrison, D.G./Colombo, R. (1987): Counting your Customers. Who Are They and What Will They Do Next?, in: Management Science, Vol. 33, No. 1, S. 1-24.

Thomas, J.S./Blattberg, R.C./Fox, E.J. (2004): Recapturing Lost Customers, in: Journal of Marketing Research, Vol. 41, No. 1, S. 31-45.

Venkatesan, R./Kumar, V. (2004): A Customer Lifetime Value Framework for Customer Selection and Resource Allocation Strategy, in: Journal of Marketing, Vol. 68, No. 4, S. 106-125.

Verhoef, P.C./vanDoorn, J./Dorotic, M. (2007): Customer Value Management. An Overview and Research Agenda, in: Marketing - Journal of Research in Management, o. Jg., No. 2, S. 105-120.

Wilde, K.D./Hippner, H./Englbrecht, A. (2005): CRM 2005 – Customer Relationship Management, Düsseldorf.

Dieter Pfaff/Peter Ising

Kundencontrolling – Wichtige Methoden und Techniken

1. Einleitung

2. Kundencontrolling in der Selektions- und Akquisitionsphase
   2.1 Analyse als Basis kundenorientierter Entscheidungen
   2.2 Ermittlung des Kundenwerts

3. Laufendes Controlling bestehender Kundenbeziehungen
   3.1 Überblick
   3.2 Kundenorientierter Wertbeitrag
   3.3 Kundenerfolgsrechnung
   3.4 Nichtfinanzielle Kennzahlen und Balanced Scorecard

4. Beendigung der Geschäftsbeziehung
   4.1 SWOT-Analyse und kapitaltheoretische Fundierung
   4.2 Dispositionsrechnung
   4.3 ABC- oder Sortimentsanalyse

5. Fazit

Prof. Dr. rer. pol. Dieter Pfaff ist Ordinarius für Betriebswirtschaftslehre und Direktor am Institut für Rechnungswesen und Controlling, Universität Zürich. Dipl.-Kfm. Peter Ising ist Doktorand und wissenschaftlicher Mitarbeiter am Institut für Rechnungswesen und Controlling, Universität Zürich.

1. Einleitung

Traditionell ist das Rechnungswesen in vielen Unternehmen nach wie vor primär an Produkten orientiert. Gerade in Zeiten einer hohen Wettbewerbsintensität, stagnierender und zunehmend liberalisierter Märkte wird die Orientierung am Kunden aber immer wichtiger. Aufgabe des Controllings ist es daher, Fakten- und Methodenwissen konsequenter als bislang an den Erfordernissen einer kundenorientierten Unternehmenssteuerung auszurichten. Einfach ausgedrückt geht es darum, Transparenz derart zu schaffen, dass die beschränkt zur Verfügung stehenden Ressourcen in jene Kundenbereiche des Unternehmens gelenkt werden, die die höchste Wertschaffung erwarten lassen. Wert schafft ein Unternehmen dabei immer dann, wenn es Gewinne über die Kapitalkosten hinaus erwirtschaftet. Gelingt dies auf Dauer nicht, werden sich die Kapitalgeber zurückziehen und ihr Kapital in eine bessere Alternative investieren. Gerade in einer globalen Krise – wie sie derzeit zu beobachten ist – trennt sich die Spreu vom Weizen. Unternehmen sind daher gut beraten, ihre Führungsinstrumente an den Erfordernissen einer wert- und kundenorientierten Unternehmenssteuerung auszurichten.

Die Aufgabe des Controllings kann in diesem Zusammenhang idealtypisch auf zwei Ebenen gesehen werden. Einerseits ist zu gewährleisten, dass bezogen auf eine Periode Ansatzpunkte für profitabilitätssteigernde Maßnahmen bestehender Kundenbeziehungen abgeleitet werden. Dies setzt voraus, dass die durch die Inanspruchnahme von Unternehmensressourcen ausgelösten Kosten eines Kunden dessen Erlösen gegenübergestellt sowie die Einflussfaktoren auf Erlöse und Kosten identifiziert und analysiert werden können (*statische* Ebene). Andererseits ist es aber wichtig, das Management bei Entscheidungen mit strategischen und längerfristigen Auswirkungen (insbesondere Entscheidungen bezüglich der Geschäftsfelder und des Kundenstamms) mit dem für eine wertorientierte Führung notwendigen Methoden- und Faktenwissen zu versorgen. Diesem Ziel dienen mehrperiodische Konzepte, bei denen die Rechengrößen mehrerer zukünftiger Jahre zugrunde gelegt werden (*dynamische* Ebene). Sie unterstützen daher vor allem die Planung der Wertsteigerung des Kundenstamms oder seiner Teile und bilden die Basis für die Investitionsplanung sowie die quantitative Beurteilung strategischer Maßnahmen wie die Erschließung neuer Kundenfelder. So werden bei der Discounted-Cash-Flow-Methode die geplanten jährlichen Rückflüsse einer Entscheidung mit einem bestimmten Kalkulationszinsfuß (einer Zielrendite oder Hurdle Rate) auf den heutigen Bewertungs- oder Betrachtungszeitpunkt diskontiert.

Ziel des vorliegenden Beitrags ist es, dem Leser einen Überblick über die methodischen Grundlagen des Kundencontrollings, sowie dessen wichtigste Herausforderungen und Instrumente zu geben. In Kapitel 2 wird erläutert, wie Transparenz bezüglich der Frage geschaffen werden kann, in welche Kundensegmente die Ressourcen des Unternehmens zu lenken sind. Im Mittelpunkt dieser Allokationsfrage steht die Akquisition von Kunden oder Kundenstämmen: Welche Kunden sind für das Unternehmen interessant und welche Geschäftsbeziehungen sollte das Unternehmen auf- oder ausbauen? Zur Beantwortung dieser Fragen ist eine mehrperiodische Betrachtung notwendig, die die kundenspezifischen zukünftigen Ein- und Auszahlungen über die gesamte geschätzte Dauer der Kundenbeziehung einander gegenüberstellt und auf den Betrachtungszeitpunkt diskontiert (Konzept des Kundenwerts). In Kapitel 3 stehen demgegenüber Methoden und Techniken im Vordergrund, welche die Kundenbeziehung kontinuierlich begleiten. Hierzu gehören die „klassische" Kundenerfolgsrechnung (eventuell basierend auf Gedanken einer Prozesskostenrechnung) sowie die Ermittlung kundenbezogener „Wertbeiträge" (EVA, CVA usw.) ebenso wie Struktur- und Werttreiberanalysen, Kundenaudits und eine Steuerung über die Balanced Scorecard. Kapitel 4 diskutiert die Frage, wie eine unprofitable Kundenbeziehung erkannt werden kann und wann sich ein Unternehmen von solchen Kunden trennen sollte. Zur Beantwortung dieser Frage können ABC-Analysen, Stand-Alone-Betrachtungen sowie die bereits in Kapitel 2 erläuterte Kundenwertberechnung herangezogen werden. Kapitel 5 fasst die wichtigsten Ergebnisse zusammen.

2. Kundencontrolling in der Selektions- und Akquisitionsphase

2.1 Analyse als Basis kundenorientierter Entscheidungen

Im Zentrum der Überlegungen stehen das Unternehmen und dessen Einbettung in sein Umfeld. Idealtypisch kann eine interne und eine externe Sphäre unterschieden werden. Stark vereinfachend gesehen geht es intern darum, günstige Entscheidungen zu initiieren und durchzusetzen. Aus Sicht der Unternehmensleitung gilt es, organisatorische Fragen im weitesten Sinne zu berücksichtigen. Wie sind beispielsweise die Prozesse, Entscheidungsbefugnisse und Verantwortlichkeiten innerhalb des Unternehmens zu organisieren? Wie müssen die Mitarbeiter vergütet werden? Auf der externen Ebene stehen Fragen im Vordergrund, wie sich z. B. das Unternehmen gegenüber den Kunden und Konkurrenten positionieren soll und welche Möglichkeiten der Kundenakquisition am günstigsten sind. Freilich können die beiden Ebenen nicht isoliert voneinander betrachtet werden. So ist beispielsweise die Frage nach der Wettbewerbsstrategie nicht losgelöst von den Kernkompetenzen des Unternehmens zu beantworten.

Um das Unternehmen bestmöglich zu führen, benötigt die Leitung eine Kombination aus strategischen und operativen Führungskonzepten, die es ihr erlaubt, sowohl *beste-*

hende Geschäftsfelder als auch *potenzielle* Entwicklungsrichtungen des Unternehmens wertorientiert zu beurteilen. Dies erfordert ein Instrumentarium, das den Blick in die Vergangenheit mit jenem in die Zukunft verknüpft. Eine Beurteilung bestehender Geschäftsfelder und Kundensegmente alleine, die ausschließlich darauf abzielt festzustellen, ob in abgelaufenen Perioden bestimmte Kunden(gruppen) Wert geschaffen oder vernichtet haben, kann dazu führen, dass die Unternehmensleitung es versäumt, rechtzeitig in attraktiven Märkten und Kundensegmenten aktiv zu werden. Das erfolgreiche Führen eines Unternehmens erfordert vielmehr, dass aus einem geeigneten Managementinformationssystem Impulse für unternehmerische Entscheidungen abgeleitet werden, die helfen, „verborgene Werte" aufzuspüren.

Abbildung 1: *Analyse als Basis des unternehmerischen Entscheidungsprozesses (Quelle: in Anlehnung an Pfaff/Bärtl 2000, S. 107)*

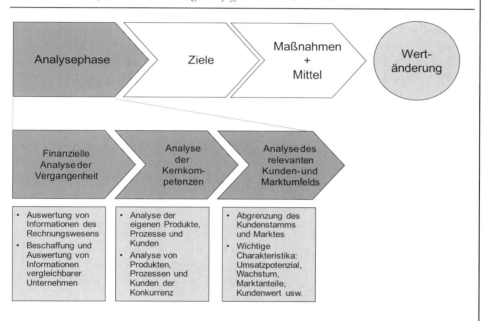

Ausgehend von der Vision des Unternehmens ist die Ist-Situation gründlich zu analysieren. Die Ergebnisse der Analyse können in harten Zahlen, beispielsweise Kennzahlen, oder in qualitativen Beschreibungen zusammengefasst werden. Aus Sicht der Unternehmensleitung ist ein wichtiger Teilaspekt der Analyse, sich mit den Möglichkeiten auseinanderzusetzen, wie die Kernkompetenzen des Unternehmens optimal (d. h. wertsteigernd) – gegebenenfalls auch in neuen Märkten und Kundensegmenten

– eingesetzt werden können. Ein typisierter wertorientierter Beurteilungsprozess kann sich an den folgenden fünf Fragen orientieren:

(1) In welchen (Kunden-) Bereichen war das Unternehmen in der Vergangenheit wie erfolgreich? In der Regel wird man Antworten auf diese Frage aus der Analyse finanzieller Kennzahlen wie beispielsweise Erlöse und Kosten, Kundenerfolgsbeiträge, kundenbezogene Economic Value Added (EVA) ableiten können.

(2) Wieso waren wir erfolgreich und was können wir? Diese beiden Fragen zielen darauf ab zu ergründen, worauf der Erfolg des Unternehmens basiert: Wodurch differenziert sich das Unternehmen von der Konkurrenz, was sind die Kernkompetenzen des Unternehmens? So kann es dem Unternehmen z. B. aufgrund einer starken Marke deutlich besser als der Konkurrenz gelingen, die Kunden an sich zu binden.

(3) Wo wollen wir hin? Aus den Kernkompetenzen und den Markteinschätzungen können *Ziele* abgeleitet werden, die aus Sicht des Unternehmens erfolgversprechend sind. Ein Ziel eines Telekommunikationsanbieters könnte beispielsweise lauten: Wir müssen unseren Kunden sämtliche Dienstleistungen (Mobile, Festnetz und „letzte Meile") aus einer Hand anbieten, um die Kundenbindung zu stärken. Oder: Bereiche wie das Angebot an Systemlösungen, die nicht zu unseren Kernaktivitäten zählen, werden zurückgefahren.

(4) Wie kommen wir dort hin? Hier gilt es, *Maßnahmen* zu formulieren, die erforderlich sind, um die Ziele zu erreichen. Dabei muss auch bedacht werden, welche *Mittel* (Ressourcen) notwendig sind, damit die angedachten Maßnahmen durchgeführt werden können. In der Regel werden für die Erreichung eines Ziels mehrere alternative Strategien in Frage kommen. So könnte die Expansion in neue Kundensegmente beispielsweise durch den Zukauf von Unternehmen, also durch Akquisitionen, oder organisches Wachstum erfolgen.

(5) Wie verändert sich der Unternehmenswert durch die geplanten Maßnahmen? Eine wertorientierte Beurteilung unterschiedlicher Strategien hilft, sich für die günstigste(n) Maßnahme(n) zur Zielerreichung zu entscheiden. Darüber hinaus wird durch eine Bewertung der Strategien letztendlich auch das Ziel selbst überprüft. Nur wenn der Wert des Unternehmens erhöht wird, lohnt es, das Ziel zu verfolgen.

Hat man die richtigen Antworten auf die oben gestellten Fragen gefunden, so sind die Voraussetzungen günstig, qualifizierte Akquisitionsentscheidungen zu treffen. Anzumerken bleibt allerdings, dass die Qualität der Entscheidung maßgebend von zwei Aspekten beeinflusst wird. Der erste Problemkomplex steht im Spannungsverhältnis zwischen Strategie und den daraus abgeleiteten finanziellen Größen. Eine Bewertung kann nur so gut sein wie die Basiszahlen. Damit eine Bewertung nicht zu einer „Number-Crunching-Exercise" verkommt, sind die zugrunde gelegten Zahlen durch geeignete Strategien zu untermauern. Nur so kann gewährleistet werden, dass eine darauf aufsetzende Wertermittlung gute Ergebnisse liefert. Gegeben, dass die Zahlen stimmen, hängt die Qualität der Bewertung darüber hinaus auch noch von der gewählten Bewertungstechnik ab.

2.2   Ermittlung des Kundenwerts

Der Wert einer geplanten Erschließung neuer Kunden(stämme) kann auf mehrere Arten ermittelt werden (Bruhn et al. 2008, S. 718f.). Welche Bewertungsmethodik im Einzelfall angewendet werden sollte, hängt ab von der Verfügbarkeit von Informationen über das Bewertungsobjekt, der erforderlichen Genauigkeit der Bewertung sowie der Geschwindigkeit, mit der die Bewertung zu erfolgen hat.

Generell wird die Kundenbeziehung im Rahmen der Wertermittlung als ein Investitionsobjekt betrachtet, das in der Akquisitionsphase Auszahlungen erfordert, die im Laufe der Zeit durch Kundenerfolge amortisiert werden sollen (Bruhn 2002, S. 193; Preißner 2003, S. 26). Soll darüber hinaus die kundenwertorientierte Steuerung mit der wertorientierten Unternehmensführung in Einklang stehen, empfiehlt es sich, die Kundenwerte so zu ermitteln, dass ihre Summe – zumindest theoretisch rechnerisch – den Unternehmenswert ergibt. Diese Überlegung führt zu einer Berechnung des Kundenwerts auf Basis der Discounted-Cash-Flow-Methode. Im Einzelnen gelten folgende Zusammenhänge:

Der Kundenkapitalwert (Customer Lifetime Value, CLV) ergibt sich als diskontierte Differenz der Einzahlungen abzüglich der Auszahlungen, die durch einen Kunden hervorgerufen werden (Schmöller 2001, S. 163; Weber/Lissautzki 2004, S. 17; Breuer/Kreuz 2007, S. 352; Stüker 2008, S. 167). Eventuell anfallende anfängliche Auszahlungen für Neuakquisitionen und Kundenbindung sind zusätzlich zu berücksichtigen.

$$CLV = \sum_{t=0}^{T} \frac{E_t - A_t}{(1+r)^t}$$

Das Rechnungswesen hat zur Aufgabe, die Daten für die Kundenbewertung zu ermitteln (Bruhn/Georgi 2008, S. 660). Die Einzahlungen (E_t) entsprechen den Umsätzen des jeweiligen Kunden. Die Auszahlungen (A_t) werden vom Unternehmen zum Erhalt der Kundenbeziehung getätigt. Als Diskontsatz r wird ein risikoangepasster Zins verwendet. Die Dauer der Kundenbeziehung besteht bis zum Zeitpunkt T.

Die Bestimmung von Ein- und Auszahlungen ist nicht unproblematisch. Einerseits müssen Verbundeffekte beachtet werden, andererseits unterliegen zukünftige Ein- und Auszahlungen einer gewissen Unsicherheit. Bei den Einzahlungen geht man von einem Umsatzpotenzial aus. Dies besteht zum einen aus dem zukünftigen Grundumsatz, zum anderen aus einem bestimmten Erweiterungspotenzial (Lissautzki 2005, S. 87f.; Stahl et al. 2006, S. 428f.). Allerdings dürfen konträr zu den Grundsätzen der Unternehmensbewertung nicht konstante Umsätze angenommen werden, sondern es muss der spezifische Lebenszyklus der Kundenbeziehung berücksichtigt werden (Fischer/von der Decken 2001, S. 302f.). Darüber hinaus ist die Abgrenzung der zukünftigen Einzahlungen zwischen verschiedenen Kunden problematisch. Diese lassen sich bei diversen Kundenbeziehungen in einem Kundensegment nicht immer direkt einem einzelnen Kunden zuordnen. Dies ist jedoch von Bedeutung, um die Vorteilhaftigkeit einer Kundenbeziehung bewerten zu können und strategische Schritte zu unternehmen.

Bei den Auszahlungen ist zwischen kundenbezogenen Investitionsauszahlungen und laufenden Auszahlungen zu differenzieren. Erstere sind anfängliche Auszahlungen für die Akquisition oder laufende Marketinginvestitionen zum Erhalt und zur Verbesserung der Kundenbeziehung. Laufende Auszahlungen sind dagegen abhängig von Prozessen, die im Rahmen der Wertschöpfungskette des Unternehmens erbracht werden müssen. Beispiele dafür sind der Betreuungsaufwand und der Aufwand für Reklamationen. Kundenauszahlungen sind anhand einer kundenbezogenen Kostenrechnung zu bestimmen. Vor allem die Zuordnung von Gemeinkosten stellt dabei ein Problem dar.

Der Diskontierungssatz für die Berechnung des CLV besteht aus einer internen Zielrendite (Hurdle Rate) oder dem risikolosen Zins, der durch einen Risikozuschlag an die resultierende Unsicherheit aus einer Kundenbeziehung angepasst werden kann (Hamel 2003, S. 484f.; Coenenberg et al. 2007, S. 583). Jedoch ist die Bestimmung eines solchen Risikozuschlags über alle Kunden bedenklich (Stüker 2008, S. 224ff.). Beispiele sind das Abwanderungsrisiko, das Zahlungsausfallrisiko und das Planungsrisiko, die sehr kundenspezifisch ausfallen können. Bei der Dauer der Kundenbeziehung ist anzunehmen, dass sie endlich ist und für jeden Kunden individuell prognostiziert werden muss. Das Bestehen einer vertraglichen Bindung des Kunden an das Unternehmen und die jeweilige Branche haben bedeutenden Einfluss auf die Abwanderung von Kunden (Dwyer 1997, S. 8).

Die dargestellten Zusammenhänge gelten allgemein. Allerdings kann es erforderlich sein, die Bewertungstechnik zu verfeinern und beispielsweise optionspreisbasierte Techniken anzuwenden, wenn es darum geht, Handlungsmöglichkeiten zu beurteilen, die aus weiteren Geschäftspotenzialen mit dem Kunden resultieren könnten.

Falls eine seriöse Abschätzung zukünftiger Zahlungsüberschüsse oder Gewinne nur begrenzt möglich ist oder eine Discounted-Cash-Flow-Berechnung sehr zeitaufwendig wäre, kann es unter Umständen gerechtfertigt sein, auf einfachere Bewertungsmethoden zurückzugreifen. Dies gilt insbesondere dann, wenn die Bewertung unter großem Zeitdruck durchzuführen ist, wie dies bei der Übernahme eines ganzen Kundenstamms gegeben sein kann. In diesen Fällen können Multiplikator-Bewertungen die Rolle einer Art „Heuristik" übernehmen. Die Multiplikatoren setzen in der Regel eine Kennzahl (z. B. Umsatz, Kundenerfolg) eines Vergleichsunternehmens ins Verhältnis zum aktuellen Unternehmenswert (meist handelt es sich dabei um die Marktkapitalisierung einer börsennotierten Unternehmung).

Quantitative Kundenwertberechnungen können durch qualitative Faktoren ergänzt werden. Darüber hinaus bestehen weitere Modelle zur Kundenwertermittlung. Es handelt sich dabei sowohl um ein- als auch mehrkriterielle Ansätze der Kundenbewertung. Beispiele sind Kundenportfolios, Radarcharts und Scoring-Methoden (Cornelsen 2000, S. 149; Krafft 2007, S. 44f. und 75).

3. Laufendes Controlling bestehender Kundenbeziehungen

3.1 Überblick

Wird die kapitaltheoretisch fundierte Kundenwertermittlung insbesondere sporadisch und zur Beurteilung ausgewählter größerer Kundenprojektentscheide eingesetzt, muss es im Rahmen der wert- und kundenorientierten Unternehmenssteuerung auch darum gehen, laufend (d. h. periodisch) den Wert für neue und bestehende Kundenbeziehungen zu ermitteln.

Dabei gilt es, bei der Umsetzung der erarbeiteten Ziele und Pläne Hilfe zu leisten, für die Feinsteuerung zu sorgen sowie bei Fehlentwicklungen rechtzeitig gegenzusteuern. Diesem Zweck dienen die Ermittlung wert- und kundenorientierter Kennzahlen in einer Periode und ihre Gegenüberstellung mit einer vergleichbaren Größe. Letzteres kann in der Weise erfolgen, dass eine Istgröße mit der entsprechenden Plangröße oder einer zwischenzeitlich oder zwischenbetrieblich gewonnenen Benchmark verglichen wird.

Weiterhin muss wert- und kundenorientierte Führung auch mit Hilfe einer geeigneten Kompetenz- und Anreizgestaltung sichergestellt werden (Leistungsmessung und Vergütung). Für die Gestaltung ergebnisorientierter Führung ist es dabei wichtig, dass die ex post (also für eine abgelaufene Periode) erhobenen Wertdaten so in ein Anreizsystem integriert werden, dass die Entscheidungsträger eines Unternehmens ex ante die richtigen Investitions- und Entscheidungsanreize erhalten (Pfaff/Bärtl 1999, S. 89).

3.2 Kundenorientierter Wertbeitrag

Als mögliches ex post-Performancemaß wird in den letzten Jahren intensiv die Ermittlung des Wertbeitrags für eine abgelaufene Periode diskutiert. Im deutschsprachigen Raum kommen vor allem zwei Konzepte zur Anwendung: der Cash Value Added

(CVA), der auf die *Boston Consulting Group* zurückgeht, sowie der von *Stern Stewart & Co.* propagierte Economic Value Added (EVA®). Letzterer ist definiert als Differenz zwischen einem steuerbereinigten Betriebsergebnis (Net Operating Profit after Taxes oder kurz NOPAT) und den Kosten des investierten oder beschäftigten Kapitals (Invested Capital oder Capital Employed), das zur Erwirtschaftung des NOPAT eingesetzt wurde. Für dessen konkrete Berechnung können Unternehmen auf das im finanziellen Rechnungswesen gezeigte Betriebsergebnis zurückgreifen und je nach verfolgtem Zweck Anpassungen vornehmen. In der Grundversion (bei Heraushebung des investierten Kapitals) gilt:

Abbildung 2: *Kapitalorientierte Betrachtung des EVA*
(Quelle: in Anlehnung an Stern/Shiely 2001)

$$EVA = NOPAT - WACC * IC$$
$$= \left(\frac{NOPAT}{IC} - WACC\right) * IC$$
$$= (ROIC - WACC) * IC$$

Legende:

EVA®	= Economic Value Added
NOPAT	= Net Operating Profit After Taxes
WACC	= Weighted Average Cost of Capital
IC	= Invested Capital
ROIC	= Return on Invested Capital

Zerlegt man die Größe NOPAT als Betriebsergebnis nach Steuern in seine kundenbezogenen Erlös- und Kostenbestandteile sowie in solche Kosten, die sich nur allgemein dem Unternehmen zuordnen lassen, kann EVA auch kundenbezogen ausgedrückt werden:

Abbildung 3: *Kundenorientierte Betrachtung des EVA*
(Quelle: in Anlehnung an Strack/Villis 2001, S. 77)

$$EVA = U - NCC - CC$$
$$= \left(\frac{U - NCC}{C} - ACC\right) * C$$
$$= (VAC - ACC) * C$$

U	= Umsatz
NCC	= Nicht kundenbezogene (allgemeine) Kosten
CC	= Kundenbezogene Kosten
ACC	= Durchschnittliche Kosten je Kunde
C	= Anzahl Kunden
VAC	= Value Added je Kunde

Somit wird EVA anstatt von Kapitalgrößen durch kundenrelevante Größen ausgedrückt: Im Zentrum steht die Wertschöpfung je Kunde (Schröder et al. 2007). Ist diese größer als der durchschnittliche Kostensatz je Kunde, wird ein Übergewinn je Kunde erzielt. Die Multiplikation mit der Anzahl Kunden ergibt den traditionellen Economic Value Added. Die Größe kann für den gesamten Kundenstamm, entsprechend adaptiert, aber auch für Teile daraus oder im Extremfall großer Kunden auch für einzelne Kunden ermittelt werden.

Weiterhin ist es sinnvoll, die Steuerungsgrößen VAC, ACC und C im Rahmen eines Werttreiberbaums weiter aufzuspalten, z. B. in Umsatz pro Kunde (Kundendurchdringung), Marge pro Kunde (Kundenprofitabilität), Kundengewinnungs- und Kundenbindungskosten, Kundenlebensdauer und Anzahl Kunden. Abbildung 4 zeigt die Anwendung des Bezugsrahmens auf Amazon.com.

Abbildung 4: *Beispiel Amazon.com*
(Quelle: Strack/Villis 2001, S. 77)

„Amazon.com hatte im Jahr 1998 eine Bilanzsumme von 648 Mio. USD, die Anzahl der Mitarbeiter betrug ca. 2.100, die Kundenbasis jedoch schon 6,2 Mio. Im Customer View kann Amazons zweigerichtete Strategie … quantitativ nachvollzogen und … gesteuert werden: 1. Cross-selling durch zusätzliche Angebote wie Videos, CDs oder Electronic Supply bedeutet eine Vergrößerung des Value Added per Customer (VAC). 2. Internationale Akquisitionen, Ausweitung des Angebots und Ausweitung des Internets haben ein enormes Wachstum der Kundenbasis (C) zur Folge. Wertsteigerung kann weniger durch Amazons Investitions-Wachstum (Bilanz) oder Beschäftigungswachstum, sondern vor allem durch das Wachstum der Kundenbasis (C) und durch die profitable Kundendurchdringung (VAC) erklärt werden."

3.3 Kundenerfolgsrechnung

Die Probleme der kundenorientierten EVA-Formel stecken allerdings im Detail oder deutlicher ausgedrückt im Rechnungswesen. Während die Informationen zu Umsätzen und Erlösschmälerungen zumeist auftrags- oder kundenspezifisch zur Verfügung stehen (Weber et al. 2005, S. 15f.), sind klassische Kostenrechnungssysteme häufig nicht in der Lage, zumindest den größten Teil der Gemeinkosten Kundengruppen oder gar einzelnen Kunden zuzurechnen. Hilfestellung bietet hingegen die Konzeption einer prozessorientierten Kostenrechnung (Kaplan/Cooper 1999; Pfaff/Schneider 2000; Remer 2005; Braun 2007). Grundlegend ist die Überlegung, dass Bezugsobjekte wie im vorliegenden Fall Kunden (aber auch Produkte, Lieferanten und Absatz- oder Beschaffungswege) Kosten verursachen, indem sie Aktivitäten, Teil- oder Hauptprozesse beanspruchen, die ihrerseits wiederum Ressourcen verzehren. Aktivitäten und Teilprozesse sind dabei üblicherweise Vorgänge, die in einer Kostenstelle oder Abteilung ablaufen; Hauptprozesse werden hingegen kostenstellenübergreifend definiert. Dies bedeutet, dass Unternehmen nicht mehr nur vertikal nach Kostenstellen (Kostenplätzen oder Abteilungen) gegliedert und betrachtet, sondern (auch) horizontal nach Prozessen „durchschnitten" werden.

Weiterhin tritt die Unterscheidung zwischen fixen und variablen Kosten zugunsten der Unterscheidung zwischen kundeninduzierten und kundenneutralen Kosten in den Hintergrund. Der Planungshorizont wird ausgedehnt: Als mittel- bis langfristig orientierte Rechnung entfernt sich die prozessorientierte Rechnung von der marginalen Sichtweise der flexiblen Plankostenrechnung i.e.S. Ziel ist es, die Prozesskostenrechnung in erster Linie zur Unterstützung strategischer Entscheidungen wie der Preisgestaltung gegenüber Kunden, der Rabattgewährung und anderer Entscheidungen, die mit der Ressourcennutzung im Zusammenhang stehen, einzusetzen, während für operativ kurzfristige Anpassungsentscheidungen Grenzkostenüberlegungen und für Beendigungen von Kundenbeziehungen mehrperiodische Kundenwertüberlegungen oder Stand-Alone-Betrachtungen im Vordergrund stehen (Kapitel 4).

Abbildung 5 zeigt typisiert die Kostenverrechnung auf Hauptprozesse und deren Weiterverrechnung auf Kostenträger am Beispiel eines Handelsunternehmens. Hierbei sollen die Pfeile verdeutlichen, dass der Sonderauftrag die Kostenstellen Einkauf, Wareneingang und -ausgang entscheidend stärker beansprucht als der Standardauftrag. Für den Einkauf wäre etwa denkbar, dass bei der Bearbeitung des Sonderauftrags aufwendigere Bestellprozesse ablaufen müssen als für den Katalogauftrag. Die Kosten der Hauptprozesse werden bestimmt, indem die Anzahl der in den einzelnen Kostenstellen in Anspruch genommenen Teilprozesse mit den entsprechenden Kostensätzen multipliziert werden. Die Kostenverrechnung auf die Kunden erfolgt, indem die Anzahl der jeweils erteilten Katalog- und Sonderaufträge (siehe die Zahlenangaben in Kapitel 5) mit dem zuvor ermittelten Prozesskostensatz multipliziert werden.

Unternehmen versuchen, ihre Produkte soweit als möglich an die grundlegenden Bedürfnisse der Kunden anzupassen (Belz 2005, S. 330). Daher können zwischen einzelnen Kunden(gruppen) erhebliche Kostenunterschiede bestehen. Einerseits werden Produkte nach Kundenwünschen gefertigt, andererseits sogar ganze Prozessketten auf den Kunden abgestimmt. Bei Veränderungen in den Prozessketten kann dieser Schritt so weit gehen, dass große spezifische Investitionen getätigt werden. Beispiele dafür sind der Bau eines Werkes oder eines Lagers in Kundennähe, der Kauf von Spezialmaschinen für kundenindividuelle Produkte oder die Kapazitätsausrichtung an bestimmte Abnehmer (Helm 2003, S. 120f.).

Abbildung 5: *Vorgehensweise zur Ermittlung von Kundenerfolgen*
(Quelle: Pfaff 2003, S. 37)

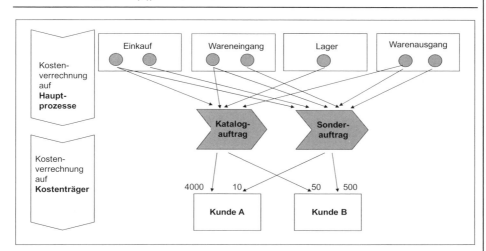

Kostensenkende Maßnahmen können durch Einbindung des Kunden in die Prozesskette stattfinden. Beispiele sind Bestellungen über das Internet oder Online Banking. In einigen Supermarktketten können Kunden beim Bezahlvorgang die Ware selbstständig über einen Scanner ziehen, was ebenfalls hilft, den Personalaufwand zu reduzieren.

In der Regel genügt bereits eine fallweise Rechnung, um die Kostenunterschiede zwischen Prozessalternativen aufzuzeigen oder eine Kundenerfolgsrechnung aufzubauen. Nützlich ist das Wissen über wesentliche Kostentreiber (z. B. kostenrelevante Merkmale des Kundenstamms) vor allem auch, um die Kostenwirkungen unterschiedlicher Maßnahmen zur Steuerung der Kundenbeziehung bereits in einer sehr frühen Phase abschätzen zu können.

Durch Anwendung der Grundsätze einer prozessorientierten Kostenrechnung auf die Ermittlung der einem einzelnen Kunden nur indirekt zurechenbaren Kosten wird es möglich, eine mehrstufige Kundendeckungsbeitragsrechnung bis hin zu einzelnen Kundenerfolgen aufzubauen. Abbildung 6 gibt ein informatives Beispiel.

Die Kundenerfolgsrechnung basiert auf den Daten des Rechnungswesens. In Abbildung 6 ist die Berechnung für einen Kunden schematisch dargestellt. Allerdings kann das Beispiel auch auf einen Kundenstamm oder auf eine Region ausgeweitet werden.

Abbildung 6: *Beispiel einer Kundenerfolgsrechnung*
(Quelle: in Anlehnung an Brecht 2004, S. 53; Preißner 2008, S. 354)

Rechnungswesen	Erläuterung
Brutto-Auftragswert	Listenpreis der gelieferten Produkte
./. Erlösschmälerungen	Gewährte Rabatte
= Netto-Auftragswert	Netto-Umsatz
./. variable Kosten der Produkte (Material-/Personal-/Produktions-/Vetriebskosten)	Direkt zurechenbare variable Kosten
= Kunden-DB I	Deckungsbeitrag des Kunden nach variablen Kosten
./. Kunden-Einzelkosten (Personalkosten, Fuhrpark usw.)	Direkt zurechenbare Fixkosten, z.B. Kosten für Akquisition und Betreuung
= Kunden-DB II	Deckungsbeitrag des Kunden nach allen direkt zurechenbaren Kosten
./. anteilige Kunden-Gemeinkosten (Prozesskosten)	z.B. durch Prozesskostenrechnung zugerechnete Gemeinkosten
= Kundenerfolg	Erfolgsbeitrag des einzelnen Kunden

3.4 Nichtfinanzielle Kennzahlen und Balanced Scorecard

Bislang wurden Konzepte der Unternehmensanalyse und -steuerung betont, die primär auf Finanzkennzahlen ausgerichtet sind. Problem ist dabei, dass nichtmonetäre Erfolgspotenziale schlicht ausgeblendet werden und kritische Führungsengpässe sich erst dann in monetären Größen niederschlagen, wenn es für Korrekturmaßnahmen in aller Regel schon zu spät ist. Seit geraumer Zeit wird von *Kaplan und Norton* (1996) mit der Balanced Scorecard (BSC) ein strategisches Planungsinstrument propagiert, das versucht, diesen Problemen durch ein ausbalanciertes System qualitativer und quantitativer, subjektiver und objektiver sowie strategischer und operativer Indikatoren entgegenzuwirken. Die Kernidee der BSC besteht darin, den Wertschöpfungsprozess einer Unternehmung über ein Modell hypothetischer Ursache-Wirkungs-Zusammenhänge abzubilden, aus dem dann „handfeste" Ziele, Aktionen und Kennzahlen entwickelt werden. Die „abstrakte" Vision und Strategie eines Unternehmens soll auf diese Weise an das operative Tagesgeschäft angebunden werden.

In der Grundversion werden vier Ebenen unterschieden: die finanzielle Sicht, die Prozess- und Ressourcenebene, die Innovations- und Lernperspektive sowie die Kundenebene.

Letztere fragt danach, welcher Mehrwert durch die Produkte und Leistungen des Unternehmens für den Kunden geschaffen wird und wie diese das Unternehmen sehen? Zweck der Methodik ist es, genau die Faktoren „herauszuschälen" und zu beeinflussen, die für die Erreichung der Vision und der strategischen Ziele des Unternehmens förderlich sind.

Im ersten Schritt werden die strategischen Ziele abgeleitet. Um die Kräfte im Unternehmen zu bündeln, sollte man sich auf wenige strategische Ziele beschränken. Parallel dazu müssen die strategischen Ziele durch Messgrößen operationalisiert werden. Ansonsten besteht die Gefahr, dass die Führungskräfte in einem Unternehmen aneinander vorbeireden. So wird der Marketing- oder Vertriebsleiter unter einer Verbesserung der Kundenzufriedenheit vermutlich etwas anderes verstehen als der Finanzchef oder der Logistikleiter. Strategische Ziele machen häufig an den gängigen nichtmonetären Größen wie Marktanteil, Kundenbindung, der Churn Rate (Vertragstreue) oder der Kundenzufriedenheit direkt fest. Dabei ist zu beachten, dass sich der Wert einer Leistung aus Sicht des Kunden nicht nur aus der physischen Dienstleistungseigenschaft (Funktionalität, Qualität, Preis und Zeit) zusammensetzt, sondern auch aus dem Image sowie der guten Beziehung zwischen Kunde und Unternehmen. Beispiel für ein strategisches Ziel auf der Kundenebene könnte die Forderung für ein Call Center sein, dass das Call-Volumen neu auch Sales-Effekte mit sich bringen soll.

Im zweiten Schritt müssen geeignete Aktionen bis hin zur operativen Ebene abgeleitet werden, von denen man erwartet, dass sie sich günstig auf die Erreichung der strategischen Ziele auswirken. Über die Festlegung von Aktionen, die wiederum auf einer Analyse der wichtigsten Leistungstreiber aufbauen, wird der Link zwischen abstrakter strategischer und greifbarer operativer Ebene hergestellt. Beispielsweise könnte durch gezielte Schulungsmaßnahmen des Telefonpersonals versucht werden, Absatz und Umsatz zu erhöhen.

Erst im dritten Schritt geht es um die Festlegung von Kennzahlen. Durch sie soll erkennbar werden, ob die Aktionen tatsächlich greifen und zu einer Verbesserung der strategischen Ziele beitragen. Mit Hilfe der Kundengewinnungsquote, der Kundenrückgewinnung oder auch der Absatzhöhe pro Mitarbeiter oder Team könnte versucht werden, den Fortschritt gegenüber dem Status quo messbar zu machen.

Eine besondere Idee der Balanced Scorecard nach Kaplan/Norton besteht darin, den Wertschöpfungsprozess einer Unternehmung über ein Modell hypothetischer Ursache-Wirkungs-Zusammenhänge abzubilden. Plakatives Beispiel ist etwa, dass Consultingunternehmen versuchen könnten, mit Hilfe zufriedener Berater die Zufriedenheit ihrer Klienten positiv zu beeinflussen, die wiederum für höheren Umsatz und damit auch einen verbesserten Gewinnausweis sorgen.

Tatsächlich scheinen Studien über den Zusammenhang zwischen Kundenzufriedenheitsmaßen und einem späteren Unternehmenserfolg positive Korrelationen zwischen den beiden Größen zu bestätigen (z. B. Andersen et al. 1994; Ittner/Larcker 1997; aber kritisch auch Ittner/Larcker 1998a; Banker et al. 2000). Jedoch reagieren die Resultate äußerst sensitiv auf die Art und Weise, wie die Kundenzufriedenheitsindices ermittelt werden. Beispielsweise zeigen Foster und Gupta (1997) mit den empirischen Daten eines Getränkelieferanten, dass in Abhängigkeit der Fragen, welche zur Bestimmung des Kundenzufriedenheitsindexes gestellt werden, sowohl positive, statistisch insignifikante als auch negative Kausalzusammenhänge zwischen der Kundenzufriedenheit und der späteren Kundenprofitabilität nachgewiesen werden können. Verschiedene Studien verdeutlichen zudem eine hohe branchenspezifische Variabilität des untersuchten Zusammenhangs, welche von positiven, statistisch insignifikanten bis hin zu negativen Korrelationen zwischen der gemessenen Kundenzufriedenheit und dem späteren Unternehmenserfolg reichen kann (Ittner/Larcker 1998b, S. 220).

Insgesamt bleibt festzuhalten, dass nichtmonetäre Größen wie Kundenzufriedenheit nur schwer zu operationalisieren sind. Auch betrachten Vertrieb und Marketing den Kunden und seine Zufriedenheit als ihre ureigene Domäne. Zurückhaltung des Controllings und eine enge Abstimmung mit den Vertriebs- und Marketingführungskräften sind daher für die Beschreibung und Analyse der Kundendimensionen unbedingt erforderlich.

4. Beendigung der Geschäftsbeziehung

4.1 SWOT-Analyse und kapitaltheoretische Fundierung

Eine Geschäftsbeziehung zu beenden, macht nur dann Sinn, wenn das Wertpotenzial des betrachteten Unternehmens nachhaltig gefördert wird. Dies setzt voraus, dass ein Unternehmen über ein tiefes und quantifiziertes Verständnis bezüglich seiner Kundenbeziehungsbedürfnisse verfügt. Ausgangspunkt sind dabei – wie bei Akquisitionen oder dem Aufbau einer Kundenbeziehung – die Unternehmensstrategie sowie die Geschäftsfeldstrategien. Nur wer diese kennt, kann gezielt „Desinvestitionskunden" ausfindig machen. Die sehr generische Empfehlung ist, sich von allen Geschäften oder Kundenbeziehungen zurückzuziehen, in denen auf Dauer Wert vernichtet wird. Die Gretchenfrage aus Rechnungswesensicht lautet aber: Wie können Wertvernichter identifiziert werden? Nachfolgend sollen die wichtigsten Konzepte skizziert werden, die es ermöglichen, dieser Frage im Rahmen von Desinvestitionen nachzugehen.

Auf einer ersten Ebene kann eine SWOT (Strengths, Weaknesses, Opportunities und Threats)-Analyse durchgeführt werden. Diese ermittelt zunächst die Stärken und Schwächen der Kundenbeziehung anhand strategischer Erfolgsfaktoren. Zu den Erfolgsfaktoren gehören beispielsweise kundenbezogene Informationen wie Kundenzufriedenheit und -loyalität. Daraus entsteht die Möglichkeit, die Stärken anhand kundenbezogener Strategien zu fördern oder Schwächen abzumildern. Zusätzlich sind die Chancen und Risiken im Unternehmensumfeld zu berücksichtigen. In diesem Rahmen kann etwa die mögliche Wahl neuer Vertriebskanäle oder die Gefahr des Preisdrucks durch Konkurrenten einbezogen werden (Schmöller 2001, S. 145ff.).

Bei genauerer Betrachtung wird man aber um eine Quantifizierung der Auswirkungen einer Beendigung der Geschäftsbeziehung nicht herumkommen. Theoretisch ist die Aufgabe einer Beziehung nur dann vorteilhaft, wenn der Unternehmenswert mit dem potenziellen Desinvestitionskunden kleiner ist als der Unternehmenswert ohne diese Kundenbeziehung abzüglich eventueller Vertragsstrafen oder sonstiger Kosten, die einmalig mit der Beendigung der Beziehung anfallen. Methode zur Ermittlung des Differenzbetrags aufgrund einer Stand-Alone-Betrachtung ist die bereits in Abschnitt 2 gezeigte kapitaltheoretische Fundierung des Kundenwerts mittels Discounted-Cash-Flow-Methode: Was wäre das Unternehmen ohne die Geschäftsbeziehung im Vergleich zu vorher wert?

4.2 Dispositionsrechnung

In einfachen Fällen, wenn etwa die Investitionen in die Erhaltung eines Kunden(stamms) über einen längeren Planungszeitraum nicht stark schwanken, wird man sich auch auf einperiodische oder statische Überlegungen beschränken können. Mittel der Wahl ist eine einfache Dispositionsrechnung, welche die durch die Entscheidung, eine Kundenbeziehung zu beenden, hervorgerufenen Veränderungen der liquiditätswirksamen Fixkosten und Deckungsbeiträge gegenüberstellt (Peters/Pfaff 2008, S. 105). Relevant sind ausschließlich die durch die Beendigung der Kundenbeziehung direkt induzierten liquiditätswirksamen Veränderungen der fixen Kosten sowie der Deckungsbeiträge. Kalkulatorische Kosten wie z. B. Abschreibungen oder zugeordnete Gemeinkosten einer Voll- oder Prozesskostenrechnung dürfen hingegen niemals berücksichtigt werden. Bedingung dafür, dass sich die Aufgabe einer Kundenbeziehung lohnt, ist also, dass die in Kauf zu nehmende Verringerung der Deckungsbeiträge (sofern diese positiv sind) kleiner ist als der mögliche Abbau der liquiditätswirksamen Fixkosten.

Jedoch gibt es auch einige Beispiele, die zeigen, dass Kundenbeziehungen rechnerisch nicht lohnenswert sind, bei genauerem Hinsehen allerdings Potenzial nach oben bieten. So sind bei einem Abbruch von Kundenbeziehungen Erfolgsveränderungen aufgrund von Verbundeffekten zu berücksichtigen. Denkbar ist ebenfalls eine Weiterführung einer defizitären Kundenbeziehung aufgrund der Geschäftsbeziehung zu einem Technologieführer, der wertvolle Erkenntnisse für zukünftige Nachfragetrends gibt und dadurch das Unternehmen bei seiner eigenen Kapazitätsplanung unterstützt (weitere Beispiele in Fischer/von der Decken 2001, S. 11f.). Auch Banken, die Jugendlichen und Studenten kostenfrei Konten zur Verfügung stellen, um nach deren Ausbildung von diesen Kunden zu profitieren, haben Interesse an einer für einen begrenzten Zeitraum defizitären Kundenbeziehung. Kurzum, nicht jede kurz- oder mittelfristig defizitäre Kundenbeziehung ist zu beenden; entscheidend ist letztlich der Kundenkapitalwert (siehe Abschnitte 4.1 und 2.2).

4.3   ABC- oder Sortimentsanalyse

Bei Kunden, die durch viele Einzelbestellungen, eine hohe Betreuungsintensität usw. gekennzeichnet sind, ist die damit verbundene Komplexität ein grundsätzliches Risiko für die Wirtschaftlichkeit eines Geschäfts. Diese Komplexität ergibt sich aus dem hohen Aufwand in der Produktion (zahlreiche Produkte- und Sortenwechsel), in Vertrieb und Marketing (viele Kundenkontakte, Serviceleistungen, Schulungen) in der Logistik (hohe Vorratsbestände, wenig automatisierte Auslieferung) usw. Geschäftstätigkeiten und Kunden mit vielen Einzelprodukten und Auftragsfällen tendieren schnell zu unrentablen Strukturen: Mit steigender Komplexität sinkt die Kapazität der Produktion und steigen die Fixkosten zur Abwicklung des Geschäfts. Um das zu vermeiden, muss versucht werden, die Zahl der Produkte und Kunden möglichst klein zu halten, ohne durch Streichungen nennenswerte Deckungsbeiträge zu verlieren.

Mittel zur Beherrschung dieses Problems ist das permanente Aussortieren unwesentlicher Produkte und Kunden mit dem Instrumentarium der ABC-Analyse (Köhler 2008, S. 473ff.; Peters/Pfaff 2008, S. 158). Dabei werden die Produkte und Kunden nach dem Kriterium der Wesentlichkeit in die Kategorien A, B und C eingeteilt: *Kategorie A:* große Bedeutung, hoher Wert; *Kategorie B:* mittlere Bedeutung, mittlerer Wert; *Kategorie C:* kleine Bedeutung, geringer Wert.

Allerdings scheiden sich bereits die Geister bei der Frage, wie ein „bedeutender" Kunde definiert ist und was die Kriterien für einen „wertvollen" Kunden sind. Ist dies rein quantitativ oder auch qualitativ zu beurteilen? Es kommt hinzu, dass diese Frage nicht nur für die Ist-Situation, sondern auch für die Zukunft zu beantworten ist. Das Potenzial eines Kunden darf nicht außer Acht gelassen werden (Köhler 2008, S. 475; Bruhn 2009, S. 42). Die Sortimentsanalyse hat aber nicht das alleinige Ziel, unbedeutende und unwesentliche Kunden zu erkennen und auszumustern. Vielmehr geht es auch darum, mit möglichst geringem Aufwand Ansatzpunkte für Verbesserungen zu identifizieren.

Abbildung 7: *Beispiel einer (kundenbezogenen) ABC-Analyse*
(Quelle: in Anlehnung an Peters/Pfaff 2008, S. 160)

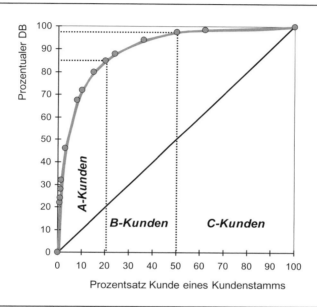

Kundenspezifische Kriterien, die eine eindeutige Zuordnung zu den Kategorien A, B und C zulassen, sind bei *mengengetriebenen Geschäften* vor allem: Menge (z. B. kg), Deckungsbeitrag absolut (DB), Deckungsbeitragsrate (DB in Prozent vom Umsatz). Erfahrungsgemäß tragen bereits wenige große Einzelkunden (A-Kunden) den Hauptteil der Menge und des Deckungsbeitrags des gesamten Kundenstamms, viele kleinere Kunden (B- und C-Kunden) tragen nur wenig dazu bei. Aus der Analyse lassen sich auch Abhängigkeiten von einzelnen Großkunden aufdecken.

Eine Sortimentsanalyse verfolgt gleichzeitig das Ziel der Festlegung eines Kernkundenstamms (z. B. 80 Prozent aller Deckungsbeiträge) und das Ziel der Identifizierung der deckungsbeitragsschwachen Kunden (z. B. DB-Rate kleiner als x Prozent). Innerhalb des Randsortiments (20 Prozent aller Deckungsbeiträge) wird die Streichung aller deckungsbeitragsschwachen Kunden sowie aller unbedeutenden Kunden ohne Potenzial geprüft. Ergebnisschwäche bedeutet in diesem Zusammenhang immer einen geringen Deckungsbeitrag beziehungsweise eine niedrige Deckungsbeitragsrate. Da man

Fixkosten in der Regel nicht repräsentativ auf einzelne Kunden zuordnen kann, ist der Deckungsbeitrag die zentrale Steuerungsgröße für einen Kundenstamm.

Ergänzt man die Analyse mit den Parametern Umsatzentwicklung, Möglichkeit der Geschäftsausweitung, Bonität des Kunden, Alter der Kundenbeziehung usw., erhält man weitere Hinweise, welche Kunden wichtig sind und wie der Nachfragemarkt ergebnisoptimal bedient werden kann.

5. Fazit

Die Kundenorientierung des Rechnungswesens ist ein entscheidender Wettbewerbsfaktor eines Unternehmens über alle Phasen des Kundenlebenszyklus hinweg. In der Selektions- und Akquisitionsphase dient das Controlling vor allem der Fundierung strategischer Entscheidungen. Dabei sollen Entscheidungen bezüglich der Geschäftsfelder (welche Leistungen in welchen Zeiträumen für welche Kunden oder auf welchen Märkten) sowie der Potenziale (z. B. Ressourcenaufbau für bestimmte Kundengruppen) grundsätzlich nur dann getroffen werden, wenn ihr Kapitalwert positiv ist oder die interne Rendite über dem geforderten Mindestzins liegt, sodass der Unternehmenswert gesteigert werden kann.

Sind Kunden bereits akquiriert, muss deren Wert laufend ermittelt werden. Dabei spielen Performancemaße wie EVA eine wichtige Rolle. Um Entscheidungen zu fundieren, ist es allerdings notwendig, die Spitzenkennzahl in ihre Wert- und Kostentreiber aufzuspalten. Dies leistet unter anderem eine auf Prozesskosten basierende Kundenerfolgsrechnung: Kunden verursachen Gemeinkosten, indem sie Prozesse des Unternehmens in Anspruch nehmen. Sonderaufträge, hoher Beratungs- und Unterstützungsbedarf, häufige Änderungen der Bestell- und Auftragsmengen usw. bedeuten für Unternehmen langfristig auch höhere (versteckte) Gemeinkosten in der Wertschöpfungskette des Unternehmens. Aufgabe der Kundenerfolgsrechnung ist es daher, solche Belastungen deutlich zu machen. Für die Steuerung der Kundenerfolge sind aber auch nichtmonetäre Größen wie Kundenzufriedenheit und Kundenbindung von zentraler Bedeutung. In diesem Zusammenhang stellt die Balanced Scorecard einen Bezugsrahmen zur Verfügung, der es erlaubt, aus den strategischen Zielen der Kundenperspektive entsprechende Maßnahmen und Kennzahlen abzuleiten.

Sollte festgestellt werden, dass ein Kunde dauerhaft nicht profitabel ist, ist im Sinne der Wertgenerierung zu prüfen, ob die Kundenbeziehung zu beenden ist. In einfachen Fällen reichen einperiodische Betrachtungen auf Basis einer Dispositionsrechnung aus. Häufig wird aber eine mehrperiodische, auf den Einzelkunden bezogene Analyse notwendig sein, welche dann in einer Kundenwertermittlung mündet, die auch in der Akquisitionsphase wichtiger Bestandteil des Controllings ist.

Alle Methoden und Techniken können stets nur Mittel zum Zweck sein. Daher ist es notwendig, die Ziele des Unternehmens sowie den Zweck einer (Kundenerfolgs-) Rechnung genau zu kennen. Denn für diejenigen, die den Hafen nicht kennen, ist kein Wind der Richtige!

Literaturverzeichnis

Anderson, E./Fornell, C./Lehmann, D. (1994): Customer Satisfaction, Market Share, and Profitability: Findings from Sweden, in: Journal of Marketing, Vol. 58, No. 3, S. 53-66.

Banker, R./Potter, G./Srinivasan, D. (2000): An Empirical Investigation of an Incentive Plan that Includes Nonfinancial Performance Measures, in: The Accounting Review, Vol. 75, No. 1, S. 65-92.

Belz, C. (2005): Customer Value. Kundenbewertung und Kundenvorteile, in: Controlling, 17. Jg., Nr. 6, S. 327-333.

Braun, S. (2007): Die Prozeßkostenrechnung. Ein fortschrittliches Kostenrechnungsinstrument?, 4. Aufl., Sternenfels.

Brecht, U. (2004): Controlling für Führungskräfte. Was Entscheider wissen müssen, Wiesbaden.

Breuer, W./Kreuz, C. (2007): Kundenorientierung als Strategie – Auch im Rechnungswesen, in: Keuper, F./Neumann, F. (Hrsg.): Finance Transformation. Strategien, Konzepte und Instrumente, Wiesbaden, S. 343-362.

Bruhn, M. (2009): Das Konzept der kundenorientierten Unternehmensführung, in: Hinterhuber, H./Matzler, K. (Hrsg.): Kundenorientierte Unternehmensführung, 6. Aufl., Wiesbaden, S. 33-68.

Bruhn, M. (2002): Integrierte Kundenorientierung, Wiesbaden.

Bruhn, M./Georgi, D. (2008): Wirtschaftlichkeit des Kundenbindungsmanagements, in: Bruhn, M./Homburg, C. (Hrsg.): Handbuch Kundenbindungsmanagement. Strategien und Instrumente für ein erfolgreiches CRM, 6. Aufl., Wiesbaden, S. 643-675.

Bruhn, M./Hadwich, K./Georgi, D. (2008): Ansatzpunkte des Customer Value Managements, in: Bruhn, M./Homburg, C. (Hrsg.): Handbuch Kundenbindungsmanagement. Strategien und Instrumente für ein erfolgreiches CRM, 6. Aufl., Wiesbaden, S. 713-732.

Coenenberg, A./Fischer, T./Günther, T. (2007): Kostenrechnung und Kostenanalyse, 6. Aufl., Stuttgart.

Cornelsen, J. (2000): Kundenwertanalysen im Beziehungsmarketing. Theoretische Grundlagen und Ergebnisse einer empirischen Studie im Automobilbereich, Nürnberg.

Dwyer, F. (1997): Customer Lifetime Valuation to Support Marketing Decision Making, in: Journal of Direct Marketing, Vol. 11, No. 4, S. 6-13.

Fischer, T.M./von der Decken, T. (2001): Kundenprofitabilitätsrechnung in Dienstleistungsgeschäften. Konzeption und Umsetzung am Beispiel des Car Rental Business, in: Zeitschrift für betriebswirtschaftliche Forschung, 53. Jg., Nr. 5, S. 294-323.

Foster, G./Gupta, M. (1997): The Customer Profitability Implications of Customer Satisfaction, Working Paper of the Universities of Stanford and Washington.

Hamel, W. (2003): Kundenwertorientierte Anreizsysteme, in: Günter, B./Helm, S. (Hrsg.): Kundenwert. Grundlagen, Innovative Konzepte und Praktische Umsetzungen, 2. Aufl., Wiesbaden, S. 477-496.

Helm, S. (2003): Der Wert von Kundenbeziehungen aus der Perspektive des Transaktionskostenansatzes, in: Günter, B./Helm, S. (Hrsg.): Kundenwert. Grundlagen, Innovative Konzepte und Praktische Umsetzungen, 2. Aufl., Wiesbaden, S. 109-132.

Ittner, C.D./Larcker, D.F. (1998a): Are Nonfinancial Measures Leading Indicators of Financial Performance? An Analysis of Customer Satisfaction, in: Journal of Accounting Research, Vol. 36, Supplement, S. 1-35.

Ittner, C.D./Larcker, D.F. (1998b): Innovations in Performance Measurement. Trends and Research Implications, in: Journal of Management Accounting Research, Vol. 10, S. 205-238.

Ittner, C.D./Larcker, D.F. (1997): Quality Strategy, Strategic Control Systems, and Organizational Performance, in: Accounting, Organizations and Society, Vol. 22, No. 3-4, S. 293-314.

Kaplan, R.S./Cooper, R. (1999): Prozesskostenrechnung als Managementinstrument, Frankfurt am Main.

Kaplan, R.S./Norton, D.P. (1996): Balanced Scorecard. Translating Strategy into Action, Boston.

Köhler, R. (2008): Kundenorientiertes Rechnungswesen als Voraussetzung des Kundenbindungsmanagements, in: Bruhn, M./Homburg, C. (Hrsg.): Handbuch Kundenbindungsmanagement. Strategien und Instrumente für ein erfolgreiches CRM, 6. Aufl., Wiesbaden, S. 467-500.

Krafft, M. (2007): Kundenbindung und Kundenwert, 2. Aufl., Heidelberg.

Lissautzki, M. (2005): Kundenwert-Controlling: Telekommunikationsdienstleister kundenorientiert steuern, in: Zeitschrift für Controlling & Management, 49. Jg., Nr. 2, S. 84-92.

Peters, G./Pfaff, D. (2008): Controlling. Wichtigste Methoden und Techniken, 2. Aufl., Zürich.

Pfaff, D. (2003): Moderne Entwicklungen im Controlling, in: Siegwart, H. (Hrsg.): Jahrbuch Finanz- und Rechnungswesen 2003, S. 13-45.

Pfaff, D./Bärtl, O. (2000): Akquisition und Desinvestition aus wertorientierter Sicht, in: Wagenhofer, A./Hrebicek, G. (Hrsg.): Wertorientiertes Management. Konzepte und Umsetzungen zur Unternehmenswertsteigerung, Stuttgart.

Pfaff, D./Bärtl, O. (1999): Wertorientierte Unternehmenssteuerung. Ein kritischer Vergleich ausgewählter Konzepte, in: Zeitschrift für betriebswirtschaftliche Forschung, Sonderheft Rechnungswesen und Kapitalmarkt, 51. Jg., Nr. 41, S. 85-115.

Pfaff, D./Schneider, T. (2000): Prozesskostenrechnung in der Nahrungsmittelindustrie. Erkenntnisse aus einer Machbarkeitsstudie, in: Krp-Kostenrechnungspraxis, 44. Jg., Nr. 4, S. 246-250.

Preißner, A. (2008): Praxiswissen Controlling. Grundlagen, Werkzeuge, Anwendungen, 5. Aufl., München.

Preißner, A. (2003): Kundencontrolling. Erfolgreiche Steuerung der Kundenbeziehung, München und Wien.

Remer, D. (2005): Einführen der Prozesskostenrechnung. Grundlagen, Methodik, Einführung und Anwendung der verursachungsgerechten Gemeinkostenzurechnung, 2. Aufl., Stuttgart.

Schmöller, P. (2001): Kunden-Controlling. Theoretische Fundierung und empirische Erkenntnisse, Wiesbaden.

Schröder, R.W./Schmidt, R.C./Wall, F. (2007): Customer Value Added. Wertschöpfung bei Dienstleistungen durch und für den Kunden, in: Bruhn, M./Stauss, B. (Hrsg.): Wertschöpfungsprozesse bei Dienstleistungen, Wiesbaden, S. 298-317.

Stahl, H./Matzler, K./Hinterhuber, H. (2006): Kundenbewertung und Shareholder Value, in: Günter, B./Helm, S. (Hrsg.): Kundenwert, 3. Aufl., Wiesbaden, S. 425-445.

Stern, J./Shiely, J. (2001): The EVA Challenge. Implementing Value Added Change in an Organization, New York u. a.

Strack, R./Villis, U. (2001): RAVE™: Die nächste Generation im Shareholder Value Management, in: Zeitschrift für Betriebswirtschaft, 71. Jg., Nr. 1, S. 67-84.

Stüker, D. (2008): Evaluierung und Steuerung von Kundenbeziehungen aus Sicht des unternehmenswertorientierten Controlling, Wiesbaden.

Weber, J./Haupt, M./Erfort, M. (2005): Kundenerfolgsrechnung in der Praxis. Wie Sie profitable Kunden identifizieren, Weinheim.

Weber, J./Lissautzki, M. (2004): Kundenwertcontrolling, Vallendar.

Klaus L. Wübbenhorst

Kundenbindung bei Fast Moving Consumer Goods (FMCG)

1. Kundenbindung bei Fast Moving Consumer Goods (FMCG)

2. Stand der Kundenbindung bei FMCG

3. Einfluss von Kontinuität und Wechsel auf die Markenbindung

4. Einfluss der Änderung der Lebenswelt auf die Markenbindung

5. Markentreue bei Innovationen

6. Fazit Kundenbindung bei FMCG

Prof. Dr. Klaus L. Wübbenhorst ist Vorstandsvorsitzender (CEO) der GfK SE und Honorarprofessor am Lehrstuhl für Marketing an der Universität Erlangen-Nürnberg.

1. Kundenbindung bei Fast Moving Consumer Goods (FMCG)

Im Gegensatz zu vielen anderen Endverbrauchermärkten wie z. B. für Telekommunikation, Finanzdienstleistungen oder auch Energie werden beim Verkauf von Gütern des täglichen Verbrauchs oder auch FMCG-Gütern üblicherweise nicht die Kundendaten erfasst. Damit sind Kundenbindungsprogramme, welche die Kundenanschrift und/oder das Einkaufsverhalten benötigen, wie etwa die Zusendung individualisierter Angebote, zunächst einmal nicht möglich. Es gibt zwar Versuche, diesen Nachteil zu überwinden. So haben Kartensysteme wie Pay-back für die Emittenten vor allem das Ziel, die Kundendaten zu erfassen. Darüber hinaus gibt es Bestrebungen mancher FMCG-Hersteller, Kundenclubs zu installieren bzw. besonders profitable Kundengruppen auch besonders anzusprechen. Das Programm „Golden Homes" von Procter & Gamble ist ein Beispiel dafür. In beiden Fällen entsteht jedoch keine auch nur halbwegs vollständige Kundendatenbank mit den zugehörigen Einkäufen.

Daher sind die Instrumente des Massenmarketing nach wie vor die wichtigste Möglichkeit, Kundenbindung bei FMCG-Gütern zu erreichen. Besonders hervorzuheben ist das Produkt selbst, dessen Erlebnis letztlich darüber entscheidet, ob es wieder gekauft wird, ob also Kundenbindung überhaupt entsteht. Aber auch die anderen Instrumente des Marketingmix wie Werbung, Distribution und Preis sind hier zu nennen.

Weiter ist zu bemerken, dass Kundenbindung bei FMCG vor allem Markenbindung ist. Viele Hersteller (z. B. Procter & Gamble) nennen in der Werbung nur die jeweilige Marke und auch da, wo der Hersteller stärker kommuniziert wird (z. B. Henkel), wird dieser vom Verbraucher als Teil der Marke erlebt.

Deshalb wird im Folgenden die Markenbindung bei FMCG untersucht, ihr Stand, wie sie entsteht, wie sie gefördert und wie sie beschädigt oder gar zerstört wird. Dabei wird insbesondere auf die Verbraucherpanels der GfK zurückgegriffen, in denen eine repräsentative Stichprobe von Verbrauchern regelmäßig alle FMCG-Einkäufe erfasst (vgl. zum GfK Verbraucherpanel Günther et al. 2006). Für die folgende Darstellung konnte auf Vorarbeiten von Wildner und Twardawa zurückgegriffen werden (Twardawa 2006; Wildner/Twardawa 2008).

2. Stand der Kundenbindung bei FMCG

Nach einer unveröffentlichten Umfrage der facit marketing & forschung vom Dezember 2007 sind 80 Prozent der 50 befragten FMCG-Marketingleiter/-entscheider der Ansicht, dass die Markenbindung in ihren Produktfeldern in den letzten Jahren konstant geblieben oder sogar gestiegen ist.

Untersuchungen der GfK Panel Services in ihrem Verbraucherpanel zeichnen jedoch ein anderes Bild: Zwar hat sich die Zahl der von einem Haushalt gekauften Marken pro Warengruppe von 1989 bis 2007 nur von 2,9 auf 3,0 erhöht, obwohl sich in der gleichen Zeit die Zahl der angebotenen Marken fast verdoppelt hat. Die durchschnittliche wertmäßige Bedarfsdeckung der erstpräferierten Marke ging im gleichen Zeitraum jedoch von 71 Prozent auf 62 Prozent zurück. Anders ausgedrückt: Gaben die Verbraucher 1989 noch 71 Prozent ihres Warengruppenbudgets für die am meisten bevorzugte Marke aus, so waren es 19 Jahre später nur noch 62 Prozent.

Will man den Zustand der Markenbindung bei FMCG näher untersuchen, so ist folgende Aufteilung der Käufer einer Warengruppe hinsichtlich einer Marke A nützlich:

- First Choice Buyer (FCB) sind Käufer von A, welche diese am meisten bevorzugen. Hierzu wird für eine Warengruppe und einen Haushalt ermittelt, von welcher Marke der Haushalt in einem Untersuchungszeitraum (meist ein Jahr) die größte Menge gekauft hat. Wurde von zwei Marken die gleichen Mengen gekauft, dann entscheidet der wertmäßige Einkauf. Bezüglich seiner meistgekauften Marke ist der Haushalt „First Choice Buyer".

- Second Choice Buyer (SCB) sind Käufer von A, welche die Marke im Untersuchungszeitraum zwar gekauft haben, nicht aber FCB im oben definierten Sinne sind. Es handelt sich also um Käufer, welche die Marke zusätzlich zu einer anderen meistbevorzugten Marke auch noch kaufen.

- Competitive Choice Buyer (CCB) sind Käufer in der Warengruppe, die A im Untersuchungszeitraum nicht kauften, jedoch eine oder mehrere Konkurrenzmarken von A.

Die FCB sind das Rückgrat der Marke. Nach einer Untersuchung der GfK Panel Services von 260 Marken in 32 Warengruppen machen die FCB 2007 durchschnittlich zwar nur 43,7 Prozent der Käufer einer Marke aus, diese sind aber für durchschnittlich 71,3 Prozent ihres Umsatzes verantwortlich. Beschränkt man sich in einem zweiten Schritt auf die Haushalte, welche mindestens vier Jahre lang kontinuierlich im Panel berichtet haben, so lässt sich untersuchen, in welchem Maße die FCB einer Marke auch in den Folgejahren diese Marke am meisten bevorzugt haben und inwieweit sie zu SCB oder gar CCB erodierten. Das Ergebnis zeigt die Abbildung 1, wobei die FCB im Ausgangsjahr gleich 100 Prozent gesetzt wurden.

Abbildung 1: *Durchschnittliche Entwicklung der FCB eines Jahres in den drei Folgejahren (Angaben in Prozent) (Quelle: GfK Haushaltspanel ConsumerScan 2004-2007)*

	Ausgangjahr	1. Folgejahr	2. Folgejahr	3. Folgejahr
FCB	100,0	68,1	61,3	57,7
SCB	0,0	18,3	20,4	20,6
CCB	0,0	13,7	18,3	21,7

Basis: 160 Marken aus 32 Warengruppen

Die Abbildung zeigt, dass von den FCB eines Jahres drei Jahre später nur noch 57,7 Prozent übrig sind. Jeweils mehr als ein Fünftel kauft die Marke nicht mehr als erstbevorzugte Marke bzw. überhaupt nicht mehr, wurde also zu SCB bzw. CCB.

Dabei zeigt sich aber auch, dass mehr als 75 Prozent der Erosion bereits im ersten Folgejahr stattfindet, nämlich

100 Prozent – 68,1 Prozent = 31,9 Prozent und 100 Prozent – 57,7 Prozent = 42,3 Prozent.

Die Erosion im zweiten und dritten Folgejahre ist dann nur noch relativ gering.

Abbildung 2 zeigt, dass die Situation bei den SCB keineswegs besser, sondern im Gegenteil noch wesentlich dramatischer ist.

Abbildung 2: *Durchschnittliche Entwicklung der SCB eines Jahres in den drei Folgejahren (Angaben in Prozent) (Quelle: GfK Haushaltspanel ConsumerScan 2004-2007)*

	Ausgangsjahr	1. Folgejahr	2. Folgejahr	3. Folgejahr
FCB	0,0	15,6	16,0	16,5
SCB	100,0	41,0	39,2	36,4
CCB	0,0	43,4	44,8	47,1

Basis 160 Marken aus 32 Warengruppen

Von den SCB eines Jahres ist demnach nach drei Jahren fast jeder Zweite ganz zur Konkurrenz gewechselt. Auch diese Erosion findet vorwiegend bereits im ersten Folgejahr statt. Nur etwa jeder sechste SCB ist innerhalb von drei Jahren zum FCB „aufgestiegen". Diese „Aufsteiger" können jedoch nicht einmal die Hälfte der Erosion der FCB ausgleichen.

Die weitere Untersuchung zeigt, dass vor allem solche FCB von der Erosion bedroht sind, die gerade erst diesen Status erlangt haben. Von den FCB, die im ersten Folgejahr diesen Status verlieren, hatten nur 15 Prozent diesen Status bereits im Vorjahr inne, von denen, die nicht erodieren, dagegen 69 Prozent. Ein neuer FCB ist damit besonders gefährdet, sich wieder der Konkurrenz zuzuwenden – ein weiterer Grund, die Markenbindung bestehender Kunden zu stärken.

Weiter zeigt die Untersuchung, dass ein geringer Anteil von FCB in einem Jahr in der Regel mit einer erhöhten Erosionsrate im Folgejahr einhergeht (Abbildung 1). Die Korrelation zwischen dem FCB-Anteil in einem Jahr und dem Anteil, der nach einem Jahr zu SCB bzw. CCB abgestiegen ist, beträgt -0,82.

Dieses Ergebnis ist nicht überraschend, wenn man sich klar macht, worauf ein hoher FCB-Anteil zurückzuführen ist. Der FCB-Anteil ist insbesondere dann hoch, wenn ein Angebot von seinen Käufern als einzigartig wahrgenommen wird. Ein möglicher Grund ist, dass es eine einzigartige Positionierung oder aber einzigartige Produktvorteile hat, wozu auch ein besonders günstiger Preis zählen kann. Was aber auch immer es ist, das bewirkt, dass die Kunden in einem Jahr treu zu einer Marke sind, das wird sie in der Regel auch für das Folgejahr von einem Wechsel zur Konkurrenz abhalten.

Preisaktionen erweisen sich als untauglich, um die FCB-Rate zu stabilisieren. Die Korrelation zwischen der Erosionsrate der FCB im ersten Folgejahr und dem Preispromotion-Druck-Index (definiert als Index des Umsatzanteils der Preisaktionen einer Marke, wobei der entsprechende Umsatzanteil in der Warengruppe gleich 100 gesetzt ist) ist eindeutig positiv (Abbildung 3).

Auch dieses Ergebnis ist nicht überraschend. Zunächst ist bereits aus anderen Untersuchungen bekannt (Twardawa 2005), dass erhöhte Preisaktionen zu einer zusätzlichen Erosion des FCB-Anteils führen, weil die Wertanmutung der Marke leidet. Andersherum gilt aber auch, dass eine Marke, welche einen hohen Anteil seiner FCB verliert, ständig neue Käufer gewinnen muss, wenn sie ihren Umsatz zumindest halten will. Ein schnelles und wirksames Mittel hierzu sind eben die Handelsaktionen mit hohen Preissenkungen. Eine solche Marke wird also verstärkt Preisaktionen fahren wollen. Es ist wie bei einem löchrigen Eimer, in dem laufend Wasser nachgeschüttet werden muss, wenn der Eimer auch nur halbwegs gefüllt bleiben soll. Dummerweise werden dabei auch noch die Löcher vergrößert.

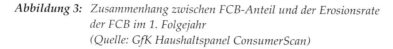

Abbildung 3: *Zusammenhang zwischen FCB-Anteil und der Erosionsrate*
der FCB im 1. Folgejahr
(Quelle: GfK Haushaltspanel ConsumerScan)

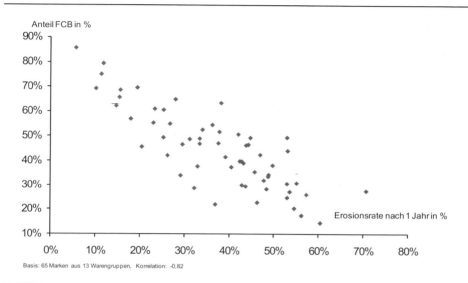

Abbildung 4: *Zusammenhang zwischen Erosionsrate der FCB im*
1. Folgejahr und dem Preispromotion-Druck-Index
(Quelle: GfK Haushaltspanel ConsumerScan)

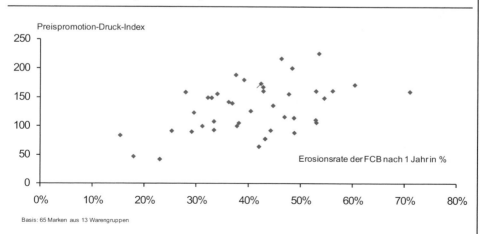

Die FCB sind also nicht nur vom Umsatzanteil her das Rückgrat einer Marke. Sie sind es auch, weil sie die Entwicklung der Marke stabilisieren und es ihr so ermöglichen, auf exzessive und damit teure, aber auch für die Marke schädliche Preisaktionen zu verzichten.

Es ist also für die FMCG-Marken essentiell wichtig, dass der Anteil der FCB erhöht wird. Mögliche Wege hierzu sind eine klare Differenzierung, auch durch Innovationen, welche dem Kunden einen einzigartigen Vorteil verschaffen und eine klare Kommunikation dieser Vorteile, wobei die rationalen Vorteile durch Emotionen in die Köpfe der Konsumenten transportiert werden müssen.

3. Einfluss von Kontinuität und Wechsel auf die Markenbindung

Marken mit einer langen Historie haben oft einen hohen Bekanntheitsgrad. Sie haben ihre Vorteile bereits vermittelt und müssen diese nicht ständig neu kommunizieren. Sie haben daher durchaus Startvorteile. Diese Startvorteile können jedoch durch Änderungen an wesentlichen Markenankern zerstört werden. Gerade für solche Marken gleicht die Markenführung daher einem ständigen Balanceakt zwischen der kontinuierlichen Anpassung der Marke an veränderte Rahmenbedingungen auf der einen und der Wahrung ihrer Kontinuität auf der anderen Seite.

Ein wichtiger Grund für Anpassungen – vor allem in der Kommunikation – ist bei vielen FMCG-Marken die geänderte und sich weiter ändernde Rolle der Frauen. So konnte Unilever noch in den 1960er Jahren mit einem Rexona-Spot werben, in dem ein Mann einer Frau, die ihn begrüßend auf ihn zugeht, die Arme hochreißt und ihr Deo darunter sprüht. Dagegen drückt die moderne Rexona-Werbung aus, dass sie den Frauen hilft, ihre aktive und selbständige Rolle zu meistern (Stach 1995).

Auch neue Anforderungen an die Produkte selbst können einen Anpassungsprozess verursachen. Ein gelungenes Beispiel ist die Waschmittelmarke Persil, die in den 1980er Jahren auf dem Höhepunkt der Umweltorientierung Persil phosphatfrei einführte und so den Rückgang des Waschmittelverbrauchs auffangen konnte. Derzeit ist es der Klimaschutz, der die Firmen zwingt, den Ressourcenverbrauch bei der Herstellung, der Distribution und dem Gebrauch der Produkte zu reduzieren (GfK-Nürnberg 2008).

Veränderungen können also notwendig sein, sie sollten aber behutsam vorgenommen werden. Dabei müssen insbesondere die Eigenschaften unverändert bleiben, die dem Verbraucher als „Markenanker" dienen, die also als charakterisierende Eigenschaften einer Marke wahrgenommen werden. Scheier und Held (2007, S. 82ff.) betonen die Bedeutung früher Lebenserfahrungen, der so genannten „Imprints" für starke Marken.

Dies gilt insbesondere für Marken, die eine lange Geschichte und bei denen die Markenbindung ihrer heutigen Konsumenten sich teilweise bereits in deren Kindheit entwickelt hat. Die GfK hat für verschiedene Warengruppe eine repräsentative Stichprobe von Personen ab 20 Jahren gefragt, ob sie sich noch an die Marken erinnern, die in ihrem Elternhaus in ihrer Kindheit und Jugend verwendet wurden. Das Ergebnis zeigt Abbildung 5.

Abbildung 5: *Anteil derjenigen, die sich erinnern, dass die Marke bereits in ihrer Kindheit und Jugend in ihrem Elternhaus verwendet wurde (Quelle: GfK-Omnibuseinfrage Oktober 2007)*

Marke	Warengruppe	Prozent Erinnerer
Persil	Universalwaschmittel	27
Rama	Margarine	26
Milka	Tafelschokolade	18
Schauma	Shampoo	17
Birkel	Nudeln	13
Jacobs	Bohnenkaffee	13
Sanella	Margarine	10
Spee	Universalwaschmittel	9
hohes C	Fruchtsäfte / Furchtnektare	8
Sarotti	Tafelschokolade	7
Rondo	Bohnenkaffee	7
Tchibo	Bohnenkaffee	6
Colgate	Zahncreme	6
Signal	Zahncreme	6
Blendax	Zahncreme	6

Basis: Jeweils 800-1000 Warengruppenverwender

Diese Erinnerung bringt den Herstellern handfeste Vorteile. Dafür wurden die Verbraucher auch gefragt, welche Marke sie heute bevorzugen. Dabei zeigte sich, dass die Erinnerer die betreffende Marke stärker bevorzugen als diejenigen, welche sich nicht daran erinnern. Daraus lässt sich der Anteil der Menge errechnen, der auf die Erinnerung zurückzuführen ist. Dieser Anteil wurde auf die im Verbraucherpanel gemessenen Marktanteile übertragen. Das Ergebnis zeigt Abbildung 6. Durchschnittlich über 12 Prozent des Marktanteils dieser Marken ist auf die in der Kindheit und Jugend entstandene Markenbindung zurückzuführen.

Äußerungen auf von der GfK zum Thema Markenbindung durchgeführte Gruppendiskussionen bestätigen die Bedeutung solcher Imprints. Dabei wird deutlich, dass sich besonders oft Gerüche tief eingeprägt haben: „Pril – ich weiß gar nicht warum,

schon immer. Haben meine Eltern benutzt – und es riecht viel besser als Anderes."
„Uhu – ich erinnere mich genau an diesen Geruch bei der Weihnachtsbastelei."; „Die
blaue Dose steht da schon immer, da stand noch nie was anderes, die muss da hin.
Wenn ich diesen Nivea Duft nicht in der Nase habe, fehlt etwas an mir."

Abbildung 6: *Marktanteile von Marken und der Marktanteil, der durch die in der Kindheit*
und Jugend entstandene Markenbindung verursacht wird
(Quelle: GfK-Omnibuseinfrage Oktober 2007; GfK Haushaltspanel Consu-
merScan 2007)

Marke	Warengruppe	Marktanteil Wert in Prozent	Davon durch Markenbindung in Kindheit und Jugend in Prozent-Punkten
Persil	Universalwaschmittel	27	5
Rama	Margarine	18	3
Milka	Tafelschokolade	17	1
Ariel	Universalwaschmittel	16	1
Tchibo	Bohnenkaffee	14	1
hohes C	Fruchtsäfte / Furchtnektare	14	2
Schauma	Shampoo	13	1
blend-a-med	Zahncreme	11	1
Colgate	Zahncreme	10	1
Spee	Universalwaschmittel	10	2
Birkel	Nudeln	5	1

Basis: Jeweils 800-1000 Warengruppenverwender

Neben dem Duft werden vor allem die Verpackung, der Geschmack und die Werbung
genannt (Abbildung 7). Oft werden einzelne Elemente identifiziert, wie die lila Kuh
aus der Werbung für Milka oder das durchsichtige Fenster an der Birkel-Packung, das
inzwischen leider wohl dem Controlling zum Opfer gefallen ist. Dies sind Anker für
die Markenerinnerung, die grundsätzlich nicht geändert werden dürfen. Die gute
Nachricht ist, dass dies in der Regel Punkte sind, die bei einer Anpassung an veränderte Rahmenbedingungen auch nicht geändert werden müssen: Persil musste nicht
den Duft ändern, um mit Persil phosphatfrei auf die geänderten Umweltanforderun-
gen zu antworten und Birkel hätte das durchsichtige Fenster durchaus beibehalten
können, ohne deswegen altmodisch zu werden.

Abbildung 7: *Anteile in Prozent von Produktmerkmalen, an die sich diejenigen erinnern können, die noch wissen, dass die betreffende Marke in ihrer Kindheit/Jugend im Elternhaus verwendet wurde*
(Quelle: GfK-Omnibuseinfrage Oktober 2007)

	Milka	Persil	Colgate	Rama	Schauma	Birkel
Verpackung	70	65	36	68	44	45
Duft	7	31	11	4	55	-
Geschmack	70	-	62	39	-	36
Form/Design	22	7	14	23	18	19
Farbe	41	9	34	15	23	7
Werbung	39	40	14	18	24	11
Symbol/ Werbefigur	25	18	0	11	7	8

Basis: Jeweils 800-1000 Warengruppenverwender

4. Einfluss der Änderung der Lebenswelt auf die Markenbindung

Ein weiterer wesentlicher Faktor für den ständigen Abfluss an Käufern sind nicht Änderungen bei der Marke, sondern Änderungen bei den Käuferhaushalten. Solche Änderungen lassen sich häufig beschreiben als Wechsel zwischen zwei Familienlebenswelten. Das Familienlebensweltenkonzept ist eine von Kleining in Zusammenarbeit mit der GfK entwickelte Segmentierung, bei der die privaten Haushalte nach Lebensphasen und nach sozialer Schicht klassifiziert werden (Kleining/Prester 1999, 2006). Abbildung 8 zeigt die Aufteilung der Haushalte in Deutschland auf die Familienlebenswelten und pro Lebenswelt den Anteil berufstätiger Haushaltsführer in Prozent.

Insgesamt wechseln pro Jahr 13 Prozent aller Haushalte von einer in eine andere Lebenswelt. Überdurchschnittlich hoch sind die Abgänge bei den Studierenden/ Auszubildenden (33 Prozent), den Arbeitslosen/Working Poor (26 Prozent), den jungen Familien (15 Prozent), den älteren Familien (14 Prozent) und den Empty-Nest-Familien (15 Prozent).

Mit dem Wechsel der Lebenswelt ist oft auch ein Wechsel der meistbevorzugten Marke verbunden, wie folgender Vergleich zeigt:

- Von denen, die ihre Lebenswelt nicht wechseln, wechseln nur 29 Prozent ihre erstbevorzugte Marke im Folgejahr.

■ Von denen, die ihre Lebenswelt wechseln, wechseln 39 Prozent oder über ein Drittel mehr ihre erstbevorzugte Marke im Folgejahr.

Abbildung 8: *Familienlebenswelten*
(Quelle: GfK Haushaltspanel ConsumerScan 2007)

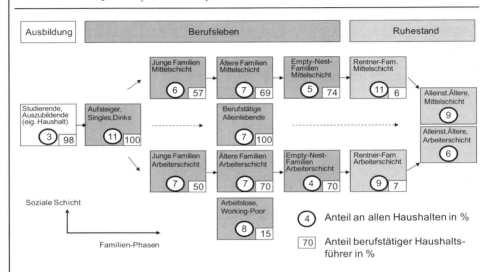

Dabei wird der Wechsel dadurch begünstigt, dass ein Wechsel der Lebenswelt überdurchschnittlich häufig mit einem Umzug verbunden ist: Die Wohnung wird zu klein, wenn das erste Kind kommt oder aber ein Partner zieht nach dem Ende einer Partnerschaft aus. Ein Umzug führt aber dazu, dass andere Geschäfte aufgesucht und alte, eingespielte Routinen unterbrochen werden. Entsprechend höher ist die Erosionsrate der FCB: 38 Prozent bei denen, die einen Wohnungswechsel hinter sich haben, suchen sich eine neue meistbevorzugte Marke gegenüber 30 Prozent, die ihr Domizil nicht gewechselt haben.

Ein weiterer Grund für den Markenwechsel können auch Budgetrestriktionen sein. Abbildung 8 zeigt, dass beim Übergang vom Aufsteiger/Single/Dinks (wobei „Dinks" für „Double income no kids", also für doppelt verdienende 2-Personen-Haushalte steht) zur jungen Familie die Berufstätigkeit der haushaltsführenden Person von 100 Prozent auf 57 Prozent bei den Mittelschicht- bzw. auf 50 Prozent bei den Arbeiterschichtfamilien zurück geht. Gleichzeitig steigen die Ausgaben, weil mit dem Kind eine weitere Person zu versorgen ist. Entsprechend häufig machen sich Budgetrestriktionen bemerkbar. Es ist daher nicht erstaunlich, dass in dieser Lebensphase der Discounteranteil steigt und erst dann wieder zurück geht, wenn die Kinder das Haus verlassen und der Haushalt zum Empty-Nester wird (Abbildung 9).

Damit verbunden ist ein Rückgang der Markenorientierung: Sind die Aufsteiger/ Singles/Dinks noch überproportional Markenkäufer, so sind bei den Haushalten mit Kindern vor allem Handelsmarken- und Promotionkäufer überdurchschnittlich vertreten. Die Markenorientierung steigt erst wieder beim Übergang zum Empty-Nester (Abbildung 9).

Abbildung 9: *Unterschiede der Marken- und Einkaufsstättenpräferenz zwischen den Familienlebenswelten*
(Quelle: GfK Haushaltspanel ConsumerScanNov 06-Okt 07)

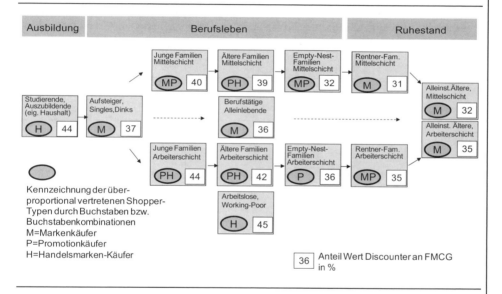

Dass der Kauf der Handelsmarke oft nicht freiwillig, sondern durch das beschränkte Budget erzwungen erfolgt, zeigt die bereits zitierte Befragung. Neben der bevorzugten Marke wurde auch abgefragt, welche Marke dann gekauft würde, wenn man ein Einkaufsabonnement geschenkt bekäme. Über alle sieben abgefragten Warengruppen waren es durchschnittlich 29 Prozent aller Verbraucher, welche dann eine andere Marke kaufen würden. Die Wunschprodukte waren zu 58 Prozent Premiummarken, zu 39 Prozent andere Herstellermarken und nur zu 3 Prozent Handelsmarken bzw. Aldiprodukte. Starke Marken behalten demnach auch in den Phasen, in denen sie wegen knapper Budgets nicht gekauft werden können, ihre Anziehungskraft. Wenn es das Budget wieder erlaubt, dann werden sie auch wieder gekauft. Die Schokoladenmarke

Lindt ist ein Beispiel für eine solche Marke mit einem hohen Rückkehrerpotenzial. Sie erreicht bei den Aufsteigern/Singles/Dinks überdurchschnittliche Marktanteile. Während der Familienphase sinkt der Anteil, steigt dann aber wieder bei den Empty-Nestern und Ruheständlern.

Eine wichtige Einflussgröße für den Markenwechsel ist auch die Positionierung einer Marke. So verspricht das Deo „Axe" die einfache Eroberung eines Mädchens und findet damit besonders bei jungen Männern Anklang. Die Marke schafft es dadurch, in einem bestimmten Marktsegment Marktführer zu sein, was für eine Mittelmarke eine Erfolg versprechende Strategie ist (Twardawa 2007). Der Nachteil dieser Strategie ist jedoch, dass die Marke schon aufgrund ihrer Positionierung Jahr für Jahr einen beträchtlichen Anteil ihrer Käufer verliert und diese bei den nachwachsenden jungen Männern neu erobern muss.

Im Gegensatz dazu bietet Nivea spezifische Angebote für die unterschiedlichen Lebensalter. Entsprechend schafft es Nivea auch, in den verschiedenen Altersklassen sehr gleichmäßig vertreten zu sein (Abbildung 10).

Abbildung 10: *Käuferpenetration von Nivea in Abhängigkeit vom Alter*
(Quelle: GfK Individualpanel ConsumerScan 2007)

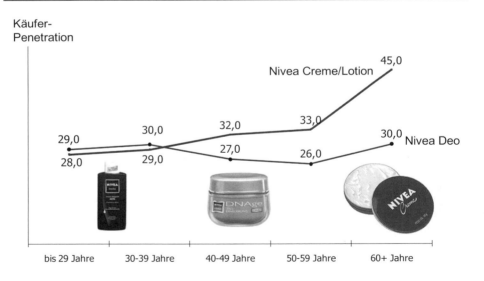

Ein wichtiger Bestimmungsfaktor der Positionierung ist die Kommunikation. Diese kann dazu beitragen, dass eine Marke als für verschiedene Altersgruppen geeignet erlebt wird, auch wenn dies durch das Produkt selbst nicht indiziert ist. Hierzu wurden etwa 200 Werbespots untersucht, je 100 für Marken mit geringen Unterschieden zwischen den Lebenswelten und 100 für Marken mit hohen Unterschieden. Das Ergebnis zeigt eindeutig, dass lebenslange Markenbindung durch Werbung gefördert wird, die

- Menschen verschiedenen Alters positiv darstellt oder

- Menschen in Situationen darstellt, mit denen sich Menschen verschiedenen Alters identifizieren können, auch wenn z. B. eine junge Frau gezeigt wird, oder

- eine Szenerie zeigt, die Menschen der Kohorte oder Menschen verschiedenen Alters anspricht.

Ein Beispiel für die unterschiedliche Art der Kommunikation und sich daraus ergebenden Folgen zeigen die Zahncrememarken blend-a-med und Colgate. Die blend-a-med-Werbung zeigt eine Familienszene mit Mutter und Kind, wobei beide positiv dargestellt werden. Die Marke hat entsprechend geringe Bruchstellen. Wird der durchschnittliche Marktanteil gleich 100 gesetzt, dann zeigen die unterschiedlichen Familienlebenswelten Indizes zwischen 83 und 110.

Ganz anders Colgate, das einen jungen Mann zeigt, der mit der Tonalität und in der Situation seiner Generation auftritt. Entsprechend zeigen die Studierenden sowie die Aufsteiger/Singles/Dinks mit 209 und 151 sehr hohe Indexwerte, wohingegen die entsprechenden Werte für ältere Familienlebenswelten zwischen 39 und 78 liegen.

Manche Produkte werden besonders von einer Alterskohorte gekauft (z. B. Bier). Hier kann es sinnvoll sein, die Darstellungsform im Laufe der Zeit dem sich ändernden Alter der Kohorte anzupassen.

5. Markentreue bei Innovationen

Innovationen können in hohem Maße zum Erfolg einer Marke beitragen (Wübbenhorst/Wildner 2002). Für Marken mit einem nur geringen FCB-Anteil bietet sich auch die Möglichkeit, durch Verbesserung des bestehenden Produkts oder durch neue Produktvarianten diesen zu erhöhen. Für eine genauere Untersuchung wurden von der GfK im Verbraucherpanel 265 FMCG-Innovationen untersucht und nach ihrem Erfolg bezüglich der Penetration (Anteil der Markenkäufer an den Warengruppenkäufer) und der Wiederkäuferpenetration (Anteil der Wiederkäufer an den Erstkäufern, welche nach dem Erstkauf der Marke in der Warengruppe nachgekauft haben) eingeteilt.

Dabei steht die Penetration für den Erstkauf des Produkts, wobei der Erstkauf vor allem durch die Attraktivität des Produktversprechens, die Bekanntheit und die Distribution beeinflusst wird. Die Wiederkäuferpenetration steht dagegen für den Wiederkauf nachdem das Produkt ausprobiert wurde, welcher insbesondere durch die Produktzufriedenheit bestimmt wird. Die Grenzen von 5 Prozent bzw. 30 Prozent sind in der jahrelangen Erfahrung der GfK begründet. Damit lassen sich vier Fälle unterscheiden (Abbildung 11).

- Mit 58 Prozent deutlich mehr als die Hälfte der untersuchten Innovationen erwiesen sich als Loser. Denn sie konnten nur wenige Käufer anziehen und diese kauften dann nur in geringem Maße wieder.

- Weitere 9 Prozent konnten zwar eine hohe Penetration erreichen, der Wiederkauf war für einen nachhaltigen Innovationserfolg zu gering. Sie erwiesen sich als Strohfeuer oder als Flash.

- Bei 19 Prozent aller Innovationen war die Produktzufriedenheit, ausgedrückt durch die Wiederkäuferpenetration, zwar hoch, sie konnten aber nur nur geringe Penetrationswerte erreichen. Die geringe Penetration ist häufig eine Folge der zu geringen Marketingkraft des Herstellers, die sich in nur geringer Bekanntheit und/oder geringer Distribution niederschlägt. Der hohe Wiederkauf zeigt jedoch, dass die Produkte durchaus das Potenzial zum Erfolg haben. Sie werden als „Potentials" bezeichnet.

- Nur 17 Prozent der Innovationen waren dagegen auf ganzer Linie erfolgreich. Sie erzielten hohe Erst- und Wiederkaufraten und konnten damit nachhaltig ein hohes Volumen erzielen.

Im Ergebnis zeigten demnach 67 Prozent aller Innovationen nur eine geringe Markentreue. Das Ziel, die Markentreue durch die Innovation zu erhöhen, wurde damit nicht erreicht.

Abbildung 11: *Aufteilung der Innovationen nach ihrem Erfolg*
(Quelle: GfK Haushaltspanel ConsumerScan 2003, 2004, 2005)

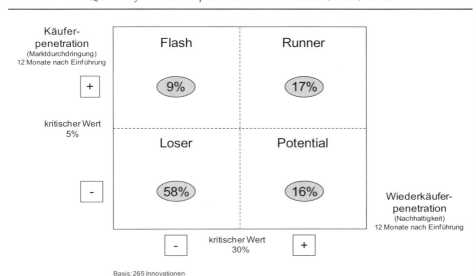

Basis: 265 Innovationen

Untersucht man den Grund dafür, dann zeigt sich, dass dieser vor allem in einem unausgewogenem Verhältnis zwischen dem Preis und der Höhe der Innovation liegt. Dazu wurden die 265 Innovationen von den Marketingexperten der GfK Panel Services in solche mit geringem, mittlerem und hohem Innovationsgrad unterteilt. Weiter wurden die Innovationen bezüglich ihrer Preisstellung eingestuft. Waren sie teurer als die größte Herstellermarke über dem Durchschnittspreis des Marktes, so wurde dies als Premiumpreis definiert. Dies ist in der Regel der Marktführer, so z. B. bei Cola-Getränken Coca Cola. Nur in den Fällen, in denen der Marktführer billiger als der Durchschnittspreis des Marktes ist (z. B. bei Bier ist die Billigmarke Oettinger Marktführer), ist es die Herstellermarke im Preisniveau über dem Durchschnittspreis des Marktes. Ein Preis zwischen der Premiumpreisgrenze und dem Aldi-Preis wird als Konsumpreis, ein Preis unter Aldi-Niveau als Billigpreis eingestuft. Abbildung 12 zeigt die Einstufung der 265 Innovationen nach diesen Kriterien.

Danach sind in nur 30 Prozent der Innovationen Preis und Innovationsgrad ausgewogen und nur in 12 Prozent der Fälle ist der Innovationsgrad höher als die Preisstellung. In 58 von 100 Innovationen wird jedoch ein höherer Preis gefordert als dies die Innovation halten kann.

Abbildung 12: *Aufteilung der Innovationen nach Innovationshöhe und Preisstellung (Quelle: GfK Haushaltspanel ConsumerScan 2003, 2004, 2005)*

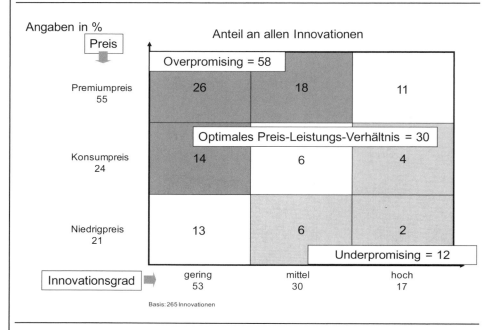

Basis: 265 Innovationen

Der Grund für die Dominanz des Overpromisings, dass also bei der Mehrheit der Innovationen der Preis zu hoch angesetzt wird, ist wohl in der Markenpolitik bei Innovationen zu suchen. 88 Prozent aller Innovationen wurden unter dem Namen einer bestehenden Marke angeboten und nur in 12 Prozent der Fälle wurde eine neue Marke geschaffen. In 69 Prozent der Fälle, in denen eine bestehende Marke verwendet wurde, war dies eine Premiummarke. Man will also den guten Ruf der Premiummarke für die Innovation nutzen und weil die Marke Premium ist, wird auch das neue Produkt zu einem Premiumpreis angeboten, auch wenn die Innovation das nicht hergibt.

Dabei erweist sich Overpromising in doppelter Hinsicht als schädlich. Zunächst vermindert es drastisch die Wahrscheinlichkeit einer Innovation. Abbildung 13 zeigt, dass Innovationen mit einem geringen Wiederkauf signifikant mehr Overpromising zeigen als solche mit einem hohen Wiederkauf. Overpromising führt zur Produktenttäuschung und damit zu geringem Wiederkauf.

Abbildung 13: *Einfluss der Relation Innovationshöhe/Preis auf den Innovationserfolg*
(Quelle: GfK Haushaltspanel ConsumerScan 2003, 2004, 2005)

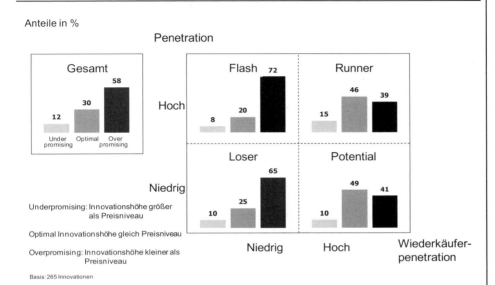

Zuviel versprechen kann aber auch die Kommunikation. Dies ist z. B. der Fall, wenn die Werbung für einen Haushaltsreiniger verspricht, dass auch hartnäckiger Schmutz durch einmal Wischen entfernt wird. Das Versprechen macht neugierig, zumal, wenn es von einer bekannten Firma kommt. Die Penetration eines solchen Produktes kann daher durchaus beachtlich sein. Das Produkterlebnis führt dann jedoch zu Enttäuschung und damit zu einer geringen Wiederkäuferpentration. Im Ergebnis ist das Produkt als „Flash" nur kurze Zeit erfolgreich.

Overpromising ist aber auch schädlich, weil es die Muttermarke, unter der eine Innovation erscheint, schädigen kann. Abbildung 14 zeigt, dass in 43 Prozent aller Innovationen, welche unter dem Namen einer bestehenden Marke erscheinen, der wertmäßige Marktanteil der „Muttermarke" ohne die Innovation im Jahr nach der Markteinführung der Innovation gegenüber dem Jahr vor der Markteinführung sinkt, bei 41 Prozent steigt und bei 16 Prozent konstant bleibt. Der Einfluss der Innovation auf die Muttermarke ist also ausgeglichen.

Ganz anders stellt sich die Sachlage jedoch dar, wenn die Innovationen in den vier Feldern getrennt betrachtet werden. Bei den Runnern und den Potentials überwiegen die positiven Effekte mit 55 Prozent und 58 Prozent gegenüber den negativen Effekten mit 29 Prozent und 32 Prozent deutlich. Dagegen überwiegen bei den Flashs und Losern die negativen Effekte mit 67 Prozent beziehungsweise 48 Prozent deutlich gegenüber den Muttermarken mit positiver Entwicklung (33 Prozent vs. 31 Prozent). Es ist nicht überraschend, dass die positiven und negativen Effekte bei den Innovationen mit hoher Penetration stärker sind. Runner konnten einfach mehr zufriedene Kunden erzeugen als Potentials und bei den Flashs ist es im Vergleich zu den Losern mit den unzufriedenen Kunden ebenso.

Abbildung 14: *Einfluss des Innovationserfolgs auf die Dachmarke*
(Quelle: GfK Haushaltspanel ConsumerScan 2003, 2004, 2005)

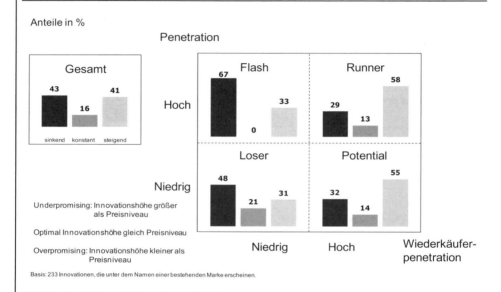

Basis: 233 Innovationen, die unter dem Namen einer bestehenden Marke erscheinen.

---

6. Fazit Kundenbindung bei FMCG

Kundenbindung bei FMCG ist im Wesentlichen Markenbindung. Dabei wird die Markenbindung von den Herstellern oft positiver eingeschätzt als sie es in Wirklichkeit ist. Dabei ist sie gerade bei FMCG essentiell wichtig: Langfristig kann eine FMCG-Marke nur dann erfolgreich sein, wenn sie ausreichend Wiederkäufer generiert, wenn sie also ihre Käufer an sich binden kann.

Die Untersuchung hat gezeigt, dass sich folgende Faktoren als positiv für eine Erhöhung der Markenbindung erwiesen haben:

(1) Eine lange Markengeschichte, die eine Prägung der heutigen Kunden bereits in der Kindheit und Jugend ermöglicht. Dies gilt allerdings nur, so lange die wesentlichen Markenanker, die Imprints, unangetastet bleiben.

(2) Eine bereits bestehende hohe Markentreue führt in der Regel auch in der Folgeperiode zu einer hohen Markentreue.

(3) Eine Positionierung, die nicht spitz auf eine Altersgruppe abgestellt ist. Dies wird unterstützt durch eine Werbung, welche Menschen unterschiedlichen Alters positiv darstellt.

(4) Innovationen, welche einen differenzierenden Mehrwert bieten und die zu einem für die Innovationshöhe angemessenen Preis angeboten werden.

Nicht hilfreich sind dagegen vor allem exzessive Preisaktionen. Schädlich sind auch Änderungen, welche die Markenanker zerstören und Innovationen zu überhöhten Preisen. Letztlich ist die reelle Leistung zum fairen Preis gefragt. Der mündige Verbraucher von heute kann durchaus erkennen, wenn er dies bekommt und er wird dies in der Regel honorieren.

Literaturverzeichnis

GfK-Nürnberg e.V. (Hrsg.) (2008): Klimafreundlicher Konsum: Herausforderung und Chance für Hersteller, Handel und Verbraucher, Nürnberg.

Günther, M./Vossebein, U./Wildner, R. (2006): Marktforschung mit Panels, Wiesbaden.

Kleining, G./Prester, H.-G. (1999): Familien-Lebenswelten. Eine neue Marktsegmentation von Haushalten, in: Jahrbuch der Absatz- und Verbrauchsforschung, 45. Jg., Nr. 1, S. 4-25.

Kleining, G./Prester, H.-G. (2006): Lebenswelten in der Marktforschung. Ergebnisse aus der Praxis, in: Jahrbuch der Absatz- und Verbrauchsforschung, 52. Jg., Nr. 3, S. 212-241.

Scheier, C./Held, D. (2007): Was Marken erfolgreich macht, Freiburg.

Stach, M. (1995): Reaktionen des Marketing auf eine sich ändernde Konsumentin, in: Veränderte Frauenwelten – neue Konsumentinnen, Jahrestagung 1995, GfK-Nürnberg e.V., Nürnberg, S. 48-60.

Twardawa, W. (2005): Premiumkäufer – die Zukunft der Marke, in: GfK Panel Services (Hrsg.): Die Premiumkäufer: Wege zur Wertschöpfung, Nürnberg, S. 53-77.

Twardawa W. (2006): Innovation als Weg aus der Stagnation in: GfK Panel Services (Hrsg.): Konsumlust statt Konsumfrust, Nürnberg.

Twardawa, W. (2007): In der Mitte an die Spitze, in: GfK Panel Services (Hrsg.): Chancen für die Mitte – Erfolge zwischen Premium- und Handelsmarken, Nürnberg, S. 42-45.

Wildner, R./Twardawa, W. (2008): Markenbindung – wodurch sie gestärkt und wodurch sie gefährdet wird, in: Jahrbuch der Absatz- und Verbrauchsforschung, 54. Jg., Nr. 3, o. S.

Wübbenhorst, K.L./Wildner, R. (2002): Die Schwäche der Marke ist die Schwäche der schwachen Marke, in: Planung & Analyse, 29. Jg., Nr. 2, S. 17-21.

Olaf Göttgens

Kundenmigration – Die Steigerung des Kundenwerts als zentrales Unternehmensziel

1. Kundenmigration als wesentlicher Aspekt des Customer Equity Managements

2. Betrachtungen zum Kundenwert
   2.1 Handlungsfelder des Customer Equity Managements
   2.2 Wertorientierte Bindung von Kunden
   2.3 Wertorientierte Akquisition neuer Kunden
   2.4 Migration von Kunden

3. Kundenmigration – eine konzeptionelle Betrachtung
   3.1 Kundenmigration und Marktcharakteristika: Always a Share vs. Lost for Good
   3.2 Markttyp und Kundenmigration
   3.3 Ein Migrationsmodell
       3.3.1 Direkte Migrationstreiber
       3.3.2 Indirekte Migrationstreiber
       3.3.3 Modellanwendung
   3.4 Migrationsstrategien
   3.5 Migrationspotenzial

4. Konkrete Schritte zur Maximierung des Customer Equity

5. Ausblick – Auswirkungen eines konsequenten CEM auf die Unternehmensziele

Dr. Olaf Göttgens ist Chief Executive Officer (CEO) der Rodenstock Gruppe.

1. Kundenmigration als wesentlicher Aspekt des Customer Equity Managements

Jedem Unternehmen ist bewusst, dass unterschiedliche Kunden einen unterschiedlichen Wert für das Unternehmen haben. Entsprechend sollten die Akquisition wertvoller Kunden und das wertorientierte Management der Kunden über ihren Lebenszyklus für das Unternehmen höchste Priorität aller auf den Markt ausgerichteten Aktivitäten besitzen. Dieser Grundgedanke ist der Ursprung des Customer Equity Management (CEM), das darauf abzielt, durch die Gewinnung, Bindung, Bearbeitung und Entwicklung von Kunden den Wert der gesamten Kundenbasis eines Unternehmens zu optimieren.

Um diesen Prozess erfolgreich zu gestalten, darf Customer Equity Management nicht als funktionale Marketingdisziplin, sondern muss als ganzheitliches Konzept der Unternehmensausrichtung betrachtet werden. Produktmanagement, Customer Relationship Management und konsequenterweise auch das Markenmanagement müssen sich in den Dienst des übergeordneten Unternehmensziels – der Steigerung des Customer Equity (CE) – stellen.

Konsequenterweise hat diese Unternehmensphilosophie zur Folge, dass sämtliche Marketingaktivitäten dazu eingesetzt werden, die bestehenden Kundenbeziehungen zu stabilisieren – auch dann, wenn infolgedessen ein bestehendes Produkt weiterentwickelt bzw. komplett neu entwickelt oder eine bestehende Marke durch eine andere ersetzt werden muss. Anders ausgedrückt: Produkte, Marken und Vertriebskanäle kommen und gehen – Customer Equity Management sorgt jedoch dafür, dass die wertvollen Kunden bleiben.

Die Beantwortung der Frage, wie ein Unternehmen das Wertpotenzial seiner Kunden ausschöpfen kann, setzt zwingend voraus, sich von der statischen Betrachtung des Kundenwerts („alle abgezinsten Ergebnisbeiträge des Kunden") zu lösen und stattdessen seine Dynamik zu betrachten. Denn der Wert eines individuellen Kunden kann vielfältigen Veränderungen unterliegen.

Dieser Aspekt des Customer Equity Managements wird im Folgenden als Kundenmigration bezeichnet. Der Begriff lehnt sich an das vor allem im Versandhandel beobachtete Migrieren von Kunden zwischen unterschiedlichen Stufen der Häufigkeit (Frequency) und Aktualität (Recency) von Bestellvorgängen an („RFM-Migration"). An diesen Indikatoren messen Versandhändler wie Land's End oder Otto den Wertbeitrag einzelner Kunden – und über die Migration zwischen den Stufen dessen Veränderung über die Zeit. Im CRM-Kontext wird das gleiche Phänomen auch als „Customer Growth" bezeichnet.

Kundenmigration ist aber nicht nur für Versandhändler ein Thema. Airlines geben ihren Kunden starke Anreize, um Flugreisen auf einen Anbieter zu konzentrieren. Internetserviceprovider sind ein anschauliches Beispiel für Unternehmen, die von Kundenmigration „leben". Mit Interneteinsteigerpaketen lässt sich nicht wirklich Geld verdienen. Es kommt darauf an, solche einmal akquirierten Kunden systematisch zu entwickeln, also ihren Wert durch Cross-Selling und Migration in höherwertige Pakete (DSL, Flatrate, Zusatzdienste) zu steigern. Schon die Akquisitionsstrategie sollte darauf ausgerichtet sein: Welchen Sinn macht es, Kunden mit hohen Akquisitionskosten zu gewinnen, die das erforderliche Wertpotenzial nicht haben? Das Wachstum des Werts eines Kunden ist daher ein zentraler Bestandteil des Customer Equity Managements.

2. Betrachtungen zum Kundenwert

2.1 Handlungsfelder des Customer Equity Managements

Die Kundenbasis eines Unternehmens ist sein wichtigstes Aktivum. Sie ist die Grundlage zur Rentabilisierung unternehmerischer Investitionen. Dieses Aktivum zielgerichtet zu steuern, ist die Aufgabe des Customer Equity Managements. Drei Aufgaben stehen dabei im Mittelpunkt:

(1) die *wertorientierte Bindung* von Bestandskunden: Sie wirkt unmittelbar auf den Kundenwert, weil sie die Verweildauer von Kunden (Länge des kundenspezifischen Einzahlungsstroms) und deren Bindungskosten steuert.

(2) die *wertorientierte Akquisition* neuer Kunden: Sie leistet die für alle Unternehmen unabdingbare Erneuerung eines sich permanent verändernden Kundenstamms. Für die Neukundenakquisition wenden Unternehmen häufig erhebliche Kosten auf. Die Akquisitionskosten sind dabei sehr industriespezifisch. Im Unterschied zu den Kosten der Kundenbindung fallen sie aber nur einmalig an. Sie müssen durch die Deckungsbeiträge eines Kunden in den Folgeperioden gerechtfertigt sein.

(3) die Steigerung des Lifetime Value von Bestandskunden (Kundenmigration oder „Customer Growth"): Unternehmen versuchen mit einer Reihe von Instrumenten (z. B. Cross and Up Selling), den Wert individueller Kunden unabhängig von ihrer Bindungsneigung zu steigern. *Kundenmigration* dient dazu, den Wert der Kundenbasis zu maximieren, also das in den Bestandskunden steckende Wertpotenzial möglichst vollständig zu erschließen.

Kundenbindung, Neukundenakquisition und Kundenmigration dienen dazu, den Wert der Kundenbasis eines Unternehmens zu maximieren und leisten damit den wichtigsten Beitrag zur Steigerung des Unternehmenswerts.

2.2 Wertorientierte Bindung von Kunden

Wertorientiertes Kundenmanagement beginnt für die meisten Unternehmen bei den Bestandskunden. Die Bindung profitabler Kunden spielt in der Praxis für eine effiziente Marktbearbeitung eine herausragende Rolle. Beispielhaft bestätigt das eine Studie (Grupa et al. 2004), die den relativen Einfluss der Kundenbindung auf den Wert des Kundenstamms u. a. im Vergleich zu den Akquisitionskosten für einige ausgewählte Unternehmen analysiert:

Abbildung 1: *Analyse von Kundenstämmen ausgewählter Unternehmen (Quelle: Gupta et al. 2004)*

Unternehmen	Wert der Kundenbasis (Mio. USD)	Erhöhung des Kundenwerts in % durch eine 1%ige Verbesserung der			
		Bildungsrate	Akquisitions- kosten	Marge	Kapitalkosten
Amazon.com	820	2,45%	0,07%	1,07%	0,46%
Ameritrade	1.620	6,75%	0,03%	1,03%	1,17%
eBay	1.890	3,42%	0,08%	1,08%	0,63%
E*trade	2.690	6,67%	0,02%	1,02%	1,14%
Capital One	11.000	5,12%	0,32%	1,32%	1,11%

Den Wert der Kundenbasis eines Unternehmens berechneten Gupta et al. (2004) auf der Basis einer Prognose des zukünftigen Kundenstamms und veranschaulichten dies an einem damals aktuellen Beispiel. So hatte Amazon.com bis 2002 ca. 34 Mio. aktive Kunden akquiriert und sollte nach den Annahmen der Autoren bei Fortschreiben des damaligen Wachstumstrends 5 Jahre später mit ca. 67 Mio. Kunden rechnen können.

(Der Wert wurde in der Realität übertroffen – zum 10. Geburtstag im Oktober 2008 meldete Jeff Bezos für Amazon weltweit 81 Mio. Kunden).

Multipliziert man die Größe des prognostizierten Kundenstamms mit dem Gegenwartswert aller zukünftigen Ergebnisbeiträge eines Kunden, gelangt man zum Wert der Kundenbasis. Im Fall von Amazon.com betrug dieser Kundenwert aufgrund der schwachen Marge der einzelnen Transaktionen und des hohen Umschlags in der Kundenbasis (geschätzte Retention 70 Prozent) lediglich 820 Mio. USD oder ca. 16 USD pro Kunde. Interessant war nun die Frage, wie sich der Kundenwert verändert, wenn sich dessen Einflussgrößen verändern. So stieg der Wert der Kundenbasis von Amazon.com um 2,45 Prozent, wenn die damalige Bindungsrate von 0,7 um 1 Prozent auf 0,707 stieg. Wurden die damaligen Akquisitionskosten von ca. 8 USD um 1 Prozent gesenkt, steigerte dies den Wert der Kundenbasis nur um 0,07 Prozent.

Vergleicht man die Customer Equity Elastizität der Unternehmen in diesem Beispiel, fällt der hohe Einfluss der Bindungsrate ins Auge. Sie ist in jedem Fall deutlich höher als der Einfluss der Akquisitionskosten, der Marge einzelner Transaktionen und der Kapitalkosten. Zum Teil überwiegt die Wirkung der Bindung die der Akquisition um den Faktor 100.

Trotz der enormen Bedeutung der Kundenbindung im Allgemeinen lohnt es sich aber, Kundenbindungsinstrumente selektiv einzusetzen: also differenziert nach dem Wert individueller Kunden bzw. von bestimmten Kundengruppen. Datenmäßig ist die Grundlage dafür im Vergleich mit der Akquisition oft ungleich besser. Denn viele Unternehmen (ISPs, Telekoms, Finanzdienstleister) verfügen über detaillierte Nutzungs- bzw. Kaufinformationen und können damit entsprechende Kundenwertanalysen durchführen.

Die Betrachtung von Elastizitäten ist aber nur eine Betrachtung im Status quo – eine Betrachtung in der jeweiligen Situation. Daraus zu schließen, dass Kundenbindung immer zu erhöhen oder zu maximieren sei, ist falsch. Zum einen wird es immer teurer, die Bindungsrate eines Unternehmens zu erhöhen. Stärkere Kundenbindung fällt einem nicht in den Schoß, auch wenn gelegentlich Gegenteiliges behauptet wird („a friendly smile costs nothing"). Null-Defektion ist deshalb ein ökonomisch sinnloses Ziel. Zum anderen will man auch nicht jeden Kunden binden: Die Abwanderung wertarmer Kunden ist durchaus erwünscht. Zudem stellen nicht wenige Unternehmen fest, dass auch Spottransaktionen mit „Einmalkunden" sehr profitabel sein können, wenn Marge und Akquisitionskosten stimmen. Selbst im umkämpften Mail-Order- und Direkt-Broker-Geschäft sind knapp 20 Prozent der profitablen Transaktionen reine Spotgeschäfte mit nicht wiederkehrenden Kunden (Reinartz/Kumar 2002). – Will man darauf verzichten?

2.3 Wertorientierte Akquisition neuer Kunden

Unternehmen, die ein wertorientiertes Management ihrer Kundenbasis betreiben, benötigen ein klares Verständnis des Wertbeitrags von neuen Kunden bzw. Kundengruppen, die mit bestimmten Akquisitionsinstrumenten generiert werden. Grundsätzlich gelten folgende Prinzipien zur Gestaltung der Neukundenakquisition:

Abbildung 2: *Prinzipien der Akquisition von Neukunden*
(Quelle: Blattberg et al. 2001)

Prinzipien der Akquisition von Neukunden	Erläuterung
Jeder Kunde, dessen Customer Lifetime Value höher ist als seine Akquisitionskosten, sollte akquiriert werden.	Akquisitionskosten sind kundenbezogene Investitionen, die durch vom gleichen Kunden stammende, später erzielte Überschüsse amortisiert werden müssen. Dies gelingt nur, solange dessen Customer Lifetime Value höher ist als seine Akquisitionskosten.
Bei Ausweitung der Akquisitionsanstrengung sollte man sich auf sinkende Reaktionsraten einstellen.	Unternehmen konzentrieren sich in der Kundenakquisition zunächst auf die attraktivsten Zielgruppen. Im weiteren Durchmarsch durch den Markt werden die Zielgruppen immer unattraktiver. Es gilt also auch hier das bekannte Prinzip abnehmenden Grenznutzens.
Je größer der Ergebnisbeitrag aus der Kundenbindung ist, desto größer sollte das Akquisitionsbudget sein.	Mit höherer Kundenbindung steigt der Gegenwartswert aller Ergebnisbeiträge eines Kunden: der Kunde bleibt ja länger erhalten. Gibt vielleicht auch mehr Geld aus etc. Dies rechtfertigt höhere Akquisitionsausgaben.
Je schneller man den Break-Even der „Cost of Acquisition" erreicht, desto höher sollte das Akquisitionsbudget sein.	Die Akquisition von neuen Kunden ist risikobehaftet: ihre Kosten fallen sofort an, die Erträge hingegen fallen erst später an und sind zudem unsicher. Je höher der Anteil der Akquisitionskosten ist, die man schnell wiederbekommt, desto geringer ist das Risiko, einen unprofitablen Kunden zu akquirieren. Daher kann man auch mehr investierten.

Mit der Fokussierung auf Kundenbindung ist die Akquisition neuer Kunden vielfach vom Radarschirm geraten. Dies kann sehr gefährlich sein, wie folgende Betrachtung zeigt: Selbst bei vertraglichen Bindungsmodellen wie in der Telekommunikationsindustrie sind Defektionsraten von 25 bis 30 Prozent p. a. „normal". Best-Practice-Unternehmen kommen auf Bindungsraten von 80 Prozent. Durchschnittlich 20 Prozent der Bestandskunden beenden also im nächsten Jahr die Geschäftsbeziehung. Marketingexperten und Analysten betrachten dieses Thema mit großer Sorge und weisen – vollkommen zu Recht – auf die enorme Bedeutung geringerer Churn rates für Erlöse und Unternehmenswert hin. Was aber seltener betrachtet wird, sind die Kosten höherer Kundenbindung. Höhere Kundenbindung verlangt Investitionen in neue Technologien, besseren Service, stärkere Produktdifferenzierung usw. Vor allem, wenn man sich industriespezifischen Best-Practice-Fällen nähert, sind exponentielle Kostensteigerungen zur Erhöhung der Kundenbindung zu erwarten. Und selbst unter optimalen Bedingungen muss man mit Bindungsraten von 80 Prozent leben. Selbst diese Benchmark-Unternehmen aber haben ein Akquisitionsproblem: Sie müssen ihre Kundenbasis permanent mit neuen Kunden erneuern. Ein Unternehmen mit 20 Prozent Defektionsrate und Kapitalkosten von 10 Prozent entwertet seine Kundenbasis jährlich um 30 Prozent – die heutige Kundenbasis hat in einem Jahr also nur noch 70 Prozent ihres ursprünglichen Werts. Defektionsrate und Kapitalkosten gemeinsam zinsen die zukünftigen Erlöse der Bestandskunden ab. Akquirierte man also keine neuen Kunden, wäre der Wert des Unternehmens bei konstanter Retentionrate bereits nach drei Jahren um über 60 Prozent reduziert (genauer: 65,7 Prozent oder 1–0,73). Also: Ohne Neukunden sind auch die Unternehmen mit dem größten Erfolg in der Kundenbindung verloren. Die Akquisition neuer Kunden ist deshalb für jedes Unternehmen überlebensnotwendig, das seine Kunden nicht zu 100 Prozent binden kann. – Und wer kann das schon?

Die wertorientierte Akquisition neuer Kunden ist eine Strategie, die bereits die Akquisitionsinstrumente und -kanäle nach dem Wert der (späteren) Kundenbasis ausrichtet:

- Versandhändler sind sehr wählerisch in ihrem Einsatz von Akquisitionsinstrumenten. Ein neuer Kunde ist nicht automatisch ein werthaltiger Kunde. Versandhändler analysieren den Wertbeitrag neuer Kunden, die über bestimmte Kanäle akquiriert wurden und differenzieren entsprechend ihre Akquisitionsstrategie. Versandhändler haben z. B. festgestellt, dass über das Internet akquirierte Kunden werthaltiger sind als solche, die über Postwurfaktionen oder Freundschaftswerbung generiert werden. Dies liegt an der besonderen Alters- und Einkommensstruktur internetaffiner Zielgruppen von Versandhändlern und ihrem höheren Involvement – sie nehmen von sich aus Kontakt zum Anbieter auf.

- Finanzdienstleister und private Krankenkassen erstellen detaillierte Profile erwünschter Neukunden. Sie sollen neben erkennbarem aktuellen Bedarf auch ein entsprechendes Bindungs- und Entwicklungspotenzial aufweisen, das die hohen Kosten ihrer Akquisition und dauerhaften Betreuung rechtfertigt. Sie schneiden auf dieses Profil geeignete Akquisitionsinstrumente zu, so dass die Wahrscheinlichkeit, „profilkonforme" Neukunden zu erreichen, maximiert wird. Dass man also Neukunden-Akquisiteure von American Express vor allem an Flughäfen antrifft, die dann bevorzugt Geschäftsreisende einer bestimmten Altersgruppe ansprechen (was vor Ort einfacher zu erkennen ist), ist kein Zufall.

Erstaunlich wenige Unternehmen beschäftigen sich aber heute mit der Frage, welchen Einfluss die verschiedenen Akquisitionskanäle auf den Wert ihrer Kundenbasis haben.

Der Blick ist in aller Regel auf die Kundenzahl, nicht auf deren individuellen Wert gerichtet. Das ist – was die wertorientierte Neukundenakquisition angeht – Blindflug.

2.4 Migration von Kunden

Die Akquisition und Bindung der richtigen Kunden ist ein schwieriges Unterfangen. Man weiß nicht immer vorher, wer der richtige Kunde ist. Der trennscharfe Einsatz von Akquisitionsinstrumenten („Beschränke dich auf die werthaltigen neuen Kunden!") gelingt nicht immer.

Der hohe Einfluss der Kundenbindung auf den Kunden- und Unternehmenswert sollte Unternehmen aber nicht dazu veranlassen, ihre Bindungsaufwendungen auf alle Kunden gleichermaßen zu verteilen. Analog zu den Prinzipien der Neukundenakquisition gilt: Nur solche Kunden sollten in den Genuss hoher Bindungsinvestitionen kommen, deren zukünftige Wertentwicklung – also ihr Migrationspotenzial – dies zulässt. Die Schlüsselfrage an dieser Stelle lautet also: Welches Wachstumspotenzial hat der Kunde?

Customer Equity (CE) ist im Grunde ein statisches Konzept. Es ist die Summe aller abgezinsten periodenbezogenen Überschüsse aus den Transaktionen mit einem bestimmten Kunden. In der Praxis aber sehen wir, dass sich der Wert eines Kunden im Zeitablauf verändern kann. Kunden probieren einen neuen Anbieter oder eine neue Marke aus und konzentrieren erst später ihren Bedarf auf ihn. Andere werden wegen ihres fortschreitenden Alters immer weniger interessant.

Lebenszyklusmigration ist kaum zu verhindern: Kunden entwickeln Bedürfnisse in Abhängigkeit von Lebensabschnitten (Pampers, Vans), die quasi automatisch erreicht und auch beendet werden. Für den Anbieter ist dies bedingt steuerbar. Kundenzufriedenheit und objektives Preis-Leistungs-Verhältnis treiben vor allem die ersten beiden Migrationsformen (unzufriedene, rationale Migranten).

Der Kern des Migrationskonzepts ist die Annahme eines veränderlichen, dynamischen Customer Lifetime Value (CLV). Dass Kunden von Low Value zu High Value (und umgekehrt) migrieren, ist für den Wert der Kundenbasis eines Unternehmens äußerst kritisch. Wie aber kann Kundenmigration gesteuert werden?

Die auf den Kundenwert bezogene Migration geschieht aus vielerlei Gründen:

Abbildung 3: *Migrationsursachen*
(Quelle: Gokey 2000)

Unzufriedene Migranten	■ Von Leistung oder Service enttäuscht
	■ Keine Wechselkosten
	■ Marken-/Anbieterwahl wird reevaluiert
Rationale Migranten	■ Zyklische Reevaluation der Marken-/Anbieterwahl
	■ Kognitive Wahlentscheidung
	■ Einfluss der "normalen" Dynamik des Markts (Innovations- und Preiswettbewerb)
Lebenszyklus-migranten	■ Mit Lebensabschnitten wechselnde Bedürfnisse
	■ Weitgehend von Qualitätswahrnehmung und Kundenzufriedenheit unabhängig
	■ Potenzial zur Beeinflussung durch den Anbieter durch Sortimentspolitik

3. Kundenmigration – eine konzeptionelle Betrachtung

3.1 Kundenmigration und Marktcharakteristika: Always a Share vs. Lost for Good

Ob und wie Kunden zwischen unterschiedlichen Wertstufen migrieren, wird ganz wesentlich von den Charakteristika des jeweiligen Marktes bestimmt. Versandhändler wie Quelle oder Amazon bewegen sich in einem Markt, in dem die Kunden jederzeit ihren Anbieter wechseln können: Es gibt nur geringe oder im Grunde keine „harten" Wechselkosten. Solche Märkte werden in der Literatur auch als „Always-a-Share"-Märkte bezeichnet. In einem solchen Markt hat ein Anbieter immer eine kurzfristige

Chance zur Akquisition eines neuen Kunden. Allerdings sind solche Kundenbeziehungen kurzfristiger, fluider und unsicherer:

Abbildung 4: *Abgrenzung Always-a-Share- und Lost- for-Good-Märkte (Quelle: Sellers/Hughes 2005)*

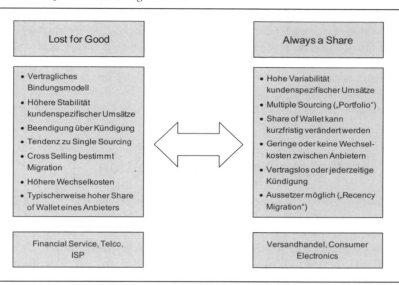

In einem *Always-a-Share-Markt* wie dem von Kurier- und Expresspaketdienstleistern können kundenspezifische Umsätze kurzfristig sehr variabel sein. Kunden haben keine oder nur geringe Wechselkosten, die sie beim Anbieterwechsel behindern würden. Aus Risikoerwägungen heraus kann auch ganz bewusst Multiple Sourcing betrieben werden. In aller Regel sind die Beziehungen zwischen Anbieter und Kunde nicht vertraglich unterlegt oder die Kündigungsfristen sind kurz. Ein Always-a-Share-Geschäft zeichnet sich also dadurch aus, dass ein Anbieter bei einem Kunden immer die Chance auf einen positiven Share of Wallet hat. Selbst ein Kunde, der länger nicht bei einem Anbieter gekauft hat, kann dann immer wiederkommen. Ein einmal verlorener Kunde ist nicht „für immer" verloren. Im Versandhandel ist dies ein typisches Phänomen. In so einem Geschäft ist Kundenloyalität sehr schwierig zu messen.

Diese Spielregeln sehen in einem *Lost-for-Good-Markt* ganz anders aus. Hier binden sich die Kunden für längere Zeit an einen Anbieter oder eine Marke. Sie bauen Wechselkosten auf (z. B. bei komplexer Software), so dass die kundenbezogenen Umsätze stabiler sind. Bei einer vertraglichen Grundlage der Anbieter-Kunden-Beziehung hat diese typischerweise längere Laufzeiten, bedarf eines expliziten Kündigungsaktes (Telco) oder hat ein definiertes Laufzeitende (Rentenversicherung). Aufgrund der

Wechselkosten wird der Bedarf in einer Produktkategorie vom Kunden typischerweise auf einen oder sehr wenige Anbieter konzentriert.

Es gibt viele Industrien, die Merkmale von Always a Share und Lost for Good haben. Der lange Verwendungszyklus von Automobilen oder im Bereich Consumer Electronics erzeugt einen gewissen Lost-for-Good-Charakter. Andererseits hat auch ein überzeugter BMW-Fahrer über emotionale Wechselbarrieren hinaus keine echten, ökonomisch relevanten Wechselkosten. Er kann – wenn er will – durchaus die Marke wechseln, ohne dass dies erhebliche Kosten erzeugen würde. Dies ist ein Merkmal von Always-a-Share-Märkten. Insofern gibt es zwischen den beiden Extremen viele Abstufungen. Natürlich versuchen Unternehmen in Märkten mit überwiegendem Always-a-Share-Charatker, Wechselkosten aufzubauen, indem z. B. Kunden in vertragliche Nutzungsmodelle gezogen werden (ISP). Denn ein Always-a-Share-Modell ist gefährlich: Der Kundenwert ist deutlich schwerer vorherzusagen und stärker risikobehaftet.

3.2 Markttyp und Kundenmigration

Die Migrationsmuster der Kunden von Logistikunternehmen wie FedEx reflektieren den Always-a-Share-Charakter dieses Markts: Es gibt viele Migrationstypen mit unterschiedlichsten Richtungen bzw. Entwicklungen – es gibt z. B. „Aussetzer", die es in Lost-for-Good-Märkten so nicht oder selten gibt. Ein Aussetzer wechselt für eine Periode zur Konkurrenz oder kauft gar nicht und kehrt danach zurück. Versandhändler nennen das „Recency Migration".

Migrationsmuster in Lost-for-Good-Märkten sehen anders aus. Man denke an einen Versicherer wie die Allianz. Es ist für einen Kunden meist sehr teuer, seine Lebensversicherung zu kündigen und zu einem anderen Anbieter zu wechseln. Mit fortgeschrittenem Alter steigen die risikobezogenen (Teil-)Beiträge und damit die Wechselkosten. Wenn man früh kündigt, zahlt man eventuell Steuern auf die Beiträge nach. Daher werden Lebensversicherungsverträge selten vorzeitig gekündigt. Deshalb ist der Erlösstrom eines Lebensversicherers recht stabil und der individuelle Kundenwert weniger volatil. Daneben versuchen viele Versicherer, ihren Kunden zusätzliche Produkte zu verkaufen, was im Erfolgsfall deren Wert kontinuierlich steigert. Ganz allgemein ist aber der Share of Wallet nicht so variabel wie in Always-a-Share-Märkten und daher weniger ein Einflussfaktor auf den Kundenwert.

Dies bedeutet, dass Lost-for-Good-Märkte andere Migrationsmuster zeigen als Always-a-Share-Märkte:

■ Der Anteil der Kunden mit stabiler Wertentwicklung ist höher. Das Wertniveau selbst ist davon unabhängig. Kundenwertentwicklung mit hoher Volatilität (Seasonal) ist seltener und beschränkt sich beispielsweise auf Kunden, die aus strategischen Gründen mehrere Anbieter wählen, um nicht von einem abhängig zu werden.

■ Es sind weniger graduelle Veränderungen im Kundenwert wahrnehmbar. Bei hohen Wechselkosten macht ein langsamer Rückzug eines Kunden von einer Marke keinen Sinn. Der Kundenwert geht abrupt zurück auf null – und umgekehrt. Für ein Unternehmen wie Apple oder Microsoft ist dies weitaus wahrscheinlicher als für FedEx.

Fazit: Der Marktcharakter prägt ganz wesentlich die Entwicklungsprozesse der Kunden.

3.3 Ein Migrationsmodell

Aus den vorstehenden Betrachtungen lässt sich ein Migrationsmodell herleiten (vgl. Abbildung 5).

Abbildung 5: *Migrationsmodell*

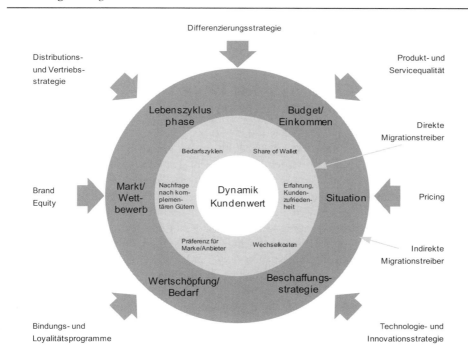

Es ist zunächst wichtig, zwischen direkten und indirekten Migrationstreibern zu unterscheiden. Direkte Migrationstreiber nehmen unmittelbar Einfluss auf die Umsätze und Deckungsbeiträge, die ein einzelner Kunde verursacht. Diese werden wiederum von Rahmenbedingungen beeinflusst, die wir als indirekte Migrationstreiber charakterisieren. Der Anbieter beeinflusst durch sein Handeln beide Treiberebenen.

3.3.1 Direkte Migrationstreiber

Der Kundenwert wird vor allem durch zwei Treiber gesteuert:

(1) das Volumen seiner Nachfrager innerhalb einer bestimmten Produktkategorie und

(2) die Bereitschaft, diese Nachfrage innerhalb einer bestimmten Produktkategorie auf einen Anbieter bzw. auf eine Marke zu konzentrieren (Share of Wallet).

Beide Einflussfaktoren unterliegen dynamischen Veränderungen. Aus der Sicht des Anbieters sind die Einflussfaktoren auf den Share of Wallet von großem Interesse. Sie werden getrieben von Marken- und Anbieterpräferenz, Kundenzufriedenheit und wahrgenommenen Wechselkosten. Wechselkosten können bei hinreichender Höhe die Beziehung zwischen Zufriedenheit und Loyalität aushebeln (Büschken 2005). Das Volumen der Nachfrage wird gesteuert von Faktoren wie Bedarfszyklen (täglicher Bedarf vs. langlebige Gebrauchsgüter) oder der Nachfrage nach komplementären Gütern (Druckerpatronen für Drucker, Softwareapplikationen für Betriebssysteme etc.).

3.3.2 Indirekte Migrationstreiber

Indirekt wird die Entwicklung des Kundenwerts von Veränderungen der Rahmenbedingungen eines individuellen Kunden beeinflusst. Änderungen der Beschaffungsstrategie (von Multiple zu Single Sourcing, strategische Partnerschaften mit Lieferanten) können erhebliche Kundenwertzuwächse oder -verluste nach sich ziehen. Dieser Einfluss von Beschaffungsstrategien spielt sich nicht nur im B2B-Geschäft ab. Der Einsatz von Multi-Channel-Vertriebssystemen im B2C-Geschäft und deren Verwendung durch Konsumenten kann sich nachhaltig auf die Entwicklung des Kundenwerts auswirken (Sullivan/Thomas 2004). Im engen Zusammenhang zur Beschaffungsstrategie steht die Veränderung der Wertschöpfungsstruktur von (industriellen) Kunden. Outsourcing und Konzentration auf Kernkompetenzen ziehen zunehmendes Beschaffungsvolumen nach sich. Beispiel FedEx: Das Unternehmen bietet als Reaktion auf diesen Trend ein Paket von „Managed Services" für die Produktion und Verwaltung von Dokumenten an. Man verspricht sich davon die Erhaltung des Kundenkontakts für das Kerngeschäft bei Outsourcing solcher Dienste:

3.3.3 Modellanwendung

Folglich ist auch die Entwicklungs- oder Lebenszyklusphase eines Kunden ein wichtiger Treiber seiner Wertentwicklung. Unternehmen wie Procter & Gamble oder Automobilhersteller können mit bestimmten Produkten (Pampers, Vans) ihre Kunden nur in bestimmten Lebensphasen erreichen. Ähnliches gilt für andere Unternehmen: Der Wertschöpfungsanteil sinkt tendenziell mit zunehmender Größe (Alter), und das damit verbundene Fremdbeschaffungsvolumen steigt. Industriespezifisch wirken diese Treiber sehr unterschiedlich (Abbildung 6).

Im ISP-Geschäft wird die Wertentwicklung eines Kunden vor allem vom Vertrags- und Preismodell und seinen lernbedingten Wechselkosten bestimmt. Die Migration zu längerfristig bindenden Tarifmodellen mit monatlicher Flatrate führt zu höherem Kundenwert als flexible „Pay-as-you-Go"-Modelle. Wenn dann einem Kunden noch zusätzliche Content-Abonnements verkauft werden können, dann steigert dies den Kundenwert erheblich. Unterstützend wirkt der Zwang, anbieterspezifisches Know how zu erwerben. Die Akzeptanz solcher Tarifmodelle und das Interesse an kostenpflichtigen Zusatzdiensten wird in diesem Geschäft vor allem von indirekten Migrationstreibern wie verfügbares Budget und Alter des Kunden beeinflusst. Im Kern geht es im sehr wettbewerbsintensiven ISP-Markt darum, höhere Wechselkosten (Zugangsverträge, Lerneffekte) aufzubauen und damit den Erlösstrom – wenn möglich, auf höherem Niveau (Content) – zu stabilisieren.

Solche Möglichkeiten, aus einem Always-a-Share- einen Lost-for-Good-Markt zu machen, sind demgegenüber für Airlines weitaus geringer. Schmerzhafte Wechselkosten entstehen für einen Kunden nur dann, wenn an einem bestimmten Abflugort für das Ziel nur ein Anbieter zur Verfügung steht: Das Ausweichen auf alternative Verkehrsträger (Auto, Bahn) ist aufgrund des Zeitverlusts oft sehr teuer. In der Wettbewerbssituation (Lufthansa vs. Air Berlin auf der „Rennstrecke" München-Berlin) ist der Share of Wallet eines Kunden kurzfristig variabel. Er kann fast nach Belieben zwischen den Anbietern wechseln. Die Bindungsprogramme der Fluggesellschaften sollen hier entgegensteuern. Aber auch diese verlieren ihre Wirkung, wenn der Kunde aufgrund von Veränderungen in seiner Situation (z. B. Arbeitsplatzwechsel) keinen Bedarf mehr hat.

Abbildung 6: Modellanwendung

Branche	Direkte Migrationstreiber	Indirekte Migrationstreiber	Kommentar
ISP	▣ Wahl von Tarifmodell (Pricing inkl. Abo-Modelle für Zusatzdienste) und Vertragsmodell (Bindung, Laufzeit) ▣ Wechselkosten ▣ Nachfrage nach komplementären Gütern (gebühren-pflichtige Zusatzdienste): Cross Selling	▣ Wettbewerbsintensität (Zugang als Commodity, Zusatzdienste im Monopol) ▣ Budget ▣ Lebenszyklusphase (Alter)	Vorrangige Migrationstreiber sind: ▣ Akzeptanz längerfristig bindender, höherpreisiger Tarifmodelle (DSL) und Nachfrage von Zusatzdiensten (PAYG15 vs. Abonnement oder Flatrate) ▣ Wettbewerbssituation (starker Einfluss auf Bindung)
Commercial Aviation	▣ Bedarfsstruktur und Wechselkosten (Verfügbarkeit alternativer Airlines am Standort) ▣ Daraus abgeleitet: Share of Wallet ▣ Pricing in der Wettbewerbssituation (Lufthansa vs. Air Berlin) ▣ Bindungsprogramme	▣ Situation (weitgehend abgeleitete Nachfrage wie bei FedEx)	Entscheidend sind die subjektiv wahrgenommenen Wechselkosten zwischen alternativen Airlines – aber nur in der Wettbewerbssituation. Pricing kann originäre neue Nachfrage schaffen (Ryanair).
Retail Banking	▣ Bedarfszyklen ▣ Wechselkosten (resultierend aus wahrgenommenem Risiko: Finanzdienstleister als Erfahrungsgut) ▣ Nachfrage nach komplementären Gütern ▣ Marke (beim Erstkauf)	▣ Situation (z. B. Gesetzgeber – siehe Steuerbefreiung für Lebensversicherungen) ▣ Einkommen/Vermögen	Geschäft wird von risikogetriebenen Wechselkosten und maßgeblich vom Cross-Selling-Potenzial der Kunden bestimmt (das wiederum vom Einkommen abhängig ist).
Automotive und Consumer Electronics	▣ Markenpräferenz (wg. Abwesenheit „harter" Wechselkosten) ▣ Kundenzufriedenheit ▣ Nachfrage nach komplementären Gütern	▣ Wettbewerb ▣ Lebenszyklusphase ▣ Einkommen/Budget	Schnelle Innovationszyklen erzeugen stärkere Fluidität von Kundenbeziehungen. Daher: Wahrgenommene Produktqualität (Value Equity) und Markenwert (Brand Equity) sind entscheidend.

Im Retail Banking wird die wertbezogene Migration von Kunden neben der starken Wirkung von risikogetriebenen Wechselkosten vor allem von ihrem Cross-Selling-

Potenzial bestimmt: In welchem Umfang kann ein Finanzdienstleister den Bedarf des Kunden in dieser Kategorie auf sich ziehen und erweitern? Einmal gebunden, ist die Defektionswahrscheinlichkeit relativ gering. Die Marke hat zwar Einfluss auf das Zustandekommen des Kundenkontakts, weitere Transaktionen und die Entwicklung der Geschäftsbeziehung werden aber weit gehend von der Service- und Produktperformance bestimmt. Für die Wertentwicklung des Kunden sind in diesem Geschäft aber nicht die direkten, sondern ist vor allem das Einkommen als indirekter Migrationstreiber maßgeblich. Der Bedarf nach (zusätzlichen) Finanzdiensten ist schlicht eine Einkommens- und Vermögensfrage. Einkommen und Vermögen sind aber von Faktoren abhängig, die außerhalb der Reichweite einer Bank oder eines Versicherers liegen. Sie sind gewissermaßen Parameter der wertorientierten Steuerung der Kundenbasis.

Sowohl Automotive als auch Consumer Electronics kennzeichnen lange Verwendungs- und immer kürzer werdende Innovationszyklen. Selten kommt ein Kunde in die Situation, nach typischer Verwendungszeit eine identische Ersatzbeschaffung vollziehen zu können – selbst wenn er es will. Das ursprünglich erworbene Produkt gibt es nicht mehr. Daneben fehlen „harte" Wechselkosten, die zwangsweise an Anbieter oder Marke binden. Die Zufriedenheit des Kunden mit Produkt oder Service und Distribuent haben deshalb einen starken Einfluss auf das Wiederkaufverhalten. In diesem Geschäft hängt die Wertentwicklung eines Kunden vor allem von der Fähigkeit eines Anbieters ab, die potenziell hohe Fluidität der Kundenbeziehung zu stabilisieren. Das Cross Selling von komplementären Gütern kann dazu einen Beitrag leisten – ebenso die im Automobilgeschäft erst in jüngerer Zeit verfolgten CRM-Aktivitäten. Man muss aber vermuten, dass Value Equity (Leistung des Kernprodukts) und Brand Equity (emotionaler Markenwert) das „Bindungsgeschäft" beherrschen. Der Kunde entwickelt dabei vor allem eine Beziehung zu Produkt und Marke.

3.4 Migrationsstrategien

Der Wert der Kundenbasis eines Unternehmens ist eine zu steuernde Größe. Die „richtigen" Kunden (hohes Wertpotenzial) zu akquirieren und zu binden sind dazu elementare Aufgaben. Die vorangegangenen Überlegungen haben allerdings gezeigt, dass Ansätze existieren, um den Wert eines Kunden für ein Unternehmen in ihrem Sinne zu beeinflussen. Sie lassen sich für die fünf Beispielindustrien folgendermaßen zusammenfassen:

Abbildung 7: Migrationsstrategien

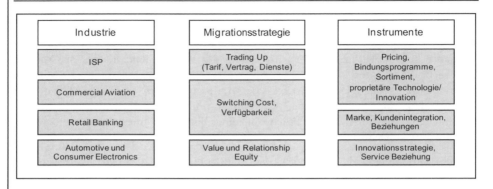

Kunden zu höherem Wert zu migrieren, ist eine industriespezifische Aufgabe. Ziel im ISP-Geschäft ist das Trading Up von vertraglich und über Lerneffekte gebundenen Kunden über zusätzliche Dienste. Das reine ISP-Geschäft ist margenschwach und die Bindung des Kunden dort ist allein nicht ausreichend. Man muss also den kundenspezifischen Umsatz deutlich steigern, um höheren Customer Lifetime Value zu erzielen.

Hingegen zielen Migrationsstrategien für Airlines und im Retail Banking vor allem auf das Erzeugen von solchen Wechselkosten. Während Airlines dazu wie ISPs vertragliche Tarifmodelle einsetzen (Bonusprogramme vs. Abonnements), setzen Finanzdienstleister auf risikoreduzierende Instrumente, die den Kunden über persönliche Beziehungen und über die Marke binden.

Für Automotive und Customer Electronics fehlen die Voraussetzungen für das Erzeugen „harter" Wechselkosten und ein zeitnahes und umfangreiches Trading Up ihrer Kunden. Man muss bedenken, dass T-Com einen Teil neuer DSL-Kunden zum Abschluss von Content-Verträgen bewegen kann und damit den Kundenwert quasi unmittelbar nach ihrer Akquisition vervielfacht. Daher läuft die Kundenentwicklung vor allem über Werttreiber, die sich auf die Leistung selbst und die Beziehung zur Marke beziehen.

3.5   Migrationspotenzial

Für eine gezielte, am Kundenwert ausgerichtete Strategie zur Akquisition und Bindung von Kunden ist es unerlässlich, sich auf Kunden mit ausreichend hohem Wert zu konzentrieren. In der Praxis ist dies einfacher gesagt als getan. Der Lifetime Value eines Kunden lässt sich nicht mit Genauigkeit vorhersagen. Er unterliegt zudem vielfältigen dynamischen Einflüssen. Es kommt also für Kundenakquisition und -bindung nicht nur darauf an, Kunden mit hohem Wert, sondern vor allem solche mit hohem Wertpotenzial zu adressieren. – Wie schätzt man dieses Wertpotenzial?

Legt man das in Abschnitt 2.2 eingeführte Modell zur Berechnung des Kundenwerts von Gupta et al. (2004) zugrunde und wendet es auf das vorstehend beschriebene Modell an, ergeben sich für die betrachteten Branchen folgende industriespezifischen Migrationstreiber:

Abbildung 8: *Industriespezifische Treiber des Migrationspotenzials*

Industrie	Treiber des Migrationspotenzials	Erläuterung
ISP	■ Preis- und Vertragsmodell ■ Kumulation von Zusatzdiensten	Preis- und Vertragsmodell beeinflusst Höhe, vor allem aber die Prognostizierbarkeit und Stetigkeit des Erlösstroms (Bindung). Akzeptanz und Kumulation von Zusatzdiensten treibt Höhe der kundenspezifischen Erlöse.
Automotive	■ Verwendungszyklus ■ Preisniveau (Trading Up) ■ Größe des Fuhrparks in Zusammenhang mit markenbezogenem Share of Wallet	Verwendungszyklus bestimmt anteiligen Jahresumsatz pro Neufahrzeug. Trading-up (BMW 3er ▶ BMW 5er) treibt Erlös und Marge pro Fahrzeug. Multiplikation mit Fuhrparkgröße und markenbezogener Share of Wallet nur für Fuhrparkgröße ≥ 2 relevant.
Retail Banking	■ Einkommens- bzw. Vermögensentwicklung (absolute Höhe) ■ Vermögensumschlag pro Jahr ■ Share of Wallet	Einkommen und Vermögen treiben Nachfrage nach Finanzdienstleistungen (Zinsspread auf Einlagen, Zinszahlungen aus Krediten). Umschlag des Vermögens bestimmt Höhe der Kommissionen. Sourcing-Strategie des Haushalts bestimmt Anteil der Bank.
Commercial Aviation	■ Einkommens- bzw. Vermögensentwicklung (absolute Höhe) ■ Vermögensumschlag pro Jahr ■ Share of Wallet	Multiplikation des Angebotsumfangs einer Airline am Standort des Kunden mit dessen Bedarf (beeinflusst durch Veränderung in Modalsplit) ergibt anbieterspezifisches Nachfragepotenzial. Share of Wallet wird getrieben durch Wettbewerbssituation und Bindungsprogramme.
Consumer Electronics	■ Siehe Automotive ■ „Fuhrpark" ist hier zu verstehen als Bedarfsumfang über CE-Kategorien	Hohe Ähnlichkeit mit Automotive, prinzipieller Unterschied liegt in stärkerer Heterogenität des Bedarfs im Bereich CE.

Für jede der betrachteten Industrien lassen sich in dieser Form spezifische Treiber der Wertmigration von Kunden identifizieren. In manchen Fällen lässt sich das Migrationspotenzial einzelner Kunden auf einfachem Wege quantifizieren:

◼ In Bereichen wie ISP oder Pay TV kann man das richtiggehend vorrechnen: Was ist das Maximumpaket, das der Kunde kaufen kann? Welchen Anteil bzw. welche Kunden kann man dorthin migrieren? Wie schnell? Wie hoch ist das damit verbundene Deckungsbeitragsplus? Was darf dann das Migrieren kosten?

◼ Im Retail Banking stellt sich analog die Frage, was die Konsequenzen für den Kundenwert sind, wenn der Kunde seinen gesamten Bedarf auf einen Finanzdienstleister konzentriert (Share of Wallet = 1). Welche Deckungsbeiträge resultieren dann aus einem typischen Paket von Finanzdienstleistungen? Mit welchen Instrumenten kann diese Konzentration erreicht werden? Für welchen Teil der Kunden ist dies in welchem Umfang möglich?

Im Kern sollten Unternehmen in der Lage sein, für alternative Migrationskonzepte entsprechende Business Cases zu erstellen: Die Kosten für die Migration (z. B. Bewerbung von umfangreicheren Paketen von Zusatzdiensten, preisliche Incentives für Kumulation von Leistungen) müssen dem Gegenwartswert der zukünftigen Deckungsbeiträge eines Kunden gegenübergestellt werden. Entscheidend hierfür ist, dass die Migrationstreiber für die jeweilige Industrie auf der Basis einzelner Kunden oder Kundengruppen geschätzt werden können: Welcher Typ von Kunde kauft kostenpflichtige Zusatzdienste? Welche soziodemografischen und psychografischen Eigenschaften haben diese?

Die Frage danach, ob sich Migrationsstrategien auf einzelne Kunden oder Kundengruppen beziehen, muss industriespezifisch beantwortet werden:

◼ Bei ISPs und Commercial Aviation sind dies zunächst Kundensegmente, können aber bei sehr hohem individuellen Kundenwert auch einzelne Kunden sein („Top-Kundenprogramm": einzelne Kunden, die mit einem Privatjet zum Langstreckenflug abgeholt werden).

◼ Retail Banken können in der Differenzierung weitaus weiter gehen als ISP's, deren Lifetime-Value-Verteilung weitaus weniger Varianz aufweist (geringere Ausschläge nach unten und oben). Bei ISPs lohnt sich der Aufbau personalisierter Beziehungen und Leistungsprozesse daher kaum.

◼ Automotive und Consumer Electronics sind klassische Industrien („Kellogg's-Modell"): Es wird differenziert, aber auf der Ebene von Marktsegmenten hinreichender Größe. Die Kosten einer Personalisierung von Kernleistungen abseits von Beratung und Service wären prohibitiv teuer – von Beispielen wie Maybach einmal abgesehen.

4. Konkrete Schritte zur Maximierung des Customer Equity

Das Steuerungspotenzial einer wertbezogenen Analyse der Kundenbasis eines Unternehmens ist gewaltig. Man beginnt, aktuelle und potenzielle Kunden nach ihrem für das Unternehmen wichtigsten Beitrag zu differenzieren: nach ihrer Profitabilität.

Customer Equity ist dabei ein vorausschauendes Konzept: es geht nicht um Umsätze und Deckungsbeiträge eines Kunden aus der Vergangenheit, sondern um seine oder ihre zukünftigen Ergebnisbeiträge. Dies impliziert, dass die Steuerung aller marktbezogenen Prozesse aus einer Customer-Equity-Perspektive unerlässlich ist. Das heißt für das Management: Hören Sie auf, Kunden nur zu zählen, und messen Sie stattdessen ihren zukünftigen Wertbeitrag für das Unternehmen!

Ein elementarer Bestandteil dieser Strategie ist die Maximierung des individuellen Kundenwerts. Wie soll man vorgehen, wenn man prüfen will, welches Wertpotenzial die Kunden eines Unternehmens haben und wie dies erschlossen werden kann? Die vorstehenden Ausführungen sollen in der Empfehlung für drei Schritte münden:

(1) Entwickeln Sie ein auf die Bedürfnisse Ihres Unternehmens und die Besonderheiten Ihres Marktes hin zugeschnittenes Migrationsmodell. Was sind die direkten und indirekten Migrationstreiber in Ihrem Geschäft? Welche Marketinginstrumente haben darauf besonderen Einfluss? Besonders wichtig ist dabei zu erkennen, welche Migrationstreiber außerhalb der Reichweite des Anbieters liegen. Wenn das Alter und das Einkommen der Kunden – wie im Automobilgeschäft – eine wichtige Rolle spielen, sollte man das im Modell berücksichtigen. Konzentrieren Sie sich zunächst auf solche Treiber des Wertpotenzials, die Sie steuern können. Dazu zählen z. B. die differenzierten Preis- und Serviceangebote im ISP-Geschäft.

(2) Analysieren Sie Ihre Bestandskunden auf der Grundlage dieses Modells: Welcher Kundentyp hat welches Migrationspotenzial? An welchen Charakteristika lassen sich diese Typen festmachen? Mit diesem Schritt werden Sie erhebliche Transparenz in den Erfolg Ihrer bisherigen Vertriebsanstrengungen bringen. Sie wissen, Transparenz ist die Grundlage für Optimierung.

(3) Der nächste Schritt liegt damit gewissermaßen auf der Hand: Prüfen Sie kritisch Ihre Akquisitionspolitik: Welche Akquisitionskanäle erzeugen welchen Kundentyp? Gibt es Unterschiede? Sollte man deshalb den Akquisitionskanälen unterschiedliche Priorität einräumen? Analysieren Sie analog die Leistung Ihrer Bindungsprogramme: Werden die Kunden mit hohem Wertpotenzial effektiver gebunden oder ist es umgekehrt?

Diese Schritte sind nicht l'art pour l'art. Sie sind die Grundlage für ein profitables Marketing, das in der Lage sein sollte, seine Investitionen in die Kunden zu rechtfertigen.

5. Ausblick – Auswirkungen eines konsequenten CEM auf die Unternehmensziele

Ein konsequentes Customer Equity Management erfordert in der Regel tief greifende Veränderungen im gesamten Unternehmen. Die inhaltliche Durchdringung und die Verankerung der mit CEM verbundenen Managementphilosophie sind nur der Anfang des Veränderungsprozesses, der weitreichende Auswirkungen hat. So kann beispielsweise das Markenmanagement und damit die Maximierung des Brand Equity kein eigenes autarkes Ziel der Brand-Manager mehr sein, sondern wird nun dafür eingesetzt, den Nettoerlös aus den Transaktionen eines Kunden für die Dauer seiner Geschäftsbeziehung zum Unternehmen zu steigern. Roland T. Rust – einer der weltweit anerkannten Customer-Equity-Experten von der Universität Maryland – bringt es auf den Punkt: Statt sich einzig auf den Brand Equity (also den Markenwert aus Kundensicht) zu beschränken, sollten sich Unternehmen stärker auf den Customer Equity (also den Kundenwert aus Unternehmenssicht) konzentrieren.

Doch die Ausrichtung des Unternehmens auf den Kundenwert zieht nicht nur inhaltliche, sondern auch vielschichtige organisatorische Veränderungen nach sich. Die heute oft funktionale Aufstellung der Unternehmen wird den Anforderungen eher nicht gerecht, denn der Kunde denkt nicht in Funktionen oder Abteilungen. Ihn aktiv zu entwickeln bedeutet dementsprechend, die Verantwortlichkeit für Kundengruppen auch organisatorisch festzulegen. Das kann, je nach Industrielogik, als Querschnittsfunktion oder auch als hierarchisch übergeordnetes Organisationskriterium erfolgen. Die grundsätzliche Orientierung auf das Ziel eines maximierten Kundenwertes jedoch gehört künftig zu den Grundlagen erfolgreicher Unternehmensführung.

Literaturverzeichnis

Blattberg, R.C./Getz, G./Thomas, J.C. (2001): Customer Equity: Building and Managing Relationships as Valuable Assets, Boston.

Büschken, J. (2005): Higher Profits through Customer Lock-in, Mason.

Gokey, T. (2000): The New Physics of Customer Loyalty, http://www.arcotect.com/crmloyalty/McK-Customer.pdf, (Zugriff am: 01.09.05).

Gupta, S./Lehmann, R./Stuart, J. (2004): Valuing Customers, in: Journal of Marketing Research, Vol. 41, No. 1, S. 7–18.

Reinartz, W./Kumar, V. (2002): The Mismanagement of Customer Loyalty, in: Harvard Business Review, Vol. 80, No. 6, S. 86–94.

Sullivan, U.Y./Thomas, E.J. (2004): Customer Migration: An Empirical Investigation Across Multiple Channels, Working Paper, University of Indiana at Urbana-Champaign, http://www.business.uiuc.edu/Working_Papers/papers/04-0112.pdf, (Zugriff am: 01.09.05).

Teil 3

Strategien des

Kundenbeziehungs-

managements

Hermann Freter/Nikolaus A.D. Hohl

Kundensegmentierung im Kundenbeziehungsmanagement

1. Problemstellung

2. Segmentierung
   2.1 Marktsegmentierung
   2.2 Kundensegmentierung
       2.2.1 Kundensegmentierung der ersten Stufe
       2.2.2 Kundensegmentierung der zweiten Stufe
   2.3 Einzelkundenbearbeitung
       2.3.1 Individuelle Bearbeitung
       2.3.2 Zusammenhang zur Kundensegmentierung
   2.4 Vergleich von Markt- und Kundensegmentierung

3. Segmentierungskriterien
   3.1 Marktsegmentierungskriterien
   3.2 Kundensegmentierungskriterien
       3.2.1 Kundendatenbezogene Kriterien
       3.2.2 Kundenbeziehungsbezogene Kriterien

4. Bearbeitung der Kunden
   4.1 Strategien
   4.2 Maßnahmen

5. Fazit

Prof. Dr. Hermann Freter war bis 2008 Inhaber des Lehrstuhls für Marketing an der Universität Siegen. Dipl. oec. Nikolaus Hohl ist wissenschaftlicher Mitarbeiter am selben Lehrstuhl.

1. Problemstellung

In den letzten Jahren konnte in der Marketingpraxis eine Akzentverschiebung beobachtet werden, die statt einer Transaktionsorientierung nun die Beziehungsorientierung in den Mittelpunkt rückt (Bruhn 2009b, S. 487). In diesem Rahmen beschäftigen sich die Marketingwissenschaft und -praxis seit geraumer Zeit mit den „4 Ks" (Tuzovic 2004, S. 42; Esch et al. 2006, S. 392 ff.; Eggert 2006, S. 43 ff.; Meyer et al. 2006, S. 66), von der Kundenorientierung, über die Kundenzufriedenheit, die Kundenbindung bis zum Kundenwert. Vor dem Hintergrund, dass es günstiger ist, vorhandene Kunden zu binden, als neue Kunden zu gewinnen, erfolgte eine Konzentration auf die vorhandenen Ist-Kunden. Die Bindung der Kunden kann sich dabei auf Marken, Mitarbeiter und/oder Einkaufstätten beziehen (Bruhn/Hadwich 2007, S. 85). Für Unternehmen mit mehreren Marken sollte sich das Bindungsmanagement auch auf das Unternehmen beziehen, nicht nur auf die Marke. Da sich die Kunden in Bezug auf ihren Wert für ein Unternehmen unterscheiden, folgt als fünftes K die Kundensegmentierung. Die Segmentierung stellt somit eine Grundlage für das Customer Relationship Management dar (Grabner-Kräuter/Schwarz-Musch 2009, S. 181).

Die vorhandenen Kunden lassen sich zunächst in homogene Segmente einteilen. Anschließend ist zu entscheiden, welche Segmente wie zu bearbeiten sind. Bei der Kundensegmentierung ist zwischen einer engen Sichtweise, in der lediglich die Segmentbildung anhand geeigneter Kriterien steht, und der erweiterten, entscheidungsorientierten Sichtweise zu unterscheiden, bei der auch die Auswahl der Segmente sowie deren Bearbeitung zusätzlich betrachtet werden. Dieser Beitrag behandelt die Segmentbildung, -auswahl und -bearbeitung.

2. Segmentierung

Unter Segmentierung kann man abstrakt die Einteilung einer Einheit in einzelne Teile, bzw. Abschnitte verstehen, ähnlich wie man einen Kuchen in Stücke einteilt. Bei diesen Einheiten kann es sich z. B. um Produkte, Unternehmen, Handelsbetriebe, Länder oder Kunden handeln.

In Bezug auf die Kunden hat sich der Begriff Marktsegmentierung durchgesetzt. Die Art, in der Unternehmen Segmentierung betreiben, hängt dabei auch von der Phase ab, in der sich deren Märkte befinden. Je weiter sich diese entwickeln, desto stärker rücken die Kundenmerkmale in den Fokus der Unternehmen (Bruhn 2009c, S. 59).

Die Segmentierung bezieht sich auf (potenzielle) Kunden, die als Käufer eines Produktes oder einer Dienstleistung grundsätzlich in Frage kommen. Seit geraumer Zeit wird neben dieser klassischen Bezeichnung Marktsegmentierung der Begriff Kundensegmentierung diskutiert (Günter 1990; Krafft/Albers 2000; Freter 2008). Die folgenden Ausführungen gehen auf die Unterschiede zwischen Kunden- und Marktsegmentierung ein.

2.1 Marktsegmentierung

Die Marktsegmentierung beginnt mit einer Betrachtung des Gesamtmarktes für ein Produkt. Dann wird versucht, durch eine gezielte Aufteilung solche Segmente von Menschen zu finden, deren Mitglieder sich in dem für das Unternehmen interessierende Kaufverhalten möglichst stark ähneln. Der Gesamtmarkt wird auf diese Weise in Teilmärkte zerlegt.

Da die Segmentbildung keinen Selbstzweck darstellt, ist es zweckmäßig, bei einer Analyse von Problemen der Marktsegmentierung neben den Aspekten der Segmentbildung auch die Aspekte der entsprechenden Segmentbearbeitung zu berücksichtigen. Die Marktsegmentierung beinhaltet die Aufteilung des (heterogenen) Gesamtmarktes für ein Produkt in (homogene) Teilmärkte (Segmente) und die gezielte Bearbeitung eines Segmentes (bzw. mehrerer Segmente) mit Hilfe segmentspezifischer Marketingprogramme.

2.2 Kundensegmentierung

Neben der Segmentierung eines Marktes, bei dem Kunden und Nicht-Kunden gleichermaßen und nach denselben Kriterien segmentiert werden, beschäftigt sich die Literatur mit dem Begriff der Kundensegmentierung (Haller 2005, S. 103ff.). Die Diskussion um die Kundensegmentierung kann als eine Weiterentwicklung der wissenschaftlichen Auseinandersetzung mit der Kundenorientierung verstanden werden. Sie ist notwendig, da auch das Aktivitätsniveau des Kundenbindungsmanagement ein Kosten-Nutzen-Optimum für das Unternehmen aufweist (Bruhn/Georgi 2008, S. 663). Dieses optimale Aktivitätsniveau kann für einzelne Segmente unterschiedlich hoch sein. Dies hängt unter anderem vom Kundenwert ab. Die Erörterung des Kundenwertes baut darauf auf, dass nicht alle Kunden einen gleich hohen Wert für die Erreichung der Unternehmens- und Marketingziele besitzen. Daraus folgt die Konsequenz, Kunden mit einem ähnlichen hohen Wert zusammenzufassen, d. h. zu segmentieren, und differenziert zu bearbeiten.

Neben dem Wert, den ein Kunde für ein Unternehmen hat, spielen die Kundenbedürfnisse in der Segmentierung eine entscheidende Rolle (Albiez et al. 2008, S. 857f.). Durch den Kundendialog wird es dem Anbieter möglich, die individuellen Kundenbedürfnisse einfacher in Erfahrung zu bringen. Auf diese Weise verbessert sich die Kundenkenntnis (Bruhn 2009b, S. 489).

2.2.1 Kundensegmentierung der ersten Stufe

Auf der ersten Stufe einer Kundensegmentierung findet eine Gegenüberstellung von Neukundengewinnung und Bearbeitung und Bindung vorhandener Kunden statt (Müller/Riesenbeck 1991, S. 69). Das mag am Zusammenhang der oben genannten „4 K" liegen: Die vorhandenen Kunden sollen zufrieden sein und an das Unternehmen gebunden werden. Dabei wird häufig auf die steigende Bedeutung einer Bindung vorhandener Kunden im Vergleich zu einer Gewinnung neuer Kunden hingewiesen (Diller 1995, S. 1366). Die vorhandenen Kunden (Ist-Kunden) und die Nicht-Kunden, die das Produkt bei Wettbewerbern kaufen (Soll-Kunden), stellen zwei Segmente dar, zwischen denen bei der Kundensegmentierung der ersten Stufe unterschieden wird (Abbildung 1).

Bei der Marktsegmentierung wird dagegen die Trennung von (potenziellen) Verwendern und Nicht-Verwendern eines Produktes als Marktsegmentierung der ersten Stufe bezeichnet (Freter 2008, S. 50).

Abbildung 1: *Kundensegmentierung der ersten und zweiten Stufe*

In vielen Fällen bietet es sich für Unternehmen an, Ist-Kunden anders als (Noch)-Nicht-Kunden zu behandeln. Diese unterschiedliche Bearbeitung umfasst dabei sowohl die Gestaltung der Angebote, die nur Soll-Kunden in Anspruch nehmen können, wie z. B. bei Banken oder Mobilfunkanbietern, als auch Spezialofferten für Kunden, die teilweise über Kundenclubs angeboten werden.

In Bezug auf die Gruppe der Soll-Kunden kann ebenfalls sowohl eine individuelle als auch eine aggregierte Analyse vorgenommen werden. Bei einer Beurteilung von potenziellen Einzelkunden bereitet die Beschaffung der benötigten Informationen allerdings mehr Probleme als bei einer Beurteilung vorhandener Kunden (Schleuning 1997).

2.2.2 Kundensegmentierung der zweiten Stufe

Bei der Kundensegmentierung der zweiten Stufe werden bekannte Ist-Kunden zu möglichst homogenen Gruppen zusammengefasst. Daher geht diese von einer Betrachtung einzelner Kunden aus. Ziel einer Kundensegmentierung ist die Identifikation, Selektion und Förderung Gewinn bringender Kunden (Gierl/Kurbel 1997, S. 176). Die Kundensegmentierung stellt somit eine wichtige Größe zur Planung, Steuerung und Kontrolle von Marketingentscheidungen dar (Bruhn et al. 2000, S. 169).

Zur Segmentierung der Ist-Kunden eignen sich zunächst die gleichen Kriterien zur Segmentbildung wie bei der Marktsegmentierung. Da über Kunden ein in der Regel höherer Informationsstand besteht, gibt es darüber hinaus zusätzliche Möglichkeiten. Sind kundenindividuelle Daten vorhanden, können Kunden mit identischen oder ähnlichen Merkmalen zu Segmenten zusammengefasst werden. Diese beziehen sich insbesondere auf den ökonomischen Wert eines Kunden für das Unternehmen. Unter Kundensegmentierung wird hier die Aggregation von Einzelkunden in Segmente verstanden, die einerseits eine einheitliche Segmentbearbeitung und andererseits eine effiziente Differenzierung zulassen. Die Kundensegmentierung baut dabei auf kundenindividuellen Informationen auf.

Die Ist-Kunden stellen eine Teilmenge des gesamten relevanten Marktes dar. Bei der Einführung von Neuprodukten sowie bei der Marktbearbeitung in jungen Märkten geht es eher um das Problem der Marktsegmentierung sowie die Ansprache neuer Kunden und weniger um das Problem einer Segmentierung vorhandener Kunden. Bei oligopolistischen und zugleich gesättigten Märkten gewinnt dagegen die Pflege und differenzierte Bearbeitung des vorhandenen Kundenstammes an Bedeutung.

Neben der Frage der Ausgestaltung des Instrumentalmix stellt sich zudem auch die Frage der Budgetallokation. Diese Frage geht enger mit der Fragestellung des Kundenwertes einher, da es sich hier anbietet, nur denjenigen Kunden viel Budget zuzuweisen, die einen hohen Erfolgsbeitrag für das Unternehmen leisten. Dieser prinzipielle Gedanke bzw. Ansatzpunkt der Kundensegmentierung lässt sich auf die Beurteilung Soll-Kunden des Unternehmens übertragen. Diese können danach beurteilt werden, ob es sich lohnt, sie als Kunden zu gewinnen. Der Unterschied zwischen Ist-Kunden und Soll-Kunden besteht darin, dass über erstere zumeist umfangreichere und aussagefähigere Informationen vorliegen.

2.3 Einzelkundenbearbeitung

Im Extremfall der von Einzelkunden ausgehenden Betrachtung stellt jeder Kunde ein Segment dar, und es erfolgt eine kundenindividuelle Bearbeitung. In Industriegütermärkten, z. B. im Anlagen- und Maschinenbau, standen vielfach immer schon der einzelne Kunde und seine Bearbeitung im Vordergrund. Der Kunde ist hier bekannt. Auch beim Direktmarketing in Konsumgütermärkten wird auf eine Bearbeitung einzelner Kunden abgestellt. Das setzt voraus, dass entsprechende Informationen vorhanden sind oder gewonnen werden können und dass sich die Bearbeitung von Einzelkunden „rechnet".

2.3.1 Individuelle Bearbeitung

Im Sinne einer maximalen Kundenorientierung des Unternehmens wäre es stets sinnvoll, jeden einzelnen Kunden individuell zu bearbeiten. Das Ziel des Unternehmens lautet aber zumeist nicht Maximierung der Kundzufriedenheit, sondern Gewinnerzielung durch Kundenorientierung. Die Kundenorientierung ist Mittel zum Zweck. Zwischen den beiden Zielen bestehen Zielkonflikte. Ceteris paribus würde ein Kunde mit einem Preis von null zufriedener sein. Das optimale Ausmaß an Kundenorientierung ist im Zusammenhang mit ihren ökonomischen Konsequenzen zu bestimmen. Die Beschaffung kundenspezifischer Informationen und die kundenindividuelle Bearbeitung führen zu höheren Kosten, denen höhere Erlöse gegenüberstehen sollten. Die neuen Informationstechnologien und die kundenindividuelle Massenfertigung (Mass Customization) haben die Möglichkeiten einer stärkeren Individualisierung des Angebotes verbessert.

Dabei trennt sich die Kundensegmentierung von der Einzelkundenbearbeitung. In der Einzelkundenbearbeitung werden die Kunden individuell bearbeitet, d. h. die Maßnahmen werden gezielt auf einen Kunden angepasst. Dies betrifft sowohl die inhaltliche Ausgestaltung, als auch die Allokation der Budgets, die für die Bearbeitung des Kunden eingesetzt werden. Bei der Kundensegmentierung werden hingegen die Maßnahmen auf Gruppen von Kunden angepasst.

Einige Marketinginstrumente sowie Geschäftsmodelle gehen mit einem hohen individuellen Anpassungsgrad einher. Die persönliche Beratung, z. B. in einer Bank, ist somit speziell auf den Kunden abgestimmt. Das Gespräch wird durch die Interaktion mit dem Kunden mitbestimmt. Genauso verhält es sich mit Leistungen, die speziell für einen Kunden angefertigt werden, seien es Maßanzüge oder Industrieanlagen.

2.3.2 Zusammenhang zur Kundensegmentierung

Gleichzeitig ist jedoch nicht die ganze Bearbeitung individualisiert. In der Regel findet nur eine teilweise Anpassung statt. So sind im Falle der Bank die Beratungsgespräche zwar individuell, die angebotenen Leistungen jedoch keineswegs. Produktbeschreibungen, Formulare zur Abfrage von Vermögensverhältnissen sind vorgedruckt und durch den Berater nur durch Markierung der besonders relevanten Stellen bzw. Auswahl der entsprechenden Materialien anpassbar. Darüber hinaus ergibt sich bei vielen Instrumenten das Problem, dass diese nicht oder nicht effizient einsetzbar sind, wenn nur ein Kunde damit bearbeitet werden soll, oder diese tatsächlich vollständig individualisiert werden sollen. So erscheint auch nach dem Einloggen in das Online-Banking-Portal, das den Kunden eindeutig identifiziert, nicht opportun, für diesen einen Kunden ein spezielles Banner zu entwerfen und einzubinden.

Die Vorgehensweise einer Teilstandardisierung erfordert jedoch zunächst eine Einteilung der Kunden in möglichst homogene Gruppen. Diesen Gruppen werden dann unterschiedliche Unterlagen gereicht oder gar andere Produkte angeboten. Der Anbieter hat sich in diesen Fällen Gedanken zu machen, welche Kunden er ähnlich bearbeiten kann. Somit ist vielfach auch die Einzelkundenbearbeitung auf eine möglichst gute Kundensegmentierung angewiesen. Nur in sehr wenigen Branchen werden die Leistungen tatsächlich für jeden einzelnen Kunden ganz individuell und gänzlich unabhängig von anderen Kunden erbracht.

2.4 Vergleich von Markt- und Kundensegmentierung

Die Marktsegmentierung bezieht sich auf die Aufteilung des heterogenen Gesamtmarktes (im Sinne aller aktuellen und potenziellen Käufer der Produktart) in homogene(re) Marktsegmente. Dabei standen zunächst Massenmärkte bei Konsumgütern im Vordergrund. Der einzelne Kunde bleibt hierbei anonym, obwohl die Segmentbildung ebenfalls auf individuelle Daten, wie Alter oder Geschlecht, Bezug nimmt. Die Marktsegmente umfassen dabei in der Regel mehrere Käufer; es handelt sich um einen aggregierten Ansatz. Unabhängig von der Segmentbildung hat sich der Einsatz der Marketinginstrumente auf die Bearbeitung eines Segmentes auszurichten.

Bei der Marktsegmentierung wird zumeist implizit auf die Einführung eines neuen Produktes abgestellt, dass in ein Segment positioniert werden soll. In Bezug auf das einzuführende Produkt handelt es sich um Neukunden. Es ergeben sich fließende Übergänge zur Kundensegmentierung, wenn sich die Segmentierungsbetrachtungen auf bereits eingeführte Produkte beziehen. Die Segmentierung sollte keinen einmaligen Akt, sondern einen laufenden Prozess darstellen, bei dem Anpassungsmaßnahmen an ständig stattfindende Marktveränderungen zu analysieren sind. Diese Überlegungen schließen dann auch die bisherigen Käufer des Produktes ein.

Sowohl bei der Marktsegmentierung als auch der Kundensegmentierung werden *Informationen über einzelne Kunden* benötigt. Dabei bestehen aber Unterschiede:

■ Bei der Marktsegmentierung werden Informationen über die potenziellen Käufer eines bislang anonymen Marktes im Rahmen repräsentativer Stichproben erhoben. Der einzelne Befragte bleibt dabei in der Regel namentlich anonym. Als Ergebnis der Datenauswertung erhält man die Zahl und Größe sowie Beschreibung von Segmenten anhand der Ausprägungen in den relevanten Segmentierungseigenschaften. Bei der Ansprache von Segmenten sind die Kunden deswegen namentlich nicht bekannt.

■ Bei der Kundensegmentierung besitzt das Unternehmen dagegen Informationen über namentlich bekannte Käufer. Im Regelfall stehen dabei andere bzw. zusätzliche Informationen zur Verfügung, wie z. B. bisherige Umsätze oder Deckungsbeiträge mit den Kunden. Bei der Marktbearbeitung besteht die Möglichkeit, Kunden mit ähnlichen Ausprägungen in den Segmentierungseigenschaften zu Segmenten zusammenzufassen und gemeinsam zu bearbeiten oder die Kunden gegebenenfalls einzeln zu bearbeiten.

Beide Konzepte unterscheiden sich in ihrer Einsetzbarkeit in einzelnen Produktmärkten bzw. Branchen:

■ Die Kundensegmentierung setzt namentlich bekannte Kunden voraus, vor allem wenn eine kundenindividuelle Marktbearbeitung geplant ist. Diese Möglichkeit bestand in einigen Branchen immer schon, z. B. in Bereichen des Maschinen- und Anlagenbaus. Darüber hinaus besteht die Möglichkeit, sämtliche Ist-Kunden als Segment zu interpretieren und vom Segment potenzieller Neukunden abzugrenzen. Dann kann das Segment der Ist-Kunden einheitlich bearbeitet werden. Aber auch bei entsprechenden Maßnahmen, wie z. B. Einführung eines Kundenclubs oder Versand einer Kundenzeitschrift an sämtliche Ist-Kunden, werden kundenindividuelle Informationen benötigt, z. B. eine E-Mail-Adresse oder eine Postanschrift.

■ Eine Kundensegmentierung ist aber nicht nur auf Märkte mit einer überschaubaren Anzahl von Kunden beschränkt. Sie lässt sich auch in Massenmärkten des B2C-Bereiches anwenden, wenn die notwendigen persönlichen Daten beschafft werden können. Das gilt z. B. für Banken, Versicherungen, Versandunternehmen und viele Angebote im Internet. Im Rahmen einer Selbstselektion können Kunden entscheiden, ob sie z. B. einem Kundenclub beitreten oder sich in einen E-Mail-Verteiler eintragen. Im Rahmen des Direktmarketing kommt es vielfach darauf an, geeignete Adressen zu besitzen, die gegebenenfalls gekauft werden.

Sind die Kunden namentlich nicht bekannt, lässt sich eine Kundensegmentierung nicht durchführen; dann hat eine Marktsegmentierung und eine Ansprache von Marktsegmenten zu erfolgen.

3. Segmentierungskriterien

Wie auch in der Marktsegmentierung spielen die Kriterien, anhand derer segmentiert wird, eine entscheidende Rolle. Hierbei lassen sich verschiedenste Kriterien heranziehen. Zunächst sind alle Kriterien, die sich für die Marktsegmentierung eignen, auch für die Kundensegmentierung von Bedeutung. Darüber hinaus jedoch erlaubt bzw. erfordert die Kundensegmentierung noch weitere Kriterien. Beide Gruppen sollen hier kurz vorgestellt werden.

3.1 Marktsegmentierungskriterien

Im Rahmen der Marktsegmentierung wird eine Vielzahl personenbezogener Kriterien diskutiert, die sich in ihrem Kaufverhaltensbezug und ihr Messbarkeit teilweise sehr deutlich unterscheiden. Insbesondere sind nicht alle diese Kriterien in allen Märkten in gleicher Weise relevant und eignen sich teilweise zur Segmentierung der ersten und/oder der zweiten Stufen (Freter 2008, S. 90ff.). Einen Überblick bietet Abbildung 2.

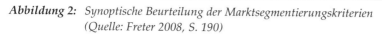

Abbildung 2: *Synoptische Beurteilung der Marktsegmentierungskriterien*
(Quelle: Freter 2008, S. 190)

Anforderungen / Kriteriengruppe	Kaufver-haltens-relevanz	Aussage-fähigkeit Instrumenten-einsatz	Zugäng-lichkeit	Messbar-keit	Zeitliche Stabilität	Wirschaft-lichkeit	Trenn-schärfe
Reaktionsparameter	mittel	hoch	gering	gering	mittel	gering	gering
Demografische							
Lebenszyklus	gering	mittel	hoch	hoch	hoch	hoch	mittel
Geografische Kriterien	gering	mittel	hoch	mittel	hoch	mittel	mittel
Soziologische							
Sozialisation	mittel	gering	hoch	hoch	hoch	hoch	mittel
Soziale Schicht	hoch	hoch	mittel	gering	hoch	hoch	gering
Interaktionskriterien	hoch	mittel	mittel	gering	gering	hoch	gering
Psychografische							
Allgemeine Persön-lichkeitsmerkmale	gering	gering	mittel	gering	hoch	mittel	gering
Produktspezifische Kriterien	hoch	hoch	gering	gering	mittel	mittel	gering
Kriterien des beobachtbaren Kaufverhaltens	mittel	hoch	gering	hoch	mittel	hoch	gering
Physiologische							
Körperliche Beschaffenheit	hoch	hoch	niedrig	hoch	mittel	hoch	mittel
Physiologische Defekte	hoch	mittel	mittel	mittel	hoch	hoch	mittel
Zeit							
Situation	hoch	mittel	gering	mittel	gering	mittel	hoch
Termin	hoch	hoch	mittel	hoch	hoch	hoch	hoch
Nutzen	hoch	hoch	gering	hoch	mittel	mittel	hoch

3.2 Kundensegmentierungskriterien

Kundensegmentierungsspezifische Segmentierungskriterien lassen sich in zwei Gruppen einteilen. Die erste Gruppe umfasst dabei solche Kriterien, die sich aus der speziellen kundenbezogenen Datenlage des Unternehmens ergeben und insofern in der Regel nur bei Ist-Kunden Anwendung finden können. Die andere Kategorie umfasst die Kriterien, die sich aus der Tatsache heraus ergeben, dass die Kunden keine Einzeltransaktionen mehr tätigen, sondern Teil einer Geschäftsbeziehung werden. Die Einteilung erfolgt daher in kundendatenbezogene und kundenbeziehungsbezogene Kriterien (Abbildung 3).

Abbildung 3: Systematik der Kundensegmentierungskriterien

Kundensegmentierungskriterien	
Kundendatenbezogene Kriterien	Kundenbeziehungsbezogene Kriterien
▪ Kundenwert	▪ Kundenlebenszyklus
▪ Beschaffungshistorie	▪ Beziehungsbereitschaft

3.2.1 Kundendatenbezogene Kriterien

Zur Kundensegmentierung eignet sich als zusätzliches Kriterium insbesondere der Kundenwert. Die Diskussion über den Kundenwert hat unabhängig von der Analyse der Marktsegmentierung stattgefunden. Er stellt ein komplexes Konstrukt dar, dessen Konzeption in der Literatur und der Praxis recht uneinheitlich erfolgt (Bruhn et al. 2008, S. 716), was sich in einer Vielfalt von Kundenbewertungsansätzen niederschlägt. Im Rahmen dieses Beitrages soll jedoch lediglich die Eignung der Ansätze zur Segmentierung tabellarisch dargestellt werden (Abbildung 4).

Die Diskussion über den Kundenwert setzt am einzelnen Kunden an, wobei teilweise offen bleibt, ob die Kunden zu homogenen Segmenten zusammengefasst werden sollen. Bei der Kundensegmentierung geht es um die Aggregation vorhandener Ist-Kunden.

Neben dem Kundenwert kann dies auch qualitative Aspekte der Kaufhistorie betreffen. Unter Kaufhistorie ist dabei die Summe der Daten über die bisher mit dem Unternehmen getätigten Transaktionen des Kunden zu verstehen. Dies ist zum Beispiel dann möglich, wenn ein Reiseunternehmen feststellt, dass ein bestimmter Kunde seinen Sommerurlaub stets in Griechenland verbringt. Dieses Unternehmen kann dann seine kommunikativen Aktivität bezüglich dieses Kunden darauf hin ausrichten und speziell Angebote zusammenstellen, die sich dann nur auf Griechenland beziehen. Wechselt er darüber hinaus jährlich den Zielort, kann das Unternehmen die Angebote für diejenigen Destinationen, in denen der Kunde bereits war, aus der Offerte nehmen und damit dem Kunden durch die Vereinfachung der Suche einen zusätzlichen Nutzen stiften.

Abbildung 4: *Synoptische Beurteilung der Methoden zur Bestimmung des Kundenwertes (Quelle: Freter 2008, S. 399)*

Anforderungen \ Kriteriengruppen	Aussage-fähigkeit	Messbarkeit	Wirtschaftlichkeit	Anwendbarkeit auf Nicht-kunden
Kunden DBR	gering	hoch	mittel	nein
CLV	mittel	gering	gering	ja
ABC-Analyse				
Umsatz	gering	mittel	gering	nein
Deckungsbeitrag	gering	gering	hoch	nein
Scoring-Ansatz				
Grundversion	mittel	hoch	hoch	ja
Elastizitätsorientiert	gering	gering	hoch	ja
RFM	mittel	mittel	mittel	nein
Portfolio				
Kundenwachstum/Relativer Lieferanteile	mittel	mittel	mittel	nein
Kundenattraktivität/Relative Lieferantenposition	mittel	mittel	gering	nein

3.2.2 Kundenbeziehungsbezogene Kriterien

Ein kundenbeziehungsbezogenes Kriterium stellt die Beziehungsbereitschaft dar. Diese drückt aus, inwiefern der Kunde bereit ist, über die zu tätigenden Transaktionen hinaus mit dem Unternehmen zusammenzuarbeiten. Durch zusätzliche Betrachtung des Kundenwertes lassen sich vier Segmente bilden, die unterscheiden zwischen unrentabel und profitabel sowie Transaktions- und Dialogkunden (Bruhn 2009b, S. 497f.). Zwar ist zu vermuten, dass die Beziehungsbereitschaft mit allgemeinen Persönlichkeitsmerkmalen, wie z. B. den Big Five, zusammenhängt (Hohl/Wienke 2008, S. 80), jedoch ist diese Bereitschaft aufgrund der alleinigen Relevanz innerhalb des relationalen Marketing den speziellen Kundensegmentierungskriterien zuzuordnen. Der Wunsch nach Integration und Interaktion ist bei Kunden mit einer hohen persönlichen Identifikation mit der Leistung oder dem Unternehmen besonders gegeben (Töpfer/Heidig 2008, S. 612).

Ein weiteres Kriterium stellt der Kundenlebenszyklus dar. Dieser wird in drei Phasen eingeteilt: Akquisition, Bindung oder Rückgewinnung der Kunden. Je nach Phase sollten von einem Unternehmen andere Strategien und andere Maßnahmen in den Fokus gerückt werden (Meffert/Bruhn 2009, S. 52). Dies wird wesentlich erleichtert, wenn Kundendatenbanken kontinuierlich fortgeschrieben werden und diese somit in der Lage sind, die Reifegrade einer Kundenbeziehung zu dokumentieren (Töpfer 2008, S. 211). Des Weiteren sind die Kundenzufriedenheit (Bruhn 2009e, S. 109) sowie das Kundenbindungspotenzial (Bruhn 2009a, S. 45) mögliche Kriterien.

4. Bearbeitung der Kunden

Im Sinne einer entscheidungsorientierten Sichtweise geht es bei der Segmentierung nicht nur um die Segmentbildung, sondern auch um die Bearbeitung der Segmente. Die Segmentierung im weiteren Sinne umfasst dabei die strategischen Aspekte der Segmentauswahl und die operativen Aspekte der Maßnahmengestaltung. In Bezug auf die Unterscheidung zwischen Markt- und Kundensegmentierung kommt jedoch die Überlegung hinzu, Nicht-Kunden und Kunden anders zu bearbeiten.

Zunächst sind die eigenen Kunden anders zu behandeln als die Soll-Kunden (Segmentierung der ersten Stufe). Dies gilt zunächst für die Ausgestaltung der Werbebotschaft. Nicht-Kunden sollten noch von der Leistungsfähigkeit des Anbieters überzeugt werden und brauchen mithin Argumente, welche die Kaufunsicherheit ausräumen. Hingegen gilt es, die Ist-Kunden nicht an die Konkurrenz zu verlieren oder im Idealfall sogar den Erfolgsbeitrag des Kunden für das Unternehmen zu erhöhen. Diese kennen jedoch die Leistung des Unternehmens und erfordern daher andere Argumente zur Aufrechterhaltung der Geschäftsbeziehung.

Dann gilt es, die Ist-Kunden detaillierter zu betrachten. Diese Segmentierung der zweiten Stufe umfasst zum einen die strategischen Aspekte der Segmentauswahl und die Festlegung der Bearbeitungsrichtung bzw. Bearbeitungsintensität der Segmente.

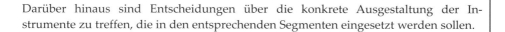

Darüber hinaus sind Entscheidungen über die konkrete Ausgestaltung der Instrumente zu treffen, die in den entsprechenden Segmenten eingesetzt werden sollen.

4.1 Strategien

Das Ziel des Kundenbindungsmanagements ist die Aufrechterhaltung und der Ausbau der Geschäftsbeziehung (Bruhn 2006, S. 515). Entsprechend den Ansätzen der Marktsegmentierung, bei der es innerhalb der strategischen Überlegungen auch um die Frage geht, ob ein Segment überhaupt bearbeitet werden soll (Freter 2008, S. 217ff.; 2009, S. 399), stellt sich in der Kundensegmentierung diese Frage jedoch analog für die Kunden. Lassen sich Kundensegmente identifizieren, deren Bearbeitung aus Sicht des Unternehmens nicht lohnend erscheint, sollte keine Bearbeitung erfolgen. Es ergeben sich je nach Wert des Kunden für das Unternehmen fünf verschiedene strategische Optionen (Freter 2008, S. 403):

- Aussonderung unattraktiver Kunden,

- Bindung attraktiver Kunden,

- Entwicklung von Kunden mit hohem Potenzial,

- Rückgewinnung abgewanderter Kunden,

- Nicht-Bearbeitung von Kunden.

Die Einzelkunden sind im Rahmen der Kundensegmentierung zu Segmenten zu aggregieren, die wiederum den genannten strategischen Optionen zugeordnet werden können. Bei der Beurteilung, welches Kundensegment wie bearbeitet werden soll, sind die Potenzialgrößen der Kunden, bzw. damit einhergehend die zukünftig erwarteten Reaktionen der Kunden von besonderer Bedeutung. Hier kommt es weniger darauf an, welchen Erfolgsbeitrag die Kunden bisher geleistet haben, sondern vielmehr, welchen sie in Zukunft vermutlich leisten werden. Zum einen lässt sich dies aus dem Kundenbeziehungslebenszyklus ableiten (Bruhn 2009b, S. 492). Zum anderen ist insbesondere zu prüfen, ob sich Kunden überhaupt binden lassen und wenn ja, wie stark. Ist es möglich, im eigenen Kundenbestand Variety Seeker zu erkennen, dann werden in der Regel Kundenbindungsmaßnahmen bei diesen je nach Art des Wechselbedürfnisses aus Effizienzgesichtspunkten nicht angewandt werden (für eine Darstellung des Zusammenhangs zwischen Kundenbindung und des Variety Seeking sowie der zugrundeliegenden Bedürfnisse siehe Hohl 2008).

4.2 Maßnahmen

Im Rahmen des Kundenbindungsmanagement dient die Kommunikation der Moderation der Anbieter-Kunden-Beziehung (Bruhn 2009b, S. 488).

Neben der Frage, ob es für das Unternehmen lohnenswert erscheint, einen Kunden (weiterhin) zu bearbeiten, ist auch die Frage entscheidend, wie die Ausgestaltung der Marketinginstrumente zu erfolgen hat. Ein Marketingmix, das nicht auf die Zielgruppen ausgerichtet ist, kann zu Misserfolgen führen (Freter 2009, S. 399). Hier geht es wie in Problemstellungen der Marktsegmentierung um die Frage, welche Arten von Kunden auf bestimmte Marketinginstrumente homogen reagieren. Problematisch ist dabei die Wahl der Segmentierungskriterien. Im Falle von Bankdienstleistungen bietet sich das Know-How des Kunden als Segmentierungsmerkmal an. Kunden, die sich mit Bank- oder Börsengeschäften gut auskennen, benötigen nicht nur andere Informationen, sie werden auch eher Willens und in der Lage sein, viele Transaktionen z. B. online zu tätigen, ohne einen Berater zu konsultieren. Dafür erwarten sie eine zeitnahe Umsetzung der Transaktionen und umfassende Informationen online.

Es ergibt sich hierbei das Problem, dass selbst, wenn dem Anbieter die Bedürfnisse eines Kunden sowie dessen (finanziellen) Restriktionen bekannt sind, in der Regel nicht möglich sein wird, alle Marketinginstrumente vollständig auf diesen Kunden anzupassen. Teilweise ist es notwendig, kundenübergreifende Standardisierungen vorzunehmen, welche die Ergebnisse der Kundensegmentbildung als Grundlage haben. Im Sinne der Markt- und Kundensegmentierung lassen sich daher vier Typen unterscheiden, das (anonyme) Massenmarketing, das auf spezielle Käufer ausgerichtete Zielgruppenmarketing, an Einzelkunden anpassungsfähige Zielgruppeninstrumente für ein individualisiertes Marketing sowie das Individualmarketing, bei dem die Marketinginstrumente komplett auf einen Kunden zugeschnitten sind (Abbildung 5).

Die Überschneidung der Blöcke sowie der Pfeil verdeutlichen gleichermaßen, dass es sich hierbei um die Einteilung eines Kontinuums handelt, die keine trennscharfen Übergänge aufweist. Die ersten beiden Kategorien sind der Marktsegmentierung; die letzten beiden der Kundensegmentierung zuzuordnen.

Es ergeben sich beim Einsatz der Instrumente auf die Zielgruppen zwei Problemstellungen:

- Welche Instrumente sollen überhaupt in der Zielgruppe eingesetzt werden?

- Wie sollen diese ausgestaltet sein?

Dies kann beispielsweise bedeuten, dass es Kundengruppen gibt, die keine Kundenzeitschrift erhalten, bzw. eine andere eventuell dünnere Ausgabe der Kundenzeitschrift, deren Druck und Versand weniger kostenintensiv sind.

Abbildung 5: *Anpassungsgrad der Marketinginstrumente an die Kunden*

Es kann sinnvoll sein, ebenso Segmente nach der technischen Ausstattung der Kunden zu bilden. Eine Anpassung des Homepageaufbaus an die Übertragungsrate (Analog/DSL) kann gerade bei Unternehmen, deren Kunden eine breit gestreute Altersstruktur aufweisen, ein wichtiges Kriterium sein. Ähnlich verhält es sich bei Funknetzen mit GSM und UMTS, wobei in diesen Fällen neben den unterschiedlichen Darstellungsmöglichkeiten der Endgeräte insbesondere die Displaygröße hinzukommt (zu Möglichkeiten des mobilen Kundenbindungsmanagements siehe auch Silberer/Schulz 2008).

Kundenzufriedenheit hängt nach dem C/D-Paradigma von den Erwartungen des Kunden ab. Diese wiederum werden unter anderem von den Informationen beeinflusst, welche das Unternehmen den Kunden zur Verfügung stellt. Die Individualisierung von Informationsprozessen kann somit zu einer Steigerung der Kundenzufriedenheit führen (Möhlenbruch et al. 2008, S. 223f.). Daher ist es für die Unternehmen wichtig, dass die Kunden auch die Informationen erhalten, die für diese relevant sind, und zugleich bei dieser Kundengruppe keine Erwartungen weckt, die es in dieser nicht zu befriedigen bereit ist. Dies kann z. B. dann der Fall sein, wenn besonders guten Kunden ein 24-Stunden-Service angeboten wird, den weniger einträgliche Kunden bislang nicht gewünscht haben und der daher in diesem Segment ineffizient wäre.

Einige Unternehmen haben bereits Versuche unternommen, Kunden in den eigenen Innovationsprozess zu integrieren. Diese Maßnahme erhöht die Kundenbindung, ist jedoch nicht für alle Kunden möglich. In unterschiedlichen Phasen des Innovationsprozesses werden von den Kunden andere Fertigkeiten und Fähigkeiten benötigt (Füller et al. 2008, S. 204). Es ist daher unabdingbar, die Kunden entsprechend zu segmentieren und dann gezielt einzubinden. Zudem wird von Seiten des Kunden ein hohes Involvement benötigt, um daran teilzunehmen (Füller et al. 2008, S. 205; zu einer umfassenden Auseinandersetzung mit dem Konzept des Involvement siehe auch Hohl/Naskrent 2009).

Im Folgenden stehen die Unterschiede zwischen einem individualisierten und einem Individualmarketing im Mittelpunkt.

(1) Individualisiertes Marketing

Das individualisierte Marketing beschreibt die Anpassung der Marketinginstrumente an die Kundensegmente. Es stellt eine Form der Teilstandardisierung bzw. Teildifferenzierung im Marketing dar. Dieses Vorgehen empfiehlt sich immer dann, wenn eine vollständige Differenzierung nicht möglich oder sinnvoll ist.

Besondere Schwierigkeiten ergeben sich für eine Individualisierung in der Kommunikation eines Unternehmens. Vielfach wird gefordert, dass ein einheitliches und widerspruchsfreies Auftreten des Unternehmens am Markt im Sinne einer integrierten Kommunikation zu erfolgen hat (z. B. Bruhn 2009d, S. 437; Esch et al. 2009, S. 462). Dies geht jedoch – zwangsläufig – mit einer Einschränkung der Variationsmöglichkeiten der Kommunikationsinhalte zur Erreichung bestimmter Kundengruppen einher. Als Beispiel sei hier IKEA angeführt, dass seine Klientel in seinen Werbeauftritten und Kundenbriefen mit „Du" anredet („Wohnst Du noch, oder lebst Du schon?"). Könnte IKEA nun Kundengruppen identifizieren, die lieber weniger persönlich angesprochen werden wollen, wäre es zwar technisch möglich, die Briefe entsprechend abzuändern, dennoch käme es zu einem Bruch in der Kommunikation des Unternehmens.

Soll dennoch eine Anpassung an die Zielpersonen erfolgen können, hat die Planung der einzelnen Botschaften zu ermöglichen, dass übergeordnete Inhalte allen Kunden mitgeteilt werden können. Diese werden dann in bestimmten Zielgruppen um unterschiedliche Botschaften ergänzt, die sich dann auf die Einzelpersonen weiter differenzieren lassen. Dies setzt voraus, dass auf den verschiedenen Ebenen sichergestellt werden kann, dass die unterschiedlichen Zielelemente (Gruppe oder Einzelperson) nicht Kommunikationsinhalte wahrnehmen, die nicht an sie gerichtet sind. Dieses Vorgehen wird in Abbildung 6 dargestellt.

Entscheidend ist die Festlegung der Höhe des Individualisierungsgrades für einzelne Segmente. Wenn ein Unternehmen viele wenig einträgliche und „anspruchslose" Kunden hat, sollte eine Differenzierung innerhalb des Segmentes nur sehr eingeschränkt, wenn überhaupt, erfolgen.

Eine weitere Möglichkeit des individualisierten Marketing ist die Ausgestaltung der brieflichen Kommunikation (ebenso E-Mail). Zum einen kann eine Anpassung der Schriftgröße für ältere Menschen erfolgen, welche diesen das Lesen erleichtert. Zum anderen kann für unterschiedliche Kundengruppen auch eine andere Nummer der Hotline eingedruckt werden, die bei weniger wertvollen Kunden höhere Gebühren erfordert.

Abbildung 6: *Ebenen der Kommunikation*

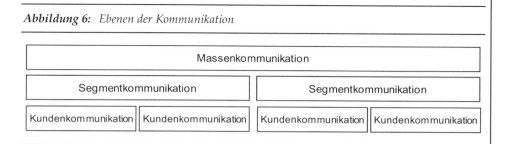

(2) Individualmarketing

Wird jeder Kunde einzeln bearbeitet, so entfällt die Phase der Segmentbildung anhand geeigneter Segmentierungskriterien (Segmentation). Die Frage der Segmentbewertung und -auswahl reduziert sich auf die Frage, ob ein Kunde bearbeitet werden soll oder nicht (Targeting). Diese Auswahl kann auf der Basis von Kundenwerten erfolgen. Soll ein Kunde bearbeitet werden, stellt sich analog zur Bearbeitung von Marktsegmenten mit mehreren Kunden die Frage nach dem kundenspezifischen Einsatz der Marketing-instrumente (Positioning).

Beim Individualmarketing erfolgt eine Abstimmung *sämtlicher* Marketingmaßnahmen nur auf diesen einen Kunden. Somit dürfte es daher in dieser Reinform im professio-nalisierten Marketing nicht existieren. Jedoch gibt es Branchen, in den Preis und Leis-tung verhandelt werden. Zusammen mit dem Vertrieb über einen Außendienst kann auch die Distribution und Kommunikation weitestgehend individualisiert werden. Unternehmen, die ausschließlich in solchen Branchen tätig sind, können lediglich das Corporate Design sowie die Imagewerbung kundenunabhängig gestalten.

5. Fazit

Für eine effiziente Bearbeitung der Ist-Kunden eines Unternehmens ist es notwendig, neben den „4 Ks" des Beziehungsmanagements auch die Kundensegmentierung als fünftes K zu etablieren. Dabei unterscheidet sich die Kundensegmentierung auf zwei Ebenen von der Marktsegmentierung. Die Marktsegmentierung der ersten Stufe un-terscheidet Verwender eines Produktes von Nicht-Verwendern, mit der Konsequenz der Nicht-Bearbeitung der letzen Gruppe. Hingegen trennt die Kundensegmentierung der ersten Stufe die Ist-Kunden von den Soll-Kunden. In diesem Fall werden beide Segmente bearbeitet. Auf der zweiten Stufe der Kundensegmentierung lassen sich kundendaten- und kundenbeziehungsbezogene Kriterien zur weiteren Segmentierung einsetzen.

Die Kundensegmentierung ermöglicht durch die Zusammenfassung von Kunden darüber hinaus, kundenübergreifende Marketingmixelemente zu gestalten. Hierbei ist jedoch zu beachten, dass Kunden, für die bestimmte Elemente nicht vorgesehen sind, diese auch nicht wahrnehmen. Die trennscharfe Bildung von Segmenten ist ein Mittel, um dies zu erreichen.

Trotz der langjährigen wissenschaftlichen Auseinandersetzung mit dem Kundenbeziehungsmanagement ist der Bereich der Kundensegmentierung bislang nicht ausreichend analysiert worden. Eine genauere Betrachtung der einzelnen Segmentierungskriterien, insbesondere bei den kundenbeziehungsbezogenen Kriterien, wäre wünschenswert, um für die Praxis Implikationen ableiten zu können, unter welchen Umständen eine solche Segmentierung unter den Aspekten der Zielerreichung der Unternehmen effektiv möglich ist. Dabei sollte auch berücksichtigt werden, dass die Kundensegmentierung keineswegs mit der Beendigung der Geschäftsbeziehung durch den Kunden aufhört. Für ein effizientes Rückgewinnungsmanagement sind ebenso Unterschiede zwischen den ehemaligen Kunden relevant (Schöler 2006, S. 610f.).

Literaturverzeichnis

Albiez, P./Danielsohn-Weil, P./Scholl, M. (2008): Dreistufige Kundensegmentierung. Ein Ansatz zur potenzialorientierten Geschäfts-Steuerung im Pharmamarkt, in: Bruhn, M./Homburg, C. (Hrsg.): Handbuch Kundenbindungsmanagement. Strategien und Instrumente für ein erfolgreiches CRM, Wiesbaden, S. 845-864.

Bruhn, M. (2009a): Marketing. Grundlagen für Studium und Praxis, 8. Aufl., Wiesbaden.

Bruhn, M. (2009b): Planung einer Integrierten Kommunikation, in: Bruhn, M./Esch, F.-R./Langner, T. (Hrsg.): Handbuch Kommunikation. Grundlagen, Innovative Ansätze und Praktische Umsetzung, S. 435-457.

Bruhn, M. (2009c): Kommunikation im Relationship Marketing, in: Bruhn, M./Esch, F.-R./Langner, T. (Hrsg.): Handbuch Kommunikation. Grundlagen, Innovative Ansätze und Praktische Umsetzung, S. 485-510.

Bruhn, M. (2009d): Relationship Marketing. Das Management von Kundenbeziehungen, 2. Aufl., München.

Bruhn, M. (2009e): Das Konzept der kundenorientierten Unternehmensführung, in: Hinterhuber, H.H./Matzler, K. (Hrsg.): Kundenorientierte Unternehmensführung. Kundenorientierung, Kundenzufriedenheit und Kundenbindung, 6. Aufl., Wiesbaden, S. 33-68.

Bruhn, M./Georgi, D. (2008): Wirtschaftlichkeit des Kundenbindungsmanagements, in: Bruhn, M./Homburg, C. (Hrsg.): Handbuch Kundenbindungsmanagement. Strategien und Instrumente für ein erfolgreiches CRM, Wiesbaden, S. 643-676.

Bruhn, M./Georgi, D./Treyer, M./Leumann, S. (2000): Wertorientiertes Relationship Marketing. Vom Kundenwert zum Customer Lifetime Value, in: Die Unternehmung, 54. Jg., Nr. 3, S. 167-187.

Bruhn, M./Hadwich, K. (2007): Kundenbindung im Bekleidungshandel. Konzeptualisierung und Prüfung eines Wirkungsmodells, in: Schuckel, M./Toporowski, W. (Hrsg.): Theoretische Fundierung und praktische Relevanz der Handelsforschung, Wiesbaden, S. 71-88.

Bruhn, M./Hadwich, K./Georgi, D. (2008): Ansatzpunkte des Customer Value Managements, in: Bruhn, M./Homburg, C. (Hrsg.): Handbuch Kundenbindungsmanagement. Strategien und Instrumente für ein erfolgreiches CRM, Wiesbaden, S. 713-732.

Diller, H. (1995): Kundenmanagement, in: Tietz, B./Köhler, R./Zentes, J. (Hrsg.): Handwörterbuch des Marketing, 2. Aufl., Stuttgart, S. 1363-1376.

Eggert, A. (2006): Die zwei Perspektiven des Kundenwerts. Darstellung und Versuch einer Integration, in: Günter, B./Helm, R. (Hrsg.): Kundenwert. Grundlagen, Innovative Konzepte und Praktische Umsetzungen, 3. Aufl., Wiesbaden, S. 41-60.

Esch, F.-R./Brunner, C./Ullrich, S. (2009): Umsetzung der Integrierten Kommunikation, in: Bruhn, M./Esch, F.-R./Langner, T. (Hrsg.): Handbuch Kommunikation. Grundlagen, Innovative Ansätze und Praktische Umsetzung, S. 459-483.

Esch, F.-R./Herrmann, A./Sattler, H. (2006): Marketing. Eine managementorientierte Einführung, München.

Freter, H. (2008): Markt- und Kundensegmentierung. Kundenorientierte Markterfassung und -bearbeitung, 2. Aufl., Stuttgart.

Freter, H. (2009): Identifikation und Analyse von Zielgruppen, in: Bruhn, M./Esch, F.-R./Langner, T. (Hrsg.): Handbuch Kommunikation. Grundlagen, Innovative Ansätze und Praktische Umsetzung, Wiesbaden, S. 397-411.

Füller, J./Mühlbacher, H./Bartl, M. (2006): Beziehungsmanagement durch virtuelle Kundeneinbindung in den Innovationsprozess, in: Hinterhuber, H.H./Matzler, K. (Hrsg.): Kundenorientierte Unternehmensführung. Kundenorientierung, Kundenzufriedenheit und Kundenbindung, 6. Aufl., Wiesbaden, S. 193-217.

Gierl, H./Kurbel, T.M. (1997): Möglichkeiten zur Ermittlung des Kundenwertes, in: Link, J. (Hrsg.): Handbuch Database Marketing, Ettlingen, S. 174-188.

Grabner-Kräuter, S./Schwarz-Musch, A. (2009): CRM – Grundlagen und Erfolgsfaktoren, in: Hinterhuber, H.H./Matzler, K. (Hrsg.): Kundenorientierte Unternehmensführung. Kundenorientierung, Kundenzufriedenheit und Kundenbindung, 6. Aufl., Wiesbaden, S. 177-196.

Günter, B. (1990): Markt- und Kundensegmentierung in dynamischer Betrachtungsweise, in: Kliche, M. (Hrsg.): Investitionsgütermarketing – Positionsbestimmung und Perspektiven, Wiesbaden, S. 113-130.

Haller, S. (2005): Dienstleistungsmanagement, 3. Aufl., Wiesbaden.

Hohl, N.A.D. (2008): Variety Seeking – Eine nutzenorientierte Betrachtung des Wechselverhaltens bei Konsumenten, Arbeitspapier am Lehrstuhl für Marketing der Universität Siegen.

Hohl, N.A.D./Naskrent, J. (2009): Involvement – Forschungsstand und Neukonzeption, Arbeitspapier am Lehrstuhl für Marketing der Universität Siegen.

Hohl, N.A.D./Wienke, A.I. (2008): Marktsegmentierung mit Hilfe der Big Five. Eine explorativ-quantitative Untersuchung des Zusammenhangs zwischen Kaufverhalten und Persönlichkeitseigenschaften, Arbeitspapier am Lehrstuhl für Marketing der Universität Siegen.

Krafft, M./Albers, S. (2000): Ansätze zur Segmentierung von Kunden. Wie geeignet sind herkömmliche Konzepte?, in: Zeitschrift für betriebswirtschaftliche Forschung, 52. Jg., Nr. 9, S. 515-536.

Lippmann, H. (1992): Kennzahlen und Steuerungssysteme, in: Brockmann, G.M. (Hrsg.): Erfolgreiches Verkaufsmanagement, München, S. 1-19.

Meffert, H./Bruhn, M. (2009): Dienstleistungsmarketing. Grundlagen, Konzepte und Methoden, 6. Aufl., Wiesbaden.

Meyer, A./Kantsprenger, R./Schaffer, M. (2006): Die Kundenbeziehung als ein zentraler Unternehmenswert. Kundenorientierung als Werttreiber der Kundenbeziehung, in: Günter, B./Helm, R. (Hrsg.): Kundenwert. Grundlagen, Innovative Konzepte und Praktische Umsetzungen, 3. Aufl., Wiesbaden, S. 61-82.

Möhlenbruch, D./Dölling, S./Ritschel, R. (2008): Web 2.0-Anwendungen im Kundenbindungsmanagement des M-Commerce, in: Bauer, H.H./Dirks, T./Bryant, M.D. (Hrsg.): Erfolgsfaktoren des Mobile Marketing, Berlin u. a., S. 221-240.

Müller, W./Riesenbeck, H.-J. (1991): Wie aus zufriedenen Kunden auch anhängliche Kunden werden, in: Harvard Business Manager, 13. Jg., Nr. 3, S. 67-79.

Schleuning, C. (1997): Dialogmarketing, 3. Aufl., Ettlingen.

Schöler, A. (2006): Rückgewinnungsmanagement, in: Hippner, H./Wilde, K. (Hrsg.): Grundlagen des CRM. Konzepte und Gestaltung, Wiesbaden, S. 605-631.

Silberer, G./Schulz, S. (2008): mCRM – Möglichkeiten und Grenzen eines modernen Kundenbeziehungsmanagements, in: Bauer, H.H./Dirks, T./Bryant, M.D. (Hrsg.): Erfolgsfaktoren des Mobile Marketing, Berlin u. a., S. 149-163.

Töpfer, A. (2008): Analyse der Anforderungen und Prozesse wertvoller Kunden als Basis für die Segmentierung und Steuerungskriterien, in: Töpfer, A. (Hrsg.): Handbuch Kundenbindungsmanagement. Anforderungen, Prozesse, Zufriedenheit, Bindung und Wert von Kunden, Berlin u. a., S. 191-228.

Töpfer, A./Heidig, C. (2008): Effiziente Kundenbindungsaktivitäten für profitable Kunden-Lieferanten-Beziehungen in mittelständischen Unternehmen, in: Töpfer, A. (Hrsg.): Handbuch Kundenbindungsmanagement. Anforderungen, Prozesse, Zufriedenheit, Bindung und Wert von Kunden, Berlin u. a., S. 571-625.

Tuzovic, S. (2004): Kundenorientierte Vergütungssysteme im Relationship Marketing, Wiesbaden.

Hajo Riesenbeck

Erfolgsfaktoren im Kundenbeziehungsmanagement

1. Einleitung
    1.1   Wert der Kundentreue
    1.2   Wertsteigerungsmöglichkeiten durch aktive Kundenbindung und Kundenentwicklung
    1.3   Holistisches Kundenbeziehungsmanagement

2. Effektivität: Erfolgsfaktoren im Kundenbeziehungsmanagement
    2.1   Erhebung und Auswertung von Kundendaten
    2.2   Bedürfnisbasierte Kundensegmentierung
    2.3   Angebotsdifferenzierung
    2.4   Kampagnenmanagement
    2.5   Ergebnisüberwachung

3. Effizienz: Vom Kundenverständnis zum Kundenwert
    3.1   Kaufprozessanalyse
    3.2   Ermittlung relevanter Zufriedenheitstreiber und Kontaktpunkte
    3.3   Berechnung des erforderlichen Leistungsniveaus

4. Ausblick: Der Kunde als Partner

Hajo Riesenbeck ist Director im Düsseldorfer Büro von McKinsey & Company und einer der Leiter der globalen McKinsey Marketing & Sales Practice.

1. Einleitung

1.1 Wert der Kundentreue

„Kundenbindungsstrategien bzw. Customer-Retention-Programme haben stark an Bedeutung gewonnen." – Manfred Bruhn (Bruhn 2009a, S. 32)

Auf den ersten Blick scheint das Neue nirgends eine so große Rolle zu spielen wie im Marketing. Allein mit dem Versprechen „Neu!" zieht man vielleicht keine Käufer mehr an. Gleichwohl gilt die Aufmerksamkeit der meisten Marketingmanager, Marktforscher und Markenexperten nach wie vor hauptsächlich neuen Produkten, neuen Preisvorteilen, neuen Kanälen, neuen Werbebotschaften und natürlich den neuen Kunden, die mit den geballten Neuigkeiten gewonnen werden sollen. Aber hält dieser Glaube an das Neue einer kritischen Prüfung stand? Nur zum Teil. Niemand wird sich neuen Geschäften verschließen, aber wer trotz der Verlockung eines wachsenden Kundenstamms das Ergebnis im Auge behält, wird neue Geschäfte bevorzugt mit bestehenden Kunden tätigen wollen.

Der amerikanische Kundenbeziehungsexperte Fred Reichheld hat schon vor über zehn Jahren festgestellt, dass die Gewinnung eines Neukunden fünfmal so viel kostet wie die Bindung eines existierenden Kunden (Reichheld 1996). Nicht erst seit dem Platzen der Internet-Blase um 2001 ist die Abwanderung mit hohem Aufwand geworbener Kunden, der so genannte Churn, unter Marketingexperten gefürchtet. Dies gilt in besonderem Maße für vertragsbasierte Branchen wie Banken, Versicherungen oder Anbieter von Telekommunikationsleistungen, in denen dauerhafte und belastbare Kundenbeziehungen über das Wohl und Wehe ganzer Unternehmen entscheiden. Eine aktuelle McKinsey-Untersuchung kommt zu dem Ergebnis, dass in solchen Branchen 60 bis 90 Prozent des Kundenwerts aus dem Bestandskundengeschäft geschöpft wird. Neukunden dagegen tragen nur rund 10 bis 40 Prozent zur Wertschöpfung bei (Huber/Köhler 2007). Selbst die Rückgewinnung ehemaliger Kunden ist immer noch ungleich werthaltiger als die Gewinnung echter Neukunden. Neukundengewinnung mit Hilfe von Rabattschlachten oder klassischer Werbung führt wegen der hohen Streuverluste schnell zu Akquisitionskosten von mehreren Tausend EUR pro Kopf (Perrey/Riesenbeck 2009a, S. 34). Es kann lange dauern, bis sich ein derartiger Aufwand durch zusätzliche Umsätze amortisiert. Im schlimmsten Fall zahlt sich die Anfangsinvestition niemals aus.

Darüber hinaus stiften Bestandskunden als potenzielle Fürsprecher einer Marke oder eines Unternehmens zusätzlichen Wert. Jüngste Forschungen zum Kaufentscheidungsverhalten zeigen, dass Empfehlungen durch Freunde und Bekannte insbesondere angesichts verwirrender Angebotsvielfalt und großen Werbedrucks wachsende Bedeutung zukommt. Vor allem die ernsthafte Kauferwägung, einer der wichtigsten Schritte auf dem Weg zum Abschluss, hängt entscheidend von Empfehlungen aus dem Freundes- und Bekanntenkreis ab. Dies gilt wiederum besonders für komplexe und hochpreisige Produkte und Dienstleistungen, wie sie in vertragsbasierten Branchen die Regel sind. Wer will sich schon für mehrere Jahre an ein Bankkonto, einen Mobilfunkvertrag oder eine Versicherungspolice binden, ohne qualifizierten Rat eingeholt zu haben? Niemand kann nach Meinung potenzieller Neukunden solche bindungsbasierten Geschäfte besser beurteilen als vertraute Personen, die bereits Kunden des fraglichen Unternehmens oder Käufer der erwogenen Marke sind. Dieser Mechanismus, der über einfache Mundpropaganda hinausgeht, macht den Bestandskunden zum wichtigen Botschafter.

Der existierende Kundenstamm stellt also in doppeltem Sinn das Kapital bindungsbasierter Geschäftsmodelle dar: mit ihrem eigenen Umsatz, der angesichts bereits verbuchter Akquisitionskosten direkt ergebniswirksam wird, sowie als Multiplikatoren, die wirksame und kostengünstige Reputations- und Neukundengewinne versprechen. In wirschaftlich kritischen Zeiten, wie sie zuletzt Mitte 2008 vom weitgehenden Zusammenbruch der kreditbasierten Immobilienfinanzierung in den USA eingeläutet worden sind, kommt dem Bestandskunden noch größere Bedeutung zu. Prägende Elemente der Krise sind allseits erschüttertes Vertrauen, nervöse Anleger, stagnierende Löhne, wachsende Arbeitslosigkeit, schrumpfende Haushaltsausgaben und verunsicherte Verbraucher. Nach dramatischen Einbrüchen im Finanzwesen hat die Krise längst die Realwirtschaft und damit den Geldbeutel von Endkunden in aller Welt erreicht. Aus Unternehmenssicht machen Investorenerwartungen, Finanzierungsschwierigkeiten und wachsender Ergebnisdruck ein robustes und profitables Bestandskundengeschäft in mageren Jahren noch wichtiger als in fetten Jahren. In unsicheren Zeiten ist der treue Kunde als Käufer wie als Kommunikator – bildlich gesprochen – für viele Unternehmen die letzte sichere Bank.

1.2 Wertsteigerungsmöglichkeiten durch aktive Kundenbindung und Kundenentwicklung

Nicht nur unter den Vorzeichen der Wirtschaftskrise sind tiefes Verständnis und aktive Pflege von Kundenbeziehungen zentrale Bausteine des Marketingerfolgs. Trotzdem fürchten viele Unternehmen die Mühe und die Investitionen, die professionelles Kundenbeziehungsmanagement mit sich bringt. Lohnt sich der Aufwand? Die Antwort hängt von der Branche, der Unternehmensreife, dem Wettbewerbsumfeld und nicht zuletzt vom durchschnittlichen Wert einer einzelnen Kundenbeziehung über ihre gesamte Dauer, dem so genannten Customer Lifetime Value (CLV), ab. Generell gilt, dass aktives Kundenbeziehungsmanagement vier Werttreiber entscheidend beeinflusst:

■ *Kundenportfoliomanagement:* Viele Unternehmen machen 80 Prozent ihres Umsatzes mit 20 Prozent ihrer Kunden. Nicht selten fällt diese Verteilung unter Ergebnisgesichtspunkten noch dramatischer aus, weil aktive Kunden oft nicht nur mehr, sondern auch höhermargige Produkte nachfragen. Ein Teil der weniger aktiven Kunden hingegen generiert womöglich sogar negative Deckungsbeiträge, weil die Kosten für Vertragspflege, Kundenbetreuung und Verwaltung den Umsatz übersteigen. In der Telekommunikationsbranche etwa gilt dies für viele Prepaid-Kunden, die ihre Mobilfunkkarten mit geringen Beträgen aufladen und vorrangig nutzen, um erreichbar zu sein, gelegentlich eine SMS zu schreiben oder Zweit- und Dritthandys betriebsbereit zu halten. Allein die systematische Erfassung des Kundenwerts, die bevorzugte Behandlung der besten Kunden und die Reduzierung oder Einstellung von Kundenbindungsmaßnahmen für weniger profitable Kunden kann das Geschäftsergebnis wesentlich beeinflussen (Huber/Köhler 2007). Ein detailliertes Beispiel aus der Mobilfunkindustrie inklusive der Aufschlüsselung der verschiedenen Werttreiber findet sich etwa bei Huber und Köhler (2007, S. 273ff.): Während etwa Kunde A wegen eines geringen Monatsumsatzes, hoher Akquisitionskosten und hoher Bindungskosten (verursacht durch zwei Austauschgeräte und eine Gebührenrückerstattung nach Beschwerde) am Ende seiner zweijährigen Vertragslaufzeit einen negativen Wertbeitrag von 430 USD generiert hat, schreibt Vieltelefonierer B wegen geringer Akquisitionskosten und hoher Monatsumsätze ohne besondere Bindungskosten seit dem dritten Quartal schwarze Zahlen und kommt nach zwei Jahren auf einen Wertbeitrag von über 1.200 USD.

■ *Umsatzstabilisierung:* Aktives Kundenbeziehungsmanagement begünstigt die Verlängerung oder Erneuerung von Verträgen und Abonnements, festigt die Nachfrage in bestehenden Kundenbeziehungen, erhöht die Wiederkauf- oder Vertragsverlängerungsrate und verhindert die Abwanderung von Kunden zu anderen Marken oder Anbietern. So wirkt sich die Kundenbeziehungspflege stabilisierend auf den Umsatz und zudem positiv auf das Ergebnis aus, weil Kosten für Rück- oder Neugewinnung abgewanderter Kunden vermieden werden.

■ *Kundenwertsteigerung:* Das eingangs erwähnte Kundenportfoliomanagement zeigt, dass der Kundenstamm in aller Regel wertvolle und weniger wertvolle Kunden umfasst. Aktives Kundenbeziehungsmanagement erlaubt es nicht nur, Bindungsmaßnahmen auf wertvolle Kunden zu konzentrieren, sondern ermöglicht zudem die Entwicklung bestehender Kunden zur Erhöhung ihres CLV. Ansatzpunkte dafür sind sowohl alternative höherwertige („Up Selling") als auch zusätzliche Angebote („Cross Selling"). So lässt sich mancher Vielflieger durch gezielte Ansprache bewegen, statt des üblichen Economy-Tickets die Business Class zu buchen. Und der Kunde einer Versicherung ist neben Unfallpolice und Privathaftpflicht spätestens nach der Familiengründung wahrscheinlich auch an einer Lebensversicherung interessiert. Solche Zusatzgeschäfte können auch Branchengrenzen überschreiten, indem einem Flugpassagier am Zielflughafen ein günstiger Mietwagen oder dem Mobilfunkteilnehmer ein attraktiver DSL-Tarif oder eine Internet-basierte Heimkinolösung angeboten werden. Die zusätzlichen Umsätze kommen dem Unternehmen, im Falle eines breit gefächerten Produktportfolios, entweder direkt, oder, im Fall der Weitervermittlung an Partnerunternehmen, durch Provisionen zugute.

■ *Zusatzgeschäft durch Weiterempfehlung:* Wie schon in der Einleitung beschrieben, wächst die Bedeutung des Bestandskunden als Botschafter „seiner" Marke. In manchen Fällen, besonders bei komplexen und vertrauensbasierten Geschäften wie einer Versicherungspolice, steht die Unabhängigkeit des Multiplikators im Vordergrund. In anderen, weniger sensiblen Bereichen lässt sich die Weiterempfehlung auch gezielt beeinflussen, etwa durch Prämien oder andere Belohnungen. Ein Beispiel hierfür ist das Modell „Leser werben Leser" im Bereich der Zeitungs- und Zeitschriftenabonnements. Die Marketingabteilungen der großen Modehäuser und Designerlabels machen sich einen ähnlichen, allerdings medial verstärkten Effekt zu Nutze, wenn sie Schauspieler für große Ereignisse wie Preisverleihungen und andere öffentliche Anlässe mit Kleidung, Schmuck und Accessoires ausrüsten.

Eine Übersicht solcher Werttreiber über die gesamte Dauer einer Kundenbeziehung ist in Abbildung 1 am Beispiel eines Mobilfunkunternehmens dargestellt.

Abbildung 1: *Elf Kundenwerttreiber im Mobilfunk*
(Quelle: McKinsey)

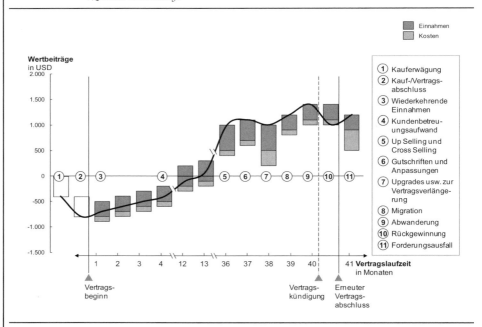

Die aktive Steuerung dieser und ähnlicher Werttreiber ist bares Geld wert. Eine global agierende Bank hat berechnet, dass eine Steigerung der Kundenloyalität um 5 Prozent zu einer Umsatzsteigerung um über 20 Prozent führen würde. Der Finanzmakler Charles Schwab erzielt mit aktivem Kundenbeziehungsmanagement sogar noch eindrucksvollere Ergebnisse. Mit Hilfe eines statistischen Modells, das aufgrund typischer Kundenverhaltensmuster die Kündigungswahrscheinlichkeit berechnet, spricht Schwab „gefährdete" Kunden frühzeitig mit speziellen Angeboten an. Mit solchen Methoden hat Charles Schwab den Profit der zehn stärksten Wettbewerber zeitweise um mehr als 100 Prozent übertroffen (Huber/Köhler 2007).

1.3   Holistisches Kundenbeziehungsmanagement

Derart dramatische Effekte stehen indes am Ende einer schrittweisen Einführung systematischer Kundenbindungsprogramme. Niemand würde ernsthaft versuchen, ein junges, schnell wachsendes Unternehmen mit gut gehendem Neukundengeschäft über Nacht in einen Pionier der Kundenwertoptimierung mit Hilfe aufwändiger Modellierung zu verwandeln.

Der lange Weg von der eher opportunistischen zur aktiven Kundenbeziehungspflege war in den 1990er Jahren etwa am Beispiel vieler großer Fluggesellschaften zu beobachten. Der erste Schritt war die Einführung mehr oder weniger subtiler Barrieren und Belohnungen, um die Kunden am Wechsel zu anderen Gesellschaften zu hindern. Die Priorisierung der Kunden stützte sich anfangs vor allem auf ihr bisheriges Flugverhalten, und die Bindungsmaßnahmen bestanden in der Regel aus einzelnen Kampagnen ohne übergreifendes System. Mittlerweile haben führende Gesellschaften in Europa und Nordamerika fortgeschrittene Kundenbindungsprogramme eingeführt, die sich am extrapolierten Kundenwert über die gesamte Dauer der Kundenbeziehung, dem CLV, orientieren. Vormalige nationale Einzelkämpfer haben sich zur Nutzung interner und externer Synergien zu weltweiten Netzwerken wie Star Alliance, SkyTeam oder OneWorld zusammengeschlossen. Die IT-Systeme im Hintergrund bestehen aus integrierten Plattformen von beträchtlicher Komplexität.

Solche Beispiele zeigen, dass die Entscheidungsfindung der Kunden heute keine undurchschaubare „Black Box" mehr ist. Vielmehr werden die Mechanismen, die zur Kundentreue oder auch zur Abwanderung führen, inzwischen in vielen Branchen gut verstanden. Auf der Grundlage ihres Wissens über Kundenbedürfnisse und Werttreiber können Unternehmen die Beziehung zu ihren Kunden aktiv gestalten, um deren Verhalten und Wert gemäß den eigenen Umsatz- und Profitabilitätszielen zu steuern. Grundvoraussetzung für erfolgreiches Kundenbeziehungsmanagement ist ein holistisches Verständnis sowohl vom Begriff des Kundenwerts (als Summe aller Cash Flows von der Erstakquisition bis zur letzten Transaktion; vgl. Abbildung 1) als auch vom Begriff des Kundenkontakts. Darunter ist keineswegs nur das Gespräch zwischen einem Vertriebsmitarbeiter und dem Kunden zu verstehen, sondern jeder Punkt, an dem ein Unternehmen oder eine Marke den Kunden berührt, von der klassischen Werbung über Verpackungsanmutung und Produkterfahrung bis zur Garantieabwicklung.

Führende Unternehmen zeichnen sich wie die Partner der erwähnten Airline-Netzwerke dadurch aus, dass sie die Pflege von Kundenbeziehungen und die Optimierung des Kundenwerts nicht mit Ad-hoc-Aktionen, sondern im Rahmen eines strukturierten Systems betreiben. Dabei setzen sie auf – freiwillige – Einstellungstreue, die aus echten und fühlbaren Vorteilen für ihre Kunden erwächst, statt auf reine Verhaltenstreue, die lediglich den jeweiligen Umständen geschuldet ist und ins Wanken gerät, sobald die Bedingungen sich ändern. Schließlich haben die Pioniere des Loyalitätsmanagements dabei nicht nur die Wirksamkeit, sondern auch die Effizienz ihrer Kundenbindungs- und Entwicklungsmaßnahmen im Blick, denn ein wirtschaftlich denkender Anbieter hält keinen Kunden um jeden Preis.

Solche Überlegungen sind längst nicht mehr auf Fluggesellschaften beschränkt. Auch in anderen Branchen hat sich das Kundenwertdenken durchgesetzt, wie sich an der Vielzahl der Bonusprogramme und Treueclubs ablesen lässt. Vielfliegermeilen, Kreditkarten-Rewards, Vielfahrerpunkte, Payback-Prämien und Happy Digits gehören inzwischen zu den Schattenwährungen der Konsumgesellschaft, und die an den Farben olympischer Medaillen orientierten Statuskarten machen selbst Zivilisten durch heldenhaften Verbrauch zu Ordensträgern. Der Erfolg ist indes keineswegs sicher. Viele Programme verschwinden, bevor sie auch nur überregionale Bekanntheit und Verbreitung erreichen. In manchen Branchen sind belohnungshungrige Vertragsverlängerer längst als Prämienjäger verschrien. Einzelnen Unternehmen droht wegen wachsender Erwartungen findiger Kunden gar der Ruin; man denke etwa an die Praxis stark subventionierter Endgeräte im Mobilfunkgeschäft, die den Einzelkundenwert für die gesamte Dauer der Vertragslaufzeit in die roten Zahlen drücken können.

Neben vielen Chancen bleiben hinsichtlich erfolgreichen Kundenbeziehungsmanagements also vor allem drei große Fragen: Wie erkennt ein Unternehmen seine wertvollsten Kunden? Wie kann es ihren Wert gezielt erhalten und steigern? Und wie kann es die Nachhaltigkeit und Effizienz von Kundenbindungsmaßnahmen überwachen?

2. Effektivität: Erfolgsfaktoren im Kundenbeziehungsmanagement

„Die Vertreter des Beziehungsmarketing gehen davon aus, dass die traditionelle Transaktions-orientierung […] der Kernaufgabe des Marketing – der Pflege […] von Geschäftsbeziehungen – zu wenig Rechnung trägt." – Manfred Bruhn (Bruhn 2009a, S. 31)

Wirksame Kundenbindung ist keine Geheimwissenschaft, sondern eine operative Herausforderung. Sie steht und fällt mit der Gewinnung, gezielten Nutzung und dauerhaften Überwachung relevanten Wissens über den Wert, das Verhalten und die Bedürfnisse der Kunden. In der Praxis zeigen sich über Branchen- und Ländergrenzen hinweg fünf Erfolgsfaktoren:

2.1 Erhebung und Auswertung von Kundendaten

Wer seine Kundenbeziehungen managen will, sollte seine Kunden genau kennen. Nur wer das Konsumverhalten, den Grad der Loyalität, die Vorlieben und Bedürfnisse der Kunden versteht, kann sie später auch sinnvoll zu Gruppen zusammenfassen und ihnen maßgeschneiderte Angebote bieten.

An die dafür nötigen Informationen können Unternehmen auf verschiedenen Wegen gelangen. Wenn eine Vertragsbeziehung besteht, sind beispielsweise Transaktions- oder Rechnungsdaten wichtige Quellen zur Ermittlung der Gewohnheiten und Präferenzen eines Kunden. Auch eigene Vertriebskanäle liefern vergleichbare Daten, beispielsweise in Eigenregie betriebene Geschäfte oder Onlineshops der eigenen Marken. In Branchen ohne solche Verträge und Vertriebskanäle bieten sich vor allem Kundenkarten an: Die damit erfassten Daten ermöglichen nicht nur einen genauen Einblick in Warenkörbe und Transaktionshäufigkeiten, sondern machen den dazugehörigen Kunden identifizierbar. Vor allem deshalb haben Fluggesellschaften Loyalitätsprogramme eingeführt: Vorher konnten sie aus dem Reservierungssystem nur den Namen des Passagiers ersehen – aber nicht einmal feststellen, wo er wohnte. In Branchen, in denen die Unternehmen wenig direktes Wissen über ihre Kunden besitzen, ist gezielte Marktforschung das Mittel der Wahl, um kundenbindungsrelevante Erkenntnisse zu gewinnen; eine systematische Darstellung von Quellen und Methoden der Kundendatengewinnung findet sich etwa in Hölscher/Staack 2007.

Im Anschluss an die Datenerhebung gilt es, deren Belastbarkeit zu prüfen: Sind sie umfassend und verlässlich genug, um die Kunden sinnvoll und handlungsleitend zu segmentieren? Bieten die Daten eine ausreichende Basis zur Durchführung von Kundenbindungsmaßnahmen? Mitunter zeigen sich erhebliche Lücken. Lange Zeit waren etwa vielen Versicherungen Alter und Familienverhältnisse ihrer Kunden unbekannt, obwohl gerade im Versicherungsgeschäft viele Bedürfnisse und damit Kundenentwicklungschancen von Lebensphasen und biografischen Einschnitten wie Volljährigkeit, Hochzeit oder Familiengründung abhängen. Solche Lücken lassen sich jedoch oft sogar mit Daten schließen, die bereits im Unternehmen vorhanden sind. Beispielsweise können Datenbanken für verschiedene Vertriebskanäle zusammengeführt werden. Manchmal stellen auch Vertriebspartner ihre Daten zur Verfügung, wenn sie dafür finanzielle Anreize erhalten oder zu der Überzeugung gelangen, dass aktives Kundenbindungsmanagement auch ihren Gewinn steigert. Schließlich können die fehlenden Informationen mitunter auch durch die Berechnung von Näherungswerten auf Basis existierender Daten ersetzt werden.

Unternehmen, die nicht über eine ausreichende Datenbasis verfügen, können sich die benötigten Informationen auch anders beschaffen – beispielsweise, indem Mitarbeiter die Kunden beim Abschluss von Neuverträgen oder bei Vertragsverlängerungen direkt ansprechen. Auch Fragebögen bieten sich an, etwa bei Gewinnspielen oder bei Erhebungen zur Kundenzufriedenheit. Gute Gelegenheiten, Datensätze zu vervollständigen, sind insbesondere telefonische Kontakte. Es eignen sich sowohl Anrufe der Kunden im Call Center als auch Anrufe des Anbieters beim Kunden. Darüber hinaus kann das Unternehmen selbst Marktforschung betreiben oder existierende Datensätze von externen Anbietern kaufen, insbesondere qualitative Informationen über Präferenzen, Einkommen, Nutzenkategorien, Einstellungen der Kunden und Treiber für Loyalität. In manchen Branchen gibt es sogar „schlüsselfertige" Lösungen, wie etwa die regelmäßige Befragung von Neuwagenkäufern in Nordamerika und Europa. Zu den geläufigsten Beispielen in diesem Bereich zählt der New Car Buyer Survey (NCBS).

Dabei stellen Beschaffung und Sichtung der Informationen nur einen ersten Schritt dar. Das eigentliche Data Mining, die hypothesenbasierte Analyse, beginnt erst danach. Angesichts der teilweise enorm umfangreichen Datenbestände besteht die Kunst darin, die richtigen Fragen zu stellen. Für eine Fluggesellschaft beispielsweise wäre es außerordentlich interessant zu wissen, welche Passagiere ihre Bonusmeilen immer für Upgrades in die First Class nutzen, aber nie für Produkte aus dem Prämienkatalog. Nur solche zielgerichteten Analysen tragen tatsächlich dazu bei, dass das Unternehmen seine Kunden besser ansprechen beziehungsweise deren Wert steigern kann.

Selbstverständlich ist bei der Nutzung von Kundendaten auf die Wahrung der im jeweiligen Land und Markt gültigen Datenschutzbestimmungen zu achten. Dies gilt in besonderem Maße für die Nutzung oder Zusammenführung von Daten, die ursprünglich zu anderen Zwecken als denen des Marketing erhoben worden sind. Das deutsche Bundesdatenschutzgesetz etwa verbietet spätestens seit seiner jüngsten Überarbeitung (BGBl. I S. 160, 266) jede Weitergabe persönlicher Daten ohne die Zustimmung der Betroffenen, insbesondere im Internet. Solche und ähnliche Regelungen haben in einigen Bereichen eine Abkehr von breit gestreuten Marketingmaßnahmen zugunsten des so genannten Permission Marketing bewirkt. Das Permission Marketing beruht auf dem Prinzip, die Zustimmung des Kunden einzuholen, bevor er mit Marketingmaßnahmen konfrontiert wird. Dieser Ansatz tut einerseits gesetzlichen Vorschriften Genüge, sichert andererseits aber auch eine höhere Relevanz der Werbebotschaften und Angebote (Godin 1999).

2.2 Bedürfnisbasierte Kundensegmentierung

Um das gewonnene Wissen in Wert zu verwandeln, ist es erforderlich, Kundendaten so zu verdichten, dass sie Unternehmen in die Lage versetzen, ihr Angebot für hinreichend homogene Gruppen von ausreichender Größe und hohem Wert zu differenzieren. Diese Verdichtung leistet die Kundensegmentierung. Die zentrale Frage nach den Kundenbedürfnissen findet sich auch in anderen Arten von Segmentierung, wie sie etwa zur Identifizierung von Wachstumschancen oder zur Positionierung von Marken oder Produkten verwendet werden. Im Rahmen des Kundenbeziehungsmanagements spielt neben den Kundenbedürfnissen der Kundenwert eine zweite Hauptrolle. Eine zweidimensionale Segmentierung, die Kunden sowohl nach ihren Bedürfnissen als auch nach ihrem Wert gruppiert, ermöglicht die Beantwortung zweier zentraler Arten von Fragen. Erstens: Welche Bedürfnisse hat der Kunde eigentlich und wie kann das Unternehmen diese bestmöglich erfüllen, um ihn langfristig zu binden? Zweitens: Welche Kunden generieren einen ausreichenden Wert, damit sich solche Bindungsmaßnahmen auch lohnen? Wie lässt sich schließlich der Kundenwert weiter steigern?

Zu den Vorreitern segmentierungsbasierter Kundenbindung gehört der britische Einzelhändler Tesco. Tesco kombiniert die Erkenntnisse der Primärmarktforschung mit den Daten eines Treuekartenprogramms, das mehr als 10 Mio. Teilnehmer mit jährlich über 400 Mio. Transaktionen umfasst. Aus der Analyse von Merkmalen wie Kauffrequenz und Produktmix hat Tesco eine Grobsegmentierung entwickelt, welche die Kundenbedürfnisse anhand des Einkaufsverhaltens beschreibt („you are what you eat"). Diese Makrosegmentierung wird anhand demografischer Daten und dem mit Hilfe von Transaktionsvolumen und Preisklassen approximierten Kundenwert zur Mikrosegmentierung verfeinert. Auf der Grundlage dieser Mikrosegmentierung unterbreitet Tesco seinen Kunden gezielte Angebote, die seine Präferenzen und seine Preiselastizität berücksichtigen. Mit rund einer Million (weitgehend automatisch) maßgeschneiderter Variationen seiner Marketingbotschaften kommt Tesco dem vielbeschworenen „Segment of One" schon sehr nahe: Obwohl das Unternehmen in einem Massenmarkt agiert, hat jeder Kunde das Gefühl, individuell angesprochen zu werden. Getreu dem Unternehmensmotto „Creating value for customers to earn their lifetime loyalty" nutzt Tesco eine breite Palette an Kundendaten als Basis für die Angebotsdifferenzierung; eine umfassende Darstellung verschiedener Segmentierungsansätze inklusive zahlreicher Fallbeispiele finden sich in Hölscher/Schellekens (2007, S. 40ff.) Mit diesem Ansatz ist es Tesco gelungen, den Aktienkurs im Zeitraum zwischen

1997 und 2007 zu verdoppeln; im gleichen Zeitraum hat sich die Zahl der Geschäfte mehr als verdreifacht. Bis ins vierte Quartal 2008 lag Tesco fast immer deutlich vor seinen Konkurrenten im Food-and-Drug-Retailing-Index (Dow Jones UK). Ob sich die derzeitige Krise zugunsten von Discountern und damit zu Lasten des eher am Kundenmehrwert orientierten Ansatzes von Tesco auswirken wird, ist noch nicht abschließend zu beurteilen (Köhler/Wallmann 2007, S. 57).

Der Nutzen bedürfnisbasierter Segmentierung ist aber nicht auf solche Branchen und Industrien beschränkt, die aus direktem Kontakt sehr viel über ihre Kunden wissen. Auch Konsumgüterunternehmen, die wegen des zwischengeschalteten Einzelhandels kaum direkten Zugriff auf Kundendaten haben, können mit Hilfe gezielter Marktforschung handlungsleitende und wertstiftende Segmentierungen entwickeln. PepsiCo etwa entdeckte dank bedürfnisbezogener Marktforschung in England ein Segment junger männlicher Kunden, für die es trotz grundsätzlicher Affinität zur Marke Pepsi im Produktsortiment des Unternehmens kein optimales Angebot gab. Diese Kunden legten einerseits Wert auf gesundheitsbewusste und kalorienreduzierte Ernährung, konnten sich andererseits aber mit einem „Mädchengetränk", als das sie Diet Pepsi wahrnahmen, nicht identifizieren. Als Antwort auf diesen Zielkonflikt führte Pepsi Anfang der 1990er Jahre das Produkt Pepsi Max ein, band die gesundheitsbewussten jungen Männer als Kunden ans Unternehmen und setzte sich damit beim Umsatzwachstum an die Spitze der zuckerfreien Softdrinks (PepsiMax-Umsatzentwicklung laut PepsiCo Trade Marketing Manager Nicky Seal; vgl. Hölscher/Schellekens 2007, S. 41). Coca Cola erkannte die Zeichen der Zeit erst über ein Jahrzehnt später und zog 2004 (zunächst in den USA) mit Coke Zero nach.

2.3 Angebotsdifferenzierung

Sind die Kundensegmente bestimmt, gilt es, für die auf Grund ihres Kundenwerts priorisierten Zielkunden spezifische Angebote zu entwickeln, um ihre Nutzungsintensität zu erhalten, weitere Nutzungsmöglichkeiten zu generieren (Up Selling und Cross Selling), Abwanderung zu verhindern und schließlich die Weiterempfehlung an mögliche neue Kunden zu fördern, wenn deren Ergebnisbeitrag auch nicht direkt messbar ist.

Der Aufwand, den das Unternehmen für solche Angebote betreibt, sollte im Sinne der Ergebnisorientierung eine Funktion des individuellen Wertbeitrags der jeweiligen Kunden sein: Je wertvoller der Kunde ist, desto mehr Spielraum hat das Unternehmen für die maßgeschneiderte Ansprache und Angebotsentwicklung. Die Angebote wirken jedoch nur, wenn sie die Bedürfnisse, Vorlieben und Interessen des Kunden sowie sein übliches Verhalten berücksichtigen. Als einer der Pioniere dieser Art der wertorientierten Angebotsdifferenzierung gilt der Hotel- und Kasinobetreiber Harrah's Entertainment. Ob im Caesar's Palace in Las Vegas oder im Showboat in Atlantic City – in allen seinen Kasinos und den zugehörigen Hotels beobachtet der Konzern das Spielverhalten der Kunden genau, insbesondere das der Teilnehmer seines Treueprogramms. Mit Hilfe dieser Daten wird jeder Kunde einem von 90 Segmenten zugeordnet. Für jedes dieser Segmente erstellt Harrah's anhand der Spielmuster der jeweiligen Kunden eigene Gewinn-und-Verlust-Rechnungen.

Nahezu alle Mitarbeiter vom Harrah`s mit Kundenkontakt können auf den Datenbestand zugreifen und sind befugt, den besten Kunden geeignete Services anzubieten. Wünscht ein solcher Topkunde zum Beispiel, vom Flughafen mit einem Luxusfahrzeug an Stelle der üblichen Limousine abgeholt zu werden, so wird dieser Wunsch erfüllt. Neben solchen Extras kreiert Harrah's für jedes Segment individuell zugeschnittene Prämien und Anreize. So erhält ein hochwertiger Kunde beispielsweise einen Freiflug nach Las Vegas, ein Kunde mit mittlerem Wert dagegen „nur" einen kostenlosen Shuttle-Transfer vom und zum Flughafen.

Für Harrah's hat sich dieses Konzept ausgezahlt. Seit seiner Einführung haben sich die Jahreseinnahmen allein in den hochwertigen Kundensegmenten um ein Viertel erhöht. Statt sechsmal besuchen Kunden dieser Gruppe nun durchschnittlich achtmal ein Kasino des Unternehmens. Und schließlich hat Harrah's seinen Anteil an den Gesamtausgaben (Share of Wallet) dieser hochwertigen Kunden um fast ein Fünftel gesteigert (Huber/Köhler 2007, S. 277).

Ein anderes Beispiel für Servicedifferenzierung ist der bereits zuvor erwähnte britische Einzelhändler Tesco. Tesco nutzt sein umfassendes Wissen nicht nur, wie oben beschrieben, zur individuellen Ansprache von Mikrosegmenten. Die gesammelten Daten beeinflussen in stärker aggregierter Form auch den gesamten Marketingmix des Unternehmens, von Produkteinführungen über Preisgestaltung bis hin zu Promotion-Aktionen. So hat Tesco Profile für preisbewusste Kundensegmente erstellt und dabei jene Produktgruppen identifiziert, welche die Preiswahrnehmung der Kunden vorrangig beeinflussen. Die Analyse ergab etwa, dass günstiges Obst und Gemüse den gesamten Supermarkt preiswert erscheinen lässt, so dass sich Preisnachlässe bei den frischen Lebensmitteln überproportional bezahlt machen. Auf der Grundlage solcher Erkenntnisse hat Tesco seine Promotion-Strategie überarbeitet; danach wurden (statt vorher über 700) nur noch rund 300 Produktgruppen im Preis reduziert, ohne dass dies die wahrgenommene Preiswürdigkeit des gesamten Warenangebots beeinträchtigt hätte. Schließlich erlauben die Daten Tesco und den kooperierenden Zulieferern auch eine Prognose über den Erfolg neuer Produkte – mit einer Fehlerquote von weniger als einem Prozent (Huber/Köhler 2007, S. 279).

Aber schon viel weniger aufwändige und analytisch weniger anspruchsvolle Kundendatennutzung kann dabei helfen, Kunden dauerhaft zu binden und so nachhaltige Wertschöpfung zu sichern. Die klassische soziodemografische Segmentierung, die auf einfachen Merkmalen wie Alter, Geschlecht, Familienstand, Einkommen und Wohnort beruht, bietet viele Ansatzpunkte für nachhaltige Kundenentwicklung, sofern sie sorgfältig gepflegt, mit Vertragsdaten verknüpft und gezielt genutzt wird. Soziodemografische Segmentierungen helfen zum Beispiel dabei, den Kunden über lange Zeiträume und wechselnde Lebensphasen hinweg relevante und attraktive Angebote zu unterbreiten. Für die bereits erwähnten Versicherer stellt fast jede Änderung der Lebensumstände einen Auslöser für veränderte Produktbedürfnisse dar: Mit der Volljährigkeit kommt der Führerschein, bald danach das erste eigene Auto und damit in der Regel die Nachfrage nach einer Kfz-Haftpflichtversicherung. Drei bis fünf Jahre später wird mit Ende der Ausbildung und Bezug der ersten eigenen Wohnung eine Hausratversicherung interessant. Wiederum ein paar Jahre danach lassen Eheschließung und Familiengründung Gedanken an Vorsorge in Form etwa einer Lebensversicherung aufkommen. Wer elementare soziodemografische Daten über seine Kunden hat und diese gezielt nutzt, kann solchen Bedürfnissen mit maßgeschneiderten Angeboten zuvorkommen und sich so als vorausschauender Partner des Versicherungsnehmers positionieren. Verlage nutzen diesen Ansatz, um etwa eine junge Leserin vom Teenagerblatt über den Karriereratgeber und die Frauenzeitschrift bis hin zum Einrichtungsmagazin mit immer neuen, jeweils für sie relevanten Angeboten an die eigenen Produkte zu binden. In ähnlicher Weise stimmen manche Automobilhersteller ihre Produktpalette und ihr Direktmarketing auf die Entwicklung vom Fahranfänger mit preiswertem Kleinwagen über das Mittelklassefahrzeug des Berufseinsteigers und den vielsitzigen Van des Familiengründers bis zu den Sport-, Zweit- und Geländewagen des arrivierten „Best Ager" ab. Teilweise erstrecken sich solche Migrationsszenarien sogar über mehrere Konzernmarken, um für die Kunden auch bei wachsenden Ansprüchen an Leistung, Komfort und Prestige relevant zu bleiben. Die Spielräume für die wertorientierte Angebotsdifferenzierung sind nahezu grenzenlos, selbst bei eingeschränkter Datenlage.

2.4 Kampagnenmanagement

Sind die kundenspezifischen Angebote geplant, geht das Unternehmen daran, sie umzusetzen. Dabei geht es einerseits darum, die richtige Kundengruppe mit dem richtigen Angebot anzusprechen – und zwar zum richtigen Zeitpunkt an den richtigen Kontaktpunkten. Andererseits gilt es, die Kunden entsprechend ihrem Wertbeitrag über die gesamte Dauer der Kundenbeziehung weiter zu betreuen. Als wichtigste konkrete CLM (Customer Lifetime Management)-Maßnahmen für diese Umsetzungsphase haben sich systematisches Kampagnenmanagement und die Einrichtung von Loyalitätsprogrammen erwiesen.

Kampagnen können ganz unterschiedlichen Zielen dienen: Manche stimulieren allgemein den Umsatz, andere fördern Up Selling und Cross Selling, weisen die Kunden auf neue oder wenig genutzte Produkte hin und reaktivieren Kunden, die sich zurückgezogen oder gekündigt haben. Wie genau eine solche Kampagne heute auf ein Segment und seine Bedürfnisse zugeschnitten werden kann, zeigt etwa das Beispiel der Kabinenbestuhlung einer europäischen Fluggesellschaft. Diese hatte zwei Jahre lang sämtliche Beschwerden in Bezug auf die Sitzabstände in ihren Maschinen gesammelt – 76 Zentimeter waren den Kunden zu wenig. Diese Daten konnte die Airline nutzen, als sie eine neue Sitzkonfiguration mit 81 Zentimeter langem Sitzabstand anschaffte: Alle Beschwerdeführer wurden via E-Mail und per Brief angesprochen, über den gesteigerten Sitzkomfort informiert und zu einer exklusiven Vorbesichtigung der neuen Maschinen im Hangar eingeladen. Mehr als drei Viertel der Zielgruppe reagierten ausgesprochen positiv auf die Kampagne und folgten der Einladung. Nach der Veranstaltung stieg die Flugintensität dieser Passagiere um 10 Prozent.

Das Beispiel einer weltweit agierenden Versicherung zeigt, wie analytisch man bei der Kampagnenplanung vorgehen kann. Dort wird mit Hilfe von Kaufwahrscheinlichkeitsmodellen für jeden Versicherungsnehmer die Wahrscheinlichkeit berechnet, mit der er neben seinen Sachversicherungen auch eine Lebensversicherung kauft. In diese Rechnung gehen mehr als 200 Variablen ein, darunter Alter, Einkommen und Familienstand. Der Zielgruppe mit der höchsten Wahrscheinlichkeit bietet das Unternehmen dann ein neues Lebensversicherungsprodukt an. Der Erfolg kann sich sehen lassen: 20 bis 30 Prozent der Angesprochenen schließen tatsächlich eine Lebensversicherung ab – bei breiter gestreuten Kampagnen ohne solche Modelle ist es oft nur ein Prozent.

Solche zielgenau ausgerichteten Kampagnen setzen eine systematische Entwicklung und Umsetzung des jeweiligen Angebots voraus. Ein erfolgreiches Kampagnenmanagement erfüllt darüber hinaus vier Anforderungen:

- *Viele Ideen:* Eine hohe Zahl von etwa 10 bis 20 Testkampagnen pro Monat gibt einem Unternehmen die Möglichkeit, wirklich effektive Kampagnen für einen breiten Einsatz auszuwählen und verschiedene Ideen in unterschiedlichen Kundensegmenten zu erproben.

- *Schnelle Umsetzung:* Gezielte Tests mit einer beschränkten Kundenzahl bei kurzer Kampagnendauer (beispielsweise eine Woche statt eines Monats) helfen dabei, die Angebotskonfiguration vor der eigentlichen Kampagne mit Blick auf die zu erwartende Wertschöpfung weiter zu optimieren.

- *Viele Kontaktkanäle:* Wer alle Werttreiber ausschöpfen will, testet in allen denkbaren Kanälen. So lassen sich die Kundenangebote und -strategien präzise für alle Kontaktpunkte definieren und auf Basis der Kanalökonomie und der Kundenreaktionen die besten Kanäle identifizieren. Zu den möglichen Kanälen zählen Call Center, Internet, Post, SMS oder E-Mail (zur wertorientierten Optimierung der Kundeninteraktion an einzelnen Kontaktpunkten finden sich im Abschnitt 3 weitere Ausführungen).

- *Hohe Disziplin:* Jede Kampagne ist nach wissenschaftsorientierten Grundsätzen zu gestalten. Die Erfolgsaussichten werden mit Hilfe einer Kontrollgruppe geprüft, Kundenreaktionen werden wöchentlich erfasst und die ganze Kampagne wird nach ihrem Abschluss noch einmal hinsichtlich ihrer Akzeptanzraten – und damit der erreichten Rentabilität – bewertet.

Das zweite besonders wichtige CLM-Instrument neben dem Kampagnenmanagement sind Loyalitätsprogramme. Deren sichtbarstes Element ist häufig die Kundenkarte wie etwa die Clubcard von Tesco oder die Karstadt-Kundenkarte. Mit solchen Karten kann der Kunde oft auch im Lastschrift- oder Kreditverfahren bezahlen. Von der Nutzung profitiert er entweder direkt durch Rabatte und Bonuspunkte oder indirekt durch besonderen Status oder Preisnachlass für andere Dienstleistungen. Kundenkarten sind, wie bereits erwähnt, vor allem sinnvoll, wenn sich die Kunden nur an ihrer Karte eindeutig identifizieren lassen. Allerdings sind Karten nicht das einzige Mittel, um Loyalität zu erzeugen. Es gilt also sorgfältig zu prüfen, ob ein Loyalitätsprogramm in Form einer physischen Karte tatsächlich nötig ist oder ob ein kampagnengestütztes Maßnahmenpaket ausreicht. Je exklusiver die Branche und je geringer die Zahl der Kunden, desto wichtiger werden zudem persönliche Maßnahmen. Anders als mancher Massenhersteller behelligt eine italienische Sportwagenschmiede ihre Kunden zum Beispiel nicht mit einer Plastikkarte, sondern bittet durch persönlichen Anruf zum exklusiven Test des neuen Modells auf dem Nürburgring.

Das klassische Beispiel für kartengestützte Loyalitätsprogramme sind die Vielfliegerprogramme der Fluggesellschaften. Nachdem British Airways 1991 den BA Executive Club einrichtete, folgten die meisten großen Airlines und Luftfahrtallianzen binnen weniger Jahre. Inzwischen ist es für Vielflieger geradezu undenkbar geworden, in eine Maschine zu steigen, ohne Meilen zu sammeln und kleine Aufmerksamkeiten zu genießen. Im Laufe der Zeit haben sich drei wichtige Erfolgsfaktoren für solche Programme herauskristallisiert:

- *Einfache Teilnahme:* Wenn die Verfahren zur Anmeldung, zum Sammeln und Einlösen der Punkte nicht reibungslos funktionieren, ist das Programm von Anfang an zum Scheitern verurteilt. Zudem sollte jeder Kunde die Struktur des Programms leicht verstehen können.

- *Attraktive Prämien:* Ein verlockendes, einfaches und an Kundenwünschen ausgerichtetes Wertversprechen entscheidet mit über den Erfolg von Loyalitätsprogrammen. Der Kunde sollte sich sagen: „Ich wäre doch verrückt, nicht teilzunehmen!"

- *Einlöseschwellen:* Das Umsatzniveau für eine Prämie sollte nicht so hoch liegen, dass es dem Kunden unerreichbar erscheint. Wenn das Programm für den Kunden nicht pro Jahr einen Wert generiert, den er als substanziell wahrnimmt, wird der Anbieter das Kundenverhalten kaum beeinflussen. Wie hoch diese Schwelle jeweils ist, hängt von vielen Faktoren wie Industrie, Marktumfeld und Kaufkraft der Kunden ab.

So nützlich solche Loyalitätsprogramme auch sein mögen: Jeder ihrer Betreiber ist gut beraten, den Markt genau zu beobachten. Denn einige aktuelle Trends könnten die

Wirksamkeit der Programme künftig in Frage stellen. Beispielsweise ähneln sich die Treueprogramme der größten Fluglinien immer mehr; viele Kunden sehen dazwischen kaum noch Unterschiede. Auch verliert die Flugprämie für Vielflieger als „Währung" an wahrgenommenem Wert, da Kunden es häufig nicht schaffen, die Flugprämien auch einzulösen. Zudem bringt das wachsende Datenschutzbewusstsein vieler Kunden die Unternehmen zunehmend in Rechtfertigungszwang. Die Angst vor dem Schreckgespenst „gläserner Kunde" verstärkt den Druck, die Preisgabe von Kundendaten durch attraktive Prämien oder andere Vorteile zu versüßen.

Sowohl einzelne Kampagnen als auch langfristige Loyalitätsprogramme funktionieren am besten, wenn sie konsistent an allen relevanten Kundenkontaktpunkten vom Erstkontakt bis zur Beschwerdebearbeitung, von der klassischen Werbung bis zum Call Center aktiviert werden. Denn nur dann hat der Kunde ein einheitliches Serviceerlebnis. Diese Koordination erfordert beträchtlichen Aufwand, weswegen eine konsequente Kundenwertbetrachtung umso wichtiger ist. Weitere Ausführungen zur effizienten Optimierung des Kundenerlebnisses an ausgewählten Kontaktpunkten finden sich im Abschnitt 3.

2.5 Ergebnisüberwachung

Wie nahezu jede betriebswirtschaftliche Aktivität ist auch das Kundenbeziehungsmanagement gehalten, sich einer permanenten Erfolgskontrolle zu stellen. Hierfür empfiehlt sich bei ausrechender Unternehmensgröße und kritischer Masse Kundenbindungsmaßnahmen die Entwicklung einer so genannten CLM (Customer Lifetime Management)-Balanced Scorecard. Mit einem solchen Tool lassen sich die einzelnen Kundensegmente und ihre Entwicklung ebenso verfolgen wie der Erfolg einzelner Kampagnen. Beispiele für zentrale Komponenten einer solchen Scorecard sind Deckungsbeitrag und Kundenwert verschiedener Kundengruppen oder Vertragsarten. Wirklich wertvoll wird die CLM-Balanced Scorecard aber erst, wenn sie auch die Wirkung einer Maßnahme auf die Werttreiber dokumentiert (Abbildung 2).

Anhand dieser Zusammenhänge können Unternehmen Key Performance Indicators (KPIs) für das Kundenbeziehungsmanagement festlegen. Für den Werttreiber „Abwanderung/Rückgewinnung" waren das, im geringsten Fall unter anderem: Zahl der Abwanderer je Vertriebskanal, Abwanderungsrate nach Alter, Ort und Vertragsdetails, Rückgewinnungsrate je Kanal, Kundenbetreuer und Angebot sowie Kosten pro Rückgewinnung.

Mit diesen KPIs gelang es dem betrachteten Unternehmen aus der Mobilfunkbranche zunächst, genau zu verstehen, welche Kunden aus welchen Gründen abwandern wollten. Anschließend konnten Vorgehensweisen definiert werden, mit denen sich die Abwanderung verringern und die Rückgewinnung erleichtern ließ. Dazu bot es sich beispielsweise an, die Kundenbetreuer mit der höchsten Rückgewinnungsrate zu befragen und Kundenumfragen unter zurückgewonnenen Kunden durchzuführen; diese berichteten in aller Regel sehr gern, was sie dazu veranlasst hatte, dem Unternehmen eine zweite Chance zu geben.

Abbildung 2: *Balanced Scorecard für das Kundenbeziehungsmanagement (Quelle: McKinsey)*

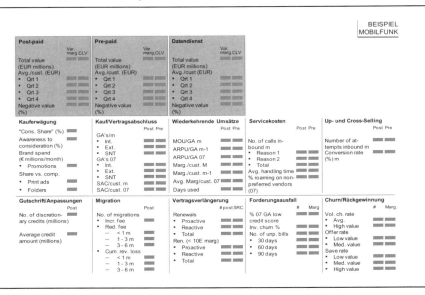

Jüngste Untersuchungen zeigen allerdings, dass eine Vielzahl von Anforderungen aus unterschiedlichen Abteilungen mit der Zeit oft zu übermäßig komplizierten Scorecards führt, die ihre Nutzer im Management überfordern und zudem so aufwändig zu pflegen sind, dass sie schon nach wenigen Zyklen in der Versenkung verschwinden. Wenn es ein Jahrzehnt nach Erscheinen des Klassikers des kennzahlenbasierten Marketing „Measuring Brand Communication RoI" von Don E. Schultz (Schultz 1997) eine Lektion gibt, so lautet sie: Es sind eher die einfachen als die komplexen Lösungen, die überleben und das Denken und Handeln des Managements prägen. Ein laminiertes Kärtchen mit den wichtigsten Kennzahlen, das die Führungskräfte aus Marketing und Kundenbetreuung stets bei sich tragen können, bewirkt oft mehr als eine umfangreiche Datenbank, die aufgrund hochkomplexer Algorithmen jederzeit den Einfluss mehrerer Hundert Faktoren auf die Kundenzufriedenheit approximiert. Der Controllingexperte Utz Schäffer kommt aufgrund einer Untersuchung der Scorecard-Nutzung führender deutscher Unternehmen zu dem Schluss, dass Pragmatismus die Überlebenschancen jedes kennzahlenbasierten Steuerungssystems erhöht. Gleichzeitig warnt er vor der Gefahr von Insellösungen, wie sie etwa drohen, wenn man versucht, die Kundenzufriedenheit unabhängig vom Kundenwert oder Unternehmensertrag zu optimieren: „Ein [...] Fokus auf die Optimierung isolierter Teilsysteme führt in der Regel in die Sackgasse und wirft immer dann mehr Probleme auf, als er löst, wenn das neue Instrument nur eingeschränkt zu den bestehenden Handlungsroutinen [...] passt. Es gilt daher, die Balanced Scorecard als Baustein in der Gesamtlandkarte zur Unternehmenssteuerung zu begreifen, wenn sie nicht scheitern soll. Entsprechend ist die Verzahnung des neuen Instruments mit dem Vorhandenen von zentraler Bedeutung und in der Regel nicht über Nacht zu haben." (Speckbacher 2003; Schäffer 2008).

Effektives Kundenbeziehungsmanagement also setzt zunächst die *Erhebung und Auswertung relevanter Kundendaten* sowie deren Verdichtung in einer am Kundenwert ausgerichteten *Segmentierung* voraus. Auf dieser Grundlage gilt es, die zur Förderung der Kundentreue und Umsatzsteigerung entwickelten *Angebote für verschiedene Segmente zu differenzieren* und den Zielkunden im Rahmen *klar strukturierter Kampagnen* nahezubringen. Schließlich bedarf es der *systematischen Überwachung* des Kampagnenerfolgs und der Auswirkung auf die entscheidenden Kundenwerttreiber.

3. Effizienz: Vom Kundenverständnis zum Kundenwert

„Im Zusammenhang mit der Diskussion über das Relationship Marketing wird der Kundenwert zunehmend als Erfolgs- und Steuerungsgröße diskutiert." – Manfred Bruhn (Bruhn 2009a, S. 303)

Ein zu enger Blickwinkel einzelner Akteure und Unternehmensbereiche also bedroht mitunter das Wohl des Gesamtunternehmens, wie das Beispiel der Balanced Scorecard zeigt. Dies gilt in besonderem Maße für die Erhöhung der Kundenzufriedenheit. Wie lässt sich mit Blick auf das Gesamtergebnis das richtige Maß für die Steigerung der Kundenzufriedenheit finden, bei dem die eingesetzten Mittel den optimalen Ertrag bringen? Anders formuliert: Wie lässt sich das aus vielen Quellen zusammengetragene und in der Kundensegmentierung verdichtete Kundenwissen in echten Kundenwert ummünzen?

Damit der von Reichheld ermittelte höhere Wert des gehaltenen Bestandskunden (Reichheld 1996) gegenüber dem neu geworbenen Erstkunden auch ergebniswirksam wird, gilt es, die Zufriedenheit und damit die Treue des Kundenstamms nicht wahllos, sondern gezielt und unter Gesichtspunkten der Effizienz zu steigern. Grundvoraussetzung dafür ist belastbare quantitative Marktforschung zu Einstellungen und Verhalten der Kunden. Das etablierte Instrument der Kaufprozessanalyse inklusive der daraus analytisch abgeleiteten Markttreiber und Kontaktpunkte liefert wichtige Anhaltspunkte für eine solche Optimierung mit Augenmaß, insbesondere für die Ermittlung relevanter Schwachstellen in der Markenwahrnehmung und der im Wettbewerbsumfeld jeweils erforderlichen Leistungsniveaus (vgl. eine ausführliche Darstellung der Kaufprozessanalyse Perrey/Riesenbeck 2005, S. 116ff.).

Die bei einer solchen Analyse gewonnenen Erkenntnisse versetzen Unternehmen in die Lage, zur Steigerung der Kundenzufriedenheit und Kundentreue genau so viel aufzuwenden, wie zur Erreichung der gesteckten Ziele (z. B. Erreichen des Loyalitätsniveaus des stärksten Wettbewerbers) nötig ist: nicht weniger, aber auch nicht mehr.

3.1 Kaufprozessanalyse

Der Markenkauftrichter erfasst die Stärke einer Marke im Wettbewerbsvergleich – von der ersten Wahrnehmung durch den Konsumenten bis hin zum erneuten, loyalen Kauf des Markenprodukts beziehungsweise der Erneuerung oder Verlängerung eines Vertrags. Die Verhaltenswirkung von Marken lässt sich anhand des idealtypischen Kaufprozesses quantitativ messen. Der Kaufprozess (auch Markenkauftrichter oder Marken-Funnel genannt) beruht auf dem verhaltenswissenschaftlichen AIDA-Modell (Attention, Interest, Desire, Action). Das AIDA-Modell, das ursprünglich bereits 1898 von E. St. Elmo Lewis als Anleitung für ein Verkaufsgespräch entwickelt wurde, ist vielfach kritisiert worden, weil der menschliche Entscheidungsprozess nicht notwendigerweise in den beschriebenen vier Phasen ablaufe. Dieser Kritik ist grundsätzlich zuzustimmen – daher ist die Ausgestaltung des Kauftrichters auch an den jeweiligen Einzelfall anzupassen. Es ist der Marketingwissenschaft jedoch bisher nicht gelungen, eine adäquate Alternative zu entwickeln (vgl. zur Ergänzung der Kaufprozessanalyse durch Untersuchungen zum tatsächlichen Entscheidungsverhalten Perrey/Riesenbeck 2009b, S. 128ff.).

Der Kaufprozess stellt sich idealtypisch in fünf Stufen dar: Wie viel Prozent der Zielgruppe (1) kennen die Marke, (2) sind mit ihren Produkten und Leistungen im Vorfeld der Kaufentscheidung vertraut, (3) haben sie bereits in die engere Auswahl gezogen, (4) haben sie tatsächlich schon einmal gekauft und (5) würden sie erneut kaufen, sind also loyale Kunden? Starken Marken gelingt es eher als schwachen, auf allen Stufen erfolgreich zu sein, das heißt eine hohe Bekanntheit zu erreichen, in die engere Auswahl (Consideration Set) zu kommen, gekauft zu werden und letztlich Käufer in loyale Kunden zu verwandeln. Aus dieser Analyse ergeben sich konkrete Ansatzpunkte für die gezielte Weiterentwicklung der Marke, insbesondere auch zur Steigerung der Kundentreue. Voraussetzung für relevante und handlungsleitende Ergebnisse ist die Anpassung der Kaufprozessstufen und der abgefragten Markenattribute an die jeweilige Branche; Abbildung 3 zeigt ein Beispiel aus dem Versicherungswesen.

Abbildung 3: *Kaufprozessanalyse am Beispiel eines Versicherungsanbieters*
(Quelle: McKinsey)

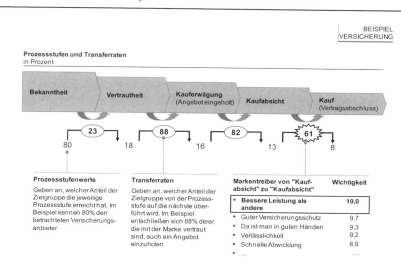

3.2 Ermittlung relevanter Zufriedenheitstreiber und Kontaktpunkte

Kennt ein Unternehmen seine Schwachstellen im Kaufprozess, kann es diese gezielt bekämpfen. Nehmen wir an, ein Versicherungsunternehmen hat festgestellt, dass es seinen Konkurrenten besser gelingt, im Produktsegment der Kfz-Versicherungen „Kaufabsicht" in „Kauf" zu verwandeln. Die Zielkunden also, die den Abschluss einer Kfz-Versicherung planen und das fragliche Unternehmen auch durchaus in Betracht ziehen, schließen trotzdem häufiger bei anderen Anbietern ab. In der Kaufprozessanalyse zeigt sich ein solcher Befund durch eine im Wettbewerbsvergleich unterdurchschnittliche Transferrate von „Kaufabsicht" zu „Kauf".

Weshalb zieht es die Zielkunden eher zur Konkurrenz? Eine Analyse der Transfertreiber, also derjenigen Markenattribute, die für ein Fortschreiten im Kaufprozess sorgen, zeigt, dass es der fraglichen Kundengruppe bei der Wahl einer Kfz-Versicherung vor allem auf eine überdurchschnittliche Leistung des Anbieters ankommt („Bessere Leistung als andere"). Eine weitergehende Pfadanalyse zeigt, dass die Wahrnehmung des Leistungsniveaus eines Anbieters vorrangig durch dessen Abschneiden in Tests beeinflusst wird; vgl. Abbildung 4 im Abschnitt 3.3. Die entscheidende Frage an der Schnittstelle von Markenanalyse und wertorientiertem Kundenbeziehungsmanagement lautet: Wie lassen sich die Mittel zur Verbesserung des Abschneidens in Tests optimal einsetzen?

3.3 Berechnung des erforderlichen Leistungsniveaus

Eine Detailanalyse des Kontaktpunkts „Testergebnisse" zeigt, dass etwa jeder zweite Kunde glaubt, sein Versicherer schneide überdurchschnittlich gut bei Tests ab. Würde das Unternehmen nun versuchen, die mehrheitliche Wahrnehmung seiner Kunden auf das absolute Topniveau zu steigern, aus zufriedenen also hochzufriedene Käufer zu machen, wäre der mögliche Nutzenzuwachs von 0,7 Punkten eher moderat. Sehr viel mehr Erfolg verspricht eine Fokussierung auf diejenigen Kunden, die ihren Versicherer bislang als unterdurchschnittlich bewerten. Auf diese Weise ließe sich der Grad der Zufriedenheit und damit das Nutzenniveau um 2,2 Punkte erhöhen. Konkret bedeutet dieses Ergebnis für den Versicherer, dass er nicht das Niveau des Testsiegers anzustreben braucht – vielmehr sollte er die überdurchschnittlich positive Wahrnehmung auf eine noch breitere Basis stellen. Denn so könnte er die entscheidenden Kaufkriterien in der Wahrnehmung der betroffenen Konsumenten stärken, was schließlich zu höheren Transferraten, sprich zu mehr Käufen führen würde. Dieser Zusammenhang ist in Abbildung 4 dargestellt.

Diese Handlungsanweisungen aus der Kontaktpunktanalyse können nun zusätzlich daraufhin untersucht werden, wie viel der Kunde für ein definiertes Leistungsniveau zu zahlen bereit ist. Der Versicherer entwickelt dazu einen Business Case für jeden relevanten Kundenkontaktpunkt und passt die Preise idealerweise für jeden einzelnen Kunden entsprechend an. Damit bietet sich die Möglichkeit, die Produkt- und Servicegestaltung auf ihre Rentabilität hin zu testen und ein optimales Preis-Leistungs-Gefüge zu ermitteln. Bei begrenzten Mitteln setzt also die wertorientierte Zufriedenheitssteigerung vorrangig an dem Leistungsniveau eines Kontaktpunkts an, der die Zufriedenheit bei gleichzeitig voller Abschöpfung der Zahlungsbereitschaft maximiert.

Abbildung 4: *Effiziente Überwindung von Schwachstellen im Kaufprozess durch gezielte*
Maßnahmen
(Quelle: McKinsey)

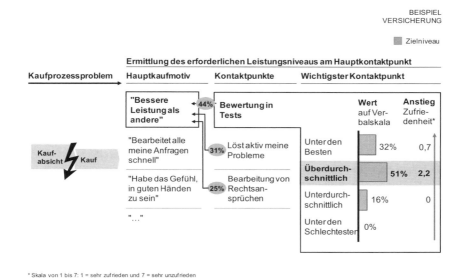

* Skala von 1 bis 7: 1 = sehr zufrieden und 7 = sehr unzufrieden

Ein gutes Beispiel für die Kombination von Zufriedenheits- und Rentabilitätskriterien liefert der Kontaktpunkt „maßgeschneiderte Versicherungsangebote": Die Kunden einer großen deutschen Kfz-Versicherung sind laut Marktforschung derzeit zu 54 Prozent der Meinung, dass sie bei der Wahl ihrer Police so gut wie keine Kompromisse eingehen mussten. Das entspricht Niveau 3 von vier möglichen Leistungsniveaus.

- Niveau 1: „Ich musste nehmen, was angeboten wurde."

- Niveau 2: „Grob auf meine Bedürfnisse abstimmbar."

- Niveau 3: „So weit auf meine Bedürfnisse abstimmbar, dass ich keine Kompromisse eingehen muss."

- Niveau 4: „Detailliert auf meine Bedürfnisse abstimmbar."

Lohnt es sich für diesen Versicherer nun, seine Leistung an diesem Kontaktpunkt auf das höchstmögliche Niveau 4 zu heben – also zu erreichen, dass 54 Prozent der Kunden sagen, die Policen seien exakt auf ihre Bedürfnisse abstimmbar? Für eine Antwort auf diese Frage ist entscheidend, dass die Kunden für eine solche Verbesserung bereit wären, zusätzlich 4,56 EUR pro Jahr zu zahlen. Hochgerechnet auf die aktuelle Kundenbasis könnte die Kfz-Versicherung also zusätzliche Prämien von 9,45 Mio. EUR generieren. Abzüglich geschätzter Investitionskosten von 5 Mio. EUR für Produktentwicklung, Marketing, Betrieb und unterstützenden Service bliebe dem Unternehmen an diesem Kontaktpunkt eine Ergebnissteigerung von 4,45 Mio. EUR. Die Investition würde sich also lohnen.

Ähnliche Untersuchungen sind für fast alle Kundenkontaktpunkte möglich. In vielen, insbesondere vertragsbasierten Branchen mit hoher Bedeutung der Kundentreue zeigen die Kunden sich etwa unzufrieden mit den Leistungen des Call Centers. Insbesondere monieren sie die Zeit, die sie in Warteschleifen verbringen, bevor ihr Anruf tatsächlich entgegengenommen wird. Die Folgen sind dramatisch: Wer das Gefühl hat, mit seinen Anliegen gar nicht erst zum Vertragspartner durchzudringen, wird die Vertragsverlängerung überdenken und gegebenenfalls zur Konkurrenz wechseln. Aber wie stark muss die Wartezeit reduziert werden, um das wahrgenommene Manko aus der Welt zu schaffen, die Kundenzufriedenheit wiederherzustellen und damit die Voraussetzungen für künftige Kundentreue zu schaffen? Jede Sekunde kostet wegen des Aufwands für personelle und technische Aufstockung der Call-Center-Ressourcen bares Geld, und nicht für jeden Kunden lohnt sich der Aufwand.

Die gute Nachricht: In vielen Fällen gibt es kritische Schwellen, unterhalb derer die Wartezeit als „akzeptabel" und oberhalb derer die Wartezeit als „zu lang" wahrgenommen wird. Die quantitative Kaufprozessanalyse erlaubt die Ermittlung dieser Schwellen und damit die effiziente Steigerung der Call-Center-Performance. Oft sind gar keine dramatischen Veränderungen nötig. In einem konkreten Fall lag der kritische Wert bei einer Wartezeit von bis zu einer Minute; das wahrgenommene Nutzenniveau lag um 1,3 Punkte höher als bei einer Wartezeit von bis zu fünf Minuten. Zudem waren die Kunden bereit, für eine Wartezeit von höchstens einer Minute eine Vertragskostenerhöhung von gut 2 EUR zu akzeptieren. Eine für den Anbieter nahezu unbezahlbare Verbesserung auf „gar keine Wartezeit", sprich sofortige Entgegennahme jedes eingehenden Anrufs durch einen Mitarbeiter, brachte dagegen weder nennenswerten weiteren Zufriedenheitszuwachs noch signifikante zusätzliche Zahlungsbereitschaft. Bei automatischer Identifizierung von Anrufern anhand von Telefon- oder Kundennummern lässt sich sogar in jedem Einzelfall die Wartezeit auf die im System hinterlegte Länge des „Geduldsfadens" des einzelnen Kunden abstimmen. Solche Erkenntnisse sind für wertorientiertes Kundenbeziehungsmanagement bares Geld wert, denn sie erlauben eine profitable Steigerung der Kundenzufriedenheit und damit der Kundentreue ohne Streuverluste (Fanderl/Hieronimus 2008).

4. Ausblick: Der Kunde als Partner

„Der aus Marketingsicht erfolgversprechendste Ansatz ist die emotionale Kundenbindung. Hier wird die Bindung des Kunden an das Unternehmen und seine Leistungen durch einen sehr hohen Zufriedenheits- und Vertrauensgrad erreicht." – Manfred Bruhn (Bruhn 2009b, S. 102)

Die Beziehungen zwischen Marken und Menschen sind vielfältig und komplex. Für viele Marken ist der Schlüssel zum Erfolg ihr emotionaler Mehrwert. Nicht nur als soziales Wesen, sondern auch als Konsument sucht der Mensch, bewusst oder unbewusst, nach persönlicher und gefühlter Bereicherung, die weit über den unmittelbaren und offensichtlichen Produktnutzen hinausgeht. „Mehrwert" steht nur noch selten allein für eine erbrachte Leistung, sondern immer häufiger auch für den *symbolischen* Wert einer Marke, mit einem Wort: für ihre Persönlichkeit.

Markenpersönlichkeiten entstehen aus der Interaktion des Verbrauchers mit der Marke an allen direkten und indirekten Kontaktpunkten. In ihrer Gesamtheit ergeben Produkte, Preise, Warenpräsentation, Werbung, Verkaufsgespräche und viele andere direkte Kontaktpunkte Gesicht und Herz einer Marke. Aber auch indirekte Kontakte, zum Beispiel Berichte eines Freundes oder Empfehlungen eines vertrauenswürdigen Experten, tragen zur Markenpersönlichkeit bei. Durch diese Verknüpfung eigener und fremder Erfahrung gewinnen manche Marken in der Wahrnehmung der Verbraucher zunehmend menschliche Züge.

Die Stanford-Professorin Jennifer Aaker hat sich schon vor mehr als einem Jahrzehnt mit dem Thema Markenpersönlichkeit beschäftigt und zu deren Beschreibung Attribute verwendet, wie wir sie auch verwenden, um Menschen zu charakterisieren: Aufrichtigkeit *(Sincerity)*, Begeisterung *(Excitement)*, Kompetenz *(Competence)*, Raffinesse *(Sophistication)*, Robustheit *(Ruggedness)* nennt Aaker die fünf Hauptdimensionen, denen sie weitere Facetten und Attribute unterordnet (Aaker 1997, S. 347ff.).

Nicht zuletzt wegen der wachsenden Bedeutung dieses persönlichen Aspekts wird die Schnittstelle Marke-Kunde in Zukunft eine neue Qualität gewinnen, die selbst über den zuvor zu Grunde gelegten holistischen Begriff der Kundenbeziehung noch hinausgeht. Aus dieser Entwicklung wird denjenigen Unternehmen, welche diese Beziehung vorausschauend zu gestalten verstehen, ein strategischer Vorteil erwachsen:

■ *Zweckpartnerschaft:* Der Kunde wird zunehmend zum Partner „seiner" Marke, etwa bei der Entwicklung neuer Produkte oder Nutzenversprechen. Führende Unternehmen schaffen gezielt Interaktionsforen, um vom Austausch mit ihren Kunden Anregungen für die Weiterentwicklung von Marke und Marketingmix zu entwickeln. Ein prominentes Beispiel ist Pumas „Mongolian Shoe BBQ", das den Kunden die Gestaltung eigener Schuhmodelle erlaubt, die wiederum den Produktentwicklungsprozess des Unternehmens befruchten. Aber auch weniger spektakuläre

Maßnahmen wie exklusive Vorserientests oder Ideenwettbewerbe gehören in den Bereich der Zweckpartnerschaft.

- *Erlebniswelten:* Marken entwickeln sich von reinen Etiketten zu Kristallisationspunkten vielfältiger Erfahrungen, oft mit Anklängen von Unterhaltung und Kunst. In der Werbung setzen Unternehmen wie Pirelli, Audi oder Apple auf den Talentfundus Hollywoods, um ihren Werbespots den Anstrich von Spielfilmen oder Videoclips zu geben. Beim direkten Kundenkontakt liefern sich die Unternehmen wahre Materialschlachten, um tiefe und dauerhafte Eindrücke zu hinterlassen. Dazu zählen etwa die Auslieferzentren der großen Automobilhersteller, die teils den Charakter von Museen, teils den von Vergnügungsparks haben, aber auch eine neue Liga architektonischer Markenrepräsentanzen wie etwa das Nivea-Haus in Hamburg oder der Armani Tower in Tokyo.

- *Persönliche Partnerschaft:* Noch weiter als Jennifer Aaker mit ihren Persönlichkeitsmerkmalen gehen Forscher wie Aaron Ahuvia und Susan Fournier, wenn sie die verschiedenen Beziehungen zwischen Marke und Mensch als Verwandtschaft, Freundschaft, Affäre, Partnerschaft oder Ehe beschreiben (Fournier 1998; Ahuvia 2005; Ahuvia/Carroll 2006). Manche Konsumenten erleben die Beziehung zu „ihrer" Marke als derart persönlich und nehmen die Marke als so menschlich wahr, dass eine falsche Botschaft eine persönliche Krise auslöst, ein unvollkommenes Produkt tiefe Enttäuschung hervorruft und ein gebrochenes Versprechen zum lebenslangen Trennungsgrund wird. Treue bezeichnet in diesem Bezugssystem nicht mehr nur das Verhalten des Kunden gegenüber seiner Marke, sondern auch der Marke gegenüber ihrem Kunden.

Alles spricht also dafür, dass der Begriff der Kundenbeziehung weiter an Tiefe und Bedeutung gewinnen wird. Damit geht der Wandel vom Transaktionsmarketing zum Beziehungsmarketing einher. Der Sprint eines kurzfristigen Akquisitionserfolgs verblasst vor dem Dauerlauf der langfristigen Beziehungspflege. Die asymmetrische Beziehung – das Unternehmen informiert und bietet an, der Kunde rezipiert und nimmt ab – entwickelt sich zu einer symmetrischen Beziehung zwischen Gleichen, in der beide Partner einander Aufrichtigkeit und Loyalität schulden. Angesichts dieses romantischen Ideals das Unternehmensergebnis nicht aus den Augen zu verlieren, ist Aufgabe und Herausforderung des wertorientierten Kundenbeziehungsmanagements.

Literaturverzeichnis

Aaker, J.L. (1997): Dimensions of Brand Personality, in: Journal of Marketing Research, Vol. 34, No. 3, S. 347-356.

Ahuvia/Carroll, A.C. (2005): Beyond the Extended Self. Loved Objects and Consumers' Identity Narratives, in: Journal of Consumer Research, Vol. 32, No. 1, S. 171-183.

Ahuvia/Carroll, A.C./Carroll, B.A. (2006): Some Antecedents and Outcomes of Brand Love, in: Marketing Letters, Vol. 17, No. 2, S. 79-89.

Bruhn, M. (2009a): Marketing. Grundlagen für Studium und Praxis, 9. Aufl., Wiesbaden.

Bruhn, M. (2009b): Marketing als Managementprozess. Grundlagen und Fallstudien, 3. Aufl., Zürich.

Fanderl, H./Hieronimus, F. (2008): Consumer-Driven Redesign. Capturing New Potential through Customer Insight, in: Recall No. 1, McKinsey & Company, Düsseldorf.

Fournier, S. (1998): Consumers and their Brands. Developing Relationship Theory in Consumer Research, in: Journal of Consumer Research, Vol. 24, No. 4, S. 343-373.

Godin, S. (1999): Permission Marketing: Turning Strangers into Friends, and Friends into Customers, New York.

Hölscher, A./Staack, Y. (2007): Kundenerkenntnisse. Wie man systematisch das Wissen vertieft, in: Perrey, J./Riesenbeck, H. (Hrsg.): Marketing nach Maß, Heidelberg, S. 19-39.

Hölscher, A./Schellekens, M. (2007): Segmentierung. Die richtige Strategie in komplexen Märkten, in: Perrey, J./Riesenbeck, H. (Hrsg.): Marketing nach Maß, Heidelberg, S. 40-55.

Huber, M./Köhler W. (2007): Customer Loyalty, in: Perrey, J./Riesenbeck, H. (Hrsg.): Marketing nach Maß, Heidelberg, S. 263-291.

Köhler, W./Wallmann, K. (2007): Kundenorientierung, in: Perrey, J./Riesenbeck, H. (Hrsg.): Marketing nach Maß, Heidelberg, S. 56-76.

Perrey, J./Riesenbeck H. (2005): Mega-Macht Marke, 2.Aufl., Heidelberg.

Perrey J./Riesenbeck H. (2009a): Power Brands, Weinheim.

Perrey, J./Riesenbeck, H. (2009c): Inside the Funnel. A Fresh Take on Consumer Decision Making; in: Perrey, J./Riesenbeck, H. (Hrsg.): PowerBrands, Weinheim, S. 128-131.

Reichheld, F.F. (1996): The Loyalty Effect. The Hidden Force behind Growth, Profits, and Lasting Value, Harvard Business School Press, Boston.

Schäffer, U. (2008): Eine Zwischenbilanz der Balanced Scorecard, in: Frankfurter Allgemeine Zeitung, 3. März 2008.

Schultz, D.E. (1997): Measuring Brand Communication ROI, Association of National Advertisers.

Speckbacher, G./Bischpf, J./Pfeiffer, T. (2003): A Descriptive Analysis on the Implementation of Balanced Scorecards in German-Speaking Countries, in: Management Accounting Research, Vol. 14, No. 4, S. 361-388.

Silke Michalski/Bernd Helmig

Management von Nonprofit-Beziehungen – ein Service Value Chain-orientierter Ansatz

1. Denken in der Erfolgskette als Prinzip des Management von Nonprofit-Beziehungen

2. Stand des Denkens in der Erfolgskette in Nonprofit-Organisationen

3. Entwicklung einer „NPO-Service Value Chain"

4. Empirische Untersuchung
    4.1   Bezugsrahmen und Datenerhebung
    4.2   Ergebnisse der Untersuchung

5. Diskussion und Fazit

Prof. Dr. Silke Michalski ist Inhaberin der Professur für BWL, insb. Management von Öffentlichen, Privaten & Nonprofit-Organisationen an der Universität Hamburg. Prof. Dr. Bernd Helmig ist Lehrstuhlinhaber für ABWL, Public & Nonprofit Management an der Universität Mannheim.

1. Denken in der Erfolgskette als Prinzip des Management von Nonprofit-Beziehungen

Dem stetig wachsenden Nonprofit-Sektor in Deutschland wird von Wissenschaftlern eine zunehmende Bedeutung und zugleich auch eine betriebswirtschaftliche Professionalisierung attestiert (Zimmer 1997; Bruhn 2005; Kraus/Stegarescu 2005; Helmig/ Michalski 2008). Die Professionalisierungstendenzen in Nonprofit-Organisationen (NPO) beziehen sich beispielsweise auf die Schaffung von Transparenz zur Verwendung von Spendengeldern, auf die Verbesserung der Prozesse innerhalb der Nonprofit-Organisation, auf die Motivation von Ehrenamtlichen und selbstverständlich auch auf den Aufbau, die Pflege sowie die Weiterentwicklung von Beziehungen zu den diversen Anspruchsgruppen. Letzteres bildet unter dem Oberbegriff „Management von Nonprofit-Beziehungen" den Kern dieses Beitrags (McMillan et al. 2005; Wright/Taylor 2005; Sargeant/Hudson 2008; Helmig et al. 2009).

Das Spektrum möglicher Beziehungen einer Nonprofit-Organisation ist dabei sehr vielfältig (Abbildung 1) und hängt u. a. von der konkreten Rechtsform einer Nonprofit-Organisation (z. B. Verein, Stiftung, Genossenschaft) und von der Nonprofit-Branche und dem damit zusammenhängenden Zweck der Nonprofit-Organisation ab (z. B. Kultur & Erholung, Bildung & Forschung, Soziales, Gesundheit, Internationale NPO). Beim *Malteser Hilfsdienst e. V.*, eine große karitative Hilfsorganisation in Deutschland, werden beispielsweise folgende Anspruchsgruppen unterschieden: Gruppen von Personen, die die Hilfsleistungen in Anspruch nehmen (Patienten, Senioren, Jugendliche, Ausländer, Nothilfeopfer, Menschen mit Behinderungen), Mitglieder der Organisation, Kooperationspartner in der Leistungserstellung (Krankenhäuser, Hospize, Pflegeheime) sowie Spender (Privatpersonen, Stiftungen und Unternehmen) (www.malteser.de). Für jede der hier genannten Anspruchsgruppen muss folglich eine Analyse der Beziehungsmotive, eine Segmentierung, Strategieentwicklung sowie die Festlegung von konkreten anspruchsgruppenbezogenen Maßnahmen erfolgen. Im Vergleich zu gewinnorientierten Unternehmen kann durchaus von einem Komplexitätsproblem gesprochen werden, wenn berücksichtigt wird, dass die betriebswirtschaftlichen Personalkapazitäten zur Planung derartiger Konzepte meist begrenzt sind. Abbildung 1 zeigt die verschiedenen Anspruchsgruppen einer Nonprofit-Organisation im Überblick.

Abbildung 1: *Anspruchsgruppen von Nonprofit-Organisationen im Überblick*

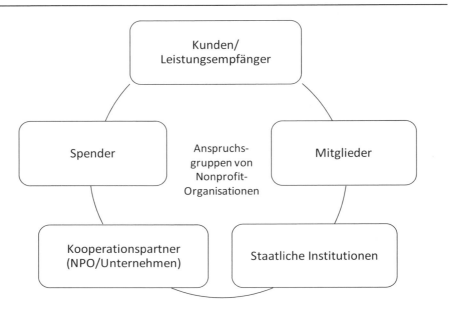

Bruhn (2005) spricht im Rahmen der aufgezeigten Entwicklungen auch vom *Paradigma der Anspruchsgruppenorientierung von Nonprofit-Organisationen* und empfiehlt zur Lösung des Komplexitätsproblems, das aus dem Relationship Marketing her bekannte Prinzip des „Denkens in Erfolgsketten" vermehrt auch in Nonprofit-Organisationen anzuwenden:

„Das Denken in Erfolgsketten als zweites Prinzip des Relationship Marketing dient der gedanklichen Basis für die Analyse, Steuerung und Kontrolle der Marketingaktivitäten zu den Anspruchsgruppen und hilft dabei, die Erfolgsrelevanz eines anspruchsgruppenspezifischen Nonprofit-Marketing zu verdeutlichen." Entsprechend könnte eine *Erfolgskette im Nonprofit-Marketing* wie folgt aussehen: „Erbringung der Nonprofit-Leistung → Zufriedenheit der Leistungsempfänger → Bindung der Leistungsempfänger → Realisierung der Ziele der Nonprofit-Organisation" (Bruhn 2005, S. 44).

Der eigene Beitrag setzt an der oben genannten Erfolgskette an und beabsichtigt, Impulse für eine Weiterentwicklung der Erfolgskette im Nonprofit-Bereich zu geben. Hieraus ergeben sich folgende drei Zielsetzungen des Beitrags:

(1) Darstellung des aktuellen Stands des Denkens in Erfolgsketten im Kontext von Nonprofit-Beziehungen (deskriptives Wissenschaftsziel, Kapitel 2).

(2) Weiterentwicklung der Erfolgskette in Richtung einer „Service Value Chain" für Nonprofit-Organisationen (konzeptionelles Wissenschaftsziel, Kapitel 3).

(3) Exemplarische Untersuchung am Beispiel der Gruppe der Spender, ob eher die Konstrukte innerhalb einer Service Profit Chain oder aber innerhalb einer Service Value Chain einen positiven Einfluss auf das Bindungsverhalten von Personen zu einer Nonprofit-Organisation ausüben (explikatives Wissenschaftsziel, Kapitel 4).

2. Stand des Denkens in der Erfolgskette in Nonprofit-Organisationen

Das „Denken in der Erfolgskette" findet im Kontext von Nonprofit-Organisationen aktuell mehrheitlich eher in isolierter Form statt. Der Ausdruck isoliert bedeutet, dass die in der Erfolgskette aufgeführten Konstrukte (Erbringung der Nonprofit-Leistung, Zufriedenheit der Leistungsempfänger, Bindung der Leistungsempfänger, Realisierung der Ziele der Nonprofit-Organisation) zwar in ihrer Bedeutsamkeit erkannt sind und einzelne Maßnahmen zur Verbesserung auch in den Nonprofit-Organisationen ergriffen werden, jedoch erfolgt dies in der Regel nicht in der Gesamtschau der Zusammenhänge. Dies soll im Folgenden anhand der einzelnen Konstrukte verdeutlicht werden.

Erbringung der Nonprofit-Leistung: Unter Nonprofit-Leistung sind alle Produkte, Dienstleistungen oder auch Projekte der Nonprofit-Organisation zu verstehen, die den Anspruchsgruppen der Organisation angeboten werden. Zum Beispiel werden in den Behindertenwerkstätten der *Caritas* Produkte wie Firmenschilder, Plakate und Etiketten in Druckereien angefertigt. Der vom *Malteser Hilfsdienst* angebotene Fahrdienst für Senioren ist eine typische Dienstleistung einer Nonprofit-Organisation. Das Nothilfeprogramm für Hungernde in Äthiopien ist beispielsweise ein Projekt der Nonprofit-Organisation *Caritas International*. Nonprofit-Organisationen, die ein Denken in der Erfolgskette anstreben bzw. dies bereits umsetzen, knüpfen insofern an einzelne Leistungsmerkmale der Organisation an und prüfen, inwiefern die erbrachten Leistungen den Anforderungen der jeweiligen Anspruchsgruppe gerecht werden. Diese Prüfung erfolgt u. a. durch Qualitätsmanagementmodelle, mit deren Hilfe die einzelnen Leistungsmerkmale einer Organisation bewertet werden oder durch interne Qualitätsaktivitäten der entsprechenden Nonprofit-Organisation. In vielen Fällen greifen Nonprofit-Organisationen auch auf eingeführte Qualitätslabel oder europäische Qualitätsmanagementmodelle, wie das EFQM-Modell (Bruhn 2005; Helmig et al. 2005) oder aber auf nationale Aktivitäten wie das in der Schweiz etablierte „NPO-Label für Management Excellence" (www.vmi.ch) zurück und sind bestrebt, einen ganzheitlichen Qualitätsverbesserungsprozess in der Nonprofit-Organisation zu etablieren. Allerdings ist der Umsetzungsstand derartiger Maßnahmen verglichen mit gewinnorientierten Unternehmen noch vergleichsweise gering (für die Schweiz vgl. www.sqs.ch/zertifizierte_unternehmen).

Zufriedenheit der Leistungsempfänger: Angesichts der noch am Anfang stehenden Initiativen zur Umsetzung von Qualitätsmanagementmodellen ist nicht überraschend, dass die Messung und das Management der Zufriedenheit der verschiedenen Anspruchsgruppen in Nonprofit-Organisationen ebenfalls noch ausbaufähig sind. Für die Verbände und deren primäre Anspruchsgruppe „Verbandsmitglieder" zeigt eine Erhebung aus dem Jahr 2000 beispielsweise auf, dass der verbandsinterne Informationsstand zur Zufriedenheit und Bindung von Mitgliedern eher auf persönlichen Kontakten und Rückfragen in Sitzungen beruht, während das Kriterium „systematische Zufriedenheitsanalyse" erst gar nicht erfasst wurde (Abbildung 2).

Abbildung 2: *Informationsstand von Verbänden zur Zufriedenheit von Mitgliedern (Quelle: Eser 2000)*

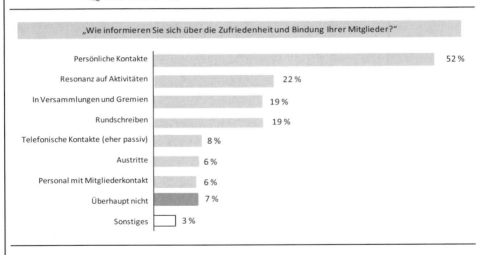

Regelmäßige Erhebungen zur Zufriedenheit oder sogar branchenübergreifende Kundenzufriedenheitsbarometer, wie sie in gewinnorientierten Unternehmen seit Jahren angewendet werden (z. B. Servicebarometer Deutschland oder der European Performance Satisfaction Index), sind im Nonprofit-Sektor somit bisher wenig bis gar nicht etabliert. Lediglich der amerikanische Government Satisfaction Score, eine Teilauswertung des American Customer Satisfaction Index (http://www.theacsi.org), weist systematische Zufriedenheitsergebnisse für staatliche Institutionen aus (z. B. Ministerien, öffentliche Verkehrsunternehmen) und kann insofern als Public Management Zufriedenheitsmessung angesehen werden.

Bindung der Leistungsempfänger: Liegt eine hohe Zufriedenheit vor, so hat dies in der Logik der Erfolgskette einen positiven Einfluss auf die Bindung der jeweiligen Anspruchsgruppe einer Nonprofit-Organisation. Das Konstrukt Bindung wird in der einschlägigen Literatur des Kundenbindungsmanagement zumeist anhand von drei Indikatoren operationalisiert: (1) *Wiederwahlentscheidung* (z. B. Person spendet Blut und entscheidet sich ein Jahr später erneut, bei der NPO Blut zu spenden), (2) *Weiterempfehlung* sowie (3) *Ausweitung der Beziehung*. Die drei genannten Kriterien stellen insofern einen direkten Transfer der im gewinnorientierten Kontext oftmals eingesetzten Kriterien Wiederkaufabsicht, Weiterempfehlungsabsicht und Cross-Buying-Absicht dar (Bruhn/Homburg 2008).

Empirische Ergebnisse zum Zusammenhang von Zufriedenheit und Bindung sind jedoch noch vergleichsweise rar (Polonsky/Garma 2006; Sargeant/Woodliffe 2007) in der Nonprofit-Forschung. Trotzdem ist in der Nonprofit-Praxis der Zusammenhang weitgehend akzeptiert (insbesondere in Bezug auf die Spenderbindung) und fester Bestandteil der Nonprofit-Marketingaktivitäten. Abbildung 3 zeigt beispielhafte empirische Ergebnisse zum Zusammenhang von Zufriedenheit und Weiterempfehlung für den Verbandsbereich auf.

Abbildung 3: *Zusammenhang zwischen Zufriedenheit und Bindung in Verbänden (Quelle: Eser 2003)*

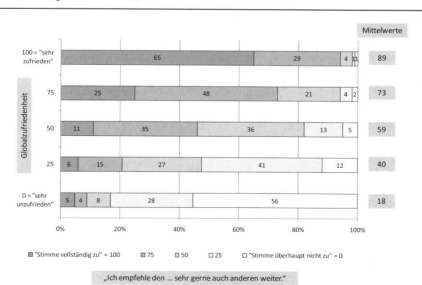

Realisierung der Ziele der NPO: Mittlerweile liegen auch zahlreiche wissenschaftliche Arbeiten vor, die sich mit dem Thema Erfolg und Erfolgsfaktoren von Nonprofit-Organisationen in einzelnen Bereichen auseinandergesetzt haben (Dietrich 2005; Helmig 2005 zum Erfolg von Krankenhäusern oder Fritsch 2007 zu Erfolgsfaktoren im Stiftungsmanagement), während eher branchenübergreifende Arbeiten zur Operationalisierung des Konstrukts „NPO-Erfolg" bislang noch fehlen. Insofern wird der Stand der Forschung zur Zielerreichung von Nonprofit-Organisationen hier als branchenbezogen und weniger allgemein gültig bewertet. Allgemeinere Aussagen zur Zielerreichung beziehen sich zumeist auf Problematiken der schwereren Messbarkeit von Zielen in NPO und der Heterogenität des Zielsystems. Ferner wird betont, dass gesellschaftliche und somit langfristige Ziele, wie Armutsbekämpfung oder die Senkung der Aidssterberate, schwer beeinflussbar und abhängig von diversen Kontextfaktoren sind (Bruhn 2005, S. 41).

Dies mündet letztlich erneut in der Feststellung eines Komplexitätsproblems in Nonprofit-Organisationen.

Die Darstellung des aktuellen Nonprofit-Forschungsstands hat gezeigt, dass Ansätze des Denkens in der Erfolgskette im Kontext des Managements von Nonprofit-Beziehungen zwar in Bezug auf einzelne Kettenglieder vorhanden sind, jedoch keineswegs ein vollständiges und integriertes Management der Nonprofit-Beziehungen über die gesamte Erfolgskette hinweg erfolgt.

3. Entwicklung einer „NPO-Service Value Chain"

Ob das Management von Nonprofit-Beziehungen im Sinne der Service Profit Chain überhaupt den idealen Ausgangspunkt eines systematischen Beziehungsmanagements im Nonprofit-Sektor bildet, ist durchaus kritisch bzw. differenziert zu sehen. Einerseits stehen Nonprofit-Organisationen einem zunehmenden Wettbewerbsdruck, z. B. im Spendenbereich, gegenüber und dies führt in der Konsequenz häufig zu einer steigenden Markt- oder auch Wettbewerbsorientierung und letztlich auch zu systematischeren Zielkontrollen. Dies wiederum spricht für eine vermehrte Ausrichtung einer Nonprofit-Organisation an der Service Profit Chain. Andererseits dominiert in Nonprofit-Organisationen die Erreichung der Mission (Primat der Sachzieldominanz: die Erreichung von betriebswirtschaftlichen Zielen bzw. Kennzahlen sowie Primat der Formalzieldominanz), sodass die Meinung vertreten wird, dass die Besonderheiten in Nonprofit-Organisationen eher zu einer hier erstmals vorgestellten „NPO-Service Value Chain" Betrachtung passen (vgl. zur Service Value Chain und dem Value Management allgemein auch Bruhn/Georgi 2005; Bruhn et al. 2007). Diese Annahmen des

NPO-Service Value Chain-Ansatzes basieren auf Erkenntnissen aus verschiedenen neueren wissenschaftlichen Studien. Eingeflossen sind insbesondere der Ansatz der Service-Dominant Logic, Erkenntnisse der Sozialpsychologie und Soziologie zum Konstrukt Identifikation, aus dem Spendenmanagement und auch aus der intensiv geführten Diskussion um die Stärkung der Gemeinwohlorientierung (Civil Society) sowie einer Steigerung der sozialen Wertschöpfung (Powell/Steinberg 2006). In Abbildung 4 ist die NPO-Service Value Chain im Überblick dargestellt.

Abbildung 4: *Entwicklung hin zu einer NPO-Service Value Chain*

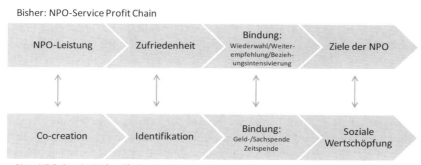

Co-creation: Seit einigen Jahren wird in der Marketingwissenschaft und mittlerweile auch darüber hinaus intensiv das Konzept der so genannten Service-Dominant Logic diskutiert (Vargo/Lusch 2004, 2008; Lusch/Vargo 2006; ergänzend siehe www.sdlogic.net). Bei der Service-Dominant Logic handelt es sich um einen Denkansatz (die Autoren sprechen von „Mindset"), der insbesondere dazu herangezogen werden kann, die Beziehungen verschiedener Anspruchsgruppen untereinander besser zu verstehen und somit die Handlungsweisen von Organisationen zu durchdringen. Dieser Denkansatz wird durch mittlerweile zehn Grundsatzaussagen (den so genannten „Foundational Premises"; FP 1 bis 10; Vargo/Lusch 2008) sowie durch typische Charakteristika beschrieben. Dies sind beispielsweise eine Fokussierung auf Erfahrung und Wissen (anstatt auf Produkte oder Dienstleistungsangebote), eine Netzwerkorientierung (anstatt eines isolierten Agierens bzw. anstelle des Austragens von Wettbewerbskonflikten), ein persönlicher Dialog zu Anspruchsgruppen (anstatt der traditionellen Mediawerbung und Kommunikationspolitik) usw. (im Detail siehe Lusch/Vargo 2006). Ein weiteres Charakteristikum der Service-Dominant Logic ist die Annahme, dass die letztendlich für einzelne Personen bedeutsame Wertschöpfung nur gemeinsam, d. h. in Kooperation mit Kunden, Spendern usw., generiert werden kann. Insofern wird ein Wechsel weg von einer stärkeren Anbietersicht (z. B. im Sinne von: „das

Deutsche Rote Kreuz (DRK) bietet einen Blutspendedienst an") hin zu einer gemeinsamen Schaffung von bleibenden Werten vollzogen (z. B. im Sinne von: „die Zusammenarbeit von *DRK* und Blutspender sichert die Versorgung von Patienten mit Blutkonserven"). Nach der Denkweise der Service-Dominant Logic ist die Leistungserstellung somit ein interaktiver Prozess zwischen der Organisation und seinen Kunden, bei dem es zum Austausch von Wissen und Erfahrungen kommt (Vargo/Lusch 2008). Hier wird argumentiert, dass die in der Service-Dominant Logic propagierten Charakteristika in einem hohen Maße in Nonprofit-Organisationen gegeben sind und insbesondere eine gemeinsame Leistungserstellung (Co-creation) erfolgt. Daher startet die NPO-Service Value Chain mit diesem Element.

Identifikation: Die propagierte NPO-Service Value Chain geht ferner davon aus, dass gerade im Kontext von nichtgewinnorientierten Organisationen nicht immer nur das klassische Beziehungskonstrukt „Zufriedenheit", sondern insbesondere auch die „Identifikation" von Personen mit den Zwecken der Nonprofit-Organisation bedeutsam ist (Michalski/Helmig 2008; im For-Profit Kontext auch Homburg et al. 2009, S. 39). Unter dem Begriff Identifikation wird mehrheitlich ein „feeling of oneness" einer Person, d. h., ein Gefühl der Einheit einer Person mit einem bestimmten Identifikationsobjekt verstanden, das wiederum einen hohen Anteil zur Selbstdefinition dieser Person leistet (Shamir 1992). Die Relevanz des Konstrukts Identifikation wird dabei auch durch empirische Studien im Nonprofit-Kontext bestätigt. In einer Studie von Arnett et al. (2003) aus dem Hochschulmanagement zeigte sich beispielsweise ein statistisch hoch signifikanter Zusammenhang des Konstrukts „Identity Salience" mit dem Geldspendeverhalten von Alumni. Für die Verwendung von Identifikation statt Zufriedenheit spricht ferner, dass es sich bei Nonprofit-Organisationen sehr häufig um mitgliederbezogene Vereinsstrukturen handelt und die Mitglieder der Organisation in der Regel nicht als „externe Kunden", sondern als Interne angesehen werden, die durch ihr persönliches Engagement für den Verein (z. B. Teilnahme an Veranstaltungen usw.) ihre persönliche Identifikation zum Ausdruck bringen. Die Richtigkeit eines Identifikationsmanagements in Nonprofit-Organisationen wird letztlich auch dadurch gestützt, dass die bereits vorgängig beschriebene Integration von Personen in die Wertschöpfung der Nonprofit-Organisation ebenfalls identitätsstiftend wirkt.

Bindung in Form von Geld-/Sachspenden und Zeitspenden: In der traditionellen Erfolgskette schließt sich im nächsten Schritt das Konstrukt „Bindung" an. Aus der Heterogenität der Anspruchsgruppen resultiert, dass sich das Bindungsziel nicht nur auf Personen bezieht, die Leistungen in Anspruch nehmen (Wiederwahl, Weiterempfehlung, Beziehungsintensivierung), sondern auch andere Anspruchsgruppen an die Nonprofit-Organisation gebunden werden sollen. Dies trifft in besonderem Ausmaß auf die Gruppe der Spenderinnen und Spender zu. Die Spenderbindung kann dabei drei generelle Formen annehmen: Geldspende, Sachspende und Zeitspende (Mitarbeit von Freiwilligen – so genannte „Volunteers", oder gewählten Ehrenamtlichen – so genannte „Board Members"). Diese komplexeren Beziehungsstrukturen in Nonprofit-Organisationen stellen folglich erhöhte Anforderungen an das Beziehungsmanagement, um letztlich eine hohe Bindung dieser Anspruchsgruppen zu erreichen. Es wird innerhalb der neuen Erfolgskette unterstellt, dass bei Vorliegen einer hohen Identifikation mit der entsprechenden Organisation auch die Bereitschaft zu einer Geld-/Sach- oder Zeitspende ansteigt. Bindungseffekte über Spenden bilden folglich das dritte Kettenglied in der neuen NPO-Service Value Chain.

Soziale Wertschöpfung: Wie bereits ausgeführt spielt in Nonprofit-Organisationen neben der Zielerreichung zumeist die Erreichung einer langfristigen sozialen Wertschöpfung eine bedeutsame(re) Rolle (Powell/Steinberg 2006). Als soziale Werte können etwa „Gesundheit", „Menschenrechte" (Whitman 2008) oder die Lösung sozialer Probleme, wie die Armenfürsorge (Heitzmann 2004) bezeichnet werden. Demnach wurde die soziale Wertschöpfung in die Überlegungen zur NPO-Service Value Chain integriert.

Mit der in diesem Abschnitt vorgestellten NPO-Service Value Chain wird ein erster Ansatzpunkt zur Weiterentwicklung der Erfolgskette für Nonprofit-Organisationen aufgezeigt, der unterstellt, dass die neu diskutierten Konstrukte in diesem Kontext gegenüber den bisherigen, kontextspezifisch besser den Charakter einer Nonprofit-Organisation widerspiegeln und insofern der Transfer eine höhere Praxisrelevanz aufweist. Gleichwohl bedeutet dies nicht, dass die Leistungserstellung, die Zufriedenheit oder die Zielerreichung in Nonprofit-Organisationen obsolet sind. Im Gegenteil ist die NPO-Service Value Chain als eine ergänzende Sichtweise zu interpretieren.

4. Empirische Untersuchung

4.1 Bezugsrahmen und Datenerhebung

Im Folgenden wird überprüft, ob die vorgestellten Gedanken zu einer weiterentwickelten NPO-Service Value Chain auch einer ersten empirischen Überprüfung standhalten können. Zu diesem Zweck wird ein Datensatz zum Management von Alumni verwendet, indem nicht nur Daten von Alumnimitgliedern, sondern auch Spenderdaten generiert wurden. Die Anspruchsgruppe der Spender erscheint für eine erste Überprüfung der NPO-Service Value Chain besonders geeignet, da das Thema Fundraising und Spendenmanagement in vielen Nonprofit-Organisationen eine dominante Rolle einnimmt und somit diese Anspruchsgruppe auch (ähnlich wie die der Kunden in gewinnorientierten Unternehmen) maßgeblich zum Fortbestand der Organisation beitragen. In Abbildung 5 ist der theoretische Bezugsrahmen der Untersuchung im Überblick dargestellt, wobei sich der Aufbau an den beiden dargestellten Erfolgsketten orientiert.

Abbildung 5: *Theoretischer Bezugsrahmen in Anlehnung an die NPO-Service Value Chain bzw. die NPO-Service Profit Chain*

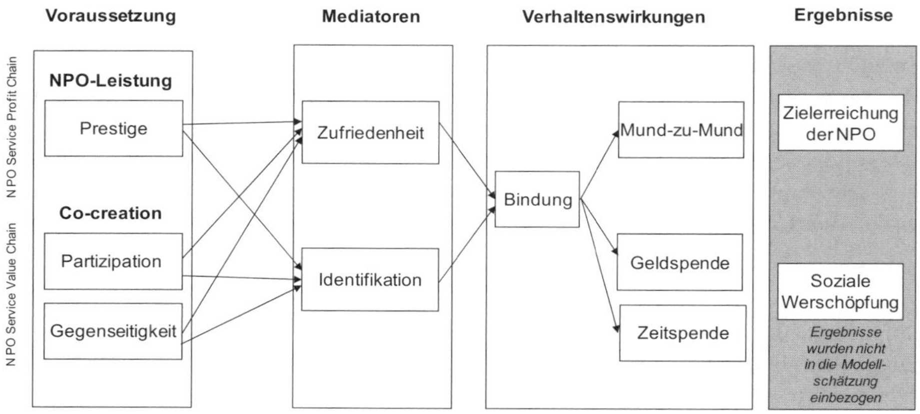

Beantwortet werden soll in diesem Abschnitt Forschungsfrage drei, die hinterfragt, ob die „NPO-Service Profit Chain" oder die „NPO-Service Value Chain" für Spendenbeziehungen höhere Erklärungsbeiträge auf das Bindungsverhalten liefert. Brodie (2009) spricht bei dieser Form von Untersuchungen von „Middle Range Theories" und drückt aus, dass eine Theoriebildung nicht nur konzeptionell, sondern auch unter Zuhilfenahme von empirischen Ergebnissen erfolgen kann (Saren/Pels 2008). Anspruch und Fokus der folgenden Analysen liegen insofern weniger auf der Interpretation der einzelner Werte der Pfadkoeffizienten oder Signifikanzen, sondern mehr auf der integrierten Gesamtschau der Ergebnisse in Bezug auf die Abläufe in den beiden Erfolgsketten.

Im Zentrum der vorliegenden Untersuchung stehen Konstrukte, die eher mit der klassischen NPO-Service Profit Chain in Verbindung gebracht werden. Dies sind für die NPO Leistung zunächst das Konstrukt „Prestige" sowie die „Zufriedenheit" als Mediator mit Wirkungen auf die „Bindung", wobei unterstellt wird, dass sich dieser Pfad primär auf die positive Mund-zu-Mund Kommunikation auswirkt. Während „Partizipation" und „Gegenseitigkeit" zwei Konstrukte darstellen, die die typische Situation einer Co-creation beschreiben, und somit vermutlich stärker auf die Identifikation eines Spenders als auf die Zufriedenheit wirken. Bei ausgeprägter Identifikation des Spenders wird im Sinne der NPO-Service Value Chain unterstellt, dass eher Wirkungen auf die direkten Spendenhandlungen, d. h. die Geld- und/oder die Zeitspende, beobachtbar sind. Die Ergebnisse der beiden Erfolgsketten (Zielerreichung und soziale

Wertschöpfung) wurden im verwendeten Datensatz nicht erhoben und fließen somit nicht in die Analyse ein (Abbildung 5).

Zur Überprüfung der Annahmen wurde ein Sub-Datensatz herangezogen, der im Mai 2008 bei Mitgliedern eines Fördervereins einer deutschen Universität mittels einer Online-Befragung zum Thema „Identifikation im Hochschulbereich" generiert wurde. Im Rahmen dieser Erhebung wurden insgesamt 306 verwertbare Fragebögen generiert; insgesamt 25 der befragten Personen gaben dabei an, zusätzlich zum Mitgliederbeitrag von 50 EUR auch noch eine Geldspende an die Universität geleistet zu haben. Diese 25 Personen werden hier als Anspruchsgruppe der Spender einer Universität einer näheren Analyse unterzogen. 21 (84 Prozent) der befragten Personen sind männlich; lediglich 4 (16 Prozent) weiblich. Die Spendenhöhen verteilen sich wie folgt: bis zu 100 EUR (2 Personen); bis 200 EUR (10 Personen); bis 500 EUR (2 Personen); bis 1.000 EUR (6 Personen); bis 2.000 EUR (4 Personen) und über 2.000 EUR (1 Person). Die letztgenannte Spende beträgt 80.000 EUR.

Zur Operationalisierung der in den Bezugsrahmen integrierten Konstrukte wurden mehrheitlich bekannte Skalen bzw. Indikatoren eingesetzt (Webb et al. 2000). Die „Identifikation mit der Universität" wurde beispielsweise in Anlehnung an die Skalenentwicklung von Mael und Ashforth (1992) als reflektives Konstrukt vorgenommen (Bhattacharya et al. 1995; Tidwell 2005). Alle übrigen Konstrukte wurden ebenfalls als reflektive Konstrukte spezifiziert.

4.2   Ergebnisse der Untersuchung

Zur Datenanalyse kam die Partial Least Squares (PLS) Pfadanalyse zum Einsatz (Lohmöller 1989; Chin 1998; Tenenhaus et al. 2005). Die Wahl fiel auf die Anwendung des PLS-Verfahrens, weil PLS insbesondere dann das Verfahren der ersten Wahl ist, wenn kleine Stichproben geschätzt werden sollen. Grund hierfür ist, dass es sich bei der PLS-Pfadanalyse um ein iteratives Schätzverfahren handelt, bei dem sich die Größe des benötigten Samples an der umfangreichsten Regressionsgleichung im Modell ausrichtet. Als Heuristik wird in der einschlägigen Literatur vorgeschlagen, die Regressionsgleichung mit der größten Anzahl an zu schätzenden Indikatoren (hier somit das Konstrukt Identifikation mit 5 Indikatoren auf Geld- und Zeitspenden) multipliziert mit fünf bis zehn als mindestens benötigte Fallzahl zu verwenden (Barcly et al. 1995, S. 292). Hieraus ergibt sich eine Mindestanzahl an zu schätzenden Fällen von 25 bis 50. In der eigenen Untersuchung wird insofern mit N = 25 gerade noch die untere Grenze des Vertretbaren erreicht. Für die Berechnung des PLS-Pfadmodells wurde die statistische Anwendungssoftware SmartPLS 2.0 verwendet (Ringle et al. 2005). Die Abbildung 6 zeigt die Ergebnisse der Analyse im Überblick.

Abbildung 6: *Messergebnisse des PLS-Pfadmodells (N = 25)*

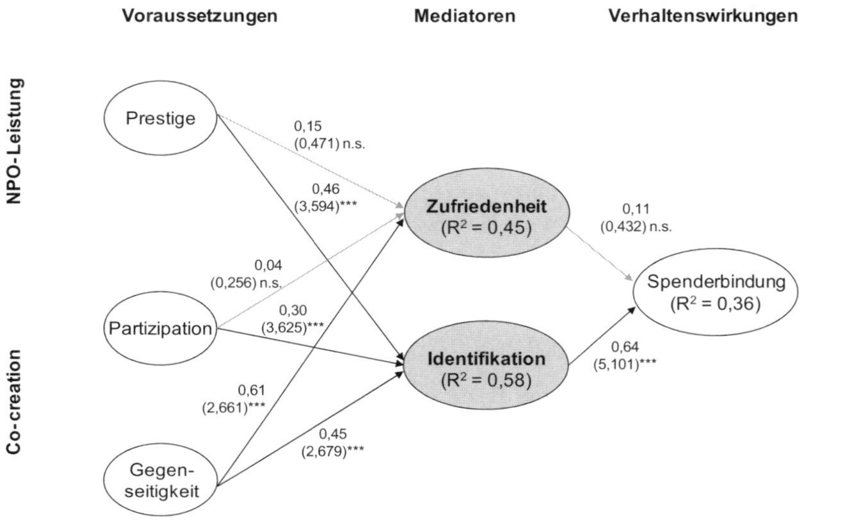

Ergebnisse für das Gesamtmodell Identifikation **(N = 25):** Ermittelt unter Einsatz von smartPLS 2,0 (Ringle et al. 2005). Signifikanztest durch Bootstrapping mit 100 Iterationen; *: p ≤ 0,05 (kritischer Wert 1,960); **: p ≤ 0,01 (kritischer Wert 2,576); ***: p ≤ 0,001 (kritischer Wert 3,291).

Zu sehen sind die Schätzwerte der Pfadkoeffizienten zwischen verschiedenen Konstrukten, das Ergebnis des Signifikanztests via Bootstrapping in Klammern sowie die drei Bestimmtheitsmaße der latenten endogenen Variablen, auf deren Basis im Folgenden die Modellbeurteilung sowie die Interpretation der Ergebnisse vorgenommen wird.

Beurteilung des Strukturmodells: Die Güte der unterstellten Struktur des geschätzten Modells wird anhand der in PLS ermittelten Pfadkoeffizienten sowie über das Bestimmtheitsmaß beurteilt. Im Zentrum des Interesses steht der Vergleich der Abläufe innerhalb der Service Profit versus Service Value Chain. Es zeigt sich, dass alle drei unabhängigen Konstrukte (Prestige mit 0,46, Partizipation mit 0,30 und Gegenseitigkeit mit 0,45) einen statistisch signifikanten Einfluss auf das Konstrukt Identifikation ausüben, während die Einflüsse auf die Zufriedenheit lediglich durch das Konstrukt Gegenseitigkeit mit einem Wert von 0,61 statistisch signifikant sind. Interessant ist auch, dass das Prestige in diesem Spenderdatensatz keinen Einfluss auf die Zufriedenheit der Spender ausübt, während dieser Zusammenhang in zahlreichen gewinnorientierten Kontexten und Studien der Service Profit Chain stets bestätigt wird. Die Analyse ergab ferner, dass ein statistisch signifikanter Einfluss der Identifikation auf die Spenderbindung mit einem Pfadkoeffizienten von 0,64 besteht, während der Pfadkoeffizient des Konstrukts Zufriedenheit auf die Bindung mit lediglich 0,11 statistisch nicht signifikant ist (t = 0,432).

Diese Ergebnisse stützen insofern die Annahme, dass das Konstrukt Identifikation im Kontext von Spendenbeziehungen tendenziell besser geeignet ist, den Zusammenhang zur Bindung von Personen zu erklären. Diese Tendenz wird ebenfalls bei der Betrachtung der Bestimmtheitsmaße deutlich. Das Bestimmtheitsmaß der Identifikation ist mit einem R^2 von 0,58 höher als das der Zufriedenheit mit R^2 mit einem Wert von 0,45. Dies bedeutet, dass die Identifikation im Vergleich zur Zufriedenheit zu einem höheren prozentualen Anteil durch die Faktoren Prestige, Partizipation und Gegenseitigkeit erklärt wird.

Beurteilung des Messmodells: Die Evaluierung reflektiver Messmodelle in PLS erfolgt gemäß den Empfehlungen in der Literatur anhand der vier Gütekriterien Inhaltsvalidität, Indikatorreliabilität, Konstruktreliabilität sowie Diskriminanzvalidität (Abbildung 7; Krafft et al. 2005). Die *Inhaltsvalidität* bezeichnet den Grad, zu dem die Variablen eines Messmodells dem inhaltlichen Bereich des Konstrukts angehören. Sichergestellt wurde dies durch die Verwendung etablierter Skalen, beispielsweise die Verwendung der Mael/Ashforth-Skala zur Messung der Identifikation (Mael/Ashforth 1992; aufgrund eines nicht signifikanten Items mit einer Ladung von lediglich 0,3 wurden hier jedoch 5 statt 6 Items in die Analyse einbezogen).

Die *Indikatorreliabilität* wird mittels der Beurteilung der Faktorladungen der jeweiligen Indikatoren vorgenommen, wobei generell mehr als 50 Prozent der Varianz des Indikators durch das jeweilige Konstrukt erklärt werden sollte und sich aus dieser Logik heraus ein Wert für die Faktorladungen von 0,7 ergibt (0,7 = Wurzel aus 0,5). Mit Ausnahme der beiden Indikatoren zur Geld- und Zeitspende mit einer Ladung von 0,56 und 0,568 erreichen alle im Model verwendeten Indikatoren diesen Richtwert (hierzu auch Huber et al. 2007, S. 87; die einen Wert von mindestens 0,6, idealerweise jedoch größer als 0,8 empfehlen).

Ferner wurde die *Konstruktreliabilität* überprüft. Diese ist ein Maß dafür, wie gut ein Konstrukt durch die ihm zugeordneten Indikatoren gemessen wird und erfordert, dass Indikatoren, die demselben Konstrukt zugeordnet werden, eine starke Beziehung (Korrelation) untereinander aufweisen. Überprüft wird die Konstruktreliabilität anhand der internen Konsistenz sowie dem Cronbach´s Alpha, wobei für beide Kriterien Werte der Indikatoren von größer als 0,7 als akzeptabel angesehen werden (Himme 2006). Die Reliabilitätsprüfung in Abbildung 7 zeigt, dass die Werte der internen Konsistenz für alle Konstrukte über diesem Grenzwert liegen. Gleiches gilt für die Cronbach´s Alpha-Werte, allerdings mit Ausnahme des Konstrukts Spenderbindung. Hier wurde ein nicht befriedigender Wert von 0,53 erreicht. Zurückzuführen ist dies darauf, dass in diesem Datensatz die üblicherweise verwendeten Indikatoren „Wiederwahl" sowie „Beziehungsintensivierung" nicht erhoben wurden.

Abbildung 7: *Gütemaße für das PLS-Modell (N = 25)*

Modellidentifikation N = 25	Beurteilung Messmodell		
	Validität Durchschnittlich erfasste Varianz (DEV)	Konstruktreliabilität: Innere Konsistenz/ Composite Reliability	Konstruktreliabilität: Cronbach`s Alpha
Prestige	0,71	0,88	0,79
Partizipation	1,00	1,00	1,00
Gegenseitigkeit	0,64	0,88	0,82
Zufriedenheit	0,66	0,89	0,84
Identifikation	0,65	0,90	0,87
Bindung	0,47	0,72	0,53
Mindestwert	*0,6*	*0,7*	*0,7*

Schließlich wurde die Diskriminanzvalidität über die durchschnittlich erfasste Varianz (DEV) überprüft. Diskriminanzvalidität beschreibt dabei das Ausmaß, mit dem die latenten Variablen tatsächlich eigenständige Konstrukte darstellen. Zur Überprüfung kommt das Fornell-Larcker-Kriterium zum Einsatz (Fornell/Larcker 1981, S. 45), das besagt, das Diskriminanzvalidität dann gegeben ist, wenn die DEV des jeweiligen latenten Konstrukts (hier Spenderbindung) größer ist als jede quadrierte Korrelation des betrachteten Konstrukts mit einem anderen latenten Konstrukt im Untersuchungsmodell (DEV > quadrierte Korrelation). In der ermittelten Korrelationsmatrix zeigte sich eine geringe Korrelation zwischen den Konstrukten Bindung und Zufriedenheit von 0,14 sowie eine etwas höhere Korrelation zwischen Bindung und Identifikation von 0,59. Hieraus resultiert: DEV Bindung = 0,47 > Zufriedenheit r^2 = 0,0196 sowie DEV Bindung = 0,47 > Identifikation r^2 = 0,03481. Zusammenfassend kann festgehalten werden, dass Diskriminanzvalidität im Modell vorliegt und die Güte des Modells über alle Gütekriterien hinweg als akzeptabel beurteilt wird.

5. Diskussion und Fazit

Der vorliegende Beitrag hatte zum Ziel, drei Wissenschaftsziele näher zu beleuchten. Die Betrachtung des aktuellen Stands des Denkens in der traditionellen Erfolgskette bei Nonprofit-Organisationen in Kapitel 2 (deskriptives Wissenschaftsziel) hat gezeigt, dass der Stand der Forschung und Umsetzung des Management von Nonprofit-Beziehungen insgesamt noch verbesserungsfähig ist und häufig auch eine eher isolierte Sichtweise eingenommen wird. Grundsätzlich ist aber feststellbar, dass ein Transfer der Konzeptionen aus dem Relationship Marketing (wie Qualitätsmanagementsysteme, Kundenlebenszyklus oder Service Profit Chain) in Nonprofit-Organisationen – wenn auch zögerlich – erfolgt.

Die daraufhin entwickelte NPO-Service Value Chain (konzeptionelles Wissenschaftsziel, Kapitel 3) soll deshalb als Beitrag dazu angesehen werden, die Implementierungsrückstände zu verringern, indem der neue Ansatz eine noch stärkere Berücksichtigung der Besonderheiten von Nonprofit-Beziehungen ermöglicht. Die grundsätzliche Eignung des herausgearbeiteten Ablaufs mit Co-creation → Identifikation mit der NPO → Bindung durch Geld-/Zeitspenden → Soziale Wertschöpfung gegenüber den Konstrukten der traditionellen Erfolgskette wurde dabei auch durch einen kleinen Spenderdatensatz von der Tendenz her bestätigt (explikatives Wissenschaftsziel, Kapitel 4).

Daraus ergeben sich folgende Handlungsempfehlungen für Nonprofit-Organisationen. Zum einen sollte darüber nachgedacht werden, welche Formen der Co-creation bereits in der eigenen Organisation vorliegen, ob diese gegebenenfalls ausgebaut werden könnten oder sollten oder ob neue Partnerschaften mit Anspruchsgruppen der Nonprofit-Organisation helfen könnten, die definierten Ziele und auch eine soziale Wertschöpfung besser zu erreichen. Zudem geben die Ergebnisse Hinweise darauf, dass Zufriedenheits- und Bindungsaktivitäten, insbesondere auch Umfragen, in Nonprofit-Organisationen sinnvoll durch eine Messung der Identifikation von Mitgliedern und Spendern ergänzt werden könnten.

Angesichts der sehr kleinen Datenbasis in diesem Beitrag sollten diese Empfehlungen jedoch nicht generalisiert werden. Vielmehr bleibt zu hoffen, dass dieser Beitrag einen Impuls für weiterführende empirische Forschungsarbeiten auf dem Gebiet der NPO-Service Value Chain geben konnte und dass die hier von der Tendenz her bestätigten Ergebnisse einer breiten und repräsentativen Untersuchung unterzogen werden.

Literaturverzeichnis

American Customer Satisfaction Index (2009) (Hrsg.): Government Satisfaction Scores, http://www.theacsi.org, (Zugriff am: 06.07.2009).

Arnett, D.B./German, S.D./Hunt, S.D. (2003): The Identity Salience Model of Relationship Marketing Success. The Case of Nonprofit Marketing, in: Journal of Marketing, Vol. 67, No. 2, S. 89-105.

Barclay, D./Higgins, S./Thompson, R. (1995): The Partial Least Squares (PLS) Approach to Causal Modeling, in: Personal Computer Adoption and Use as an Illustration. Technology Studies, Vol. 2, No. 2, S. 285-309.

Bhattacharya, C.B./Rao, H./Glynn, M.A. (1995): Understanding the Bond of Identification. An Investigation of it`s Correlates Among Art Museum Members, in: Journal of Marketing, Vol. 59, No. 4, S. 46-57.

Brodie, R.J. (2009): Empirical Evidence About the Service-Dominant Logic, Working Paper, präsentiert auf dem Naples Forum on Services (2009): Service-Dominant Logic, Service Science, and Network Theory, Capri, Italien.

Bruhn, M. (2005): Marketing für Nonprofit-Organisationen. Grundlagen, Konzepte, Instrumente, Stuttgart.

Bruhn, M./Georgi, D. (2005): Services Marketing. Managing the Service Value Chain, London.

Bruhn, M./Georgi, D./Hadwich, K. (2008): Ansatzpunkte des Customer Value Managements, in: Bruhn, M./Homburg, Ch. (Hrsg.): Handbuch Kundenbindungsmanagement. Strategien und Instrumente für ein erfolgreiches CRM, 6. Aufl., Wiesbaden, S. 713-732.

Bruhn, M./Homburg, C. (2008): Handbuch Kundenbindungsmanagement. Strategien und Instrumente für ein erfolgreiches CRM, 6. Aufl., Wiesbaden.

Chin, W.W. (1998): The Partial Least Squares Approach to Structural Equation Modeling, in: Marcoulides, G.A. (Hrsg.): Modern Methods for Business Research, Mahwah, S. 295–358.

Dietrich, M. (2005): Qualität, Wirtschaftlichkeit und Erfolg von Krankenhäusern. Analyse der Relevanz marktorientierter Ansätze im Krankenhausmanagement, Wiesbaden.

Eser, S. (2000): Mitgliederorientierung in Verbänden. Stand und Perspektiven, in: Verbändereport, 4. Jg., Nr. 6, http://www.verbaende.com/files/fuer_verbaende/vr/phplib/F4563901C1D04AB4A400313936E457F4.htm?id=46, (Zugriff am: 28.07.2009).

Eser, S. (2003): Das einzelne Mitglied neu entdecken. Konsequente Mitgliederorientierung ist die zentrale Herausforderung für Verbände in Deutschland, in: Verbändereport, 7. Jg., Nr. 1, http://www.verbaende.com/files/fuer_verbaende/vr/phplib/F4563901C1D04AB4A400313936E457F4.htm?id=24, (Zugriff am: 28.07.2009).

Fritsch, N. (2007): Erfolgsfaktoren im Stiftungsmanagement, Erfolgsfaktorenforschung im Nonprofit-Sektor, Wiesbaden.

Fornell, C./Larcker, D.F. (1981): Evaluating Structural Equation Models with Unobservable Variables and Measurement Error, in: Journal of Marketing Research, Vol. 48, No. 1, S. 39-50.

Helmig, B. (2005): Ökonomischer Erfolg in öffentlichen Krankenhäusern, Schriften zur öffentlichen Verwaltung und öffentlichen Wirtschaft Band 185, Berlin.

Helmig, B./Purtschert, R./Beccarelli, C. (2005): Nonprofit but Management, in: Helmig, B./Purtschert, R. (Hrsg.): Nonprofit-Management. Beispiele für Best-Practices im Dritten Sektor, Wiesbaden, S. 1-20.

Helmig, B./Michalski, S. (2008): Stellenwert und Schwerpunkte der Nonprofit-Forschung in der allgemeinen Betriebswirtschaftslehre. Ein Vergleich deutscher und US-amerikanischer Forschungsbeiträge, in: Zeitschrift für Betriebswirtschaft, 78. Jg., Special Issue Nr. 3, S. 23-55.

Helmig, B./Michalski, S./Thaler, J. (2009): Besonderheiten und Managementimplikationen in Nonprofit-Organisationen, in: Bruhn, M./Stauss, B. (Hrsg.): Forum Dienstleistungsmanagement. Kundenintegration, Wiesbaden, S. 471-492.

Heitzmann, K. (2004): Funktionen und Leistungen von NPOs im Wandel – illustriert anhand der Entwicklung der institutionellen Armenfürsorge in Österreich, in: Witt, D./Purtschert, R./Schauer, R. (Hrsg.): Funktionen und Leistungen von Nonprofit-Organisationen, Wiesbaden, S. 213-226.

Himme, A. (2006): Gütekriterien der Messung: Reliabilität, Validität und Generalisierbarkeit, in: Albers, S./Klapper, D./Konradt, U./Walter, A./Wolf, J. (Hrsg.): Methodik der empirischen Forschung, Wiesbaden, S. 383-400.

Huber, F./Herrmann, A./Meyer, F./Vogel, J./Vollhardt, K. (2007): Kausalmodellierung mit Partial Least Squares. Eine anwendungsorientierte Einführung, Wiesbaden.

Homburg, C./Wieseke, J./Hoyer, W.D. (2009): Social Identity and the Service Profit Chain, in: Journal of Marketing, Vol. 73, No. 2, S. 38-54.

Krafft, M./Götz, O./Liehr-Gobbers, K. (2005): Die Validierung von Strukturgleichungsmodellen mit Hilfe des Partial-Least-Squares (PLS)-Ansatzes, in: Bliemel,

F./Eggert, A./Fassott, G./Henseler, J. (Hrsg.): Handbuch PLS-Pfadmodellierung. Methode, Anwendung, Praxisbeispiele, Stuttgart, S. 71-86.

Kraus, M./Stegarescu, D. (2005): Non-Profit-Organisationen in Deutschland. Ansatzpunkte für eine Reform des Wohlfahrtsstaats, ftp://ftp.zew.de/pub/zew-docs/docus/dokumentation0502.pdf, (Zugriff am: 06.07.2009).

Lohmöller, J.-B. (1989): Latent Variable Path Modeling with Partial Least Squares, Heidelberg.

Lusch, R.F./Vargo, S.L. (2006): Service-Dominant Logic: Reactions, Reflections and Refinements, in: Marketing Theory, Vol. 6, No. 3, S. 281-288.

Mael, F./Ashforth, B.E. (1992): Alumni and Their Alma Mater: A Partial Test of the Reformulated Model of Organizational Identification, in: Journal of Organizational Behaviour, Vol. 13, No. 2, S. 102–123.

McMillan, K./Money, K./Money, A./Downing, S. (2005): Relationship Marketing in the Not-for-profit Sector. An Extension and Application of the Commitment-Trust Theory, in: Journal of Business Research, Vol. 58, No. 6, S. 806-818.

Michalski, S./Helmig, B. (2008): Zur Rolle des Konstrukts Identifikation zur Erklärung von Spendenbeziehungen: Eine qualitative Untersuchung, in: Stauss, B. (Hrsg.): Fokus Dienstleistungsmarketing, Tagungsband zum 13. Workshop Dienstleistungsmarketing, Wiesbaden, S. 237-251.

Polonsky, M.J./Garma, R. (2006): Service Blueprinting: A Potential Tool for Improving Cause-Donor Exchanges, in: Journal of Nonprofit & Public Sector Marketing, Vol. 16, No. 1, S. 1-20.

Powell, W.W./Steinberg, R. (2006): The Non-Profit Sector: A Research Handbook, New Haven, CT/London.

Ringle, C.M./Wende, S./Will, A. (2005): SmartPLS 2.0 (beta), http://www.smartpls.de, Hamburg.

Saren, M./Pels J.P. (2008): A Comment on Paradox and Middle-Range Theory, in: Journal of Business and Industrial Marketing, Vol. 23, No. 2, S. 105-107.

Sargeant, A./Wodliffe, L. (2007): Building Donor Loyalty: The Antecedents and Role of Commitment in the Context of Charity Giving, in: Journal of Nonprofit & Public Sector Marketing, Vol. 18, No. 2, S. 47-68.

Sargeant, A./Hudson, J. (2008): Donor Retention: An Exploratory Study of Door-to-Door Recruits, in: International Journal of Nonprofit and Voluntary Sector Marketing, Vol. 13, No. 1, S. 89-101.

Shamir, B. (1992): Some Correlates of Leisure Identity Salience: Three Exploratory Studies, in: Journal of Leisure Research, Vol. 24, No. 4, S. 301-323.

Tenenhaus, M./Vinzi, V.E./Chatelin, Y.-M./Lauro, C. (2005): PLS Path Modelling. Computational Statistics & Data Analysis, Vol. 48, No. 1, S. 159–205.

Tidwell, M.V. (2005): A Social Identity Model of Prosocial Behaviors Within Nonprofit Organizations, in: Nonprofit Management & Leadership, Vol. 15, No. 4, S. 449-467.

Verbandsmanagement Institut (VMI) (2009) (Hrsg.): NPO-Label für Management Excellence, http://www.vmi.ch, (Zugriff am: 03.07.2009).

Vargo, S.L./Lusch, R.F. (2004): Evolving to a New Dominant Logic for Marketing, in: Journal of Marketing, Vol. 68, No. 1, S. 1-17.

Vargo, S.L./Lusch, R.F. (2008): Service-Dominant Logic: Continuing the Evolution, in: Journal of the Academy of Marketing Science, Vol. 36, No. 1, S. 1-10.

Webb, D.J./Grenn, C.L./Brashear, T.G. (2000): Development and Validation of Scales to Measure the Attitudes Influencing Monetary Donations to Charitable Organizations, in: Academy of Marketing Science, Vol. 28, No. 2, S. 299-309.

Whitman, J.R. (2008): Evaluating Philanthropic Foundations According to Their Social Values, in: Nonprofit Management & Leadership, Vol. 18, No. 4, S. 417-434.

Wright, G./Taylor, A. (2005): Strategic Partnerships and Relationship Marketing in Healthcare, in: Public Management Review, Vol. 7, No. 2, S. 203-224.

Zimmer, A. (1997): Stand und Perspektiven der NPO-Forschung, in: Schauer, R./Anheier, H./Blümle, E.-B. (Hrsg.): Der Nonprofit-Sektor im Aufwind – zur wachsenden Bedeutung von Nonprofit-Organisationen auf nationaler und internationaler Ebene, Linz, S. 63-88.

Dieter K. Tscheulin/Martin Dietrich

Das Management von Kundenbeziehungen im Gesundheitswesen

1. Einführung

2. Gesundheitswesen und Kundenbeziehungen
    2.1   Das Gesundheitswesen in Deutschland
    2.2   Struktur und Besonderheiten von Kundenbeziehungen im Gesundheitswesen
    2.3   Zur Übertragung des klassischen Managements von Kundenbeziehungen auf das Gesundheitswesen

3. Klassischer Ansatz des Managements von Kundenbeziehungen im Gesundheitswesen
    3.1   Management von Kundenbeziehungen in Krankenversicherungen
    3.2   Management von Kundenbeziehungen in Krankenhäusern
    3.3   Management von Kundenbeziehungen in der ambulanten medizinischen Versorgung

4. Zusätzliche Anforderungen an das Management von Kundenbeziehungen im Gesundheitswesen
    4.1   Stationäre Krankenhausversorgung
    4.2   Innovative medizinische Versorgungsformen

5. Würdigung des Managements von Kundenbeziehungen im Gesundheitswesen

Prof. Dr. Dieter K. Tscheulin ist Direktor der Abteilung Betriebswirtschaftliches Seminar II an der Albert-Ludwigs-Universität Freiburg. Dr. Martin Dietrich ist Assistent in der selben Abteilung.

1. Einführung

Das Management von Kundenbeziehungen, oder auch Relationship Marketing (Bruhn 2009), stellt eine auf das Beziehungsmanagement abzielende Ausrichtung des Marketing dar. Bezieht sich das klassische Management von Kundenbeziehungen insbesondere auf den kommerziellen Bereich, so wird dieser Ansatz auch im Bereich des Non-Profit-Marketing als relevantes Instrument zur Entwicklung von „anspruchsgruppengerichteten Verhaltensstrategien" angesehen (Bruhn 2006, S. 217). Durch die Nähe der meisten Non-Profit-Bereiche zum Dienstleistungsbereich wird davon ausgegangen, dass sich die Ansätze des klassischen Managements von Kundenbeziehungen aus dem kommerziellen Dienstleistungsbereich direkt auf den Non-Profit-Bereich übertragen lassen (Bruhn 2009). In Bereichen, in denen die Beziehungen zwischen den Marktakteuren komplex sind, ergeben sich jedoch zusätzliche Anforderungen, die im klassischen Management von Kundenbeziehungen aus dem kommerziellen Dienstleistungsbereich weniger relevant sind. Insbesondere in Bereichen, in denen Leistungsempfänger und Leistungsfinanzierer getrennt auftreten, wird Anpassungsbedarf der klassischen Ansätze des Managements von Kundenbeziehungen gesehen (Bruhn 2009, S. 308). Das Gesundheitswesen in Deutschland stellt einen solchen Bereich dar, der durch überaus komplexe Kunden- und Anspruchsgruppenbeziehungen gekennzeichnet ist. Daraus ergeben sich Beziehungsstrukturen, die zusätzliche Anforderungen an das Management von Kundenbeziehungen stellen. Eine direkte Übertragung des klassischen Ansatzes des Managements von Kundenbeziehungen ist daher im Gesundheitswesen nur in bestimmten Teilbereichen möglich. Eine Betrachtung des Managements von Kundenbeziehungen im Gesundheitswesen macht es daher erforderlich, die wichtigsten Aspekte des Gesundheitswesens und seine Besonderheiten überblicksartig darzustellen. Damit lassen sich diejenigen Bereiche des Gesundheitswesens identifizieren, in denen das klassische Management von Kundenbeziehungen und das von ihm zur Verfügung gestellte Instrumentarium mehr oder weniger direkt angewendet werden können. Es lassen sich aber auch solche Bereiche identifizieren, in denen die Ansätze des klassischen Managements von Kundenbeziehungen nur eingeschränkt greifen und Überlegungen angestellt werden müssen, die eine Anpassung des Managements von Kundenbeziehungen an die besonderen Strukturen des Gesundheitswesens erfordern. Im nachfolgenden zweiten Kapitel sollen daher das Gesundheitswesen in seinen Grundzügen skizziert, die besonderen Strukturen der Kundenbeziehung erläutert und die Übertragbarkeit des klassischen Managements von Kundenbeziehungen auf das Gesundheitswesen thematisiert werden. Im dritten Kapitel erfolgt eine Darstellung des klassischen Managements von Kundenbeziehungen in den einzelnen Sektoren des Gesundheitswesens. Das vierte Kapitel befasst sich mit dem Problem des Managements von Kundenbeziehungen zu Patienten in der stationären Versorgung sowie für innovative Versorgungsformen. Das letzte Kapitel schließt den Beitrag mit einer Würdigung des Managements von Kundenbeziehungen im Gesundheitswesen ab.

2. Gesundheitswesen und Kundenbeziehungen

2.1 Das Gesundheitswesen in Deutschland

Die öffentliche Wahrnehmung des Gesundheitswesens in Deutschland war bis in die jüngste Vergangenheit geprägt vom Bild des Gesundheitswesens als Kostenfaktor. Begriffe wie „Kostenexplosion" im Gesundheitswesen und deren negativer Einfluss auf die volkswirtschaftliche Entwicklung Deutschlands hinsichtlich Staatsverschuldung, Arbeitslosigkeit und internationaler Wettbewerbsfähigkeit, oder Begriffe wie „Über-, Unter- und Fehlversorgung" (Sachverständigenrat für die Konzertierte Aktion im Gesundheitswesen 2002), sowie das im internationalen Vergleich bisweilen als teures, aber wenig effizient dargestellte deutsche Gesundheitssystem (World Health Organization 2000; Organization for Economic Co-Operation and Development 2007; Tscheulin/Drevs 2007) veranlassten die Gesundheitspolitik, eine Reihe von großen Gesundheitsreformprojekten anzustoßen (Dietrich 2005). Neben der Stärkung des (solidarischen) Wettbewerbsgedankens im Gesundheitswesen (GKV-Wettbewerbsstärkungsgesetz) prägen die neuesten Reformen auch ein Mehr an unternehmerischen Entscheidungsfreiheiten unter den medizinischen Leistungsanbietern, die ihnen den Einsatz von zuvor nicht verfügbaren Wettbewerbsparametern ermöglichen. Damit verknüpft sich die Hoffnung, dass Wettbewerbskräfte im Gesundheitswesen ausgelöst werden, welche die noch immer festgestellten Effizienzdefizite in der medizinischen Versorgung beheben sollen (GKV-Wettbewerbsstärkungsgesetz 2007). Zu den Zielen der neueren Reformwerke gehört die Entwicklung innovativer Versorgungsformen und anderer Effizienz steigernde Lösungsansätze der medizinischen Versorgung durch die Akteure im Gesundheitswesen, insbesondere aber durch die Leistungserbringer und die Krankenversicherungen (Tscheulin/Drevs 2009). Dem Mehr an Handlungsmöglichkeiten der Leistungsanbieter und Krankenversicherungen stellen die Reformen auch ein mehr an Entscheidungsfreiräume und Informationsangebote für die Nutzer des Gesundheitswesens gegenüber. Obwohl das Gesundheitswesen kein freier Markt im herkömmlichen Sinne ist, haben sich in jüngerer Vergangenheit zum Teil Strukturen herausgebildet, die in einigen Bereichen des Gesundheitswesens marktähnlich sind.

Neben der durch die Reformen zur Kostendämpfung im Gesundheitswesen getriebene Entwicklung setzt sich zudem die Auffassung durch, dass das Gesundheitssystem in Deutschland nicht nur ein die Volkswirtschaft belastender Kostenfaktor ist, sondern dass es sich beim Gesundheitssystem auch um Wirtschaftsbereiche mit besonderen Entwicklungsaussichten für die Beschäftigung handelt (Straubhaar et al. 2006). Dies zeigt sich insbesondere daran, dass sich das Gesundheitswesen in Deutschland trotz der Einsparbemühungen in der Gesundheitspolitik als Wachstumsmarkt etablieren konnte. In den 10 Jahren von 1997 bis 2007 stiegen die Gesundheitsausgaben Deutschlands von 195,9 Mrd. EUR auf 252,8 Mrd. EUR (Abbildung 1) oder um 29,0 Prozent an und haben sich im Trend seit Mitte der 1990er Jahre von etwa 10 Prozent des Bruttoinlandsprodukts (BIP) auf nahe 11 Prozent erhöht. Im Jahr 2006 waren 3,3 Mio. vollzeitäquivalente Beschäftigte im Gesundheitswesen Deutschlands zu verzeichnen (Statistisches Bundesamt 2008). Zum Vergleich hierzu erzielte der Maschinenbau in Deutschland im Jahr 2007 einen Umsatz von 190 Mrd. EUR bei 914.000 Beschäftigten, der Straßenfahrzeugbau erzielte einen Umsatz von 293 Mrd. EUR bei 744.000 Beschäftigten (Bundesministerium für Wirtschaft und Technologie 2009).

Abbildung 1: *Gesundheitsausgaben in Deutschland im Jahr 2007 nach Ausgabenträgern (Quelle: Statistisches Bundesamt Wiesbaden 2009)*

Ausgabenträger	Mio. EUR
Ausgabenträger insgesamt	252.751
Öffentliche Haushalte	13.077
Gesetzliche Krankenversicherung	145.360
Soziale Pflegeversicherung	18.382
Gesetzliche Rentenversicherung	3.677
Gesetzliche Unfallversicherung	4.056
Private Krankenversicherung	23.452
Arbeitgeber	10.667
Private Haushalte, private Organisationen ohne Erwerbszweck	34.079

Den größten Block der Gesundheitsausgaben stellen dabei die Gesetzlichen Krankenversicherungen (GKV) mit 145,4 Mrd. EUR im Jahr 2007 dar, was 57,5 Prozent der gesamten Gesundheitsausgaben Deutschlands ausmacht (Abbildung 1). Den zweitgrößten Ausgabenblock stellen die Ausgaben der privaten Haushalte und Organisationen ohne Erwerbszweck mit 34,1 Mrd. EUR (13,5 Prozent) dar, gefolgt von den Ausgaben der privaten Krankenversicherungen in Höhe von 23,5 Mrd. EUR (9,3 Prozent). Diese drei Ausgabenarten machen bereits 80,3 Prozent der gesamten Ausgaben des Gesundheitswesens in Deutschland aus. Innerhalb der gesetzlichen Krankenversicherung nehmen die Ausgaben für die stationäre Krankenversorgung mit 51,1 Mrd. EUR im Jahr 2007 den größten Anteil der GKV-Ausgaben dar (33,3 Prozent der GKV-Ausgaben). Diesen folgen die Ausgaben für Arzneimitteln mit 25,9 Mrd. EUR (16,8 Prozent) und 23,1 Mrd. EUR (15,0 Prozent) für ambulante ärztliche Leistungen, 12,3 Mrd. EUR (8,0 Prozent) für Heil- und Hilfsmittel und 10,7 Mrd. EUR (7,0 Prozent) für zahnärztliche Behandlungen bzw. Zahnersatz, was zusammen 80,1 Prozent der Ausgaben der GKV ausmacht (Statistisches Bundesamt 2009).

Abbildung 2: Das „Zwiebelmodell" der Gesundheitswirtschaft
(Quelle: in Anlehnung an Dülbert et al. 2002)

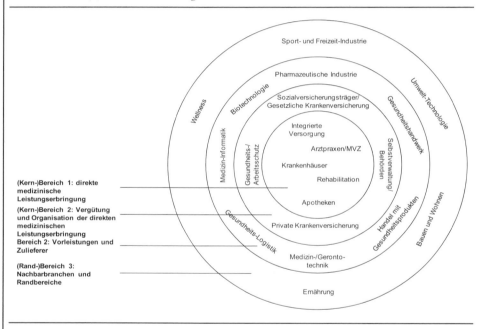

Als Folge wird der Gesundheitswirtschaft insgesamt inzwischen das Potenzial zugesprochen, treibende Kraft der wirtschaftlichen Entwicklung in den kommenden Jahren und prägend für den 6. Kondratieff zu werden (Nefiodow 2007). Als Motor dieser Entwicklung wird der medizinisch-technische Fortschritt sowie die Entwicklung im Bereich Bio-Technologie und Life-Sciences gesehen. Hinzu kommt die demographische Entwicklung mit einem zunehmenden Anteil älterer, und daher Gesundheitsleistungen stärker nachfragenden Bevölkerungsgruppen (Straubhaar et al. 2006). Zeigt sich auch die Veränderung gesellschaftlicher Präferenzen hin zu einer stärker gesundheitsorientierten Lebensweise, so ist darüber hinaus auch festzustellen, dass immer mehr Formen der modernen Lebensweise zu einer Zunahme chronischer Erkrankungen auch in jüngeren Bevölkerungsschichten führt. Beides treibt die Nachfrage nach Gesundheitsdienstleistungen zusätzlich an. Vor diesem Hintergrund ist die bereits gegenwärtig zu beobachtende und voraussichtliche noch zunehmende Bedeutung des Gesundheitswesens offensichtlich.

Das Gesundheitswesen lässt sich unterschiedlich weit definieren. Anhand des „Zwiebelmodells" der Gesundheitswirtschaft (Dülberg et al. 2002) lassen sich unterschiedliche Abgrenzungen des Gesundheitswesens erkennen (Abbildung 2). Im engeren Sinne wird unter dem Gesundheitswesen die eigentliche medizinische Leistungserbringung verstanden, die in Deutschland vor allem als ambulante und stationäre medizinische Behandlung organisiert ist. Diese Leistungen werden von Krankenhäusern, niedergelassenen Ärzten und Zahnärzten, Apotheken, Rettungsdiensten, Pflegediensten und Rehabilitationseinrichtungen sowie von Gesundheitsfachberufen als Heil- und Hilfsmittelerbringer erbracht. Im erweiterten Kern des Gesundheitswesens befinden sich diejenigen Institutionen, die nicht direkt eine medizinische Leistung erbringen, sondern mit der Finanzierung und Organisation der direkten medizinischen Leistungserbringung betraut sind. Dazu gehören die Krankenversicherungen, die kassenärztlichen Vereinigungen, Abrechnungsstellen, Sozialversicherungsträger, der Gesundheitsschutz sowie die damit betrauten Behörden wie auch die Organe der Selbstverwaltung in der Gesetzlichen Krankenversicherung. Um den Kern des Gesundheitswesens im engeren Sinne sind Vor- und Zulieferungsleistungen angesiedelt. Dazu gehören insbesondere die pharmazeutische Industrie, Medizin-Informatik, Biotechnologie, Medizin- und Gerontologische Technik, Gesundheitshandwerk sowie Gesundheits- und Health Care Logistik. Im weitesten Sinne werden zur Gesundheitswirtschaft auch noch angrenzende Branchen wie Tourismus, Umwelttechnologie, gesundheitsbezogene Sport- und Freizeitangebote oder gesundheitsorientierte Ernährung einbezogen. Für eine Analyse des Managements von Kundenbeziehungen im Gesundheitswesen ist es sinnvoll, diejenigen Bereiche zu betrachten, die besondere, gesundheitssystemspezifische Aspekte der Kundenbeziehungen aufweisen. Die Vor- und Zulieferindustrie sowie die Randbereiche des Gesundheitswesens sollen an dieser Stelle ausgeklammert bleiben, da sich die Kundenbeziehungen in diesen Randbereichen denen aus anderen, kommerziellen Wirtschaftsbereichen weitgehend gleichen und die direkte Übertragung des Managements der Kundenbeziehungen aus kommerziellen Bereichen angewendet werden kann. Als „das Gesundheitswesen" soll folglich das Gesundheitswesen im engeren Sinne verstanden werden, also der Bereich der Gesundheitswirtschaft, in dem direkt medizinische Leistungen erbracht sowie organisiert und finanziert werden. Aus diesem Bereich sollen in diesem Beitrag typische Leistungsbereiche dargestellt werden, und zwar die Krankenversicherungen, die ambulante medizinische Versorgung, die stationäre medizinische Versorgung sowie innovative medizinische Versorgungsformen.

2.2 Struktur und Besonderheiten von Kundenbeziehungen im Gesundheitswesen

Um die besondere Struktur der Kundenbeziehungen im Gesundheitswesen zu erfassen, ist es hilfreich, die Hauptakteure des Gesundheitswesens und deren Beziehungen zueinander darzustellen. Als Hauptakteure lassen sich die Leistungsempfänger, die Leistungserbringer und die Leistungsfinanzierer nennen (Cassel 2003). Sie befinden sich in einem Dreiecksverhältnis, sodass im Rahmen der medizinischen Leistungserbringung immer drei Akteure involviert sind (Abbildung 3), was auch als indirekte Kundenbeziehungen interpretiert werden kann.

Abbildung 3: *Akteure im Gesundheitswesen und ihre Beziehung untereinander (Quelle: in Anlehnung an Cassel 2003)*

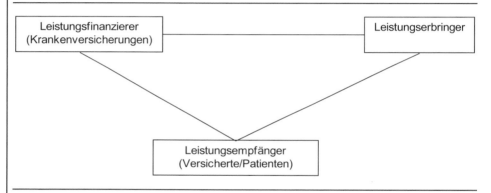

Dieses Beziehungsdreieck zwischen den Akteuren im Gesundheitswesen bildet den Rahmen der besonderen Markt- und Beziehungsstrukturen im Gesundheitswesen, die für eine Betrachtung des Managements von Kundenbeziehungen im Gesundheitswesen von Bedeutung sind. Zunächst ist der Markt für Gesundheitsleistungen in Deutschland durch ein so genanntes „Third Party Payer System" gekennzeichnet. In diesen Systemen zahlt der Patient nicht direkt für die medizinische Behandlung, sondern erwirbt durch seine Beitragszahlungen an eine Krankenversicherung einen Anspruch auf Behandlung durch medizinische Leistungserbringer (Gesetzliche Krankenversicherung) bzw. einen Anspruch auf die Rückerstattung seiner Behandlungskosten (private Krankenversicherung). Die medizinischen Leistungserbringer rechnen die Leistung gegenüber der Krankenversicherung ab beziehungsweise die Krankenversicherung bestimmt, welche Kosten in welcher Höhe von der Versicherung zurückerstattet werden. Somit ergibt sich für den Patienten ein Kundenstatus gegenüber der Krankenversicherung als auch gegenüber dem Leistungserbringer.

Für den Leistungserbringer wiederum ist sowohl der Patient als auch die Krankenversicherung Kunde.

In Bezug auf die direkte medizinische Leistungserbringung lässt sich festhalten, dass sie typische Dienstleistungen sind. Versicherte und Patienten stellen hierbei innerhalb der Dienstleistungssystematik den externen Faktor dar, der in den Dienstleistungserstellungsprozess zu integrieren ist (Meffert/Bruhn 2009). Das Besondere im Falle medizinischer Dienstleistungen besteht darin, dass durch die spezifischen Besonderheiten und die Individualität medizinischer Fälle nicht die Möglichkeit besteht, das Behandlungsergebnis im Vorhinein zu kennen. Dieses Informationsproblem macht Dienstleistungen im Gesundheitswesen zu ausgesprochenen Erfahrungsgütern (Nelson 1973). Da viele medizinische Eingriffe zudem nicht wiederholt durchgeführt werden (können), fehlt bei der Anwendung einer spezifischen Behandlungsmethode bei einem individuellen Fall auch der Vergleich mit einer alternativen Behandlungsmethode (z. B. bei operativen Eingriffen). Dadurch ist ein Vergleich verschiedener Behandlungsmethoden als persönliche Informationsgrundlage für Qualitätsbeurteilungen auf Seiten der Patienten nicht möglich. Das macht eine Vielzahl von medizinischen Behandlungen zu Vertrauensgütern, da ihre Qualitäten auch nach Inanspruchnahme der Behandlung nicht sicher beurteilt werden können (Darby/Karni 1973). Eine erhebliche Problematik der erfahrungsgestützten, persönlichen Qualitätsbeurteilung liegt somit als Besonderheit medizinischer Behandlungen auf der Hand. Im Rahmen des Managements von Kundenbeziehungen sind bei Informationsproblemen dieser Art Aspekte des Reputationsaufbaus und der Qualitätstransparenz ein wichtiger Faktor insbesondere für die Kundenakquisition (Bruhn 2009).

Da Patienten als Menschen bei gleicher Diagnose immer auch individuelle Krankheitsverläufe mit sich bringen, sind selbst bei bekannten Routineverfahren nur wenige Behandlungsprozesse standardisierbar (z. B. Disease Management Programme für bestimmte Erkrankungen). Daraus folgt, dass der Informationsgehalt der Erfahrungen anderer Personen, die – für Dienstleistungen typisch – über Mund-zu-Mund-Kommunikation im Familien-, Freundes- und Bekanntenkreis verbreitet werden – für den Einzelfall ebenfalls sehr begrenzt ist (Dietrich 2005).

Weitere Informationsprobleme auf Märkten für medizinische Leistungen führen dazu, dass die Beziehungen der Akteure im Gesundheitswesen zudem durch eine ausgeprägte Principal-Agent-Problematik gekennzeichnet sind (zur Principal-Agent-Problematik im Gesundheitswesen vgl. z. B. Dietrich 2005). Diese Principal-Agent-Problematik entsteht dadurch, dass der Patient als Auftraggeber den Leistungserbringer als Auftragnehmer nicht wirkungsvoll überwachen und kontrollieren kann und aufgrund der Anreizwirkungen durch das „Third Party Payer System" dazu auch wenig motiviert ist. Da er die direkten Kosten der Leistungserbringung nicht unmittelbar trägt, sind die Grenzkosten der Leistungsinanspruchnahme für Versicherte gleich null. Auch liegt eine erhebliche Informationsasymmetrie zwischen Leistungsempfänger und Leistungserbringer vor, die eine Beurteilung der Aktionen des Leistungserbringers selbst bei dessen vollkommener Kenntnis durch den Patienten nicht ermöglicht. Bei medizinischen Leistungen handelt es sich darüber hinaus um Erfahrungs- und Vertrauensgüter (Nelson 1970; Darby/Karni 1973), deren individuelle Qualitäten oftmals erst zu einem späteren Zeitpunkt oder überhaupt nicht beurteilt werden können. Weiter liegt bei medizinischen Leistungen ein gewisses Maß an exogener Abhängigkeit des Behandlungsergebnisses vor, so dass nicht alleine die Behandlungsaktivitäten des Leistungserbringers einen Einfluss auf den Behandlungserfolg haben, sondern auch die individuelle physisch-biologische Konstitution des Patienten sowie dessen „Compliance" einen relevanten Einfluss auf das Ergebnis haben. Als letztes ist festzustellen, dass die Interessen des Patienten und des Leistungserbringers nicht zwangsläufig identisch sind. So ist der Patient im Krankheitsfall in der Regel daran interessiert, eine umfangreiche und möglichst die „beste" Behandlung sowie ein Maximum an Betreuung und Zuwendung zu erhalten, während der Leistungserbringer das Interesse hat, seinen Aufwand zu minimieren und sein begrenztes Budget zu schonen. Dies deshalb, weil durch Budgets in den Versorgungsstrukturen die für die Behandlung eines Falles zur Verfügung stehenden finanziellen Mittel begrenzt sind. Insgesamt sind damit alle Voraussetzungen für eine Principal-Agent-Beziehung gegeben, welche in der Gestaltung des Managements der Kundenbeziehung zu berücksichtigen sind (Bruhn 2009). Dieser Informationsasymmetrien führen dazu, dass sich Patienten in einem Abhängigkeitsverhältnis zu den Leistungsanbietern befinden, so dass sie die Rolle eines souveränen Konsumenten, der aufgrund wohl informierter Entscheidungen handelt, viel weniger ausfüllen können als Nachfrager in anderen Wirtschaftsbereichen. Diesem Informationsproblem sind sich die Versicherten und Patienten im Gesundheitswesen mehr oder weniger bewusst und sind daher für die Möglichkeit eines opportunistischen Verhaltens von Anbietern im Gesundheitswesen sensibilisiert. Bei der Behandlung von gesetzlich Versicherten besteht die Möglichkeit für opportunistisches Verhalten der Agenten darin, dass aufgrund der Budgetdisziplin z. B. bei niedergelassenen Ärzten Behandlungen nicht durchgeführt werden. Der Patienten kann aber nicht beurteilen, aus welchem Motiv der Arzt tatsächlich handelt, ob also tatsächlich die medizinische Indikation oder aber andere Gründe den Behandlungsverlauf bestimmen. Damit die Beziehung zwischen den Nachfragern und den Leistungserbringern im Gesundheitswesen durch die Principal-Agent-Problematik nicht belastet wird, spielt das Vertrauen für das Management von Kundenbeziehungen im Gesundheitswesen eine zentrale Rolle (Römer/Tscheulin 2008).

Um den Informationsproblemen in den Beziehungen zwischen Leistungsnachfragern und Leistungsanbietern zu begegnen, werden standardisierte Informationen über die Qualität von Leistungsanbietern öffentlich zugänglich gemacht (Dietrich/Lindenmeier 2009). Die Informationsmöglichkeiten für die Patienten steigen zudem durch das medizinische Informationsangebot im Internet an. Der Informationsstand der Patienten ist insgesamt deshalb als hoch zu bezeichnen. Weiterhin zeigt sich aber auch, dass Patienten bei aller Informiertheit nicht die volle Verantwortung für medizinische Entscheidungen, die ihre Erkrankung betreffen, tragen wollen und können. Es besteht damit eine hohe Informations-Anspruchshaltung der Patienten, welche mit dem Wunsch nach mehr Entscheidungsautonomie in Fragen der medizinischen Entscheidungen einhergeht, die aber dort an ihre Grenzen stößt, wo Entscheidungsverantwortung gefordert ist, die auf fachlicher Expertise beruht. Diese kann ein Patient als fachlicher Laie in aller Regel nicht in dem Ausmaß haben, wie sie ein Arzt hat. Der weitestgehend souverän und autonom entscheidende Patient stellt daher trotz seiner erhöhten Informations-Anspruchshaltung bis zu einem gewissen Punkt eine hypothetische Argumentationsfigur dar. Das Bild des autonom entscheidenden Patienten ist zu ergänzen um den Aspekt der geführten Entscheidung, in der die Patienten zusammen mit dem Arzt, nicht aber autonom, Entscheidungen treffen (Frosch/Kaplan 1999)

Weiterhin ist davon auszugehen, dass Patienten Entscheidungen oftmals in emotionalen Ausnahmezuständen treffen müssen. Auch wenn nicht jede Erkrankung lebensbedrohlich ist, so stellt sie doch eine Belastung dar, die zudem oftmals auch mit Schmerzen einhergeht. Das Verhalten von Patienten im Krankheitsfall unterscheidet sich auch in dieser Hinsicht stark von der Situation in anderen Kundenbeziehungen, in denen es nicht um das körperliche Wohl des Patienten geht.

Was die Nachfragestruktur der Patienten nach medizinischen Leistungen angeht, ist festzuhalten, dass in manchen Bereichen die medizinischen Behandlungen nicht auf Dauer angelegt sind. Das (insgesamt unerreichbare) Idealziel einer medizinischen Behandlung stellt die Gesundheit dar, die keine weitere medizinische Behandlung mehr erforderlich macht. Insbesondere die medizinische Leistungserbringung in Krankenhäusern ist nicht darauf ausgelegt, Patienten wie Kunden an sich zu binden. Im Gegenteil sind Krankenhäuser bestrebt, ihre Leistungen derart zu erbringen, dass Patienten ein Krankenhaus nicht lange und auch nicht wiederholt für die Behandlung einer bestimmten Krankheit aufsuchen müssen. Gleichwohl sind Krankenhäuser aber auch darauf angewiesen, dass über die Mund-zu-Mund-Kommunikation zufriedener Patienten ein substanzieller, wenn auch informeller Reputationsaufbau geleistet wird.

2.3 Zur Übertragung des klassischen Managements von Kundenbeziehungen auf das Gesundheitswesen

Die allmähliche Öffnung des Gesundheitswesens hin zu mehr marktähnlichen Strukturen ist mit unternehmerischen Möglichkeiten für Leistungsanbieter und mit mehr Entscheidungsfreiheiten und Informationsmöglichkeiten für die Nutzer des Gesundheitswesens verbunden. Damit bieten sich neue Ansatzpunkte für verschiedene betriebswirtschaftliche Managementmethoden. Durch die Stärkung von Marktstrukturen im Gesundheitswesen sind insbesondere marktorientierte Managementansätze für die Leistungsanbieter bedeutsam (Tscheulin/Helmig 2001; Dietrich 2005), zu denen insbesondere das Management der Kundenbeziehungen zählt (Helmig/Dietrich 2001; Helmig 2003; Busse et al. 2006). Das Management der Kundenbeziehungen wird als konzeptioneller Bezugsrahmen für das Dienstleistungsmanagement insgesamt angesehen (Meffert/Bruhn 2009). Da im Gesundheitswesen nahezu ausschließlich Dienstleistungen erbracht werden, stellt die Anwendung des Kundenmanagements auch im Gesundheitswesen den relevanten konzeptionellen Bezugsrahmen dar. Dabei soll unter dem Begriff des Managements von Kundenbeziehungen bzw. des Relationship Marketing verstanden werden (Bruhn 2009, S. 10): „Relationship Marketing umfasst sämtliche Maßnahmen der Analyse, Planung, Durchführung und Kontrolle, die der Initiierung, Stabilisierung, Intensivierung und Wiederaufnahme sowie gegebenenfalls der Beendung von Geschäftsbeziehungen zu den Anspruchsgruppen – insbesondere zu den Kunden – des Unternehmens mit dem Ziel des Gegenseitigen Nutzens dienen."

Als grundlegende konzeptionelle Bezugspunkte des Managements von Kundenbeziehungen werden der Kundenbeziehungslebenszyklus, die Erfolgskette sowie der Managementprozess angesehen (Bruhn 2009). Der Kundenbeziehungszyklus unterteilt die Dauer der Beziehung eines Kunden in drei Phasen, die Kundenakquisitionsphase, die Kundenbindungsphase und die Kundenrückgewinnung. Dieses Konzept ist insbesondere für Kundenbeziehungen nützlich, die auf Dauer angelegt sind. Die Erfolgskette geht von der Annahme aus, dass das Relationship Marketing auf die Kundenzufriedenheit wirkt, diese die Kundenbindung erhöht und daraus ökonomische Vorteile für ein Unternehmen entstehen. Dieser Grundgedanke basiert auf dem Service-Profit-Chain-Gedanken (Heskett et al. 1994; Kamakura et al. 2002), der die ökonomische Legitimation von Investitionen in die Kundenbeziehung durch Dienstleistungsqualität und Zufriedenheit begründet. Wesentliches Element des Kundenbindungsmanagements ist zudem der betriebswirtschaftliche Managementansatz, der als entscheidungsorientierter Managementansatz verstanden wird (Macharzina/Wolf 2008). Dieser Ansatz geht davon aus, dass Beziehungen zu Kunden und Anspruchsgruppen durch den Einsatz zielgerichteter und einem rationalen Vorgehen entsprechenden Verfahren erfolgreich gestaltet werden können. Aufbauend auf diesen konzeptionellen Grundlagen entwickelt das klassische Management von Kundenbeziehungen Instrumente, mit deren Hilfe die Umsetzung eines wirkungsorientierten Kundenbeziehungsmanagements angestrebt wird. Zu diesen Instrumenten gehören gemäß des entscheidungsorientierten Ansatzes die Analysephase des Kundenbeziehungsmanagements, die strategische Ausrichtung, das operative Kundenbeziehungsmanagement unter Einsatz eines phasenbezogenen Marketinginstrumentariums, sowie die Implementierungs- und Kontrollphase (Bruhn 2009).

Der direkte Einsatz des klassischen Managements von Kundebeziehungen setzt implizit Bedingungen voraus, die für seine erfolgreiche Anwendung erfüllt sein müssen. Zentral für den Einsatz des klassischen Managements von Kundenbeziehungen kann angesehen werden, dass es sich um direkte Beziehungen zwischen einem Anbieter und seinen Nachfragern handelt und dass solche Beziehungen betrachtet werden, die grundsätzlich als längerfristig angelegte Beziehungen verstanden werden können. Im

Bereich des Gesundheitswesens gibt es Beziehungen, die diesen Anforderungen prinzipiell entsprechen. In der Krankenversicherung bestehen solche Beziehungen zu den Versicherten, in der ambulanten medizinischen Versorgung zwischen niedergelassenem Arzt und Patient sowie in der stationären medizinischen Versorgung zwischen einem Krankenhaus und den einweisenden Ärzten. Teilweise sind diese Bedingungen jedoch auch nicht erfüllt, da z. B. die Entgeltsysteme der stationären Behandlung von Patienten Anreize für einen möglichst kurzen Krankenhausaufenthalt der Patienten setzt oder wenn Patienten im Rahmen innovativer Versorgungsformen ein Leistungsanbieter-Verbund gegenüber den Krankenversicherungen und den Patienten und Versicherten auftritt und nicht ein einzelner Leistungsanbieter isoliert ein Kundenbindungsmanagement für das gesamte Versorgungsprogramm bewirken kann.

Damit sind zwei Bereiche von Kundenbeziehungen im Gesundheitswesen identifiziert. In dem einen Bereich finden sich Strukturen von Kundenbeziehungen, die eine Übertragung des klassischen Managements von Kundenbeziehungen eher ermöglichen, während der andere Bereich spezifische Beziehungsaspekte aufweist, an die das klassische Management von Kundenbeziehungen nicht unmittelbar anknüpfen kann. Diese beiden Bereiche von Kundenbeziehungen und die Anforderungen an ihr Management werden nachfolgend beschrieben.

3. Klassischer Ansatz des Managements von Kundenbeziehungen im Gesundheitswesen

3.1 Management von Kundenbeziehungen in Krankenversicherungen

Krankenversicherungen können innerhalb des Beziehungsgeflechts der Akteure im Gesundheitswesen zunächst als Sicherstellungsagenten für ihre Versicherten angesehen werden (Cassel 2003). Ihr Auftrag besteht darin, die Leistungserbringung aus den verschiedenen Versorgungsstrukturen für die medizinische Versorgung der Versicherten sicherzustellen und die Finanzierung der Behandlung ihrer Versicherten über die Deckung durch Beitragszahlungen zu garantieren. Krankenversicherungen sind gesetzlich dazu verpflichtet, bei ihren Maßnahmen Beitragssatzerhöhungen so weit wie möglich zu vermeiden (Grundsatz der Beitragssatzstabilität, § 71 SGB V). Dabei stellen die Versicherten als Auftraggeber die eigentlichen Kunden der Krankenversicherungen dar. Auf einer übergeordneten Ebene stellen aber auch der Staat und die ihn vertretenden Aufsichtsbehörden, insbesondere das Bundesversicherungsamt (BVA) als

Genehmigungsbehörde, eine wesentliche Anspruchsgruppe dar, zu denen Versicherungen Beziehungen pflegen müssen. Als Genehmigungsbehörde ist das BVA die Instanz, welche die Versicherungsverträge z. B. bei Bonusmodellen oder Versorgungsverträge der Krankenkassen im Rahmen der Integrierten Versorgung und anderer innovativer Leistungsorganisationen bewilligen muss. Diese Beziehung ist einer Business-to-Business-Kundenbeziehung ähnlich, wofür Ansätze des Managements von Kundenbeziehungen aus dem Industriegüterbereich (Bruhn 2009) als grundlegend angesehen werden können.

In der Gesetzlichen Krankenversicherung spielt das Kundenbindungsmanagement aufgrund der Wahlfreiheiten der Versicherten in Verbindung mit der Verpflichtung zur Beitragssatzstabilität und der damit einhergehenden Begrenzung von Beitragssatzerhöhungen eine wichtige Rolle. Seit Einführung des Wahlrechts 2002 haben z. B. die Betriebskrankenkassen aufgrund günstigerer Tarifstrukturen als die großen Ortskrankenkassen einen erheblichen Zulauf an Versicherten verzeichnen können (Zerres/Potratz 2006). Aber auch die privaten Krankenkassen üben eine erhebliche Anziehungskraft auf die in den Krankenkassen freiwillig Versicherten aus. Der Wechsel von Versicherten hat in der Regel einen spürbaren Einfluss auf die Einnahmen-Ausgaben-Struktur der Versicherungen und damit auf den Beitragssatz. Dieser fungiert auch bei Einheitsbeitragssätzen des Gesundheitsfonds über die durch Zuzahlungen und Rückerstattung gebildeten effektiven Beitragssätze als der wesentlichste Wettbewerbsparameter für die Versicherungen. Gerade so genannte „gute Risiken", die vergleichsweise jung und im Durchschnitt gesünder sind und damit weniger Ausgaben der Krankenversicherungen verursachen, gleichzeitig aber durch ihre relativ hohen Einkommen einen wesentlichen Beitrag zur Finanzierung der Krankenversicherungen leisten, wechseln von relativ teuren Krankenversicherungen zu Krankenversicherungen mit attraktiveren effektiven Beitragssätzen. Dadurch verschlechtert sich die Risikostruktur der Krankenkassen mit den höheren Beitragssätzen, die ohnehin schon aus einer relativ ungünstigen Einnahmen-Ausgabenstruktur des Bestandes an Versicherten resultiert. Durch die Abwanderung der „guten Risiken" verschlechtert sich das Einnahmen-Ausgaben-Verhältnis noch weiter und damit auch der Druck auf die Tarif-Struktur der betroffenen Krankenkasse. Diese Tendenzen sollen durch den Risikostrukturausgleich in der gesetzlichen Krankenversicherung abgedämpft werden, indem die krankenkasseninduviduelle Risikostruktur anhand von bestimmten Erkrankungen der Versicherten festgestellt und bei der Zuweisung von Finanzmitteln berücksichtig wird. Dadurch erhalten Krankenkassen mit einem hohen Bestand an teuren Versicherten zusätzliche finanzielle Mittel. Ein völliger Ausgleich der Risikostrukturen zwischen den Krankenkassen wird dadurch aber nicht ermöglicht. Die Folge der Verschlechterung der Risikostruktur der Versicherten einer Krankenkasse zwingt diese dann dazu, die Beitragssätze zu erhöhen. Dazu sind Krankenversicherungen seit Einführung des Gesundheitsfonds zwar berechtigt, indem sie Zuzahlungen von ihren Versicherten zur Deckung der Kosten verlangen dürfen. Diese Zuzahlungen sind allerdings gesetzlich begrenzt und führen aufgrund ihrer negativen Anreizwirkung dazu, dass weitere

Versicherte abzuwandern drohen. Das Ziel des Managements von Kundenbeziehungen in Krankenversicherungen muss es daher sein, die abwanderungswilligen „guten Risiken" der Krankenversicherung an sich zu binden und auch möglichst „gute Risiken" zu akquirieren. Auch das Kundenrückgewinnungsmanagement ist hier bedeutsam. Die Phasen des Kundenbeziehungszyklus sind daher uneingeschränkt relevant für Krankenversicherungen.

3.2 Management von Kundenbeziehungen in Krankenhäusern

Das Konzept des Managements von Kundenbeziehungen nimmt explizit auf Anspruchsgruppen Bezug (Bruhn 2009). Das Anspruchsgruppenkonzept ist insbesondere für das Management von Kundenbeziehungen im Krankenhausmanagement von Bedeutung. Aufgrund der Nachfragerstruktur nach Krankenhausleistungen ist es nicht möglich, bei Krankenhäusern von nur einem relevanten „Kunden" zu sprechen, zumal sich das Management der Beziehung zu den Patienten als die direkten Kunden von Krankenhäusern dem klassischen Ansatz des Managements von Kundenbeziehungen in bestimmten Bereichen entziehen (s. u.). Neben den Beziehungen zu den Patienten als direkte Kunden der Krankenhäuser gehören zu den wesentlichsten weiteren Anspruchsgruppen niedergelassene und einweisende Ärzte, die Krankenversicherungen, weiterhin zum Teil die rehabilitativen Einrichtungen und Anschlussheilbehandler sowie die Öffentlichkeit, der Staat und seine Aufsichtsbehörden sowie die Mitarbeiter. Für diese weiteren Anspruchsgruppen von Krankenhäusern kann das klassische Management von Kundenbeziehungen weitestgehend als Grundlage für das Management der Anspruchsgruppen-Beziehungen angewendet werden (Helmig/ Graf 2006).

Für die eigentlichen medizinischen Leistungen sind dabei insbesondere die einweisenden Ärzte als Zielgruppe für das Management von Kundenbeziehungen relevant. Sie versorgen die Krankenhäuser mit den für die Auslastung notwendigen Behandlungsfällen. Das Management von Kundenbeziehungen zu den einweisenden Ärzten ist daher von zentraler Bedeutung für die Sicherung der Auslastung der Krankenhäuser. Der Einfluss der Patienten und Versicherten auf die Entscheidung, welches Krankenhaus im Bedarfsfall aufgesucht wird, ist substanziell (Tscheulin et al. 2001; Dietrich/Gapp 2005). Es kann angenommen werden, dass durch die inzwischen verfügbaren Informationsmöglichkeiten über die Qualität von Krankenhäusern der Einfluss der Patienten auf die Entscheidung bei der Wahl von Krankenhäusern zunimmt (Dietrich/Lindenmeier 2009). Dennoch kann festgestellt werden, dass der Vorschlag der einweisenden Ärzte weitestgehend entscheidend bleibt. Dafür sprechen auch Ergebnisse aus der Forschung des „Shared Decision Making" (Charles et al. 1997, 1999; Scheibler/Pfaff 2003), die darauf hinweisen, dass Patienten über Diagnose- und Therapiealternativen so umfassend und angemessen wie möglich informiert werden wollen, dass also Patienten in Entscheidungen über ihre medizinische Behandlung einbezogen werden wollen (Guadagnoli/Ward 1998). Die Verantwortung für die tatsächliche Entscheidung, welche diagnostischen und therapeutischen Verfahren konkret angewendet werden sollen, wollen und können viele Patienten letzten Endes aber nicht übernehmen sondern lassen in letzter Instanz den Arzt entscheiden (Kaplan 1998; Scheibler/Pfaff 2003). Aus diesem Grund stellt das klassische Management von Kundenbeziehungen für die Beziehungen zu den einweisenden Ärzten die geeigneten Instrumentarien bereit (Helmig/Graf 2006).

3.3 Management von Kundenbeziehungen in der ambulanten medizinischen Versorgung

Die ambulante Behandlung von Patienten durch niedergelassene Ärzte folgt in weiten Teilen dem Verständnis des Managements von Kundenbeziehungen im klassischen Sinne. Versicherte und Patienten haben generell das Recht auf freie Arztwahl. Das bedeutet, dass niedergelassene Ärzte neben dem Instrumentarium des Dienstleistungsmarketing (Oehme/Oehme 1995; Meffert/Bruhn 2009) im Prinzip die Phasen des Kundenbeziehungszyklus, Kundenakquisition, Kundenbindung und Kundenrückgewinnungsmanagement im Rahmen des Managements der Beziehungen zu seinen Patienten berücksichtigen muss. Neuere Entwicklungen in den Rahmenbedingungen führen darüber hinaus dazu, dass der Einfluss des Vertragsmonopols der kassenärztlichen Vereinigungen auf die Versorgung der Versicherten mit ambulanten medizinischen Leistungen seine Alleinstellung zu verlieren droht (Weinbrenner 2006). Durch zusätzliche Angebote medizinischer Leistungserbringer im Bereich der ambulanten medizinischen Versorgung, wie z. B. Krankenhäuser im Rahmen der Bildung von medizinischen Versorgungszentren, wächst der Konkurrenzdruck, so dass die im Quartal notwendige Anzahl von Fällen zur wirtschaftlichen Sicherung von Arztpraxen nicht mehr ohne Management von Kundenbeziehungen gewährleistet werden kann. Gleichzeitig haben niedergelassene Ärzte und ambulante medizinische Versorgungseinrichtungen das Einhalten von Budgetvorgaben zu berücksichtigen, d. h., dass Behandlungen, die für den niedergelassenen Arzt voll erstattungsfähig sind, quartalsmäßig begrenzt sind. Das Management der Arztpraxis steht damit vor der Herausforderung, die Patientenströme so zu steuern, dass einerseits die Kundenbeziehungsziele wie Qualität, Loyalität und Weiterempfehlungsabsichten nicht gefährdet werden, andererseits aber auch die wirtschaftlichen Ziele, die für den Fortbestand einer ambulanten Praxis notwendig sind, erfüllt werden. Auch für die ambulante medizinische Versorgung ist es im Prinzip nicht vollständig steuerbar, wie viele Fälle im Abrechnungszeitraum behandelt werden. Steigt aufgrund externer Faktoren der Bedarf an ambulanten medizinischen Leistungen an (z. B. durch Grippewellen), so sind die niedergelassenen Ärzte aufgrund des ihnen von den Kassenärztlichen Vereinigungen übertragenen Sicherstellungsauftrags dazu verpflichtet, Behandlungen vorzunehmen, im Prinzip auch dann, wenn die Budgetgrenzen für eine bestimmte Praxis bereits überschritten sind. Ein aktives Arztpraxismanagement mit einem professionellen Management von Kundenbeziehungen hat somit die Aufgabe einer möglichst hohen Kundenbindungsqualität unter der Nebenbedingung, die wirtschaftlichen Restriktionen des Praxisbetriebs einzuhalten.

Um Bereiche der ambulanten medizinischen Behandlung abzudecken, die außerhalb des Budgets abgerechnet werden und zusätzliches Einkommen sichern, wie das zum Beispiel durch „Individuelle Gesundheitsleistungen" (IGeL) möglich ist (Streit/Letter 2005), ist ein zielgerichtetes Management von Kundenbeziehungen ebenfalls wichtig. Nicht nur stellen die an eine Praxis gebundenen Patienten das Klientel dar, an welches IGeL abgesetzt werden können. Das Angebot bedarfsgerechter zusätzlicher medizinischer Leistungen, die dem Patienten nützlich sind, kann auch als Instrument begriffen werden, Patienten an eine bestimmte Praxis zu binden. Auf dem Markt für Selbstzahlerleistungen sind daher Bedingungen gegeben, die es ohne weiteres möglich machen, das klassische Instrumentarium des Managements von Kundenbeziehungen in seiner vollen Breite einzusetzen (Streit/Letter 2005).

4. Zusätzliche Anforderungen an das Management von Kundenbeziehungen im Gesundheitswesen

4.1 Stationäre Krankenhausversorgung

Innerhalb der Vielzahl von Anspruchsgruppen von Krankenhäusern sind die eigentlichen Kunden eines Krankenhauses die darin behandelten Patienten. Um sie führen die Krankenhäuser Wettbewerb. Ein wesentliches Argument in diesem Wettbewerb ist die Reputation des Krankenhauses, da die Reputation von klinischen Abteilungen in Krankenhäusern für die Einweisung von Patienten fundamental ist (Tscheulin/Helmig 2001). Diese Reputation können Krankenhäuser nur durch eine hohe medizinische Qualität und durch hohe Patientenzufriedenheiten erlangen. Eine entsprechende Qualität wiederum ist nur dann gewährleistet, wenn Krankenhäuser viel Erfahrung mit der Behandlung bestimmter Krankheitsbilder sammeln können. Dazu ist es notwendig, dass eine hinreichend große Zahl von Fällen einer bestimmten Fallgruppe behandelt wird. Dabei ist aber zu beachten, dass die meisten Behandlungen in der stationären Versorgung nur einmalig durchgeführt werden und es das Ziel der Krankenhausbehandlung ist, dass ein Patient wegen einer bestimmten Erkrankung möglichst *nicht* wiederholt ein bestimmtes Krankenhaus aufsuchen muss. Das Vergütungssystems für stationäre Krankenhausleistungen über Diagnosis Related Groups (DRGs) setzt darüber hinaus Anreize, die Verweildauern der Patienten möglichst kurz zu halten. Die stationäre Krankenhausversorgung ist hinsichtlich des Managements der Kundenbeziehung also dadurch gekennzeichnet, dass Patienten mit ihren Erkrankungen grundsätzlich nicht dauerhaft an ein Krankenhaus zu binden sind.

Das Management der Kundenbeziehung im Krankenhaus hinsichtlich der direkten Kunden, die Patienten, ist daher mit der Schwierigkeit konfrontiert, eine meist nur einmalige Beziehung zu einem Patienten aufbauen zu können, ohne die Möglichkeit zu haben, zu diesen Fällen eine langfristige Kundenbeziehung im klassischen Sinne zu haben, um den Patienten von der Leistungsfähigkeit des Krankenhauses zu überzeugen. Das Management der Kundenbeziehungen zu den Patienten muss damit Surrogate der Kundenbindung im klassischen Sinne generieren, die nach dem Krankenhausaufenthalt eine Einstellung der Gebundenheit der Patienten an das Krankenhaus erzeugt, ohne dass die Patienten diese Gebundenheit durch ein wiederholtes Aufsuchen des Krankenhauses zum Ausdruck bringen. Die verhaltensrelevante Dimension der positiven Einstellung gegenüber einem Krankenhaus als Surrogat der Kundenbindung besteht vor allem in der Weiterempfehlung und der positiven Mund-zu-Mund-Kommunikation. Krankenhauspatienten teilen ihre (Un-)Zufriedenheit mit ihrem Krankenhausaufenthalt ihrem behandelnden Arzt mit, wobei der Einfluss der Mund-zu-Mund-Kommunikation der Patienten ihren Ärzten gegenüber für die Aussprache weiterer Empfehlungen der Ärzte nicht zu unterschätzen ist. Die informellen Kommunikationswege mit ihrer imagebildenden Wirkung stellen einen wesentlichen Baustein für die Bildung einer hohen Reputation des Krankenhauses dar.

Zudem ist der Bedarf an stationären Krankenhausbehandlungen keine vom Krankenhaus beeinflussbare Größe, sondern ist extern durch epidemiologische Prozesse determiniert. Es stehen für die direkte medizinische Behandlung von Patienten keine Möglichkeiten zur Verfügung, Nachfrage zusätzlich zu generieren. Das klassische Instrumentarium des Managements von Kundenbeziehungen kann in dieser Situation gegenüber den eigentlichen, direkten Kunden des Krankenhauses, den stationär zu behandelnden Patienten, nicht uneingeschränkt angewendet werden. Als Leistungsveranlasser sind deshalb die einweisenden Ärzte die erste Anspruchsgruppe für die Anwendung des klassischen Managements von Kundenbeziehungen im Krankenhaus (s.o.).

Um Patienten akquirieren zu können und nicht auf das Einweiseverhalten niedergelassener Ärzte angewiesen zu sein, besteht für Krankenhäuser die Möglichkeit, durch die Gründung Medizinischer Versorgungszentren (MVZ) die Einweisung von Patienten aus dem ambulanten Versorgungsbereich direkt zu beeinflussen. Medizinische Versorgungszentren sind Einrichtungen, die ambulante medizinische Leistungen erbringen und über das ambulante Budget der Kassenärztlichen Vereinigungen vergütet werden. Da alle im Rahmen der Gesetzlichen Krankenversicherung zugelassenen Leistungserbringer Medizinische Versorgungszentren gründen und betreiben können, ergibt sich auch für Krankenhäuser die Möglichkeit, ambulante medizinische Leistungen erbringen zu lassen. Das hat zum einen den Effekt, dass zusätzliche Erlösquellen erschlossen werden können, zum anderen aber auch, dass die Einweisungen von Patienten aus dem ambulanten Bereich in die stationäre Versorgung direkt beeinflusst werden kann. Aus Sicht des Managements von Kundenbeziehungen hinsichtlich der Patienten als direkte Kunden besteht somit die Möglichkeit, über die sektorenübergreifende Organisation des Medizinischen Versorgungszentrums Kundenbindungs-Effekte zu erzielen.

4.2   Innovative medizinische Versorgungsformen

Die klassische medizinische Versorgung in Deutschland ist stark sektoral untergliedert. Diese Sektoren lassen sich hauptsächlich in Prävention, ambulante Therapie, stationäre Therapie und Rehabilitation einteilen (vgl. ähnlich Haubrock 2007). Die Unterteilung der medizinischen Versorgung in Sektoren geht mit sektoral gebundenen Ausgabenbudgets und einer sektoral getrennten Versorgungsorganisation einher. Probleme in der sektoralen Versorgung entstehen dann, wenn Behandlungsprozesse über die Versorgungssektoren hinweg erfolgen müssen und durch Abstimmungsschwierigkeiten zwischen den Sektoren Ineffizienzen verursacht werden.

Um einen insgesamt qualitativ hochwertigen Behandlungsprozess gewährleisten zu können, ist es aber vielfach notwendig, einzelne Behandlungsschritte von unterschiedlich spezialisierten Fachbereichen durchführen zu lassen. Das macht es notwendig, dass Patienten von einem Anbieter zu einem anderen überwiesen werden, z. B. von einem niedergelassenen Allgemeinmediziner zu einem Facharzt oder in ein Krankenhaus oder von einem Krankenhaus in eine Rehabilitations- oder Pflegeeinrichtungen. Die Institutionen, die am gesamten Behandlungsprozess beteiligt sind, agieren in unterschiedlichen Versorgungssektoren des Gesundheitswesens. Die Versorgungsstrukturen sind weitestgehend voneinander getrennt und werden aus unterschiedlichen Budgets finanziert. Im Falle einer stationären Krankenhausbehandlung wird in einem typischen Behandlungsverlauf zunächst ambulant eine Diagnose erstellt, die zu einer Krankenhauseinweisung führt. Nachdem die stationäre Krankenhausbehandlung erfolgte, wird meist wiederum eine ambulante Nachbehandlung erfolgen, an die sich z. T. auch eine Rehabilitation anschließen kann. An diesem Beispiel wird deutlich, dass es in der Regel nicht möglich ist, alle Behandlungsschritte von einem einzigen Anbieter in Anspruch nehmen zu können. Aufgrund der sektoralen Untergliederung des Gesundheitswesens erfolgen die Übergänge von einem Sektor in den anderen nicht friktionslos, sondern sind aufgrund vieler Informationsprobleme mit Schwierigkeiten behaftet, die den Behandlungsprozess nicht als einheitlich erscheinen lassen.

Doppeluntersuchungen und -diagnostiken kommen vor und erschweren einheitlich erscheinende Behandlungsprozesse. Für die verschiedenen Leistungsanbieter stellt sich das Management von Kundenbeziehungen dabei isoliert voneinander dar, während für den Patient der Behandlungsverlauf als Wahrnehmungseinheit erscheint.

Aufgrund von neuen rechtlichen Regelungen des SGB V ist es möglich (§§ 63, 64, 95, 115, 116, 121, 137f-g, 140a-d SGB V), sektorenübergreifende Versorgungsformen zu organisieren. Diese Versorgungsformen sind entlang des Versorgungsprozesses gestaltet und integrieren die Leistungen aus unterschiedlichen Sektoren und Fachbereichen (vertikale und horizontale Integration) zu einem Leistungsangebot. Dieses Leistungsangebot wird als koordinierte Versorgung der Versicherten von den in der integrierten Versorgung zusammengeschlossenen Leistungsanbietern Krankenversicherungen im direkten Vertragsverhältnis angeboten („selektives Kontrahieren"). Zugelassene integrierte Versorgungsformen bestehen dann neben den sektorgebundenen Versorgungsstrukturen und werden unabhängig von den Budgets der einzelnen Versorgungsstrukturen finanziert. Kennzeichnend für die integrierte Versorgung ist, dass unterschiedliche Leistungsanbieter aus verschiedenen Versorgungsstrukturen in der Integrierten Versorgung gemeinsam auftreten (Schreyögg et al. 2006). In innovativen, sektorenübergreifenden Versorgungsformen wie die Integrationsversorgung, Disease Management Programme (DMP) oder Medizinische Versorgungszentren (MVZ) tritt ein Verbund an Leistungsanbietern gegenüber den Versicherten und Patienten auf. Dabei ist es oftmals vorgesehen, dass unterschiedliche Behandlungsschritte in unterschiedlichen Versorgungssektoren aufeinander abgestimmt erfolgen (Nagel 2007). Als grundlegender Vorteil dieser neuen Versorgungsformen wird ihre Fähigkeit angesehen, die durch die Versorgungssektoren geschaffenen Ineffizienzen bei sektorübergreifenden Behandlungen zu verringern.

Die Erscheinungsformen der integrierten Versorgung sind unterschiedlich und reichen dabei von hinsichtlich der Behandlungsumfänge sehr speziellen Formen bis hin zur gesamten alternativen Regelversorgung. Bekannte Formen der Integrationsversorgung sind z. B. Disease Management Programme, in denen einige wenige chronische Erkrankungen (Diabetes mellitus Typ I u. II, Brustkrebs, Koronare Herzkrankheit, Chronisch obstruktive Atemwegserkrankungen und Asthma bronchiale) integriert behandelt werden, die hausarztzentrierte Versorgung, in der von einem Hausarzt bei eingeschränkter Arztwahl die Behandlung von Versicherten von unterschiedlichen Fachärzten gesteuert wird, oder Medizinische Versorgungszentren (MVZ), in denen bei Beibehaltung des Kassenarztsitzes Ärzte im Angestelltenverhältnis ambulant tätig werden können. Insbesondere die Gründung Medizinischer Versorgungszentren mit Beteiligung von Krankenhäusern hat in jüngerer Vergangenheit an Dynamik gewonnen (Kassenärztliche Bundesvereinigung 2008). Typischerweise ist es in diesen Versorgungsformen nicht der Fall, dass ein einziger Anbieter das gesamte sektorenübergreifende Behandlungsprogramm anbietet, sondern ein Verbund aus Anbietern die sektorenübergreifende Behandlung erbringt. Isolierte Maßnahmen im Rahmen des Managements von Kundenbeziehungen einzelner Anbieter aus dem Verbund heraus stoßen dabei an Grenzen. Für die Leistungsanbieter in diesen medizinischen Versorgungsformen stellt sich das Problem, dass sie im Verbund mit anderen Leistungserbringern auftreten und ihr Management von Kundenbeziehungen nicht isoliert betrachtet werden kann. Die Herausforderung besteht in diesen Fällen darin, Patienten und Versicherte an ein Behandlungs- und Versorgungsprogramm zu binden, das aus mehreren Anbietern von medizinischen Leistungen besteht, so dass die Bindung an nur einen Anbieter in diesem Fall weniger relevant ist.

Hat die Schaffung von integrierten Versorgungsformen auch dazu geführt, dass das Management von Kundenbeziehungen in diesen Versorgungsformen als relevanter Aspekt angesehen wird (Andersen 2006), so wird deutlich, dass die Beziehungsbesonderheiten aus Sicht des klassischen Kundenbindungsmanagements bisher nur wenig Beachtung fanden. Das Kundenbeziehungsmanagement der Leistungsanbieter muss daher anders ausgerichtet werden und weist Besonderheiten auf, die durch das klassische Management der Kundenbeziehungen nur unzureichend abgedeckt werden.

Als besondere Herausforderung an das Management der Kundenbeziehung in der integrierten Versorgung muss angesehen werden, dass in dieser Versorgungsform unterschiedliche Anbieter auftreten. Gleichzeitig sind es die Krankenkassen, die ihren Versicherten integrierte Versorgung anbieten. Um den Ablauf des Versorgungsprozesses über die Versorgungsgrenzen hinweg zu koordinieren, bedarf es eines zentralen „Case Managements", welches in der hausarztzentrierten Versorgung durch den Hausarzt als „Gatekeeper" wahrgenommen wird. Aus Sicht des Managements von Kundenbeziehungen besteht die Herausforderung darin, die Bindung von Versicherten und Patienten nicht an einen bestimmten Anbieter, sondern an ein Behandlungsprogramm bzw. an eine abstrakte Versorgungsstruktur mit einer Vielzahl, unter Umständen auch wechselnden Leistungsanbietern zu binden. Auch Krankenversicherungen stellen in diesem Zusammenhang nur Intermediäre dar, die in ihrer Funktion des Sicherstellungsagenten unterschiedliche Formen der integrierten Versorgung anbieten, diese aber nicht selbst erbringen können. Aus Sicht des Versicherten muss daher eine Orientierung geschaffen werden, anhand derer er sich in ein Bindungsverhältnis begeben kann.

Inzwischen hat sich ein Markt für verschiedene Angebote von medizinischen Versorgungsformen herausgebildet, in dem die Reputation der Leistungserbringer gegenüber den Kostenträgern wie auch gegenüber den Leistungsempfängern eine wesentliche Bedingung ihres akquisitorischen Potenzials und ihrer Fähigkeit, Nachfrager an sich zu binden, darstellt (Dietrich 2005). Der Wettbewerb um Patienten hat hierbei an Intensität zugenommen, wobei auch insbesondere die Anbieter aus unterschiedlichen Sektoren (vor allem aus dem ambulanten und stationären Sektor) um Patienten konkurrieren. Hat sich in der Literatur bisher die Ansicht durchgesetzt, dass unter intensiviertem Wettbewerb Kundenbindungsstrategien einen wesentlicher Erfolgsfaktor darstellt, so zeigen Studien aus dem nicht kommerziellen Bereich, dass der Trade-Off zwischen der Kundenakquisition und der Kundenbindung unter intensiviertem Wettbewerb dazu führen kann, dass eher die Kundenakquisition als die Kundenbindung einen positiven Einfluss auf den Erfolg hat (Voss/Voss 2008). Inwieweit die strategischen Ansätze der Kundenakquisition und der Kundenbindung unter den Bedingungen des Wettbewerbs unter innovativen medizinischen Versorgungsformen erfolgsrelevant sind, kann nach dem Stand der Forschung allerdings nicht beantwortet werden.

5. Würdigung des Managements von Kundenbeziehungen im Gesundheitswesen

Die Ausführungen zum Management von Kundenbeziehungen im Gesundheitswesen zeigen, dass es sich im Gesundheitswesen um ein komplexes Geflecht an Beziehungen handelt. Diese Beziehungen zeichnen sich durch Besonderheiten aus, die den direkten Einsatz des klassischen Managements von Kundenbeziehungen nicht in allen Bereichen des Gesundheitswesens ermöglicht. Besonderheiten beim Einsatz des Managements von Kundenbeziehungen sind in der direkten medizinischen Leistungserbringung insbesondere in der stationären medizinischen Versorgung zu verorten wie auch bei innovativen Versorgungsformen. Mit der zunehmenden Öffnung des Gesundheitswesens hin zu mehr marktähnlichen Strukturen sowie hin zu mehr Wettbewerb unter den Leistungserbringern werden Prinzipien des aktiven Kundenmanagements auch für das Gesundheitswesen relevant. Dies auch deshalb, weil nach gängigen Prognosen die Gesundheitswirtschaft das Potenzial hat, der tragende Wirtschaftsbereich der Zukunft zu sein. Eine weitere Zunahme der wirtschaftlichen Bedeutung des Gesundheitsbereichs ist daher anzunehmen, womit auch der Bedarf an marktorientierten Managementlösungen insgesamt für diesen Bereich steigen wird. Damit das Management von Kundenbeziehungen für das Management im Gesundheitswesen weiter zum tragen kommt, wird es aber aus Sicht der betriebswirtschaftlichen Forschung notwendig sein, die Besonderheiten der Beziehungen der Akteure im Gesundheitswesen in der Entwicklung eines für diesen Bereich spezifischen Beziehungsmanagements zu berücksichtigen. Aufgrund der Komplexität der Beziehungen durch die vorgegebenen rechtlichen Rahmenbedingungen im Gesundheitswesen ist eine direkte Übertragung des klassischen Managements von Kundenbeziehungen aus dem kommerziellen Bereich nur mit Einschränkungen möglich.

Literaturverzeichnis

Andersen, H.H. (2006): Kundenmanagement in der integrierten Versorgung, in: Busse, R./Schreyögg, J./Gericke C. (Hrsg.): Management im Gesundheitswesen, Heidelberg, S. 187-199.

Blum, K./Offermanns, M. (2009): Krankenhäuser zwischen Innovations- und Kostendruck. Die stationäre Versorgung seit dem Jahr 2000, in: das Krankenhaus, 101. Jg., Nr. 4 , S. 295-302.

Bruhn, M. (2005): Marketing für Nonprofit-Organisationen. Grundlagen, Konzepte, Instrumente. Stuttgart: Kohlhammer.

Bruhn, M. (2009): Relationship Marketing. Das Management von Kundenbeziehungen, 2. Aufl., München.

Bundesministerium für Wirtschaft und Technologie (2009): Branchenfokus, http://www.bmwi.de/ BMWi/ Navigation/Wirtschaft/branchenfokus.html.

Cassel, D. (2003): Wettbewerb in der Gesundheitsversorgung. Funktionsbedingungen, Wirkungsweise und Gestaltungsbedarf, in : Arnold, M./Klauber, J./Schellschmidt, H. (Hrsg.): Krankenhaus-Report 2002: Schwerpunkt: Krankenhaus im Wettbewerb, Stuttgart, S. 3-20.

Charles, C./Gafni, A.W.T. (1997): Shared Decision-Making in the Medical Encounter: What Does it Mean? (Or it Takes at Least Two to Tango), in: Social Science & Medicine, Vol. 44, No. 5, S. 681-692.

Charles, C./Gafni, A.W.T. (1999): Decision-Making in the Physician-Patient Encounter: Revisiting the Shared Treatment Decision-Making Model, in: Social Science & Medicine, Vol. 49, No. 5, S. 651-661.

Darby, M.R./Karni, E. (1973): Free Competition and the Optimal Amount of Fraud, in: Journal of Law and Economics, Vol. 16, No. 1, S. 67-88.

Dietrich, M. (2005): Qualität, Wirtschaftlichkeit und Erfolg von Krankenhäusern. Analyse der Relevanz marktorientierter Ansätze im Krankenhausmanagement, Wiesbaden.

Dietrich, M./Gapp, O. (2005): Qualitätsinformationen von Krankenhäusern. Eine Untersuchung ihrer Relevanz und Anforderungen aus Patientensicht, in: Zeitschrift für öffentliche und gemeinwirtschafltiche Unternehmen, 28. Jg., Nr. 3, S. 211-233.

Dietrich, M./Lindenmeier, J. (2009): Standardisierte Qualitätsinformationen und ihr Einfluss auf die Wahl von Leistungsanbietern. Ergebnisse einer empirischen Studie am Beispiel der Qualitätsberichte von Krankenhäusern, in: Zeitschrift für Betriebswirtschaft, 79. Jg., Nr. 7/8, S. 869-896.

Dülbert, A./Fretschner, R.H.J. (2002): Rahmenbedingungen und Herausforderungen der Gesundheitswirtschaft, Gelsenkirchen.

Frosch, D.L./Kaplan, R.M. (1999): Shared Decision-Making in Clinical Medicine: Past Research and Future Directions, in: American Journal of Preventive Medicine, Vol. 17, No. 4, S. 285-294.

Guadagnoli, E./Ward, P. (1998): Patient Participation in Decision-Making, in: Social Science Medicine, Vol. 47, No. 3, S. 329-339.

Haubrock, M. (2007): Struktur des Gesundheitswesens, in: Haubrock, M./Schär, W. (Hrsg.): Betriebswirtschaft und Management im Krankenhaus, Bern, S. 46-66.

Helmig, B. (2003): Indirekte Kundenzufriedenheit und indirekte Kundenbindung bei zweistufigen Dienstleister-Kundenbeziehungen, in: Die Unternehmung. Schweizerische Zeitschrift für betriebswirtschaftliche Forschung und Praxis, 57. Jg., Nr. 1, S. 63-84.

Helmig, B./Dietrich, M. (2001): Qualität von Krankenhausleistungen und Kundenbeziehungen. Das Beispiel „Ambulante Krankenhausbehandlung von Kindern", in: Die Betriebswirtschaft, 61. Jg., Nr. 3, S. 319-334.

Helmig, B./Graf, A. (2006): Die Bedeutung des Kundenmanagements im Krankenhaussektor, in: Busse, R./Schreyögg, J./Gericke C. (Hrsg.): Management im Gesundheitswesen, Heidelberg, S. 163-176.

Heskett, J.L./Jones, T.O./Loveman, G.W./Sasser Jr. W.E./Schlesinger, L. (1994): Putting the Service-Profit Chain to Work, in: Harvard Business Review, Vol. 72, No. 2, S. 164-174.

Kamakura, W.A./Mittal, V./de Rosa, F./Mazzon, J. A. (2002): Assessing the Service Profit Chain, in: Marketing Science, Vol. 21, No. 3, S. 294-317.

Kassenärztliche Bundesvereinigung (2008): Medizinische Versorgungszentren aktuell. 3. Quartal 2008, http://www.kbv.de/presse/9173.html.

Macharzina, K./Wolf, J. (2008): Unternehmensführung. Das internationale Managementwissen. Konzepte, Methoden, Praxis, 6. Aufl., Wiesbaden.

Nefiodow, L.A. (2007): Der sechste Kondratieff: Wege zur Produktivität und Vollbeschäftigung im Zeitalter der Information. Die langen Wellen der Konjunktur und ihre Basisinnovation, 6. Aufl., Sankt-Augustin.

Nelson, P. (1970): Information and Consumer Behavior, in: Journal of Political Economy, Vol. 78, No. 2, S. 311-329.

Oehme, W./Oehme, S. (1995): Marketing für niedergelassene Ärzte. Der Arzt als Mediziner und Unternehmer, München.

Organization for Economic Co-Operation and Development OECD (2007): Health at a Glance 2007, http://masetto.sourceoecd.org/vl=5165898/cl=44/nw=1/rpsv/health2007/index.htm.

Römer, S./Tscheulin, Dieter K. (2008): Die Bedeutung von Vertrauen in risikoreichen Kooperationsentscheidungen. Analyse der theoretischen Grundlagen und empirische Überprüfung, in: Schmalenbachs Zeitschrift für betriebswirtschaftliche Forschung, 60. Jg., Nr. 8, S. 434-458.

Sachverständigenrat für die Konzertierte Aktion im Gesundheitswesen (2002): Gutachten 2000/2001 – Bedarfsgerechtigkeit und Wirtschaftlichkeit, Band III: Über-, Unterund Fehlversorgung, Baden-Baden.

Scheibler, F./Pfaff, H. (2003): Shared Decision Making: Der Patienten als Partner im Medizinischen Entscheidungsprozess, Weinheim.

Schreyögg, J./Weinbrenner, S./Busse, R. (2006): Leistungsmanagement in der Integrierten Versorgung, in: Busse, R./Schreyögg, J./Gericke C. (Hrsg.): Management im Gesundheitswesen, Heidelberg, S. 106-122.

Simon, M. (2008): Das Gesundheitssystem in Deutschland. Eine Einführung in Struktur und Funktionsweise, 2. Aufl., Bern.

Straubhaar, T./Geyer, G./Locher, H./Pimpertz, J./Vöpel, H. (2006): Wachstum und Beschäftigung im Gesundheitswesen. Beschäftigungswirkungen eines modernen Krankenversicherungssystems, Hamburg : Hamburgisches WeltWirtschaftsInstitut (HWWI).

Streit, V./Letter M. (2005): Marketing für Arztpraxen. Individuelle Gesundheitsleistungen (IGeL) organisieren, kalkulieren und verkaufen, Berlin.

Tscheulin, D.K./Drevs, F. (2007): Europe and Health - National Health Care Systems and the Effects of European Integration, in: Zeitschrift für öffentliche und gemeinwirtschaftliche Unternehmen, 30. Jg., Nr. 4, S. 436 – 448.

Tscheulin, D.K./Drevs, F. (2009): Der Umbau des Krankenversicherungssystems in Deutschland. Die Einführung einer obligatorischen privaten Krankenversicherung als Option, in: Vanberg, V./Gehrig, T./Tscheulin, D.K. (Hrsg.): Die Freiburger Schule und die Zukunft der Sozialen Marktwirtschaft, Berlin: BWV, erscheint demnächst.

Tscheulin, D.K./Helmig, B./Moog, R. (2001): Die Ermittlung entscheidungsrelevanter Variablen bei der Wahl von Geburtskliniken als Basis eines effizienten Krankenhaus-Marketing, in: Zeitschrift für öffentliche und gemeinwirtschaftliche Unternehmen, 24. Jg., Nr. 4, S. 451-468.

Tscheulin, D.K./Helmig, B. (2001): Krankenhausmarketing, in: Tscheulin, D.K./Helmig, B. (Hrsg.): Branchenspezifisches Marketing. Grundlagen, Besonderheiten, Gemeinsamkeiten, Wiesbaden, S. 401-428.

Voss, G.B./Voss, Zannie G. (2008): Competitive Density and the Customer Acquisition—Retention Trade-Off, in: Journal of Marketing, Vol. 72, No. 11, S. 3-18.

Weinbrenner, S. (2006): Kundenmanagement in Arztpraxen und Ärztenetzen, in: Busse, R./Schreyögg, J./Gericke C. (Hrsg.): Management im Gesundheitswesen, Heidelberg, S. 177-186.

World Health Organization (2000): The World Health Report 2000. Health Systems: Improving Performance, Geneva.

Henner Schierenbeck/Michael Pohl

Sicherstellung nachhaltiger Kundenbeziehungen als Herausforderung für bankbetriebliche Steuerungssysteme

1. Einleitung

2. Kundenorientierung und -bindung im Rahmen der Unternehmensziele von Banken
    2.1   Abstimmung von Geschäftsmodell und Geschäftsphilosophie
    2.2   Klare Fokussierung auf Kernkompetenzen und Zielkunden
    2.3   Bedeutung einer ausgeprägten Kundennutzenstrategie

3. Kundenbetreuer als Qualitätsfaktor der Bankdienstleistung
    3.1   Aufbau einer schlagkräftigen Vertriebsorganisation
    3.2   Data Warehouse als Erfolgsfaktor des Kundengesprächs
    3.3   Kundenbeziehungsorientierte Vergütungs- und Beförderungssysteme

4. Preispolitik als Element der Kundenbeziehung

5. Fazit

Prof. Dr. Dres. h.c. Henner Schierenbeck ist Vorsteher der Abteilung für Bankmanagement und Controlling am Wirtschaftswissenschaftlichen Zentrum der Universität Basel, Wissenschaftlicher Leiter des Zentrum für Ertragsorientiertes Bankmanagement in Münster und Vorstandsmitglied der Statistisch-Volkswirtschaftlichen Gesellschaft in Basel. Dr. Michael Pohl ist Wissenschaftlicher Mitarbeiter am selben Lehrstuhl.

1. Einleitung

Die Bankenlandschaft sieht sich in Folge der Subprime-Krise weltweit den gravierendsten Herausforderungen der jüngeren Geschichte gegenüber. Nicht zuletzt durch die Vertrauenskrise, die darin gipfelte, dass der Interbankenhandel – also das Leihgeschäft zwischen Instituten – zum Erliegen gekommen ist, wurde in der Bankenwelt der Fokus auf den Privatkunden verstärkt. Aber auch das „Wegbrechen" der Möglichkeiten zur Ertragsgenerierung mittels derivativer Geschäfte führt zu einer Besinnung auf das häufig vernachlässigte ehemalige Kerngeschäft – das Kundengeschäft.

Dass nachhaltige Kundenbeziehungen wesentlich für die Generierung entsprechender Erträge aus dem Kundengeschäft sind, ist weitgehend unbestritten. Doch bedarf es hierfür mehr als nur bloßer Lippenbekenntnisse durch die Bankführung. Wie aber muss ein Steuerungsinstrumentarium ausgestaltet sein, um nachhaltige Kundenbeziehungen aufrechtzuerhalten und zu fördern?

In einem ersten Teil werden im vorliegenden Beitrag die notwendigen Schritte zur Integration der Kundenorientierung in die Unternehmensziele betrachtet. Hierfür wird eine Abstimmung von Geschäftsmodell und Geschäftsphilosophie wie auch eine klare Fokussierung auf Kernkompetenzen und Zielkunden zu untersuchen sein. Um den Kunden dauerhaft binden zu können, sind jedoch auch Kundennutzenstrategien umzusetzen, um einen klaren Mehrwert aus Kundensicht zu generieren. Im zweiten Teil wird der Kundenbetreuer als Schnittstelle zwischen Bank und Kunde in seiner Form als Qualitätsfaktor der Bankdienstleistung betrachtet. Dabei werden neben den grundsätzlichen Schritten zum Aufbau einer schlagkräftigen Vertriebsorganisation insbesondere das Data Warehouse als Erfolgsfaktor des Kundengesprächs sowie die Umsetzung kundenbeziehungsorientierter Vergütungs- und Beförderungssysteme beleuchtet. Abschließend gilt in einem dritten Teil das Augenmerk der Preispolitik als zentralem Element der Kundenbeziehung.

2. Kundenorientierung und -bindung im Rahmen der Unternehmensziele von Banken

In nahezu jeder Bank werden die vorhandenen Strukturen als kundenorientiert betrachtet und Kundenorientierung als Element der Unternehmenszielsetzung genannt. Für eine konkrete Eingliederung der Kundenorientierung im Rahmen der Unternehmensziele bedarf es jedoch mehr als unverknüpfter Zielformulierungen. Vielmehr sind einerseits Geschäftsmodell und Geschäftsphilosophie aufeinander abzustimmen und andererseits das Element der Kundenorientierung konsequent innerhalb der Unternehmensziele zu verankern und mit den weiteren Unternehmenszielen zu verknüpfen. Hierbei ist grundsätzlich dem Primat der Rentabilität zu folgen (zum Primat der Rentabilität vgl. Schierenbeck 2003a, S. 1). Dies bedarf einer klaren Fokussierung auf Kernkompetenzen und Zielkunden, da sich die Bank keinesfalls an allen grundsätzlich denkbaren Kundenwünschen orientieren kann – Kundenorientierung setzt somit auch immer eine Segmentierung voraus. Schließlich sind für Kunden klare Nutzenvorteile zu generieren.

2.1 Abstimmung von Geschäftsmodell und Geschäftsphilosophie

Banken, die für die zukünftigen Entwicklungen gerüstet sein wollen, werden sich den großen Herausforderungen, die aus der aktuellen Marktsituation und dem weiter steigenden Wettbewerbsdruck ergeben, offensiv stellen müssen. Grundvoraussetzung hierfür ist die Wahl und konsequente Implementierung eines zukunftsfähigen Geschäftsmodells für jedes der operativen Geschäftsfelder. Dies muss begleitet werden von einer ebenfalls zukunftsfähigen Geschäftsphilosophie und Unternehmenskultur. Abbildung 1 verdeutlicht, welche miteinander verknüpften Komponenten und Bausteine in diesem Zusammenhang als besonders erfolgskritisch zu beurteilen sind.

Abbildung 1: *Verbindung von Geschäftsmodell und Geschäftsphilosophie*

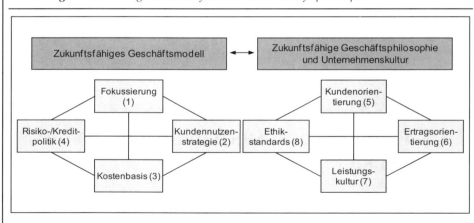

Zu den Komponenten eines zukunftsfähigen Geschäftsmodells zählt erstens die klare Fokussierung auf Kernkompetenzen und Zielkunden, zweitens eine ausgeprägte Kundennutzenstrategie, drittens die wettbewerbsfähige Kostenbasis und viertens die überlegene Risiko-/Kreditpolitik. Die genannten Faktoren müssen gepaart werden mit einer zukunftsfähigen Unternehmenskultur. Diese besteht ebenfalls aus vier Bausteinen: So ist neben einer unbedingten Kundenorientierung ebenso eine konsequente Ertragsorientierung unerlässlich. Komplettiert werden diese beiden Bausteine durch das Postulat der motivationsorientierten Leistungskultur und – last but not least – durch eine strikte Verhaltensbindung an Ethikstandards, um Reputationsrisiken bereits ex ante zu minimieren.

2.2 Klare Fokussierung auf Kernkompetenzen und Zielkunden

Konsens scheint derzeit dahingehend zu herrschen, dass das angespannte Marktumfeld in Kombination mit den schwierigen Wettbewerbsverhältnissen eine klare Fokussierung auf Kernkompetenzen und Zielkunden erzwingen. Die Konsequenz für viele kleinere und mittlere Banken ist der radikale Abschied vom Universalbankenanspruch. Nur Großbanken werden sich als „fokussierte Universalbank" über die gesamte Wertschöpfungskette und über alle Kundensegmente aufstellen können. Zu den wichtigen Dimensionen einer Fokussierungsstrategie gehört neben dem Vertrieb, den Produktlieferanten und der Abwicklung vor allem die Konzentration auf Zielkunden. Am Firmenkundengeschäft sei dies im Folgenden beispielhaft erläutert. Die Fokussierung auf Zielkunden gilt hier als zentrale Voraussetzung, um rentabel zu arbeiten.

Gerade der Bereich der Geschäftskunden ist zu einem großen Teil bei vielen Banken defizitär. Konkret bedeutet dies, dass in vielen Fällen der positive Ergebnisbeitrag der rentablen Kundenbeziehungen durch verlustbringende Engagements aufgezehrt wird. Fokussierung verlangt demzufolge eine, wie in Abbildung 2 dargestellt, konsequent ertragsorientierte Segmentierung der Firmenkunden. Strategiekonform wären hier eine Konzentration und klare strategische Ausrichtung der Bank auf Ertragskunden, die bis zu 35 Prozent des Gesamtportfolios ausmachen. Der hohe Ergebnisbeitrag rechtfertigt in diesem Segment, sofern nicht sogar ein Ausbau möglich ist, zumindest die Sicherung der Kundenbeziehung. Der große Block der Marginalkunden sollte im Hinblick auf das weitere Potenzial analysiert werden und in Abhängigkeit vom Ergebnis eine weitere Zusammenarbeit bzw. eine Auflösung der Kundenbeziehung angestrebt werden. Für die so genannten Exit-Kunden, die einen hohen negativen Ergebnisbeitrag liefern, sollte zeitnah eine Trennungsstrategie forciert werden, sofern sie nicht durch eine veränderte Preispolitik zu rentablen Kunden gemacht werden können.

Abbildung 2: *Ertragsorientierte Segmentierung von Firmenkunden*

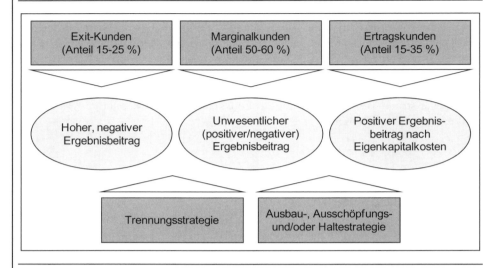

Unabdingbar hierbei ist eine institutionalisierte Kundensegmentierung, die eine direkte Ansprache von Zielkunden erst ermöglichen kann. Die Bildung der Zielgruppen im Rahmen der Segmentierung sollte dabei folgenden Anforderungen gerecht werden (Steinig 1998, S. 291f.):

■ Nachfragerelevanz: Personen innerhalb der Gruppe müssen sich hinsichtlich des Nachfrageverhaltens möglichst ähnlich sein.

■ Wirtschaftlichkeit: Der Nutzen muss die Kosten der Segmentierung übersteigen.

■ Operationalisierbarkeit: Identifizierte Gruppen müssen identifizierbar und am Markt auffindbar sein.

Dabei haben Studien gezeigt, dass Kundensegmentierung zu einer verbesserten Kundenbindung führt, da die Kundenzufriedenheit durch eine kundengerechte Ansprache steigt (Deloitte 2007, S. 9). Dies ist insbesondere für die Ertragskunden von entscheidender Bedeutung, kann aber auch dazu führen, dass Kunden mit einem ehemals negativen Deckungsbeitrag – die eigentlichen Exit-Kunden – durch die verbesserte Ansprache zu Ertragskunden werden.

2.3 Bedeutung einer ausgeprägten Kundennutzenstrategie

Um Ertragskunden halten zu können, kommt es im harten Bankenwettbewerb darauf an, dass der einzelne Anbieter im Konkurrenzvergleich und aus Kundensicht einen möglichst klaren komparativen Nutzen bieten muss. Nur so kann es gelingen Kunden zu akquirieren respektive dauerhaft zu binden. Im Kern geht es um die nachhaltige Generierung „Komparativer Konkurrenzvorteile" (KKV) auf den relevanten Zielkundenmärkten (Bruhn 2008, S. 16). Die entscheidenden Parameter hierfür sind in erster Linie der Preis – welcher im Folgenden noch explizit betrachtet wird – und die Qualität der Leistungen. Letztere kann in unterschiedlichen Dimensionen zum Ausdruck kommen:

- Präsenz/Erreichbarkeit,

- Multikanalfähigkeit,

- Fachkompetenz,

- Servicequalität,

- Verhalten gegenüber Kunden,

- Flexibilität/Schnelligkeit,

- Eingehen auf Kundenwünsche,

- Kommunikationsstil und/oder

- Qualität des Leistungsangebotes.

Ausgeprägte Kundennutzenstrategien verfolgen oftmals eine Strategie des „besser" und/oder „billiger" (Abbildung 3) was letztlich auf das Streben nach Qualitäts- oder Kostenführerschaft hinausläuft.

Abbildung 3: *Komparative Konkurrenzvorteile*

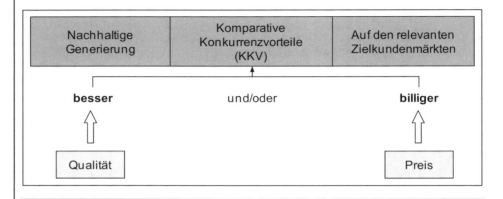

Zu beachten bleibt allerdings, dass es zwischen Preis und Qualität zahlreiche Substitutionalitäten gibt, die durch die so genannte „Value Map" transparent gemacht werden können (Abbildung 4).

Abbildung 4: *Value Map*

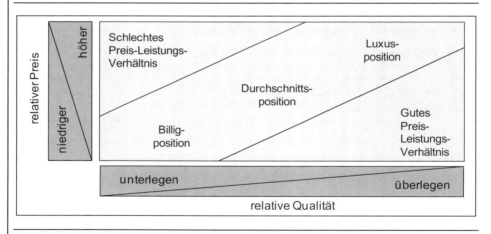

Dazwischen liegen so genannte Mischstrategien, deren gemeinsames Merkmal die Gewährleistung eines aus Kundensicht guten Preis-Leistungs-Verhältnisses ist. Dabei wird allerdings dessen konkrete Ausprägung sehr maßgeblich vom jeweiligen Kundensegment geprägt sein.

Grundvoraussetzung für die nachhaltige Generierung von KKV ist damit wiederum eine saubere Kundensegmentierung. Nur so kann gezielt darauf hingearbeitet werden, maßgeschneiderte Kundennutzen für jeweils unterschiedliche Ansprüche zu unterschiedlichen Preisen und Konditionen in den verschiedenen Vertriebskanälen anbieten zu können.

KKV-Strategien sind ihrem Kern nach Kundenbindungsstrategien und sollen Kundenzufriedenheit sicherstellen. Empirische Untersuchungen zeigen, dass Kundenverhalten und Kundenzufriedenheit nicht unbedingt korrespondieren (Abbildung 5).

Abbildung 5: *Nutzungsstruktur nach Kundenbindung bzw. Globalzufriedenheit (Quelle: Keller et al. 2002, S. 549)*

Nutzungsstruktur nach Kundenbindung bzw. Globalzufriedenheit		Anteil Hauptbank-verbindungen	Anteil Nebenbank-verbindungen	Anzahl Bank-verbindungen insgesamt	Anteil an Bank-verbindungen	
Grad der Kunden-bindung[1]	Verwurzelt	100 %	–	1,3	12 %	
	Verbunden	92 %	8 %	1,4	36 %	100 %
	Schwankend	77 %	23 %	1,7	31 %	
	Wechselbereit	38 %	62 %	2,3	21 %	
Global-zufrie-denheit[2]	Überzeugt	83 %	17 %	1,6	45 %	
	Zufriedengestellt	81 %	19 %	1,6	49 %	100 %
	Enttäuscht	56 %	44 %	1,9	6 %	

[1] Operationalisiert über die mehrdimensionalen Fragestellungen des Conversion-Model™
[2] Operationalisiert über die eindimensionale Fragestellung einer verbalisierten 5er-Skala

In Bezug auf die Kundenbindung wird eine Verwurzelung bzw. eine Anbindung der Kunden angestrebt. Der Identifikation von Nebenbankbeziehungen mit hohem Ertragspotenzial innerhalb des eigenen Kundenstamms und der Überführung dieser Beziehungen zu Hauptbankbeziehungen kommen für den Vertriebserfolg, der Kundenzufriedenheit und der Kundenbindung dabei eine besondere Rolle zu. Allerdings muss festgestellt werden, dass der Grad der Kundenzufriedenheit nicht zwangsläufig mit der Globalzufriedenheit übereinstimmt. So gibt es Kunden, die zwar zufrieden sind, dennoch aber eine schwankende Kundenbindung aufweisen. Zu konstatieren bleibt jedoch, dass der wichtigste Einflussfaktor für die Kundenbindung der relative Attraktivitätsvorteil gegenüber Alternativen im Sinne eines kombinierten Preis-

Qualitätsmaßstabes ist. Untersuchungen zeigen, dass sowohl die Globalzufriedenheit und vor allem auch das Gesamtimage einer Bank deutlich niedrigere Korrelationen zur Kundenbindung aufweisen – und dies über alle Einkommens- und Altersklassen (Abbildung 6).

Abbildung 6: *Korrelationen zwischen Einflussfaktoren und Kundenbindung*
(Quelle: Keller et al. 2002, S. 552)

Korrelationen zwischen Einfluss-faktoren und Kundenbindung (Pearsons r)	Global-zufriedenheit	Gesamt-image	Attraktivitäts-vorteil ggü. Alternativen
Studenten	0,4	0,3	0,5
Alter 20-39 Jahre; mind. 1 Kind unter 14 Jahren im Haushalt; HH-Nettoeinkommen < 2.500 EUR	0,5	0,0	0,8
Alter 20-39 Jahre; mind. 1 Kind unter 14 Jahren im Haushalt; HH-Nettoeinkommen ≥ 2.500 EUR	0,6	0,0	0,8
Alter 40-59 Jahre; HH-Nettoeinkommen < 2.500 EUR	0,3	0,1	0,7
Alter 40-59 Jahre; HH-Nettoeinkommen ≥ 2.500 EUR	0,5	0,3	0,8

3. Kundenbetreuer als Qualitätsfaktor der Bankdienstleistung

Die Schaffung von KKV tritt, wie dargestellt, als entscheidendster Faktor hinsichtlich des Ziels einer verbesserten Kundenbindung zu Tage. Da Bankdienstleistungen bezüglich des angebotenen Produkts immer vergleichbarer werden, wird hinsichtlich der Qualität der Dienstleistung und vor dem Hintergrund der Sicherstellung einer nachhaltigen Kundenbeziehung dem Kundenbetreuer – vor allem im Geschäft mit anspruchsvollen und vermögenden Kunden – besondere Bedeutung zukommen. Dabei sind neben der grundsätzlichen Stärkung der Vertriebsorganisation insbesondere eine adäquate Kundendatenverwaltung und -aufbereitung (Data Warehousing) sowie kundenbeziehungsorientierte Vergütungs- und Beförderungssysteme zu betrachten.

3.1 Aufbau einer schlagkräftigen Vertriebsorganisation

Die Umsetzung einer schlagkräftigen Vertriebsorganisation bedingt heutzutage im Bankbereich zwingend den Aufbau von Multikanalstrukturen. Ursache hierfür ist, dass kein Vertriebskanal über alle Kundengruppen und Produkte den anderen Kanälen überlegen ist. Während bis Anfang der 1990er Jahre das Filialnetz der Banken den zentralen und häufig auch einzigen Vertriebskanal darstellte, wurde dieser durch SB-Einrichtungen, Telefonbanking und Internetbanking sukzessive ergänzt (Abbildung 7).

Abbildung 7: *Systematik der Vertriebskanäle*
(Quelle: von Stillfried 2008, S. 26)

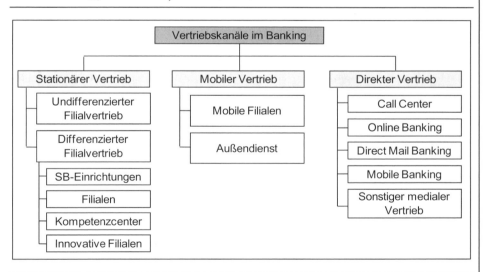

Dem Kundenbetreuer kommt als Schnittstelle zwischen Bank und Kunde – über alle Vertriebswege, die eine direkte Interaktion erfordern – eine besondere Bedeutung zu. Ist sich eine Bank der Wichtigkeit des Kundenbetreuers als Schnittstelle zwischen Bank und Kunde bewusst, muss eine kundenorientierte Organisationsstruktur umgesetzt werden. Diese impliziert beispielsweise,

- dass Kundenbeziehungen und nicht Produkte als Profit Center definiert sind,

- dass Kundenbetreuer die maßgebenden Profitcenterleiter an der Basis sind und mit entsprechenden Ergebnis-Verantwortlichkeiten und Kompetenzen ausgestattet sind und

- dass alle organisatorischen Regelungen die Vertriebskultur stärken (und nicht wie häufig schwächen).

Die Fähigkeiten des Beraters beeinflussen die wahrgenommene Qualität der Beratungsleistung und wirken dadurch auf die Zufriedenheit des Kunden ein (Buess 2005, S. 259). Nur wenn der Kunde seinen Betreuer als adäquaten Partner wahrnimmt, der ihm Problemlösungen in finanzieller Hinsicht bietet, kann eine dauerhafte und auch aus Sicht der Bank profitable Beziehung entstehen.

3.2 Data Warehouse als Erfolgsfaktor des Kundengesprächs

Neben dem Aufbau einer schlagkräftigen Vertriebsorganisation ist zur Unterstützung des Kundenberaters bei seiner Tätigkeit durch bankbetriebliche Datenbanksysteme sicherzustellen, dass eine hinreichende Qualität der Kundendaten vorhanden ist. Sind beim Beratungsgespräch nicht sämtliche dem Institut zur Verfügung stehenden Kundeninformationen in aggregierter Form für den Berater abrufbar, kann eine Fehlberatung erfolgen, die zu einem Vertrauensverlust und im Extremfall zum Abbruch der Kundenbeziehung führen kann. Entscheidend ist hierbei, dass Kundendaten über verschiedene bankbetriebliche Anwendungen hinweg verknüpft werden können. In einem auf einem Data Warehouse basierenden Database Management können schließlich auch Zielkunden identifiziert, Segmentierungen vorgenommen und im Optimalfall individuelle Kundenwerte ermittelt werden (Homburg/Bruhn 2008, S. 26). Entscheidend ist es hierbei, abrufhemmende Faktoren wie interne Verrechnungspreise, die Beratern teilweise beim Abruf von Kundeninformationen belastet werden (Buess 2005, S. 276), zu vermeiden.

Eine individuelle Kundenansprache gewinnt vor allem vor dem Hintergrund einer zunehmend entpersonalisierten Bank-Kunden-Beziehung an Bedeutung. Während das Leistungsangebot weitgehend austauschbar ist, gewinnt das Verhältnis des Kundenbetreuers zum Kunden vermehrt an Bedeutung. Dabei kann es entscheidend sein, dass der Kundenberater von Meilensteinen im Leben des Kunden – wie beispielsweise dem Abschluss einer Ausbildungsstufe, einer Heirat, einer Erbschaft oder einer großen Anschaffung – Kenntnis besitzt. Werden diese Informationen im Beratungsprozess berücksichtigt, was in der Regel nur durch eine konsequente Erfassung der in vergangenen Beratungsgesprächen erhaltenen Informationen erfolgen kann, kann sich dies deutlich positiv auf die Abschlussquote auswirken und über die anzahlmäßige Produktdurchdringung eine dauerhafte Kundenbeziehung festigen.

3.3 Kundenbeziehungsorientierte Vergütungs- und Beförderungssysteme

Die Stärkung einer Vertriebskultur, in der kundenorientiertes Verhalten konsequent umgesetzt wird, muss bei den Kundenbetreuern beginnen und das gesamte Führungssystem einschließen. Eine entscheidende Komponente ist hierbei ein kundenbeziehungsorientiertes Vergütungssystem. Dies erfordert, dass Anreizsysteme derart zu gestalten sind, dass kundenorientiertes Verhalten gefördert und nachhaltige Vertriebserfolge belohnt werden.

Exemplarisch kann dabei ein Vergütungssystem eingeführt werden, welches Bonuszahlungen nicht nur an das Neugeschäftsvolumen knüpft, sondern Kundenzufriedenheit und Kundenbindung als zentrale Kriterien mit berücksichtigt. So hängen bei der HypoVereinsbank seit 2007 20 Prozent der Bonuszahlung von der Kundenzufriedenheit, welche mittels Kundenbefragungen erhoben wird, und 10 Prozent der Bonuszahlung von der Kundenbindung ab, die über die Veränderung des Kundensaldos quantifiziert wird. Nur Mitarbeiter, die hierbei in Bezug auf Kundensaldo und Kundenzufriedenheit einen Mindestwert erreichen, haben überhaupt einen Bonusanspruch (Herla 2009, S. 76ff.).

Der Einsatz entsprechender Vergütungssysteme führt schließlich im Optimalfall dazu, dass die Kundenberater selbst ein „unternehmerisches Denken" entwickeln und die dauerhafte Zufriedenheit des Kunden in den Mittelpunkt ihres Wirkens stellen. Eine reine Abschlussorientierung, die zu einer „Vertretermentalität" führt, wie sie erfolgsabhängigen Vergütungssystemen die sich rein am Neugeschäftsvolumen orientieren oft angelastet wird, kann somit begrenzt oder im Optimalfall komplett vermieden werden.

Neben den Vergütungssystemen sind jedoch ebenfalls die Beförderungssysteme kundenbeziehungsorientiert zu gestalten. Dies bedingt, dass sich Karrieren am Kunden und nicht vom Kunden weg vollziehen sollten. Hierfür sind entsprechende Entwicklungsstufen einzuführen, die für den Kundenberater auch einen zusätzlichen Motivationsanreiz darstellen können. Sofern der Aufstieg eines Mitarbeiters innerhalb der Hierarchiestufen jedoch damit verbunden ist, dass dieser von der Kundenbetreuung „befreit" wird, so birgt dies automatisch die Gefahr von Kundenabwanderungen.

Ergebnis eines entsprechenden Systems aus Vergütungs- und Beförderungskomponenten sollte es sein, dass Kundenbetreuer sich für ihre Kunden engagieren, im Vertrieb proaktiv handeln und die Zufriedenheit ihrer Kunden als Bedingung für den eigenen Erfolg und den Erfolg der Bank erkennen. Entsprechend sollten Kundenbetreuer Problemlösungen und nicht nur Produkte empfehlen und schließlich auch verkaufen.

4. Preispolitik als Element der Kundenbeziehung

Wie im Rahmen der Ausführungen zu den Kundennutzenstrategien ausgeführt, stellt der Preis neben der Qualität den zweiten entscheidenden Faktor dar, um einen KKV zu erzielen und damit, wie dargestellt, die Kundenbindung signifikant zu erhöhen. Der Preispolitik fällt dabei insofern eine besondere Bedeutung zu, als die Preissensitivität der Kunden zugenommen hat und die Preis- respektive Konditionengestaltung häufig die Grundlage für neue Kundenbeziehungen bildet. Des Weiteren stellen Preis- und Konditionenanpassungen häufig die schnellste Möglichkeit dar, die Marktpositionierung zu verbessern und Kundenabwanderungen zu verhindern. Demgegenüber bedürfen Qualitätsanpassungen längerer Vorlaufzeiten und werden erst zeitverzögert vom Kunden wahrgenommen.

Wie mit der Value Map deutlich wurde, kann und darf die Preispolitik jedoch keinesfalls von der Qualitätspolitik losgelöst durchgeführt werden. So kann gerade im aktuellen Marktumfeld gesehen werden, dass beispielsweise das Anstreben einer reinen Preis- respektive Konditionenführerschaft insbesondere dann ins Leere läuft, wenn andere Marktteilnehmer – sei es aus dem In- oder Ausland – staatliche Protektion erhalten und durch die resultierenden (Refinanzierungs-)Vorteile günstiger am Markt agieren können oder sie auch mit im Marktvergleich schlechten Konditionen massive Mittelzuflüsse erfahren.

Vielmehr muss in der Preispolitik ein Instrument gesehen werden, die Profitabilität von Kundenbeziehungen zu erhöhen. So kann häufig auch das Vorhandensein von unprofitablen Exit-Kunden darauf zurückgeführt werden, dass die vorhandene Preis- und Konditionenpolitik unprofitables Verhalten der Kunden überhaupt erst ermöglicht (Buess 2005, S. 295). Dabei ist aufbauend auf der Kundensegmentierung zu berücksichtigen, dass Kundenbeziehungen nicht nur was ihre originäre Profitabilität und Ertragspotenziale angeht typischerweise inhomogen sind, sondern auch in Bezug auf Faktoren wie Zahlungsbereitschaft, Preissensitivität, Qualitätstoleranz, Anforderung an das gebotene Preis-Leistungs-Verhältnis u. a.

Das Pricing beeinflusst den Ertrag dabei in zweifacher Weise, nämlich über die Preis- und über die Mengenkomponente. Erforderlich ist daher in erster Linie die Kenntnis der relevanten Preiselastizitäten in den verschiedenen Kunden- und gegebenenfalls auch Produktsegmenten. Daraus entsteht die Frage, wo entsprechende Spielräume bei der Konditionengestaltung bestehen, ohne dass dabei die Kundenloyalität aufs Spiel gesetzt wird und an welchen Stellen diesbezüglich hohe Risiken bestehen. Werden diese Informationen mit dem Erlös- bzw. Margenpotenzial der Produkte und Dienstleistungen kombiniert, ergibt sich folgende Matrix, aus der erfolgs- und wertkritische Bereiche herauskristallisiert werden können (Abbildung 8).

Abbildung 8: *Potenzial-/Sensitivitätsmatrix*
            (Quelle: Wübker 2003, S. 157)

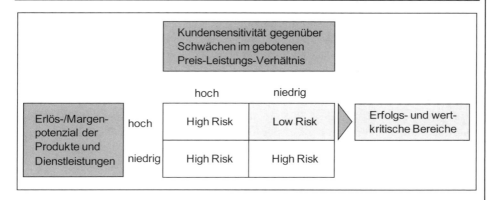

So kann der Bereich „Low Risk - High Impact", bei dem eine geringe Sensitivität einem sehr volatilen Margenverbesserungspotenzial gegenübersteht, als Anknüpfungspunkt für eine Verbesserung der Rentabilität definiert werden. Nicht mehr im gleichen Maße interessant ist der Bereich „High Risk - High Impact", der neben den großen Chancen auch hohe Risiken birgt, die es zu beachten gilt. Produkte und Dienstleistungen, mit einem schwächeren Erlös-/Margenpotenzial, können auf diese Weise ebenfalls lokalisiert und entsprechend ihres Risikos kategorisiert werden.

Im Kern geht es beim Pricing darum, Preisdifferenzierung zur Abschöpfung der so genannten Konsumentenrente und damit zur Margenverbesserung zu betreiben. Die Preisdifferenzierung selbst kann als Element im Pricingprozess gesehen werden, den man in fünf Komponenten unterteilen kann (Wübker 2004, S. 7ff.):

■ In einem ersten Schritt werden strategische Vorgaben wie Ziele, Positionierung sowie die Wettbewerbssituation definiert.

■ Anschließend folgt eine Bestandsaufnahme der Ist-Situation/-Prozesse.

■ Als dritter Teil ist die Preisentscheidung zu fällen, was auch die Frage der Preisdifferenzierung beinhaltet.

■ Zusätzlich müssen noch Fragen bezüglich des Preisniveaus sowie des Bundlings beantwortet werden können, sodass die Kalkulation des optimalen Preises respektive der optimalen Preisstruktur abgeschlossen werden kann.

■ Nach Abschluss dieser Phasen führt die Implementierung schlussendlich zur Umsetzung der neu gewonnenen Erkenntnisse und als letzter Schritt müssen in der Controlling-/Monitoringphase die Zielerreichungen überwacht und wenn nötig durch Rückkoppelung korrigiert werden.

Allerdings gilt: So hoch die Ertragschancen durch professionelle Pricing-Strategien, so groß sind die Risiken falscher Konditionen, wenn Kunden in den verschiedenen Leistungsbereichen stark preissensitiv sind. Deshalb sind leistungsfähige Instrumente, wie beispielsweise Conjointanalysen zur Abschätzung dieser Preissensitivitäten in den verschiedenen Kundensegmenten, von zentraler Bedeutung für die ertragsoptimierende Preispolitik. Darüber hinaus ist es notwendig, eine solche Preispolitik auf der Ebene der Kundenbetreuer durch entsprechende Ausgestaltung von Prämien-/Bonussystemen so zu begleiten, dass eine möglichst weitgehende Deckung von Bankzielen und Einkommensinteressen der Vertriebsmitarbeiter erreicht wird. Das setzt u. a. voraus, dass

■ sich die Nutzung vorhandener Preisspielräume nach oben auch positiv auf die Vergütung der Kundenbetreuer auswirkt,

■ die Kundenbetreuer auch für die Auswirkung von Preisnachlässen auf den Kundendeckungsbeitrag sensibilisiert werden.

5. Fazit

Dem sich verändernden Marktumfeld dürfen sich Banken nicht verschließen. Die Sicherstellung nachhaltiger Kundenbeziehungen ist vor dem Hintergrund der Notwendigkeit, hinreichende Erträge aus dem Kundengeschäft zu generieren, eine der wichtigsten Herausforderungen für das Bankmanagement.

Kundenorientierung und die Generierung einer Kundennutzenstrategie entstehen jedoch nicht durch bloße Lippenbekenntnisse. Vielmehr ist ein entsprechend ausgelegtes Steuerungsinstrumentarium zu implementieren. Dieses muss einerseits die Kundenorientierung bereits in die Unternehmensziele integrieren – sowohl im Rahmen der Abstimmung von Geschäftsmodell und Geschäftsphilosophie, als auch durch eine klare Fokussierung auf Kernkompetenzen und Zielkunden sowie andererseits eine ausgeprägte Kundennutzenstrategie implementieren.

Die Kundennutzenstrategie als Basis der Kundenbindung beruht insbesondere auf einer vorteilhaften Kombination der Komponenten Qualität und Preis. Hinsichtlich der Qualität muss der Kundenbetreuer als Schnittstelle zum Kunden konsequent gefördert und mit dem für seine Tätigkeit notwendigen Instrumentarium ausgestattet werden. Dabei sind kundenbeziehungsorientierte Vergütungs- und Beförderungssysteme als elementarer Baustein zu betrachten. Ebenso gilt es die Preispolitik als zentrales Element der Kundenbeziehung nicht zu vernachlässigen. Hier muss, aufbauend auf der Kundensegmentierung, Preisdifferenzierung betrieben werden, die zu einer nachhaltigen Margenverbesserung führt. Das Ausnutzen von Preisspielräumen durch den Kundenberater sollte hierbei wiederum Auswirkungen auf die Vergütung mit sich bringen.

Literaturverzeichnis

Buess, M. (2005): Messung und Steuerung des Kundenwerts im Privatkundengeschäft von Banken, Bern.

Bruhn, M. (2008): Marketing. Grundlagen für Studium und Praxis, 9. Aufl., Wiesbaden.

Deloitte (2007): Segmentieren um zu verstehen – Deloitte Studie zu Praxis und Optimierungspotenzial der Kundensegmentierung, Frankfurt am Main.

Herla, A. (2009): Gute Bezahlung zahlt sich aus, in: Die Bank, o.Jg., Nr. 1 S. 76-80.

Homburg, C./Bruhn, M. (2008): Kundenbindungsmanagement – Eine Einführung in die theoretischen und praktischen Problemstellungen, in: Bruhn, M./Homburg, C. (Hrsg.): Handbuch Kundenbindungsmanagement. Strategien und Instrumente für ein erfolgreiches CRM, 6. Aufl., Wiesbaden, S. 3-37.

Keller, B./Krause, J./Siek, M. (2002): Kundenbindung als Instrument des Marketing Controlling, in: Die Bank, o. Jg., Nr. 8, S. 548-553.

Schierenbeck, H. (2003a): Ertragsorientiertes Bankmanagement, Band 1: Grundlagen, Marktzinsmethode und Rentabilitäts-Controlling, 8. Aufl., Wiesbaden.

Schierenbeck, H. (2003b): Zukunft der Banken – Banken der Zukunft?, in: Basler Bankenvereinigung (Hrsg.): Bankstrategien für das 21. Jahrhundert, Bern.

Steinig, R. (1998): Zielgruppenbildung im Spannungsfeld von Einzelkundenmanagement und Mengengeschäft, in: Betsch, O./ van Hooven, E./ Krupp, G. (Hrsg.): Handbuch Privatkundengeschäft: Entwicklungsperspektiven. State of the Art. Zukunftsperspektiven, Frankfurt am Main, S. 287-299.

Von Stillfried, C. (2008): Integrierte Steuerung des Mulitkanalvertriebs in Banken, Frankfurt am Main.

Wübker, G. (2003): Ertragsimpulse durch professionelles Pricing, in: Die Bank, o. Jg., Nr. 3, S. 156-162.

Wübker, G. (2004): Pricing-Prozesse: Gewinnpotenziale erschließen, in: Die Bank, o. Jg., Nr. 1, S. 7-11.

Teil 4

Instrumente des

Kundenbeziehungs-

managements

Christian Homburg/Andreas Fürst

Gestaltung des Beschwerdemanagements – Eine integrative Betrachtung

1. Einleitung

2. Bezugsrahmen der Untersuchung und Hypothesen
   2.1   Bezugsrahmen im Überblick
   2.2   Definition und Darstellung der Konstrukte
   2.3   Herleitung der Hypothesen

3. Empirische Untersuchung
   3.1   Datenerhebung und Datengrundlage
   3.2   Konstruktmessung
   3.3   Empirische Überprüfung der Hypothesen

4. Zusammenfassende Bewertung

Prof. Dr. Dr. h.c. mult. Christian Homburg ist Inhaber des Lehrstuhls für ABWL und Marketing I an der Universität Mannheim, Direktor des Instituts für Marktorientierte Unternehmensführung (IMU) an der Universität Mannheim und Vorsitzender des wissenschaftlichen Beirats von Prof. Homburg & Partner. Dr. Andreas Fürst ist Habilitand am Lehrstuhl für Allgemeine Betriebswirtschaftslehre und Marketing I an der Universität Mannheim und Vertreter des Lehrstuhls für Marketing an der Friedrich-Alexander-Universität Erlangen-Nürnberg.

1. Einleitung

In den letzten Jahren hat sich der Fokus der Marketingforschung und -praxis verstärkt auf den Aufbau und die Pflege langfristiger Kundenbeziehungen gerichtet. Zentrale Triebfeder ist dabei die Erkenntnis, dass die Bindung von Kunden zu einer Erhöhung des wirtschaftlichen Erfolges von Unternehmen führt (Zeithaml 2000; Bruhn/Georgi 2005). Eine ernsthafte Gefährdung für den Beginn bzw. Fortgang einer Geschäftsbeziehung sind von Kunden wahrgenommene Probleme vor, während oder nach dem Kauf eines Produkts. Anbieter sehen sich daher der Notwendigkeit gegenüber, auf die Unzufriedenheit von Kunden adäquat zu reagieren. Verschiedene Arbeiten weisen darauf hin, dass hierzu das Beschwerdemanagement einen wertvollen Beitrag leisten kann (TARP 1986; Stauss/Seidel 2002; Homburg/Fürst 2007a).

Gleichwohl scheint in der Praxis ein noch weit verbreiteter Optimierungsbedarf beim Umgang mit Beschwerden zu bestehen (Homburg/Fürst 2003; 2007a, b; Stauss/Schöler 2003). Beispielsweise ist durchschnittlich nur etwa die Hälfte der sich beschwerenden Kunden mit der Behandlung ihrer Beschwerde zufrieden (Bruhn 1982; Meyer/Dornach 1999). Vor diesem Hintergrund fordert Andreassen (2001, S. 47): „[C]ompanies in general must improve their complaint resolution efforts dramatically". Zudem beschwert sich die Mehrheit der unzufriedenen Kunden nicht beim Anbieter, sondern reagiert in anderer Form auf ein wahrgenommenes Problem (Andreasen 1988; Kolodinsky 1993). Ferner versäumen viele Unternehmen, aus in Beschwerden vorhandenen Informationen über betriebliche Schwächen und Marktchancen ausreichend zu lernen (Best 1981; Brown 1997).

Ein zentraler Grund für den geschilderten Optimierungsbedarf ist die bis dato geringe wissenschaftliche Durchdringung der Beschwerdemanagement-Thematik. Dies überrascht besonders in Anbetracht der hohen Praxisrelevanz dieses Forschungsfeldes. Auf dieses Missverhältnis weisen auch Singh/Widing (1991, S. 30) hin: „Despite its importance, research questions such as 'What complaint resolution mechanisms are successful?', 'Under which conditions are they successful?' and 'Why are they successful?' have remained largely unexplored". Während sich die Forschung seit Jahrzehnten intensiv mit den Reaktionen von Kunden auf ein wahrgenommenes Problem (z. B. Meffert/Bruhn 1981; Richins 1983) bzw. den Reaktionen von Kunden auf die Behandlung ihrer Beschwerde (z. B. Hennig-Thurau 1999; Stauss 2002) befasst, existieren erst wenige Arbeiten, die sich theoretisch-konzeptionell und empirisch fundiert mit den Aktivitäten von Unternehmen in Zusammenhang mit Beschwerden beschäftigen. Vor diesem Hintergrund beabsichtigt dieser Beitrag, an der Schließung der beschriebenen Forschungslücken mitzuwirken.

2. Bezugsrahmen der Untersuchung und Hypothesen

2.1 Bezugsrahmen im Überblick

Die Untersuchungseinheit der vorliegenden Studie ist das Unternehmen und dessen Kundenstamm. Der Bezugsrahmen basiert auf der Grundannahme, dass Unternehmen durch die Gestaltung der zentralen Beschwerdemanagement-Aufgaben die wesentlichen Erfolgsgrößen des Beschwerdemanagements maßgeblich steuern können. Die berücksichtigten Erfolgsgrößen orientieren sich an den in der Literatur meistgenannten Zielen des Beschwerdemanagements (Wiederherstellung von Kundenzufriedenheit, Minimierung negativer Folgen von Kundenunzufriedenheit, Identifikation betrieblicher Schwächen und Marktchancen, z. B. Fornell 1981; Stauss 1989). Der Grad der Erreichung dieser Ziele lässt sich mit Hilfe entsprechender Kenngrößen messen, die insofern die vorrangig zu steuernden Erfolgsgrößen darstellen.

Um den Erreichungsgrad des Ziels der Wiederherstellung von Kundenzufriedenheit zu messen, wird im Bezugsrahmen neben der Gesamtzufriedenheit auch die Beschwerdezufriedenheit der Kunden eines Unternehmens abgebildet (McCollough et al. 2000; Stauss 2002). Eine Minimierung der negativen Folgen von Kundenunzufriedenheit liegt vor, wenn Kunden auf ein Problem mit einer Beschwerde reagieren (anstatt abzuwandern, negative Mund-zu-Mund-Kommunikation zu betreiben oder Drittparteien wie z. B. Verbraucherorganisationen, Medien oder Rechtsanwälte zu kontaktieren). Eine Kenngröße, die eine Messung des Erreichungsgrades dieses Ziels weitestgehend ermöglicht, ist die Beschwerderate (Davidow 2003; Günter 2003). Zur Messung des Zielerreichungsgrades im Hinblick auf die Identifikation betrieblicher Schwächen und Marktchancen wird das Ausmaß der beschwerdebasierenden Verbesserungen herangezogen (Cook/Macaulay 1997; Johnston 2001).

Diese vorrangig zu steuernden Erfolgsgrößen des Beschwerdemanagements bilden die Basis für die Ableitung der zentralen Beschwerdemanagement-Aufgaben. Es wird angenommen, dass diese Größen speziell durch die Qualität der Gestaltung der Beschwerdebehandlung, Beschwerdestimulierung und Beschwerdeanalyse mittelbar oder unmittelbar beeinflusst werden.

Neben diesen Haupteffekten umfasst der Bezugsrahmen auch moderierende Effekte. So besteht die Vermutung, dass die Beschwerdezufriedenheit und das Ausmaß der beschwerdebasierenden Verbesserungen eine moderierende Wirkung bezüglich des Einflusses der Beschwerderate auf die Gesamtzufriedenheit der Kunden eines Unternehmens besitzen.

Abbildung 1: *Bezugsrahmen der Untersuchung*

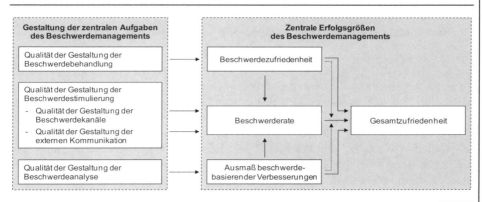

In Abbildung 1 ist der Bezugsrahmen grafisch dargestellt. Im Gegensatz zu bisherigen empirischen Studien ist er in zweierlei Hinsicht als integrativ zu bezeichnen. Erstens umfasst er sowohl die Gestaltung des Beschwerdemanagements (Unternehmensperspektive) als auch die Reaktionen unzufriedener Kunden (Kundenperspektive). Zweitens betrachtet er gleichzeitig die Gestaltung aller zentralen Beschwerdemanagement-Aufgaben und deren Auswirkungen auf alle wesentlichen Beschwerdemanagement-Erfolgsgrößen.

2.2   Definition und Darstellung der Konstrukte

Im Hinblick auf die Gestaltung der zentralen Beschwerdemanagement-Aufgaben umfasst der Bezugsrahmen vier Konstrukte.

Die *Qualität der Gestaltung der Beschwerdebehandlung* beschreibt das Ausmaß, zu dem im Unternehmen klare, einfache und kundenorientierte Richtlinien für die Annahme und Bearbeitung von Beschwerden existieren (Stauss/Seidel 2002; Homburg/Fürst 2005). Die Relevanz entsprechender Richtlinien wird von der Verhaltenswissenschaftlichen Entscheidungstheorie und der Rollentheorie gestützt. So unterstreicht die Verhaltenswissenschaftliche Entscheidungstheorie die Notwendigkeit, das Verhalten von Mitarbeitern durch Implementierung geeigneter Richtlinien zu steuern (Cyert/March 1992; Simon 1997). Die Rollentheorie stützt zudem die Empfehlung, Mitarbeitern mit Kundenkontakt klar und einfach zu kommunizieren, sich bei der Erledigung ihrer Arbeitsaufgaben an den Kundenbedürfnissen zu orientieren (Katz/Kahn 1966; 1978; Fischer 1992). In der Literatur finden sich Empfehlungen für Richtlinien, die sich auf den Soll-Ablauf des Beschwerdebehandlungsprozesses (Verfahrensrichtlinien, z. B.

Johnston 2001), das Mitarbeiterverhalten gegenüber Beschwerdeführern (Verhaltens-richtlinien, z. B. Bailey 1994) bzw. die Maßnahmen zur Wiedergutmachung des Kundenproblems (Ergebnisrichtlinien, z. B. Hart et al. 1990) beziehen. Demzufolge erfolgt die Konzeptualisierung des vorliegenden Konstrukts anhand dieser drei Dimensionen.

Die Verfahrensrichtlinien umfassen Standards für die Bearbeitungsdauer von Beschwerden (TARP 1986; Stauss/Seidel 2002) und die Rückmeldung über den Stand bzw. das Ergebnis der Beschwerdebearbeitung an den Kunden (Berry 1995; Andreassen 2000). Zudem behandeln sie die Schnelligkeit, Vollständigkeit und Strukturiertheit der Erfassung und Weiterleitung von Beschwerdeinformationen (Riemer 1986; Schöber 1997). Die Verhaltensrichtlinien beinhalten Anweisungen für das korrekte Interaktionsverhalten während der Beschwerdeannahme und Beschwerdebearbeitung. Sie umfassen Aspekte wie Freundlichkeit, Hilfsbereitschaft, Interesse und Verständnis für das Kundenproblem sowie die Übernahme von Verantwortung für die Problemlösung (Bailey 1994; Stauss/Seidel 2002). Die Ergebnisrichtlinien beziehen sich unter anderem auf die Entscheidungs- und Weisungskompetenzen der für die Beschwerdebearbeitung zuständigen Mitarbeiter (Berry et al. 1990; Schöber 1997). Außerdem umfassen sie Anweisungen über die Höhe der Kulanz und die Individualität der Wiedergutmachung (Johnston 1995; Mattila 2001).

Die *Qualität der Gestaltung der Beschwerdekanäle* wird als das Ausmaß definiert, zu dem vom Unternehmen geschaffene Wege existieren, über die sich unzufriedene Kunden ohne größeren Aufwand beschweren können. Dieses Konstrukt geht damit der Frage nach, inwieweit es für Kunden möglich ist, ihre Unzufriedenheit einfach, unkompliziert und kostengünstig gegenüber dem Anbieter zu äußern (Bolfing 1989; Stauss/Seidel 2002).

Die *Qualität der Gestaltung der externen Kommunikation zur Beschwerdestimulierung* beschreibt das Ausmaß, zu dem Kunden vom Unternehmen ermuntert werden, sich im Falle von Unzufriedenheit zu beschweren, sowie das Ausmaß, zu dem Kunden vom Unternehmen über die Existenz und Handhabung der Beschwerdekanäle informiert werden. Das Konstrukt umfasst die dabei zum Einsatz kommenden Kommunikationsinhalte und -medien (Richins/Verhage 1985; Stephens/Gwinner 1998).

Die beiden Ansätze zur Beschwerdestimulierung stehen im Einklang mit der Exit-Voice-Theorie (Hirschman 1974). Gemäß dieser Theorie sollten Organisationen Wege für eine einfache, unkomplizierte und kostengünstige Äußerung von Beschwerden schaffen und mittels entsprechender Kommunikationsmaßnahmen unzufriedene Kunden zu einer Beschwerde ermuntern. Auch in der Literatur finden sich die beiden Ansätze wieder. So empfehlen Arbeiten einerseits die Schaffung angemessener Beschwerdekanäle (Hansen/Jeschke 2000; Günter 2003) und andererseits die Durchführung entsprechender externer Kommunikationsmaßnahmen (Hansen et al. 1983; Bruhn 1986). Aufgrund ihrer unterschiedlichen inhaltlichen Schwerpunkte gehen die beiden Ansätze als separate Konstrukte in das Modell ein.

Die *Qualität der Gestaltung der Beschwerdeanalyse* bezieht sich auf das Ausmaß, zu dem im Unternehmen Beschwerden auf aggregierter Ebene ausgewertet und interpretiert werden, sowie auf das Ausmaß, zu dem eine interne Weiterleitung der Ergebnisse an relevante Entscheidungsträger bzw. Bereiche erfolgt. Das Konstrukt behandelt unter anderem die Frage, inwieweit der Anbieter Beschwerden kategorisiert und aufbauend darauf Häufigkeitsverteilungen analysiert (Riemer 1986; Stauss/Seidel 2002). Ein weiterer Aspekt bezieht sich auf die Maßnahmen zur Identifikation der tiefer liegenden Ursachen für Kundenprobleme (Berry 1995; Stauss/Seidel 2002). Ferner umfasst das Konstrukt noch die interne Kommunikation der Analyseresultate an relevante Personen bzw. Bereiche (Bruhn 1986; Günter 2003). Die Inhalte des Konstrukts werden auch durch die Exit-Voice-Theorie gestützt, aus der sich für Organisationen die Empfehlung ableiten lässt, die Ursachen für Leistungsverschlechterungen zu identifizieren und an die relevanten internen Stellen zu kommunizieren (Hirschman 1974).

Bezüglich der zentralen Erfolgsgrößen des Beschwerdemanagements beinhaltet der Bezugsrahmen ebenfalls vier Konstrukte.

Unter der *Beschwerdezufriedenheit* wird das Ausmaß verstanden, zu dem die von Beschwerdeführern wahrgenommene Leistung des Unternehmens bei der Beschwerdebehandlung die Erwartungen übertrifft (McCollough et al. 2000). Da für Kunden die Erfahrung mit dem Anbieter während der Annahme und Bearbeitung der Beschwerde eine spezifische Transaktion darstellt, kann die Beschwerdezufriedenheit als eine Form von Transaktionszufriedenheit verstanden werden (Smith/Bolton 1998).

Die *Beschwerderate* repräsentiert den Anteil der unzufriedenen Kunden, die sich tatsächlich beim Unternehmen beschweren (Davidow 2003; Günter 2003). Wie bereits erwähnt, kann eine hohe Ausprägung dieses Konstrukts aus Anbietersicht unvorteilhafte Kundenreaktionen auf Unzufriedenheit (z. B. Abwanderung, negative Mund-zu-Mund-Kommunikation, Kontakt zu Drittparteien) maßgeblich verringern.

Das *Ausmaß der beschwerdebasierenden Verbesserungen* beschreibt die Regelmäßigkeit, mit der im Unternehmen – gestützt auf Informationen aus Beschwerden – Struktur-, Prozess- und Leistungsangebotsverbesserungen vorgenommen werden. Diese Optimierungsmaßnahmen tragen dazu bei, in der Vergangenheit aufgetretene Probleme zukünftig zu vermeiden.

Die *Gesamtzufriedenheit* wird als das Ausmaß definiert, zu dem die von Kunden wahrgenommene Leistung des Unternehmens im Rahmen der kompletten Geschäftsbeziehung die Erwartungen übertrifft (Anderson/Sullivan 1993). Dieses Zufriedenheitskonstrukt bezieht sich somit auf alle im Laufe einer Geschäftsbeziehung gemachten Kundenerfahrungen mit dem Anbieter und ist folglich kumulativer Natur (Smith/ Bolton 1998).

2.3 Herleitung der Hypothesen

Im Folgenden werden zunächst die Hypothesen zu den Haupteffekten (H_1-H_9) und anschließend die Hypothesen zu den moderierenden Effekten (H_{10}-H_{11}) vorgestellt.

Wie beschrieben, erfolgt die Gestaltung der Beschwerdebehandlung über die Implementierung entsprechender Richtlinien. Gemäß der Verhaltenswissenschaftlichen Entscheidungstheorie tragen Richtlinien dazu bei, dass sich Mitarbeiter so verhalten, wie vom Unternehmen gewünscht (March/Simon 1993; Simon 1997). Die Rollentheorie legt dar, dass klare und einfache Richtlinien die Erwartungen des Unternehmens und der Kunden verdeutlichen und somit die von Kundenkontaktmitarbeitern wahrgenommene Klarheit über ihre Rolle erhöhen (Michaels et al. 1987). Je kundenorientierter die Richtlinien, desto geringer ist die von Kundenkontaktmitarbeitern wahrgenommene Unvereinbarkeit zwischen den Rollenerwartungen des Unternehmens und der Kunden, d. h. desto geringer ist der wahrgenommene Rollenkonflikt (Singh et al. 1996). Ein hohes Maß an Rollenklarheit und ein geringes Maß an Rollenkonflikt wiederum steigern die Fähigkeit von Mitarbeitern, Kunden angemessen zu behandeln und verbessern damit letztlich die Kundenbeurteilung der Transaktion mit einem Anbieter (Hartline/Ferrell 1996). Im Einklang mit der Beschwerdeliteratur (Sparks/McColl-Kennedy 2001; Davidow 2003) kann daher – auf einer generellen Ebene – argumentiert werden, dass die Qualität der mit Hilfe von Richtlinien vollzogenen Gestaltung der Beschwerdebehandlung einen positiven Einfluss auf die Beschwerdezufriedenheit besitzt.

Da die Gestaltung der Beschwerdebehandlung über drei verschiedene Arten von Richtlinien (Verfahrens-, Verhaltens- und Ergebnisrichtlinien) erfolgt, wird an dieser Stelle auch kurz der jeweilige Einfluss dieser Richtlinien auf die Reaktion von Beschwerdeführern diskutiert (vgl. hierzu auch Homburg/Fürst 2005).

Adäquate Verfahrensrichtlinien beinhalten Vorgaben für die Dauer der Beschwerdebearbeitung (TARP 1986; Stauss/Seidel 2002) und tragen damit zu einer zügigen Lösung des Kundenproblems bei. Zudem enthalten sie Anweisungen, Kunden über den Stand bzw. das Ergebnis der Beschwerdebearbeitung zu informieren (Andreassen 2000; Stauss/Seidel 2002). Wie empirische Arbeiten zeigen, lässt sich hierdurch die von Kunden wahrgenommene Schnelligkeit der Beschwerdebehandlung und damit die Beschwerdezufriedenheit erhöhen (Gilly 1987; Hennig-Thurau 1999). Richtlinien zur vollständigen und strukturierten Erfassung und Weiterleitung von Beschwerdeinformationen (Riemer 1986; Schöber 1997) gewährleisten zudem einen ausreichenden Informationsstand der für die Beschwerdebearbeitung zuständigen Mitarbeiter und ermöglichen damit eine adäquate Lösung des Kundenproblems. Mit Hilfe kundenorientierter Verhaltensrichtlinien können Unternehmen das Interaktionsverhalten von Mitarbeitern in die von Beschwerdeführern präferierte Richtung steuern (Homburg/Werner 1998; Stauss/Seidel 2002). Empirische Studien belegen, dass sich die Kundenorientierung des Interaktionsverhaltens von Mitarbeitern wiederum positiv auf die

Beschwerdezufriedenheit auswirkt (Hennig-Thurau 1999; Estelami 2000). Adäquate Ergebnisrichtlinien stellen über entsprechende Entscheidungs- und Weisungskompetenzen für Kundenkontaktmitarbeiter sicher, dass Kundenprobleme schon beim Erstkontakt gelöst werden können (Berry et al. 1990; Schöber 1997). Empirische Arbeiten belegen, dass dies zu einer Steigerung der Beschwerdezufriedenheit beiträgt (Meffert/Bruhn 1981; Hoffmann 1991). Darüber hinaus stellen Anweisungen für eine kulante, an den Kundenwünschen ausgerichtete Beschwerdelösung (Johnston 1995; Mattila 2001) weitgehend sicher, dass Beschwerdeführer eine angemessene Wiedergutmachung erhalten. Dies wiederum trägt zu einer höheren Beschwerdezufriedenheit bei (Gilly/Hansen 1985; Estelami 2000). Insgesamt führen diese Überlegungen zu der folgenden Hypothese:

H1:   *Die Qualität der Gestaltung der Beschwerdebehandlung hat einen positiven Einfluss auf die Beschwerdezufriedenheit der Kunden eines Unternehmens.*

Wie erwähnt, beinhaltet die Gestaltung der Beschwerdekanäle die Schaffung von Möglichkeiten für Kunden, ihre Unzufriedenheit gegenüber dem Anbieter zu äußern. Je qualitativ hochwertiger die Beschwerdekanäle ausgestaltet sind, d. h. je höher die Anzahl der Möglichkeiten, sich beim Anbieter einfach, unkompliziert und kostengünstig zu beschweren, desto geringer sind aus Kundensicht die nicht-monetären Kosten (vor allem Zeitaufwand, Mühe) und monetären Kosten einer Beschwerde und desto höher ist auch die Fähigkeit der Kunden zur Beschwerde. Empirische Studien zeigen, dass die Wahrscheinlichkeit einer Beschwerde von den wahrgenommenen Kosten der Beschwerde negativ und der Fähigkeit von Kunden zur Beschwerde positiv beeinflusst wird (Richins 1980; Owens/Hausknecht 1999). Der negative Einfluss der wahrgenommenen Beschwerdekosten auf die Beschwerdeneigung von Kunden wird außerdem von der Exit-Voice-Theorie (Hirschman 1974) gestützt. Im Einklang hiermit schätzt Goodman (1999), dass Unternehmen durch das Einrichten einer kostenlosen Beschwerde-Hotline durchschnittlich eine Verdopplung des Beschwerdevolumens erreichen können. Owens/Hausknecht (1999) berichten von einem Fall, bei dem durch Maßnahmen zur Vereinfachung der Beschwerdeäußerung ein beträchtlicher Anstieg des Beschwerdevolumens erreicht wurde. Ähnliches berichten Morris/Reeson (1978). Sie zeigen, dass eine Verbesserung der Zugänglichkeit von Beschwerdekanälen zu einer höheren Beschwerderate führt. Vor diesem Hintergrund wird die folgende Hypothese aufgestellt:

H2:   *Die Qualität der Gestaltung der Beschwerdekanäle hat einen positiven Einfluss auf die Beschwerderate.*

Wie erläutert, bezieht sich die Gestaltung der externen Kommunikation zur Beschwerdestimulierung auf kundengerichtete Kommunikationsmaßnahmen, die darauf abzielen, unzufriedene Kunden zu einer Beschwerde beim Anbieter zu bewegen. Je höher die Qualität der verwendeten Kommunikationsinhalte und -medien, desto höher ist aus Kundensicht der Nutzen und die Erfolgswahrscheinlichkeit einer Beschwerde und desto höher ist auch die Fähigkeit und Motivation von Kunden zu einer

Beschwerde (Stauss/Seidel 2002). Empirische Studien belegen, dass wiederum der wahrgenommene Beschwerdenutzen, die wahrgenommene Erfolgswahrscheinlichkeit der Beschwerde sowie die Fähigkeit und Motivation von Kunden zur Beschwerde einen positiven Einfluss auf die Wahrscheinlichkeit einer Beschwerde besitzen (Richins 1980, 1987). Der positive Zusammenhang zwischen der wahrgenommenen Erfolgswahrscheinlichkeit einer Beschwerde und der Beschwerdeneigung von Kunden wird zudem von der Exit-Voice-Theorie (Hirschman 1974) gestützt. Auch die Informationsökonomie (Kaas 1995; Weiber/Adler 1995) lässt sich zur theoretischen Fundierung heranziehen. So sind Kunden häufig über die Möglichkeiten und Erfolgsaussichten einer Beschwerde nur unvollständig informiert. Durch angemessene SignalingMaßnahmen können Anbieter dieses Informationsdefizit und die damit verbundene Unsicherheit der Kunden abbauen und dadurch die Wahrscheinlichkeit steigern, dass sich Kunden im Falle von Unzufriedenheit beschweren (Günter 2003). Im Einklang mit konzeptionellen Arbeiten zum Beschwerdemanagement (Bruhn 1986; Stauss/Seidel 2002) wird deshalb die folgende Hypothese formuliert:

H_3:   *Die Qualität der Gestaltung der externen Kommunikation zur Beschwerdestimulierung hat einen positiven Einfluss auf die Beschwerderate.*

Wie erwähnt, umfasst die Gestaltung der Beschwerdeanalyse die Auswertung und Interpretation von Beschwerden auf aggregierter Ebene sowie die interne Weiterleitung der daraus gewonnenen Ergebnisse an relevante Entscheidungsträger bzw. Bereiche. Je regelmäßiger und systematischer die Gründe und tiefer liegenden Ursachen für Kundenbeschwerden bzw. -probleme identifiziert und an relevante Personen bzw. Bereiche im Unternehmen kommuniziert werden, desto besser sind Entscheidungsträger über betriebliche Schwachstellen und Marktchancen informiert und desto mehr Maßnahmen zur Verbesserung von Strukturen, Prozessen und Produkten können somit abgeleitet und durchgeführt werden. Diese Annahme steht im Einklang mit der Exit-Voice-Theorie (Hirschman 1974). Zudem wird sie durch das Konzept des Organisationalen Lernens gestützt. Demzufolge können Unternehmen durch die Sammlung, Auswertung und Interpretation von Informationen aus dem externen Umfeld mögliche Ansatzpunkte zur Optimierung der eigenen Aktivitäten identifizieren und auf Basis dessen gezielt Verbesserungen implementieren (Huber 1991; Slater/Narver 1995). Konzeptionelle Studien (Günter 2003; Stauss 2003) vermuten ebenfalls einen positiven Zusammenhang zwischen der Qualität der Gestaltung der Beschwerdeanalyse und dem Ausmaß der beschwerdebasierenden Verbesserungen. Dies führt insgesamt zu der folgenden Hypothese:

H_4:   *Die Qualität der Gestaltung der Beschwerdeanalyse hat einen positiven Einfluss auf das Ausmaß der beschwerdebasierenden Verbesserungen.*

Gemäß dem Ansatz des Lernens durch instrumentelle Konditionierung (Skinner 1938) wird das Verhalten von Individuen durch die Folgen ihres vorhergehenden Verhaltens beeinflusst. Während Individuen eher Aktivitäten wiederholen, für welche sie in der Vergangenheit belohnt wurden, versuchen sie Aktivitäten zu vermeiden, für die sie vormals eine Bestrafung erfahren haben. In Bezug auf den vorliegenden Sachverhalt ist daher zu vermuten, dass sich Kunden beim Auftreten eines Problems umso wahrscheinlicher bei einem Anbieter beschweren werden, je zufriedenstellender aus ihrer Sicht die Beschwerdebehandlung durch diesen Anbieter in der Vergangenheit erfolgte. Dies steht im Einklang mit der Exit-Voice-Theorie (Hirschman 1974) sowie mit einer empirischen Studie von Meffert/Bruhn (1981), die zeigt, dass Kunden sich umso wahrscheinlicher beschweren, je positiver ihre bisherigen Beschwerdeerfahrungen waren. Darüber hinaus erhöht eine positive Beschwerdeerfahrung mit einem Anbieter dessen von Kunden wahrgenommene Aufgeschlossenheit gegenüber Beschwerden. Letztere wiederum wirkt sich positiv auf die Beschwerdewahrscheinlichkeit aus (Richins 1987; Bolfing 1989). Hieraus ergibt sich die folgende Hypothese:

H_5: *Die Beschwerdezufriedenheit der Kunden eines Unternehmens hat einen positiven Einfluss auf die Beschwerderate.*

Empirische Studien (Singh 1990; Stauss 1995) weisen darauf hin, dass sich viele unzufriedene Kunden nicht nur beschweren, um vom Anbieter eine Wiedergutmachung für ein aufgetretenes Problem zu erhalten, sondern auch, um auf das jeweilige Problem hinzuweisen und zu erreichen, dass es zukünftig nicht wieder auftritt. Wenn diese Kunden registrieren, dass ihre Beschwerde zur Behebung des Problems beigetragen hat, werden sie sich darin bestärkt fühlen, sich zukünftig wieder bei dem Unternehmen zu beschweren. Diese Schlussfolgerung steht im Einklang mit der Exit-Voice-Theorie (Hirschman 1974) und dem Ansatz des Lernens durch instrumentelle Konditionierung (Skinner 1938). Die Attributionstheorie (Weiner 2000) leistet ebenfalls einen Beitrag zur Fundierung eines positiven Zusammenhangs. Falls ein Anbieter in der Vergangenheit aufgetretene Probleme behoben hat, so tendieren Kunden gemäß dieser Theorie dazu, die Ursachen dieser Probleme als für das Unternehmen steuerbar anzusehen. Folglich neigen Kunden auch stärker dazu, Ursachen für Probleme mit dem betreffenden Anbieter generell als vom Unternehmen steuerbar zu betrachten. Laut der empirischen Studie von Folkes et al. (1987) steigert dies wiederum die Wahrscheinlichkeit, dass sich Kunden zukünftig wieder bei dem jeweiligen Anbieter beschweren. Diese Überlegungen legen die folgende Hypothese nahe:

H_6: *Das Ausmaß der beschwerdebasierenden Verbesserungen hat einen positiven Einfluss auf die Beschwerderate.*

Wie beschrieben, ist die Beschwerdezufriedenheit transaktionsspezifischer Natur (d. h. bezieht sich auf die Kundenerfahrung mit einem Unternehmen während der Behandlung einer Beschwerde), während die Gesamtzufriedenheit eine kumulative Natur besitzt (d. h. sich auf alle im Laufe einer Geschäftsbeziehung gemachten Kundenerfahrungen mit einem Unternehmen bezieht). In der Zufriedenheitsforschung besteht Einigkeit über einen positiven Zusammenhang zwischen transaktionsspezifischer Zufriedenheit und kumulativer Zufriedenheit (Oliver/Swan 1989). Da Kunden durch die Wahrnehmung der Leistung eines Anbieters im Rahmen der Beschwerdebehandlung mit neuen Informationen versorgt werden und entsprechend die kumulative

Zufriedenheit mit dem Anbieter anpassen, gilt dieser positive Zusammenhang auch für die Beziehung zwischen der Beschwerdezufriedenheit und der Gesamtzufriedenheit (Smith/Bolton 1998; McCollough et al. 2000). Es kann deshalb davon ausgegangen werden, dass in Unternehmen mit zunehmender (transaktionsspezifischer) Zufriedenheit der Kunden mit der Beschwerdebehandlung auch die (kumulative) Zufriedenheit der Kunden ansteigt. Somit lässt sich die folgende Hypothese formulieren:

H_7:   *Die Beschwerdezufriedenheit der Kunden eines Unternehmens hat einen positiven Einfluss auf die Gesamtzufriedenheit der Kunden eines Unternehmens.*

In der Literatur wird häufig die Bedeutung einer hohen Beschwerderate betont (Fornell/Wernerfelt 1987; Estelami 1999). Dabei verweisen die meisten Arbeiten darauf, dass Unternehmen durch eine hohe Beschwerderate unvorteilhafte andere Kundenreaktionen auf Unzufriedenheit minimieren sowie die Möglichkeit erhalten, einen Großteil der unzufriedenen Kunden durch eine angemessene Beschwerdebehandlung wieder zufrieden zu stellen bzw. durch Identifikation und Beseitigung der Beschwerdeursachen zukünftig ähnliche Kundenprobleme und damit verbundene Unzufriedenheit zu vermeiden. Hingegen legen die Resultate der empirischen Studien von Nyer (1999, 2000) die Vermutung nahe, dass eine hohe Beschwerderate auch noch einen direkteren vorteilhaften Effekt auf die Gesamtzufriedenheit von Kunden besitzt. Gemäß dieser Studien weisen unzufriedene Kunden, die sich beim Anbieter beschweren, nach der Beschwerde eine höhere Gesamtzufriedenheit mit dem Unternehmen auf als unzufriedene Kunden, die sich nicht beim Anbieter beschweren. Nyer (1999, 2000) führt dies auf einen „Katharsis-Effekt" zurück, d. h. durch die Äußerung einer Beschwerde gegenüber dem Anbieter können Kunden ihrem Ärger über das Problem Luft machen und damit eine emotionale Entlastung erreichen. Wie Arbeiten zur Reaktion von Kunden auf Unzufriedenheit berichten (Richins 1980; Alicke et al. 1992), ist gerade dies auch eine häufige Absicht von Beschwerdeführern. Insgesamt wird deshalb die folgende Hypothese au fgestellt:

H_8:   *Die Beschwerderate hat einen positiven Einfluss auf die Gesamtzufriedenheit der Kunden eines Unternehmens.*

Arbeiten zum Qualitätsmanagement (Oess 1991; Stauss 1994) und Beschwerdemanagement (Fornell 1981; Schibrowsky/Lapidus 1994) weisen darauf hin, dass Unternehmen durch die Beseitigung der Ursachen von Kundenproblemen eine Steigerung der Zufriedenheit ihrer Kunden erreichen können. Auf Beschwerden basierende Verbesserungen lassen dabei eine besonders positive Wirkung auf die Kundenzufriedenheit vermuten, da „complaints [...] relate to incidents which are so critical to the consumer that he or she has gone to the trouble of filing a complaint" (van Ossel/ Stremersch 1998, S. 192). Umgekehrt führt das Ausbleiben beschwerdebasierender Verbesserungen meist zu einem Anstieg der Kundenunzufriedenheit (Fornell/ Westbrook 1984). Dies steht im Einklang mit der Attributionstheorie (Weiner 2000). So deutet für Beschwerdeführer das Ausbleiben beschwerdebasierender Verbesserungen auf die Dauerhaftigkeit von Problemursachen hin und löst dadurch bei ihnen Gefühle von Ärger, Wut und Frust aus (Folkes 1984; Folkes et al. 1987). Insgesamt ergibt sich damit die folgende Hypothese:

H9:   *Das Ausmaß der beschwerdebasierenden Verbesserungen hat einen positiven Einfluss auf die Gesamtzufriedenheit der Kunden eines Unternehmens.*

Abbildung 2 gibt einen abschließenden Überblick über die einzelnen Hypothesen.

Gemäß der Herleitung der dritten Hypothese können Unternehmen unzufriedene Kunden durch die Kommunikation geeigneter Inhalte zu einer Beschwerde bewegen und damit die Beschwerderate steigern. Wie jedoch Bitner (1995, S. 246) feststellt, ist es „not enough to make attractive promises through effective external marketing. The promises must [also] be delivered". Im Einklang damit schreibt Oliver (1997, S. 373): „It is commonly accepted that the complaint solicitation process will be fruitless and frustrating to the consumer if no action results from this practice". Eine hohe Beschwerderate scheint somit – je nach Zufriedenheit der Beschwerdeführer – positive oder negative Auswirkungen auf die Gesamtzufriedenheit der Kunden eines Unternehmens zu besitzen. Während die Beschwerderate im Falle einer hohen Beschwerdezufriedenheit offenbar zu einer Steigerung der Gesamtzufriedenheit beiträgt, wirkt sie sich im Falle einer geringen Beschwerdezufriedenheit vermutlich negativ auf die Gesamtzufriedenheit aus. Letzteres wird von Bitner et al. (1990, S. 80) gestützt, die feststellen, dass eine schlechte Unternehmensreaktion auf ein Kundenproblem zu einer „magnification of the negative evaluation" führen kann.

Abbildung 2: Hypothesen zu Haupteffekten im Untersuchungsmodell

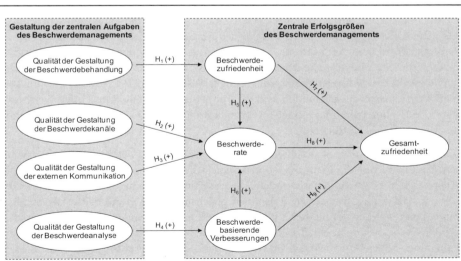

Die Prospect-Theorie (Kahneman/Tversky 1979) legt zudem die Vermutung nahe, dass sich neben der Richtung auch die Stärke des Zusammenhangs je nach Beschwerdezufriedenheit unterscheidet. Gemäß dieser Theorie bewerten Individuen einen Verlust stärker negativ als einen gleich hohen Gewinn positiv. Somit ist zu erwarten, dass die Beschwerderate bei einer hohen Unzufriedenheit von Kunden mit der Beschwerdebehandlung eines Unternehmens einen stärkeren Effekt auf die Gesamtzufriedenheit besitzt als bei einer hohen Beschwerdezufriedenheit. Auf Basis dieser Überlegungen ergeben sich die folgenden Hypothesen:

H_{10}: *Die Richtung und die Stärke des Einflusses der Beschwerderate auf die Gesamtzufriedenheit der Kunden eines Unternehmens hängen von der Beschwerdezufriedenheit der Kunden eines Unternehmens wie folgt ab:*

    a) *Im Falle einer hohen Beschwerdezufriedenheit der Kunden eines Unternehmens hat die Beschwerderate einen positiven Einfluss auf die Gesamtzufriedenheit der Kunden eines Unternehmens.*

    b) *Im Falle einer geringen Beschwerdezufriedenheit der Kunden eines Unternehmens hat die Beschwerderate einen negativen Einfluss auf die Gesamtzufriedenheit der Kunden eines Unternehmens.*

    c) *Im Falle einer geringen Beschwerdezufriedenheit der Kunden eines Unternehmens hat die Beschwerderate einen stärkeren Einfluss auf die Gesamtzufriedenheit der Kunden eines Unternehmens als im Falle einer hohen Beschwerdezufriedenheit.*

Wie verschiedene Arbeiten (Richins/Verhage 1985; Stauss 1995) betonen, beschweren sich Kunden häufig auch mit der Absicht, den Anbieter auf bestehende Probleme hinzuweisen und zu erwirken, dass die Probleme in Zukunft nicht wieder auftreten. Demzufolge kann ein Anbieter einerseits die Gesamtzufriedenheit dieser Kunden erhöhen, wenn er auf Basis von Beschwerdeinformationen ein hohe Anzahl an Verbesserungen vornimmt. Andererseits kann er aber auch eine Abnahme der Gesamtzufriedenheit dieser Kunden verursachen, wenn er aufgrund von Beschwerden wenige oder gar keine Verbesserungen vornimmt (Fornell/Westbrook 1984). Abhängig vom Ausmaß der beschwerdebasierenden Verbesserungen scheint daher eine hohe Beschwerderate entweder vorteilhafte oder unvorteilhafte Folgen für die Gesamtzufriedenheit der Kunden eines Unternehmens zu haben.

Im Einklang mit der Prospect-Theorie (Kahneman/Tversky 1979) ist zudem zu vermuten, dass nicht nur die Richtung, sondern auch die Stärke des Zusammenhangs vom Ausmaß der beschwerdebasierenden Verbesserungen abhängt. Da Personen einen Verlust stärker negativ bewerten als einen gleich hohen Gewinn positiv, ist anzunehmen, dass die Beschwerderate im Falle eines geringen Ausmaßes an beschwerdebasierenden Verbesserungen einen stärkeren Effekt auf die Gesamtzufriedenheit hat als im Falle eines hohen Ausmaßes an beschwerdebasierenden Verbesserungen. Vor diesem Hintergrund wird Folgendes vermutet:

H_{11}: *Die Richtung und die Stärke des Einflusses der Beschwerderate auf die Gesamt-zufriedenheit der Kunden eines Unternehmens hängen vom Ausmaß der beschwerde-basierenden Verbesserungen wie folgt ab:*

a) *Im Falle eines hohen Ausmaßes an beschwerdebasierenden Verbesserungen hat die Beschwerderate einen positiven Einfluss auf die Gesamtzufriedenheit der Kunden eines Unternehmens.*

b) *Im Falle eines geringen Ausmaßes an beschwerdebasierenden Verbesserungen hat die Beschwerderate einen negativen Einfluss auf die Gesamtzufriedenheit der Kunden eines Unternehmens.*

c) *Im Falle eines geringen Ausmaßes an beschwerdebasierenden Verbesserungen hat die Beschwerderate einen stärkeren Einfluss auf die Gesamtzufriedenheit der Kunden eines Unternehmens als im Falle eines hohen Ausmaßes an beschwerde-basierenden Verbesserungen.*

3. Empirische Untersuchung

3.1 Datenerhebung und Datengrundlage

Zur Überprüfung der Hypothesen wurde eine branchenübergreifende empirische Untersuchung durchgeführt. Mit Hilfe der Datenbank eines kommerziellen Adress-anbieters erfolgte die Auswahl einer Stichprobe von 1.786 Unternehmen. Diese Unter-nehmen wurden anschließend kontaktiert, um den für das Beschwerdemanagement hauptverantwortlichen Manager zu identifizieren. In 1.707 Fällen gelang die Ermitt-lung eines geeigneten Ansprechpartners. Im nächsten Schritt erhielt jeder Ansprech-partner per Post einen standardisierten Fragebogen. Drei Wochen danach erfolgte eine telefonische Nachfassaktion. Auf diese Weise konnten insgesamt 379 auswertbare Fragebögen und damit eine zufriedenstellende Rücklaufquote von 22,2 Prozent gene-riert werden. Weder ein Test auf Non-Response-Bias (Armstrong/Overton 1977) noch eine Überprüfung, ob sich die antwortenden Unternehmen von den ursprünglich kontaktierten Unternehmen im Hinblick auf Größe oder Branchenzugehörigkeit un-terscheiden, ließen Zweifel an der Repräsentativität der Stichprobe aufkommen.

3.2 Konstruktmessung

Aufgrund des Mangels an existierenden Skalen musste das Instrumentarium zur Messung der Qualität der Gestaltung der Beschwerdemanagement-Aufgaben neu entwickelt werden. Dabei erfolgte ein Rückgriff auf die Beschwerdeliteratur und im Vorfeld geführte Expertengespräche. Die Ankerpunkte der so generierten siebenstufigen Likert-Skalen erhielten die Bezeichnungen „stimme voll zu" und „stimme gar nicht zu". Die Konzeptualisierung der Qualität der Gestaltung der Beschwerdebehandlung erfolgt anhand von drei Dimensionen, welche sich auf die verschiedenen Richtlinien für die Beschwerdebehandlung (Verfahrens-, Verhaltens- und Ergebnisrichtlinien) beziehen. Jede dieser drei Dimensionen wird mit Hilfe von sechs Indikatoren abgebildet, so dass insgesamt 18 Indikatoren in die Messung eingehen. Das Cronbachsche Alpha (CA) liegt bei 0,74, die Faktorreliabilität (FR) bei 0,75 und die durchschnittlich erfasste Varianz (DEV) bei 0,50. Die Qualität der Gestaltung der Beschwerdekanäle wird über sechs Indikatoren operationalisiert (CA = 0,69; FR = 0,78; DEV = 0,38), die Qualität der Gestaltung der externen Kommunikation zur Beschwerdestimulierung über vier Indikatoren (CA = 0,81; FR = 0,80; DEV = 0,51). Die Messung der Qualität der Gestaltung der Beschwerdeanalyse erfolgt anhand von fünf Indikatoren (CA = 0,91; FR = 0,90; DEV = 0,66).

Zur Generierung der Skalen zur Messung der zentralen Beschwerdemanagement-Erfolgsgrößen wurde weitestgehend auf die bestehende Literatur zurückgegriffen. Die Operationalisierung der Beschwerdezufriedenheit und Gesamtzufriedenheit erfolgt jeweils über einen Single-Item-Messansatz und eine siebenstufige Likert-Skala mit den Ankerpunkten „deutlich besser" und „deutlich schlechter" sowie der Skalenmitte „etwa Wettbewerbsniveau". Die Beschwerderate wird ebenfalls über einen Single-Item-Messansatz operationalisiert. Die Ankerpunkte der siebenstufigen Likert-Skala wurden mit „deutlich höher" und „deutlich niedriger" sowie die Skalenmitte mit „etwa Wettbewerbsniveau" benannt. Die Messung des Ausmaßes der beschwerdebasierenden Verbesserungen findet anhand von drei Indikatoren und siebenstufiger Likert-Skalen mit den Ankerpunkten „stimme voll zu" und „stimme gar nicht zu" statt (CA = 0,88; FR = 0,89; DEV = 0,73).

Die Werte der Gütekriterien zur Überprüfung der Messinstrumente auf Reliabilität und Konvergenzvalidität (CA, FR und DEV) lassen insgesamt auf eine gute Messung der Konstrukte schließen (Nunnally 1978; Bagozzi/Yi 1988). Die Ergebnisse des Fornell-Larcker-Tests (Fornell/Larcker 1981) weisen zudem auf das Vorliegen von Diskriminanzvalidität hin.

3.3 Empirische Überprüfung der Hypothesen

Der empirische Test der Hypothesen zu den Haupteffekten (H_1-H_9) erfolgt mit Hilfe der Kausalanalyse (LISREL 8.71). Die Kriterien zur Beurteilung der Anpassungsgüte des Modells weisen gute Werte auf ($\chi^2/df = 3,07$; GFI = 0,97; AGFI = 0,96; RMSEA = 0,078). Abbildung 3 zeigt die Ergebnisse der Parameterschätzungen.

Abbildung 3: *Ergebnisse der Überprüfung der Hypothesen zu den Haupteffekten*

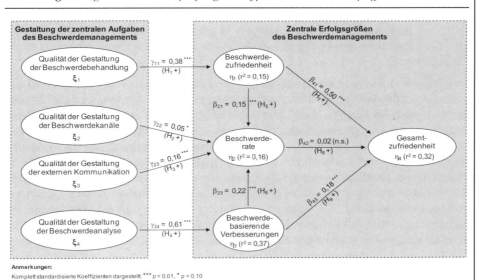

Anmerkungen:
Komplett standardisierte Koeffizienten dargestellt; *** p < 0,01, * p < 0,10

H_1 wird bestätigt, d. h. die Qualität der Gestaltung der Beschwerdebehandlung beeinflusst die Beschwerdezufriedenheit der Kunden eines Unternehmens signifikant positiv. Darüber hinaus finden auch H_2 und H_3 empirische Unterstützung. Interessanterweise besitzt die Qualität der Gestaltung der Beschwerdekanäle einen etwas schwächeren Einfluss auf die Beschwerderate als die Qualität der Gestaltung der externen Kommunikation. H_4 erfährt ebenfalls eine Bestätigung durch die Daten. Wie vermutet wirkt sich die Qualität der Gestaltung der Beschwerdeanalyse signifikant positiv auf das Ausmaß der beschwerdebasierenden Verbesserungen aus. Folglich können alle unterstellten Effekte der Qualität der Gestaltung der zentralen Beschwerdemanagement-Aufgaben auf die im Modell berücksichtigten wesentlichen Erfolgsgrößen des Beschwerdemanagements empirisch belegt werden.

H_5 und H_6 werden ebenso durch die Daten gestützt. Demzufolge wirken sich die Beschwerdezufriedenheit und das Ausmaß der beschwerdebasierenden Verbesserungen signifikant positiv auf die Beschwerderate aus. H_7 wird ebenfalls bestätigt. Folglich besteht ein signifikant positiver Zusammenhang zwischen der Beschwerdezufriedenheit und der Gesamtzufriedenheit der Kunden eines Unternehmens. Hingegen findet H_8 keine empirische Unterstützung. Die Daten liefern keinen Hinweis darauf, dass eine höhere Beschwerderate per se zu einer höheren Gesamtzufriedenheit der Kunden eines Unternehmens führt. Der vermutete „Katharsis-Effekt" ist somit nicht stark genug, um die Gesamtzufriedenheit signifikant zu erhöhen. H_9 kann wiederum bestätigt werden. Somit existiert ein positiver Einfluss des Ausmaßes der beschwerdebasierenden Verbesserungen auf die Gesamtzufriedenheit der Kunden eines Unternehmens. Mit einer Ausnahme werden demnach alle vermuteten Effekte zwischen den im Modell berücksichtigten wesentlichen Erfolgsgrößen des Beschwerdemanagements empirisch gestützt.

Von großem Interesse ist auch die Frage, bei welcher der zentralen Beschwerdemanagement-Aufgaben die Qualität der Gestaltung die stärkste Wirkung auf die Gesamtzufriedenheit der Kunden eines Unternehmens besitzt. Eine auf Basis der geschätzten Pfadkoeffizienten (vgl. hierzu Abbildung 3) durchgeführte Betrachtung der jeweiligen Gesamteffekte zeigt, dass die Gestaltung der Beschwerdebehandlung den stärksten Einfluss ($0,38 \cdot 0,50 + 0,38 \cdot 0,15 \cdot 0,02 = 0,191$) auf diese Erfolgsgröße besitzt. Einen ebenfalls recht starken Gesamteffekt weist die Gestaltung der Beschwerdeanalyse ($0,61 \cdot 0,18 + 0,61 \cdot 0,22 \cdot 0,02 = 0,112$) auf. Hingegen legen die Gesamteffekte der Gestaltung der Beschwerdekanäle ($0,05 \cdot 0,02 = 0,001$) und der Gestaltung der externen Kommunikation ($0,16 \cdot 0,02 = 0,003$) den Schluss nahe, dass die Gestaltung der Beschwerdestimulierung per se noch keinen nennenswerten Einfluss auf die Gesamtzufriedenheit der Kunden eines Unternehmens zu haben scheint.

Vor diesem Hintergrund gewinnen die Hypothesen zu den moderierenden Effekten auf den Zusammenhang zwischen der Beschwerderate und der Gesamtzufriedenheit der Kunden eines Unternehmens (H_{10} und H_{11}) noch weiter an Bedeutung. Da in beiden Fällen eine nominalskalierte moderierende Variable vorliegt, wird für den Test dieser Hypothesen auf den Chow-Test (Chow 1960) zurückgegriffen.

Sowohl H_{10} als auch H_{11} können bestätigt werden. In Abbildung 4 ist der Einfluss der Beschwerderate auf die Gesamtzufriedenheit der Kunden eines Unternehmens je nach Beschwerdezufriedenheit bzw. Ausmaß der beschwerdebasierenden Verbesserungen dargestellt.

Wie erwartet hat die Beschwerderate im Falle einer hohen Beschwerdezufriedenheit eine positive Wirkung auf die Gesamtzufriedenheit der Kunden eines Unternehmens (H_{10a}) und im Falle einer geringen Beschwerdezufriedenheit eine negative Wirkung (H_{10b}). Das Ergebnis eines Chow-Tests zeigt, dass sich die beiden Regressionskoeffizienten auch signifikant voneinander unterscheiden ($F = 20,47$; $p < 0,01$). Zudem bestätigt sich die Vermutung, dass die Beschwerderate im Falle einer geringen Beschwerdezufriedenheit einen stärkeren Einfluss auf die Gesamtzufriedenheit ausübt als im Falle einer hohen Beschwerdezufriedenheit (H_{10c}).

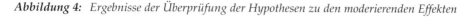

Abbildung 4: *Ergebnisse der Überprüfung der Hypothesen zu den moderierenden Effekten*

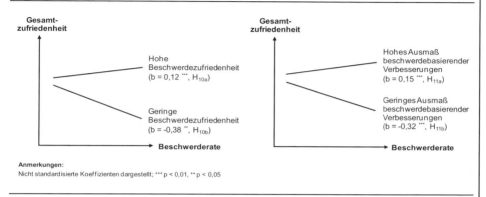

Die Daten stützen außerdem die Vermutung, dass die Beschwerderate bei einem hohen Ausmaß der beschwerdebasierenden Verbesserungen einen positiven Effekt auf die Gesamtzufriedenheit der Kunden eines Unternehmens besitzt (H_{11a}) und bei einem geringen Ausmaß der beschwerdebasierenden Verbesserungen einen negativen Effekt (H_{11b}). Wie das Resultat eines Chow-Tests zeigt, ist der Unterschied zwischen den beiden Regressionskoeffizienten auch signifikant ($F = 33{,}83$; $p < 0{,}01$). Zudem bestätigt sich, dass die Beschwerderate im Falle eines geringen Ausmaßes an beschwerdebasierenden Verbesserungen eine stärkere Wirkung auf die Gesamtzufriedenheit der Kunden eines Unternehmens besitzt als im Falle eines hohen Ausmaßes an beschwerdebasierenden Verbesserungen (H_{11c}).

4.   Zusammenfassende Bewertung

Die vorliegende Untersuchung leistet mit Hilfe ihres integrativen Forschungsansatzes einen wichtigen *Beitrag zur Marketingforschung*. Als eine der ersten empirischen Studien überhaupt analysiert sie gleichzeitig Aktivitäten von Unternehmen in Zusammenhang mit Beschwerden *und* Reaktionen unzufriedener Kunden. Damit schlägt sie eine Brücke zwischen den (bislang meist isoliert betrachteten) Forschungsfeldern Beschwerdemanagement (Unternehmensperspektive) und Beschwerdeverhalten (Kundenperspektive). Zudem analysiert sie erstmalig empirisch die Gestaltung *aller* zentralen Beschwerdemanagement-Aufgaben und deren Auswirkungen auf *alle* wesentlichen Beschwerdemanagement-Erfolgsgrößen.

Ein weiterer wichtiger Beitrag ist die Identifikation der relativen Bedeutung der verschiedenen zentralen Beschwerdemanagement-Aufgaben. Wie gezeigt wurde, besitzt die Beschwerdebehandlung den weitaus stärksten Einfluss auf die Gesamtzufriedenheit der Kunden eines Unternehmens. Die auf dieser Aufgabe liegende Schwerpunktsetzung der Beschwerdemanagement-Forschung ist somit gerechtfertigt und auch zukünftig beizubehalten. Für die Beschwerdeanalyse konnte ebenfalls eine hohe Erfolgswirksamkeit nachgewiesen werden. Angesichts der wenigen existierenden Studien zu dieser Aufgabe ist für die Zukunft eine verstärkte Auseinandersetzung mit dieser Thematik wünschenswert. Ferner hat sich gezeigt, dass in Kombination mit einer hohen Qualität der Beschwerdebehandlung bzw. Beschwerdeanalyse auch die Beschwerdestimulierung eine positive Wirkung auf die Gesamtzufriedenheit besitzt. Somit sollten sich zukünftige Arbeiten auch dieser Aufgabe eingehend widmen.

Forschungsbedarf besteht auch im Hinblick auf die Behebung einer methodischen Restriktion der vorliegenden Studie. Diese betrifft diejenigen Erfolgsgrößen im Modell, die sich auf den Kundenstamm des Unternehmens beziehen (Beschwerde-/Gesamtzufriedenheit, Beschwerderate). Da eine Kundenbefragung zur Erhebung dieser Variablen bei weitem den Umfang der empirischen Untersuchung gesprengt hätte, wurde zur Messung dieser Größen auf Angaben der Unternehmensvertreter zurückgegriffen. Zwar ist davon auszugehen, dass die befragten Manager – in ihrer Funktion als Hauptverantwortliche für das Beschwerdemanagement ihres Unternehmens – zu einer validen Einschätzung der Ausprägung dieser Erfolgsgrößen in der Lage sind. Dennoch könnten Forscher in Zusammenarbeit mit einer kleineren Anzahl an Unternehmen eine Erhebung dieser Erfolgsgrößen auf Kundenseite anstreben, um damit die in diesem Beitrag vorgestellten empirischen Erkenntnisse zu überprüfen.

Darüber hinaus liefern die Resultate dieser Studie auch zahlreiche *Anregungen für die Unternehmenspraxis*. Die aus Praxissicht wohl wichtigste Erkenntnis ist: „Professionelles Beschwerdemanagement lohnt sich!" Wie gezeigt wurde, können Unternehmen durch eine angemessene Gestaltung der zentralen Beschwerdemanagement-Aufgaben die wesentlichen Beschwerdemanagement-Erfolgsgrößen zu ihren Gunsten beeinflussen. Aus den Studienresultaten lassen sich hierfür eine Reihe wertvoller Empfehlungen ableiten. So sind Manager generell gut beraten, bei der Gestaltung des Beschwerdemanagements ein besonderes Augenmerk auf die Behandlung, Analyse und Stimulierung von Beschwerden zu legen. Zur Gestaltung der Beschwerdebehandlung sollten klare, einfache und kundenorientierte Verfahrens-, Verhaltens- und Ergebnisrichtlinien implementiert werden. Im Hinblick auf die Gestaltung der Beschwerdeanalyse ist zu empfehlen, es nicht bei der reinen Auswertung der Beschwerdegründe zu belassen. Stattdessen sollte auch eine Identifikation der tiefer liegenden Ursachen für die häufigsten und schwerwiegendsten Kundenprobleme sowie eine interne Weiterleitung der gewonnenen Erkenntnisse an relevante Stellen erfolgen. Erst dadurch werden die

Voraussetzungen dafür geschaffen, mit Hilfe von Beschwerden aus Fehlern der Vergangenheit zu lernen. Die Gestaltung der Beschwerdestimulierung sollte über die Schaffung angemessener Beschwerdekanäle als auch die Durchführung geeigneter externer Kommunikationsmaßnahmen erfolgen. Allerdings zeigen die Studienergebnisse, dass eine effektive Beschwerdestimulierung ein „zweischneidiges Schwert" darstellt. Über eine Steigerung der Beschwerderate führt sie im Falle einer hohen Beschwerdezufriedenheit bzw. eines hohen Ausmaßes an beschwerdebasierenden Verbesserungen zu einem Anstieg der Gesamtzufriedenheit, während sie im Falle einer geringen Beschwerdezufriedenheit bzw. eines geringen Ausmaßes an beschwerdebasierenden Verbesserungen einen negativen Einfluss auf die Gesamtzufriedenheit besitzt. Somit ist Managern zu empfehlen, eine aktive Beschwerdestimulierung nur dann zu betreiben, wenn auch eine angemessene Beschwerdebehandlung und Beschwerdeanalyse gewährleistet sind.

Zu Beginn dieses Beitrags wurde hervorgehoben, dass in der Unternehmenspraxis der hohen Relevanz des Beschwerdemanagements ein recht weit verbreiteter Optimierungsbedarf gegenübersteht. Es bleibt zu hoffen, dass der vorliegende Beitrag durch Schließung bislang bestehender Forschungslücken an der Beseitigung dieses Missverhältnis mitwirken kann.

Literaturverzeichnis

Alicke, M.D./Braun, J.C/ Glor, J.E./Klotz, M.L./Magee, J./Sederholm, H./Siegel, R. (1992): Complaining Behavior in Social Interaction, in: Personality and Social Psychology Bulletin, Vol. 18, No. 3, S. 286-295.

Anderson, E.W./Sullivan, M.W. (1993): The Antecedents and Consequences of Customer Satisfaction for Firms, in: Marketing Science, Vol. 12, No. 2, S. 125-143.

Andreasen, A.R. (1988): Consumer Complaints and Redress: What We Know and What We Don't Know, in: Maynes, E.S., ACCI Research Committee (Hrsg.): The Frontier of Research in the Consumer Interest, Proceedings of the International Conference on Research in the Consumer Interest, American Council on Consumer Interests, University of Missouri, Columbia, S. 675-722.

Andreassen, T.W. (2000): Antecedents to Satisfaction With Service Recovery, in: European Journal of Marketing, Vol. 34, No. 1/2, S. 156-175.

Andreassen, T.W. (2001): From Disgust to Delight: Do Customers Hold a Grudge?, in: Journal of Service Research, Vol. 4, No. 1, S. 39-49.

Armstrong, J.S./Overton, T.S. (1977): Estimating Nonresponse Bias in Mail Surveys, in: Journal of Marketing Research, Vol. 14, No. 3, S. 396-402.

Bagozzi, R.P./Yi, Y. (1988): On the Evaluation of Structural Equation Models, in: Journal of the Academy of Marketing Science, Vol. 16, No. 1, S. 74-94.

Bailey, D. (1994): Recovery from Customer Service Shortfalls, in: Managing Service Quality, Vol. 4, No. 6, S. 25-28.

Berry, L.L. (1995): On Great Service: A Framework for Action, New York.

Berry, L.L./Zeithaml, V.A./Parasuraman, A. (1990): Five Imperatives for Improving Service Quality, in: Sloan Management Review, Vol. 31, No. 4, S. 29-38.

Best, A. (1981): When Consumers Complain, New York.

Bitner, M.J. (1995): Building Service Relationships: It's All About Promises, in: Journal of the Academy of Marketing Science, Vol. 23, No. 4, S. 246-251.

Bitner, M.J./Booms, B.H./Tetreault, M.S. (1990): The Service Encounter: Diagnosing Favorable and Unfavorable Incidents, in: Journal of Marketing, Vol. 54, No. 1, S. 71-84.

Bolfing, C.P. (1989): How Do Customers Express Dissatisfaction and What Can Service Marketers Do About It?, in: Journal of Services Marketing, Vol. 3, No. 2, S. 5-23.

Brown, S.W. (1997): Service Recovery Through IT, in: Marketing Management, Vol. 6, No. 3, S. 25-27.

Bruhn, M. (1982): Konsumentenzufriedenheit und Beschwerden: Erklärungsansätze und Ergebnisse einer empirischen Untersuchung in ausgewählten Konsumbereichen, Frankfurt am Main.

Bruhn, M. (1986): Beschwerdemanagement, in: Harvard Manager, Vol. 8, No. 3, S. 104-108.

Bruhn, M./Georgi, D. (2005): Wirtschaftlichkeit des Kundenbindungsmanagements, in: Bruhn, M./Homburg, Ch. (Hrsg.): Handbuch Kundenbindungsmanagement. Strategien und Instrumente für ein erfolgreiches CRM, 5. Aufl., Wiesbaden, S. 589-620.

Chow, G.C. (1960): Tests of Equality Between Sets of Coefficients in Two Linear Regressions, in: Econometrica, Vol. 28, No. 3, S. 591-605.

Cook, S./Macaulay, S. (1997): Practical Steps to Empowered Complaint Management, in: Managing Service Quality, Vol. 7, No. 1, S. 39-42.

Cyert, R.M./March, J.G. (1992): A Behavioral Theory of the Firm, 2. Aufl., Cambridge.

Davidow, M. (2003): Organizational Responses to Customer Complaints: What Works and What Doesn't, in: Journal of Service Research, Vol. 5, No. 3, S. 225-250.

Estelami, H. (1999): The Profit Impact of Consumer Complaint Solicitation Across Market Conditions, in: Journal of Professional Services Marketing, Vol. 20, No. 1, S. 165-195.

Estelami, H. (2000): Competitive and Procedural Determinants of Delight and Disappointment in Consumer Complaint Outcomes, in: Journal of Service Research, Vol. 2, No. 3, S. 285-300.

Fischer, L. (1992): Rollentheorie, in: Frese, E. (Hrsg.): Handwörterbuch der Organisation, 3. Aufl., Stuttgart, S. 2224-2234.

Folkes, V.S. (1984): Consumer Reactions to Product Failure: An Attributional Approach, in: Journal of Consumer Research, Vol. 10, No. 4, S. 398-409.

Folkes, V.S./Koletsky, S./Graham, J.L. (1987): A Field Study of Causal Inferences and Consumer Reaction: The View from the Airport, in: Journal of Consumer Research, Vol. 13, No. 4, S. 534-539.

Fornell, C. (1981): Increasing the Organizational Influence of Corporate Consumer Affairs Departments, in: Journal of Consumer Affairs, Vol. 15, No. 2, S. 191-213.

Fornell, C./Larcker, D.F. (1981): Evaluating Structural Equation Models With Unobservable Variables and Measurement Error, in: Journal of Marketing Research, Vol. 18, No. 1, S. 39-50.

Fornell, C./Wernerfelt, B. (1987): Defensive Marketing Strategy by Customer Complaint Management: A Theoretical Analysis, in: Journal of Marketing Research, Vol. 24, No. 4, S. 337-346.

Fornell, C./Westbrook, R.A. (1984): The Vicious Circle of Consumer Complaints, in: Journal of Marketing, Vol. 48, No. 3, S. 68-78.

Gilly, M.C. (1987): Postcomplaint Processes: From Organizational Response to Repurchase Behavior, in: Journal of Consumer Affairs, Vol. 21, No. 2, S. 293-313.

Gilly, M.C./Hansen, R.W. (1985): Consumer Complaint Handling as a Strategic Marketing Tool, in: Journal of Consumer Marketing, Vol. 2, No. 4, S. 5-16.

Goodman, J. A. (1999): Basic Facts on Customer Complaint Behavior and the Impact of Service on the Bottom Line, in: Competitive Advantage, Vol. 9, No. 1, S. 1-5.

Günter, B. (2003): Beschwerdemanagement als Schlüssel zur Kundenzufriedenheit, in: Homburg, Ch. (Hrsg.): Kundenzufriedenheit: Konzepte – Methoden – Erfahrungen, 5. Aufl., Wiesbaden, S. 291-312.

Hansen, U./Jeschke, K. (2000): Beschwerdemanagement für Dienstleistungsunternehmen – Beispiel des Kfz-Handels, in: Bruhn, M./Stauss, B. (Hrsg.): Dienstleistungsqualität, 3. Aufl., Wiesbaden, S. 433-459.

Hansen, U./Niestrath, U./Thieme, U. (1983): Beschwerdeaufkommen und Beschwerdepolitik am Beispiel des Möbeleinzelhandels, in: Zeitschrift für Betriebswirtschaft, 53. Jg., Nr. 6, S. 535-550.

Hart, C.W.L./Heskett, J.L./Sasser, W.E. (1990): The Profitable Art of Service Recovery, in: Harvard Business Review, Vol. 68, No. 4, S. 148-156.

Hartline, M.D./Ferrell, O.C. (1996): The Management of Customer-Contact Service Employees: An Empirical Investigation, in: Journal of Marketing, Vol. 60, No. 4, S. 52-70.

Hennig-Thurau, T. (1999): Beschwerdezufriedenheit: Empirische Analyse der Wirkungen und Determinanten einer Schlüsselgröße des Beziehungsmarketing, in: Jahrbuch der Absatz- und Verbrauchsforschung, 45. Jg., Nr. 2, S. 214-240.

Hirschman, A.O. (1974): Abwanderung und Widerspruch: Reaktionen auf Leistungsabfall bei Unternehmungen, Organisationen und Staaten, Tübingen.

Hoffmann, A. (1991): Die Erfolgskontrolle von Beschwerdemanagement-Systemen: Theoretische und empirische Erkenntnisse zum unternehmerischen Nutzen von Beschwerdeabteilungen, Frankfurt am Main.

Homburg, Ch./Werner, H. (1998): Kundenorientierung mit System: mit Customer Orientation Management zu profitablem Wachstum, Frankfurt am Main.

Homburg, Ch./Fürst, A. (2007a): Beschwerdeverhalten und Beschwerdemanagement: Eine Bestandsaufnahme der Forschung und Agenda für die Zukunft, in: Die Betriebswirtschaft, 67. Jg., Nr. 1, S. 41-74.

Homburg, Ch./Fürst, A. (2007b): See No Evil, Hear No Evil, Speak No Evil: A Study of Defensive Organizational Behavior towards Customer Complaints, in: Journal of the Academy of Marketing Science, Vol. 35, No. 4, S. 523-536.

Homburg, Ch./Fürst, A. (2005): How Organizational Complaint Handling Drives Customer Loyalty: An Analysis of the Mechanistic and the Organic Approach, in: Journal of Marketing, Vol. 69, No. 3, S. 95-114.

Homburg, Ch./Fürst, A. (2003): Beschwerdemanagement in deutschen Unternehmen: Eine branchenübergreifende Erhebung des State of Practice, Arbeitspapier M80, Institut für Marktorientierte Unternehmensführung, Universität Mannheim.

Huber, G.P. (1991): Organizational Learning: The Contributing Processes and the Literatures, in: Organization Science, Vol. 2, No. 1, S. 88-115.

Johnston, R. (1995): Service Failure and Recovery: Impact, Attributes and Process, in: Advances in Services Marketing and Management, Vol. 4, S. 211-228.

Johnston, R. (2001): Linking Complaint Management to Profit, in: International Journal of Service Industry Management, Vol. 12, No. 1, S. 60-69.

Kaas, K. (1995): Informationsökonomik, in: Tietz, B./Köhler, R./Zentes, J. (Hrsg.): Handwörterbuch des Marketing, 2. Aufl., Stuttgart, S. 971-981.

Kahneman, D./Tversky, A. (1979): Prospect Theory: An Analysis of Decision Under Risk, in: Econometrica, Vol. 47, No. 2, S. 263-291.

Katz, D./Kahn, R.L. (1966): The Social Psychology of Organizations, New York.

Katz, D./Kahn, R.L. (1978): The Social Psychology of Organizations, 2. Aufl., New York.

Kolodinsky, J. (1993): Complaints, Redress, and Subsequent Purchases of Medical Services by Dissatisfied Consumers, in: Journal of Consumer Policy, Vol. 16, No. 2, S. 193-214.

March, J.G./Simon, H.A. (1993): Organizations, 2. Aufl., Cambridge.

Mattila, A.S. (2001): The Effectiveness of Service Recovery in a Multi-Industry Setting, in: Journal of Services Marketing, Vol. 15, No. 7, S. 583-596.

McCollough, M.A./Berry, L.L./Yadav, M.S. (2000): An Empirical Investigation of Customer Satisfaction After Service Failure and Recovery, in: Journal of Service Research, Vol. 3, No. 2, S. 121-137.

Meffert, H./Bruhn, M. (1981): Beschwerdeverhalten und Zufriedenheit von Konsumenten, in: Die Betriebswirtschaft, 41. Jg., Nr. 4, S. 597-613.

Meyer, A./Dornach, F. (1999): Kundenmonitor Deutschland – Jahrbuch der Kundenorientierung in Deutschland, München.

Michaels, R.E./Day, R.L./Joachimsthaler, E.A. (1987): Role Stress Among Industrial Buyers: An Integrative Model, in: Journal of Marketing, Vol. 51, No. 2, S. 28-45.

Morris, D./Reeson, D. I. (1978): The Economic Determinants of Consumer Complaints, in: European Journal of Marketing, Vol. 12, No. 4, S. 275-282.

Nunnally, J. (1978): Psychometric Theory, 2. Aufl., New York.

Nyer, P.U. (1999): Cathartic Complaining as a Means of Reducing Consumer Dissatisfaction, in: Journal of Consumer Satisfaction, Dissatisfaction and Complaining Behavior, Vol. 12, S. 15-25.

Nyer, P.U. (2000): An Investigation Into Whether Complaining Can Cause Increased Consumer Satisfaction, in: Journal of Consumer Marketing, Vol. 17, No. 1, S. 9-19.

Oess, A. (1991): Total Quality Management: Die ganzheitliche Qualitätsstrategie, 2. Aufl., Wiesbaden.

Oliver, R.L. (1997): Satisfaction: A Behavioral Perspective on the Consumer, New York.

Oliver, R.L./Swan, J.E. (1989): Equity and Disconfirmation Perceptions as Influences on Merchant and Product Satisfaction, in: Journal of Consumer Research, Vol. 16, No. 3, S. 372-383.

Owens, D.L./Hausknecht, D.R. (1999): The Effect of Simplifying the Complaint Process: A Field Experiment With the Better Business Bureau, in: Journal of Consumer Satisfaction, Dissatisfaction and Complaining Behavior, Vol. 12, S. 35-43.

Richins, M.L. (1980): Consumer Perceptions of Costs and Benefits Associated With Complaining, in: Hunt, K./Day, R.L. (Hrsg.): Refining Concepts and Measures of Consumer Satisfaction and Complaining Behavior, Proceedings of the Fourth Annual Conference on Consumer Satisfaction, Dissatisfaction and Complaining Behavior, Indiana University, Bloomington, S. 50-53.

Richins, M.L. (1983): Negative Word-of-Mouth by Dissatisfied Consumers: A Pilot Study, in: Journal of Marketing, Vol. 47, No. 1, S. 68-78.

Richins, M.L. (1987): A Multivariate Analysis of Responses to Dissatisfaction, in: Journal of the Academy of Marketing Science, Vol. 15, No. 3, S. 24-31.

Richins, M.L./Verhage, B.J. (1985): Seeking Redress for Consumer Dissatisfaction: The Role of Attitudes and Situational Factors, in: Journal of Consumer Policy, Vol. 8, No. 1, S. 29-44.

Riemer, M. (1986): Beschwerdemanagement, Frankfurt am Main.

Schibrowsky, J.A./Lapidus, R.S. (1994): Gaining a Competitive Advantage by Analyzing Aggregate Complaints, in: Journal of Consumer Marketing, Vol. 11, No. 1, S. 15-26.

Schöber, P. (1997): Organisatorische Gestaltung von Beschwerdemanagement-Systemen, Frankfurt am Main.

Simon, H.A. (1997): Administrative Behavior, 4. Aufl., New York.

Singh, J. (1990): A Typology of Consumer Dissatisfaction Response Styles, in: Journal of Retailing, Vol. 66, No. 1, S. 57-99.

Singh, J./Verbeke, W./Rhoads, G.K. (1996): Do Organizational Practices Matter in Role Stress Processes? A Study of Direct and Moderating Effects for Marketing-Oriented Boundary Spanners, in: Journal of Marketing, Vol. 60, No. 3, S. 69-86.

Singh, J./Widing, R.E. (1991): What Occurs Once Consumers Complain?: A Theoretical Model for Understanding Satisfaction/Dissatisfaction Outcomes of Complaint Responses, in: European Journal of Marketing, Vol. 25, No. 5, S. 30-46.

Skinner, B.F. (1938): The Behavior of Organisms, New York.

Slater, S.F./Narver, J.C. (1995): Market Orientation and the Learning Organization, in: Journal of Marketing, Vol. 59, No. 3, S. 63-74.

Smith, A.K./Bolton, R.N. (1998): An Experimental Investigation of Customer Reactions to Service Failure and Recovery Encounters – Paradox or Peril?, in: Journal of Services Research, Vol. 1, No. 1, S. 65-81.

Sparks, B.A./McColl-Kennedy, J.R. (2001): Justice Strategy Options for Increased Customer Satisfaction in a Services Recovery Setting, in: Journal of Business Research, Vol. 54, No. 3, S. 209-218.

Stauss, B. (1989): Beschwerdepolitik als Instrument des Dienstleistungsmarketing, in: GfK (Hrsg.): Jahrbuch der Absatz- und Verbrauchsforschung, 35. Jg., Nr. 1, S. 41-62.

Stauss, B. (1994): Total Quality Management und Marketing, in: Marketing ZFP, 16. Jg., Nr. 3, S. 149-159.

Stauss, B. (1995): Beschwerdemanagement, in: Tietz, B./Köhler, R./Zentes, J. (Hrsg.): Handwörterbuch des Marketing, 2. Aufl., Stuttgart, S. 226-238.

Stauss, B. (2002): The Dimensions of Complaint Satisfaction: Process and Outcome Complaint Satisfaction Versus Cold Fact and Warm Act Complaint Satisfaction, in: Managing Service Quality, Vol. 12, No. 3, S. 173-183.

Stauss, B./Schöler, A. (2003): Beschwerdemanagement Excellence: State-of-the-Art und Herausforderungen der Beschwerdemanagement-Praxis in Deutschland, Wiesbaden.

Stauss, B./Seidel, W. (2002): Beschwerdemanagement: Kundenbeziehungen erfolgreich managen durch Customer Care, 3. Aufl., München.

Stephens, N./Gwinner, K.P. (1998): Why Don't Some People Complain?: A Cognitive-Emotive Process Model of Consumer Complaint Behavior, in: Journal of the Academy of Marketing Science, Vol. 26, No. 3, S. 172-189.

TARP (1986): Consumer Complaint Handling in America: An Update Study – Part II, Technical Assistance Research Programs, United States Office of Consumer Affairs, Washington, D.C.

van Ossel, G./Stremersch, St. (1998): Complaint Management, in: van Looy, B./van Dierdonck, R./Gemmel, P. (Hrsg.): Services Management: An Integrated Approach, London, S. 171-196.

Weiber, R./Adler, J. (1995): Der Einsatz von Unsicherheitsreduktionsstrategien im Kaufprozeß: Eine informationsökonomische Analyse, in: Kaas, K. (Hrsg.): Kontrakte, Geschäftsbeziehungen, Netzwerke – Marketing und Neue Institutionenökonomik, Düsseldorf, S. 61-78.

Weiner, B. (2000): Attributional Thoughts About Consumer Behavior, in: Journal of Consumer Research, Vol. 27, No. 3, S. 382-387.

Zeithaml, V.A. (2000): Service Quality, Profitability, and the Economic Worth of Customers: What We Know and What We Need to Learn, in: Journal of the Academy of Marketing Science, Vol. 28, No. 1, S. 67-85.

Manfred Kirchgeorg/Christiane Springer

Einsatz und Wirkung von Instrumenten der Live Communication im Kundenbeziehungszyklus

1. Vorbemerkung

2. Markenkommunikation im Kundenbeziehungszyklus

3. Kommunikationsportfolios im Kundenbeziehungszyklus

4. Einsatzmöglichkeiten von Brand Lands als Kundenbindungsinstrument

5. Wirkung von Brand Lands als Kundenbindungsinstrument
    5.1   Untersuchungsobjekt
    5.2   Untersuchungsdesign
    5.3   Imagebezogene Wirkungen
    5.4   Verhaltensbezogene Wirkungen

6. Fazit und Implikationen

Prof. Dr. Manfred Kirchgeorg ist Inhaber des Lehrstuhls Marketingmanagement an der HHL – Leipzig Graduate School of Management. Dr. Christiane Springer war wissenschaftliche Mitarbeiterin am Lehrstuhl Marketingmanagement und ist Geschäftsführerin der Leipzig School of Media gGmbH.

1. Vorbemerkung

In Abhängigkeit des Kundenbeziehungsstatus erlangen unterschiedliche Instrumente der Markenkommunikation eine besondere Relevanz zur Kundenansprache und -pflege. Instrumente der Live Communication stellen auf die persönliche Interaktion zwischen Kunden und Unternehmen sowie das multisensuales Erleben und Erfahren einer Marke ab. Damit eignen sie sich in besonderer Weise, um die Bindung zwischen Kunde und Marke zu stärken. Brand Lands haben als Form der Live Communication eine zunehmende Verbreitung gefunden. Angesichts der hohen Investitionen und Kosten für den Einsatz von Brand Lands als Kommunikations- und Vertriebsplattform stellt sich allerdings die Frage, welche Wirkungen dieses Instrument entfalten kann und wie seine Effizienz im Vergleich zu den Instrumenten der klassischen und virtuellen Kommunikation zu beurteilen ist. Die Beantwortung dieser Frage steht im Mittelpunkt des vorliegenden Beitrages. Damit verknüpfen die Ausführungen jene Perspektiven des Marken-, Kundenbeziehungs- und Kommunikationsmanagements, denen sich auch Prof. Dr. Manfred Bruhn im Rahmen seines akademischen Wirkens intensiv widmet und durch die er eine hohe nationale wie internationale Anerkennung erfahren hat.

2. Markenkommunikation im Kundenbeziehungszyklus

Neben der Neukundengewinnung erhält die Bindung von Stammkunden in etablierten Märkten einen herausragenden Stellenwert. In den 1990er Jahren hat die Kundenbindungseuphorie allerdings vielfach einen Automatismus zwischen Kundenbindung und Profitabilitätssteigerung propagiert (Reichheld/Sasser 1990, S. 105ff.). Verkannt wurde dabei, dass es den profitablen Stammkunden an sich so nicht gibt. Vielmehr ist sorgfältig nach den Ertragspotenzialen zwischen A-, B- und C-Kunden zu segmentieren (z. B. Reinartz/Kumar 2002; Georgi 2005; Krafft/Götz 2006). Kundenbindungsinstrumente, die sich für A-Kunden lohnen, können bei C-Kunden eine Fehlinvestition darstellen. Diese Erkenntnis ist auch für die Kundenkommunikation zu berücksichtigen. Somit gilt es, die effizientesten Kommunikationsinstrumente für unterschiedliche Kundensegmente zu identifizieren und einzusetzen. Marketingentscheider stehen gegenwärtig vor der Herausforderung, die Vielzahl der Kommunikationsinstrumente gezielt auf die einzelnen Phasen im Kundenbeziehungszyklus auszurichten (Payne/Frow 2005, S. 172ff.).

Dafür ist zunächst eine Strukturierung des Stammkundenportfolios nach dem jeweiligen Beziehungsstatus bzw. den jeweiligen Beziehungsphasen vorzunehmen. Diese fanden mit der zunehmenden wissenschaftlichen Diskussion von Ansätzen des Beziehungsmarketings in den vergangenen Jahren auch ihre Berücksichtigung in Modellen zur Kundensegmentierung (Bruhn 2001; Stauss 2000; Georgi 2005).

Mit modernen CRM-Ansätzen wird eine Kundensegmentbearbeitung unter Berücksichtigung des Kundenbeziehungsstatus möglich. Trotz des Vorhandenseins der technischen Voraussetzungen werden in vielen Branchen entsprechende Ansätze jedoch immer noch nicht gezielt eingesetzt. Vielmehr dominiert die Schaffung der technischen Infrastruktur für ein Beziehungsmanagement, ohne die Marketing- und Kommunikationsstrategie konsequent an differenzierten Anforderungen der Initiierung und Pflege einer Kundenbeziehung auszurichten. Deshalb plädieren Payne und Frow für die Notwendigkeit „... to help companies avoid the potential problems associated with a narrow technological definition of CRM" (Payne/Frow 2005, S. 174).

Wenn auf kundenindividueller oder segmentbezogener Ebene Kundeninformationen erfasst und Kundenprofitabilitätsanalysen durchgeführt werden, dann ergeben sich daraus wertvolle Hinweise für die Optimierung des Einsatzes der Kommunikationsinstrumente. Nach dem Anspruch der integrierten Kommunikation (Bruhn 2005, S. 103ff.) sollten die zur Verfügung stehenden Kundeninformationen in die Planung des Kommunikationsmix einfließen, um eine inhaltliche, formale und zeitliche Integration aller Instrumente sicherzustellen. In den letzten Jahrzehnten hat sich allerdings das Spektrum der verfügbaren Kommunikationsinstrumente erheblich ausgeweitet, sodass die Beantwortung der Frage nach deren Auswahl und Integration komplexer wird.

Aufgrund der Veränderung von Marktstrukturen und Wettbewerbsbedingungen hat sich der Stellenwert der Kommunikation im Rahmen des Marketingmanagements kontinuierlich erhöht – von einer Phase der unsystematischen Kommunikation in den 1950er Jahren bis hin zu einer Phase der Dialogkommunikation seit dem Jahre 2000 (Bruhn 2005; 2007; 2009). Der Trend weg von der anonymen Massenkommunikation hin zur authentischen Kundenintegration hält ungebrochen an. Jedes Jahr führt der Lehrstuhl Marketingmanagement der Handelshochschule Leipzig in Kooperation mit Uniplan International eine branchenübergreifende Befragungen bei 400 Marketingentscheidern durch, um den Status quo und die Veränderungen von Kommunikationsstrategien zu erheben. In diesem Zusammenhang wird auch die Aufteilung des Kommunikationsbudgets auf einzelne Instrumente erfasst. Wie die Abbildung 1 zu erkennen gibt, entfällt auf die klassische Kommunikation immer noch der größte Budgetanteil (25,9 Prozent 2007). Allerdings ist im Gesamtdurchschnitt der Branchen von 2004 bis 2007 ein fundamentaler Shift der Budgets hin zu den Instrumenten der Live Communication und Virtual Communication festzustellen.

Abbildung 1: *Budgetshift im Kommunikationsmix deutscher Unternehmen*
(Quelle: LiveTrends)

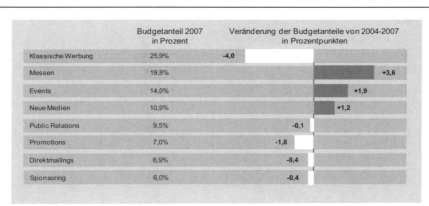

Wo die Above-the-Line-Kommunikation an ihre Grenzen stößt, gewinnen die Below-the-Line-Instrumente mehr und mehr an Bedeutung. Während es die Virtual Communication mit Hilfe des Internets schafft, globale Zielgruppen zu erreichen, bringt die Live Communication (Messen, Events, Showrooms, Brand Lands, ausgewählte Formen von Sponsoring und Promotions) Käufer und Marken in einem erlebnisbetonten Umfeld zusammen. In Zukunft kommt es darauf an, die zur Verfügung stehenden Kommunikationsinstrumente, von den klassischen Werbeinstrumenten wie TV, Radio und Print bis hin zur Virtual und Live Communication intelligent zu vernetzen. Während klassische und virtuelle Formen mit ihrer Reichweite punkten, so gibt doch letztlich die Live Communication der Marke ihr „Gesicht" (Brühe 2007, S. 58). Viele Unternehmen haben die Zeichen der Zeit erkannt und verändern die Gewichtung ihrer Budgets im Kommunikationsmix auch in Zukunft weiter. Den Aussagen der befragten Marketingentscheider nach wird in Deutschland auch in Zukunft durchschnittlich die Hälfte der Kommunikationsbudgets in die Live Communication investiert werden.

3. Kommunikationsportfolios im Kundenbeziehungszyklus

Mit Blick auf den Kundenbeziehungszyklus erhöht sich allerdings die Komplexität der Planung der einzusetzenden Kommunikationsinstrumente, denn sie entfalten über den Beziehungsverlauf hinweg Zielwirkungen in unterschiedlichem Umfang (Kirchgeorg/Springer 2006, S. 14ff.). Während die klassische Kommunikation beim Aufbau des Bekanntheitsgrades besonders effektiv ist, sind Abschmelzverluste in den späteren Beziehungsphasen kaum zu verhindern. Hier entfalten die Instrumente der Live Communication ihre zielgerechte Wirkung.

Abbildung 2: *Eignungsgrad der Kommunikationsinstrumente in unterschiedlichen Kundenbeziehungsphasen*
(Quelle: Kirchgeorg/Springer 2006)

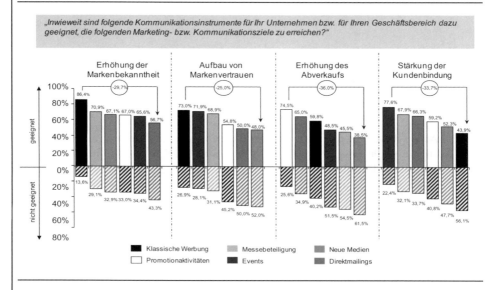

Diesen Sachverhalt bestätigen auch die befragten Marketingverantwortlichen. So wird der Eignungsgrad der in Abbildung 2 aufgeführten Kommunikationsinstrumente (Klassische Werbung, Messebeteiligung, Neue Medien, Promotionaktivitäten, Events und Direktmailings) für die Erreichung verschiedener Marketing- und Kommunikationsziele im Kundenbeziehungszyklus (Erhöhung der Markenbekanntheit, Aufbau von Markenvertrauen, Erhöhung des Abverkaufs, Stärkung der Kundenbindung) differenziert beurteilt.

Für 86,4 Prozent der befragten Unternehmen dominiert die klassische Werbung das Instrumente-Ranking bei der „Erhöhung der Markenbekanntheit". Diese Überlegenheit verliert sie jedoch schon beim „Aufbau von Markenvertrauen", da der Eignungsgrad von Events und Messebeteiligungen ebenbürtig eingeschätzt wird. In den weiteren Phasen des Kundenbeziehungszyklus wird die klassische Werbung dann von den anderen Instrumenten geradezu „durchgereicht". Bei der „Erhöhung des Abverkaufs" werden die Promotionaktivitäten anderen Instrumenten vorgezogen. Diese Rolle übernehmen die Events anschließend bei der „Stärkung der Kundenbindung". Im Rahmen des Beziehungsmanagements ist somit in Abhängigkeit der Kundenbeziehungsphase für jeden Kunden bzw. für die in einzelnen Phasen identifizierten Kundensegmente eine Justierung der Instrumente zur Kundenansprache notwendig (Kirchgeorg/Hartmann 2004). Während die klassischen Kommunikationsinstrumente zum Beginn des Beziehungszyklus zielgerecht eingesetzt werden können, sind für den Wiederkauf und für die Erhöhung der Kundenloyalität verstärkt die Instrumente der Live Communication relevant. Wenngleich branchenspezifische Unterschiede zu berücksichtigen sind, zeigt sich dennoch anhand der angeführten empirischen Untersuchungen die grundsätzliche Tendenz weitgehend branchenübergreifend.

4. Einsatzmöglichkeiten von Brand Lands als Kundenbindungsinstrument

Innerhalb der Instrumente der Live Communication spielen Brand Lands in einigen Branchen eine zunehmend wichtige Rolle (Kirchgeorg et al. 2009). Die Idee, den Zielgruppen durch das aktive Erleben die Wertigkeit und Einzigartigkeit der Produkte und Marken zu kommunizieren und den Kunden auf diese Weise an das Unternehmen langfristig zu binden, ist aber nicht neu. Vorläufer sind bereits in den USA seit Mitte des 19. Jahrhunderts zu finden. So hatte beispielsweise der New Yorker Fabrikant Singer seine Nähmaschinen mit Hilfe von Demonstrationsräumen in ausgewählten Großstädten ab 1860 populär gemacht (Roost 2002, S. 8). Im Jahr 1907 eröffnete der US-Schokoladenhersteller Hershey einen der ersten Themenparks (Hoppe 2007, S. 57f.). Weitere Brand Lands in viel größeren Dimensionen entstanden erst einige Jahrzehnte später.

Da Marken mit klaren und lebendigen inneren Bildern in hohem Maße den Markenwert prägen (Esch/Andresen 1996, S. 94), erfahren solche Markenerlebniswelten eine zunehmende Relevanz im Kommunikationsmix. Die Automobilhersteller sind in Deutschland dazu übergegangen, in kathedralenartigen, technisch und ästhetisch aufwendigen Bauten ihre Produkte zu präsentieren. Volkswagen machte mit der Autostadt in Wolfsburg und der gläsernen Manufaktur in Dresden den Anfang. Mittlerweile verfügen auch die Wettbewerber über spektakuläre Erlebniswelten an den Points-of-Production, wie z. B. die BMW Welt in München, das Mercedes-Benz Museum in Stuttgart, das Porsche Brand Land in Leipzig sowie das Porsche Museum in Zuffenhausen.

Der Begriff „Brand Land" entstammt aus dem Englischen und ist frei übersetzt als „Markenwelt" zu verstehen. „Brand" steht im ursprünglichen Sinne für „identifying mark made by a hot iron" und „Land" für eine „definite portion of the earth's surface, home region of a person or a people, territory marked by political boundaries" (Harper 2001). In der Literatur existiert bisher keine allgemeingültige Einordnung und Definition des *Brand Land-Begriffes*, da mit diesem u. a. auch die Begrifflichkeiten Brand Spots, Brandscape, Brand Parks, Brand Destinations, Corporate Lands, Visitor Centers, Edutainment Center, Kommunikationsplattform, Markenerlebnispark sowie Industrieerlebniswelten verwendet werden (Steinecke 2001; Valdani/Guenzi 2001; Meinicke 2003; Borries 2004; Thiemer 2004; Wolf 2005; Nufer 2006; Kilian 2007). Einige Autoren betrachten Brand Lands sogar als eine Sonderform der Events (Nufer 2006, S. 335f.), andere wiederum sehen sie als eigenständiges Instrumentarium an (Meinicke 2003, S. 105f.). Einigkeit besteht jedoch in der Auffassung, dass schon vor der Entstehung der Brand Lands in der heutigen Ausprägung andere Instrumente ähnlichen Charakters existierten, um die Marke eines Unternehmens auf persönlichem und direktem Wege einem Großteil der Öffentlichkeit zugänglich zu machen. Die Abgrenzung von diesen Instrumenten ergibt sich jedoch vorrangig aus den folgenden konstitutiven *Brand-Land-Merkmalen:*

■ Dauerhaftigkeit

■ Ortsgebundenheit

■ Erfahrbarkeit sowie

■ Emotionale Inszenierung.

Bei einer umfassenden Begriffsbestimmung reicht es also nicht aus, sich nur auf die Erlebbarkeit zu beschränken: „Brand Lands can be defined as manufacturer owned outlets, in which special brand experiences […] for customers are integrated" (Diez/Schwarz 2000, S. 4). Menschen wollen mit starken Marken in Kontakt treten und „Brand Lands inszenieren Marken dauerhaft in Form von live erlebbaren Ereignissen" (Kagelmann 2004, S. 181). Sie ermöglichen die an einem Ort stattfindende Verknüpfung von Informationen und Unterhaltung, fördern die Identifikation mit der Marke, erzeugen Emotionen und bieten Spannungsfelder und Erlebnisse. Zusammenfassend kann daher folgende Definition abgeleitet werden (Springer 2008, S. 16):

Ein Brand Land ist ein auf Dauer angelegter, stationärer, dreidimensionaler, realer Ort, der unter Markengestaltungsrichtlinien vom Unternehmen gebaut und überwiegend am Produktions- bzw. Hauptstandort betrieben wird, um gemäß spezifischen Zielsetzungen den relevanten internen und externen Zielgruppen die essenziellen, wesensprägenden und charakteristischen Nutzenbündel der Marke multisensual erfahrbar und erlebbar zu machen.

Angesichts des zunehmenden Einsatzes von Brand Lands als Marketinginstrument stellt sich die eingangs bereits adressierte Frage nach ihren Erfolgswirkungen im Vergleich zu anderen Kommunikationsinstrumenten. Ausgehend von dieser Fragestellung wurde in einem Forschungsprojekt des Lehrstuhls Marketingmanagement in

Kooperation mit der Porsche AG am Produktionsstandort in Leipzig das Porsche Brand Land untersucht. Ausgewählte Schlüsselergebnisse werden im Folgenden diskutiert.

5. Wirkung von Brand Lands als Kundenbindungsinstrument

5.1 Untersuchungsobjekt

Brand Lands haben in der Automobilbranche in den vergangenen Jahren eine weite Verbreitung gefunden. Innerhalb der permanenten Markenausstellungen, die sich durch ein hohes Maß an Steuerbarkeit und Nachhaltigkeit auszeichnen, werden u. a. Werksbesichtigungen, Museumsbegehungen, gastronomische Leistungen, Shopsysteme sowie themenbezogene Events und Veranstaltungen angeboten. Damit bilden Brand Lands ein typisches Instrument der Live Communication. Im Rahmen des Forschungsprojektes wurde die Wirkung des Porsche Brand Lands bei den Besuchern analysiert, zu denen bestehende Kunden, Neukunden wie auch Nicht-Kunden zählen. Gerade für Unternehmen mit Luxusmarken ist es wichtig, auch die Akzeptanz der Produkte in einer breiten Öffentlichkeit zu erhalten. Somit ist das Brand Land Porsche ebenfalls darauf ausgerichtet, interessierte Besucher, die nicht zum Kreis aktueller oder potenzieller Porsche-Kunden zählen, zu empfangen. In diesem Kontext sei vermerkt, dass die Pflege der Beziehungen zu Nicht-Kunden als sekundäre Stakeholder (Marken- und Produktakzeptanz in der Öffentlichkeit) bisher noch zu wenig Beachtung in der wissenschaftlichen Diskussion zum Beziehungsmanagement gefunden hat.

Beim Besuch des Porsche Brand Lands in Leipzig kann der Besucher insbesondere folgende Erlebnisangebote wahrnehmen:

(1) Kundenzentrum
Schon von Weitem lädt der 32 m hohe markante Turm, der einem geschliffenen Diamanten ähnlich sieht, dazu ein, Porsche näher kennen zu lernen. Auf mehreren Etagen erstreckt sich das exklusive Kundenzentrum, das Tagungsräume, einen Restaurant- und Shopbereich sowie wechselnde, historische und aktuelle Fahrzeugausstellungen in sich birgt.

(2) Produktion
Im technisch hochwertigen Produktionsbereich können die Modelle Cayenne und Panamera dann auf ihrem Weg durch die Fertigung begleitet werden. Die Besucher partizipieren als stille Beobachter an der Fertigungsstrecke, während die Ingenieu-

re und Mechaniker mit größter Konzentration und Sorgfalt die Rennsporttechnik zusammensetzen.

(3) Fahrstrecke

Im dritten und letzten Bereich, der Fahrstrecke, werden den Besuchern mehrere außergewöhnliche Optionen geboten, die Fahrzeuge selbst zu testen. Hierfür gibt es eine FIA-zertifizierte, 3,4 km lange Einfahr- und Prüfstrecke sowie eine anspruchsvolle, 6 km lange Geländestrecke, die verschiedenste Fahrsicherheitstrainings möglich machen.

Die Besucher haben die Gelegenheit, die Marke Porsche in all ihren Ausprägungen zu erleben und zu erfahren.

5.2 Untersuchungsdesign

Zur Überprüfung der Erfolgswirkungen des Brand Land-Konzeptes von Porsche wurde eine umfassende Panelstudie durchgeführt (zu den Details der Untersuchung siehe Springer 2008). Insgesamt fanden die Befragungsdaten von 289 Besuchern Eingang in die empirische Auswertung. Anhand eines verhaltenstheoretischen Bezugsrahmens wurde die Vielzahl der Stimuli des Brand Lands hinsichtlich ihrer Vermittlungsform klassifiziert, sodass überprüft werden konnte, welche Wirkung mono-, duo- und multisensual vermittelte Stimuli bei den Besuchern entfalten. Die Datenerhebung erfolgte über eine schriftliche dreistufige Vorher-, Während- und Nachher-Befragung, bei der insgesamt 596 Variablen für jene Besucher, die auch einen Fahrevent mit gebucht hatten, und 497 Variablen für Nichtfahrer gemessen wurden. Zu den drei Befragungszeitpunkten wurden folgende Information erhoben:

■ VORHER-Befragung

Um die zeitliche Belastung der Befragung für die Besucher während des Programms im Porsche Brand Land so gering wie möglich zu halten, wurde eine erste schriftliche Befragung zur Vermessung der Präsdispositionen einige Wochen vor dem Besuch durchgeführt.

■ WÄHREND-Befragung

Zu Beginn des Besuchs im Brand Land erfolgte eine kurze schriftliche Befragung der Teilnehmer zu emotionsspezifischen Inhalten.

■ NACHHER-Befragung

Abschließend wurde nach dem Besuch im dritten und letzten Schritt die Bewertung der Brand-Land-Elemente, der Marke Porsche und die Verhaltensabsicht (Kauf, Wiederbesuch, Weiterempfehlung) des Besucherpanels ermittelt.

5.3   Imagebezogene Wirkungen

Erste deskriptive Untersuchungen zeigten, dass die Mehrheit der befragten Besucher schon vor dem Porsche Brand Land-Programm eine sehr gute Einstellung gegenüber der Marke Porsche entwickelt hatte. So wurde die Marke von 73,48 Prozent mit gut bis sehr gut (Top 2 Box) bewertet. Allerdings zeigte sich bei der Besuchergruppe, dass diese Grundhaltung nicht auf kognitiven Prägungen basierte. So erhielten die Aussagen „Ich habe den Eindruck, dass ich viel über Porsche weiß." (Ø 4,29) und „Ich fühle mich mit Porsche und seinen Produkten gut vertraut." (Ø 4,90) wenig Zustimmung auf einer 7er-Skala (1: stimme sehr zu bis 7: stimme gar nicht zu). Sich „über Porsche zu informieren" (Ø 2,83) galt jedoch nicht als Hauptgrund, das Porsche Brand Land zu besuchen. Als Grund wurde vorrangig angegeben, „etwas Besonderes [zu] erleben" (Ø 1,74 bzw. Ø$_{NF}$ 2,19). Diese Priorisierung ist auch vor dem Hintergrund erklärbar, dass 90,97 Prozent aller befragten Besucher noch nie im Brand Land der Marke Porsche gewesen waren.

Insgesamt konnte für die Gruppe der Besucher, die zusätzlich zur Kundenzentrums- und Produktionsführung ein Fahrevent gebucht hatten, ein beachtlicher positiver Image- und Einstellungseffekt in der Vorher-Nacher-Betrachtung konstatiert werden, was für die Güte des Brand Lands innerhalb der Instrumentevielfalt im Kommunikationsmix spricht. Bis auf eine Ausnahme wurden alle Eigenschaften der Marke Porsche nach dem Programm besser bewertet als vor dem Programm (Abbildung 3).

Aus der Zusammenfassung der 26 verwendeten Markeneigenschaften mittels einer explorativen Faktorenanalyse in eine fünffaktorielle Lösung (Kompetenz, Nähe, Aufrichtigkeit, Nachhaltigkeit und Dynamik) resultierten weitere Tendenzen anhand der Mittelwertprofile. Die Vorher-Nacher-Differenzen innerhalb der Markenkompetenz, die im Vergleich zu den anderen Markenfaktoren auch schon vor dem Programm besser bewertet worden waren fielen eher gering aus. Stattdessen gewann der vor dem Programm eher kritisch bewertete Markenfaktor der Nachhaltigkeit, der sich aus den Eigenschaften „sozial akzeptiert", „familienfreundlich", „naturverbunden" und „verantwortungsbewusst" zusammensetzt, an Zustimmung. Auch bei den Markenfaktoren Nähe und Aufrichtigkeit waren größere Differenzen feststellbar. Die Eigenschaften „naturverbunden", „familienfreundlich" und „greifbar" wiesen die stärksten Vorher-Nacher-Abweichungen auf.

Abbildung 3: *Vergleich des Markenimages vor und nach dem Besuch des Brand Lands (Quelle: Springer 2008)*

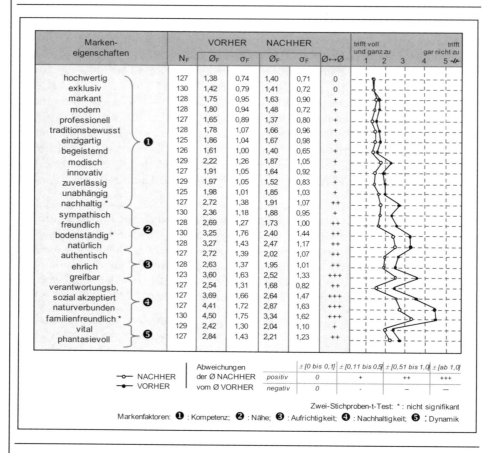

Dass sich Porsche mit einer Vielzahl von Programmen auf die verschiedenen Besucherbedürfnisse einstellt, zeigte sich auch im Abgleich der Erwartungen an den Besuch und den erbrachten Leistungen. 86,2 Prozent der Besucher gaben an, dass ihre Erwartungen (voll und ganz) erfüllt wurden (Top 2 Box). Die Besucher stimmten am Ende des Programms mehrheitlich (voll und ganz) zu (Top 2 Box), dass Porsche „eine Marke mit hohem Ansehen ist" (89,1 Prozent), dass diese „gut auf zukünftige Herausforderungen vorbereitet ist" (84,7 Prozent) und dass sich Porsche „deutlich von anderen Automobilisten unterscheidet" (73,7 Prozent). Nahezu einhellig wurde die Meinung vertreten, sich positiv über den Tag bei Porsche zu äußern und anderen von den guten Erfahrungen im Brand Land zu berichten.

Mit Hilfe einer kausalanalytischen Modellierung wurde hypothesengestützt der Einfluss der einzelnen Bereiche bzw. Events des Porsche Brand Lands auf die Gesamteinstellung zum Brand Land untersucht. Hierbei wurde nach Besuchern mit und ohne Fahrevent differenziert. Das für die jeweilige Besuchergruppe in der Abbildung 4 dargestellte Totalmodell (zu den Details der Modellgüte siehe Springer 2008) bestätigte zum einen, dass sich die positive Einstellung aus der Einstellungsentwicklung der wahrgenommenen, signifikant verschiedenen Bereiche zusammensetzt. Den Kausalmodellen war zu entnehmen, dass die Anteile erklärter Varianzen der positiven Einstellungsbildung einen Gesamtwert von 40,6 Prozent bei den Fahrern und 49,8 Prozent bei den Nichtfahrern hatten. In beiden Fällen besaßen die Produktionsbereiche mit einem Pfadkoeffizienten von 0,445 bei den Fahrern und einem Pfadkoeffizienten von 0,617 bei den Nichtfahrern sowie jeweils substanziellen Effektgrößen die stärksten Erklärungsanteile für die jeweiligen endogenen Variablen. Dieser Befund ist für die Nichtfahrergruppe nachvollziehbar, wenn die Frage zu den Hauptgründen des Brand Land-Besuches herangezogen wird, die ergab, dass vor allem „etwas Besonderes zu erleben" im Mittelpunkt des Besuches stand. Dies war jedoch auch der vorrangige Besuchsgrund der Fahrergruppe, obgleich zu erwarten gewesen wäre, dass die Fahrstrecke den ausschlaggebenden Erklärungsanteil für die positive Einstellungsbildung des Porsche Brand Lands geliefert hätte.

Obwohl der letztgenannte Befund schwerlich interpretierbar ist, zeigte sich in beiden Fällen, dass die Bereiche mit einem höheren Anteil monosensualer Elemente die höchsten Erklärungsanteile für die positive Einstellungsbildung liefern. Dies impliziert die Frage, ob die Ansprache über mehrere Sinne trotz der nachgewiesenen höheren Erinner- und Abrufbarkeit eine höhere Belastung für die Individuen verursacht, die sich letztlich – wie im hier gezeigten Fall – in der affektiv geprägten Grundhaltung widerspiegelt.

Abbildung 4: *Kausalmodelle zur Überprüfung der positiven Einstellungsbildung*
(Quelle: Springer 2008)

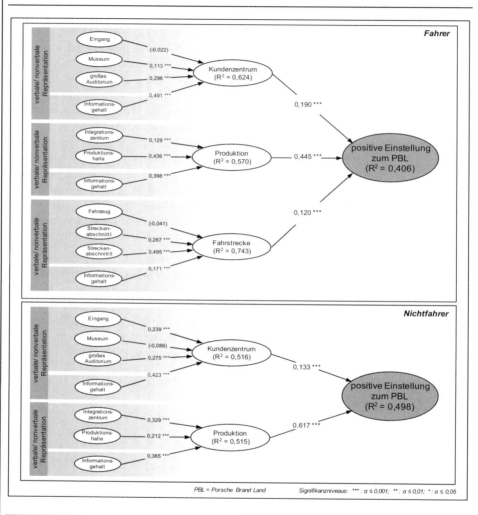

5.4 Verhaltensbezogene Wirkungen

Die Verhaltensabsicht der Fahrer- und Nichtfahrergruppe lässt sich sowohl durch den kognitiv geprägten Teil der Markeneinstellung nach dem Besucherprogramm als auch durch die affektiv geprägte positive Einstellung zum Porsche Brandland erklären. Würde man die Betrachtung auf die Kommunikationsabsicht begrenzen, könnte für beide Gruppen ein Zusammenhang zwischen den kognitiven, affektiven und konativen Prozessen hergestellt werden. Die Nichtfahrergruppe hatte jedoch aufgrund des eingeschränkten Programms nicht die Möglichkeit, die Performance der Porsche-Fahrzeuge auf den Einfahr- und Prüfstrecken kennenzulernen. Dies kann als Begründung dafür herangezogen werden, dass die Erklärungsanteile der Nutzungs- und Kaufabsicht durch die nicht signifikanten, affektiv geprägten Komponenten so gering ausfielen (Abbildung 5).

Abbildung 5: *Kausalmodelle zur Überprüfung der Verhaltensabsicht (Quelle: Springer 2008)*

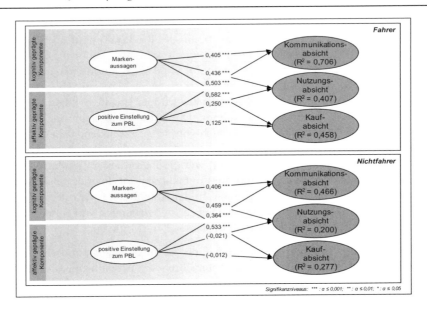

Betrachtet man ausschließlich die Ergebnisse der Fahrergruppe, so wird deutlich, dass die affektiv geprägte Komponente einen größeren Beitrag zur Erklärung der Kommunikationsabsicht besaß als die kognitiv geprägte Komponente. Zur Erklärung der Nutzungs- und Kaufabsicht ist allerdings der kognitiv geprägte Teil der Markeneinstellung ausschlaggebend. Somit liegt die Vermutung nahe, dass die oben genannte Kausalität zwischen der Multisensualität und der Markeneinstellung um die Kaufabsicht erweitert werden könnte. Dies hieße, dass die Ansprache mehrerer Sinne eine durchaus positive, ökonomische Auswirkung mit sich bringt.

6.   Fazit und Implikationen

Der Einsatz von Brand Lands als Instrument der Live Communication für die Kundenbindung gewinnt zunehmend an Relevanz. Die multisensuale Repräsentation und Erfahrbereit der Marke in einem gestalteten Erlebnisumfeld scheint insbesondere in jenen Märkten an Bedeutung zu gewinnen, in denen der Fokus auf die Bindung und Pflege bestehender Kunden ausgerichtet ist. Brand Lands dienen als authentische erlebnisbetonte Kommunikationsplattformen, in denen sich Menschen und Marken begegnen, um die Werte von Unternehmen und ihren Produkten und Dienstleistungen überzeugend zu transportieren und die Markenversprechen live und konkret für den Einzelnen greifbar zu machen. Die Authentizität des Produktes wird im Hinblick auf die Feststellung: „The core of any product experience is the use of the product [...] itself" (Robinette/Brand, 2001, S. 64) durch ein vielfältiges, multisensual erfahrbares Angebot realisiert. Die vorliegende Untersuchung zeigt, dass mit Hilfe von Brand Lands bei Kunden- wie auch Nichtkundenzielgruppen positive Einstellungs- und Verhaltenswirkungen erzielt werden können. Durch die konsistente und kontinuierliche Ansprache aller Sinne kann der Besuch von den verschiedenen Zielgruppen als ein ganzheitliches Erlebnis wahrgenommen werden. Zwar erzielen Brand Lands eine nicht so hohe Reichweite in so kurzer Zeit wie die Instrumente der klassischen und virtuellen Kommunikation, dafür sind die Kontaktintensität, Interaktionsqualität und Erfahrbarkeit der Marke höher ausgeprägt. In der Abbildung 6 wird der Versuch unternommen, die Eigenschaften und potenziellen Zielwirkungen von Brand Lands als Live Communication-Instrument zusammenfassend zu skizzieren.

Wie die Effizienz von Brand Lands unter Einbeziehung der ökonomischen Betrachtung zu bewerten ist, wird im Rahmen weiterführender Forschungsprojekte zu analysieren sein.

Abbildung 6: *Eigenschaften und Zieldimensionen von Brand Lands im Kundenbeziehungszyklus (Kirchgeorg et al. 2009)*

Eigenschaften		Zielsetzung	
Reichweite	+	Erhöhung der Marken-bekanntheit	+
Ortsgebundenheit	+++	Aufbau des Marken-images	++
Zeitgebundenheit	+	Aufbau von Markenver-trauen	++
Kontaktintensität	+++	Demonstration der Markenqualität	+++
Erfahrbarkeit	+++	Erleben der Markenwelt	+++
Emotionalität	+++	Differenzierung im Wett-bewerb	+++
Multisensualität	+++	Direkte Erhöhung des Abverkaufs	++
Persönlicher Kontakt	+++	Steigerung der Marken-loyalität	+++
Kontrolle des Rezipien-tenumfeldes	++	Erhöhung der Kunden-bindung	+++
Interaktion	+++	Legende: + schwache Ausprägung	
Kontaktkosten	+++	++ mittlere Ausprägung +++ starke Ausprägung	

Literaturverzeichnis

Borries, F. (2004): Die Markenstadt. Marketingstrategien im urbanen Raum, Berlin.

Bruhn, M. (2001): Relationship Marketing. Das Management von Kundenbeziehungen, München.

Bruhn, M. (2005): Unternehmens- und Marketingkommunikation. Handbuch für ein integriertes Kommunikationsmanagement, München.

Bruhn, M. (2007): Marketing, 8. Aufl., Wiesbaden.

Bruhn, M. (2009): Das kommunikationspolitische Instrumentarium, in: Bruhn, M./ Esch, F.-R./Langner, T. (Hrsg.): Handbuch Kommunikation, Wiesbaden, S. 25-43.

Brühe, C. (2007): Live Communication Vs. Virtual Communication?, in: Meffert, H./ Backhaus, K./Becker, J. (Hrsg.): Neue Wege der Kundenintegration? Live Communication vs. Virtual Communication (Web 2.0), Wissenschaftliche Gesellschaft für Marketing und Unternehmensführung e. V., Dokumentationspapier Nr. 194, Leipzig, S. 56-58.

Diez, W./ Schwarz, M. (2000): Brand Lands in German Car Distribution, ICDP Research Paper 6/00, Solihull.

Esch, F.-R./Andresen, T. (1996): Markenführung. Barrieren behindern Markenbeziehungen, in: Absatzwirtschaft, 39. Jg., Nr. 10, S. 94-100.

Georgi, D. (2005): Kundenbindungsmanagement im Kundenbeziehungszyklus, in: Bruhn, M./Homburg, C. (Hrsg.): Handbuch Kundenbindungsmanagement. Strategien und Instrumente für ein erfolgreiches CRM, 5. Aufl., Wiesbaden, S. 229-249.

Harper, D. (2001): Brand Land, http://www.etymonline.com/index.php, (Zugriff am: 05.10.2006).

Hoppe, M. (2007): Brand Lands als Erlebniswelten. Auswirkungen des erlebnisorientierten Konsums auf die Entwicklung und Inszenierung markengebundener Themenparks, Saarbrücken.

Kagelmann, H.-J. (2004): Erlebniswelten. Zum Erlebnisboom in der Postmoderne, München.

Kilian, K. (2007): Multisensuales Markendesign als Basis ganzheitlicher Markenkommunikation, in: Florack, A./Scarabis, M./Primosch, E. (Hrsg.): Psychologie der Markenführung, München, S. 323-356.

Kirchgeorg, M./Hartmann, D. (2004): Erlebnis als Mehrwert, in: Marketing Journal, Themenheft: Effizienz, 38. Jg., Nr. 1, S. 30-33.

Kirchgeorg, M./Springer, C. (2006): Uniplan LiveTrends 2006. Steuerung des Kommunikationsmix im Kundenbeziehungszyklus. Eine branchenübergreifende Befragung von Marketingentscheidern unter besonderer Berücksichtigung der Live Communication, Arbeitspapier Nr. 71, 2. Aufl., Lehrstuhl Marketingmangement, Leipzig.

Kirchgeorg, M./Springer, C./Brühe, C. (2009): Live Communication Management. Ein strategischer Leitfaden zur Konzeption, Umsetzung und Erfolgskontrolle, Wiesbaden.

Krafft, M./Götz, O. (2006): Der Zusammenhang zwischen Kundennähe, Kundenzufriedenheit und Kundenbindung sowie deren Erfolgswirkungen, in: Hippner, H./Wilde, K. D. (Hrsg.): Grundlagen des CRM. Konzepte und Gestaltung, 2. Aufl., Wiesbaden, S. 325-356.

Meinicke, B. (2003): Erlebniswelten als Instrumente der Kundenbindung. Neue Wege in der deutschen Automobilindustrie, Augsburg.

Nufer, G. (2006): Event-Marketing. Theoretische Fundierung und empirische Analyse unter besonderer Berücksichtigung von Imagewirkungen, 2. Aufl., Wiesbaden.

Payne, A./Frow, P. (2005): A Strategic Framework for Customer Relationship Management, in: Journal of Marketing, Vol. 69, No. 4, S. 167-176.

Reichheld, F./Sasser, W.E. (1990): Zero Defections. Quality Comes to Services, in: Harvard Business Review, Vol. 68, No. 5, S. 105-111.

Reinartz, W./Kumar V. (2002): The Mismanagement of Customer Loyalty, in: Harvard Business Review, Vol. 80, No. 7, S. 86-95.

Robinette, S./Brand, C. (2001): Emotion Marketing, New York.

Roost, F. (2002): Die Stadt als Showroom. Corporate Image Centers als Vermarktungskonzept global agierender Konzerne, in: tec 21, o. Jg., Nr. 31/32, S. 6-10.

Springer, C. (2008): Multisensuale Markenführung. Eine verhaltenswissenschaftliche Analyse unter besonderer Berücksichtigung von Brand Lands in der Automobilwirtschaft, Wiesbaden.

Stauss, B. (2000): Perspektivenwandel. Vom Produkt-Lebenszyklus zum Kundenbeziehungszyklus, in: Thexis, 17. Jg., Nr. 2, S. 15-18.

Steinecke, A. (2001): IndustrieErlebnisWelten zwischen Heritage und Markt. Konzepte, Modelle, Trends, in: Hinterhuber, H.H./Pechlaner, H./Matzler, K. (Hrsg.): IndustrieErlebnisWelten. Vom Standort zur Destination, Berlin, S. 87-101.

Thiemer, J. (2004): Erlebnisbetonte Kommunikationsplattformen als mögliches Instrument der Markenführung. Dargestellt am Beispiel der Automobilindustrie, Kassel.

Valdani, E./Guenzi, P. (2001): Marketing von Brand Parks, in: Hinterhuber, H.H./Pechlaner, H./Matzler, K. (Hrsg.): IndustrieErlebnisWelten. Vom Standort zur Destination, Berlin, S. 153-193.

Wolf, A. (2005): Erfolgsfaktoren industrietouristischer Einrichtungen. Eine Untersuchung zu Erfolgsfaktoren unterschiedlicher Angebotstypen und ausgewählter Einrichtungen in Großbritannien und Deutschland, Paderborn.

H. Dieter Dahlhoff

Die Rolle der Direktkommunikation im Management von Kundenbeziehungen öffentlicher Institutionen

1. Einführung in das Thema

2. Charakterisierung öffentlicher Institutionen
    2.1   Systematisierung öffentlicher Institutionen
    2.2   Aufgaben öffentlicher Institutionen
    2.3   Kundenbeziehungen in öffentlichen Institutionen
    2.4   Status Quo der Kommunikation öffentlicher Institutionen

3. Direktkommunikation von öffentlichen Institutionen
    3.1   Instrumente der Direktkommunikation
    3.2   Vorgehensweise bei der Direktkommunikation
    3.3   Besonderheiten der Direktkommunikation
    3.4   Herausforderungen der Direktkommunikation

4. Handlungsoptionen beim Einsatz von Direct Mail zum Aufbau von Kundenbeziehungen öffentlicher Institutionen
    4.1   Wahl des Adressierungsgrades
    4.2   Wahl der Gestaltungsvariablen
    4.3   Serviceorientierte und appellative Direct Mails

5. Fazit

Univ.-Prof. Dr. H. Dieter Dahlhoff hat den SVI-Stiftungslehrstuhl Kommunikations- und Medienmanagement im DMCC – Dialog Marketing Competence Center der Universität Kassel inne.

1. Einführung in das Thema

Die Direktkommunikation, in ihren Anfängen vor allem von Versandhändlern und Buchclubs eingesetzt, hat sich zunehmend in der Marktkommunikation von Unternehmen etabliert und dient dort der Anbahnung, Verstärkung und Aufrechterhaltung von Kundenbeziehungen (Wirtz 2005, S. 14). Verstanden als eigenständige Profession, wird die Direktkommunikation dort vor allem genutzt, einzelne Zielpersonen einer relevanten Zielgruppe persönlich anzusprechen, um Interessenten zu gewinnen, die schließlich zu Kunden weiterentwickelt und gebunden werden sollen. Weiterhin übernimmt die Direktkommunikation von Unternehmen zunehmend klassische Kommunikationsaufgaben – darunter die Information, die Bekanntmachung und die Reputationsbildung –, die ebenfalls einen wesentlichen Beitrag zur Anbahnung, Verstärkung und Aufrechterhaltung von Kundenbeziehungen leisten (vgl. zu den Aufgaben der Direktkommunikation beispielsweise Holland 2004, S. 20ff.). Die Marketingzeiten, in denen die Direktkommunikation als flankierende oder Below-the-Line-Kommunikation verstanden wurde, gehören der Vergangenheit an. Vielmehr kann die Direktkommunikation heute als ganzheitlicher Kommunikationsansatz gesehen werden, der in seiner Handhabung großes Potenzial für ein Kommunikationsmanagement besitzt und äußerst flexibel ist. Diese Erkenntnisse können mit Gewinn auf den institutionellen Bereich übertragen werden.

Der vorliegende Beitrag soll Möglichkeiten und Wege aufzeigen, das professionalisierte, bestehende Know-how und Vorgehen der Direktkommunikation zur Gestaltung von „Kundenbeziehungen" in öffentlichen Institutionen zu etablieren.

2. Charakterisierung öffentlicher Institutionen

2.1 Systematisierung öffentlicher Institutionen

Öffentliche Institutionen werden in Deutschland danach unterschieden, ob diese auf Bundes-, Landes- oder kommunaler Ebene angesiedelt sind (Reichard 1987, S. 15ff.; Lepper 1992, S. 292ff.). Innerhalb der drei angeführten Ebenen kann weiterhin differenziert werden in (1) Organisationseinheiten, die mit planenden, gesetzesvorbereitenden und gesetzesvollziehenden Aufgaben betraut sind – Behörden – sowie in (2) Organisationseinheiten, die einen Dienstleistungs- bzw. Produktionscharakter – Betriebscharakter – aufweisen (Hoon 2003, S. 16). In einer entsprechend weiten Begriffsfassung sind daher sämtliche Einrichtungen als öffentliche Institutionen zu verstehen, die entweder als Behörde oder als Betrieb Aufgaben übernehmen und als öffentliche Verwaltung (z. B. Ministerien, Stadtverwaltungen und Hochschulen), öffentliche Vereinigung (z. B. Kammern, Zweckverbände und Ortskassen), öffentliches Unternehmen (z. B. Sparkassen, Rundfunkanstalten und Verkehrsunternehmen) oder Non-Profit-Organisation (z. B. Parteien, Sozialwerke und Kirchen) auftreten (Landerer 1990, S. 213f.; Damkowski/Precht 1995, S. 24ff.).

2.2 Aufgaben öffentlicher Institutionen

Privatwirtschaftlich organisierte Unternehmen können ihrerseits im Markt nur bestehen, wenn sie Gewinne erwirtschaften. Grundvoraussetzung dafür ist es, in Kontakt mit Kunden zu treten. Dies gilt für öffentliche Institutionen nicht zwangsläufig, da es die Aufgabe öffentlicher Institutionen ist, neben Individualgütern auch Kollektivgüter und so genannte meritorische Güter anzubieten. Bei Letzteren handelt es sich um Produkte oder Dienstleistungen, die auf Basis von Marktpreisen zu wenig nachgefragt würden, deren größtmögliche Verbreitung aufgrund bestimmter Zielsetzungen Seitens des Staates jedoch ausdrücklich erwünscht ist. Als Beispiele seien hier die Gesundheitsvorsorge sowie Kultur und Bildung angeführt (Raffée et al. 1994, S. 30; Hohn 2008, S. 120). Kollektivgüter hingegen zeichnen sich durch die Nichtanwendbarkeit des Ausschlussprinzips sowie die Nichttrivialität im Konsum aus. Zwei Merkmale, die eine effiziente Allokation über den Markt verhindern und daher von öffentlichen Institutionen bereitgestellt werden müssen (Hohn 2008, S. 120). Nach dieser Auffassung handelt es sich bei Kollektivgütern beispielsweise um Spielplätze, Straßen, Parkanlagen, Brücken, Kanalisation, Recht und Polizei (Maring 2001, S. 140; van Santurn 2005, S. 47). Vor dem beschriebenen Hintergrund besteht das Ziel öffentlicher Institutionen darin, die Finanzierbarkeit der angebotenen Güter und Dienstleistungen zu sichern und das gesamte Leistungsspektrum sowohl effektiv als auch effizient zu erbringen. Dazu wurden in den 1990er Jahren in Deutschland Umstrukturierungsmaßnahmen gestartet, die auf den Prinzipien des „New Public Management" basieren (Hoon 2003, S. 22). Durch das New Public Management sollte erreicht werden, die Inanspruchnahme der angebotenen Leistungen zu erhöhen, das Kosten-Nutzen-Verhältnis zu optimieren und die Leistungsfähigkeit öffentlicher Institutionen durch eine Steigerung der Einnahmeerzielung zu verbessern. Im Unterschied zur Steuerung über Inputs, einer funktionalen Arbeitsteilung und der ausgeprägten Hierarchisierung des bürokratischen Regulierungsmodells beinhaltet das New Public Management eine Steuerung über Ziele und Ergebnisse. In diesem Zusammenhang werden Produkte und Prozesse betrachtet, an denen weitestgehend eigenständige Organisationseinheiten beteiligt sind, welche die vormals praktizierte Prozessdominanz durch Kundenorientierung ersetzten (Naschgold 1995, S. 32; Hoon 2003, S. 22).

2.3 Kundenbeziehungen in öffentlichen Institutionen

Die Reformansätze des New Public Management sind bei Bürgern noch nicht hinreichend erkannt worden. Vielmehr stehen öffentliche Institutionen nach wie vor in der Kritik, intransparent und zu wenig kundenorientiert zu sein sowie starre Denkmuster und veraltete Strukturen aufzuweisen (Rodenhagen et al. 2009, S. 265). So zeigt beispielsweise eine Repräsentativbefragung deutscher Haushalte von TNS Emnid aus dem Jahr 2007, dass öffentliche Institutionen als Standortfaktor neben dem Gesundheitssystem – das in der beschriebenen, weiten Begriffsfassung ebenfalls den öffentlichen Institutionen zuzurechnen ist – in der Beurteilung am schlechtesten abschnitten (TNS Emnid 2007). Zu ähnlichen Ergebnissen kommt eine Studie des Bayerischen Staatsministeriums für Finanzen über die Wahrnehmung des öffentlichen Dienstes aus dem Jahr 2003, nach der Bürger ein negatives Bild von öffentlichen Institutionen haben, das insbesondere auf mangelnde Flexibilität und fehlende Dienstleistungsorientierung zurückzuführen ist (Bayerisches Staatsministerium 2003).

Da die Produktpolitik mit Blick auf die Bereitstellung von Kollektiv- und meritorischen Gütern stark über gesetzliche Vorgaben eingeschränkt wird, sind die Einsatzmöglichkeiten des Marketing öffentlicher Institutionen im Wesentlichen auf das Qualitätsmanagement und die Kommunikationspolitik beschränkt (Mäding 1998, S. 15f.; Hohn 2008, S. 120). Folglich ist es gerade die gegenseitige Kontaktanbindung, die zur Erreichung des Staatsziels – der Demokratie – beiträgt und die kontinuierliche Legitimation durch Bürger erlaubt (Jerschke 1971, S. 23). Kommunikation mit Bürgern ist für deren Bereitschaft, gesetzliche Verpflichtungen zu akzeptieren und ihnen nachzukommen erforderlich, um die Wirkkraft von Gesetzen zu erhöhen (Riedel 2006, S. 8). Zudem gewinnen öffentliche Institutionen in Zeiten des nationalen und internationalen Wettbewerbs um Firmenansiedlungen und Arbeitsplätze als Standortfaktor zunehmend an Bedeutung. Ein Standort mit einer effizient arbeitenden, adressatengerechten öffentlichen Institution, zieht mehr qualifizierte Arbeitnehmer und Unternehmen an und sichert auf diese Weise sowohl den langfristigen Bestand als auch die Entwicklungschancen (Hohn 2008, S. 1).

2.4 Status Quo der Kommunikation öffentlicher Institutionen

Mit dem New Public Management wurden erstmalig Bürger in den Fokus des Handelns öffentlicher Institutionen gestellt – damit wurde zugleich der Grundstein einer weiterreichenden, kundenorientierten Kommunikation gelegt. In den späten 1990er Jahren wurden auf der Basis der fortschreitenden Informations- und Kommunikationstechnologie Konzepte und umfassende Maßnahmenkataloge entwickelt, das so bezeichnete eGovernment umzusetzen. Dieses erlaubt es, neben dem reinen Informationsaustausch auch Daten und Dienstleistungen zwischen öffentlichen Institutionen und Bürgern, Wirtschaft, Beschäftigten und Verwaltungseinheiten über das Internet auszutauschen (vgl. zum eGovernment beispielsweise Schallbruch 2003; Wirtz et al. 2008; Rodenhagen et al. 2009). Die Implementierung der IT-Strukturen sowie die Verknüpfung von Datenpools stellen allerdings große Herausforderungen dar.

Abbildung 1: *Entwicklungslinien zur Dialogkommunikation in öffentlichen Institutionen*

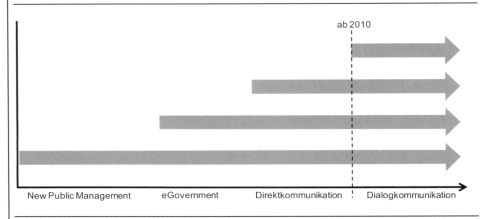

Die Möglichkeiten des eGovernment werden vom Bürger bislang weder hinreichend wahrgenommen, noch entsprechend genutzt. Zurückzuführen ist dieser Umstand vermutlich auf die geringe Anzahl an attraktiven Angeboten auf der einen Seite. Andererseits wird von Experten vor allem die zurückhaltende Information und Kommunikation im Hinblick auf die Leistungen des eGovernments kritisiert (Knippelmeyer 2003, S. 1). An dieser Stelle setzt die Direktkommunikation an. Diese verfügt allerdings auch über Ursprünge außerhalb des „elektronischen Denkens". Schließlich handelt es sich bei den Zielpersonen öffentlicher Institutionen um „mündige Bürger", die als Menschen sowohl über rationale aber – auch über irrationale und emotionale Verhaltensweisen verfügen und im besten Fall als interessierte Citoyens – am Sozialleben teilnehmen möchten (Dahlhoff 2008, S. 27).

Aufgabe der Direktkommunikation in öffentlichen Institutionen ist es daher, Zielpersonen dazu zu bringen, Informationen abzurufen, „öffentliche Produkte und Dienstleistungen" in Anspruch zu nehmen wie auf die eGovernment-Angebote aufmerksam zu machen. Das heißt auch – um einen Begriff des Obama-Managements aufzugreifen – für so genannte „Nudges" (Anstöße) zum gewünschten bürgerlichen Verhalten zu sorgen (Thaler/Sunstein 2009). Es geht also darum, eine Effizienzsteigerung zu bewirken – selbst wenn damit Verpflichtungen Seitens der Bürger einhergehen. Weiterhin können durch das eGovernment nicht alle Zielgruppen öffentlicher Institutionen erreicht werden. Dies gilt insbesondere für Menschen mit geringer Schulbildung, Senioren, Frauen und Arbeitslose sowie für Bewohner ländlicher Gebiete, da diese Bevölkerungsgruppen elektronische Medien tendenziell weniger in Anspruch nehmen (Booz Allen & Hamilton 2002, S. 31). Folglich besteht eine besondere Aufgabe der Direktkommunikation darin, alle relevanten Anspruchsgruppen im Hinblick auf aktuelle Entwicklungen bzw. Neuerungen und die damit einhergehenden Handlungsoptionen zu informieren (vgl. zu den Aufgaben der Direktkommunikation beispielsweise Holland 2004, S. 20ff.).

Insgesamt kann konstatiert werden, dass die Direktkommunikation dazu dient, Zielpersonen aktiv, d. h. im Sinne einer Push-Kommunikation anzusprechen und dazu zu bewegen, auf die Kommunikationsanstrengungen öffentlicher Institutionen zu reagieren (Bruhn 2009, S. 395). Wird die Direktkommunikation stringent umgesetzt, ermöglicht dies den Übergang zur Dialogkommunikation öffentlicher Institutionen. In dieser weiteren Entwicklungsphase erfolgt ein unmittelbarer, individualisierter wie mitunter simultaner Dialog zwischen Anbieter und Nachfrager – eine Interaktion –, die auf einem gegenseitigen Informationsfluss basiert und sowohl von Seiten der öffentlichen Institution als auch von Seiten der Bürger initiiert werden kann (Bruhn 2007, S. 387f.; sowie zum Individualisierungs- und Interaktivitätspotenzial der Dialogkommunikation die Ausführungen Hünerberg 2000, S. 123; Mann 2004, S. 78).

Begünstigend für die Dialogkommunikation wird sich weiterhin die Veränderung der Nutzerstruktur elektronischer Medien auswirken. So ist die deutsche Bevölkerung noch immer durch so genannte „Digital Adopter" gekennzeichnet, die sich den Entwicklungen im Hinblick auf die Informations- und Kommunikationstechnologien anpassen und den Umgang mit diesen Medien in einem anhaltenden Prozess erlernen. Im Unterschied dazu stehen die „Digital Natives". Darunter sind vor allem die jüngeren Bevölkerungsschichten zu verstehen, die spielerisch an die Informations- und Kommunikationstechnologien herangeführt wurden und für welche die internetbasierte bzw. mobile Kommunikation eine Selbstverständlichkeit darstellt. Vor diesem Hintergrund ist eine entsprechende Entwicklung – insbesondere im Bereich öffentlicher Institutionen, die explizit den mündigen Bürger adressiert – hin zur vollständigen, sehr stark auch elektronisch basierten Dialogkommunikation ab etwa 2012 vermehrt zu sehen. Auch hier wird die Direktkommunikation weiterhin eine wichtige Rolle spielen.

3. Direktkommunikation von öffentlichen Institutionen

3.1 Instrumente der Direktkommunikation

Die Instrumente der Direktkommunikation mit „Kunden" öffentlicher Institutionen sind vielfältig und reichen von adressierten, teil- und unadressierten Werbesendungen (Direct Mail) über die telefonische (Call), die faxgestützte (Fax) und die elektronische Kommunikation (eMail) bis hin zur mobilen Ansprache (Mobile), die allesamt mit unterschiedlichen Vor- und Nachteilen einhergehen (Holland 2004, S. 23f.; Bruhn 2005, S. 209; Wirtz 2005, S. 166; Dahlhoff 2009, S. 1308). Mit Ausnahme von Direct Mail sind hier vor allem die rechtlichen Einschränkungen sowie die mäßige Akzeptanz von Call, Fax, eMail und Mobile zu nennen (Wirtz 2005, S. 79ff.; Dahlhoff/Korzen 2008, S. 433).

Ein Vorteil des Direct Mails liegt darin begründet, den Erstkontakt durch die so genannte „Kaltakquise" herstellen zu können. Call, Fax, eMail und Mobile eignen sich besonders als Medien zum Nachfassen mehrstufiger Direct-Mail-Aktionen, sofern der Rezipient entsprechend positiv respondiert hat (Dahlhoff/Korzen 2008, S. 433). Es ist weiterhin empfehlenswert, Call, Fax, eMail und Mobil – neben der klassischen Antwortkarte – als Responsekanäle zur Verfügung zu stellen. Schließlich konnte bereits eine Indifferenz von Konsumenten hinsichtlich der Wahl des Responsekanals festgestellt werden, sodass durch eine möglichst breite Auswahl an Kanälen erreicht werden kann, die Reaktion zu erhöhen.

In Anbetracht der Aufgaben der Direktkommunikation öffentlicher Institutionen sowie der Vorteilhaftigkeit des Instruments Direct Mail gegenüber Call, Fax, eMail und Mobile kann konstatiert werden, dass sich insbesondere die Briefkommunikation eignet, mit Bürgern in Kontakt zu treten und einen Dialog zu initiieren. Vor diesem Hintergrund beziehen sich die nachfolgenden Ausführungen im Wesentlichen auf das Instrument Direct Mail.

3.2 Vorgehensweise bei der Direktkommunikation

Kommunikationsprozesse sind komplex und vielfältig – entsprechend steht ein Management öffentlicher Institutionen hier vor großen Aufgaben. Es empfiehlt sich, bei der Durchführung einer Direct-Mail-Aktion, einen strukturierten Planungsprozess einzusetzen, der in der nachfolgenden Abbildung dargestellt wird (vgl. unter anderem Meffert 1997, S. 48; Holland 2004, S. 45; Bruhn 2007, S. 50).

Abbildung 2: *Planungsprozess einer Direct-Mail-Aktion*
(Quelle: Korzen o.J.)

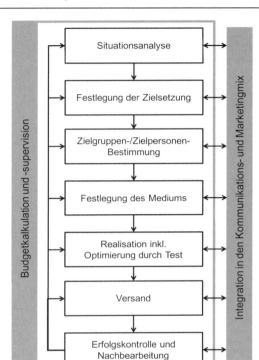

Der erste Schritt im Planungsprozess einer Direct-Mail-Aktion besteht in der Durchführung der Situationsanalyse, welche die spezifischen Stärken und Schwächen der öffentlichen Institution den gegebenen Chancen und Risiken gegenüberstellt und als Grundlage für die nachfolgenden Planungs- und Entscheidungsstufen dient (Holland 2004, S. 47; Bruhn 2007, S. 50, S. 125f.; Meffert et al. 2008, S. 20f.). Auf Basis der Ergebnisse aus der Situationsanalyse ist es möglich, die Ziele, die im Rahmen der Direct Mail Aktion erreicht werden sollen, zu definieren, wobei neben ökonomischen Zielen auch die vorgelagerten, psychographische Ziele in die Definition einbezogen werden sollten (Holland 2004, S. 47; Meffert et al. 2008, S. 21). Wurden die Ziele bestimmt, erfolgt die Identifikation derjenigen Zielpersonen, die basierend auf einer Marktsegmentierung als aussichtsreich für die Erfüllung der gewählten Zielsetzung eingeschätzt werden können (Holland 2004, S. 47, S. 67; Wirtz 2005, S. 222). Bei der Festlegung des Mediums besteht die Wahl zwischen einem voll-, teil- und unadressierten Direct Mail, die im Wesentlichen durch die Zielsetzung, das Budget, die Zielgruppe, das Angebot sowie durch den zur Verfügung stehenden Planungshorizont bestimmt wird (Hoekstra 1998, S. 149; Wirtz 2005, S. 173). Die Realisation beinhaltet sämtliche Arbeitsschritte, die bis zum endgültigen Versand des Direct Mail erforderlich sind. Dabei kommt der Optimierung durch Tests eine besondere Bedeutung zu, da es gerade das Kommunikationsinstrument Direct Mail erlaubt, die Erfolgsaussichten unterschiedlicher Angebotsinhalte und Gestaltungsvariablen an verschiedenen Zielgruppen zu überprüfen (vgl. Schöberl 2004, S. 40f. sowie zur Zusammenarbeit mit externen Dienstleistern im Rahmen der Realisation beispielsweise Belz 2006). Im Anschluss an den Versand erfolgt die Kontrolle und Nachbereitung, indem die über die verschiedenen, zur Verfügung gestellten Kanäle eingehenden Responses aufgenommen und bearbeitet werden. Zudem erfolgt eine umfassende Erfolgskontrolle, indem die Ergebnisse der Aktion einem Soll-Ist-Vergleich unterzogen werden, der sowohl der Überprüfung der Effizienz als auch der Effektivität dient. Dies ermöglicht es zudem, eine Ursachenanalyse bei starken Abweichungen vorzunehmen und die entsprechenden Learnings in Folgeaktionen einfließen zu lassen (Mann 2006, S. 367; Meffert/Ahrens 2006, S. 10ff.).

Im Planungsprozess kommt der Budgetkalkulation und -supervision eine besondere Bedeutung zu, ebenso wie der Integration der Direct-Mail-Aktion in den übergeordneten Kommunikations- und Marketingmix. So darf bei der Festlegung des Kommunikationsbudgets nicht vernachlässigt werden, dass sich der Umfang des vorgesehenen Budgets nicht allein auf die Konzeption und Durchführung der Maßnahmen bezieht, sondern dass darüber hinaus auch alle übrigen Prozesselemente – von der Situationsanalyse über Tests bis hin zum Follow-up – in die Kalkulation einbezogen werden müssen, die a priori allerdings schwer zu determinieren sind (Holland 2004, S. 362f.; Bruhn 2007, S. 245). Außerdem sollten sämtliche Schritte des Planungsprozesses in den übergeordneten Kommunikations- und Marketingmix der öffentlichen Institution integriert werden, um sowohl nach innen als auch nach außen ein konsistentes Erscheinungsbild zu vermitteln, das zu einer synergetischen Wirkungssteigerung bei der anvisierten Zielgruppen führt (Zorn 1997, S. 54, S. 59; Dahlhoff 2000, S. 16f.).

3.3 Besonderheiten der Direktkommunikation

Eine erste Besonderheit der Direktkommunikation besteht in der Möglichkeit, die Bedingungen und Umstände der Leistungserbringung sorgfältig zu kommunizieren und den Bürgern die Relevanz der Leistung sowie ihrer Mitwirkung an der Leistungserstellung näherzubringen (Becker 2006, S. 710; Riedel 2006, S. 150f.). Ziel ist es, sowohl zu einer positiven Einstellung und Offenheit gegenüber öffentlichen Institutionen beizutragen als auch zu einer Stärkung der Kundenbeziehung. In diesem Zusammenhang eignet sich die Direktkommunikation ganz besonders, die angebotenen, immateriellen Leistungen zu materialisieren bzw. zu visualisieren sowie einen individuellen Bezug zwischen dem Bürger und der (Dienst-)Leistung herzustellen (Rieger 1983, S. 399; Riedel 2006, S. 75, 150f.; Meffert/Bruhn 2009, S. 42ff.).

Eine weitere Besonderheit der Direktkommunikation besteht im hohen Wirkungsgrad der Kommunikation durch eine gezielte und individuelle Ansprache, die mit einer hohen Aufmerksamkeit einhergeht. So wird der Bürger – z. B. im Unterschied zur Anzeige in einer regionalen Zeitung – nicht als Teil einer anonymen Gruppe angesprochen, sondern persönlich. Werden dem Bürger neben den relevanten Informationen – sofern erforderlich – die entsprechenden Formulare auch unmittelbar und aktiv zugestellt, zeugt dies zudem von einer ausgesprochenen Serviceorientierung der öffentlichen Institution, die ebenfalls positiv zur Kundenbeziehung beiträgt.

Weiterhin handelt es sich bei den direkt kommunizierten Angeboten öffentlicher Institutionen in der Regel um Angebote, die sich auf ein geographisch abgegrenztes Gebiet und eindeutig definierbare Zielgruppen beziehen. So richten sich Direct-Mail-Aktionen beispielsweise an die Bürger bzw. Firmen einer Stadt, die Wahlberechtigten eines Bundeslandes oder die Bewohner des Einzugsgebiets eines Zweckverbands. Streuverluste, die bei der Massenkommunikation aufgrund des Vorgehens nach dem Gießkannenprinzip entstehen, können folglich durch eine zielgenaue Einzelansprache reduziert werden (Dahlhoff/Korzen 2008, S. 432).

Außerdem besticht das Medium Direct Mail durch seine flexible Handhabung und kurzfristige Variabilität für die Managementaufgaben von öffentlichen Institutionen (Holland 2004, S. 19). So eignet sich Direct Mail gerade vor dem Hintergrund sich schnell ändernder Gesetzeslagen und den damit einhergehenden Veränderungen im Leistungsangebot öffentlicher Institutionen, den betreffenden Zielpersonen die neuen bzw. veränderten Angebote oder Sachverhalte zu kommunizieren.

Zudem bietet das Direct Mail die höchste Wertigkeit unter den Instrumenten der Direktkommunikation und führt zu einem haptischen Erlebnis beim Empfänger. Gerade diese Umstände sind es, die das Direct Mail in Zukunft zum Premium-Kommunikationsinstrument avancieren und bei Bürgern auf große Akzeptanz stoßen lassen.

Als weitere, ganz wesentliche Besonderheit lässt sich die Möglichkeit nennen, Direct Mails noch vor der endgültigen Aussendung auf ihre Wirkung hin zu testen. Darüber hinaus können die Ergebnisse der Aussendung durch eine entsprechende Responseerfassung zeitnah und eindeutig gemessen werden (Schöberl 2004, S. 33ff.).

3.4 Herausforderungen der Direktkommunikation

Die Herausforderungen der Direktkommunikation für das Management öffentlicher Institutionen bestehen in den finanziellen Budgets, die für den Einsatz von Direct Mail oftmals neu eingeplant werden müssen. Dies ist darauf zurückzuführen, dass die kommunikationsrelevanten Inhalte bei einem Direct Mail in Form eines selbständigen Werbemittels direkt und nicht unter Hinzuziehung eines Mediums übermittelt werden (Jourdan 2007, S. 43). Daher ist – insbesondere vor dem Hintergrund der angespannten finanziellen Situation öffentlicher Institutionen – auf ein ausgeglichenes Kosten-Nutzen-Verhältnis bei der Planung einer Direct-Mail-Aktion zu achten (Dahlhoff/ Korzen 2008, S. 434). Es sollten Direct Mails von öffentlichen Institutionen vor allem dann eingesetzt werden, wenn die Aktion entweder unmittelbar zusätzliche Einnahmen generieren kann oder eine deutliche, wie beabsichtigte Reputationssteigerung verspricht, aus der wiederum Wettbewerbsvorteile resultieren, die mittelbar zu Einnahmen öffentlicher Institution führen.

Konzentriert sich eine öffentliche Institution ausschließlich darauf, zusätzliche Einnahmen durch den Einsatz von Direct Mail zu generieren, kann dies bei Bürgern gar zum Eindruck einer „unerwünschten Nähe" führen. Denn es gibt Personen, die mit dem Handeln öffentlicher Institutionen zufrieden sind und solche, die öffentlichen Institutionen kritisch oder prinzipiell ablehnend gegenüberstehen (Bargehr 1991, S. 34ff.). Als Beispiele lassen sich hier anführen: Erhöhung der Gewerbesteuerhebesätze (IHK) oder der Gebühren für einen Anwohnerparkausweis (Gemeinde) sowie die Erhebung von Studiengebühren (Universität). Hier besteht das Risiko die Ablehnung gegenüber der öffentlichen Institutionen zu verstärken, wenn ein ohnehin negativ eingestellter Bürger ein Direct Mail mit einer Zahlungsaufforderung zugestellt bekommt.

4. Handlungsoptionen beim Einsatz von Direct Mail zum Aufbau von Kundenbeziehungen öffentlicher Institutionen

4.1 Wahl des Adressierungsgrades

Direct Mails können nach ihrem Adressierungsgrad differenziert und in unterschiedlicher, professioneller Weise ausgestaltet werden (vgl. hier und im Folgenden beispielsweise Holland 2004, S. 24ff.; Wirtz 2005, S. 173f.; Dahlhoff/Korzen 2008, S. 434). Man unterteilt in drei Gruppen:

(1) Volladressierte Werbesendungen (Herrn Max Mustermann, Musterweg 3, 99999 Musterhausen),

(2) Teiladressierte Werbesendungen (An alle Bürgerinnen und Bürger, Musterweg 3, 99999 Musterhausen),

(3) Unadressierte Werbesendungen (An alle Bürgerinnen und Bürger).

Möchte eine öffentliche Institution eine sehr spezifische Botschaft übermitteln, die für eine geringe Anzahl an Empfängern relevant ist, sollte ein volladressiertes Direct Mail versandt werden. Bei einem standardisierten Angebot empfiehlt sich hingegen der Einsatz eines teil- oder unadressierten Direct Mail. Somit erfolgt die Entscheidung zwischen einem adressierten und einem teil- bzw. unadressierten Direct Mail unter objektiven Gesichtspunkten. Ob ein teil- oder unadressiertes Direct Mail eingesetzt werden soll liegt hingegen im Ermessen der öffentlichen Institution und ist von einer Vielzahl situativer Faktoren abhängig. Darunter die Größe des durch die Kommunikationsmaßnahme abzudeckenden Gebiets, die individuelle Präferenz sowie die finanzielle Situation der betreffenden öffentlichen Institution.

Anzumerken bleibt, dass die Kosten unadressierter Direct Mails mit einem Porto von 0,25 EUR ceteris paribus im Vergleich zu den beiden Alternativen (teiladressiert 0,35 EUR und volladressiert 0,55 EUR) am geringsten sind (Mailingfactory 2005, S. 2). Allerdings ist bei teil- und unadressierten Direct Mails auch mit den größten Streuverlusten zu rechnen und die Vorteile der individuellen Ansprache lassen sich nicht nutzen, sodass die höheren Kosten von volladressierten Direct Mails im Idealfall durch die geringeren Streuverluste kompensiert werden können (Bruhn 2005, S. 696).

4.2 Wahl der Gestaltungsvariablen

Bei der Gestaltung von Direct Mails ist eine Reihe an Merkmalen zu beachten, die einen signifikanten Einfluss auf die Response-Aktivierung der Empfänger nehmen kann. Daher sollten Direct Mails in Zusammenarbeit mit Dienstleistern entwickelt werden, die über das nötige Know-how einer empfängerorientierten Gestaltung verfügen.

Das klassische Direct Mail (Mail-Order-Package) besteht aus vier Elementen – dem Briefumschlag, dem Anschreiben, der Beilage und einem Reaktionsmittel –, bei deren Gestaltung nachfolgende Kriterien zu berücksichtigen sind (Gutsche 2002, S. 241ff.; Siegfried Vögele Institut GmbH 2003, S. 33; Holland 2004, S. 287; Petersen et al. 2007, S. 146; Dahlhoff/Korzen 2008, S. 437).

Abbildung 3: *Gestaltungsvariablen von Direct Mails*
(Quelle: Dahlhoff/Korzen 2008, S. 437)

Element	Funktion	Gestaltungsvariablen
Briefumschlag	Schützt den Inhalt und dient der Aktivierung des Empfängers, das Kuvert zu öffnen	Format, Größe und Farbgebung, Papierqualität, Art der Freimachung, Angaben des Absenders, Teaser und Teaserinhalt sowie die werbliche Gestaltung
Anschreiben	Ist Hauptbestandteil und übernimmt die Aufgabe, den Kontakt herzustellen, die wichtigsten Leserfragen zu beantworten und die Vorteile des Angebots zu erläutern	Briefkopf, Headline, Anrede, Text, Typografie, Absätze, Unterstreichungen und Fettdruck, Bilder, Unterschrift, Postskriptum, Aufbau und Länge des Textes, Lesekurve und Personalisierung
Beilage	Kann unterschiedliche Formate wie Flyer, Broschüre bzw. Katalog haben und stellt das Angebot ausführlich dar	Anzahl, Format und Umfang, Kontaktdaten des Absenders, Illustrationen, Verhältnis von Text zu Illustrationen, Motiv der Illustrationen, Farbanteil, Personalisierung und Inhalt
Reaktionsmittel	Kann adressierte Rückantwortkarte, Faxformular, Telefonnummer und/oder Internetadresse sowie Fragebogen oder auszufüllendes Formular umfassen und dient dem Empfänger, möglichst bequem auf das Direct Mailing zu reagieren	Frankierung, inhaltliche Zielsetzung, Vorformulierungen bestimmter Antworten, Farbanteil, Voradressierung, Mehrkanaligkeit

Über die klassischen Elemente hinaus können dem Mail-Order-Package weitere Bestandteile beigefügt werden, so beispielsweise eine Karte zur Teilnahme an einem Gewinnspiel oder ein Autoaufkleber, der die Präferenz für eine Partei zum Ausdruck bringen soll (Gutsche 2002, S. 248). Es bestehen für Direct Mails vielfältige Gestaltungsoptionen, die allesamt einen wesentlichen Einfluss auf das Öffnen des Briefumschlags, das Lesen des Anschreibens, das Interesse an der Beilage und die Reaktion nehmen. Dies macht es erforderlich, bei der Auswahl und Gestaltung der einzelnen Bestandteile darauf zu achten, diese in Abstimmung mit der Zielsetzung zu treffen (Dahlhoff/Korzen 2008, S. 437).

4.3 Serviceorientierte und appellative Direct Mails

Im Hinblick auf die Inhalte der Direct Mails öffentlicher Institutionen sind im Wesentlichen zwei Formen zu unterscheiden: die appellativen und die serviceorientierten Direct Mails. Es wird mit appellativen Direct Mails das Ziel verfolgt, Bürgerinnen und Bürger zu einer bestimmten Handlung aufzufordern, die mit einer Verpflichtung einhergeht. Serviceorientierte Direct Mails dienen andererseits vornehmlich dem Ziel der Anbahnung, Verstärkung und Aufrechterhaltung von Kundenbeziehungen. Deutlich wird der Unterschied in den beiden im Folgenden dargestellten Beispielen.

Serviceorientierte Direct Mails

Das Beispiel „Wolfsburg"

In 2006 wurde von der Stadt Wolfsburg eine Direct-Mail-Aktion aufgeteilt nach zwei Zielgruppen – nämlich aktuell wohnhafte und ehemalige Bewohner – eingesetzt, welche die Attraktivität der Stadt in der Wohnortkonkurrenz steigern und gleichfalls zu einem Stopp der anhaltend negativen Bevölkerungsentwicklung führen sollte (vgl. hier und im Folgenden Stadt Wolfsburg 2006).

Versandt wurden die Direct Mails an beide Zielgruppen mit Anschreiben des Oberbürgermeisters als oberstem Verwaltungschef sowie einem beigefügten Fragebogen – allerdings mit unterschiedlichen Inhalten. Für ca. 5.000 aktuelle Bürgerinnen und Bürger wurde ein Fragebogen konzipiert, der zu Erkenntnissen hinsichtlich Image und Zufriedenheit (mit) der Stadt Wolfsburg führen sollte. Rund 2.900 ehemalige Bürgerinnen und Bürger erhielten einen Fragebogen, der Aufschluss über das Motiv ihres Umzugs geben sollte. Die Fragebögen dienten zugleich als Responseelement und sollten von den Rezipienten im beigefügten Freiumschlag zurückgeschickt werden, wobei auch eine Telefonnummer für mögliche Rückfragen im Anschreiben angegeben wurde. Druck und Versand der Direct Mails erfolgte durch die verwaltungseigene Druckerei und Poststelle; die Auswertung der zurückgesandten Fragebögen – mehr als ein Viertel von verzogenen und ein gutes Drittel von aktuellen Bürgerinnen und Bürgern – durch geschulte Mitarbeiter der Verwaltung.

Aus der Befragung zu den Abwanderungsmotiven ging hervor, dass vor allem junge Familien und Paare mit dem Wunsch, Wohneigentum zu erwerben, nicht mehr in der Stadt Wolfsburg wohnten. Die Befragung der Wolfsburger ergab darüber hinaus eine deutliche Kritik an den hohen Kindergartenbeiträgen. Diese sich ergänzenden Ergebnisse aus den beiden Befragungen führten dazu, dass die Stadt die Kindergartenbeträge halbierte, 800 Baugrundstücke für Ein- und Zweifamilienhäuser auswies, Informationen über die Erschließung der Grundstücke über die Presse verbreitete und das Projekt „Lust an Familie" auflegte.

In quantitativer Hinsicht kann bislang noch nicht belegt werden, inwiefern die Aktion zu einem Stopp der anhaltend negativen Bevölkerungsentwicklung beigetragen hat. Allerdings weisen die hohen Responseraten ganz eindeutig auf eine Sensibilisierung der Bürgerinnen und Bürger hin, die Bemühungen der Stadt, den Wünschen und Bedürfnissen ihrer Bewohner gerecht zu werden, wahrzunehmen. Dies wiederum hat positive Imageeffekte zur Folge, die dazu beitragen, die Attraktivität in der Wohnortkonkurrenz zu steigern.

Das Beispiel „Berlin"

Die deutsche Landeshauptstadt Berlin führte – in Zusammenarbeit mit der Deutschen Post AG – eine flankierende, serviceorientierte Direct Mail Maßnahme im Rahmen der Imagekampagne „be-Berlin" durch (vgl. hier und im Folgenden dimap GmbH/ Deutsche Post AG 2008; Berlin Partner GmbH o.J.). Die Kampagne sollte erreichen, das positive Image der Stadt zu stärken wie national und international für die Stadt zu werben. Ziel der Direct Mail Maßnahme war es, den Zielgruppen die Kernbotschaft der Kampagne zu vermitteln sowie Aufschluss über die Wirkung der Imagekampagne im Allgemeinen zu erhalten. Versandt wurde das Direct Mail mit einem Anschreiben des Regierenden Bürgermeisters im März 2008. Die Wirkung der Aktion wurde in Form einer Telefonbefragung durch ein unabhängiges Marktforschungsinstitut ermittelt.

Fast ein Drittel der Befragten gab mit Blick auf die Zielsetzung, die Botschaft bei den Zielgruppen zu vertiefen an, durch das Direct Mail auf die Kampagne aufmerksam geworden zu sein. Dabei wurde der Brief von nur vier Prozent der Zielgruppe weggeworfen. 87 Prozent teilten mit, den Brief selbst geöffnet bzw. geöffnet vorgefunden zu haben. Neun Prozent der Befragten hatten den Brief vorerst zur Seite gelegt – eine Gruppe, bei der weiterhin Potenzial auf ein Öffnen und Lesen bestand. Überaus positiv stellte sich weiterhin die Lesequote dar. So gaben 47 Prozent der Befragten an, das Anschreiben ausführlich gelesen zu haben. 44 Prozent der Befragten haben den Brief oberflächlich betrachtet und nur jeder Neunte hat diesem keinerlei Aufmerksamkeit gewidmet. Erreicht wurde mit dem Direct Mail als flankierendes Instrument, die Imagekampagne bei rund 60 Prozent der Hauptstadt-Bürger bekannt zu machen.

Hinsichtlich der Zielsetzung, Aufschluss über die Wirkung der Kampagne zu erhalten bleibt zu konstatieren, dass sich immerhin 12 Prozent der Befragten aktiv an der Imagekampagne beteiligen wollten. Dies war möglich, indem über die Website oder die beiliegende Postkarte eine persönliche Berlin-Botschaft zur Veröffentlichung an das Kampagnenmanagement gesandt wurde. Außerdem wollten 20 Prozent der Berliner als Multiplikatoren agieren und sowohl Freunde als auch Bekannte und Verwandte auf die Imagekampagne aufmerksam machen.

Appellative Direct Mails

Das Beispiel „Wolfsburg"

Eine appellative Direct-Mail-Aktion wurde in Wolfsburg in 2007 durchgeführt. Im Unterschied zu einer mittelbaren Erhöhung der Einnahmen durch eine positive Imagewirkung wurde hier eine unmittelbare Erhöhung der Einnahmen durch Steuern angestrebt (vgl. hier und im Folgenden Marschall 2007, S. 9).

Ausgangspunkt bildete eine Erhebung des Deutschen Städtetages der zufolge 13,2 Prozent aller Haushalte einen Hund besitzen. Der Anteil an gemeldeten Hunden in Wolfsburg lag mit 6,4 Prozent jedoch deutlich niedriger. Es wurde vermutet, dass die Besitzer ihre Hunde in der Stadt nicht korrekt meldeten. Auf diesen Umstand wies die Deutsche Post AG, die unter anderem Dialoglösungen für öffentliche Institutionen anbietet, bei der Steuerabteilung der Stadt Wolfsburg hin und offerierte eine Lösung. Vorgeschlagen wurde der „Hundesteuerbrief", der mit einem Appell an die Steuergerechtigkeit zur Anmeldung von Hunden und gleichzeitig um Verständnis für die Hundesteuerbestandsaufnahme werben sollte.

Es wurde ein Direct Mail, bestehend aus einem Anschreiben und einem Anmeldeformular zur Hundesteuer konzipiert, das an sämtliche Wolfsburger Haushalte versandt wurde. Dabei sollte den Bürgerinnen und Bürgern durch das beigefügte Anmeldeformular die Meldung ihrer Hunde so einfach wie möglich gemacht werden, um eine möglichst hohe Response zu erzielen. Nahe gelegt wurde den Hundebesitzern im Anschreiben zudem, dass kein Bußgeldverfahren eingeleitet würde, wenn die Anmeldung binnen der Frist eines Monats erfolgt.

Im Ergebnis führte die Aktion zu einem positiven Medienecho, welches die Stadtverwaltung als Imagegewinn wertete, sowie zu 680 Neuanmeldungen. Da die Kosten der Maßnahme bereits nach der 192sten Anmeldung gedeckt waren, konnten in der Stadt Wolfsburg die Steuereinnahmen nachweislich gesteigert werden.

Das Beispiel „Hamburg"

Einen weiteren, positiven Case im Hinblick auf appellative Direct Mails stellt das Beispiel der Bürgerschaftswahlen in Hamburg dar (Deutsche Post AG 2008). Ziel der Direct-Mail-Aktion war es, Informationen über das neue Wahlrecht zu vermitteln sowie Bürgerinnen und Bürger dazu aufzurufen, vom Wahlrecht Gebrauch zu machen. Der Versand der Briefsendungen erfolgte im Januar und Februar 2008 an 1,2 Mio. Zielpersonen innerhalb des zuvor geografisch abgegrenzten Gebietes. Ein Responseelement im üblichen Sinne, war – mit Ausnahme eines Hinweises auf eine Website, auf der die relevanten Inhalte des neuen Wahlrechts noch einmal beschrieben wurden – nicht beigefügt. Vielmehr sollte das Direct Mail im Sinne einer möglichst hohen Wahlbeteiligung unmittelbar handlungsaktivierend wirken.

Um die Wirkung des Direct Mail dennoch in unterschiedlichen Dimensionen erfassen zu können, wurden die angeschriebenen Zielpersonen nach Erhalt der Briefsendung durch ein unabhängiges Markforschungsinstitut befragt. Als Ergebnis kann festgehalten werden, dass das Direct Mail eine sehr hohe Lesequote von 76 Prozent und ein weiteres Lesepotenzial (zur Seite gelegte Exemplare) erreichte. Zudem beurteilten die telefonisch Befragten allesamt überdurchschnittlich positiv den gestalterischen Anspruch und die Übersichtlichkeit des Direct Mails sowie den Informationsgehalt der Sendung.

Insgesamt wurden damit die Hamburger Bürgerinnen und Bürger präzise, gezielt und nachweislich über das neue Wahlrecht informiert. Die Anzahl ungültiger Stimmen – ein Indikator für die positive Verhaltenswirkung dieser (und auch anderer Aktionen) – blieb trotz der nicht vereinfachenden Änderungen konstant.

5.   Fazit

Öffentliche Institutionen stehen in einem Veränderungsprozess. Die Neudefinition ihrer Aufgaben, der Einsatz von Managementprinzipien und der Aufbau bzw. die Pflege von Kunden- bzw. Bürgerbeziehungen stellen hierin wichtige Themen dar. Der Einsatz von Instrumenten und Vorgehensweisen der Direktkommunikation und weiterführend von Dialogkommunikation, der im Kommunikationsmanagement von Unternehmen bereits eine große Verbreitung findet, kann in diesem Zusammenhang wesentliche Beiträge zum Management der Beziehung zum mündigen Bürger leisten.

Beispiele aus dem Vorgehen von einzelnen Städten, mit serviceorientierten bzw. appellativen Direct Mails ein Kommunikationsmanagement zu etablieren, zeigen die Richtung an. Ebenso bietet das Instrument des Direktmarketing die geeignete Vorgehensweise, die zu einem positiven bürgerschaftlichen Verhalten gewünschten Anstöße („Nudges") im Vorgehen der öffentlichen Verwaltung zu geben.

Die Direktkommunikation erlaubt dem öffentlichen Management darüber hinaus eine unmittelbare Messung der Wirksamkeit eingesetzter Budgets und Instrumente. Dies ist in Zeiten erhöhter Sensibilität bei der Verwendung öffentlicher Mittel ein wichtiges Element im Entscheidungsprozess öffentlicher Institutionen.

Literaturverzeichnis

Bargehr, B. (1991): Marketing in der öffentlichen Verwaltung. Ansatzpunkte und Entwicklungsperspektiven, Stuttgart.

Bayerisches Staatsministerium (2009): Das Image des öffentlichen Dienstes. Vorurteile und Fakten, http://www.stmf.bayern.de/oeffentlicher_dienst/image_oe_dienst/im age_oe_dienst.pdf, (Zugriff am: 12.03.09).

Becker, J. (2006): Marketing-Konzeption. Grundlagen des ziel-strategischen und operativen Marketing-Managements, München.

Belz, C. (2006): Zusammenarbeit mit externen Dienstleistern, in: Wirtz, B.W./Burmann, C. (Hrsg.): Ganzheitliches Direktmarketing, Wiesbaden, S. 263-280.

Berlin Partner GmbH: Sei Berlin, http://www.sei.berlin.de/, (Zugriff am: 14.04.09).

Booz, Allen & Hamilton GmbH (Hrsg.) (2002): E-Government und der moderne Staat. Einstieg, Strategie und Umsetzung, Düsseldorf.

Bruhn, M. (2005): Unternehmens- und Marketingkommunikation. Handbuch für ein integriertes Kommunikationsmanagement, München.

Bruhn, M. (2007): Kommunikationspolitik. Systematischer Einsatz der Kommunikation für Unternehmen, 4. Aufl., München.

Dahlhoff, H.D. (2009): Herausforderungen der „Integrated Communications" für Kommunikationsagenturen, in: Bruhn, M./Esch, F.-R./Langner, T. (Hrsg.): Handbuch Kommunikation. Grundlagen, Innovative Ansätze, Praktische Umsetzung, Wiesbaden, S. 1303-1320.

Dahlhoff, H.D. (2009): Kommunikation mit dem mündigen Bürger, in: Gesamtverband Kommunikationsagenturen GWA (Hrsg.): GWA Jahrbuch 2009, Frankfurt am Main, S. 27-31.

Dahlhoff, H.D./Korzen, E.J. (2008): Dialogmarketing im Automobilhandel, in: Schwarz, T. (Hrsg.): Leitfaden Dialogmarketing. Das kompakte Wissen der Branche, Waghäusel, S. 431-442.

Damkowski, W./Precht, C. (1995): Public Management. Neuere Steuerungskonzepte für den öffentlichen Sektor, Stuttgart.

dimap GmbH/Deutsche Post AG (2008): Resonanz auf das Anschreiben des Regierenden Bürgermeisters zur Kampagne „be-Berlin". Unveröffentlichte Ergebnisse einer Repräsentativerhebung, Bonn.

Deutsche Post AG (2008): Kommunikationsleistungen der Dialog-Maßnahmen zur Bürgerschaftswahl in Hamburg. Präsentation im Rahmen der Fachmesse „Moderner Staat", Bonn.

Gutsche, A.H. (2002): Formelle Bedingungsfaktoren für die Gestaltung von Mailings, in: Dallmer, H. (Hrsg.): Das Handbuch Direct Marketing & More, Wiesbaden, S. 427-434.

Hoekstra, J. (1998): Direct Marketing, Groningen.

Holland, H. (2004): Direktmarketing, München.

Hoon, C. (2003): Reformen öffentlicher Verwaltung. Ein Beitrag zur Strategieprozessforschung, Wiesbaden.

Hünerberg, R. (2000): Bedeutung von Online-Medien für das Direktmarketing, in: Link, J. (Hrsg.): Wettbewerbsvorteile durch Online Marketing, Berlin u. a., S. 121-147.

Jerschke, H.-U. (1971): Öffentlichkeitspflicht der Exekutive und Informationsrecht der Presse, Berlin.

Jourdan, R. (2007): Professionelles Marketing für Stadt, Gemeinde und Landkreis, Sternenfels.

Knippelmeyer, M. (2009): Internetnutzung in Deutschland steigt weiter. Zugriff auf elektronische Bürgerdienste stagniert, http://www.tns-emnid.com/presse/pdf/presseinformationen/GO_2003_Germany.pdf, (Zugriff am: 20.03.09).

Korzen, E.J. (o. J.): Direct Mail als Kommunikationsinstrument im Kulturmarketing. Ein empirische Analyse dargestellt am Beispiel der documenta 12, in Vorbereitung.

Landerer, C. (1990): Vor- und Nachteile verschiedener Rechtsformen öffentlicher Unternehmen und Betriebe, in: WSI Mitteilungen, 43. Jg., Nr. 4, S. 212-229.

Lepper, M. (1992): Organisation der Behörde, in: Frese, E. (Hrsg.): Handwörterbuch der Organisation, Stuttgart, S. 292-307.

Mailingfactory (Hrsg.) (2009): Preisliste, https://www.mailingfactory.de/mfhome/art/pdf/preisliste_brief.pdf, (Zugriff am: 20.03.09).

Mann, A. (2004): Dialogmarketing. Konzeption und empirische Befunde, Wiesbaden.

Mann, A. (2006): Direktmarketing-Controlling, in: Zerres, C./Zerres, M. (Hrsg.): Handbuch Marketing Controlling, Berlin u. a., S. 345-374.

Maring, M. (2001): Kollektive und kooperative Verantwortung, Berlin u. a.

Marschall, K. (2007): Wirksamer Appell, in: Deutsche Post AG (Hrsg.): Sales Manager Oktober, Bonn, S. 9.

Meffert, H. (1997): Marktorientierte Unternehmensführung und Direct Marketing, in: Dallmer, H. (Hrsg.): Handbuch Direct Marketing, Wiesbaden, S. 33-52.

Meffert, H./Ahrens, M. (2006): Experimentelle Analyse der Wirkung ausgewählter Direktmarketing Instrumente. Ein Beitrag zur Effektivitäts- und Effizienzmessung im Direktmarketing, Wiesbaden.

Meffert, H./Bruhn, M. (2009): Dienstleistungsmarketing. Grundlagen, Konzepte, Methoden, 6. Aufl., Wiesbaden.

Meffert, H./Burmann, C./Kirchgeorg, M. (2008): Marketing. Grundlagen marktorientierter Unternehmensführung. Konzepte, Instrumente, Praxisbeispiele, Wiesbaden.

Peters, K./Frenzen, H./Feld, S. (2007): Die Optimierung der Öffnungsquote von Direct-Mailings. Eine empirische Studie am Beispiel von Finanzdienstleistern, in: Krafft, M./Gerdes, J. (Hrsg.): Direct Marketing, Wiesbaden, S. 143-176.

Raffée, H./Wiedemann, K.P. (1994): Marketing für öffentliche Betriebe, Stuttgart u. a.

Reichard, C. (1987): Betriebswirtschaftslehre der öffentlichen Verwaltung, Berlin/New York.

Riedel, F. (2006): Public Marketing. Ein Transfer betriebswirtschaftlicher Marketing Konzepte auf die öffentliche Verwaltung, München u. a.

Rieger, F. (1983): Unternehmen und öffentliche Verwaltungsbetriebe, Berlin.

Rodenhagen, J./Diekhans, B./Rieckmann, P. (2009): Prozessmanagement im Kontext des eGovernment 2.0. Einsatzfelder, Rahmenbedingungen und aktuelle Maßnahmen, HMD. Praxis der Wirtschaftsinformatik, 46. Jg., Nr. 265, S. 36-50.

Schallbruch, M. (2003): E-Government. Der Staat als Nachfrager und Anbieter, in: Büchner, A./Büllesbach, A. (Hrsg.): E-Government. Staatliches Handeln in der Informationsgesellschaft, Köln, S. 1-14.

Schöberl, M. (2004): Tests im Direktmarketing. Konzepte und Methoden für die Praxis. Auswertung und Analyse, Qualitätsmanagement und Erfolgsorientierung, Frankfurt am Main.

Siegfried Vögele Institut GmbH (Hrsg.) (2003): Macht sich der Dialog bezahlt? Dialogmarketing in Zeiten veränderter ökonomischer Rahmenbedingungen, Bonn.

Stadt Wolfsburg (2009): Bevölkerungsstatistikder Stadt Wolfsburg, http://www.wolfsburg.de/imperia/md/content/wahlen/jahrbuch2005-2006/02_bev_lkerung.pdf, (Zugriff am: 30.03.09).

Stadt Wolfsburg (2006): Wanderungsmotivbefragung und Wohnen in Wolfsburg. Unveröffentlichte Ergebnisse einer Befragung, Wolfsburg.

Thaler, R.H./Sunstein, C.R. (2009): Nudge. Improving Decisions About Health, Wealth and Happiness, New York.

TNS Emnid (2009): Sachen machen. Technikstandort Deutschland. Ergebnisse einer Repräsentativbefragung in der BRD von TNS Emnid im Auftrag der Initiative Sachen Machen, http://www.vdi.de/fileadmin/vdi_de/redakteur/dps_bilder/DPS/2008/Emnid-Umfrage_zum_Technikstandort_Deutschland.pdf, (Zugriff am: 20.03.09).

van Santurn, U. (2005): Die unsichtbare Hand. Ökonomisches Denken gestern und heute, Berlin u. a.

Wirtz, B.W. (2005): Integriertes Direktmarketing. Grundlagen, Instrumente, Prozesse, Wiesbaden.

Wirtz, B.W./Lütje, S./Schierz, P.G. (2008): Electronic Procurement in der öffentlichen Verwaltung. Eine Analyse der Barrieren und Widerstände, Speyer.

Zorn, D. (1997): Integrierte Kommunikation. Grundlagen und zukünftige Entwicklung, in: Dallmer, H. (Hrsg.): Handbuch Direct Marketing, Wiesbaden, S. 53-66.

Dominik Georgi/Nicolas Bourbonus

Online Relationship Marketing – Einfluss der Online-Interaktionsfrequenz auf das Beziehungsverhalten der Kunden

1. Einleitung

2. Stand der Literatur zum Einfluss des Online-Kanals auf die Kundenbindung

3. Theoretische Fundierung des Einflusses der Online-Interaktionsfrequenz auf das Beziehungsverhalten
   3.1 Beziehungsverhalten als Ergebnis des Beziehungsaufbaus
   3.2 Interaktionsfrequenz als Determinante des Beziehungsaufbaus
   3.3 Online-Interaktionsfrequenz als Beziehungsdeterminante

4. Empirische Befunde zum Einfluss der Online-Beziehung auf die Geschäftsbeziehung
   4.1 Studiendesign und Sample
   4.2 Messung
   4.3 Ergebnisse
   4.4 Kritische Würdigung der Ergebnisse

5. Schlussfolgerungen und Ausblick

Prof. Dr. Dominik Georgi ist Deutsche Bank Professor für Retail Banking und Dienstleistungsmanagement an der Frankfurt School of Finance & Management. Dipl.-Volkswirt Nicolas Bourbonus ist wissenschaftlicher Mitarbeiter, sowie Doktorand am Deutsche Bank Stiftungslehrstuhl für Retail Banking und Dienstleistungsmanagement der Frankfurt School of Finance & Management.

1. Einleitung

Kundenbeziehungen sind ein wesentlicher Erfolgstreiber von Unternehmen. Folglich kommt dem Management der Kundenbeziehungen eine wichtige Rolle zu (Bruhn 2008). In den letzten zwei Jahrzehnten hat sich das *Relationship Marketing* als eine zentrale Forschungsrichtung innerhalb der Marketingdisziplin entwickelt. Der *Jubilar Manfred Bruhn* ist ein Vorreiter in diesem Bereich, indem er in Forschung und Lehre wesentliche Beiträge zur Weiterentwicklung des Forschungsgebiets geleistet hat und weiter leistet.

Der Erfolgsbeitrag des Relationship Marketing entsteht dadurch, dass das Relationship Marketing den Kundenwert einzelner Kundenbeziehungen (Bruhn et al. 2000; Bruhn et al. 2008) und damit des gesamten Kundenstamms zu maximieren versucht. Im Unterschied zum klassischen Marketing wird als wesentliche Voraussetzung hierfür der *Aufbau einer Beziehung zum Kunden* gesehen, anstatt in einzelnen, isolierten Produktabschlüssen zu denken (Grönroos 1994).

Kundenbeziehungen entstehen in Interaktionen zwischen Kunde und Unternehmen (Bruhn 2008). Durch die inhaltliche Verknüpfung einzelner Kontakte empfinden die Beziehungspartner, hier der Kunde, eine Beziehung zum jeweiligen Gegenüber, hier dem Unternehmen. Grundannahme in vielen Arbeiten sowohl zu zwischenmenschlichen Beziehungen (Altman/Taylor 1973) als auch zu Kundenbeziehungen ist, dass es sich dabei um *persönliche Interaktionen* handelt. Dieses emotionale Beziehungsempfinden zeigt sich in Verbundenheit, Commitment, Vertrauen u. ä. (Morgan/Hunt 1994) und führt zu einem Beziehungsverhalten des Kunden seinerseits, indem er den Anbieter gegenüber Konkurrenten präferiert, Cross Buying betreibt usw.

In der Wirtschaftsrealität, insbesondere in Consumer- oder Massenmärkten, liegt häufig eine *„Multichannel-Situation"* vor, d. h. der Kunde interagiert mit dem Unternehmen nicht nur im persönlichen Kontakt, sondern auch über Call Center oder das Internet. Insbesondere *Online-Kontakte* werden dabei häufig als „unpersönlichster" Kontakt dargestellt.

Im Vergleich zu persönlichen Kontakten ist in Wissenschaft und Praxis bei der Betrachtung von Online-Kontakten häufig eine *transaktionale Interpretation* anzutreffen. Teilweise werden Online-Kunden als „Cherry Picker" (Fox/Hoch 2005) angesehen, d. h. es wird postuliert, dass sie eher die Tendenz haben, Preisvergleiche anzustellen, zumal Konkurrenzangebote nur „einen Klick entfernt" sind. Daneben wird die häufig konstatierte und bestätigte höhere Profitabilität von Online-Kunden im Vergleich zu Nicht-Online-Kunden entweder mit Kostenargumenten (Bitner/Ostrom 2002) oder Argumenten des Transaktionsmarketing (Mehrabschlüsse durch mehr Marketing Exposure; z. B. Kumar/Venkatesan 2005; Venkatesan et al. 2007) begründet. Auch werden in Arbeiten zum Online Marketing meist zwei Arten von Online-Kontakten unterschieden: Informationskontakte in der Pre-Purchase-Phase sowie Abschlusskontakte in der Purchase-Phase. Die Post-Purchase-Phase und allgemeiner transaktionsüber-greifende Kontakte, d. h. Leistungsnutzungs-, Service- oder Relationship-Kontakte werden meist vernachlässigt.

Damit werden Online-Interaktionen vernachlässigt, die eine Nutzung bereits gekauf-ter Leistungen zum Gegenstand haben (z. B. Kontoführung) oder nicht einen konkre-ten Kauf betreffen (z. B. Beratung per E-Mail), und damit zum Aufbau einer Kunden-beziehung beitragen könnten. Aus einer Relationship-Marketing-Perspektive stellt sich daher die Frage, ob auch ein *Online-Beziehungsaufbau* möglich ist, d. h. ob Online-Kontakte – wie persönliche Kontakte – zum Entstehen einer (emotionalen) Beziehung und in der Folge zu Beziehungsverhalten, z. B. in Form von Cross Buying, führen.

Diese Frage, d. h. die Auswirkung der Online-Interaktionsfrequenz (Zahl der Online-Kontakte) auf das Beziehungsverhalten (in Form von Neuproduktabschlüssen), ist Gegenstand des vorliegenden Artikels. Im folgenden zweiten Kapitel wird zunächst der State of the Art in Literaturbereichen dargestellt, die das Thema „Online Relati-onship Marketing" behandeln. Im dritten Kapitel wird die Kernhypothese, d. h. der Einfluss der Online-Interaktionsfrequenz auf das Beziehungsverhalten, theoretisch fundiert. Diese Kernhypothese wird im vierten Kapitel anhand von transaktionalen Daten über das Online- und Beziehungsverhalten von Bankkunden empirisch analy-siert. Im fünften Kapitel endet der Artikel mit Schlussfolgerungen für das Manage-ment und einem kurzen Ausblick.

2. Stand der Literatur zum Einfluss des Online-Kanals auf die Kundenbindung

In der Literatur zum Online Marketing und Multichanneling beschäftigen sich einige Arbeiten mit den Auswirkungen bzw. Zusammenhängen des Online-Kanals in Bezug auf die Kundenbindung. Für einen *Einfluss des Online-Kanals auf die Kundenbindung* finden sich in der Literatur diverse Argumentationen.

Zunächst haben die Möglichkeiten, *ökonomische und soziale Bonds* zu bilden, eine Rele-vanz für die Kundenbindungswirkung des jeweiligen Kanals (Bolton et al. 2004). Dem Online-Kanal wird hier ein Potenzial zugesprochen, einen sozialen Nutzen zu stiften (Verhoef/Donkers 2005). Allerdings wird häufig davon ausgegangen, dass ins-besondere persönliche Interaktionen zum Beziehungsaufbau beitragen. Dies wider-spricht zumindest einer relativen Vorteilhaftigkeit des Online-Kanals im Vergleich zu persönlichen Kanälen.

Bezüglich der *Wechselbarrieren* wird im Hinblick auf die Internetwirtschaft im Allge-meinen häufig argumentiert, dass in diesem Kanal die Konkurrenten „nur einen Klick entfernt" sind. Dies spricht für eine geringere Kundenbindung im Online-Kanal. Allerdings werden dem Online-Kanal so genannte *„Lock-in"-Effekte* zugesprochen (Reichheld/Schefter 2000). Durch die Gewöhnung an Abläufe in einer Internetanwendung entsteht ein Gewohnheitsverhalten der Kunden, d. h. es bestehen Wechselbarrieren in Bezug auf die Nutzung einer Website für einen bestimmten Zweck (z. B. Informationssuche im Internet, Reisebuchung, Banking-(Website).

Im Online-Kanal haben die Anbieter die Möglichkeit, dem Kunden *ausführliche Informationen* zu Produkten und Dienstleistungen zur Verfügung zu stellen. Nutzt der Kunde diese Informationen, werden seine Erwartungen bezüglich der Leistung konkreter sein. Dies führt zu weniger wahrgenommenen Leistungsproblemen und damit zu weniger Unzufriedenheit (Shankar et al. 2003). Dadurch gibt es weniger Kundenbindungsnachteile, folglich entsteht eine höhere Kundenbindung.

Umgekehrt wird der bessere Informationsstand im Internet – insbesondere beim Vergleich verschiedener Angebote – so interpretiert, dass Kunden eine *höhere Transparenz* haben. Dies kann – je nach Vergleichsergebnis – auch zu einer geringeren Loyalität führen.

Weiterhin unterscheiden sich die *Art der Kundenkontakte* je nach Kanal in eher unternehmensinitiierte „Push"-Kontakte und kundeninitiierte „Pull"-Kontakte. Bezüglich der Qualität dieser beiden Kontaktarten könnten grundsätzlich wiederum zahlreiche heterogene Argumente angeführt werden. In jedem Fall sind „Pull"-Kontakte ein (nachträglicher) Indikator dafür, dass der Kunde einen Kontakt wünscht. Dies ist an sich (anders als z. B. ein „Push"-Kontakt wie ein Direct Mailing) ein Zeichen für die Beziehungsbereitschaft des Kunden oder seine Kundenbindung. Der Online-Kanal zeichnet sich dabei in besonderem Maße dadurch aus, dass die über ihn stattfindenden Kontakte „Pull"-Kontakte und damit ein Indikator für Kundenbindung sind (Bowman/Narayandas 2001).

Kanäle unterscheiden sich außerdem bezüglich der *Selbstselektion der Kunden*, d. h. bezüglich der Kundentypen, die sie anziehen. Hier findet man häufig für den Online-Kanal das Argument, dass Online-Kunden tendenziell Cherry Picker seien. Aus einer anderen Perspektive wird – zumindest für frühere Phasen der Internetnutzung – argumentiert, dass Online-Kunden eher gebildet seien und daher eine geringere Tendenz zur „Schnäppchenjagd" („Deal Proneness") aufweisen. Diese Tendenz sei allerdings heute nicht mehr relevant (Verhoef/Donkers 2005). Im Gegenteil wird heute teilweise argumentiert, dass Online-Kunden tendenziell jünger und damit unter Umständen kritischer seien und eher geneigt, zwischen mehreren Angeboten das Günstigste/Beste auszuwählen.

Verschiedene *empirische Studien* haben die Auswirkungen des Online-Kanals auf Kundenbindung und Kundenprofitabilität untersucht.

Verhoef/Donkers (2005) haben für Versicherungskunden den *Einfluss unterschiedlicher Akquisitionskanäle auf die Kundenbindung* untersucht. Sie finden, dass die Art des Akquisitionskanals einen signifikanten Einfluss auf die Retention, und einen schwächeren ebenfalls signifikanten Einfluss auf das Cross Buying von Kunden hat. Unter insgesamt sieben Kanälen wurde für den Online-Kanal grundsätzlich ein positiver Effekt identifiziert. Bei einem Vergleich unterschiedlicher Leistungstypen (hier Versicherungstypen) wurde bei drei von vier Versicherungstypen ein positiver Effekt festgestellt. Bei Autoversicherungen war der Effekt dagegen negativ. Dies wurde damit erklärt, dass es sich bei dieser Versicherung am ehesten um eine „Commodity" handelt, bei der ein direkter Vergleich von Angeboten möglich ist und somit „Lock-in"-Effekte weniger relevant.

Gensler et al. (2007) untersuchen für Bankkunden den *Effekt der Nutzung des Online-Kanals (Onlinebanking) auf die Kundenprofitabilität.* Sie unterscheiden dabei insbesondere einen Kanaleffekt und einen Selbstselektionseffekt. Letzterer entsteht dadurch, dass sich Kunden mit bestimmten Eigenschaften (z. B. mehr Produkten) genau aus diesem Grunde einen oder mehrere bestimmte Kanäle auswählen. Sie finden für unterschiedliche Erfolgskennziffern unterschiedlich gerichtete Wirkungen. Beispielsweise führt die Online-Nutzung insgesamt zu einem geringeren Wertpapierumsatz. Der Kanaleffekt ist hier negativ, während der Selbstselektionseffekt positiv ist. Bei den meisten Erfolgsgrößen sind die beiden Effekte jedoch nicht kompensatorisch. Bei der Anzahl der Girokonten besteht beispielsweise sowohl ein positiver Kanaleffekt als auch ein positiver Selbstselektionseffekt.

Aus einer Multichanneling-Perspektive untersuchen Kumar/Venkatesan (2005) die Wirkungen des Online-Kanals. Sie gehen davon aus, dass der Online-Kanal in den seltensten Fällen der einzige vom Kunden genutzte Kanal ist, sodass ein *Multichannel-Verhalten von Kunden* im Vergleich zu einem Single-Channel-Verhalten meist mit der Nutzung des Online-Kanals einhergeht. Sie finden heraus, dass Multichannel-Verhalten verschiedene positive Effekte hat, insbesondere zu höheren Umsätzen, einer höheren Share of Wallet, einem höheren Kundenwert sowie einer höheren Bleibewahrscheinlichkeit führt.

In den genannten Studien geht es meist um den Vergleich zwischen Online-Kunden auf der einen und so genannte „Offline-Kunden" auf der anderen Seite. In der vorliegenden Untersuchung steht davon ausgehend primär die Frage im Mittelpunkt, wie sich die *Intensität der Online-Nutzung* auswirkt.

3. Theoretische Fundierung des Einflusses der Online-Interaktionsfrequenz auf das Beziehungsverhalten

Die Grundfrage, ob ein Beziehungsaufbau online möglich ist, wird in diesem Beitrag dahingehend operationalisiert, indem hinterfragt wird, ob Online-Interaktionen ein Beziehungsverhalten der Kunden zur Folge haben.

3.1 Beziehungsverhalten als Ergebnis des Beziehungsaufbaus

Unter *Beziehungsverhalten* wird hier ein Kundenverhalten verstanden, das eine Aufrechterhaltung und gegebenenfalls Ausweitung der Beziehung durch den Kunden anspricht. Damit sind Verhaltensweisen des Kunden angesprochen, die dem Konstrukt Kundenbindung subsumiert sind. Hierzu zählen das Bleibeverhalten der Kunden (Retention), das Cross-Buying-Verhalten, die Kauffrequenz in Bezug auf die bereits genutzten Produkte sowie die Preissensibilität der Kunden (Homburg/Bruhn 2008). Je gebundener ein Kunde ist, desto eher verhält er sich „beziehungsorientiert", d. h. desto eher bleibt er Kunde, nutzt die Produkte des Unternehmens intensiver, kauft weitere Produkte des Unternehmens oder ist auch bereit, höhere Preise in Kauf zu nehmen.

3.2 Interaktionsfrequenz als Determinante des Beziehungsaufbaus

Der Aufbau von Kundenbeziehungen vollzieht sich grundsätzlich in Interaktionen zwischen Unternehmen und Kunde. Dieser Grundsatz entstammt *sozialpsychologischen Ansätzen* zur Erklärung des Aufbaus zwischenmenschlicher Beziehungen. So beinhaltet die Soziale Durchdringungstheorie (Altman/Taylor 1973) ein dynamisches Prozessmodell, nach dem die Erfahrung in aufeinanderfolgenden Interaktionen zwischen Beziehungspartnern zum Aufbau zwischenmenschlicher Beziehungen beitragen.

Übertragen auf *Unternehmen-Kunde-Beziehungen* entstehen diese dadurch, dass in den Interaktionen zwischen Anbieter und Kunde, z. B. Beratungs- und Servicekontakten, Beziehungen aufgebaut werden (Anderson/Fornell 1994; Bitner/Hubbert 1994; Rust/Oliver 1994; Liljander/Strandvik 1995). Dadurch, dass das Unternehmen die

Kundenbedürfnisse immer besser kennt und umgekehrt der Kunde die Produkte, Dienstleistungen und Ansprechpartner auf Unternehmensseite immer besser kennt, werden Beziehungen etabliert.

Dabei tragen sowohl die Qualität als auch die Quantität der Kundeninteraktionen zum Beziehungsaufbau bei. Bezüglich der *Qualität* wird die Beziehung zum Unternehmen umso besser eingeschätzt, je besser die einzelnen Interaktionen sind. Dieser Sachverhalt wurde in verschiedensten empirischen Studien festgestellt (vgl. z. B. Georgi 2000; Bruhn/Georgi 2009). Aber auch die *Quantität* an Interaktionen trägt zum Beziehungsaufbau bei. Die Interaktionsfrequenz, als die Zahl der Interaktionen pro Zeiteinheit zwischen den Beziehungspartnern, trägt durch das bessere Kennenlernen der Beziehungspartner zu einem stärkeren Vertrauen im Sinne einer Prognostizierbarkeit des Verhaltens des jeweiligen Beziehungspartners bei (Anderson/Weitz 1989; Doney/Cannon 1997; Palmatier et al. 2006).

3.3 Online-Interaktionsfrequenz als Beziehungsdeterminante

In der entsprechenden Literatur (z. B. Altman/Taylor 1973) wird jeweils unterstellt, dass *persönliche Interaktionen* Determinanten des Beziehungsaufbaus sind. Davon ausgehend stellt sich als Kernfrage im vorliegenden Beitrag, ob auch *Online-Interaktionen* zu Beziehungsaufbau beitragen, d. h. zu Beziehungsverhalten führen können. Dabei ist diese Überlegung sowohl für „reine Online-Beziehungen" (z. B. Kundenbeziehungen von Amazon) als auch für „Multichannel-Beziehungen" (z. B. Kundenbeziehungen einer Universalbank) relevant.

In der sozialpsychologischen Literatur werden Online-Beziehungen im Bereich der *„Computer-mediated Communications (CMC)"* betrachtet (vgl. z. B. Gasser 2004). *Kritische Ansätze* in diesem Bereich (vgl. z. B. Döring 1999), dem so genannten „Technikdeterminismus" zugerechnet, argumentieren normativ in der Hinsicht, dass sie unpersönliche Kanäle grundsätzlich schlechter bewerten als persönliche Kanäle, da ihrer Meinung nach hier eine „Ent-Menschlichung" stattfindet und damit ein Beziehungsaufbau schlechter möglich ist. Häufige Argumente sind, dass physische Nähe oder oftmalige Interaktionen für einen Beziehungsaufbau förderliche Komponenten sind. Online-Interaktionen sind durch „fehlende physische Nähe, Fehlen oftmaliger Interaktion, Fehlen von Informationen über das Äußere der beiden Individuen und Fehlen von Informationen über die soziale Zugehörigkeit" (Gasser 2004) gekennzeichnet. Diese Merkmale schränken einen Online-Beziehungsaufbau ein.

Dagegen argumentieren *ausgewogene Ansätze* bezüglich des Online-Beziehungsaufbaus, dass persönliche Komponenten, wie die äußere Erscheinung und die physische Anziehung zwar für den Beziehungsaufbau hilfreich sind, aber keine Theorie diese als notwendige Voraussetzung tituliere (Hatfield/Sprecher 1986). So existieren Studien über zwischenmenschliche Beziehungen, die die Möglichkeit eines Online-Beziehungsaufbaus nachweisen. Walther (1992; 1996) konnte beispielsweise zeigen, dass Online-Beziehungen lediglich mehr Zeit in Anspruch nehmen.

Zur theoretischen Fundierung des Online-Beziehungsaufbaus in Kundenbeziehungen kann die *Theorie der sozialen Durchdringung* (Altman/Taylor 1973) herangezogen werden. Nach dieser Theorie sind wesentliche Determinanten des Beziehungsaufbaus die Breite und Tiefe der Persönlichkeit eines Individuums, die der jeweilige Beziehungspartner beim Beziehungsaufbau erkundet. Mit der Persönlichkeitsbreite sind beispielsweise die Zahl der Persönlichkeitsfacetten angesprochen, z. B. die Zahl der Themen, über die man bezüglich des Beziehungspartners eine Kenntnis hat. Die Persönlichkeitstiefe betrifft den Intensitätsgrad des Kennenlernens der Persönlichkeit des Gegenübers, z. B. ob es eher um eine oberflächliche oder eine tiefgründige Kenntnis geht.

Für die *Bedeutung der Online-Interaktionsfrequenz* für den Beziehungsaufbau bei Kundenbeziehungen kann davon ausgehend argumentiert werden, dass Online-Kontakte zunächst die *„Breite"* der Beziehung erhöhen. In einer Multichannelsituation bedeuten – die persönliche Interaktion ergänzende – Online-Interaktionen eine Erhöhung der Vielfalt des Kontaktes der Kunden zum Unternehmen. Es bestehen zusätzliche Kontaktmöglichkeiten. Der Kunde lernt das Unternehmen von einer weiteren Seite (neben dem direkten Kundenkontakt, aber auch neben der Massenkommunikation) kennen. Eine entsprechende Qualität vorausgesetzt, verstärken dadurch Online-Interaktionen den Beziehungsaufbau. Hinsichtlich der *„Tiefe"* der Beziehung ist im Online-Kanal eine tiefergehende Information des Kunden möglich (Shankar et al. 2003), die ebenfalls einen Beziehungsaufbau verstärkt. In der Praxis zeigt sich dies beispielsweise im so genannten „Research-online-purchase-offline (RoPo)"-Verhalten der Kunden.

Aus Sicht der Theorie der sozialen Durchdringung kann damit gefolgert werden, dass Online-Interaktionen zum Beziehungsaufbau beitragen. Diese Argumentation wird unterstützt durch Argumente aus dem Online-Marketing-Bereich (vgl. Kapitel 2), wie Lock-in-Effekte sowie der Charakter der Online-Interaktionen als Pull-Kontakte aus Kundensicht. Damit wird als Kernhypothese dieses Beitrages ein positiver Effekt der Online-Interaktionsfrequenz auf das Beziehungsverhalten angenommen.

Kernhypothese: Die Online-Interaktionsfrequenz eines Kunden wirkt sich positiv auf das Beziehungsverhalten des Kunden aus.

4. Empirische Befunde zum Einfluss der Online-Beziehung auf die Geschäftsbeziehung

4.1 Studiendesign und Sample

Zur empirischen Überprüfung des Einflusses der Online-Interaktionsfrequenz auf das Beziehungsverhalten der Kunden wurde mit Hilfe von transaktionalen Kundendaten einer europäischen Bank vorgenommen. Hierzu wurde eine repräsentative Stichprobe von über 50.000 Privatkunden der Bank gezogen. Die Repräsentativität der Stichprobe wurde mit Hilfe eines Chi-Quadrat-Tests überprüft und bestätigt. Mit Hilfe des Testverfahrens wurde anhand einzelner Variablen validiert, dass die Struktur der Stichprobe die Struktur der Grundgesamtheit repräsentiert. Hierbei wurde beispielsweise für die Variablen Einlage-, Depot- und Kreditvolumen bestätigt, dass die Aufteilung der Kunden über die verschiedenen Einlage-, Depot- und Kreditvolumenklassen in Stichprobe und Grundgesamtheit identisch sind, und Rückschlüsse von der Stichprobe auf die Grundgesamtheit gezogen werden können.

4.2 Messung

Ausgehend von der beschriebenen Kernhypothese wird das in Abbildung 1 dargestellte Analysemodell empirisch überprüft. Dieses enthält neben den in der Kernhypothese enthaltenen Variablen weitere Kontrollvariablen. Die Indikatoren, die zur Messung der Variablen herangezogen werden, sind in Abbildung 2 wiedergegeben. Insgesamt wurden demnach Variablen in drei Bereichen zur Analyse herangezogen:

■ Beziehungsverhalten der Kunden als abhängige Variable

■ Online-Interaktionsfrequenz als (zentrale) unabhängige Variable

■ Kontrollvariable als weitere unabhängige Variable

Abbildung 1: *Analysemodell*

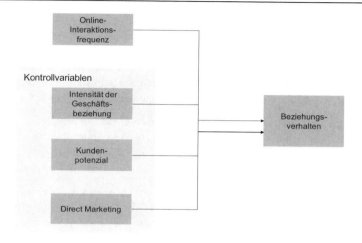

Für die Operationalisierung des *Beziehungsverhaltens der Kunden* als abhängige Variable wurden zwei Variablen herangezogen, die Indikatoren für das Cross Buying der Kunden darstellen und zum einen eine Mengenkomponente und zum anderen eine Wertkomponente abdecken. Die Mengenkomponente wird über die „Anzahl neuer Geschäftsabschlüsse" des Einzelkunden gemessen und bezieht sich auf das betrachtete Jahr. Die Wertkomponente wird durch das „Vertriebsergebnis aus Geschäftsabschlüssen" in dem betrachteten Jahr erfasst.

Die *Online-Interaktionsfrequenz* als unabhängige Variable in der Kernhypothese wird über die Anzahl der Logins eines Kunden in das Onlinebanking der Bank gemessen. Je häufiger ein Kunde sich einloggt, desto häufiger hat er online Kontakt mit der Bank. Mit einer hohen Anzahl Logins geht in der Regel eine hohe quantitative und qualitative Online-Beziehungsintensität einher. Die Anzahl der Logins beeinflusst in quantitativer Hinsicht die Online-Beziehungsintensität, da mit einer hohen Anzahl Logins eine hohe Anzahl von Kontakten zwischen Kunde und Bank einhergeht und die Online-Beziehung intensiviert wird. Darüber hinaus beeinflussen die Anzahl der Logins die Online-Beziehungsintensität qualitativ, da der Kunde nach für ihn relevanten Informationen auf der Online-Banking-Seite sucht. Wenn der Kunde diese für nutzenstiftend hält, wird er zukünftig das Onlinebanking seiner Bank nutzen und in der Regel nach weiteren für ihn relevanten Informationen suchen. Hiermit geht eine Steigerung der qualitativen Beziehungsintensität einher.

Es liegt auf der Hand, dass die Online-Interaktionsfrequenz nicht die einzige Determinante des Beziehungsverhaltens der Kunden ist. Daher wurden verschiedene *Kontrollvariablen* als weitere unabhängige Variablen in die Betrachtung einbezogen. Hierzu wurden die Cross-Selling-Quote, die Anzahl Aktionen und das Depotvolumen herangezogen. Dabei handelt es sich um Variablen, die typischerweise als Treiber der Kundenprofitabilität genannt werden (Garland 2002).

Das Niveau der Geschäftsbeziehung wird durch die *Cross-Selling-Quote* operationalisiert. Die Cross-Selling-Quote repräsentiert die Anzahl der Produktbündel, die im Besitz des jeweiligen Kunden sind, wie beispielsweise Girokonto und Kreditkarte. Je mehr Produktbündel der Kunde besitzt, desto stärker kann auf eine enge Beziehung zwischen Kunde und Bank (Niveau der Geschäftsbeziehung) geschlossen werden.

Das Kundenpotential ist neben dem Niveau der Geschäftsbeziehung eine weitere zusätzliche Variable und wird durch das *Depotvolumen* operationalisiert. Diese stellt einen wesentlichen Teil des schnell liquidierbaren Finanzvermögens dar, und beschreibt die finanziellen Möglichkeiten des Kunden Bankprodukte nachzufragen.

Eine weitere Kontrollvariable ist das *Direct Marketing*. Mit Hilfe des Direct Marketing hat die Bank die Möglichkeit, den Kunden individuell durch auf den Kundenbedarf zugeschnittene Produkte anzusprechen. Durch die regelmäßige Ansprache des Kunden kann die Quantität der Kundenansprache gesteigert werden und wird durch die Variable „Anzahl Aktionen" operationalisert. Sie ist ein Maß dafür, wie oft der Kunde durch die Bank per Direct Marketing angesprochen worden ist.

Abbildung 2: *Operationalisierung der Variablen für die Treiber der Kundenbeziehung und Erfolg der Kundenbeziehung*

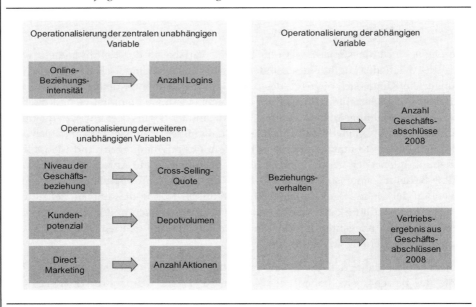

4.3   Ergebnisse

Anknüpfend an die Operationalisierung des Beziehungsverhaltens anhand von zwei Indikatoren wurden *zwei multiple Regressionen* durchgeführt (Abbildung 3).

Im ersten Modell ist die *Anzahl der Abschlüsse die abhängige Variable*, und das Modell zeigt den Einfluss von Anzahl Logins, Cross-Selling-Quote, Depotvolumen und Anzahl Aktionen auf die Anzahl der Geschäftsabschlüsse. Das Bestimmtheitsmaß R^2 weist einen Wert von 0,07 auf und zeigt den Anteil der durch das Modell erklärten Streuung. Neben dem R^2 ist der F-Test ein globales Gütemaß. Mit Hilfe des F-Tests kann die Nullhypothese verworfen werden, dass alle Regressionskoeffizienten gleich null sind und das Modell keine Aussagekraft besitzt. Mit Ausnahme des Regressionskoeffizienten für die Cross-Selling-Quote sind die einzelnen Regressionskoeffizienten bei einen Signifikanzniveau von fünf Prozent signifikant. Das bedeutet, dass die Nullhypothese bestätigt werden kann, und die Online-Interaktionsfrequenz einen wesentlichen Einfluss auf den Aufbau einer erfolgreichen Kundenbeziehung hat. Mit Zunahme der Anzahl der Logins erhöhen sich die Anzahl der Geschäftsabschlüsse im betrachteten Jahr. Ein Vergleich der standardisierten Regressionskoeffizienten zeigt für Modell 1, dass die Variable Anzahl Logins im Vergleich zu den anderen Variablen den höchsten Beta-Koeffizienten aufweist und somit in Relation zu den anderen Variablen den stärksten Einfluss auf die Anzahl der Geschäftsabschlüsse hat.

Im zweiten Modell wird der Einfluss, der aus dem Modell eins bekannten unabhängigen Variablen auf das *Vertriebsergebnis aus Geschäftsabschlüssen* untersucht. Das Bestimmtheitsmaß steigt in diesem Modell auf 0,25. Das bedeutet, dass durch das Modell 25 Prozent der Gesamtstreuung erklärt werden kann. Analog zu Modell eins kann die Nullhypothese des F-Tests verworfen werden, dass das Modell zwei keine Aussagekraft besitzt und folglich die Gegenhypothese gilt, dass die zentrale unabhängige Variable Online-Interaktionsfrequenz gemessen durch die Anzahl Logins und die weiteren unabhängigen Variablen einen Einfluss auf das Vertriebsergebnis haben. Mit Ausnahme der Anzahl der Logins sind die einzelnen Regressionskoeffizienten von Modell zwei signifikant. Das bedeutet, dass die Nullhypothese bei der Variablen Anzahl Logins nicht verworfen werden kann und der Regressionskoeffizient für die Anzahl der Logins null betragen kann. Aus diesem Grund ist nicht ausgeschlossen, dass die Anzahl der Logins keinen Einfluss auf das Vertriebsergebnis aus Geschäftsabschlüssen haben.

Abbildung 3: Zusammenfassung der Ergebnisse aus den Regressionsmodellen

Modell	Abhängige	Unabhängige	Stand. Koeffizient
Modell 1	Anzahl Geschäftsab-schlüsse 2008	Depotvolumen	0,16***
		Cross-Selling-Quote	-0,03*
		Anzahl Logins	0,21***
		Anzahl Aktionen	0,04**
Modell 2	Vertriebsergebnis aus Geschäftsabschlüssen 2008	Depotvolumen	0,46***
		Cross-Selling-Quote	0,20***
		Anzahl Logins	0,00
		Anzahl Aktionen	-0,08***

*** $p<0,01$ ** $0,01<p<0,05$ * $0,05<p<0,1$

Bei einer Zusammenfassung der Ergebnisse aus beiden Modellen heißt das für die Online-Interaktionsfrequenz, dass diese einerseits einen positiven Einfluss auf die Anzahl der Geschäftsabschlüsse hat (Modell eins), andererseits aber keinen signifikanten Einfluss auf das Vertriebsergebnis aus den Geschäftsabschlüssen hat (Modell zwei). Kunden mit hoher Online-Interaktionsfrequenz schließen mehr neue Produkte ab, diese sind aber nicht ertragreicher (aber auch nicht weniger ertragreich) als die Abschlüsse anderer Kunden. Es bestätigt sich demnach die Hypothese, dass eine hohe Online-Interaktionsfrequenz ein positives Beziehungsverhalten in Form von Cross Buying zur Folge hat. Bei diesem Cross Buying kommt aus Kundensicht die gesamte Produktpalette in Frage. Aus diesem Grunde kann die Aussage verneint werden, dass Kunden mit einer hohen Online-Intensität Cherry Picker sind. Wäre dies der Fall, müsste die Online-Beziehungsintensität einen negativen Einfluss auf das Vertriebsergebnis haben, da diese Kunden bei der Kaufentscheidung in der Regel Produkte auswählen müssten, die in geringerem Maße zu einem Vertriebsergebnis beitragen.

4.4 Kritische Würdigung der Ergebnisse

Ergebnis der Studie ist, dass die Online-Interaktionsfrequenz einen positiven Einfluss auf das Beziehungsverhalten in Form von höheren Geschäftsabschlüssen hat. Diese höhere Beziehungsintensität trägt jedoch nicht zwangsläufig zu einem höheren Vertriebsergebnis bei.

In dieser Studie werden die Auswirkungen der Online-Interaktionsfrequenz auf das Beziehungsverhalten in einer Branche untersucht. Aus diesem Grund ist es fraglich, inwieweit die Ergebnisse der Studie auf andere Branchen übertragen werden können. Einen Beitrag zur Generalisierung der Ergebnisse könnte in diesem Zusammenhang eine Studie leisten, die den Zusammenhang der Online-Interaktionsfrequenz auf das Beziehungsverhalten branchenübergreifend untersucht.

Außerdem ist zu prüfen, inwieweit die Ergebnisse auf andere Produkte übertragen werden können. Aufgrund der Vertrauenseigenschaften von Finanzdienstleistungen ist es vorstellbar, dass der Kunde eine besondere Beziehung zu seiner Bank pflegt. Diese besondere Beziehung kann dazu führen, dass mit einer hohen Online-Interaktionsfrequenz ein hohes Vertrauen einhergeht, das sich positiv auf die Anzahl der Geschäftsabschlüsse auswirkt. Um zu überprüfen, ob die Ergebnisse auf Finanzdienstleistungen beschränkt sind, besteht weiterer Forschungsbedarf dahingehend, inwieweit die Ergebnisse auf andere Güter übertragen werden können.

5. Schlussfolgerungen und Ausblick

Die vorgestellten *empirischen Ergebnisse* zeigen, dass die Online-Interaktionsfrequenz zu Cross-Buying-Verhalten führen. Online-Kontakte der Kunden zur Bank tragen dazu bei, dass durch die Kunden Kaufabschlüsse getätigt werden. Dies betrifft zum einen Online-Abschlüsse. Je häufiger ein Kunde online ist, desto häufiger schließt er online ein Produkt ab. Aber zum anderen betrifft dies auch Offline-Abschlüsse. Kunden, die häufiger online sind, schließen insgesamt mehr ab.

Hierfür gibt es zahlreiche mögliche *Erklärungen*. Bei Betrachtung des Bankkontexts haben Online-Nutzer vermutlich insgesamt mehr Kontakte zur Bank, da auch Nicht-Online-Nutzer nicht täglich zur Filiale gehen. Dadurch haben Online-Nutzer durch die häufigeren Kontakte u.U. eine engere Beziehung zur Bank als andere Kunden. Eine weitere Erklärung liegt im so genannten „Research online, purchase offline (RoPo)"-Verhalten der Kunden. Sie informieren sich vorab über Produkte im Internet und schließen dann in der Filiale Produkte ab. Unabhängig von einzelnen Produkten haben Online-Nutzer mehr Kontakte mit der Bank als Marke und fühlen sich dadurch unter Umständen eher gebunden. Schließlich können etwa durch Gewöhnung (z. B. bezüglich des Online-Banking-Tools) „Lock-in"-Effekte entstehen. Funktionale Wechselbarrieren erschweren es dem Kunden, abzuwandern oder bei anderen Banken entsprechende Produkte nachzufragen. Positiv interpretiert ist es „convenient", Bankprodukte in der gewohnten Umgebung abzuschließen.

Für Unternehmen lässt sich daraus das Ziel ableiten, eine *Erhöhung der Online-Interaktionsfrequenz* anzustreben. Dies ist über mehrere Wege möglich. Zunächst kann bei bestehenden Online-Nutzern die Nutzungsfrequenz erhöht werden. Weiterhin ist es ein Ziel, bisherige Nicht-Nutzer in Neu-Nutzer zu transformieren. Für beide Ziele ist es erforderlich, den Online-Kanal attraktiv zu gestalten, und durch eine Steuerung der *Online Customer Experience* (Abbildung 4) den Kunden Anreize zu liefern, diesen Kanal intensiv zu nutzen.

Abbildung 4: *Dimensionen der Online Customer Experience*

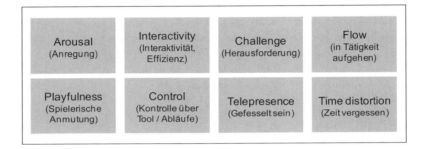

Neben dieser deterministischen Interpretation ist ein Teil des Zusammenhangs zwischen Online-Nutzung und Abschlüssen auch auf eine *Selbstselektion der Kunden* zurückzuführen. Nach dieser Interpretation ist Online-Nutzung ein Indikator für Kunden mit *Produktbedarfen*, d. h. letztendlich ein Indikator für Potenzialkunden.

Unabhängig, ob der Grund für den Zusammenhang eine Selbstselektion ist, d. h. attraktive Kunden eben mehr online tätig sind, oder aber die Online-Nutzung die kausale Ursache für das Beziehungsverhalten der Kunden ist, stellt die Online-Interaktionsfrequenz einen interessanten Stellhebel des Relationship Marketing dar. Und verallgemeinert zeigen die hier vorgestellten Ergebnisse und Überlegungen, dass ein Online-Beziehungsaufbau möglich ist und damit der Online-Kanal ein wichtiges Element des Relationship Marketing im Multichannel-Kontext.

Literaturverzeichnis

Altman, I./Taylor, D.A. (1973): Social Penetration. The Development of Interpersonal Relationships, New York.

Anderson, E./Weitz, B.A. (1989): Determinants of Continuity in Conventional Industrial Channel Dyads, in: Marketing Science, Vol. 8 , No. 4, S. 310-324.

Anderson, E.W./Fornell, C. (1994): A Customer Satisfaction Process Research Prospectus, in: Rust R. T./Oliver, R.L. (Hrsg.): Service Quality. New Directions in Theory and Practice, London, S. 241-268.

Bitner, M.J./Hubbert, A.R. (1994): Encounter Satsifaction versus Overall Satisfaction versus Quality, in: Rust R. T./Oliver, R.L. (Hrsg.): The Customer's Voice. Service Quality. New Directions in Theory and Practice, Thousand Oaks, S. 72-94.

Bitner, M.J./Ostrom, A.L./Meuter, M.L. (2002): Implementing Successful Self-Service Technologies, in: Academy of Management Executive, Vol. 16, No. 4, S. 96-10.

Bolton, R./Lemon, K./Verhoef, P. (2004): The Theoretical Underpinnings of Customer Asset Management: A Framework and Propositions for Future Research, in: Journal of the Academy of Marketing Science, Vol. 32, No. 2, S. 271-292.

Bowman, D./Narayandas, D. (2001): Managing Customer-Initiated Contacts With Manufacturers: The Impact on Share of Category Requirements and Word-Of-Mouth Behavior, in: Journal of Marketing Research, Vol. 38, No. 3, S. 281-298.

Bruhn, M./Georgi, D./Treyer, M./Leumann, S. (2000): Wertorientiertes Relationship Marketing. Vom Kundenwert zum Customer Lifetime Value, in: Die Unternehmung, 54. Jg., Nr. 3, o.S.

Bruhn, M./Georgi, D./Hadwich, K. (2008): Customer Equity Management as Formative Second-Order Construct, in: Journal of Business Research, Vol. 61, No. 12, S. 1292-1302.

Bruhn, M. (2008). Relationship Marketing. Das Management von Kundenbeziehungen, 2. Aufl., München.

Bruhn, M./Georgi, D. (2009): Determinanten der Kundenloyalität bei Banken, in: Kredit und Kapital, in Druck.

Doney, P.M./ Cannon, J.P. (1997): An Examination of the Nature of Trust in Buyer-Seller Relationships, in: Journal of Marketing, Vol. 61, No. 2, S. 35-52.

Döring, N. (1999): Sozialpsychologie des Internet. Die Bedeutung des Internet für Kommunikationsprozesse, Identitäten, soziale Beziehungen und Gruppen, Göttingen.

Fox, E.J./Hoch, S.J. (2005): Cherry-Picking, in: Journal of Marketing, Vol. 69, No. 1, S. 46-63.

Garland, R. (2002): Non-financial Drivers of Customer Profitability in Personal Retail Banking, in: Journal of Targeting, Measurement & Analysis for Marketing, Vol. 10, No. 3, S. 233-249.

Gasser, M. (2004): Soziale Interaktionen Online, Zürich.

Gensler, S./Skiera, B./Böhm, M. (2007): Einfluss der Nutzung des Online-Bankings auf das Produktnutzungsverhalten und die Profitabilität von Bankkunden, in: Zeitschrift für Betriebswirtschaftslehre, 77. Jg., Nr. 6, S. 675-696.

Georgi, D. (2000): Entwicklung von Kundenbeziehungen, Wiesbaden.

Grönroos, C. (1994): From Marketing Mix to Relationship Marketing. Towards a Paradigm Shift in Marketing, in: Management Decision, Vol. 32, No. 2, S. 4-21.

Hatfield, E./Sprecher, S. (1986): Mirror, Morror: The Importance of Looks in Every Day. Albany.

Homburg, C./Bruhn, M. (2008): Kundenbindungsmanagement. Eine Einführung in die theoretischen und praktischen Problemstellungen, in: Homburg, C./Bruhn, M. (Hrsg.): Handbuch für Kundenbindungsmanagement. Strategien und Instrumente für ein erfolgreiches CRM, 6. Aufl., Wiesbaden, S. 3-40.

Kumar, V./ Venkatesan, R. (2005): Who Are the Multichannel Shoppers and How Do They Perform?: Correlates of Multichannel Shopping Behavior, in: Journal of Interactive Marketing, Vol. 19, No. 2, S. 44-63.

Liljander, V./Strandvik, T. (1995): The Nature of Customer Relationships in Services, in: Swartz T. A./Bowen, D.E/Brown, S.W. (Hrsg.): Greenwich, Advances in Services Marketing and Management, Vol. 4, S. 141-167.

Morgan, R.M./Hunt, S.D. (1994): The Commitment-Trust Theory of Relationship Marketing, in: Journal of Marketing, Vol. 58, No. 3, S. 20-39.

Palmatier, R.W./Dant, R.P./Grewal, D./Evans, K.R. (2006): Factors Influencing the Effectiveness of Relationship Marketing: A Meta-Analysis, in: Journal of Marketing, Vol. 70, No.2, S. 136-154.

Reichheld, F./Schefter, P. (2000): E-Loyalty, in: Harvard Business Review, Vol. 78, No. 4, S. 105-144.

Rust, R.T./Oliver, R.L. (1994): Service Quality. Insights and Managerial Implications from the Frontier, in: Rust R. T./Oliver, R. L. (Hrsg.) Service Quality. New Directions in Theory and Practice, Thousand Oaks, S. 1-20.

Shankar, V./Smith, A./Rangaswamy, A. (2003): Customer Satisfaction and Loyalty in Online and Offline Environments, in: International Journal of Research in Marke-0ting, Vol. 20, No. 2, S. 153-176.

Venkatesan, R./Kumar, V./Ravishanker, N. (2007): Multichannelshopping: Causes and Consequences, in: Journal of Marketing, Vol. 71, No. 2, S. 114-133.

Verhoef, P.C./Donkers, B. (2005): The Effect of Acquisition Channels on Customer Loyalty and Cross-Buying, in: Journal of Interactive Marketing, Vol. 19, No. 2, S. 31-44.

Walther, J.B. (1992): Interpersonal Effects on Computer-Mediated Interactions: A Relational Perspective, in: Communication Research, Vol. 19, No. 1, S. 52-91.

Walther, J.B. (1996): Computer-Mediated Communications: Impersonal, Interpersonal, and Hyperpersonal Interaction, in: Communication Research, Vol. 23, No. 1, S. 3-44.

Karsten Hadwich/Steffen Munk

Einsatz und Auswirkungen von Technologien in Kundenbeziehungen

1. Rolle von Technologien in Beziehungen zwischen Unternehmen, Mitarbeiter und Kunde

2. Einsatz von Technologien in Kundenbeziehungen
   2.1 Technologieeinsatz in der Akquisitionsphase
   2.2 Technologieeinsatz in der Bindungsphase
   2.3 Technologieeinsatz in der Rückgewinnungsphase

3. Auswirkungen von Technologien in Kundenbeziehungen
   3.1 Wirkungsmodell des Technologieeinsatzes
   3.2 Determinanten der Erstnutzung von Technologien
   3.3 Determinanten der Wiedernutzung von Technologien

4. Schlussfolgerungen und Ausblick

Prof. Dr. Karsten Hadwich ist Inhaber des Lehrstuhls für Dienstleistungsmanagement an der Universität Hohenheim. Dipl. oec. Steffen Munk ist Wissenschaftlicher Mitarbeiter am selben Lehrstuhl.

1. Rolle von Technologien in Beziehungen zwischen Unternehmen, Mitarbeiter und Kunde

Der Jubilar Manfred Bruhn ist einer der Pioniere in der Fachdisziplin des Relationship Marketing und hat dabei entscheidende Denkanstöße für die Entwicklung eines Managements von Kundenbeziehungen gegeben. Der vorliegende Beitrag greift verschiedene dieser durch Manfred Bruhn etablierten Konzepte des Relationship Marketing auf und untersucht mit deren Hilfe den Einsatz und die Auswirkungen von Technologien in Kundenbeziehungen.

Die Anzahl technologiebasierter Produkte und Dienstleistungen hat in den letzten Jahren einen ebenso gewaltigen wie stetigen Anstieg erfahren (Parasuraman 2000, S. 307; Bruhn 2002, S. 5; Tsikriktsis 2004, S. 42). Informations- und Kommunikationstechnologien wie E-Mail, Internet oder Mobiltelefone stellen in der heutigen Zeit unverzichtbare Medien für private wie auch geschäftliche Kommunikation dar. Technologien, von denen wir heute kaum ahnen, werden in ein paar Jahren in unserem alltäglichen Umgang bereits als selbstverständlich gelten. Auch die unternehmerische Praxis sieht sich, aufgrund technologischer Einflüsse, einem schnellen und nachhaltigen Wandel gegenüber (Bruhn 2002, S. 5). Diese technologiebedingten Veränderungen bringen Chancen und Potenziale, aber auch Risiken für Unternehmen und Kunden mit sich (Bitner et al. 2000, S. 138; Bruhn 2002, S. 5).

Die Rollen von Technologien für das Management von Beziehungen illustriert Abbildung 1. Es zeigt den Einfluss der Technologie auf die Beziehungen zwischen Unternehmen und Mitarbeitern, Unternehmen und Kunden sowie Mitarbeitern und Kunden auf:

(1) Technologien in Unternehmen-Mitarbeiter-Beziehungen

Die Beziehung zwischen *Unternehmen und Mitarbeitern* wird durch den Einsatz von Technologien grundlegend verändert (Colby/Parasuraman 2003, S. 30). Informationstechnologien, wie z. B. Inter- oder Intranet, erhöhen die Effizienz des Informationsaustausches in Unternehmen und ermöglichen eine Verbindung geographisch-räumlich getrennter Abteilungen. Darüber hinaus erleichtern sie den Informationsfluss zwischen Unternehmen und Mitarbeitern in beide Richtungen (Colby/Parasuraman 2003, S. 30). Das Unternehmen kann seine Mitarbeiter jederzeit mit aktuellen Informationen zur Unterstützung der Kundenbegegnung versorgen, während die Servicemitarbeiter Informationen, wie beispielsweise Kundenbeschwerden, leichter an die zuständigen Stellen im Unternehmen weiterleiten können.

Abbildung 1: *Einfluss von Technologien auf die Beziehungen zwischen Unternehmen,*
Mitarbeitern und Kunden
(Quelle: Parasuraman 2000, S. 308)

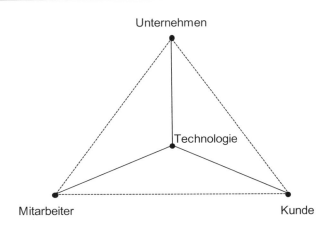

(2) Technologien in Mitarbeiter-Kunde-Beziehungen

Des Weiteren haben Technologien Auswirkungen auf die Beziehungen zwischen *Servi-cemitarbeitern und Kunden des Unternehmens*. Technologieunterstützung von Service Encountern erhöht die Effektivität während der Dienstleistungserbringung und trägt dazu bei, einen guten Eindruck bei den Kunden zu hinterlassen. Servicemitarbeiter haben durch Unterstützung interner E-Services die Möglichkeit, auf Kundendatenbanken zuzugreifen und somit Kunden mit spezifischen Informationen anzusprechen. Neben der Vermittlung eines professionellen Eindrucks führt dies darüber hinaus in vielen Fällen auch noch zu spontanen, positiven Gefühlen der Kunden, was sich in einer höheren Kundenzufriedenheit niederschlägt (Bitner et al. 2000, S. 146). Die Hotelkette Ritz Carlton beispielsweise führt eine umfangreiche Datenbank von mehr als 250.000 ihrer aktuellen Gäste. Diese Datenbank enthält Informationen über Präferenzen und Eigenheiten jedes Gasts und kann jederzeit von allen Mitarbeitern des Hotels aktualisiert werden. Durch Antizipation der Wünsche ihrer Gäste wird somit kontinuierlich exzellenter Service gewährleistet und eine hohe Kundenbindungsrate erreicht (Hart 1996, S. 11ff.).

(3) Technologien in Unternehmen-Kunde-Beziehungen

Besonders ist die Rolle der Technologie in der Beziehung zwischen *Unternehmen und Kunden* sichtbar. Moderne Technologien ermöglichen es, kundenindividuell Dienstleistungen zu entwickeln und diese zu vertreiben. Über das Internet können Unternehmen direkt mit ihren Kunden kommunizieren, unabhängig davon, ob sich diese gerade zu Hause, bei der Arbeit oder auf dem Weg dorthin befinden (Colby/Parasuraman 2003, S. 30). Ein weiterer Bereich stellen so genannte Selbstbedienungstechnologien dar. Selbstbedienungstechnologien, wie beispielsweise Bankautomaten oder Online-Check-in für Flüge, ermöglichen es Kunden, Dienstleistungen von Unternehmen in Anspruch zu nehmen, ohne persönlich mit diesen in Kontakt zu treten. Diese Dienstleistungen können somit nicht nur orts-, sondern auch zeitunabhängig erbracht werden.

Im Folgenden rückt das *Management von Kundenbeziehungen* in den Mittelpunkt der Betrachtung. Den technologiebedingt veränderten Möglichkeiten und Herausforderungen für Unternehmen, sind diese zunächst mit der Schaffung eines vielfältigen Angebots an technologiebasierten Dienstleistungen begegnet. Dabei wurde lange Zeit eine so genannte „build and they will come"-Strategie verfolgt (Colby/Parasuraman 2003, S. 30). Allerdings erfolgte die Akzeptanz der neu geschaffenen Angebote seitens der Kunden bei weitem nicht in dem erwarteten Maße, sodass heute eher der effektive und effiziente Einsatz bestehender Technologien im Management von Kundenbeziehungen dominiert (Colby/Parasuraman 2003, S. 30). Um eine höhere Effektivität sowie Effizienz der technologiebasierten Kundenansprache erreichen zu können, müssen die Bedürfnisse der Kunden in das Zentrum der Überlegungen rücken. Diesbezüglich beschäftigten sich wissenschaftliche Studien beispielsweise mit der „Technology Readiness" der Kunden (Parasuraman 2000). Zentrale Überlegung ist dabei, Kunden nach ihrer Technologieaffinität zu segmentieren und diese Segmente entsprechend differenziert mit technologiebasierten Dienstleistungen zu bedienen. Generell werden dabei allerdings die anfallenden Kosten und Nutzen des Technologieeinsatzes und der Technologieverwendung für Unternehmen und Kunden außer Acht gelassen.

Im Folgenden soll der Frage nachgegangen werden, wie Technologien erfolgreich im Management von Kundenbeziehungen eingesetzt werden können. Dazu wird zunächst in Kapitel 2 ein Überblick gegeben, welche Möglichkeiten Unternehmen zur Verfügung stehen, Technologien in Kundenbeziehungen einzusetzen. Darauffolgend wird in Kapitel 3 ein Wirkungsmodell des Technologieeinsatzes vorgestellt, das die Wirkungen auf Anbieter- und Kundenseite veranschaulicht. Da die kundenseitige Adoption die zentrale Voraussetzung für einen erfolgreichen Einsatz von Technologien darstellt, rückt die Kundenperspektive im Folgenden in den Mittelpunkt der Betrachtung. Dazu werden in einem ersten Schritt Determinanten der Erstnutzung von Technologien abgeleitet und in einem zweiten Schritt Konstrukte der Wiedernutzung von Technologien diskutiert. Im abschließenden Kapitel 4 werden Schlussfolgerungen für die Praxis sowie die Forschung abgeleitet.

2. Einsatz von Technologien in Kundenbeziehungen

Im Folgenden steht der Beitrag von Technologien zur Kundenakquisition, Kundenbindung und Kundenrückgewinnung im Mittelpunkt der Betrachtung. Es wird gezeigt, wie Technologien zur Ausdifferenzierung der 5 Ps (Produkt-, Preis-, Kommunikations-, Distributions- und Personalpolitik) eingesetzt werden können und welche Rolle sie innerhalb der unterschiedlichen Phasen des Kundenbeziehungslebenszyklus spielen.

2.1 Technologieeinsatz in der Akquisitionsphase

Ziel der Akquisitionsphase ist es, die Kunden zu einer ersten Transaktion mit dem Unternehmen zu bewegen. Zentrale Aufgaben des Beziehungsmanagements in dieser Phase liegen in der Überzeugung, Stimulierung sowie der Eingewöhnung der Kunden (Bruhn 2009, S. 176ff.). Zur Erfüllung dieser Aufgaben stehen dem Unternehmen verschiedene technologiebasierte Instrumente zur Ausgestaltung der 5Ps zur Verfügung. Kommunikations-, Preis- und Distributionspolitik nehmen dabei einen besonderen Stellenwert ein.

Dominierendes Marketinginstrument der Akquisitionsphase stellt die *Kommunikationspolitik* dar. Vor allem die Kontaktaufnahme sowie die Überzeugung der Kunden können durch technologiebasierte Instrumente unterstützt werden. Technologiebasierte Kommunikation kann dabei beispielsweise durch E-Mail-Marketing, Outbound, Such- und Vergleichstools, die Gestaltung der eigenen Website oder weiteren Werbeformen im Internet erfolgen. Ein bedeutendes Instrument stellt hierbei das Direct Mailing dar (Bruhn 2007, S. 460). Beim Direct Mailing werden Kunden bzw. Zielgruppen per E-Mail gezielt und individuell angesprochen und so auf das Unternehmen bzw. konkrete Dienstleistungsangebote aufmerksam gemacht. Der führende Internet-Provider 1und1 AG beispielsweise nutzt gezielt eine spezielle Form des Direct Mailing zur Neukundenakquisition. Im Rahmen einer umfassenden „Kunde wirbt Kunde"-Aktion werden bestehende Kunden per E-Mail dazu aufgefordert, Weiterempfehlungs-E-Mails an Freunde und Bekannte zu senden. Kommt es zum Neuabschluss, erhält der bestehende Kunde eine Vermittlungsprämie. Dadurch gelingt es 1und1, gezielt Kunden relevanter Zielgruppen zu identifizieren und erstmalig anzusprechen.

Flankiert werden kommunikationspolitische Instrumente in der Akquisitionsphase häufig durch *preispolitische Instrumente*. Technologiebasierte Instrumente der Preispolitik stellen dabei z. B. das E-Couponing oder Internetauktionen dar. E-Coupons suggerieren Kunden, als exklusiv Auserwählte, Vergünstigungen in Anspruch nehmen zu können. Dies erzeugt oftmals einen wirksamen Kaufanreiz. Sie können dabei entweder in Websites eingebaut werden oder personalisiert per E-Mail oder SMS versendet werden (Kreutzer/Kuhfuß 2004, S. 563). Die Baumarktkette OBI nutzt erstere Möglichkeit des E-Couponing, indem sie virtuelle E-Coupons auf ihrer Website zum Download bereitstellt. Kunden, die mit diesem ausgedruckten E-Coupon in einem der Baumärkte einkaufen, erhalten spezielle Vergünstigungen. Eine populäre Form der Ausgestaltung von Internetauktionen stellt die sogenannte Lowest-Unique-Bid-Auktion dar. Hierbei erhält derjenige Kunde den Zuschlag, der das niedrigste, alleinstehende Angebot für ein bestimmtes Produkt abgibt. Auf diese Weise konnte ein Bieter kürzlich einen Fiat 500 für 21,68 EUR ersteigern. Insgesamt gingen bei dieser Versteigerung 25.337 Einzelgebote ein (Wieschowski 2009).

Für Kunden, die ihre Einkäufe gerne bequem von zu Hause erledigen, kann auch der *Distributionskanal* Internet gewünschte Kaufimpulse auslösen. Sie sparen auf diese Weise Zeit und Kosten und müssen nicht mit Mitarbeitern des Serviceunternehmens in Kontakt treten (Bitner 2001, S. 377). Als Beispiel hierbei kann die Möglichkeit der Nutzung von Online Banking aufgeführt werden. Für Wells Fargo, die als erste Bank der USA Online Services anbot, stellen Online-Kunden das Kundensegment mit der höchsten Zufriedenheit dar (Bitner 2001, S. 377).

2.2 Technologieeinsatz in der Bindungsphase

Ziel in dieser Phase der Kundenbeziehung ist es, den Kunden stärker an das Unternehmen zu binden. Er soll das Serviceangebot des Unternehmens wertschätzen und in großem Umfang in Anspruch nehmen. Zentrale Aufgaben des Beziehungsmanagements liegen in dieser Phase in der Individualisierung der Geschäftsbeziehung, der Steigerung der Leistungsnutzung sowie der Stabilisierung der Beziehung (Bruhn 2009, S. 187ff.). Diese Aufgaben erfordern eine veränderte Ausdifferenzierung der 5Ps als in der Akquisitionsphase.

Als bedeutendes Instrument der *Leistungspolitik* ist vor allem die Möglichkeit der Leistungsindividualisierung (Customization) hervorzuheben. Hierbei stellt der Anbieter webbasiert, standardisierte Leistungskomponenten zur Verfügung, die gemäß den Präferenzen unterschiedlicher Kunden individuell von diesen kombiniert werden können (Liechty et al. 2001, S. 183). So kann jeder Kunde mit der Leistung versorgt werden, die ihm den größten Nutzen stiftet. Vom Frühstücksmüsli über Parfum bis hin zur Kleidung, kann der Kunde heutzutage über das Internet Produkte nach seinen individuellen Präferenzen selbst erstellen. Bei Mymuesli.com wählt der Kunde seine Lieblingszutaten per Mausklick aus und bekommt nach kurzer Zeit sein persönliches Müsli per Post nach Hause geliefert. Ein weiteres leistungspolitisches Instrument zur technologiebasierten Stabilisierung der Kundenbeziehung stellen Online Communities oder Online-Clubs dar. Online Communities lassen sich allgemein als Gruppen von

Personen verstehen, die sich über Produkte des Unternehmens miteinander verbunden fühlen und damit assoziierte Erlebnisse gemeinsam vorrangig über das Internet gestalten bzw. teilen wollen (Tomczak et al. 2006, S. 525). Der Aufbau sozialer Kontakte sowie das Zugehörigkeitsgefühl zu einer Gruppe schaffen Wechselbarrieren und Erhöhen somit die Loyalität des Kunden (Wirtz/Schilke 2008, S. 543).

Technologiebasierte Instrumente der *Kommunikationspolitik* kommen vor allem zum Einsatz, um die Kunden zu einer Steigerung der Leistungsnutzung zu bewegen. Es soll dabei nicht nur eine Kauffrequenzsteigerung bei bereits vom Kunden in Anspruch genommenen Leistungen (Up Selling), sondern zusätzlich eine Erhöhung der Nachfrage nach weiteren Leistungen des Unternehmens erreicht werden (Cross Selling) (Bruhn 2009, S. 193). Bedeutende technologiebasierte Instrumente der Kommunikationspolitik stellen Ausgestaltungsformen des E-Mail-Marketing, wie Newsletter, Diskussionslisten und Autoresponder dar (Matejcek 2002, S. 158). Vor allem Newsletter werden häufig eingesetzt, um Up Selling und Cross Selling von Kunden anzustoßen. Den Kunden werden dabei via E-Mail Informationen über aktuelle und neue Leistungen, Sonderaktionen und Angebote des Unternehmens gegeben (Matejcek 2002, S. 158). Laut einer Benchmark-Studie der Schober Group (2006) ist der Tchibo Newsletter „Jede Woche eine neue Welt", einer der erfolgreichsten Newsletter im deutschen Versandhandel. Tchibo informiert seine Kunden darin regelmäßig über ihr wöchentlich wechselndes Angebot und erfreut sich großer Abonnentenzahlen.

Auch technologiebasierte *preispolitische Instrumente* tragen zum Erreichen der Ziele in der Kundenbindungsphase bei. Um eine stärkere Individualisierung der Geschäftsbeziehung zu erreichen, ist neben einer Leistungsindividualisierung auch eine Preisindividualisierung anzustreben. Dies kann durch Internetauktionen oder Bietpreissysteme umgesetzt werden (Diller 2008, S. 222). Die Deutsche Lufthansa AG beispielsweise bietet auf ihrer Homepage ein Online-Auktionsportal, bestehend aus mehreren virtuellen Auktionsräumen, an. Im Rahmen einer klassischen Englischen Auktion können Kunden in einem solchen Auktionsraum, ausgehend von einem bestimmten Mindestgebot, Flugtickets ersteigern.

Um eine Individualisierung der Geschäftsbeziehung mit *distributionspolitischen Instrumenten* zu erreichen, ist ein umfassendes und flexibles Angebot alternativer Absatzkanäle bereitzustellen. So kann jeder Kunde den Distributionskanal wählen, der ihm den höchsten Nutzen stiftet. Zwei bedeutende technologiebasierte Distributionskanäle stellen das Internet und Mobiltelefone dar. Der Vertriebskanal Internet kann Cross Selling durch Virtuelle E-Markets, Online-Shops oder -Malls fördern (Helmke/Uebel 2002, S. 213ff.). Mobiltelefone werden dagegen eher genutzt, um bestehenden Kunden zusätzliche Informationen oder Value Added Services anzubieten (Silberer/Wohlfahrt 2002, S. 569). Die Fast-Food-Kette Subway betreibt ein umfangreiches Mobile-Services-Portal für ihre Kunden. Beispielsweise sendet Subway seinen registrierten Kunden, bei schlechtem Wetter, spezielle Sonderangebote per SMS auf ihr Mobiltelefon. Damit wird versucht, wetterbedingte Umsatzeinbußen zu vermeiden (Rudolph/Emrich 2008, S. 267f.).

Als Instrument der *Personalpolitik* ist die Technologieunterstützung von Service Encountern zu nennen. Die Mitarbeiter des Unternehmens müssen in die Lage versetzt werden, flexibel auf Kundenwünsche reagieren zu können. Dazu sind Servicemitarbeiter bestmöglich durch Zugriff auf interne Kundendatenbanken zu unterstützen. Kundendatenbanken ermöglichen eine einfache Speicherung und Abrufbarkeit relevanter Kundendaten und verbessern dadurch die Interaktion während der Begegnung am Service Encounter. Durch diese Technologieunterstützung der Servicemitarbeiter kann eine effektivere und effiziente Hilfe gewährleistet werden, was sich positiv auf die Zufriedenheit der Kunden auswirkt (Bitner et al. 2000, S. 141).

2.3 Technologieeinsatz in der Rückgewinnungsphase

Kundenabwanderung ist die sichtbare Reaktion des Kunden auf Unzufriedenheit mit den Leistungen des Unternehmens. Aufgabe des Unternehmens besteht in dieser Phase der Kundenbeziehung darin, geeignete Maßnahmen einzuleiten, um verlorene Kunden wieder zurück zu gewinnen (Bruhn 2009, S. 200ff.). Dazu müssen zunächst die Gründe für die kundenseitige Unzufriedenheit identifiziert werden, um dann den Kunden durch attraktive Rückgewinnungsangebote wieder zur Aufnahme der Kundenbeziehung zu bewegen (Stauss 2000, S. 455).

Technologiebasierten Instrumenten des Beziehungsmanagements kommt in dieser Phase eine im Vergleich geringere Bedeutung zu als in den beiden vorangegangenen Phasen. Grund dafür ist die hohe Bedeutung der persönlichen Interaktion mit den Kunden (Bruhn/Michalski 2001, S. 121). Die direkte Ansprache der Kunden auf Abwanderungsgründe wird dabei als kritisch erachtet, um gezielt erfolgversprechende Rückgewinnungsangebote unterbreiten zu können. Als weiterer Erfolgsfaktor in dieser kritischen Phase einer Kundenbeziehung wurden in zahlreichen Studien die Mitarbeiter des Unternehmens identifiziert (vgl. für einen Überblick Sieben 2002, S. 29). Aufgrund der Bedeutung der persönlichen Ansprache und der wichtigen Rolle, die die Servicemitarbeiter dabei spielen, bleibt wenig Raum für den Einsatz technologischer Instrumente. So kommt technologiebasierten Instrumenten in der Rückgewinnungsphase lediglich unterstützende Funktion zu. Zum einen kann die persönliche Kontaktaufnahme durch Technologien unterstützt werden. Nach dem persönlichen Gespräch unter vier Augen wird diesbezüglich der Telefonanruf als am Besten geeignetes Medium der Kundenansprache eingeschätzt (Bruhn/Michalski 2001, S. 121). Zum anderen können technologische Instrumente zur Unterstützung des persönlichen Gesprächs herangezogen werden. Hierbei sind vor allem interne Kundendatenbanken hervorzuheben. Kundendatenbanken versetzen Servicemitarbeiter in die Lage, sich einen umfassenden Überblick über die Kundenhistorie zu verschaffen und leisten damit einen wichtigen Beitrag zu einer schnellen und kompetenten Reaktion bei Verlust eines Kunden. Darüber hinaus spielt der Zugriff auf interne Kundendatenbanken zur Unterstützung der Fachkompetenz des Servicemitarbeiters während des persönlichen Gesprächs eine entscheidende Rolle.

Nachdem Einsatzmöglichkeiten von Technologien in Kundenbeziehungen erläutert wurden, werden im Folgenden die Wirkungen des Technologieeinsatzes betrachtet.

3. Auswirkungen von Technologien in Kundenbeziehungen

3.1 Wirkungsmodell des Technologieeinsatzes

Die Wirkungen, die durch den Einsatz von Technologien auf Seiten des Anbieters und der Kunden bestehen, können anhand der *Service Profit Chain* strukturiert werden (Hesket/Sasser/Schlesinger 1997). Die Grundüberlegung der so genannten Erfolgskette, ist die inhaltliche Verknüpfung von Variablen, die miteinander in Zusammenhang stehen (Bruhn 2009). Innerhalb der Kette werden die Wirkungen zwischen den Variablen dargestellt, um eine strukturierte Analyse und Maßnahmenableitung zu ermöglichen. Die Grundstruktur einer Erfolgskette für Technologieeinsatz in Kundenbeziehungen besteht aus drei Gliedern (Abbildung 2).

(1) Unternehmensaktivität als Input des Unternehmens (Einsatz von Technologien in Kundenbeziehungen),

(2) Wirkungen der Unternehmensaktivitäten beim Kunden (Positive Wahrnehmung des Technologieangebots führt zu Erst- und Wiedernutzung),

(3) Ökonomischer Erfolg als Output des Unternehmens (Nutzen des Technologieeinsatzes).

Der Einsatz und die Verwendung von Technologien in Kundenbeziehungen sind sowohl auf Anbieter- als auch auf Kundenseite mit Nutzen und Aufwand verbunden. Auf *Anbieterseite* entstehen Kosten der Bereitstellung und des Betreibens von Technologien (Curran et al. 2003, S. 209), Aufwand zur Überwindung kunden- und mitarbeiterseitiger Barrieren (Bitner et al. 2000, S. 147) sowie Aufwand, der durch eine nichtbenutzerfreundliche Gestaltung von Selbstbedienungstechnologien entsteht. Wird das Technologieangebot vom Kunden verwendet, so führt dies zu einem Erreichen der Ziele und damit zum Erfolg des Anbieters. Der Nutzen, den ein Anbieter daraus generiert, ergibt sich beispielsweise aus einer erhöhten Zufriedenheit und Loyalität der Kunden, einer Erschließung neuer Kundensegmente und/oder einer Realisierung von Kosteneinsparungen und Effizienzvorteilen (Bitner et al. 2002, S. 98).

Abbildung 2: *Erfolgskette des Technologieeinsatzes in Kundenbeziehungen*

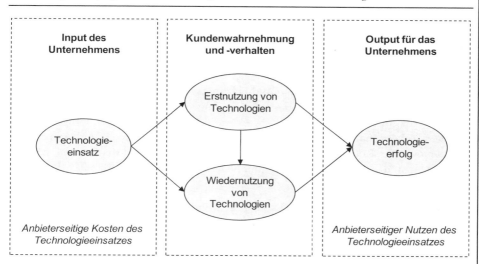

Ob ein anbieterseitiger Einsatz von Technologien auch zum erwarteten Erfolg führt, hängt maßgeblich davon ab, ob die Technologie auf *Kundenseite* adoptiert wird. Eine Adoption beinhaltet gemäß Rogers, als notwendige und hinreichende Bedingung, die Erst- und Wiedernutzung einer neuen Technologie (Rogers 2003). Erst- und Wiedernutzung einer Technologie sind wiederum abhängig von der kundenseitigen Wahrnehmung des Technologieangebots.

Aufgrund der hohen Bedeutung des kundenseitigen Adoptionsprozesses für den erfolgreichen Einsatz von Technologien in Kundenbeziehungen, rückt im Folgenden die Kundenperspektive in den Mittelpunkt der Betrachtung.

3.2 Determinanten der Erstnutzung von Technologien

Als theoretische Basis zur Ableitung von Determinanten der Erstnutzung von Technologien in Kundenbeziehungen kann die *Unified Theory of Acceptance and Use of Techno-*

logy von Venkatesh et al. (2003) herangezogen werden. Dabei handelt es sich um ein wertbasiertes Adoptionsmodell, das neben dem von der Technologie erwarteten Nutzen auch den damit verbundenen Aufwand berücksichtigt. Die Wahrnehmung des Kunden wird demnach maßgeblich durch einen Abgleich des erwarteten Aufwands und des erwarteten Nutzens beeinflusst (Venkatesh et al. 2003, S. 425ff.). Darüber hinaus wird zusätzlich die Einstellung des Kunden zur Technologie als dritte wahrnehmungs- und damit verhaltenssteuernde Determinante identifiziert.

Der von den (potenziellen) Kunden mit Technologien verbundene *Nutzen,* wird aus der prädiktiven Erwartung an die angebotene Technologie abgeleitet. Die Nutzungserfahrung vor der Entscheidung über die Erstnutzung beschränkt sich allemal auf eine Probenutzung der angebotenen Technologie. Wesentliche kundenseitige Nutzenaspekte sind die Realisierung von Kosten- und Leistungsvorteilen (Curran et al. 2003, S. 211; Khalifa/Liu 2003, S. 31) sowie eine Erleichterung des Prozesses der Leistungsinanspruchnahme (Meuter et al. 2000, S. 59; Curran/Meuter 2005, S. 104). Einige Kunden ziehen darüber hinaus einen positiven Nutzen aus der Möglichkeit der Vermeidung des persönlichen Kontakts mit den Mitarbeitern des Anbieters (Meuter et al. 2000, S. 59), andere an der Freude im Umgang mit neuen Technologien (Dabholkar 1996, S. 35; Parasuraman 2000, S. 309).

Der *Aufwand* beinhaltet sämtliche Kosten, die mit der Verwendung einer Technologie verbunden sind. Zu den wesentlichen Kosten zählen unmittelbare Kosten der Anschaffung und des Betreibens neuer Technologien (Ravald/Grönroos 1996, S. 21) sowie mittelbare Kosten des Erlernens neuer Technologien (Curran et al. 2003, S. 211), des fehlenden persönlichen Kontakts zu Mitarbeitern des Anbieters (Zeithaml/Gilly 1987; Curran et al. 2003, S. 211) und der wahrgenommenen Bedrohung neuer Technologien durch die Kunden (Curran/Meuter 2005, S. 104).

Die *Einstellung* zu einer Technologie ist eine vom Individuum gelernte, relativ dauerhafte Bereitschaft, auf eine Technologie relativ konsistent positiv oder negativ zu reagieren (Trommsdorff 1975, S. 8).

Die Wahrnehmung einer Technologie wird entscheidend von dem Abgleich von erwarteten Kosten und Nutzen der erstmaligen Technologieverwendung geprägt. Nur wenn der erwartete Nutzen die erwarteten Kosten übersteigt, wird sich der Kunde für eine erstmalige Verwendung einer Technologie entscheiden. Da mit der Erstnutzung allerdings lediglich die notwendige Bedingung einer Adoption und damit auch allenfalls die notwendige Bedingung eines langfristig erfolgreichen Einsatzes von Technologien in Kundenbeziehungen erfüllt ist, ist darüber hinaus ein Verständnis über Determinanten der Wiedernutzung von Technologien zu entwickeln.

3.3 Determinanten der Wiedernutzung von Technologien

Auf Basis der im Rahmen von Arbeiten zur Service Profit Chain identifizierten Konstrukte zum Aufbau von langfristigen Kundenbeziehungen lassen sich als Voraussetzungen der kundenseitigen Wiedernutzung von Technologien insbesondere die vom Kunden wahrgenommene Qualität der Technologie, die Zufriedenheit des Kunden mit der Technologie, das Vertrauen des Kunden in eine Technologie sowie das Commitment des Kunden zu einer Technologie unterscheiden (Hadwich 2008).

Die wahrgenommene *Qualität* von Technologien wird definiert als die Fähigkeit einer Technologie, die relevanten Kundenbedürfnisse effizient und effektiv zu erfüllen (Robertson 1971, S. 57). Nach Grönroos (1983, 1984, 2000) lässt sich Qualität anhand zweier Qualitätsdimensionen beurteilen: der Technischen Dimension („Was" wird angeboten?) und der Funktionalen Dimension („Wie" wird die Leistung angeboten?). Je besser ein technologisches Angebot in Bezug auf diese beiden Dimensionen eingeschätzt wird, desto höher ist die vom Kunden wahrgenommene Qualität.

Die *Zufriedenheit* mit einer Technologie wird als das Resultat eines komplexen psychischen Vergleichsprozesses verstanden (Hunt 1977; Oliver 1980; Homburg/Rudolph 1998; Homburg/Fassnacht 2001). Der Kunde führt einen Vergleich seiner Erfahrungen nach der Verwendung einer Technologie (Ist-Leistung) mit einem vor der Nutzung bereits vorhandenem Vergleichsstandard (Soll-Leistung) durch (Oliver 1980; Churchill/Surprenant 1982; Oliver/de Sarbo 1988). Werden seine Erwartungen an eine Technologie erfüllt oder übertroffen, so stellt sich Zufriedenheit ein.

Das *Vertrauen* in eine Technologie ist die Bereitschaft des Kunden, sich auf eine Technologie im Hinblick auf dessen zukünftiges Verhalten ohne weitere Prüfung zu verlassen (Moorman et al. 1992, S. 315). Das Vertrauen in eine Technologie wird als eine der wichtigsten Determinanten der Wiedernutzung erachtet (Urban et al. 2000; Liljander et al. 2002). In den meisten Fällen wird es als eindimensionales Konstrukt aufgefasst (Dwyer et al. 1987; Morgan/Hunt 1994; Garbarino/Johnson 1999), das durch die vergangenen positiven Erfahrungen mit einer Technologie entsteht (Singh/Sirdeshmukh 2000; Liljander/Roos 2001). Vertrauen nimmt bei der Nutzung von Technologien die Funktion der Komplexitäts- und Unsicherheitsreduktion ein (Sharma/Patterson 1999; Noll/Winkler 2004).

Unter dem *Commitment* des Kunden gegenüber Technologie wird der starke Glaube eines Kunden verstanden, die Verwendung der Technologie sei derart wichtig für ihn, dass er alle Anstrengungen unternehmen wird, die Nutzung aufrecht zu erhalten (Morgan/Hunt 1994, S. 3).

Der Einsatz von Technologien in Kundenbeziehungen führt zu ökonomischen Erfolg seitens des Anbieters, wenn ein dauerhaftes anbieterseitiges Nettonutzenverhältnis des Technologieeinsatzes erreicht wird. Dies hängt maßgeblich davon ab, ob die Kunden das Technologieangebot des Anbieters adoptieren und langfristig nutzen. Die Erstnutzung des Kunden hängt dabei wesentlich davon ab, ob die Kunden einen Nettonutzen aus der Technologie erwarten. Die Wiedernutzung einer Technologie hängt wesentlich von der Wahrnehmung des Kunden bezüglich Qualität und Zufriedenheit mit, sowie dem Vertrauen und Commitment des Kunden zu einer Technologie ab.

4. Schlussfolgerungen und Ausblick

Die Anzahl technologiebasierter Produkte und Dienstleistungen hat in den letzten Jahren einen gewaltigen Anstieg erfahren (Parasuraman 2000, S. 307; Tsikriktsis 2004, S. 42). Neben verbesserten Möglichkeiten der Gestaltung interner Beziehungen von Unternehmen, hat Technologie damit vor allem für das Management von Kundenbeziehungen rasant an Bedeutung gewonnen (Colby/Parasuraman 2003, S. 30). Die unternehmerische Praxis sieht sich deshalb einem schnellen und nachhaltigen Wandel gegenüber, der neue Möglichkeiten, aber auch Gefahren für Unternehmen und Kunden mit sich bringt (Bitner 2001, S. 375). Während die letzten Jahre von hohen Investitionen in neue Technologien geprägt waren, wird in Zukunft eher der an Kundenbedürfnissen ausgerichtete Einsatz dieser neu geschaffenen technologischen Möglichkeiten im Mittelpunkt des unternehmerischen Interesses stehen (Colby/Parasuraman 2003, S. 28). Unternehmen, die die Wünsche und Sorgen ihrer Kunden in Bezug auf technologiebasierte Angebote am besten verstehen, werden die Gewinner in dieser neuen Ära sein (Colby/Parasuraman 2003, S. 28).

Für die *Unternehmenspraxis* ergeben sich dabei konkrete Schlussfolgerungen. Neben einem anbieterseitigen Nettonutzen des Technologieeinsatzes, ist für einen erfolgreichen Einsatz von Technologien vor allem der kundenseitige Adoptionsprozess entscheidend. Die Erstnutzung von Technologien hängt dabei entscheidend von den erwarteten Kosten und Nutzen der Technologie ab. Um Kunden zur Erstnutzung einer Technologie zu bewegen ist eine Steuerung der kundenseitigen Erwartungen vonnöten. Dazu sind in einem ersten Schritt kundenseitige Kosten und Nutzen zu identifizieren um in einem nächsten Schritt die Erwartungen in Bezug auf diese Kosten und Nutzen beim Kunden dahingehend zu steuern, dass ein positives Nettonutzenverhältnis vom Kunden erwartet wird. Ein langfristig erfolgreicher Technologieeinsatz in Kundenbeziehungen erfordert allerdings nicht nur eine Erst-, sondern vor allem auch eine Wiedernutzung durch den Kunden. Entscheidende Komponente ist die Wahrnehmung nach einer ersten Technologieverwendung in Bezug auf Qualität, Zufriedenheit, Vertrauen und Commitment einer Technologie. Die Steuerung dieser Wahrnehmung ist zentraler Ansatzpunkt für Unternehmen, um Kunden zu einer Wiedernutzung von Technologien zu bewegen. Beispielsweise kann durch Identifikation der

Phasenzugehörigkeit der Kunden in einer Beziehung die individuelle Technologieansprache nach den unterschiedlichen phasenspezifischen Erwartungen differenziert und somit die Zufriedenheit erhöht werden.

Zukünftiger Forschungsbedarf für die *Wissenschaft* besteht in der empirischen Überprüfung des vorgestellten Wirkungsmodells des Technologieeinsatzes. Die identifizierten Zusammenhänge des Technologieeinsatzes sind zu quantifizieren und auf repräsentativer Ebene abzubilden. Vor allem die aus der Literatur abgeleiteten Determinanten der kundenseitigen Adoption bieten Ansatzpunkte für empirische Überprüfung und gegebenenfalls Identifikation weiterer direkter und indirekter Einflussgrößen.

Der vorliegende Beitrag liefert Ansatzpunkte für eine systematische Auseinandersetzung mit Einsatzmöglichkeiten und Auswirkungen von Technologien im Management von Kundenbeziehungen. Aufgrund der steigenden Bedeutung von Technologie in Kundenbeziehungen auf der einen Seite und den Schwierigkeiten des Einsatzes eines langfristig erfolgreichen Technologieangebots auf der anderen Seite wird damit die Grundlage für eine intensivere Auseinandersetzung mit dieser Thematik geliefert.

Literaturverzeichnis

Bitner, M.J. (2001): Service and Technology: Opportunities and Paradoxes, in: Managing Service Quality, Vol. 11, No. 6, S. 375-379.

Bitner, M.J./Brown, S.W./Meuter, M.L. (2000): Technology Infusion in Service Encounters, in: Journal of the Academy of Marketing Science, Vol. 28, No. 1, S. 138-149.

Bitner, M.J./Ostrom, A.L./Meuter, M.L. (2002): Implementing Successful Self-Service Technologies, in: Academy of Management Executive, Vol. 16, No. 4, S. 96-108.

Bruhn, M. (2002): Electronic Services: eine Einführung in den Sammelband, in: Bruhn, M./Stauss, B. (Hrsg.): Electronic Services. Dienstleistungsmanagement Jahrbuch 2002, Wiesbaden, S. 4-42.

Bruhn, M. (2007): Kommunikationspolitik. Systematischer Einsatz der Kommunikation für Unternehmen, 4. Aufl., München.

Bruhn, M. (2009): Relationship Marketing. Das Management von Kundenbeziehungen, 2. Aufl., München.

Bruhn, M./Michalski, S. (2001): Rückgewinnungsmanagement. Eine explorative Studie zum Stand des Rückgewinnungsmanagements bei Banken und Versicherungen, in: Die Unternehmung, 55. Jg., Nr. 2, S. 111-125.

Churchill, G.A./Surprenant, C.F. (1982): An Investigation into the Determinants of Customer Satisfaction, in: Journal of Marketing Research, Vol. 19, No. 4, S. 491-504.

Colby, C.L./Parasuraman, A. (2003): Technology Still Matters, in: Marketing Management, Vol. 12, No. 4, S. 28-33.

Curran, J.M./Meuter, M.L. (2005): Self-Service Technology Adoption: Comparing Three Technologies, in: Journal of Services Marketing, Vol. 19, No. 2, S. 103-113.

Curran, J.M./Meuter, M.L./Surprenant, C.F. (2003): Intentions to Use Self-Service Technologies: A Confluence of Multiple Attitudes, in: Journal of Service Research, Vol. 5, No. 3, S. 209-224.

Dabholkar, P.A. (1996): Consumer Evaluations of New Technology-Based Self-Service Options: An Investigation of Alternative Models of Service Quality, in: International Journal of Research in Marketing, Vol. 13, No. 1, S. 29-51.

Diller, H. (2008): Preispolitik, 4. Aufl., Stuttgart.

Dwyer, F.R./Schurr, P.H./Oh, S. (1987): Developing Buyer-Seller Relationships, in: Journal of Marketing, Vol. 51, No. 2, S. 11-27.

Garbarino, E./Johnson, M.S. (1999): The Different Roles of Satisfaction, Trust and Commitment in Customer Relationships, in: Journal of Marketing, Vol. 63, No. 2, S. 70-87.

Grönroos, C. (1983): Strategic Management and Marketing in the Service Sector, Research Report Nr. 8, Helsinki.

Grönroos, C. (1984): A Service Quality Model and Its Marketing Implications, in: European Journal of Marketing, Vol. 18, No. 4, S. 36-44.

Grönroos, C. (2000): Service Management and Marketing. A Customer Relationship Management Approach, 2. Aufl., Chichester u. a.

Hadwich, K. (2008): Entwicklung und Implementierung von technologiebasierten Serviceinnovationen. Konzeptionierung eines Wirkungsmodells und empirische Befunde aus Anbieter- und Kundenperspektive, Basel.

Hart, C.W. (1996): Made to Order, in: Marketing Management, Vol. 5, No. 2, S. 11-23.

Helmke, S./Uebel, M.F. (2002): Verkaufsmöglichkeiten im Internet, in: Conrady, R./Jaspersen, T./Pepels, W. (Hrsg.): Online Marketing Instrumente. Angebot, Kommunikation, Distribution, Praxisbeispiele, Neuwied/Kriftel, S. 207-221.

Heskett, J.L./Sasser, W.E.J./Schlesinger, L.A. (1997): The Service Profit Chain. How Leading Companies Link Profit and Growth to Loyalty, Satisfaction, and Value, New York.

Homburg, C./Fassnacht, M. (2001): Kundennähe, Kundenzufriedenheit und Kundenbindung bei Dienstleistungsunternehmen, in: Bruhn, M./Meffert, H. (Hrsg.): Handbuch Dienstleistungsmanagement. Von der strategischen Konzeption zur praktischen Umsetzung, 2. Aufl., Wiesbaden, S. 441-463.

Homburg, C./Rudolph, B. (1998): Theoretische Perspektiven zur Kundenzufriedenheit, in: Simon, H./Homburg, C. (Hrsg.): Kundenzufriedenheit. Konzepte, Methoden, Erfahrungen, 3. Aufl., Wiesbaden, S. 33-55.

Hunt, K. (1977): CS/D – Overview and Future Research Direction, in: Hunt, K. (Hrsg.): Conceptualization and Measurement of Consumer Satisfaction and Dissatisfaction, Marketing Science Institute, Cambridge, S. 455-488.

Khalifa, M./Liu, V. (2003): Satisfaction with Internet-Based Services: The Role of Expectations and Desires, in: International Journal of Electronic Commerce, Vol. 7, No. 2, S. 31-49.

Kreutzer, R.T./Kuhfuß, H. (2004): Erfolgsstrategien für einen Internet-basierten Couponing-Einsatz, in: Wiedmann, K.P./Buxel, H./Frentzel, T./Walsh, G. (Hrsg.): Konsumentenverhalten im Internet. Konzepte, Erfahrungen, Methoden, Wiesbaden, S. 539-576.

Liechty, J./Ramaswamy, V./Cohen, S.H. (2001): Choice Menus for Mass Customization: An Experimental Approach for Analyzing Customer Demand with an Application to a Web-Based Information Service, in: Journal of Marketing Research, Vol. 38, No. 2, S. 183-196.

Liljander, V./Roos, I. (2001): Customer Relationship Levels – From Spurious to True Relationships, in: Proceedings of the International Research Conference on Service Management, Angers, France.

Liljander, V./van Riel, A.C.R./Pura, M. (2002): Customer Satisfaction with E-Services: The Case of an On-Line Recruitment Portal, in: Bruhn, M./Stauss, B. (Hrsg.): Jahrbuch Dienstleistungsmanagement 2002. E-Services, Wiesbaden, S. 407-432.

Matejcek, K. (2002): E-Mail-Marketing, in: Conrady, R./Jaspersen, T./Pepels, W. (Hrsg.): Online Marketing Instrumente. Angebot, Kommunikation, Distribution, Praxisbeispiele, Neuwied/Kriftel, S. 154-171.

Meuter, M.L./Ostrom, A.L./Roundtree, R.I./Bitner, M.J. (2000): Self-Service Technologies: Understanding Customer Satisfaction with Technology-Based Service Encounters, in: Journal of Marketing, Vol. 64, No. 3, S. 50-64.

Moorman, C./Zaltman, G./Deshandé ,R. (1992): Relationships Between Providers and Users of Market Research: The Dynamics of Trust Within and Between Organizations, in: Journal of Marketing Research, Vol. 29, No. 3, S. 314-328.

Morgan, R.M./Hunt, S.D. (1994): The Commitment-Trust Theory of Relationship Marketing, in: Journal of Marketing, Vol. 58, No. 3, S. 20-38.

Noll, J./Winkler, M. (2004): Gütesiegel und Vertrauen im E-Commerce, in: Der Markt, 43. Jg., Nr. 168, S. 23-32.

Oliver, R.L. (1980): A Cognitive Model of the Antecedents and Consequences of Satisfaction Decisions, in: Journal of Marketing Research, Vol. 17, No. 4, S. 460-469.

Oliver, R.L./De Sarbo, W. S. (1988): Response Determinants in Satisfaction Judgements, in: Journal of Consumer Research, Vol. 14, No. 4, S. 495-507.

Parasuraman, A. (2000): Technology Readiness Index (TRI): A Multiple-Item Scale to Measure Readiness to Embrace New Technologies, in: Journal of Service Research, Vol. 2, No. 4, S. 307-320.

Ravald, A./Grönroos, C. (1996): The Value Concept and Relationship Marketing, in: European Journal of Marketing, Vol. 30, No. 2, S. 19-30.

Robertson, T.S. (1971): Innovative Behavior and Communication, New York.

Rogers, E. (2003): Diffusion of Innovations, 5. Aufl., New York.

Rudolph, T./Emrich, O. (2008): Kundeninteraktion über mobile Service im Handel, in: Bauer, H.H./Dirks, T./Bryant, M. (Hrsg.): Erfolgsfaktoren des Mobile Marketing. Strategien, Konzepte und Instrumente, Berlin/Heidelberg, S. 261-278.

Schober Group (2006): Versandhandels-Newsletter im Benchmark, http://www.marketing-boerse.de/News/details/Benchmark-Studie-E-Mail-Newsletter/3679, (Zugriff am 2.7. 2009).

Sharma, N./Patterson, P.G. (1999): The Impact of Communication Effectiveness and Service Quality on Relationship Commitment in Consumer, Professional Services, in: Journal of Services Marketing, Vol. 13, No. 2, S. 151-179.

Sieben, F. (2002): Rückgewinnung verlorener Kunden. Erfolgsfaktoren und Profitabilitätspotenziale, Wiesbaden.

Silberer, G./Wohlfahrt, J. (2002): Kundenbindung mit Mobile Services, in: Bruhn, M./Stauss, B. (Hrsg.): Electronic Services. Dienstleistungsmanagement Jahrbuch 2002, Wiesbaden, S. 563-581.

Singh, J.V./Sirdeshmukh, D. (2000): Agency and Trust Mechanisms in Consumer Satisfaction and Loyalty Judgments, in: Journal of the Academy of Marketing Science, Vol. 28, No. 1, S. 150-67.

Stauss, B. (2000): Rückgewinnungsmanagement: Verlorene Kunden als Zielgruppe, in: Bruhn, M./Stauss, B. (Hrsg.): Dienstleistungsmanagement. Jahrbuch 2000, Wiesbaden, S. 449-474.

Thibaut, J.W./Kelley, H.H. (1959): The Social Psychology of Groups, New York.

Tomczak, T./Schögel, M./Wenzel, D. (2006): Communities als Herausforderung für das Direktmarketing, in: Wirtz, B.W./Burmann, C. (Hrsg.): Ganzheitliches Direktmarketing, Wiesbaden, S. 525-547.

Trommsdorff, V. (1975): Die Messung von Produktimages für das Marketing. Grundlagen und Operationalsierung, Köln.

Tsikriktsis, N. (2004): A Technology-Readiness Based Taxonomy of Customers: A Replication and Extension, in: Journal of Service Research, Vol. 7, No. 1, S. 42-52.

Urban, G.L./Sultan, F./Qualls ,W, (2000): Making Trust the Center of your Internet Strategy, in: Sloan Management Review, Vol. 42, No. 1, S. 39–48.

Venkatesh, V./Morris, M.G./Davis, G.B./Davis, F.D. (2003): User Acceptance of Information Technology. Toward a Unified View, in: MIS Quarterly, Vol. 27, No. 3, S. 245-478.

Wieschowski, S. (2009): So bekommen sie ein Auto für 21,68 EUR, http://www.welt.de/webwelt/article3128236/So-bekommen-Sie-ein-Auto-fuer-21-68-Euro.html, (Zugriff am: 30.6.2009).

Wirtz, B.W./Schilke, O. (2008): Kundenbindung durch E-Services, in: Bruhn, M./Homburg, C. (Hrsg.): Handbuch Kundenbindungsmanagement. Strategien und Instrumente für ein erfolgreiches CRM, 6. Aufl., Wiesbaden, S. 529- 548.

Zeithaml, V.A./Gilly, M.C. (1987): Characteristics Affecting the Acceptance of Retailing Technologies: A Comparison of Elderly and Non Elderly Consumers, in: Journal of Retailing, Vol. 63, No. 1, S. 49-68.

Rolf Weiber/Daniel Mühlhaus/Robert Hörstrup

Kategoriezentrierte und repräsentantenorientierte Auswahlentscheidungen – Konsequenzen für das Management von Kundenbeziehungen

1. Die Zunahme der Entscheidungskomplexität bei heterogenen Angebotssets

2. Kaufentscheidungsprozesse bei schwer vergleichbaren Angebotsalternativen
   2.1 Auswahlentscheidungen bei heterogenen Angebotssets
   2.2 Modellierung des Kaufprozesses bei heterogenen Angebotssets
       2.2.1 Mehrstufig sequenzielle Prozessstruktur und generische Entscheidungstypen
       2.2.2 Diskriminierung von kategoriezentrierten und repräsentantenorientierten Entscheidungstypen

3. Empirische Prüfung der generischen Entscheidungstypen
   3.1 Analyse der Wahrnehmungsstruktur der Alternativen
   3.2 Identifikation der Entscheidungstypen
   3.3 Charakteristika der Entscheidungstypen

4. Kritische Reflexion und Implikationen für das Marketing

Univ.-Prof. Dr. Rolf Weiber ist Inhaber des Lehrstuhls für Betriebswirtschaftslehre, insbesondere Marketing und Innovation an der Universität Trier und ist geschäftsführender Direktor des Competence Center E-Business an der Universität Trier. Dipl.-Volksw. Dipl.-Kfm. Daniel Mühlhaus und Dipl.-Kfm. Robert Hörstrup sind wissenschaftliche Mitarbeiter am selben Lehrstuhl.

1. Die Zunahme der Entscheidungskomplexität bei heterogenen Angebotssets

Das Kernanliegen des Relationship Marketing ist die „Steuerung von Kundenbeziehungen" (Bruhn 2009a, S. 10). Dies setzt voraus, dass die Anbieter die Wünsche, Bedürfnisse und Verhaltensweisen der Kunden kennen, um in den unterschiedlichen Phasen des Relationship Marketing entsprechend reagieren und dauerhaft rentable Geschäftsbeziehungen aufbauen zu können. Als elementare Grundlage und gleichzeitig Wurzel des Relationship Marketing kann dabei der *Austauschprozess* und die genaue Kenntnis des *Entscheidungsverhaltens* der Kunden bezeichnet werden (Kotler 1972, S. 47ff.; Bruhn 2009a, S. 7). Gerade in jüngster Zeit sind jedoch grundlegende Änderungen im Entscheidungsverhalten der Kunden festzustellen, was insbesondere auf den verbesserten Informationsstand und den daraus resultierenden höheren Ansprüchen an Produkt- und Servicequalität sowie dem zunehmenden Wunsch nach individuellen Leistungen (Homburg/Bruhn 2005, S. 5ff.; Bruhn 2009b, S. 113ff.) zurückzuführen ist. Kunden stehen dabei nicht nur vor dem Problem eines Information Overload (Lurie 2004), sondern es ergibt sich zunehmend auch ein *Product Overload*. Als Product Overload bezeichnen wir dabei die Überflutung des Nachfragers mit Produktangeboten bzw. Produktvariationen, so dass er die *produktbezogenen* Informationen nicht mehr vollständig aufnehmen und verarbeiten kann. Insbesondere aufgrund der technologischen Möglichkeiten, originär heterogene Lösungsfunktionalitäten in einem einzigen Produkt zu integrieren, stehen die Nachfrager immer mehr vor dem Problem, nur schwer vergleichbare Angebotsalternativen (heterogene Angebotsets) in ihr Entscheidungskalkül einbeziehen zu müssen. So konnte früher z. B. das Bedürfnis „Musikhören" nur über Stereoanlagen oder Radios befriedigt werden, während heute das Lösungsspektrum von MP3 Playern über stationäre Stereo- oder kleine Kompaktanlagen, Radios, Fernsehgeräte, PCs bis hin zu Handys reicht.

Vor dem Hintergrund dieser aktuellen Entwicklung geht der vorliegende Beitrag der Frage nach, ob sich unterschiedliche Entscheidungsstrategien beim Kauf von nur schwer vergleichbaren Angebotsalternativen identifizieren lassen. Da die Literaturbasis zu dieser Frage relativ gering ist, nimmt der vorliegende Beitrag nach einer Literatursichtung zunächst eine Strukturierung solcher Kaufentscheidungsprozesse vor und leitet in diesem Zusammenhang zwei generische Entscheidungstypen ab, die anschließend einer empirischen Prüfung unterzogen werden. Der Beitrag schließt mit Implikationen für das Marketing, die aus der differenzierten Betrachtung der Entscheidungstypen anhand der empirisch gewonnenen Ergebnisse abgeleitet werden.

2. Kaufentscheidungsprozesse bei schwer vergleichbaren Angebotsalternativen

2.1 Auswahlentscheidungen bei heterogenen Angebotssets

Die Analyse des Kaufentscheidungsprozesses bildet den Nukleus der Käuferverhaltensforschung. Besondere Bedeutung besitzt dabei die Frage, welche der vom Kunden wahrgenommenen Angebotsalternativen in das so genannte Evoked bzw. Consideration Set gelangen, aus dem der Käufer seine letztendliche Auswahlentscheidung trifft. Die diesbezüglichen Untersuchungen der Käuferverhaltensforschung unterstellen dabei in der Mehrzahl, dass die verfügbaren Angebotsalternativen *homogen* sind, d. h. ähnliche Eigenschaftsmerkmale besitzen, die bei den verschiedenen Angebotsalternativen jedoch unterschiedlich ausgeprägt sind. Aufgrund der unterstellten Homogenität werden vor allem die Anwendung von direkten Alternativenvergleichen anhand konkreter Merkmale, sowie die Nutzung einfacher Entscheidungsheuristiken auf Attributebene untersucht (Laroche et al. 2003, S. 202f.). Die diesbezüglichen Überlegungen lassen sich jedoch auf Entscheidungssituationen bei schwer vergleichbaren Angebotsalternativen aufgrund der heterogenen Beschreibungsmerkmale nicht unmittelbar übertragen.

> *Schwer vergleichbare Angebotsalternativen* bzw. *heterogene Angebotssets* stellen solche Leistungsangebote dar, die über nur wenige gemeinsame Eigenschaftsmerkmale verfügen und grundsätzlich unterschiedlichen Produktkategorien entstammen (Bettman/Sujan 1987, S. 142). Der Grad an Vergleichbarkeit ist dabei definiert als „the degree to which the alternatives are described or represented by the same attributes" (Johnson 1984, S. 741).

Insgesamt ist zu konstatieren, dass sich nur wenige Forschungsarbeiten der Problematik des Kaufentscheidungsprozesses bei heterogenen Angebotssets widmen, wobei die hier als zentral anzusehenden empirischen Arbeiten in Abbildung 1 zusammenfassend dargestellt sind.

Als „Pionierarbeit" kann die Untersuchung von *Johnson* (1984) angesehen werden, in der er postulierte, dass grundsätzlich bei der Auswahl von nicht bzw. schwer vergleichbaren Alternativen zwei *Strategien* existieren: Der attributweise Vergleich von Alternativen anhand von abstrakten Metakriterien (z. B. Neuigkeitsgehalt, Exklusivitätsgrad) oder der Vergleich anhand von Gesamtnutzenwerten, bei denen unter Berücksichtigung der konkreten Einzelmerkmale für jede Alternative *Gesamtnutzenurteile* gebildet werden, die dann einen Vergleich ganz verschiedener Alternativen ermöglichen (Johnson 1984, S. 742f.). Seine Untersuchungen zeigen, dass der Abstraktionsgrad der genutzten Kriterien bei Auswahlentscheidungen mit jeweils zwei nicht vergleichbaren Alternativen höher ist als bei vergleichbaren Alternativen. Darüber hinaus zeigt er, dass mit zunehmendem Grad an Unvergleichbarkeit die Verwendung von Gesamturteilen zunimmt (Johnson 1984, S. 750).

In einer Folgestudie untersucht *Johnson* (1989) die *Struktur des Entscheidungsprozesses* bei zwei Typen von Auswahlentscheidungen: „Product Category Choices" und „Noncomparable Choices". Während bei „Product Category Choices" Alternativen von verschiedenen Produktkategorien vorliegen (z. B. drei Schreibtischlampen und drei Schreibtischuhren), werden bei „Noncomparable Choices" ausschließlich nicht vergleichbare Produktalternativen (z. B. Toaster, Mixer, Popcorn Automat, Kaffeemühle und Kaffeemaschine) betrachtet. Die Analysen führen zu dem Ergebnis, dass der *Abstraktionsgrad* der Bewertungskriterien im Verlauf des Entscheidungsprozesses bei „Noncomparable Choices" zunimmt, wohingegen dieser bei „Product Category Choices" abnimmt (Johnson 1989, S. 306). Darüber hinaus wird bei nichtvergleichbaren Angebotssets insgesamt stärker auf abstrakte Kriterien zurückgegriffen als bei Kategorie-Auswahlsets. Weiterhin erfolgt bei nichtvergleichbaren Auswahlsets der Alternativenvergleich anhand von abstrakten Merkmalen im Prozessverlauf vor einem Vergleich anhand von Gesamturteilen, wohingegen beides bei Kategoriesets gleich verteilt ist. Die Angabe konkret bedarfbezogener Attribute und damit die Vergegenwärtigung der eigentlichen Zielsetzung erfolgt bei Kategoriesets früher als bei nichtvergleichbaren Angebotssets.

Auch *Bettman/Sujan* (1987) untersuchen Kaufentscheidungen bei heterogenen Angebotssets, wobei sie die Verfügbarkeit von *externen Beurteilungskriterien* fokussieren. Sie können zeigen, dass in solchen Fällen sowohl „Experten" mit einem hohen Kenntnisstand, als auch Personen mit nur einem geringen Kenntnisstand auf extern betonte oder bereitgestellte Entscheidungskriterien zurückgreifen. Ausgewählt werden dann eher diejenigen Alternativen, die beim entsprechenden Kriterium überlegen erscheinen (Bettman/Sujan 1987, S. 149). Im Fall von direkt vergleichbaren Alternativenpaaren zeigt sich hingegen ein anderer Effekt: Hier lassen sich Experten kaum von den verfügbaren Entscheidungskriterien beeinflussen und treffen ihre Wahl unter Rückgriff auf intern verfügbare und bewährte bzw. erprobte Beurteilungskriterien.

Abbildung 1: Empirische Studien zu Auswahlprozessen bei heterogenen Angebotssets

Autoren	Fokus Auswahl-entscheidung	Kriterien	Kategorisierung	Personen-merkmale
Johnson (1984)	-	konkrete, abstrakte und Gesamturteile	heterogene und vergleichbare Angebote	Kenntnis*, Aufwand/ Ertrag**
Bettman/Sujan (1987)	nur endgültige Aus-wahlentscheidung	extern bereit-gestellte Kriterien	heterogene und vergleichbare Angebote	Kenntnisstand
Johnson (1989)	frühe, mittlere und späte Prozessphase	konkrete, abstrakte und Gesamturteile	Kategoriesets und heterogene Ange-bote	Kenntnisstand*
Ratneshwar/ Shocker (1991)	nur Consideration Set	-	subjektiv erfasst	nur allgemeine Kontextfaktoren
Ratneshwar et al. (1996)	nur Consideration Set	-	Kategoriesets vorgegeben	nur allgemeine Kontextfaktoren
Ratneshwar et al. (2001)	-	-	subjektiv individuell erfasst	nur allgemeine Kontextfaktoren

* nur als Kontrollgröße berücksichtigt, ** nur motiviert, aber nicht empirisch geprüft

Fokus Auswahlentscheidung: Wird der Verlauf des Entscheidungsprozesses untersucht oder werden nur Zwischenergebnisse betrachtet?

Kriterien: Werden Entscheidungskriterien untersucht und welche Differenzierung wird dabei vorgenommen?

Kategorisierung: Wird eine Kategorisierung heterogener Angebote z. B. zu nominalen Produkt-kategorien vorgegeben oder anhand der empirischen Ergebnisse abgeleitet?

Personenmerkmale: Werden personenbezogene Merkmale berücksichtigt oder allgemeine Kontextfaktoren?

Schließlich untersucht *Ratneshwar* gemeinsam mit anderen Autoren den Einfluss von situativen und persönlichen Zielen auf die Zusammensetzung des Consideration Sets bei nur schwer vergleichbaren Angebotsalternativen: Zunächst zeigen Ratneshwar/ Shocker (1991), dass Entscheider eine Strukturierung von Produktalternativen *nicht* anhand von nominalen Produktkategorien vornehmen, sondern diese in Abhängigkeit vom Nutzungskontext erfolgt. Dieses Ergebnis wird auch durch die Untersuchung von Ratneshwar et al. (1996) bestätigt, wobei die Autoren weiterhin nachweisen kön-nen, dass dann Alternativen aus ganz verschiedenen Produktkategorien in das Consi-deration Set gelangen, wenn ein Zielkonflikt zwischen persönlichen Zielen (z. B. gesunde Ernährung) und situativen Zielen (z. B. Erfrischung an einem heißen Sommertag) besteht und zur Erfüllung jeweils verschiedene Bedarfskategorien genutzt werden können. Weiterhin zeigt sich, dass auch wenn keine Zieldominanzen vorliegen, oft heterogene Consideration Sets gebildet werden. Im Umkehrschluss kann demnach gefolgert werden, dass bei Dominanz eines einzigen Zieles im Sinne von „ich weiß genau was ich will" überwiegend nur Alternativen einer Produktkategorie in den Consideration Sets enthalten sind. Darüber hinaus zeigen Ratneshwar et al. (2001), dass die wahrgenommene Ähnlichkeit und damit die interne Repräsentation oder Kategorisierung von Alternativen stark von der Präsenz unterschiedlicher Ziele abhängt. So kann es sein, dass objektiv stark ähnliche Alternativen (z. B. Apfel und Orange) in unterschiedlichen Situationen (z. B. zum Verzehr während einer Autofahrt) als sehr unähnlich beurteilt werden.

In der *Zusammenschau* kann festgehalten werden, dass die bisherigen empirischen Studien jeweils nur einzelne Facetten bzw. Stufen (z. B. Zusammensetzung des Consideration Sets oder der finalen Auswahl) des Kaufentscheidungsverhaltens bei schwer vergleichbaren Alternativen untersuchen. Vor allem werden in nur sehr eingeschränktem Maße *Charakteristika des Entscheiders* berücksichtigt. Ebenso erfolgt eine Verlaufsanalyse des Entscheidungsprozesses lediglich ansatzweise bei Johnson (1989), da er eine nur grobe Unterteilung in die frühe, mittlere und späte Entscheidungsphase vornimmt. Darüber hinaus werden in den ersten drei Studien, die genutzte Entscheidungskriterien im Auswahlprozess analysieren, Kategorien vorgegeben, die als „künstlich heterogen" bezeichnet werden müssen. So ist es eher unplausibel, dass Konsumenten wirklich vor einer exklusiven Wahl zwischen einem Computer und einer Fotokamera (Bettman/Sujan 1987, S. 145) oder einem Fahrrad und einem PKW (Johnson 1984, S. 745) stehen. Auch sind insbesondere die von Johnson (1989) untersuchten Auswahlentscheidungen zwischen Haushaltsgeräten wie „Kaffeemaschine oder Mixer" aufgrund des geringen emotionalen Charakters eher als „Low Involvement" Entscheidungen zu bezeichnen. Schließlich erfolgt eine Berücksichtigung der subjektiven Kategorisierung in Form erhobener Ähnlichkeiten zwischen Alternativen in expliziter Form nur bei Ratneshwar et al. (2001).

Eine empirische Studie des Auswahlprozesses bei heterogenen Angebotsstrukturen, die sowohl Charakteristika des *Entscheiders* sowie dessen *subjektive Kategorisierung* von Alternativen und einen Prozessfokus bei "realistischen" Auswahlsituationen vornimmt, fehlt damit bislang. Im Folgenden wird deshalb durch die Konzeption eines geeigneten empirischen Untersuchungsdesigns dieses Defizit beseitigt (Abschnitt 3), wobei zu dessen Erstellung im ersten Schritt eine Modellierung des Kaufentscheidungsprozesses bei schwer vergleichbaren Alternativen unter Berücksichtigung der bestehenden Literaturarbeiten vorgenommen wird.

2.2 Modellierung des Kaufprozesses bei heterogenen Angebotssets

2.2.1 Mehrstufig sequenzielle Prozessstruktur und generische Entscheidungstypen

Die Käuferverhaltensforschung hat in einer Vielzahl von Untersuchungen belegt, dass bei komplexen Entscheidungsprozessen Nachfrager Vereinfachungsstrategien anwenden (vgl. stellvertretend Kroeber-Riel et al. 2009, S. 410ff.). Aufgrund der begrenzten kognitiven Verarbeitungsfähigkeiten der Nachfrager und ihrer zunehmenden Konfrontation mit einer unüberschaubar großen Zahl an heterogenen Angeboten muss der Entscheidungsprozess zur Bewältigung vereinfacht werden (Lye et al. 2005, S. 216ff.). Dabei zeigt sich, dass der Kaufprozess *mehrstufig sequenziell* abläuft, um die oftmals großen Alternativenmengen effizient bearbeiten zu können (Hauser 1986, S. 199ff.). Ausgehend von einem Set an grundsätzlich verfügbaren Alternativen, das entweder das Resultat einer Informationssuche ist oder aus dem Gedächtnis abgerufen wird (so genanntes Awareness Set), erfolgt üblicherweise im zweiten Schritt ein Ausschluss der gar nicht in Frage kommenden Alternativen (so genanntes Inept Set) und eine anschließende Konzentration auf die aus Nachfragersicht grundsätzlich zum Kauf geeigneten Alternativen, die im so genannten „Consideration Set" zusammengefasst sind (Shocker et al. 1991, S. 183). Das Consideration Set wird dabei meist anhand relativ einfacher Entscheidungsregeln gebildet (Laroche et al. 2003, S. 202f.), wobei üblicherweise nicht kompensatorische, merkmalsbezogene Regeln, wie z. B. das Erfüllen von Mindestanforderungen oder die Elimination von Alternativen, die bei wichtigen Kriterien unterlegen sind, zur Anwendung kommen (Tversky 1972). Im Ergebnis besteht das Consideration Set meist nur noch aus wenigen, üblicherweise drei bis sechs Angebotsalternativen (Hauser/Wernerfelt 1990, S. 394), die in der Gesamtheit relativ gut vergleichend beurteilt werden können. Die Beurteilung der im Consideration Set enthaltenen Alternativen erfolgt dann in einem intensiveren Bewertungsprozess und führt im Ergebnis zur finalen Kaufentscheidung (Lussier/Olshavsky 1979, S. 160ff.).

Auch wenn bezüglich der Struktur von Auswahlprozessen in der Literatur unterschiedliche Differenzierungen vorgenommen werden (Shocker et al. 1991), so kann die Vierteilung in Awareness Set, Inept Set, Consideration Set und Auswahl doch als allgemein akzeptiert angesehen werden. Vor diesem Hintergrund kann auch bei schwer vergleichbaren Angebotsalternativen zunächst unterstellt werden, dass der Entscheidungsprozess *mehrstufig sequenziell* erfolgt und in vier Phasen unterteilt werden kann. Allerdings lassen die bisher durchgeführten Untersuchungen darauf schließen, dass deutliche Unterschiede in der Struktur des Entscheidungsprozesses von vergleichbaren, nicht vergleichbaren und Kategorieset-Auswahlentscheidungen, sowie der Art der relevanten Entscheidungskriterien bestehen (Johnson 1984, 1989). Im Hinblick auf die *Bildung des Consideration Sets* kann unterstellt werden, dass die Nachfrager zunächst Kategoriensets im Sinne von Johnson (1989) anhand von Metakriterien bilden, die unterschiedliche Problemlösungsfelder fokussieren und an allgemeinen Nutzenabschätzungen orientiert sind (Weiber 2007, S. 83ff.). Im zweiten Schritt sind dann zwei grundsätzliche Vorgehensweisen denkbar, die wir hier als kategoriezentrierte und als repräsentantenorientierte Entscheidungen bezeichnen:

(1) Bei *kategoriezentrierten Entscheidungen* wird aus den gebildeten Kategorien nur *eine* Kategorie ausgewählt, und alle Alternativen, die nicht dieser Kategorie angehören, werden aus dem weiteren Entscheidungsprozess ausgeschlossen. Während die Bestimmung der besten Kategorie eine „Auswahl bei heterogenen Angeboten" darstellt, bildet die anschließende Entscheidung für eine konkrete Alternative aus der gewählten Kategorie eine „Auswahl bei homogenen Angeboten".

(2) Bei *repräsentantenorientierten Entscheidungen* wird zunächst je gebildetem Kategorieset eine *getrennte Beurteilung* der jeweils enthaltenen Alternativen vorgenommen. Je Kategorie wird bzw. werden dann die „beste(n)" Alternative(n) ausgewählt, die wir hier als „Repräsentanten" bezeichnen. Nur diese finden noch in der finalen Auswahl Berücksichtigung. Während die Bestimmung der Repräsentanten eine „Auswahl bei homogenen Angeboten" darstellt, bildet die finale Entscheidung dann eine „Auswahl bei heterogenen Angeboten" und es liegen „Noncomparable Choices" im Sinne von Johnson (1989) vor. Für die Existenz von repräsentantenorientierten Entscheidungen sprechen auch die Ergebnisse von Ratneshwar et al. (1996), die zeigen, dass abhängig von unterschiedlichen Zielsetzungen stark heterogene Consideration Sets resultieren.

Diese beiden Entscheidungstypen können als „generisch" bezeichnet werden, da sie eine kognitive Kategorisierung der Alternativen voraussetzen und bei realen Entscheidungssituationen auch „Mischungen" beider Entscheidungstypen auftreten können, die dann die Vielfalt an Entscheidungsverhalten in der Realität bilden. Für eine empirische Prüfung erscheint es jedoch sinnvoll, zunächst nur die beiden obigen generischen Typen zu fokussieren.

Der für diese Typen resultierende Entscheidungsprozess bei schwer vergleichbaren Alternativen ist zusammenfassend in Abbildung 2 dargestellt. Bezüglich der in den Phasen 2 bis 4 verwendeten Beurteilungskriterien legen die bisherigen Studien die Vermutung nahe, dass die Entscheider in den heterogenen Auswahlsituationen vor allem auf abstrakte Beurteilungskriterien zurückgreifen, wohingegen bei den homogenen Auswahlsituationen konkrete Merkmale eine übergeordnete Bedeutung besitzen.

Abbildung 2: *Entscheidungsprozess und -typen bei schwer vergleichbaren Alternativen*

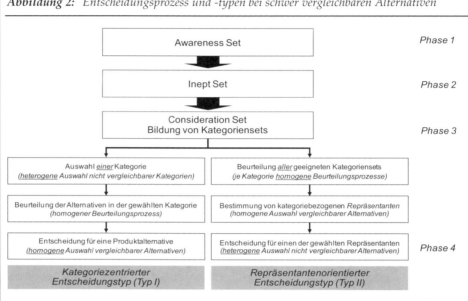

2.2.2 Diskriminierung von kategoriezentrierten und repräsentantenorientierten Entscheidungstypen

Nach Narayana/Markin (1975, S. 1) ist die zentrale Zielsetzung des Anbieters „to organize his efforts in such a way that his particular brand is positioned with those select few in the buyer's cognitive field". Entscheidend ist es somit, das „kognitive Feld" der Kunden möglichst genau zu kennen, da sich aus dieser Kenntnis konkrete Maßnahmen ableiten lassen, durch die die Wahrscheinlichkeit in das Consideration Set des Kunden zu gelangen erhöht werden kann. Zur Strukturierung des kognitiven Feldes ist es nahe liegend, auf den *Entscheidungsprozess* und das *Entscheidungsergebnis* als grundlegende Strukturierungsdimensionen zurückzugreifen. Hinsichtlich beider Dimensionen lassen sich nun die von uns im vorangegangenen Abschnitt postulierten Entscheidungstypen wie folgt begründen:

Einerseits gibt es Käufer, die den Entscheidungsprozess als solches „genießen" und aus der Beschäftigung mit unterschiedlichen Alternativen zur Bedürfnisbefriedigung einen Nutzen ziehen, so dass das endgültige Entscheidungsergebnis sogar in den Hintergrund tritt. Dieser Käufertyp wird tendenziell dem *repräsentantenorientierten Entscheidungsprozess* folgen, da er gerne bereit ist, sich im Detail mit den unterschiedlichen Produktkategorien zu beschäftigen. Andererseits existieren aber auch Käufer, die den Entscheidungsprozess eher als „notwendiges Übel" betrachten und diesen möglichst schnell sowie effizient durchlaufen möchten und auf ein optimales Auswahlergebnis fokussiert sind. Dieser Käufertyp wird deshalb tendenziell dem *kategoriezentrierten Entscheidungsprozess* folgen, da er durch die frühe Fokussierung auf eine Produktkategorie sein Entscheidungsproblem auf „homogene Alternativen" konzentrieren und für diese anhand konkreter Beurteilungskriterien dann auch eine bestmögliche Entscheidung erzielen kann. Um eine realistische Abbildung der beiden Entscheidungstypen zu erreichen ist es jedoch erforderlich, die beiden Strukturierungsdimensionen durch motivbezogene Merkmale zu konkretisieren, von denen sich die Käufer im Entscheidungsprozess und bezüglich des Entscheidungsziels leiten lassen. Abbildung 3 zeigt im unteren Teil jeweils drei Merkmale je Dimension (Entscheidungsprozess und Entscheidungsergebnis). Weiterhin werden zur Konkretisierung zusätzlich noch das Involvement und der Kenntnisstand der Nachfrager als personenbezogene Merkmale in die Betrachtungen einbezogen.

Beim *kategoriezentrierten Auswahlprozess* wählt der Entscheidungsträger die von ihm präferierte Lösungskategorie aus und setzt den Auswahlprozess nur noch mit den in dieser Kategorie enthaltenen Angebotsalternativen fort. Dabei muss jedoch bereits zum Beginn der Auswahlentscheidung eine klare Zielvorstellung vorhanden sein (Hypothese H6), da die Auswahl der Kategorie mitunter die Aussicht auf eventuell bessere Alternativen der anderen Kategorien verhindert. Da die in einer Kategorie enthaltenen Angebote relativ homogen und damit direkt anhand der unterschiedlichen Ausprägungen gleicher Leistungsmerkmale vergleichbar sind, können bekannte oder bewährte Entscheidungskriterien auch hier angewandt werden (Bettman/Sujan 1987, S. 142). Aus diesem Grund sollten eher Personen mit einem hohen Kenntnisstand diesen Entscheidungstyp repräsentieren (H1). Zusätzlich dazu erhöht der Rückgriff auf bekannte Entscheidungsmuster die Wahrscheinlichkeit, auch eine optimale Wahl treffen zu können (H7), sodass dieser Entscheidungstyp eher bei hohen negativen Konsequenzen einer "falschen" Auswahl Anwendung finden sollte (H8). Darüber hinaus ist die Konstruktion abstrakter Beurteilungskriterien, die zur Beurteilung von nichtvergleichbaren Alternativen notwendig wären, für die intensivere Auswahlentscheidung nicht erforderlich, da hier auf vergleichbare konkrete Beschreibungsmerkmale zurückgegriffen werden kann. Damit können die Nachfrager in der Bewertungsphase der Alternativen des Consideration Sets bei der finalen Auswahl eine kognitive Entlastung erzielen. Es ist insgesamt zu vermuten, dass Entscheidungen vom Typ I zur Reduktion des Aufwandes, also bei dem Ziel möglichst einfacher Entscheidungen (H4) bzw. bei einer beurteilten hohen Komplexität der Entscheidungssituation, Anwendung finden (H3).

Abbildung 3: *Differenzierung der generischen Entscheidungstypen*

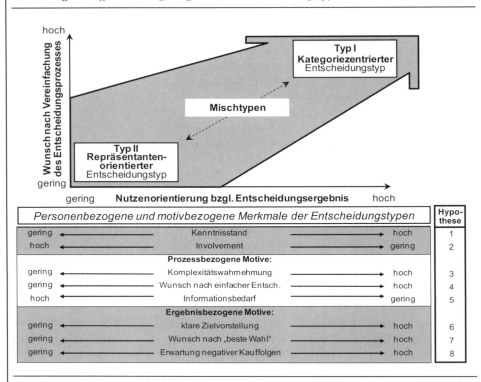

Personenbezogene und motivbezogene Merkmale der Entscheidungstypen			Hypo-these
gering ⟵	Kenntnisstand	⟶ hoch	1
hoch ⟵	Involvement	⟶ gering	2
	Prozessbezogene Motive:		
gering ⟵	Komplexitätswahrnehmung	⟶ hoch	3
gering ⟵	Wunsch nach einfacher Entsch.	⟶ hoch	4
hoch ⟵	Informationsbedarf	⟶ gering	5
	Ergebnisbezogene Motive:		
gering ⟵	klare Zielvorstellung	⟶ hoch	6
gering ⟵	Wunsch nach „beste Wahl"	⟶ hoch	7
gering ⟵	Erwartung negativer Kauffolgen	⟶ hoch	8

Beim *repräsentantenorientierten Entscheidungstypus* erfolgt zunächst eine getrennte Beurteilung der in den verschiedenen Lösungskategorien enthaltenen Alternativen. Im Vergleich zu Entscheidungstyp I ist die repräsentantenorientierte Entscheidung durch deutlich höhere kognitive Ansprüche gekennzeichnet, da abhängig von der Zahl an Kategorien mehrere, zunächst klassisch homogene Entscheidungsprozesse unter Anwendung verschiedener Kriteriensets parallel ablaufen. Diese Strategie werden deshalb primär Personen wählen, die die Entscheidungssituation als wenig komplex wahrnehmen und z. B. aufgrund eines hohen Produktinvolvements (H2) zur Entscheidung möglichst viele Informationen (H5) heranziehen möchten. Insgesamt resultiert für Personen des Entscheidungstypus II bereits aus dem Auswahlprozess ein direkter Nutzen. Auch ist zu vermuten, dass insbesondere Personen mit einer zunächst unklaren Zielvorstellung, die sich erst im Laufe der Auswahl konkretisiert bzw. bei einem geringeren Kenntnisstand so vorgehen, da dies eine zumindest angemessene Entscheidung basierend auf allen Alternativen des Awareness Sets gewährleistet.

3. Empirische Prüfung der generischen Entscheidungstypen

Die empirische Prüfung der in Abschnitt 2.2 begründeten generischen Entscheidungstypen bei heterogenen Angebotsstrukturen erfolgte im Rahmen einer Studierendenbefragung (n=153) zum Thema *„Kurzurlaube in Deutschland"*. Das Anwendungsfeld „Kurzurlaube" wurde gewählt, da hier davon ausgegangen werden kann, dass der Großteil der Personen über hinreichende Kenntnisse verfügt und auch in der Realität eine sehr heterogene Angebotsstruktur existiert. Im Vorfeld wurden drei Urlaubskategorien („Aktiv-", „Bildungs-" und „Erholungsurlaube") gebildet, aus denen zwölf Reiseangebote ausgewählt und den Befragten in randomisierter Form vorgelegt wurden. Die Kategorien selbst wurden dabei den Befragten nicht genannt. Die Reiseangebote wurden durch verschiedene Merkmale (z. B. Urlaubsort, Hotelart, Zusatzangebote und Betreuung, Anreise) beschrieben. Auf die Angabe von Preisen wurde verzichtet, da der Preis oftmals die Auswahlentscheidung dominiert und auch eine direkte Vergleichbarkeit heterogener Alternativen ermöglicht (Johnson 1984, S. 743). Um dennoch eine realistische Entscheidungssituation zu gewährleisten, wurde den Befragten folgendes Szenario vorgegeben:

> *Stellen Sie sich nun bitte vor, Sie hätten in einem Preisausschreiben eines großen Reiseveranstalters einen einwöchigen Urlaub für zwei Personen gewonnen. Hierzu können Sie aus der Liste der nachfolgenden 12 Reiseangebote auswählen.*

Zur Abbildung des mehrstufig sequenziellen Entscheidungsprozesses wurden die Befragten in Anlehnung an die Vorgehensweise bei Brand/Cronin (1997, S. 25) gebeten, nacheinander aus dem Set an Reiseangeboten, das hier das Awareness Set repräsentiert, diejenigen Angebote zu benennen, die für sie nicht in Frage kommen (Inept Set) und jene, die in die engere Entscheidungswahl fallen (Consideration Set). Anschließend wurde noch das im Ergebnis gewählte Reiseangebot abgefragt (Auswahlentscheidung).

Zur Identifikation der generischen Entscheidungstypen wurde ein zweistufiges Untersuchungsdesign gewählt: Im *ersten Schritt* wurde die *Wahrnehmungsstruktur* bzw. die mentale Repräsentation der Alternativen mit Hilfe von Ähnlichkeitsurteilen auf individueller Ebene untersucht. Im *zweiten Schritt* wurde dann unter Rückgriff auf die Ähnlichkeitsurteile eine Clusteranalyse durchgeführt, durch die festgestellt werden kann, ob eine klare Strukturierung der Alternativen zu Lösungskategorien (im Sinne von Clusterbildungen) vorgenommen wurde oder nicht. Die Zusammensetzung des Consideration Sets lässt dann Rückschlüsse auf den jeweiligen *Entscheidungstyp* zu: Personen, die hier nur noch Reisen aus einem homogenen Cluster bzw. einer Kategorie aufweisen, sind dem kategoriezentrierten Entscheidungstyp zuzurechnen, während auf einen repräsentantenorientierten Entscheidungstyp dann geschlossen werden kann, wenn im Consideration Set Angebote aus allen Clustern bzw. Urlaubskategorien enthalten sind. Personen, bei denen das Consideration Set Alternativen aus zwei Kategorien enthält, können keinem der generischen Entscheidungstypen zugewiesen werden und stellen „Mischtypen" dar.

3.1 Analyse der Wahrnehmungsstruktur der Alternativen

Um eine empirische Prüfung der generischen Auswahltypen bei heterogenen Angebotssets vornehmen zu können, gilt es in einem ersten Schritt zu untersuchen, ob Seitens der Befragten überhaupt eine Kategorisierung von Angebotsalternativen vorgenommen wird. Da hierbei die subjektive Wahrnehmung und weniger objektive Kriterien relevant sind, gilt es zunächst wahrgenommene Ähnlichkeitsstrukturen bezüglich der Angebote zu analysieren. Dabei werden üblicherweise paarweise Ähnlichkeiten zwischen allen Alternativen abgefragt, wie dies auch von Ratneshwar et al. (2001, S. 151) vorgenommen wird. Allerdings besteht hier das Problem, dass bei n=12 betrachteten Reiseangeboten (½ (n-1) n =) 66 paarweise Ähnlichkeitsurteile erfragt werden müssten, was für die Befragten insbesondere auch in Anbetracht der Monotonie einer solchen Beurteilungsaufgabe eine Überbeanspruchung darstellen würde. Um dies zu vermeiden, werden *reduzierte Designs* eingesetzt, bei denen den Probanden aus der Menge aller Paarvergleiche lediglich eine Fraktion zur Beurteilung vorgelegt wird (Burton 2003). Im Rahmen der vorliegenden Untersuchung wurde auf das Aggregiert-Varianzorientierte-Design (AVD) zurückgegriffen, das als besonders „praxistauglich" angesehen werden kann und bei dem bereits unter Rückgriff auf 20 bis 30 Prozent der möglichen Paarvergleiche gute Ergebnisse erzielt werden können (Mühlhaus/Hörstrup 2009, S. 16ff.). Obwohl das AVD primär auf die Anwendung im Rahmen der MDS abzielt, kann die Vorgehensweise aber auch im vorliegenden Fall verwendet werden, da auch hier zunächst eine geeignete Fraktion an Ähnlichkeitsurteilen (so genanntes reduziertes Design) ermittelt und erhoben werden muss. Das AVD zeichnet sich durch ein vierstufiges Vorgehen aus (Weiber et al. 2008, S. 46):

(1) Erhebung der vollständigen k Ähnlichkeitsurteile im Rahmen einer Vorstudie,

(2) Identifikation der trennscharfen Paarvergleiche und Festlegung einer Anzahl f*,

(3) Erhebung der f* Paarvergleiche im Rahmen der Hauptuntersuchung und

(4) Imputation der (k–f*) fehlenden Angaben durch die Angaben der Vorstudie, so dass dann für jeden Probanden der Hauptstudie eine teilindividuelle Ähnlichkeitsmatrix vorliegt.

Im Rahmen einer Vorstudie, die als repräsentativ für die folgende Hauptstudie anzusehen war, wurden bei 19 Studierenden die wahrgenommene Ähnlichkeit für alle k=66 möglichen Paare der zwölf Reiseangebote anhand einer Ratingskala (1: Angebote sind sehr ähnlich bis 6: Angebote sind sehr unähnlich) erhoben. Dabei zeigte sich, dass nur wenige Paarvergleiche z. B. „Entspannung im Schwarzwald" und „Sporthotel Active" eine hohe Urteilsheterogenität (Varianz=2,708) aufweisen und viele Angebotspaare z. B. „München und die großen Museen" und „Mitmachurlaub auf dem Bauernhof" (Varianz=0,485; Mittelwert=5,474) oder „München und die großen Museen" und „Sehenswürdigkeiten in Süddeutschland" (Varianz=0,620; Mittelwert=1,789) sehr homogene Einschätzungen erfahren haben. Um abschätzen zu können, wie viele und welche Paarvergleiche im Rahmen der Hauptstudie erhoben werden müssen, um individuelle Wahrnehmungsunterschiede noch angemessen berücksichtigen zu können, wurde die Reproduktionsgüte in Form des Korrelationskoeffizienten $r(d^I_{nij}, d^{\Pi}_{nij})$ aus individuellen Ähnlichkeitsurteilen d^I_{nij} mit der teilindividuellen Ähnlichkeitsmatrix d^{Π}_{nij} für verschiedene Anzahlen an Paaren f^* und Personen n ermittelt. Unter Verwendung der $f^* = 21$ Paare mit den höchsten Varianzen liegt die durchschnittliche Reproduktionsgüte über alle Personen leicht oberhalb von $r=0,85$ und damit in dem von Tschudi (1972; zitiert nach Spence/Domoney 1974, S. 478) als angemessen bezeichneten Bereich. Dieses reduzierte Set von 21 Paaren von Reiseangeboten wurde anschließend in der Hauptstudie erhoben. Ein Vergleich der mittleren Angaben des reduzierten Sets f^* der Vorstudie mit denen der Hauptstudie (n=153) zeigte keine nennenswerten Unterschiede und wies eine recht hohe Korrelation der mittleren Ähnlichkeitsurteile auf (r=0,890). Dies kann als Indiz dafür gewertet werden, dass beide Erhebungen vergleichbare Ergebnisse liefern, so dass unterstellt werden kann, dass dies auch im Hinblick auf die $k-f^* = 45$ (= 66–21) nicht erfragten Paarvergleiche zutreffen sollte. Diese fehlenden Angaben der Hauptstudie können damit durch die Mittelwerte der Vorstudie ersetzt werden und dienen als Ausgangspunkt für die weiteren Analysen.

3.2 Identifikation der Entscheidungstypen

Zur Prüfung, ob die Befragten überhaupt eine klare Strukturierung der Alternativen im Sinne einer Kategorienbildung vorgenommen haben, wurde für jeden Befragten basierend auf den im ersten Schritt gewonnenen teilindividuellen Distanzmatrizen d^{Π}_{nij} (Ähnlichkeitsurteilen) eine hierarchische Clusteranalyse mit dem Ward-Algorithmus durchgeführt und anhand des Mojena Koeffizienten die „optimale" Clusterzahl bestimmt (Mojena 1977). Dabei wurde als Schwellenwert 1,25 gewählt, der in der groß angelegten Simulationsstudie von Milligan/Cooper (1985, S. 164) die besten Ergebnisse liefert. Insgesamt zeigte sich, dass nach dem Mojena-Koeffizienten – abgesehen von lediglich drei Personen – bei allen übrigen Befragten immer eine *Drei-Cluster-Lösung* vorlag. Dabei wurde deutlich, dass sich die Probanden bei der Kategorisierung vorwiegend an den nominalen Urlaubskategorien (die den Probanden jedoch nicht explizit genannt wurden) orientiert haben. Die Gruppenstruktur ist dabei anhand des Silhouettenkoeffizienten mit durchschnittlich 0,704 über alle Probanden als „stark" einzustufen (Handl 2002, S. 395), was dafür spricht, dass seitens der Befragten auch realiter eine Kategorisierung vorgenommen wurde. Lediglich bei zwei Personen zeigte sich mit Werten des Silhouettenkoeffizienten unterhalb von 0,5 eine nur schwache Gruppenstruktur, was auf eine fehlende Kategorisierung schließen lässt. Der Silhouettenkoeffizient vergleicht dabei die Distanz eines Objektes zu den anderen Objekten, die demselben Cluster zugeordnet sind, mit der Distanz zu Objekten des nächstgelegenen Clusters. Er kann dabei Werte zwischen -1 (das Objekt ist näher an den Objekten des anderen Clusters) und 1 (das Objekt liegt näher an den Objekten seines Clusters) annehmen (Handl 2002, S. 392). Der Mittelwert über alle Objekte je befragter Person entspricht dem zur Beurteilung der Güte einer Clusterlösung herangezogenen Wert.

Wird nun zusätzlich zu den individuellen Angebots- bzw. Wahrnehmungsstrukturen die erfragte Zusammensetzung des Consideration Sets berücksichtigt, so kann auf die postulierten Entscheidungstypen geschlossen werden: Insgesamt zeigte sich, dass die durchschnittliche Größe des Consideration Sets mit 4,167 Angeboten mit der anderer Studien vergleichbar ist (Narayana/Markin 1975, S. 4; Hauser/Wernerfelt 1990, S. 394). Bezogen auf die Entscheidungstypen ist festzustellen, dass von den n=143 Befragten, die sowohl Angaben zur Bildung des Consideration Set als auch zu den Ähnlichkeiten machten, 28 Personen (19,6 Prozent) dem kategoriezentrierten Entscheidungstyp und 34 Personen (23,8 Prozent) dem repräsentantenorientierten Typ zugeordnet werden konnten. Abbildung 4 veranschaulicht nochmals die Vorgehensweise bei der Identifikation der Entscheidungstypen exemplarisch für die Personen 41, 79 und 111. Dabei sind neben den anhand des ALSCAL-Algorithmus berechneten MDS-Konfigurationen auch die jeweiligen Consideration Sets ausgewiesen.

Abbildung 4: *Übersicht der Reiseangebote und drei exemplarische Entscheidungstypen*

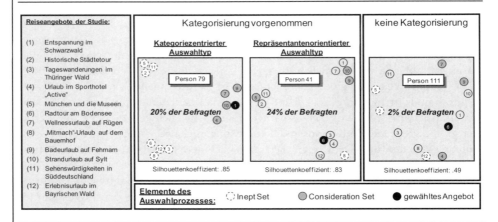

3.3 Charakteristika der Entscheidungstypen

In Abschnitt 2.2.2 wurde dargelegt, dass sich kategoriezentrierte und repräsentanten-orientierte Entscheider vor allem hinsichtlich motiv- und personenbezogenen Charakteristika bei der Bildung des Consideration Sets diskriminieren lassen. Die dabei aufgestellten Hypothesen (Abbildung 3) wurden im Rahmen der vorliegenden Untersuchung mit Hilfe einer logistischen Regression überprüft. Dabei wurde der Prozesstyp als abhängige Größe (Repräsentantenorientiert: Y=1) und die acht Beschreibungsmerkmale als unabhängige Größen in die Analyse einbezogen. Im Rahmen der Erhebung wurden dabei die Konstrukte „Involvement" und „Kenntnisstand" anhand von vier bzw. drei reflektiven Items erhoben, wobei in der logistischen Regression die jeweiligen Faktorwerte einer konfirmatorischen Faktorenanalyse verwendet wurden. Die konfirmatorische Faktorenanalyse wurde zur Prüfung der beiden Konstruktmessungen durchgeführt und zeigte eine akzeptable Eignung (Cronbachs Alpha und Faktorreliabilitäten jeweils > 0,7; CFI=0,970; zudem bestätigte der χ^2-Differenztest ($\chi^2_{Dif.}$=34,339) das Vorliegen von Diskriminanzvalidität). Die übrigen sechs Merkmale wurden anhand von Single-Item Messungen direkt mittels Ratingskalen erfragt, da diese Sachverhalte als hinreichend konkret einzustufen sind (Fuchs/Diamantopoulos 2009, S. 206). Insgesamt erbrachte die logistische Regression die in Abbildung 5 dargestellten Ergebnisse.

Abbildung 5: Merkmalsstruktur der generischen Entscheidungstypen

Gütekriterien: Richtigklassifikation: 76,7% (maximale Zufallswahrscheinlichkeit: 56,7%) -2 Log-Likelihood = 64,614 / Cox & Snell R-Quadrat = 0,253 / Nagelkerkes R-Quadrat = 0,339						
Erklärte Größe: "Repräsentantenor." (Y=1) Referenzwert: "Kategorienzentr." (Y=0)	Regressions-koeffizient	Standard-fehler	Wald	df	Sign.	Hypothesen
Kenntnis b1:	-0.757	0.464	2.658	1	0.103	H1: (√)
Involvement b2:	1.267	0.532	5.670	1	0.017	H2: √
Hohe wahrg. Komplexität b3:	-0.292	0.267	1.196	1	0.274	H3: (√)
Einfache Entscheidungssituation b4:	-0.553	0.306	3.272	1	0.070	H4: √
Hoher Informationsbedarf b5:	0.570	0.307	3.439	1	0.064	H5: √
Klare Zielvorstellung b6:	0.357	0.270	1.755	1	0.185	H6: n.b.
Beste Wahl b7:	-0.488	0.501	0.948	1	0.330	H7: (√)
Hohe negative Folgen b8:	-0.078	0.234	0.112	1	0.738	H8: (√)
Konstante b0:	2.611	2.997	0.759	1	0.384	-
Hypothese zu einem Konfidenzniveau von α = 10%... √ = bestätigt; (√) = nur bzgl. des Vorzeichens bestätigt; n.b.= nicht bestätigt						

Sowohl die Pseudo R^2-Werte oberhalb von 0,25 als auch der Anteil von 76,7 Prozent richtig klassifizierter Personen, verglichen mit einer maximalen Zufallswahrscheinlichkeit von 56,7 Prozent, sprechen für eine hohe Güte des logistischen Modellansatzes

(Backhaus et al. 2008, S. 264). Da die VIF-Werte der Einflussgrößen im Bereich von 1,098 bis 1,970 deutlich kleiner als der üblicherweise genutzte Grenzwert von 10 sind (Hair et al. 1998, S. 220), liegt zudem keine ernsthafte Multikollinearität vor, so dass insgesamt von einer robusten Parameterschätzung auszugehen ist.

Die Parameterschätzungen zeigen zunächst, dass das Involvement einen signifikanten (0,017) Erklärungsgehalt zur Unterscheidung der Typen liefert. Mit einem Koeffizienten von $\beta_2 = 1,267$ bedeutet dies, dass die Wahrscheinlichkeit eines Repräsentantenorientierten Auswahltyps mit zunehmendem Involvement steigt. Bezüglich der postulierten Entscheidungstypen zeigt sich insgesamt ein konsistentes Bild: Zunächst kann festgestellt werden, dass mit Ausnahme der Variablen „klare Zielvorstellung" alle übrigen Variablen das „richtige" Vorzeichen im Sinne der aufgestellten Hypothesen aufweisen. Weiterhin absolvieren Personen, die möglichst viele Informationen zur Entscheidung heranziehen ($\beta_5 = 0,570$) und nicht bewusst eine einfache Entscheidung anstreben ($\beta_4 = -0,553$), eher den aufwändigeren Entscheidungsprozess vom Typ „Repräsentantenorientierung". Personen, die die Entscheidungssituation als aufwändiger bzw. komplexer einschätzen, sind primär dem kategoriezentrierten Typus zuzurechen ($\beta_3 = -0,292$), was aufgrund des grundsätzlich einfacheren Entscheidungsprozesses zu erwarten war. Interessant ist auch der relativ starke Effekt des Kenntnisstandes ($\beta_1 = -0,757$), der als Indiz dafür gesehen werden kann, dass Personen mit hoher Kenntnis sich bei der Entscheidungsfindung eher auf eine Lösungskategorie konzentrieren. Unter Berücksichtigung der Ausführungen von Bettman/Sujan (1987) deutet dies darauf hin, dass diese Personen stärker auf bewährte Entscheidungsmuster zurückgreifen, die bei einer Entscheidung zwischen nichtvergleichbaren Alternativen aus mehreren Lösungskategorien nur eingeschränkt nützlich sind. So betonen Bettman/Sujan (1987, S. 142): „[…] all consumers, regardless of their levels of expertise […] are unlikely to have well-formed criteria for initial choices among noncomparable alternatives". Damit konform, wenngleich deutlich weniger stark ausgeprägt, zeigt sich, dass Personen, die möglichst eine optimale Entscheidung bzw. beste Wahl anstreben ($\beta_7 = -0,488$) und für die die Konsequenzen einer Fehlentscheidung tendenziell schwerer wiegen ($\beta_8 = -0,078$), eher die kategoriezentrierte Auswahl absolvieren, bei der auf bekannte Beurteilungsmuster zurückgegriffen werden kann. Dieser Effekt ist dabei vermutlich deshalb nur schwach ausgeprägt, weil in der Untersuchung zum einen nicht reale Entscheidungen adressiert wurden und es überdies auch nicht darum ging „eigenes Geld" zu investieren, sondern aus verschiedenen Gewinnoptionen auszuwählen. Weniger plausibel erscheint hingegen, dass Personen, die eine klare Zielvorstellung aufweisen, eher den Repräsentantentypus darstellen ($\beta_6 = 0,357$). Wenngleich dieser Effekt wiederum nicht signifikant ist, so widerspricht er doch den Ergebnissen der Untersuchung von Ratneshwar et al. (1996), die feststellen, dass eine klare und nicht-konfliktäre Zielsetzung eher dazu führt, dass im Consideration Set primär Alternativen einer Kategorie zu finden sind. Im vorliegenden Fall kann dies jedoch auch darauf zurückzuführen sein, dass im Rahmen der Studie nicht explizit nach Zieleignung der verschiedenen Alternativen gefragt wurde, sondern nur nach der Zielklarheit, was hier grundsätzlich zwei Rückschlüsse erlaubt: So kann es sein, dass zur Erfüllung der Bedürfnisse Alternativen aus mehreren Lösungskategorien geeignet sind oder aber, dass Personen, die über keine klare Vorstellung verfügen, sich zunächst eher auf eine Kategorie bei der initialen Suche konzentrieren. Insgesamt können somit sieben der in Abschnitt 2.2.3 aufgestellten Hypothesen anhand der empirischen Ergebnisse zumindest hinsichtlich der Wirkrichtung (Vorzeichen) bestätigt werden. Aufgrund der geringen Gruppenstärke mit 26 bzw. 34 Personen, zwei Befragte mit fehlenden Angaben wurden bei der logistischen Regression nicht berücksichtigt, können jedoch nur die Hypothesen 2, 4 und 5 zu einem Signifikanzniveau von 10 Prozent bestätigt werden.

4. Kritische Reflexion und Implikationen für das Marketing

Im vorliegenden Beitrag wurden mit dem kategoriezentrierten und dem repräsentantenorientierten Auswahlprozess zwei generische Entscheidungstypen bei heterogenen Angebotsstrukturen begründet, und es konnte eine erste empirische Bestätigung für deren Existenz anhand einer „realistischen" Entscheidungssituation zum Thema „Kurzurlaube in Deutschland" geliefert werden. Aufgrund der grundsätzlich unterschiedlichen Struktur der Auswahlprozesse ist bei beiden Entscheidungstypen auch ein anderes *Management der Kundenbeziehung* erforderlich, wobei sich folgende Implikationen ableiten lassen:

So wählen die kategoriezentrierten Entscheidungstypen (19,6 Prozent der Befragten), zunächst ein Set an Alternativen (einer subjektiv wahrgenommenen Kategorie) aus, die in sich sehr homogen und damit anhand von konkreten Beschreibungsmerkmalen verglichen werden können. Demgegenüber laufen beim repräsentantenorientierten Entscheidungstyp (23,8 Prozent) parallele Auswahlprozesse ab. So werden zunächst innerhalb der wahrgenommenen Bedürfniskategorien geeignete Alternativen identifiziert, wobei hier primär konkrete Merkmale zum Tragen kommen. Daraufhin erfolgt dann die Auswahl einer Alternative aus den verbleibenden, aber nur schwer vergleichbaren Alternativen kategorieübergreifend anhand von abstrakten Kriterien oder Gesamtnutzenurteilen. Vor diesem Hintergrund ist zunächst herauszustellen, dass eine anbieterseitig adäquate Reaktion auf die einzelnen Entscheidungstypen nur möglich ist, wenn der Anbieter auch über möglichst genaue Informationen verfügt, die ihm die *Identifikation* des jeweiligen Entscheidungstyps erlauben. Von besonderer Relevanz sind dabei die in den aufgestellten Hypothesen formulierten motiv- und personenbezogenen Merkmale (Abbildung 3), mit deren Hilfe sich die Wahrscheinlichkeit für das Vorliegen eines Entscheidungstypus – wie in der durchgeführten Studie gezeigt – z. B.

mit Hilfe der logistischen Regression bestimmen lässt. Für die Kundendatenbanken der Unternehmen ergibt sich daraus die Forderung, die üblicherweise bekannten „harten" Daten bzw. Fakten über das bisherige Kaufverhalten durch „weiche" Daten zu ergänzen. So könnten beispielsweise Befragungsdaten zu den acht hier verwendeten Merkmalen zusätzlich erhoben werden, um den Entscheidungstyp zu prognostizieren. In der vorliegenden Untersuchung konnten damit 76,7 Prozent der beiden Typen korrekt identifiziert werden. Gelingt es, auf diese Weise die Zugehörigkeit zu den beiden generischen Entscheidungstypen abzuschätzen, so können hierauf abgestimmte *typenbezogene* Marketing-Maßnahmen abgeleitet werden:

Für den *kategoriezentrierten Entscheidungstyp* ist es entscheidend, das eigene Angebot in der von ihm ausgewählten Kategorie positionieren zu können, da es ansonsten vollständig aus der näheren Begutachtung des Kunden heraus fällt. Um dies zu vermeiden, sollte ein Anbieter seine Marketingmaßnahmen *kategorienübergreifend* ausrichten, um auf diese Weise mit seinem Angebot in möglichst vielen Lösungskategorien vertreten zu sein. So hat sich in der vorliegenden empirischen Untersuchung gezeigt, dass z. B. der „Urlaub im Sporthotel Active (Alternative 4)" von den Probanden oft unterschiedlichen Gruppen von Alternativen und damit unterschiedlichen Kategorien wie „Erholungsurlaub" und „Aktivurlaub" zugeordnet wurde (vgl. hierzu auch die Personen 41 und 79 in Abbildung 4). Für alle anderen Alternativen zeigte sich dieser Effekt nicht so stark. Dies kann als Grund dafür gesehen werden, dass dieses Angebot mit 59,7 Prozent relativ oft im Consideration Set vertreten war und von insgesamt 22,6 Prozent der Personen auch ausgewählt wurde, was nach dem „Strandurlaub auf Sylt" mit 37,1 Prozent den zweithöchsten Wert darstellt. Bei den *repräsentantenorientierten* Entscheidungstypen ist es hingegen wichtig, zumindest in einer Kategorie als „brauchbare Lösung" identifiziert zu werden, womit hier vor allem leistungsspezifische Kriterien eines Angebotes herauszustellen sind.

In Abhängigkeit des Entscheidungstypus ist vor allem die *Kommunikationsstrategie* auszurichten: Bei einem *kategoriezentrierten* Entscheidungsverhalten liegen von Beginn an eher homogene Auswahlsets vor. Dies ermöglicht dem Nachfrager zur Entscheidungsfindung auf konkrete Beschreibungsmerkmale zurückzugreifen, was für die Ausgestaltung der anbieterseitigen Maßnahmen eine Fokussierung auf die Bereitstellung leistungsspezifischer Kriterien erfordert. Da dieser Entscheidungstyp, den Untersuchungen folgend, über einen hohen Kenntnisstand verfügt, sollte zur Beschreibung der Angebote auf Detailinformationen zurückgegriffen werden, d. h. die Anbieter sollten in diesem Fall eine Informationsstrategie verfolgen (Bruhn 2005, S. 215f.). Sind die *repräsentantenorientierten* Entscheider die Adressatengruppe der Kommunikationsmaßnahmen, so ist eine andere Herangehensweise zu wählen: Da dieser Typus von Beginn an einem stark heterogenen Alternativenset gegenübersteht, müssen die anbieterseitigen Maßnahmen hier einem dynamischen Informationsbedürfnis gerecht werden. Hier sind die Informationsstrategie und die Imageprofilierungsstrategie (Bruhn 2005, S. 215f.) simultan zu verfolgen oder es ist zumindest ein Strategiewechsel vorzunehmen: Zu Beginn des Entscheidungsprozesses sollten eher leistungsspezifische

Kriterien in den Vordergrund gestellt werden und in der späteren Phase beschreibende Metakriterien bereitgestellt werden. Da Personen dieses Typs einen eher geringen Kenntnisstand aufweisen sind sie stärker von externen Informationen abhängig, so dass hier eine positive Kaufbeeinflussung besonders erfolgversprechend ist.

Abschließend sei noch herausgestellt, dass mit Hilfe der in diesem Beitrag identifizierten Merkmale ein adäquates Management der Kundenbeziehungen bei heterogenen Angebotssets eher erreicht werden kann. Damit ist dann ein besseres Management der „Erfolgskette" des Relationship Marketing möglich, da bei deren Betrachtung die „Verbindung zwischen unternehmensbezogenen und kundenbezogenen Größen" (Bruhn 2009a, S. 66) als wesentlich zu bezeichnen ist.

Literaturverzeichnis

Backhaus, K./Erichson, B./Plinke, W./Weiber, R. (2008): Multivariate Analysemethoden, 12. Aufl., Berlin.

Bettman, J.R./Sujan, M. (1987): Effects of Framing on Evaluation of Comparable and Noncomparable Alternatives by Expert and Novice Consumers, in: Journal of Consumer Research, Vol. 14, No. 2, S. 141-154.

Brand, R.R./Cronin, J.J. (1997): Consumer-specific Determinants of the Size of Retail Choice Sets: An Empirical Comparison of Physical Good and Service Providers, in: The Journal of Services Marketing, Vol. 11, No. 1, S. 19-38.

Bruhn, M. (2005): Kommunikationspolitik. Systematischer Einsatz der Kommunikation für Unternehmen, 3. Aufl., München.

Bruhn, M. (2009a): Relationship Marketing. Management von Kundenbeziehungen, 2. Aufl., München.

Bruhn, M. (2009b): Kundenintegration und Relationship Marketing, in: Bruhn, M./ Stauss, B. (Hrsg.): Forum Dienstleistungsmanagement, Kundenintegration, Wiesbaden, S. 111-132.

Burton, M.L. (2003): Too Many Questions? The Uses of Incomplete Cyclic Designs for Paired Comparisons, in: Field Methods, Vol. 15, No. 2, S. 115-130.

Fuchs, C./Diamantopoulos, A. (2009): Using Single-Item Measures for Construct Measurement, in: Die Betriebswirtschaft, 69. Jg., Nr. 2, S. 195-210.

Hair, J.F./Anderson, R.E./Tatham, R.L./Black, W.C. (1998): Multivariate Data Analysis, 5. Aufl., New Jersey.

Handl, A. (2002): Multivariate Analysemethoden, Berlin.

Hauser, J.R./Wernerfelt, B. (1990): An Evaluation Cost Model of Evoked Set, in: Journal of Consumer Research, Vol. 16, No. 4, S. 393-408.

Hauser, J.R. (1986): Agendas and Consumer Choice, in: Journal of Marketing Research, Vol. 23, No. 3, S. 199-212.

Homburg, C./Bruhn, M. (2005): Kundenbindungsmanagement. Eine Einführung in die theoretische und praktische Problemstellungen, in: Bruhn, M./Homburg, C. (Hrsg.): Handbuch für Kundenbindungsmanagement. Strategien und Instrumente für ein erfolgreiches CRM, 5. Aufl. Wiesbaden, S. 5-37.

Johnson, M. (1984): Consumer Choice Strategies for Comparing Noncomparable Alternatives, in: Journal of Consumer Research, Vol. 11, No. 3, S. 741-753.

Johnson, M.D. (1989): The Differential Processing of Product Category and Noncomparable Choice Alternatives, in: Journal of Consumer Research, Vol. 16, No. 3, S. 300-309.

Kotler, P. (1972): A Generic Concept of Marketing, in: Journal of Marketing, Vol. 36, No. 2, S. 46-54.

Kroeber-Riel, W./Weinberg, P./Gröppel-Klein, A. (2009): Konsumentenverhalten, 9. Aufl., München.

Laroche, M./Kim, C./Matsui, T. (2003): Which Decision Heuristics Are Used in Consideration Set Formation?, in: Journal of Consumer Marketing, Vol. 20, No. 3, S. 192-209.

Lurie, N.H. (2004): Decision Making in Information-Rich Environments: The Role of Information, in: Journal of Consumer Research, Vol. 30, No. 4, S. 473-486.

Lussier, D.A./Olshavsky, R.W. (1979): Task Complexity and Contingent Processing in Brand Choice, in: Journal of Consumer Research, Vol. 6, No. 2, S. 154-165.

Lye, A./Shao, W./Rundle-Thiele, S./Fausnaugh, C. (2005): Decision Waves: Consumer Decisions in Today´s Complex World, in: European Journal of Marketing, Vol. 39, No. 1/2, S. 216-230.

Milligan, G.W./Cooper, M.C. (1985): An Examination of Procedures for Determining the Number of Clusters in a Data Set, in: Psychometrika, Vol. 50, No. 1, S. 159-179.

Mojena, R. (1977): Hierarchical Clustering Methods and Stopping Rules. A Evaluation, in: The Computer Journal, Vol. 20, No. 4, S. 359-363.

Mühlhaus, D./Hörstrup, R. (2009): Konzeption und Evaluation reduzierter Abfragedesigns für MDS-Anwendungen, Forschungsbericht Nr. 9, hrsg. von Rolf Weiber, Trier.

Narayana, C.L./Markin, R.J. (1975): Consumer Behavior and Product Performance: An Alternative Conceptualization, in: Journal of Marketing, Vol. 39, No. 4, S. 1-6.

Ratneshwar, S./Barsalou, L.W./Pechmann, C./Moore, M. (2001): Goal-Derived Categories: The Role of Personal and Situational Goals in Category Representations, in: Journal of Consumer Psychology, Vol. 10, No. 3, S. 147-157.

Ratneshwar, S./Pechmann, C./Shocker, A.D. (1996): Goal-derived Categories and the Antecedents of Across-Category Consideration, in: Journal of Consumer Research, Vol. 23, No. 3, S. 240-250.

Ratneshwar, S./Shocker, A.D. (1991): Substitution in Use and the Role of Usage Context in Product Category Structures, in: Journal of Marketing Research, Vol. 28, No. 3, S. 281-295.

Shocker, A.D./Ben-Akiva, M./Boccara, B./Nedungadi, P. (1991): Consideration Set Influences on Consumer Decision-Making and Choice: Issues, Models, and Suggestions, in: Marketing Letters, Vol. 2, No. 3, S. 181-197.

Spence, I./Domoney, D.W. (1974): Single Subject Incomplete Designs for Nionmetric Multidimensional Scaling, in: Psychometrika, Vol. 39, No. 4, S. 469-490.

Tversky, A. (1972): Elimination by Aspects: A Theory of Choice, in: Psychological Review, Vol. 79, No. 4, S. 281-299.

Weiber, R. (2007): Elemente einer informationsökonomisch fundierten Marketingtheorie, in: Büschken, J./Voeth, M./Weiber, R. (Hrsg.): Innovationen für das Industriegütermarketing, Stuttgart, S. 67-108.

Weiber, R./Mühlhaus, D./Hörstrup, R. (2008): AVD - ein reduziertes Erhebungsdesign für MDS-Anwendungen, in: Marketing Review St. Gallen, 25. Jg., Nr. 6, S. 44-49.

Martin Benkenstein/Sebastian Uhrich

Dienstleistungsbeziehungen im Gesundheitswesen – Ein Überblick zum Konzept „Shared Decision Making" in der Arzt-Patienten-Interaktion

1. Einführung

2. Definitorische Abgrenzung und Messung des Shared Decision Making (SDM)

3. Antezedenzen und Konsequenzen des Shared Decision Making

4. Präferenz und Determinanten der Präferenz für Shared Decision Making

5. Abschließende Bewertung des Shared Decision Making als Gegenstand der Marketingforschung

Prof. Dr. Martin Benkenstein ist Inhaber des Lehrstuhls für ABWL: Absatzwirtschaft der Wirtschafts- und Sozialwissenschaftlichen Fakultät und Direktor des Instituts für Marketing & Dienstleistungsforschung der Universität Rostock. Dr. Sebastian Uhrich ist wissenschaftlicher Mitarbeiter und Habilitand am Institut für Marketing & Dienstleistungsforschung der Universität Rostock.

1. Einführung

Die Marketing- und Dienstleistungsforschung beschäftigt sich in jüngerer Vergangenheit zunehmend auch mit Gesundheitsmärkten und dem öffentlichen Gesundheitswesen (Singh et al. 2004; Berry/Bendapudi 2007; Stremersch 2008). Diese Entwicklung an der Schnittstelle zwischen Marketing und Gesundheit zeigt sich auch an einer Reihe von Special Issues zur Thematik Gesundheit in marketingorientierten Zeitschriften (Beispiele sind folgende Ausgaben: „Health and Marketing" (International Journal of Research in Marketing 2008), „Pharmaceutical Marketing" (Journal of Consumer Marketing 2005), „Managing the Future of Health Care Delivery" (Journal of Business Research 2004), „Health Care Research" (Journal of Business Research 2000) an der Fülle von Marketingthemen in der sozialmedizinischen Literatur sowie an der Existenz verschiedener Schnittstellen-Zeitschriften (z. B. Health Marketing Quarterly, Marketing Health Services, Journal of Health Care Marketing).

Ein prominentes Forschungsfeld ist in diesem Zusammenhang die Arzt-Patienten-Beziehung und speziell die Frage nach der Rolle, die Ärzte und Patienten im Rahmen von Diagnose- und Therapieentscheidungen einnehmen bzw. einnehmen sollten. Vor dem Hintergrund einer zunehmenden finanziellen Eigenverantwortung der Patienten, der Verpflichtung von Krankenhäusern zu internem und externem Qualitätsmanagement (Nagel 2007), der Bemühungen um patientenorientierte Qualitätsmessungen (Niechzial 2007) sowie der Verwendung der Patientenzufriedenheit als Bewertungskriterium medizinischer Leistungen gibt es aktuell in Deutschland einen Trend zu mehr Patientenpartizipation bei derartigen medizinischen Entscheidungen (Scheibler et al. 2003; Loh et al. 2007).

Generell gilt für professionelle Dienstleistungen, dass sich der relative Einfluss des Klienten auf Entscheidungen im Rahmen der Leistungserstellung vergrößert, wenn der Klient als Kunde betrachtet wird und Kundenzufriedenheit ein Ziel des Anbieters ist (Jaakkola 2007). Dieser Zusammenhang ist sicherlich auch für Patienten gültig. Patienten wollen in bestimmten Situationen mehr Entscheidungsbeteiligung und der „informierte" Patient wird eher die Regel als die Ausnahme werden (Montaglione 1999). Vor allem dann, wenn sich nach Abwägung von möglichen Risiken und Nebenwirkungen, der zu erwartenden Lebensqualität sowie der Lebenserwartung aus medizinischer Sicht keine spezielle Diagnose- oder Therapieoption als die klar Beste herausstellt, sollten die Bedürfnisse und Präferenzen des Patienten in die Entscheidungsfindung einfließen. Eine solche Veränderung in der Arzt-Patienten-Interaktion wird in Ländern mit traditionell stärker marktorientierten Gesundheitssystemen wie zum Beispiel den USA schon seit einigen Jahrzehnten postuliert (Lupton 1997; Guadagnoli/Ward 1998).

Verschiedene Modelle der Arzt-Patienten-Interaktion beschreiben, welche Einflussmöglichkeiten jeweils der Arzt und der Patient im Rahmen der medizinischen Leistungserstellung innehaben können. Dabei stehen sich das *paternalistische Modell* auf der einen Seite und das Modell des *Informed Decision Making* bzw. *Consumerism* auf der anderen Seite in einem Kontinuum gegenüber. Im paternalistischen Modell ist der Arzt dominant, übt die Kontrolle vollständig aus und trifft als „perfekter Agent" im Sinne der Principal-Agent-Theorie allein sämtliche Entscheidungen für den Patienten. Demgegenüber greift der Patient beim Consumerism- oder Informed-Decision-Making-Modell zwar auf das Expertenwissen des Arztes zurück, hat jedoch weit reichende Einflussmöglichkeiten und entscheidet als autonomer Konsument letztlich völlig eigenständig über die durchzuführende Behandlung (Charles et al. 1999). Zwischen diesen beiden Ansätzen liegt das Modell des *Shared Decision Making* (SDM), das in der medizinischen Literatur mehrheitlich als die anzustrebende Art der Arzt-Patienten-Interaktion vorgeschlagen wird (Scheibler et al. 2003; Sepucha/Mulley 2009). Der Grundgedanke dieses Modells ist, dass weder der Arzt noch der Patient Entscheidungen allein treffen, sondern die jeweils andere Seite mit spezifischen Informationen versorgen und gemeinsam zu einer Entscheidung kommen. Mit einer solchen Ausgestaltung der Arzt-Patienten-Beziehung geht eine Reihe positiver Konsequenzen einher, die sowohl das medizinische Behandlungsergebnis als auch die Zufriedenheit und Qualitätswahrnehmung des Patienten betreffen (Frosch/Kaplan 1999; Scheibler et al. 2003).

Publikationen zum *SDM* finden sich – bis in die jüngste Vergangenheit – fast ausschließlich in der medizinischen Literatur (z. B. Guadagnoli/Ward 1998; Überblicksartikel liefern Frosch/Kaplan 1999; Scheibler et al. 2003; Kremer et al. 2007; Spring 2008; Whitney et al. 2008; LeBlanc et al. 2009; Lown et al. 2009; Sepucha/Mulley 2009). Die überwiegende Mehrheit der Forschungsarbeiten thematisiert vor allem folgende Fragestellungen:

- Was ist unter SDM zu verstehen und worin unterscheidet es sich von anderen Modellen medizinischer Entscheidungsfindung?

- Welche Antezedenzen bedingen SDM und welche Konsequenzen hat SDM?

- Welche personellen und situativen Merkmale determinieren die Präferenz eines Patienten für SDM?

- Wie sollte SDM in der medizinischen Praxis konkret umgesetzt werden? Welche (technischen) Hilfsmittel können bei der Umsetzung des SDM helfen?

Die Erkenntnis, dass der Kunde als Koproduzent die Qualität vieler Absatzleistungen entscheidend mitbestimmt, ist vor allem in der Literatur des Dienstleistungsmarketing fest etabliert (Dabholkar 1990). Die Optimierung der Kundenpartizipation und des Austausches von Informationen mit dem Kunden sind daher zentrale Themen der Dienstleistungsforschung (Bowen et al. 1990). Diese Faktoren ermöglichen dem Anbieter nicht zuletzt auch einen Zugang zu den Bedürfnissen und Präferenzen des Kunden.

Zum Forschungsfeld Kundeninteraktionen in Dienstleistungsbeziehungen hat insbesondere auch Manfred Bruhn einen wesentlichen Beitrag geleistet. Er ist Autor von inzwischen mehrfach aufgelegten Standardwerken zur Thematik (z. B. Bruhn 2009; Meffert/Bruhn 2009) und hat sich intensiv mit speziellen Aspekten der Beziehungsqualität beschäftigt (z. B. Bruhn et al. 2006).

Was in rein kommerziellen Dienstleistungsbranchen selbstverständlich erscheint, ist im Rahmen der Erbringung medizinischer Leistungen offenbar noch unterentwickelt. So deuten die Ergebnisse einschlägiger Studien darauf hin, dass das von Patienten präferierte Ausmaß an Partizipation bei medizinischen Entscheidungen häufig geringer ist als das tatsächlich wahrgenommene (Scheibler et al. 2003; Kremer et al. 2007).

Im vorliegenden Beitrag wird argumentiert, dass die Perspektive der Marketing- und Dienstleistungsforschung einen substanziellen Beitrag zur Erforschung des Konzepts SDM leisten kann. Bisherige Forschungsarbeiten zum Konzept des Shared Decision Making sind vorrangig konzeptionell oder qualitativ-empirisch ausgerichtet. Eine Reihe von Erkenntnissen, Modellen und Methoden der Marketingforschung kann hier eine sinnvolle Ergänzung sein und zur Klärung offener Fragestellungen beitragen. Zudem stellt die Arzt-Patienten-Beziehung einen relevanten Anwendungsbereich für die Marketingforschung und speziell den Bereich dyadischer Kaufentscheidungen dar. Studien zur Thematik gemeinschaftlicher Kaufentscheidungen (Joint Decision Making) finden sich überwiegend im Kontext von Familienkaufentscheidungen sowie im B-to-B-Bereich, wohingegen professionelle Dienstleistungen vernachlässigt wurden (White/Johnson 2001). Im Folgenden wird daher ein Überblick zum Stand der Forschung zum Konzept des Shared Decision Making im Rahmen der Arzt-Patienten-Interaktion gegeben. Dabei werden auch offene Fragestellungen und Problembereiche identifiziert, deren Untersuchung eine Herausforderung für die Marketingforschung darstellt.

2. Definitorische Abgrenzung und Messung des Shared Decision Making (SDM)

Die Verwendung des Begriffs Shared Decision Making im Zusammenhang mit dem medizinischen Entscheidungsprozess reicht zurück bis in die 1970er Jahre (Maple 1977). Allerdings herrscht trotz oder gerade wegen der Vielzahl von Beiträgen zum Thema kein Konsens hinsichtlich des konzeptionellen Inhalts des Begriffs. In zwei jüngeren Überblicksartikeln prüfen Makoul und Clayman (2006) sowie Moumjid et al. (2007) vorliegende Studien zum SDM dahingehend, ob eine klare Definition präsentiert wird, ob Autoren den Begriff konsistent mit ihrer eigenen Definition verwenden und ob über mehrere Studien ein einheitliches Begriffsverständnis auszumachen ist.

Als Fazit beider Beiträge lässt sich festhalten, dass vorhandene Definitionen sehr heterogen sind bzw. in vielen Studien überhaupt keine präzise Begriffsabgrenzung vorgelegt wird, auch dann nicht, wenn sie sich schwerpunktmäßig mit dem SDM beschäftigen. Des Weiteren weicht in nicht wenigen Studien die empirische Verwendung des Begriffs von der zuvor festgelegten Definition ab.

Zur Kennzeichnung des Konzepts SDM wird oftmals auf eine vergleichende Betrachtung mit anderen Modellen der Arzt-Patienten-Interaktion zurückgegriffen. Die wesentlichen Kriterien zur Abgrenzung der Modelle sind der Informationsfluss zwischen dem Arzt und dem Patienten sowie der jeweilige Einfluss beider Parteien auf die zu treffenden Entscheidungen (Abbildung 1). Der Begriff Entscheidung wird in diesem Zusammenhang weit gefasst und bezieht sich nicht nur auf den finalen Entschluss für oder gegen eine bestimmte Diagnose- oder Therapieoption, sondern umfasst auch den gesamten Prozess des Zustandekommens einer Entscheidung.

Abbildung 1: *Modelle medizinischer Entscheidungsfindung*
(Quelle: Charles et al. 1999; Scheibler et al. 2003; Singh et al. 2004)

	Paternalistisches Modell	Shared-Decision-Making Modell	Consumerism/Informed-Decision-Making
Informationsaustausch	<u>Fluss</u>: vorwiegend einseitig <u>Richtung</u>: Arzt → Patient <u>Art</u>: medizinisch <u>Umfang</u>: gesetzlich vorgeschriebenes Minimum	zweiseitig Arzt ↔ Patient medizinisch und persönlich alle zur Entscheidung notwendigen Informationen	vorwiegend einseitig Arzt → Patient medizinisch alle zur Entscheidung notwendigen Informationen
Rolle des Patienten	Preisgabe von Informationen	Einfordern, preisgeben und empfangen von Informationen	Empfänger von Informationen
Rolle des Arztes	Wächter, Schutzengel	Partner	kompetenter Experte, Berater
Patientenpräferenzen	gelten als dem Arzt bekannt, homogen zwischen Patienten in Bezug auf eine Behandlung	Patient artikuliert Präferenzen, heterogen zwischen Patienten in Bezug auf eine Behandlung	werden nicht zwingend artikuliert, heterogen zwischen Patienten in Bezug auf eine Behandlung
Kontrolle über Entscheidung	Arzt	Arzt und Patient	Patient
	→ zunehmende Patientenautonomie →		

Versucht man die wesentlichen Charakteristika zusammenzufassen, lässt sich das SDM wie folgt skizzieren (Charles et al. 1999; Scheibler et al. 2003; Wirtz et al. 2006):

- Wechselseitiger Informationsfluss zwischen Arzt und Patient: der Patient liefert Informationen über sich selbst und seine Situation, der Arzt hingegen liefert Expertenwissen, Erfahrung sowie wissenschaftliche Belege und klärt den Patienten über die verfügbaren Diagnose- oder Therapieoptionen auf

- Gemeinsame Entscheidung und Konsens: weder der Arzt noch der Patient entscheiden allein, die Entscheidung erfolgt gemeinsam und im Konsens

- Gemeinsame Verantwortung für die Folgen der Entscheidung: Arzt und Patient entscheiden nicht nur gemeinsam, sondern teilen auch die Verantwortung für die Folgen der Entscheidung

- Beachtung der Patientenpräferenzen und des Nutzen-Risiko-Verhältnisses unterschiedlicher Diagnose- oder Therapieoptionen: bei der Bewertung von Diagnose- oder Therapieoptionen gibt es – beispielsweise bei der Frage, ob im Falle einer Auslandsreise eine bestimmte Impfung vorgenommen werden soll oder nicht – zumeist kein interindividuelles Optimum, sondern eine den jeweiligen Patientenpräferenzen entsprechende individuell „beste" Entscheidung.

Bei Betrachtung der Merkmale des SDM zeigt sich, dass es sich um ein recht komplexes und mehrdimensionales Konzept handelt. Allerdings bestehen erhebliche Diskrepanzen zwischen den konzeptionellen Beiträgen zum SDM und dessen konkreter Handhabung in empirischen Studien. Der Komplexität des SDM wird in vorhandenen empirischen Studien durch eine entsprechende Konzeptionalisierung und Operationalisierung zumeist nicht hinreichend Rechnung getragen (Scheibler et al. 2003). Zum Teil werden auch verwandte Konzepte wie *Patient Participation* (Guadagnoli/Ward 1998) oder *Patient Empowerment* (Ouschan et al. 2000) verwendet, ohne dass immer klar wird, welche Zusammenhänge bzw. konzeptionellen Überschneidungen zwischen diesen Konstrukten bestehen. Zumeist reduzieren empirische Studien den Inhalt des viel gefächerten Konzepts SDM auf einen oder wenige Aspekte.

Dahinter steht das Kernproblem, dass eine Reihe sehr grundsätzlicher Fragen bezüglich des SDM uneinheitlich gehandhabt wird. Unklar ist beispielsweise, was es eigentlich genau bedeutet, den Patienten am medizinischen Entscheidungsprozess zu beteiligen. Diesbezüglich kommen ganz unterschiedliche Ausmaße an Informationsversorgung und Entscheidungsbeteiligung in Frage, die jenseits des paternalistischen Modells „You decide for me doctor" liegen (Guadagnoli/Ward 1998, S. 337). Des Weiteren wird das SDM mal als ein einziges mehrdimensionales Konstrukt angesehen und mit bestimmten Antezedenzen und/oder Konsequenzen in Zusammenhang gesetzt, während es an anderer Stelle als eine Art Rahmenkonzept interpretiert wird, das aus mehreren Konstrukten und Betrachtungsebenen besteht.

Bisherige Versuche, das SDM empirisch zu untersuchen, spiegeln diese Heterogenität wider. Grundsätzlich lassen sich Beobachtungsinstrumente von befragungsbasierten Messinstrumenten unterscheiden. Während erstgenannte Messmethoden versuchen, ein „objektives" Bild vom Ausmaß der Patientenpartizipation aufzuzeigen, beziehen sich die befragungsbasierten Verfahren auf die an der Arzt-Patienten-Beziehung beteiligten Akteure. Es können also zumindest drei Perspektiven unterschieden werden: eine beziehungsexterne Perspektive, die Patientenperspektive und die Arztperspektive. Elwyn et al. (2001) geben einen Überblick über acht Beobachtungsverfahren zur Erfassung des SDM und kommen zu dem Schluss, dass diese Verfahren nicht systematisch entwickelt wurden und den Inhalt des Konzepts nicht hinreichend abbilden. Morss Dy (2007) und Simon et al. (2007) legen jeweils Überblicksartikel zu Messinstrumenten unterschiedlicher Aspekte des Konzepts Shared Decision Making vor. Insgesamt identifizieren die beiden Studien 29 unterschiedliche Messinstrumente (Morss Dy (2007) identifiziert 24, Simon et al. (2007) 17 Messinstrumente, wobei zwölf Skalen in beiden Aufsätzen enthalten sind) und unterziehen sie einer vergleichenden Betrachtung. Die Mehrheit dieser Instrumente bezieht sich nicht auf das (wahrgenommene) tatsächliche Ausmaß an partizipativer Entscheidungsfindung, sondern auf diesbezügliche Präferenzen von Patienten, insbesondere hinsichtlich der gewünschten Rolle im Entscheidungsprozess und des Informationsflusses innerhalb der Arzt-Patienten-Beziehung. Daneben existieren auch einige präferenzbezogene Instrumente, die die Perspektive der Ärzte erfassen. Weitere Skalen messen spezifische Aspekte in konkreten Konsultationen wie das vom Patienten wahrgenommene Ausmaß an Partizipation, die Versorgung mit Informationen durch den Arzt oder auch die wahrgenommenen Folgen der Entscheidungsbeteiligung. Zudem bilden einige spezielle Messinstrumente spezifische emotionale, kognitive oder soziale Aspekte des Entscheidungsprozesses ab. Zu letztgenannten Skalen zählen beispielsweise die *Decisional Conflict Scale* (O'Connor 1995), die *Decision Regret Scale* (Brehaut et al. 2003) und die *Decision Emotional Control Scale* (Bunn/O'Connor 1996). Die Vielfalt der vorhandenen Messinstrumente zeigt deutlich, dass für eine vollständige Erfassung des SDM offenbar mehrere Konstrukte gemessen werden müssen.

Insgesamt entspricht das Vorgehen bei der Entwicklung und Validierung der vorhandenen Erhebungsinstrumente nur sehr eingeschränkt dem „State-Of-The-Art" der Skalenentwicklung innerhalb der verhaltenswissenschaftlichen Marketingforschung. Obwohl in der Überblicksstudie von Simon et al. (2007) nur Skalen erwähnt werden, für die zumindest einige Reliabilitäts- und Validitätsmaße angeführt sind, fällt die Güteprüfung jeweils sehr einfach aus. Für die Skalen werden lediglich Maße der internen Konsistenz (zumeist Cronbachs Alpha) und mehrheitlich einige Zusammenhangsmaße mit vor- oder nachgelagerten Variablen im Sinne der Überprüfung nomologischer Validität angegeben. Komplexere statistische Verfahren wie konfirmatorische Faktorenanalysen oder Strukturgleichungsmodelle werden nicht angewendet, weshalb gängige Validitätskriterien wie beispielsweise Konvergenz- und Diskriminanzvalidität nicht berücksichtigt werden.

Die definitorische Abgrenzung, Konzeptionalisierung und Messung des SDM offenbaren insgesamt noch weit reichenden Forschungsbedarf. Insbesondere ist zu klären, welche Konstrukte bzw. welche Dimensionen erfasst werden müssen, um das SDM konzeptionell vollständig abzudecken. Hier kann die Marketingforschung auch geeignete Methoden zur Entwicklung und Validierung von Messinstrumenten zur Verfügung stellen. Zudem erhebt sich die Frage nach der Perspektive, aus der das Ausmaß an SDM gemessen werden sollte und wie sich unterschiedliche Perspektiven möglicherweise integrieren lassen. Klärungsbedarf besteht auch hinsichtlich der konzeptionellen Beziehung des SDM zu verwandten Konstrukten wie patient empowerment oder patient participation.

3. Antezedenzen und Konsequenzen des Shared Decision Making

In der allgemeinen Dienstleistungsliteratur wird eine stärkere Partizipation des Kunden im Leistungserstellungsprozess mit zahlreichen positiven kunden- und anbieterbezogenen Konsequenzen in Verbindung gebracht. Dazu zählen zum Beispiel eine höhere Produktivität (Lovelock/Young 1979), gesteigerte Kundenzufriedenheit (Czepiel 1990), verbesserte Qualitätswahrnehmungen (Dabholkar 1990) und die Möglichkeit, Wettbewerbsvorteile aufzubauen (Prahalad/Ramaswamy 2000). Auch für das Konzept des SDM belegen empirische Studien überwiegend positive Konsequenzen. Als Folgegrößen des SDM können zunächst objektive und subjektive Variablen unterschieden werden. Objektive Konsequenzen sind eindeutig messbare Kriterien des Behandlungserfolgs, während sich subjektive Faktoren auf das individuelle Erleben und die Evaluationen des Patienten (z. B. Zufriedenheit, wahrgenommene Kontrolle, Lebensqualität) beziehen. Abbildung 2 gibt einen Überblick über empirisch nachgewiesene Konsequenzen des SDM.

Die vorliegenden Ergebnisse zu den Folgen des SDM sind aufgrund der oben beschriebenen Uneinheitlichkeit in Bezug auf dessen konzeptionellen Inhalt und Messung allerdings mit Vorsicht zu interpretieren. Die in Abbildung 2 dargestellten Konsequenzen werden von teilweise sehr unterschiedlichen Dimensionen des SDM bewirkt. Mehrheitlich werden bedeutende Aspekte des SDM wie z. B. die wahrgenommene Informationsversorgung des Patienten oder dessen Beteiligung an der endgültigen Entscheidung als unabhängige Variablen eingesetzt. In anderen Studien wird das Konzept hingegen umfassender abgebildet. LeBlanc et al. (2009) untersuchen beispielsweise in einer Studie zum SDM die Effekte vier verschiedener Dimensionen (Informiertheit, Werte, Unterstützung und effektive Entscheidung) auf die abhängige Variable *persönliche Entscheidungsunsicherheit*. Im Ergebnis zeigten sich unklare Werte und die Wahrnehmung einer ineffektiven Entscheidung als Determinanten höherer persönlicher Entscheidungsunsicherheit.

Abbildung 2: *Empirische Belege zu Konsequenzen des Shared Decision Making*

Subjektive Folgen	Autoren
• Höhere Patientenzufriedenheit	Lantz et al. 2005, vgl. auch die zitierte Literatur in Sepucha/Mulley 2009 und Guadagnoli/Ward 1998
• Höhere gesundheitsbezogene Lebensqualität	Adams et al. 2001
• Bessere emotionale Gesundheit	Stewart 2000
• Besseres Krankheitsverständnis	Lerman et al. 1990
• Höhere wahrgenommene Kontrolle über die Erkrankung	Brody et al. 1989; Lerman et al. 1990
• Geringeres Ausmaß an Entscheidungskonflikten	Kremer et al. 2007
• Höheres Vertrauen	Ouschan et al. 2006
• Höheres Commitment	Ouschan et al. 2006
• Höhere Loyalität gegenüber Arzt	Kaplan et al. 1996
Objektive Folgen	Autoren
• Strikteres Befolgen des Therapieplans (Adherence oder Compliance)	Beach/Moore 2007; Hausman 2004
• Schnellere Genesung	Stewart 2000
• Geringere Anzahl an diagnostischen Tests und Überweisungen	Stewart 2000
• Höherer Erfolg in Gewichtsreduzierungsprogrammen	Mendonca/Brehm 1983

Aufgrund der Heterogenität in der Konzeptionalisierung des SDM bedürfen die Ergebnisse der bisherigen Studien weiterer Überprüfungen. Edwards et al. (2001) finden in einer qualitativen empirischen Studie zudem Anhaltspunkte dafür, dass das Spektrum insbesondere der affektiven Folgegrößen des SDM noch deutlich größer ist als in bisherigen Untersuchungen angenommen. Demgegenüber können die Autoren in ihrer Studie nur geringfügige kognitive und verhaltensbezogene Konsequenzen des SDM ausmachen.

Ebenso vielschichtig wie die Konsequenzen ist auch das Spektrum derjenigen Faktoren, die als voraus laufende Bedingungen des SDM gelten. Einige nicht unbedeutende Antezedenzen sind dabei außerhalb der Arzt-Patienten-Interaktion angesiedelt und betreffen nationale, regionale und organisationale Faktoren (Sepucha/Mulley 2009). Die jeweiligen gesundheitspolitischen Regeln eines Landes geben die prinzipiellen Rahmenbedingungen für die Arzt-Patienten-Beziehung vor. Scheibler et al. (2003, S. 12 FN 3) weisen für Deutschland beispielsweise darauf hin, dass das Bundesministerium für Gesundheit seit 2001 mehrere Forschungsprojekte „zur Beteiligung der Patientinnen und Patienten im medizinischen Entscheidungsprozess" fördert. Trotz der Bedeutung politischer Regularien ist insbesondere bei größeren Gesundheitsversorgern auch ein Einfluss organisationaler Bestimmungen zu erwarten.

Die Dienstleistungsliteratur schlägt vor, dass Anbieter die Kundenpartizipation mit der gleichen Intensität fördern und steuern sollten wie die Leistungen der Mitarbeiter (Mills et al. 1983). White und Johnson (1998) präsentieren ein Rahmenkonzept zur Erklärung des relativen Einflusses des Klienten auf Entscheidungen im Kontext professioneller Dienstleistungen. Diesem Konzept entsprechend sind der vom Klienten und vom Anbieter gewünschte Einfluss die beiden Hauptdeterminanten der relativen Mitbestimmung des Klienten. Der Wunsch nach Entscheidungseinfluss beim Klienten wird wiederum von den Faktoren Involvement, Kontrollüberzeugung (Locus of Control), Geschlechtsrollenorientierung (Sex Role Orientation) und Wissen determiniert, während der Wunsch des Anbieters durch die Größen Macht und Involvement bedingt wird. Wie unterschiedliche Ausprägungen dieser Determinanten erster Ebene auf den Wunsch nach Entscheidungsbeteiligung bei Klient und Anbieter genau wirken, wird jedoch nicht weiter spezifiziert. Später untersuchte das Autorenduo White und Johnson (2002) die Antezedenzen des wahrgenommenen relativen Einflusses von Patienten auf Medikamentenverschreibungen von Ärzten mittels einer qualitativen Studie. In dieser Studie erwiesen sich folgende Faktoren als Einflussgrößen der Patientenpartizipation: das wahrgenommene Wissen des Patienten, die Kontrollüberzeugung des Patienten, die Durchsetzungsfähigkeit des Patienten, die durch den Patienten beurteilte Expertise des Arztes, die Kontrollabgabe des Arztes und die professionelle Bewertung des Patientenwunsches durch den Arzt. Beth et al. (2009) legen ebenfalls eine qualitative Studie vor, in der Ärzte und Patienten nach Einstellungen und Verhaltensweisen befragt wurden, die aus ihrer Sicht eine partizipative Entscheidungsfindung fördern. Den Ergebnissen zufolge sollten Patienten ihre Gefühle und Präferenzen kundtun und für sich selbst handeln, während Ärzte Gefühle und Präferenzen der Patienten gezielt nachfragen und in deren Sinne handeln sollten. Zudem identifizieren Beth et al. (2009) zahlreiche andere Faktoren, die sich bei näherer Betrachtung allerdings eher als Beschreibungen bzw. Merkmale und weniger als Antezedenzen des SDM erweisen. Im Einzelnen werden folgende Faktoren herausgefunden: Ärzte und Patienten verhalten sich in einer partnerschaftlichen Art und Weise, diskutieren Informationen und Optionen, fordern jeweils Informationen bewusst ein, unterstützen sich und geben Rat, teilen die Kontrolle und handeln Entscheidungen gemeinsam aus.

In einer jüngst publizierten Meta-Analyse identifizieren Edwards et al. (2009) jeweils patienten- und arztbezogene Determinanten sowie gemeinsame Faktoren, die den Informationsaustausch und gemeinschaftliche Entscheidungen beeinflussen. Zu den patientenbezogenen Faktoren zählen die Motivation zur Informationssuche und zur Auseinandersetzung mit Informationen, die Bewertung von Informationen vor dem Arztbesuch, der Ausdruck kultureller Identität und die Fähigkeit, mit dem Risiko eingeschränkter Informationen umzugehen. Auf Seiten der Ärzte bedingen die Akzeptanz informierter und selbst bestimmter Patienten, fehlendes Wissen über kulturelle Unterschiede und das Konstrukt der Patientenzentriertheit das SDM. Als gemeinsame

Faktoren erwiesen sich schließlich unterschiedliche Krankheitsauffassungen, Rollenerwartungen und sprachliche Aspekte.

Obwohl sich zahlreiche Studien bereits mit den Antezedenzen und Konsequenzen des SDM beschäftigt haben, besteht auch in diesem Bereich weiterer Forschungsbedarf. So gilt es zu untersuchen, welche Antezedenzen und Konsequenzen jeweils für verschiedene Aspekte des SDM Gültigkeit besitzen. Des Weiteren werden die Zusammenhänge zwischen dem SDM und den denkbaren Folgegrößen vermutlich durch Moderatoren wie beispielsweise Merkmale des Patienten oder den Schweregrad des gesundheitlichen Problems beeinflusst. Zu solchen moderierenden Effekten liegen bisher nur wenige Forschungsarbeiten vor.

4. Präferenz und Determinanten der Präferenz für Shared Decision Making

Ein bedeutender Themenschwerpunkt der Forschung zum SDM ist die Frage nach dem von den Patienten präferierten Ausmaß an Partizipation bzw. der genauen Ausgestaltung einer partizipativen Entscheidungsfindung. Insbesondere aus der Perspektive des Marketing erscheint auf den ersten Blick die Forderung plausibel, dem Patienten im Sinne einer Kundenorientierung weit reichende Möglichkeiten zur Einflussnahme auf den medizinischen Entscheidungsprozess einzuräumen. Allerdings zeigt sich in vorliegenden Studien zu dieser Thematik ein sehr uneinheitliches Bild, und die einfache Regel „je mehr Mitbestimmung, desto besser" scheint nicht zuzutreffen. In einer Reihe von Studien gibt die Mehrheit der Patienten an, eine aktive Rolle und gemeinschaftliche Entscheidungen mit dem Arzt zu bevorzugen (Blanchard et al. 1988; Stewart et al. 2000; Wong et al. 2000; Mazur et al. 2005). Zahlreiche andere Studien kommen hingegen zu dem Ergebnis, dass die überwiegende Anzahl an Patienten eine passive Rolle innerhalb der Arzt-Patienten-Interaktion präferiert (Strull et al. 1984; Sutherland et al. 1989; Beaver et al. 1996; Deber et al. 1996; Arora/McHorney 2000). Die Heterogenität in den Präferenzen der Patienten ist unter anderem damit zu erklären, dass sich das SDM, wie in den bisherigen Ausführungen bereits deutlich geworden ist, in ganz unterschiedlichen Aspekten der Arzt-Patienten-Interaktion manifestiert. Daher bedarf die Frage nach den Patientenpräferenzen für SDM einer weiteren Präzisierung, um eindeutig(er) beantwortet werden zu können.

Diese Präzisierung ist in bisherigen Studien nicht immer vollzogen worden. Fraenkel und McGraw (2007) führen die uneinheitlichen Ergebnisse bezüglich der Patientenpräferenzen z. B. auf eine unzureichende Präzision in den Messungen des SDM zurück, in denen unter anderem nicht zwischen der Beteiligung an technischen Detailfragen und grundlegenden Entscheidungen unterschieden wurde. Zahlreiche Studien machen deutlich, dass zumindest zwischen den beiden Aspekten Informationsversorgung und Entscheidungsbeteiligung unterschieden werden sollte. Beispielsweise finden Ende et al. (1989) keinen Zusammenhang zwischen dem Wunsch, Informationen vom Arzt zu erhalten, und der Präferenz für Entscheidungsbeteiligung. Weitere Studien kommen ebenfalls zu dem Fazit, dass zwischen der Einbeziehung des Patienten in den Entscheidungsprozess im Sinne einer umfassenden Informationsversorgung und der letztendlich getroffenen Entscheidung unterschieden werden sollte (Beisecker/ Beisecker 1990; Deber et al. 1996; Edwards/Elwyn 2006). Edwards und Elwyn (2006) stellen dabei fest, dass die Versorgung mit Informationen den Patienten mehr Nutzen stiftet als die Beteiligung an der Entscheidung für eine bestimmte Behandlungsoption.

Ein nicht unbedeutender Teil der Literatur zum SDM beschäftigt sich mit personen- und situationsabhängigen Determinanten unterschiedlicher Patientenpräferenzen (für eine Übersicht bisheriger Studien siehe Say et al. 2006). Mit recht großer Übereinstimmung belegen frühere Untersuchungen, dass der Wunsch, am Entscheidungsprozess beteiligt zu werden, umso größer ist, je höher der Bildungsgrad und je niedriger das Alter der Patienten sind (Strull et al. 1984; Ende et al. 1989; Arora/McHorney 2000; Noble et al. 2004). Die Erklärungskraft soziodemographischer Variablen zeigt sich in vorliegenden Studien jedoch als nicht sonderlich hoch (Frosch/Kaplan 1999; Coulter/ Ellins 2006). Nach Bradley und Sparks (2002) präferieren Personen mit starken internen Kontrollüberzeugungen eine aktive Rolle im Leistungserstellungsprozess und neigen auch verstärkt dazu, Informationen einzuholen, um ihre Entscheidungen und Handlungen zu stützen. Dennoch ist von veränderlichen Patientenpräferenzen auszugehen. Lupton (1997) fand in einer qualitativen Studie heraus, dass dieselben Patienten situationsabhängig teils als aktive und teils als passive Patienten ihrem Arzt gegenüber treten. Die Präferenzen variieren in Abhängigkeit von der Anzahl in Anspruch genommener Konsultationen, dem im Zeitablauf vermehrten Wissensstand des Patienten und auch dem Verhalten des Arztes (Shaffer/Sherrell 1995; Sepucha/Mulley 2009). Zudem wird die Patientenpräferenz für SDM insbesondere von der Art des medizinischen Problems bestimmt. Bisherigen Erkenntnissen zufolge nimmt der Wunsch, dem Arzt die Kontrolle und die Entscheidungen zu überlassen, mit der Schwere des Gesundheitsproblems zu (Ende et al. 1989; Deber et al. 1996). Demgegenüber belegen Botti und Iyengar (2004) sowie Botti und McGill (2006), dass Patienten auch dann lieber selbst entscheiden, wenn die Entscheidung schwerwiegende negative Folgen hat. Eine jüngere Studie von Botti et al. (2009) zeigt hingegen, dass besonders tragische Entscheidungssituationen (Die Probanden der Studie waren unter anderen Eltern, die eine Entscheidung darüber getroffen hatten, ob lebenserhaltende medizinische Maßnahmen für ihre neugeborenen Kinder aufrecht erhalten werden sollten oder nicht) die Präferenz, Entscheidungen selber zu treffen, tendenziell senken. Insgesamt verdeutlicht die Studie auch, dass die Präferenz für Entscheidungsbeteiligung oft nicht eindeutig vorliegt, sondern viele Probanden eine ambivalente Einstellung aufweisen. Neben der Tragweite der Entscheidungskonsequenzen sind auch Präferenzunterschiede zwischen präventiven Arztkonsultationen und solchen, in denen ein bereits vorliegendes medizinisches Problem behandelt wird, zu erwarten (Roth 1994).

Insgesamt bietet die Thematik Patientenpräferenzen für SDM noch vielfältige Möglichkeiten für künftige Forschungsarbeiten. Auch hier können methodische Herangehensweisen der Marketingforschung einen wertvollen Beitrag leisten. Die Präferenzheterogenität von Patienten sollte insbesondere mit quantitativen Methoden näher untersucht werden. Hier erhebt sich beispielsweise die Frage, ob es bestimmte Muster in verschiedenen Patientensegmenten gibt oder ob jeder Patient eine eigene Präferenzstruktur aufweist (Singh et al. 2004). Weiterhin sind Möglichkeiten zu untersuchen, wie die Präferenzen mehrerer Personen bzw. Dritter (z. B. Familienangehörige) berücksichtigt werden können, da im medizinischen Kontext teilweise der Patient selbst nicht in der Lage ist, auf den Entscheidungsprozess Einfluss zu nehmen (z. B. entscheidungsunfähige Patienten wie Komapatienten oder Säuglinge). Unabhängig von der Partizipationspräferenz eines Patienten ist auch zu untersuchen, ob die Mitbestimmung in bestimmten Situationen begrenzt werden sollte. So ist beispielsweise zu hinterfragen, ob der Arzt oder Finanzintermediäre (z. B. Versicherungen) intervenieren dürfen, wenn der Patient eine Behandlung wünscht, zu der es definitiv eine bessere oder billigere Option gibt (Sepucha/Mulley 2009).

5.   Abschließende Bewertung des Shared Decision Making als Gegenstand der Marketingforschung

Shared Decision Making ist eine spezifische Form der Arzt-Patienten-Interaktion, die eine aktive Rolle des Patienten sowie die Berücksichtigung von dessen Präferenzen im medizinischen Entscheidungsprozess beinhaltet. In der bisherigen Forschung stellt sich das SDM als ein Rahmenkonzept dar, das eine Reihe von Konstrukten beinhaltet, anhand derer die Ausgestaltung einer partizipativen Entscheidungsfindung konkretisiert wird. In diesem Beitrag wurde ein Überblick zur Erforschung des SDM, insbesondere zu dessen Definition und Messung, dessen Antezedenzen und Konsequenzen sowie diesbezüglichen Patientenpräferenzen gegeben, und es wurden einige Forschungsdefizite identifiziert, an denen künftige Forschungsarbeiten ansetzen sollten. Ein zentraler Punkt dieses Beitrags besteht darin, dass die Marketingforschung zur Erforschung des SDM entscheidend beitragen kann. Denn das Gesundheitswesen und speziell die Arzt-Patienten-Beziehung ist aus mehreren Gründen für die Marketingforschung von Belang:

▪ Erstens kann die Beziehung zwischen Arzt und Patient als Anbieter-Kunde-Beziehung interpretiert werden. Daher ist die Perspektive des Marketing dazu geeignet, Erkenntnisse zu einer patientenorientierten Ausgestaltung dieser Beziehung zu generieren. Dabei steht nicht das Streben nach ökonomischen Erfolgen im Mittelpunkt, sondern die angestrebten Erkenntnisse dienen einer besseren Versorgung mit Gesundheitsleistungen und sind im Sinne des Sozialmarketing von gesellschaftlichem Interesse. Derartige Forschungsziele verbreitern das Spektrum des Marketing und sind der Bedeutung und Akzeptanz der Disziplin zuträglich (vgl. dazu auch die aktuelle Definition der American Marketing Association, in der explizit die Wertgenerierung für die gesamte Gesellschaft erwähnt wird (AMA 2008)).

▪ Zweitens zeichnet sich in den Gesundheitssystemen vieler Länder eine Tendenz in Richtung einer höheren Marktorientierung ab. Marktorientierung bedeutet dabei nicht, dass öffentliche Gesundheitssysteme die Regeln und Funktionsweisen kommerzieller Märkte vollständig übernehmen. Es bedeutet vielmehr, dass an einzelnen Punkten Markt- und Marketingprinzipien angewendet werden, unter anderem, wenn es darum geht, Leistungen effizienter zu erbringen oder die Perspektive der Leistungsempfänger stärker zu berücksichtigen. Im einführenden Teil wurde bereits darauf hingewiesen, dass in Deutschland beispielsweise patientenorientierte Qualitätsmessungen an Bedeutung gewinnen und künftig „objektive" Verfahren ergänzen oder ablösen sollen. In diesem Kontext sind auch die Bemühungen um eine partizipative Entscheidungsfindung bei medizinischen Leistungen einzuordnen, die letztendlich Ausdruck einer stärkeren Patienten- (oder Kunden-)orientierung sind. Der Gedanke der Kundenorientierung ist im Marketing fest verankert, weshalb die Marketingforschung einen passenden Blickwinkel auf die Forschung zum SDM bietet.

▪ Drittens verspricht das Anwendungsfeld Arzt-Patienten-Beziehung nicht nur kontextspezifische Erkenntnisse. Ein umfassendes Verständnis des gemeinsamen Entscheidens von Arzt und Patient liefert vermutlich auch Einsichten, die sich auf andere wissensbasierte Dienstleistungen übertragen lassen. Zu ähnlichen dyadischen Entscheidungsprozessen kommt es beispielsweise auch im Kontext der Inanspruchnahme von Anwälten, Architekten oder Vermögensberatern.

Vor diesem Hintergrund erscheint die Erforschung des SDM eine wesentliche Herausforderung für die Marketingdisziplin, der sie sich umgehend stellen muss.

Literaturverzeichnis

Adams, R.J./Smith, B.J./Ruffin, R. (2001): Impact of the Physician's Participatory Style in Asthma Outcomes and Patient Satisfaction, in: Annals of Allergy, Asthma, and Immunology, Vol. 86, No. 3, S. 263-271.

AMA: Definition of Marketing, 2008, http://www.marketingpower.com/AboutAMA/Pages/DefinitionofMarketing.aspx, (Zugriff am 20.05.09).

Arora, N.K./McHorney, C.A. (2000): Patient Preferences for Medical Decision Making: Who Really Wants to Participate, in: Medical Care, Vol. 38, No. 3, S. 335-341.

Beach, M.C.D.P./Moore, R.D. (2007): Is Patients' Preferred Involvement in Health Decisions related to Outcomes for Patients with HIV, in: Journal of General Internal Medicine, Vol. 22, No. 8, S. 1119-1124.

Beaver, K./Luker, K.A./Owens, R.G./Leinster, S.J./Degner, L.F./Sloan, J.A. (1996): Treatment Decision Making in Women Newly Diagnosed with Breast Cancer, in: Cancer Nursing, Vol. 19, No. 1, S. 8-19.

Berry, L.L./Bendapudi, N. (2007): Health Care. A Fertile Field for Service Research, in: Journal of Service Research, Vol. 10, No. 2, S. 111-122.

Beth, A.L./Hanson, J.L./Clark, W.D. (2009): Mutual Influence in Shared Decision Making: A Collaborative Study of Patients and Physicians, in: Health Expectations, Vol. 12, No. 2, S. 160-174.

Blanchard, D.G./Labrecque, M.S./Ruckdeschel, J.C./Blanchard, E.B. (1988): Information and Decision-making Preferences of Hospitalized Adult Cancer Patients, in: Social Science and Medicine, Vol. 27, No. 11, S. 1139-1145.

Botti, S./Orfali, K./Iyengar, S.S. (2009): Tragic Choices: Autonomy and Emotional Response to Medical Decisions, in: Journal of Consumer Research, Vol. 36, No. 3, o.S.

Botti, S./McGill, A.L. (2006): When Choosing is not Deciding: The Effect of Perceived Responsibility on Satisfaction, in: Journal of Consumer Research, Vol. 33, No. 2, S. 211-219.

Botti, S./Iyengar, S.S. (2004): The Psychological Pleasure and Pain of Choosing: When People Prefer Choosing at the Cost of Subsequent Outcome Satisfaction, in: Journal of Personality and Social Psychology, Vol. 87, No. 3, S. 312-326.

Bowen, D./Chase, R./Cummings, T. (1990): Service Management Effectiveness, San Francisco, CA.

Bradley, G.L./Sparks, B.A. (2002): Service Locus of Control. Its Conceptualization and Measurement, in: Journal of Service Research, Vol. 4, No. 4, S. 312-324.

Brehaut, J.C./O'Connor, A.M./Wood, T.J./Hack, T.F./Siminoff, L./Gordon, E./Feldman-Stewart, D. (2003): Validation of Decision Regret Scale, in: Medical Decision Making, Vol. 23, No. 4, S. 281-292.

Brody, D.S./Miller, S.M./Lerman, C.E./Smith, D.G./Lazaro, C.G./Wolfson, H.G. (1989): Patient Perception of Involvement in Medical Care, in: Journal of General Internal Medicine, Vol. 4, No. 6, S. 506-511.

Bruhn, M. (2009): Relationship Marketing. Das Management von Kundenbeziehungen, 2. Aufl., Wiesbaden.

Bruhn, M./Georgi, D./Hadwich, K. (2006): Vertrauen und Vertrautheit als Dimensionen der Beziehungsqualität. Konzeptionalisierung, Determinanten und Wirkungen, in: Bauer, H.H./Neumann, M.M./Schüle, A. (Hrsg.): Konsumentenvertrauen. Konzepte und Anwendungen für ein nachhaltiges Kundenbindungsmanagement, München, S. 311-324.

Bunn, H./O'Connor, A.M. (1996): Validation of Client Decision-making Instruments in the Context of Psychiatry, in: Canadian Journal of Nursing Research, Vol. 28, No. 3, S. 13-27.

Charles, C./Gafni, A./Whelan, T. (1999): Decision-making in the Physician-patient Encounter. Revisiting the Shared Treatment Decision-making Model, in: Social Science and Medicine, Vol. 49, No. 5, S. 651-661.

Coulter, A./Ellins, J. (2006): Patient-focused Interventions: A Review of the Evidence, London: Picker Institute Europe/Health Foundation.

Czepiel, J.A. (1990): Service Encounters and Service Relationships: Implications for Research, in: Journal of Business Research, Vol. 20, No. 1, S. 13-21.

Dabholkar, P. (1990): How to Improve Perceived Service Quality by Improving Customer Participation, in: Dunlap, B.J. (Hrsg.): Developments in Marketing Science, Cullowhee, S. 483-387.

Deber, R.B./Kraetschmer, N./Irvine J. (1996): What Role do Patients Wish to Play in Treatment Decision Making?, Vol. 156, No. 13, S. 1414-1420.

Edwards, M./Davies, M./Edwards, A. (2009): What are the External Influences on Information Exchange and Shared Decision-making in Healthcare Consultations: A Meta-synthesis of the Literature, in: Patient Education and Counseling, Vol. 75, No. 1, S. 37-52.

Edwards, A./Elwyn, G. (2006): Inside the Black Box of Shared Decision Making: Distinguishing Between the Process of Involvement and Who Makes the Decision, in: Health Expectations, Vol. 9, No. 4, S. 307-320.

Edwards, A./Elwyn, G./Smith, C./Williams, S./Thornton, H. (2001): Consumers' Views of Quality in the Consultation and Their Relevance to 'Shared Decision-making' Approaches, in: Health Expectations, Vol. 4, No. 3, S. 151-161.

Elwyn, G./Edwards, A./Mowle, S./Wensing, M./Wilkinson, C./Kinnersly, P./Grol, R. (2001): Measuring the Involvement of Patients in Shared Decision-making: A Systematic Review of Instruments, in: Patient Education and Counseling, Vol. 43, No. 1, S. 5-22.

Ende, J./Kazis, L./Ash, A./Moskowitz, M.A. (1989): Measuring Patients' Desire for Autonomy: Decision Making and Information-seeking Preferences Among Medical Patients, in: Journal of General Internal Medicine, Vol. 4, No. 1, S. 23-30.

Frosch, D.L./Kaplan, R.M. (1999): Shared Decision Making in Clinical Medicine: Past Research and Future Directions, in: American Journal of Preventive Medicine, Vol. 17, No. 4, S. 285-294.

Guadagnoli, E./Ward, P. (1998): Patient Participation in Decision Making, in: Social Science and Medicine, Vol. 47, No. 3, S. 329-339.

Hausman, A. (2004): Modeling the Patient-Physician Service Encounter: Improving Patient Outcomes, in: Journal of the Academy of Marketing Science, Vol. 32, No. 4, S. 403-417.

Jaakkola, E. (2007): Purchase Decision-making within Professional Consumer Services. Organizational or Consumer Buying Behaviour? in: Marketing Theory, Vol. 7, No. 1, S. 93-108.

Kaplan, S./Greenfield, S./Gandek, B./Rogers, W./Ware, J.E. (1996): Characteristics of Physicians with Participatory Decision-making Styles, in: Annals of Internal Medicine, Vol. 124, No. 5, S.497-504.

Kremer, H./Ironson, G./Schneiderman, N./Hautzinger, M. (2007): ''It's My Body'': Does Patient Involvement in Decision Making Reduce Decisional Conflict?, in: Medical Decision Making, Vol. 27, No. 5, S. 522-532.

Lantz, P./Janz, N./Fagerlin, A./Schwartz, K./Liu, L./Lakhani, I. et al. (2005): Satisfaction with Surgery Outcomes and the Decision Process in a Population-based Sample of Women with Breast Cancer, in: Health Services Research, Vol. 40, No. 3, S. 745-767.

LeBlanc, A./Kenny, D.A./O'Connor, A.M./Légaré, F. (2009): Decisional Conflict in Patients and Their Physicians: A Dyadic Approach to Shared Decision Making, in: Medical Decision Making, Vol. 29, No. 1, S. 61-68.

Lerman, C.E./Brody, D.S./Caputo, G.C./Smith, D.G./Lazaro, C.G./Wolfson, H.G. (1990): Patients' Perceived Involvement in Care Scale: Relationship to Attitudes About Illness and Medical Care, in: Journal of General Internal Medicine, Vol. 5, No. 1, S. 29-33.

Loh, A./Simon, D./Bieber, C./Eich, W./Härter, M. (2007): Patient and Citizen Participation in German Health Care – Current State and Future Perspectives, in: Zeitschrift für Ärztliche Fortbildung und Qualität im Gesundheitswesen, Vol. 101, No. 4, S. 229-235.

Lown, B.A./Hanson, J.L./Clark, W.D. (2009): Mutual Influence in Shared Decision Making: A Collaborative Study of Patients and Physicians, in: Health Expectations, doi: 10.1111/j.1369-7625.2008.00525.x

Lovelock, C.H./Young, R.F. (1979): Look to Consumers to Increase Productivity, in: Harvard Business Review, Vol. 57, No. 3, S. 168-178.

Lupton, D. (1997): Consumerism, Reflexivity, and the Medical Encounter, in: Social Science and Medicine, Vol. 45, No. 3, S. 373-381.

Maple, F.F. (1977): Shared Decision Making, Beverly Hills, CA.

Mazur, D.J./Hickam, D.H./Mazur, M.D./Mazur, M.D. (2005): The Role of Doctor's Opinion in Shared Decision Making: What Does Shared Decision Making Really Mean When Considering Invasive Medical Procedures?, in: Health Expectations, Vol. 8, No. 2, S. 97-102.

Meffert, H./Bruhn, M. (2009): Dienstleistungsmarketing. Grundlagen – Konzepte – Methoden, 6. Aufl., Wiesbaden.

Mendonca, P.J./Brehm, S.S. (1983): Effects of Choice on Behavioral Treatment of Overweight Children, in: Journal of Social and Clinical Psychology, Vol. 1, S. 343-358.

Mills, P.K./Chase, R.B./Margulies, N. (1983): Motivating the Client/Employee System as a Service Production Strategy, in: The Academy of Management Review, Vol. 8, No. 2, S. 301-310.

Montaglione, C.J. (1999): The Physician-Patient Relationship: Cornerstone of Patient Trust, Satisfaction, and Loyalty, in: Medical Care Quarterly, Vol. 7, No. 3, S. 5-21.

Morss Dy, S. (2007): Instruments for Evaluating Shared Medical Decision Making. A Structured Literature Review, in: Medical Care Research and Review, Vol. 64, No. 6, S. 623-649.

Nagel, E. (2007): Das Gesundheitswesen in Deutschland. Struktur, Leistung, Weiterentwicklung, 4. Aufl., Köln.

Niechzial, M. (2007): Qualitätsmanagement im Gesundheitswesen, in: Nagel, E. (Hrsg.): Das Gesundheitswesen in Deutschland. Struktur, Leistung, Weiterentwicklung, 4. Aufl., Köln, S. 223-240.

Noble, S.M./Schewe, C.D./Kuhr, M. (2004): Preferences in Health Care Service and Treatment. A General Perspective, in: Journal of Business Research, Vol. 57, No. 9, S. 1033-1041.

O´Connor, A.M. (1995): Validation of a Decisional Conflict Scale, in: Medical Decision Making, Vol. 15, No. 1, S. 25-30.

Ouschan, R./Sweeney, J./Johnson, L.W. (2000): Dimensions of Patient Empowerment: Implications for Professional Services Marketing, in: Health Marketing Quarterly, Vol. 18, No. 1/2, S. 99-114.

Ouschan, R./Sweeney, J./Johnson, L.W. (2006): Customer Empowerment and Relationship Outcomes in Healthcare Consultations, in: European Journal of Marketing, Vol. 40, No. 9, S. 1068-1086.

Prahalad, C.K./Ramaswamy, V. (2000): Co-opting Customer Competence, in: Harvard Business Review, Vol. 78, No. 1, S. 79-87.

Roth, M.S. (1994): Enhancing Consumer Involvement in Health Care: The Dynamics of Control, Empowerment, and Trust, in: Journal of Public Policy & Marketing, Vol. 13, No. 1, S. 115-132.

Say, R./Murtagh, M./Thomson, R. (2006): Patients' Preference for Involvement in Medical Decision Making: A Narrative Review, in: Patient Education and Counseling, Vol. 60, No. 2, S. 102-114.

Scheibler, F./Janßen, C./Pfaff, H. (2003): Shared decision making: Ein Überblicksartikel über die internationale Forschungsliteratur, in: Sozial- und Präventivmedizin, Vol. 48, No. 1, S. 11-24.

Sepucha, K./Mulley Jr., A.G. (2009): A Perspective on the Patient's Role in Treatment Decisions, in: Medical Care Research and Review, Vol. 66, No. 1, S. 53-74.

Shaffer, T.R./Sherrell, D.L. (1995): Exploring Patient Role Behaviors for Health Care Services: The Assertive, Activated and Passive Patient, in: Health Marketing Quarterly, Vol. 13, No. 1, S. 19-35.

Simon, D./Loh, A./Härter, M. (2007): Measuring (shared) Decision-making – A Review of Psychometric Instruments, in: Zeitschrift für ärztliche Fortbildung und Qualität im Gesundheitswesen, Vol. 101, No. 4, S. 259-267.

Singh, J./Cuttler, L./Silvers, J.B. (2004): Toward Understanding Consumers' Role in Medical Decisions for Emerging Treatments: Issues, Framework and Hypotheses, in: Journal of Business Research, Vol. 57, No. 9, S. 1054-1065.

Stewart, M. (2001): The Impact of Patient-centered Care on Outcomes, in: Journal of Family Practice, Vol. 49, No. 9, S. 796-204.

Stewart, D.E./Wong, F./Cheung, A.M./Dancey, J./Meana, M./Cameron, J.I./McAndrews, M.P./Bunston, T./Murphy, J./Rosen, B. (2000): Information Needs and Decisional Preferences Among Women with Ovarian Cancer, in: Gynecological Oncology, Vol. 77, No. 3, S. 357-261.

Stremersch, S. (2008): Health and Marketing: The Emergence of a New Field of Research, in: International Journal of Research in Marketing, Vol. 25, No. 4, S. 229-233.

Strull, W.M./Lo, B./Charles, G. (1984): Do Patients Want to Participate in Medical Decision Making?, in: Journal of the American Medical Association, Vol. 252, No. 21, S. 2990-2994.

Sutherland, H.J./Llewellyn-Thomas, H.A./Lockwood, G.A./Tritchler, D.L./Till, J.E. (1989): Cancer Patients: Their Desire for Information and Participation in Treatment Decisions, in: Journal of the Royal Society of Medicine, Vol. 82, No. 5, S. 260-263.

Wirtz, V./Cribb, A./Barber, N. (2006): Patient-doctor Decision-making about treatment within the Consultation – A Critical Analysis of Models, in: Social Science and Medicine, Vol. 62, No. 1, S. 116-124.

White, L./Johnson, L.W. (2001): Consensus Regarding Purchase Influence in a Professional Service Context. A dyadic Study, in: Journal of Business Research, Vol. 54, No. 3, S. 199-207.

White, L./Johnson, L.W. (1998): A Conceptual Model of Relative Influence in Decision Making in a Professional Services Context, in: Journal of Professional Services Marketing, Vol. 16, No. 2, S. 75-93.

Whitney, S.N./Holmes-Rovner, M./Brody, H./Schneider, C./McCullough, L.B./Volk, R.J./McGuire, A.L. (2008): Beyond Shared Decision Making: An Expanded Typology of Medical Decisions, in: Medical Decision Making, Vol. 26, No. 5, S. 699-705.

Wong, F./Stewart, D.E./Dancey, J./Meana, M./McAndrews, M.P./Buston, T./Cheung, A.M. (2000): Men with Prostate Cancer: Influence of Psychological Factors on Informational Needs and Decision Making, in: Journal of Psychosomatic Research, Vol. 49, No. 1, S. 13-19.

Markus Voeth/Uta Herbst

Dienstleistungsbegleitende Produkte

1. Einleitung

2. Begriff, Arten und Wirkweise dienstleistungsbegleitender Produkte

3. Vermarktungsziele beim Angebot dienstleistungsbegleitender Produkte

4. Vermarktungsansätze

5. Zukünftige Forschung im Bereich dienstleistungsbegleitender Produkte

Prof. Dr. Markus Voeth ist Inhaber des Lehrstuhls für Marketing im Institut für Betriebswirtschaftslehre der Universität Hohenheim. Prof. Dr. Uta Herbst ist Juniorprofessorin am Lehrstuhl für Marketing der Universität Tübingen.

1. Einleitung

Für die Vermarktung von Sachleistungen wird seit längerem die Bedeutung des Angebots zusätzlicher Dienstleistungen betont. Hintergrund ist die Überlegung, dass sich produktbezogene Differenzierungen gegenüber dem Wettbewerb in vielen Sachleistungsmärkten kaum noch über den Produktkern oder das formale Produkt erreichen lassen, sodass Unternehmen, die sich vom Wettbewerb nicht allein über den Preis abheben wollen, Produkterweiterungen durch das Angebot von produktbegleitenden Dienstleistungen (vgl. zum Begriff Voeth et al. 2004) vornehmen müssen. Versicherungs- und Finanzdienstleistungen beim Autokauf, Liefer- und Montagedienstleistungen beim Möbelkauf oder erweiterte Garantien und Serviceleistungen beim industriellen Maschinenkauf stellen Beispiele für den inzwischen auf Sachleistungsmärkten weit verbreiteten Trend zum Angebot produktbegleitender Dienstleistungen dar. In vielen Unternehmen setzen Unternehmen aber auch deshalb auf produktbegleitende Dienstleistungen, weil sie hierin nicht allein eine Chance sehen, den Absatz der Kernleistung (z. B. Autos, Möbel oder Maschinen) zu sichern, sondern weil sie sich durch das Angebot zusätzliche Umsätze versprechen. Allerdings hat sich in diesem Zusammenhang bei vielen Unternehmen inzwischen eine gewisse Desillusionierung eingestellt: Häufig müssen Unternehmen, die auf das Angebot produktbegleitender Dienstleistungen setzen, so feststellen, dass produktbegleitende Dienstleistungen in Wirklichkeit kein lukratives Zusatzgeschäft darstellen – dies zumindest zeigen inzwischen einige empirische Studien (vgl. beispielsweise für die gesamte deutsche Wirtschaft Mödinger/Redling 2004; für den Maschinenbau Backhaus et al. 2007 und für die Bauindustrie Voeth et al. 2007). Ursächlich hierfür ist dabei nicht selten die Tatsache, dass Kunden keine separate Zahlungsbereitschaft für die angebotenen Zusatzleistungen aufweisen (Voeth et al. 2008) und diese allein als „nice to have" einstufen.

Ganz unabhängig von diesen nicht immer (nur) positiven Erfahrungen, die Sachleister mit dem Angebot produktbegleitender Dienstleistungen machen, gewinnt das Angebot von Zusatzleistungen zur Wettbewerbsdifferenzierung auch auf Dienstleistungsmärkten in jüngerer Zeit immer mehr an Bedeutung, da sich auch hier eine immer stärkere Austauschbarkeit bei der Kernleistung beobachten lässt (Bruhn 2007; Meffert/Bruhn 2009, S. 251). Aus diesem Grunde werden produktbegleitende Dienstleistungen heute nicht mehr allein als eine sinnvolle Ergänzung für Sachleistungen (vgl. für dieses Verständnis Homburg/Garbe 1996), sondern auch für Dienstleistungen eingestuft (Voeth 2007, S. 1607). Neben „dienstleistungsbegleitenden Dienstleistungen" – diese werden auch als „Secondary Service" bezeichnet (Butcher et al. 2003) – kann die Differenzierung gegenüber dem Wettbewerb allerdings auch durch materielle Zusatzleistungen erfolgen (Meffert/Bruhn 2009, S. 251). Medikamentenproben beim Arztbesuch, Snacks auf dem Inlandsflug oder Abschiedsgeschenke im Urlaubshotel können als Beispiele hierfür angesehen werden. Solche materiellen Zusatzleistungen werden dabei allerdings nicht immer nur zur Unterstützung des Absatzes der Hauptleistung eingesetzt, sondern stellen in vielen Fällen eine zusätzliche Angebotslinie für den Dienstleister dar. Wenn also beispielsweise ein Friseurbetrieb seinen Kunden zusätzliche Haarpflegeprodukte oder ein Zahnarzt seinen Patienten Mundhygieneprodukte anbietet, dann dient dieses Angebot weniger der Kundenbindung als vielmehr der Generierung von (möglicherweise) lukrativem Zusatzgeschäft. In Analogie zu produktbegleitenden Dienstleistungen im Sachleistungsgeschäft kann in Bezug auf solche materiellen Zusatzleistungen bei Dienstleistungen von „dienstleistungsbegleitenden Produkten" gesprochen werden.

Obwohl „dienstleistungsbegleitende Produkte" aktuell in immer mehr Branchen an Bedeutung gewinnen, liegen zu diesem Thema kaum wissenschaftliche Untersuchungen vor. Wenn überhaupt finden sich zu diesem Thema in Spezialbereichen, wie etwa im Feld des „Merchandising" erste Ansätze, die sich allerdings aufgrund der mitunter sehr speziellen (Teil-)Fragestellung nicht ohne Weiteres generalisieren lassen. Daher soll im vorliegenden Beitrag eine erste Annäherung an das Thema „dienstleistungsbegleitende Produkte" vorgenommen werden. Hierzu wird im Kapitel 2 zunächst der Frage nachgegangen, was unter dienstleistungsbegleitenden Produkten in Abgrenzung zu allgemeinen materiellen Zusatzleistungen bei einem Dienstleister zu verstehen ist und welche Arten dienstleistungsbegleitender Produkte unterschieden werden können. Anschließend wird im Kapitel 3 untersucht, welche Ziele Dienstleistungsunternehmen mit dienstleistungsbegleitenden Produkten anstreben können. Hierauf aufbauend wird dann in Kapitel 4 der Frage nachgegangen, unter welchen Bedingungen das Angebot solcher Produkte für Dienstleister lohnenswert ist bzw. wie diese das Angebot ausgestalten sollten, um hiermit im Markt erfolgreich zu sein. Schließlich werden in Kapitel 5 – aufbauend auf der hier vorgenommenen Themenannäherung – offene Forschungsfragen abgeleitet, die sich im Zusammenhang mit „dienstleistungsbegleitenden Produkten" stellen und noch beantwortet werden müssen.

2. Begriff, Arten und Wirkweise dienstleistungsbegleitender Produkte

Dienstleistungsbegleitende Produkte stellen materielle Leistungen dar, die Dienstleister in Ergänzung zu ihrem Dienstleistungsangebot offerieren. Allerdings dürfen sie nicht mit materiellen Zusatzleistungen im Allgemeinen gleichgesetzt werden, sondern stellen einen Sonderfall solcher Zusatzleistungen dar. Wie Abbildung 1 zeigt, können bei materiellen Zusatzleistungen zwei Arten von Leistungen unterschieden werden: Eine erste Art von materieller Zusatzleistung (linker Teil von Abbildung 1) besteht in Produkten, die vom Dienstleister im Vorfeld, während oder nach dem Dienstleistungserstellungsprozess den Kunden zur Verfügung gestellt werden, ohne dass allerdings für diese materiellen Zusatzleistungen eine separate Zahlungsbereitschaft auf Seiten der Kunden bestehen muss. Zu dieser Form von Zusatzleistung sind beispielsweise alle „Give aways" zu rechnen, die Dienstleister ihren Kunden während des Dienstleistungserstellungsprozess anbieten. Der Snack an Board eines Flugzeugs, die Trainings-DVD bei einem Sprachkurs oder das Mineralwasser beim Friseurbesuch müssen bei den meisten Kunden integral erbracht werden, da hierfür keine eigenständige Kaufbereitschaft vorhanden ist. Stattdessen geht es bei diesen materiellen Zusatzleistungen eher darum, die Wahrnehmung des Dienstleistungserstellungsprozesses zu verbessern (z. B. durch das Servieren eines Mineralwassers beim Friseur) oder die Wirkung der Dienstleistung zu steigern (z. B. durch das zur Verfügung stellen einer Trainings-DVD zum Nacharbeiten eines Sprachkurses).

Abbildung 1: Typen materieller Zusatzleistungen bei Dienstleistungen

---

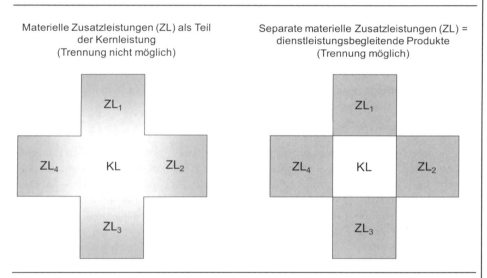

Materielle Zusatzleistungen (ZL) als Teil der Kernleistung (Trennung nicht möglich)

Separate materielle Zusatzleistungen (ZL) = dienstleistungsbegleitende Produkte (Trennung möglich)

Bei der zweiten Art von materiellen Zusatzleistungen (rechter Teil von Abbildung 1) liegt hingegen auf Seiten der Nachfrager separate Kaufbereitschaft vor. Daher können Anbieter diese Zusatzleistungen an die Kunden ihrer Dienstleistungen eigenständig vermarkten. Darüber hinaus sind diese materiellen Zusatzleistungen aber auch dadurch gekennzeichnet, dass sie in einem „inneren Zusammenhang" zum Core Service stehen. Der innere Zusammenhang ist dabei für die Vermarktung entscheidend, da dieser die vom Dienstleister angebotenen Zusatzprodukte von ähnlichen Produkten im Markt differenziert. Wenn also beispielsweise ein Urlaubshotel seinen Gästen anbietet, Lebensmittel- oder Beauty-Produkte der Hotellieferanten am Ende des Urlaubs im Hotel erwerben zu können, dann setzt das Hotel darauf, dass die Kunden die Produkte während ihres Urlaubs schätzen gelernt haben und daher den alternativ im Markt erhältlichen Wettbewerbsleistungen vorziehen. Erst der innere Zusammenhang zwischen den begleitenden Produkten und der zugehörigen Dienstleistung führt dazu, dass Kunden zum Kauf der Produkte bereit sind.

Die verschiedenartigen Formen des inneren Zusammenhangs determinieren dabei auch unterschiedliche materielle Zusatzleistungen dieses Typus. Grob lassen sich dabei vier unterschiedliche Formen von innerem Zusammenhang zwischen materiellen Zusatzleistungen und „Core Service" (und damit auch dienstleistungsbegleitender Produkte) unterscheiden:

■ Wirkungsbasierter Zusammenhang

Zunächst kann der Zusammenhang darin bestehen, dass mit Hilfe der angebotenen und vom Kunden erworbenen Zusatzleistungen die Wirkung der erbrachten Dienstleistung vergrößert wird. Das beim Zahnarzt erworbene Mundhygieneprodukt oder die bei der Kosmetikerin gekaufte Hautcreme stehen in einem inneren Zusammenhang zur Hauptdienstleistung, da der Kunde mittels der erworbenen Zusatzprodukte versucht, den Nutzen der in Anspruch genommenen Dienstleistung zu vergrößern. So wird der Patient beim Zahnarzt etwa bereit sein, die angebotene Fluoridcreme zu erwerben, da er durch deren Gebrauch seine Zähne zusätzlich pflegen kann und die prophylaktische Zahnbehandlung des Zahnarztes verstärkt.

■ Erfahrungsbasierter Zusammenhang

Eine andere Art von innerem Zusammenhang liegt vor, wenn zwischen den materiellen Zusatzleistungen und der Hauptleistung ein erfahrungsbasierter Zusammenhang besteht. In diesem Fall basiert das „Geschäftsmodell" für die Zusatzprodukte auf dem Grundgedanken, die vom Kunden innerhalb des Dienstleistungserstellungsprozess erworbenen positiven Erfahrungen mit den seitens des Dienstleisters eingesetzten materiellen Ressourcen zu nutzen. Setzt der Friseur beispielsweise einen speziellen Haarlack ein, der den Kunden bereits im Dienstleistungserstellungsprozess überzeugt, dann kann dies der entscheidende Grund sein, dass er das Produkt anschließend separat für den heimischen Gebrauch zu erwerben bereit ist.

■ Vertrauensbasierter Zusammenhang

Hingegen ist von einem vertrauensbasierten Zusammenhang zu sprechen, wenn es dem Dienstleister gelingt, seine innerhalb der Dienstleistungserstellung unter Beweis gestellten Kompetenzen einzusetzen, um eine glaubwürdige Produktempfehlung bei begleitenden Produkten abzugeben. Hier baut der Dienstleister Vertrauen beim Kunden durch die Art und Weise der Dienstleistungserstellung auf und nutzt diese für die Generierung von Zusatzgeschäften bei dienstleistungsbegleitenden Produkten aus. Beispielsweise erzeugt der (gute) Zahnarzt durch eine schonende, einfühlsame, schmerzfreie Behandlung großes Vertrauen beim Patienten in seine medizinischen

Fähigkeiten. Daher erscheint dem Patienten/Kunden die anschließende Empfehlung, zukünftig am besten eine bestimmte elektrische Zahnbürste zu nutzen, glaubwürdig. Möglicherweise wird er sogar bereit sein, die empfohlene Zahnbürste gleich in der Praxis zu erwerben. Dem Zahnarzt ist im beschriebenen Fall ein Transfer seiner Dienstleistungskompetenz gelungen.

■ Identitätsbasierter Zusammenhang

Schließlich ist von einem identitätsbasierten Zusammenhang dann zu sprechen, wenn der Kunde mit dem Kauf materieller Zusatzleistungen seine Verbundenheit und seine Identifikation mit dem Dienstleister zum Ausdruck bringt. Der Zusammenhang basiert in diesem Fall auf einer kundenseitig wahrgenommenen gemeinsamen Identität zwischen Dienstleister und Kunde. Im Grunde fußt das gesamte Merchandising von Unternehmen (z. B. Lufthansa), Sportvereinen (z. B. FC Basel), sozialen Einrichtungen (z. B. Amnesty International) oder Kommunen (z. B. Stuttgart) auf dem Versuch, Kunden, die sich mit der jeweiligen Institution solidarisieren wollen, die Möglichkeit zu geben, ihre Verbundenheit durch Kauf von Zusatzprodukten zum Ausdruck bringen zu können. Inzwischen haben in diesem Feld auch Universitäten das große Potenzial erkannt, das für sie im Bereich dienstleistungsbegleitender Produkte besteht. Daher bieten heute praktisch alle Universitäten Merchandising-Produkte für ihre Studierenden an. Abbildung 2 zeigt als Beispiel Ausschnitte aus dem Merchandising-Angebot der Universität Basel.

Ganz unabhängig davon, dass die oben beschriebenen inneren Zusammenhänge auch in Kombination auftreten können, sind diese in jedem Fall für den Dienstleister entscheidend, da sie seine Vermarktungspotenziale bei den angebotenen dienstleistungsbegleitenden Produkten determinieren. Denn nur ein starker innerer Zusammenhang zwischen Hauptdienstleistung und dienstleistungsbegleitenden Produkten verschafft dem Dienstleister einen Wettbewerbsvorteil bei den dienstleistungsbegleitenden Produkten. Ohne diesen Zusammenhang besteht aus Sicht der Kunden nicht zwangsläufig ein Unterschied zwischen den vom Dienstleister angebotenen Produkten und den Produkten des Wettbewerbs.

Abbildung 2: *Merchandising-Produkte der Universität Basel*

UNIVERSITÄT BASEL

Uni-Shirts: Frühlingskollektion 2009

Alice, nine iron/Dusty Jade green, Fr. 25.-   Alice, purple heather/lily white, Fr. 25.-   Anna, ming/beige, Fr. 49.-

David dark grey mélange/weiss, Fr. 25.-   David shark/black, Fr. 25.-   Willy, black/silver, Fr. 55.-

Verkauf im dings-Shop an der Kornhausgasse

UNI
BASEL

---

3.   Vermarktungsziele beim Angebot dienstleistungsbegleitender Produkte

Dienstleister, die auf dienstleistungsbegleitende Produkte setzen, können mit diesem Angebot verschiedene Vermarktungsziele verfolgen. Grob ist zwischen zwei, gegebenenfalls auch in kombinierter Form, einsetzbaren Zielen zu differenzieren:

- indirektes Marktziel,
- direktes Marktziel.

Beim indirekten Marktziel werden dienstleistungsbegleitende Produkte angeboten, um damit nicht in erster Linie eigenständige Marktziele zu erreichen, sondern die Marktziele der Hauptleistung, des Core Service, zu unterstützen. Beispielsweise geht es in diesem Fall um eine größere Kundenzufriedenheit und Kundenbindung (Bruhn 2009) im Hinblick auf die Kerndienstleistung. Indem etwa ein Restaurantbetreiber seinen Kunden die Möglichkeit bietet, die auf seiner Weinkarte enthaltenen Weine auch für den heimischen Verzehr zu erwerben, versucht er in erster Linie seinen Kunden einen besonderen Service zu bieten, der dazu beitragen soll, dass die Kunden zu einem späteren Zeitpunkt wiederum das Restaurant aufsuchen.

Im Hinblick auf die im Kapitel 2 differenzierten Arten von dienstleistungsbegleitenden Produkten steht das indirekte Marktziel bei solchen Zusatzleistungen im Vordergrund, die einen wirkungsbasierten oder erfahrungsbasierten Zusammenhang zur Hauptleistung aufweisen. Denn bei diesen dienstleistungsbegleitenden Produkten soll die Zusatzleistung eine unterstützende Funktion für den Absatz der Hauptleistung übernehmen.

Mit anderen dienstleistungsbegleitenden Produkten werden hingegen eher direkte Marktziele von den Dienstleistern verfolgt. Hier geht es beim Angebot darum, durch die Zusatzleistungen zusätzliche Erlöse und Profite zu erzielen. Mit anderen Worten wird die erarbeitete Marktposition im Bereich der Kerndienstleistung auf den Bereich materieller Zusatzleistungen ausgedehnt. Ein gutes Beispiel für diese Form von Marktzielen stellt das Merchandising von Vereinen, Organisationen oder Hochschulen dar. Hier soll mit dem Angebot von Merchandising-Produkten eine zusätzliche Erlösquelle erschlossen werden, indem die im Dienstleistungsbereich aufgebaute Marke für den Verkauf von Produkten des alltäglichen Bedarfs wie T-Shirts, Bettwäsche oder Schreibutensilien genutzt wird.

Die Überlegungen wie auch Beispiele zu den verschiedenen Marktzielen zeigen, dass verschiedene Mechanismen bei dienstleistungsbegleitenden Produkten unterschieden werden können: entweder unterstützt der Core Service die Vermarktung der Zusatzleistung oder dieser Wirkungsmechanismus besteht in genau entgegengesetzter Richtung. Wie Abbildung 3 verdeutlicht, lässt sich eine Zuordnung von dienstleistungsbegleitenden Produkten zu diesen beiden Wirkungsrichtungen entsprechend dem jeweils bestehenden inneren Zusammenhang vornehmen. So unterstützt die Zusatzleistung die Marktposition beim Core Service dann am stärksten, wenn ein wirkungsbasierter innerer Zusammenhang vorliegt. In diesem Fall sind die Zusatzleistungen gegebenenfalls sogar erforderlich, damit Kunden den Nutzen aus dem Core Service in vollem Umfang realisieren können. Beispielsweise wird der Zahnarzt darauf drängen, dass der Patient die von ihm präferierte Fluoridcreme nutzt, da die Wirkung der von ihm vorgenommenen Prophylaxe beim Patienten ansonsten bereits nach kurzer Zeit wieder an Wirkung verliert. Ebenso „zahlt" auch bei einem erfahrungsbasierten inneren Zusammenhang die Zusatzleistung auf die Marktstellung der Hauptleistung ein. Allerdings ist die Wirkungsstärke hier geringer, da der Nutzen der Hauptleistung durch das Angebot der Zusatzleistung nicht direkt berührt wird (der Nutzen eines Restaurantbesuchs wird beispielsweise nicht allein deshalb reduziert, weil der Anbieter seine den Gästen angebotenen Weine nicht auch für den heimischen Verzehr offeriert).

Abbildung 3: *Beziehung zwischen „innerem Zusammenhang" und „Vermarktungszielen" bei dienstleistungsbegleitenden Produkten*

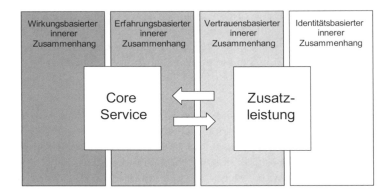

Ein genau entgegengesetzter Wirkungsmechanismus lässt sich bei vertrauens- und identitätsbasierten inneren Zusammenhängen feststellen. So besteht beim vertrauens-basierten inneren Zusammenhang tendenziell eher eine unterstützende Wirkung des Core Service im Hinblick auf die Vermarktung der Zusatzleistungen. Hier nutzt der Dienstleister seine während der Dienstleistungserstellung geschaffene Vertrauensposition, um zusätzliche Erlöse bei begleitenden Produkten zu realisieren. Noch stärker ist dieser Wirkungsmechanismus schließlich bei Zusatzleistungen ausgeprägt, die einen identitätsbasierten inneren Zusammenhang zur Hauptleistung aufweisen. Hier ist häufig erst der durch Markierung der Zusatzleistung aufgedeckte Zusammenhang zum Core Service der Kaufgrund für den Kunden (siehe die markierten T-Shirts der Universität Basel im Beispiel der Abbildung 2).

4. Vermarktungsansätze

Angesichts der zentralen Bedeutung, der Art und Umfang des inneren Zusammen-hangs bei dienstleistungsbegleitenden Produkten zukommt, liegt es nahe, an diesem auch die gesamte Vermarktung dieser Zusatzleistungen auszurichten. Wird die Vermarktungsaufgabe dabei grob in die

■ „ob"-Frage und

■ „wie"-Frage

differenziert, so lassen sich hierzu aus Art und Umfang des inneren Zusammenhangs verschiedene Vermarktungsüberlegungen ableiten.

In Bezug auf die „ob"-Frage, bei der es ganz grundsätzlich darum geht, ob Dienstleister auf dienstleistungsbegleitende Produkte setzen sollten, ist im Vorfeld des Angebots dienstleistungsbegleitender Produkte zu klären, ob sich begleitende Produkte identifizieren lassen, die in einem inneren Zusammenhang zum Core Service stehen und mit denen sich indirekte und/oder direkte Marktziele realisieren lassen. Nicht bei jedem Dienstleister ist so zwangsläufig davon auszugehen, dass solche Produkte existent sind. Nicht nur im B-to-B-Bereich, sondern auch bei konsumtiven Dienstleistungen ist es so durchaus realistisch, dass keine inneren Zusammenhänge möglich sind. Das öffentliche Schwimmbad, das Umzugsunternehmen, die Autobahngaststätte oder die Schneiderei werden Schwierigkeiten haben, dienstleistungsbegleitende Produkte zu kreieren, die in einem starken inneren Zusammenhang zu ihren Hauptdienstleistungen stehen. Für solche Dienstleister kommen dienstleistungsbegleitende Produkte zur Wettbewerbsdifferenzierung eher nicht in Frage.

Wird hingegen Potenzial für das Angebot solcher Produkte gesehen, stellt sich die Frage, wie die dienstleistungsbegleitenden Produkte vermarktet werden sollen („wie"-Frage). Konkret sind Entscheidungen bezüglich der Gestaltung der klassischen Vermarktungsbereiche zu treffen, die durch die so genannten „4 Ps" beschrieben werden. Entsprechend der obigen Grundüberlegung hängen die innerhalb der Produkt-, Preis-, Kommunikations- und Distributionspolitik ergriffenen Maßnahmen dabei vor allem davon ab, welche Form von innerem Zusammenhang vorhanden ist und in welcher Intensität der Zusammenhang besteht. Die Vermarktungsempfehlungen, die in Abhängigkeit vom bestehenden inneren Zusammenhang abgeleitet werden können, sind dabei nicht bei jedem Instrument völlig unterschiedlich; gleichwohl ergeben sich für die vier Typen von Zusammenhängen in der Summe durchaus unterschiedliche Marketingmixkombinationen:

(1) Dienstleistungsbegleitende Produkte mit wirkungsbasiertem Zusammenhang

Zusatzleistungen dieser Kategorie sind produktpolitisch so zu gestalten, dass die Wirkungssteigerung für den Kunden nachvollziehbar und wenn möglich sichtbar ist. Zudem sollte das Produkt so aufgelegt werden, dass es vom Kunden eigenständig, also ohne Hilfestellung des Dienstleisters verwendet werden kann. Nur so kann eine kundenseitige Verwendung und Verwendungszufriedenheit sichergestellt werden.

Preispolitisch ist zu beachten, dass die Zahlungsbereitschaft des Kunden nicht losgelöst von der Zahlungsbereitschaft für den Core Service besteht. Dass ein wirkungsbasierter Zusammenhang vorhanden ist, bedeutet auch, dass der Kunde die Wirkung von Dienstleistung und Zusatzleistungen im Verbund sieht. Ein hoher Preis für die Zusatzleistung (Hauptdienstleistung) wirkt sich demnach gegebenenfalls negativ auf die Zahlungsbereitschaft für die Hauptdienstleistung (Zusatzleistung) aus. Bei einem „hochpreisigen" Zahnarzt, bei dem der Patient hohe Zuzahlungen leisten muss, wird er im Regelfall erwarten, dass dienstleistungsbegleitende Produkte, die zur Wirkungsverstärkung der Dienstleistung benötigt werden, vom Zahnarzt kostenlos zur Verfügung gestellt werden. Angesichts dieser Tatsache ist bei Zusatzleistungen auf Basis wirkungsbasierter Zusammenhänge über Bündelpreise (Diller 2008, S. 240) nachzudenken.

Schließlich hängen Kommunikation und Distribution sehr eng an der Person oder Institution des Dienstleisters. Da es bei den dienstleistungsbegleitenden Produkten ja um die Wirkung der Dienstleistung geht, kann deren Notwendigkeit und Vorteilhaftigkeit letztlich nur durch den Dienstleister glaubwürdig kommuniziert werden (persönliche Kommunikation). Naheliegend ist dann auch, dass der Kunde die Zusatzleistungen direkt beim Dienstleister beziehen kann (direkter Vertrieb).

(2) Dienstleistungsbegleitende Produkte mit erfahrungsbasiertem Zusammenhang

Als Zusatzleistungen auf Basis eines erfahrungsbasierten Zusammenhangs kommen produktpolitisch nicht alle Ressourcen in Frage, die der Dienstleister innerhalb seines Dienstleistungserstellungsprozesses einsetzt. So ist eine wesentliche Einschränkung darin zu sehen, dass sich nur diejenigen Ressourcen separat vermarkten lassen, die für den Kunden innerhalb des Dienstleistungserstellungsprozesses sichtbar werden. Zudem ist wie schon bei der produktpolitischen Auswahl dienstleistungsbegleitender Produkte mit wirkungsbasiertem Zusammenhang zu fordern, dass der Kunde auch die entsprechenden Rahmenbedingungen für die selbstständige Nutzung aufweisen muss.

Preispolitisch bieten erfahrungsbasierte dienstleistungsbegleitende Produkte einen interessanten Margen-Spielraum. Zum einen ist so zu berücksichtigen, dass die Kunden die Produkte bereits kennengelernt haben und daher deren Qualität einschätzen können. Da davon auszugehen ist, dass sich für den Kauf der angebotenen dienstleistungsbegleitenden Produkte nur die Kunden interessieren, die die Qualität während des Dienstleistungserstellungsprozesses positiv wahrgenommen haben, ist von tendenziell hoher Zahlungsbereitschaft auszugehen. Darüber hinaus spricht für hohe Preise auch die Tatsache, dass die Preise der angebotenen dienstleistungsbegleitenden Produkte eine Rückkopplung auf die Preisbeurteilung der Hauptdienstleistungen aufweisen. So gibt der Dienstleister durch das Zusatzangebot zu erkennen, welche Qualität die innerhalb seines Dienstleistungserstellungsprozesses eingesetzten Ressourcen aufweisen.

Bei den kommunikations- und distributionspolitischen Maßnahmen ist zu berücksichtigen, dass der Kauf der dienstleistungsbegleitenden Produkte bei erfahrungsbasierten

Zusammenhängen von der Inanspruchnahme der Hauptdienstleistung entkoppelt gesehen werden kann. Anders als wirkungsbasierte Zusatzleistungen, deren Kauf enger an die Inanspruchnahme der Hauptdienstleistung geknüpft ist, können hier regelmäßige Wiederholungskäufe stattfinden. Daher benötigt der Anbieter eine stärker von seiner Person/Institution abgekoppelte Kommunikation und Distribution. Online-Kommunikation und -Vertrieb oder die Nutzung indirekter Kanäle für Kommunikation und Distribution sind bei erfahrungsbasierten Zusatzangeboten durchaus üblich. Abbildung 4 zeigt etwa das Beispiel des Fischrestaurants „Gosch", das seine Leistungen u. a. über einen Onlineshop anbietet.

Abbildung 4: *Beispiel für die Vermarktung von dienstleistungsbegleitenden Produkten auf Basis eines erfahrungsbasierten Zusammenhangs zur Hauptdienstleistung*

(3) Dienstleistungsbegleitende Produkte mit vertrauensbasiertem Zusammenhang

Im Mittelpunkt der Vermarktung von vertrauensbasierten Zusatzleistungen steht der Kompetenztransfer des Dienstleisters. Bei diesen Zusatzleistungen muss es ihm gelingen, aus seiner innerhalb des Dienstleistungserstellungsprozesses aufgebauten

Vertrauensposition Produktempfehlungen abzuleiten. Produktpolitisch kommen hierfür alle Leistungen in Frage, die in einem fachlichen Zusammenhang zu den Leistungen und Kompetenzen des Dienstleisters stehen. Je größer allerdings die fachliche Entfernung zwischen Dienstleistung und empfohlenem Produkt steht, desto weniger glaubwürdig wirkt die Empfehlung des Dienstleisters für den Kunden. Gibt etwa ein Zahnarzt seinen Patienten Ernährungsratschläge und versucht dabei, Produkte bestimmter Spezialanbieter zu vermarkten, so ist der Erfolg fraglich, da kein ausreichend enger Zusammenhang zwischen Hauptdienstleistung und Produktempfehlungen in den Augen der meisten Patienten bestehen dürfte.

Preispolitisch haben sich die angebotenen Zusatzleistungen mit den im Markt offerierten Konkurrenzleistungen zu messen. Ein Preispremium liegt dabei eher nicht vor. Stattdessen muss der Anbieter sogar befürchten, dass negative Effekte in Bezug auf die Beurteilung seiner Hauptleistung entstehen, wenn der Kunde feststellt, dass ihm die vom Dienstleister empfohlenen Leistungen zu einem überhöhten Preis angeboten worden sind.

Während im Bereich der Kommunikation die persönliche Ebene entscheidend ist und daher auch vor allem die persönliche Kommunikation in Frage kommt, erscheinen als Distributionskanäle (aus Sicht des Dienstleisters) auch indirekte Kanäle möglich. So kann eine gewisse Empfehlungsunabhängigkeit gegebenenfalls sogar erst daraus resultieren, dass das empfohlene Produkt nicht direkt vom Dienstleister bezogen werden kann, sondern über eigenständige Kanäle erworben werden muss.

(4)   Dienstleistungsbegleitende Produkte mit identitätsbasiertem Zusammenhang

Sollen identitätsbasierte Zusatzleistungen angeboten werden, dann stellt sich in einem ersten Schritt die Frage, über welche Produkte Kunden die Möglichkeit gegeben werden soll, sich mit dem Dienstleister zu solidarisieren. Hierfür erscheint die Frage hilfreich, wann und wem gegenüber Kunden ihre Solidarität zum Ausdruck bringen wollen. Aus den Antworten auf diese Fragen lassen sich erste Ansatzpunkte für die produktpolitische Entscheidung ableiten, welche Zusatzleistungen angeboten werden sollen.

Preispolitisch ist zunächst einmal von einer höheren Zahlungsbereitschaft im Vergleich zu nicht-identitätsstiftenden Produkten auszugehen. Die Höhe der Zahlungsbereitschaft für die dienstleistungsbegleitenden Produkte hängt dabei allerdings von der Stärke des identitätsbasierten inneren Zusammenhangs ab. Je stärker die Bereitschaft der Kunden zu Solidaritätsbekundungen ist, desto höher ist auch die Zahlungsbereitschaft für die dienstleistungsbegleitenden Produkte.

Im Bereich der Kommunikation und Distribution stehen Dienstleistern schließlich alle Kanäle zur Verfügung. Die Aufgabe innerhalb der Vermarktung ist an dieser Stelle daher weniger darin zu sehen, die „richtigen" Kanäle auszuwählen. Eher geht es darum, die verschiedenen eingesetzten Kanäle zu steuern und aufeinander abzustimmen. Mit anderen Worten steht das Multichannel-Management im Vordergrund.

5. Zukünftige Forschung im Bereich dienstleistungsbegleitender Produkte

Die obigen Ausführungen zum Thema „dienstleistungsbegleitende Produkte" stellen allein eine erste konzeptionelle Annäherung an dieses in der Praxis aktuelle, zugleich jedoch in der wissenschaftlichen Diskussion noch wenig beachtete Thema dar. Folglich ist es auch nicht weiter überraschend, dass in diesem Themenfeld weiterer Forschungsbedarf besteht. Die folgenden Nennungen sollen dies beispielhaft belegen:

- Bei Dienstleistungen und dienstleistungsbegleitenden Produkten handelt es sich letztlich um ein spezielles Bundling-Phänomen. Es ist zu prüfen, inwieweit sich die Erkenntnisse der wissenschaftlichen Literatur zur Produkt- und Preisbündelung auf dienstleistungsbegleitende Produkte übertragen lassen.

- Schon die Bezeichnung „dienstleistungsbegleitende Produkte" legt die Analogie zum Gegenstück, den „produktbegleitenden Dienstleistungen" nahe. Da zu diesem Thema in den vergangenen Jahren intensive (z. T. anwendungsnahe) Forschungserkenntnisse generiert worden sind, ist ebenfalls zu prüfen, inwieweit sich die Erkenntnisse auch für dienstleistungsbegleitende Produkte nutzen lassen.

- Beispielsweise wurde im Bereich „produktbegleitender Dienstleistungen" deutlich gemacht, dass das Angebot solcher Dienstleistungen einen organisatorischen Wandel („vom Hersteller zum Dienstleister") erforderlich mache. Auch beim Angebot dienstleistungsbegleitender Produkte stellt sich die Frage, welche organisatorischen Rahmenbedingungen hierfür erforderlich oder hilfreich sind.

- Bislang liegen kaum empirische Erkenntnisse zur Verbreitung, zum Erfolg und den Einsatzbedingungen von dienstleistungsbegleitenden Produkten vor. Daher sind empirische Studien erforderlich, die diese Lücke schließen.

- An einigen Stellen in den obigen Ausführungen wurde bereits auf die gegenseitigen Rückkopplungen zwischen Hauptdienstleistung und begleitenden Zusatzleistungen eingegangen. Da die Rückkopplungen für Dienstleister ein entscheidender Grund für oder gegen dienstleistungsbegleitende Produkte darstellen können, sollten diese intensiv untersucht werden.

- Schließlich darf – wie bei allen Trends – nicht übersehen werden, dass erfolgreiche Ideen im Laufe der Zeit von mehr und mehr, am Ende zumeist von allen Wettbewerbern übernommen werden. Allerdings gelingt es nicht allen, den Trend erfolgreich umzusetzen. Vor diesem Hintergrund ist zu untersuchen, welche Voraussetzungen erfüllt sein müssen, um sich im Wettbewerb mit dienstleistungsbegleitenden Produkten durchzusetzen.

Literaturverzeichnis

Backhaus, K./Frohs, M./Weddeling, M. (2007): Produktbegleitende Dienstleistungen zwischen Anspruch und Wirklichkeit, Münster.

Bruhn, M. (2009): Relationship Marketing. Management von Kundenbeziehungen, 2. Aufl., München.

Bruhn, M. (2007): Kommunikationspolitik. Systematischer Einsatz der Kommunikation für Unternehmen, 4. Aufl., München.

Butcher, K./Sparks, B./O'Callagham, F. (2003): Beyond Core Service, in: Psychology & Marketing, Vol. 20, No. 3, S. 187-2008.

Diller, H. (2008): Preispolitik, 4. Aufl., Stuttgart.

Homburg, C./Garbe, B. (1996): Industrielle Dienstleistungen, in: Die Betriebswirtschaft, 56. Jg., Nr. 3, S. 253-282.

Meffert, H./Bruhn, M. (2009): Dienstleistungsmarketing. Grundlagen, Konzepte, Methoden, 6. Aufl., Wiesbaden.

Mödinger, P./Redling, B. (2004): Produktbegleitende Dienstleistungen im Jahr 2002, in: Wirtschaft und Statistik, 56. Jg., Nr. 12, S. 1408-1413.

Voeth, M. (2007): Servicepolitik, in: Köhler, R./Küpper, H.U./Pfingsten, A. (Hrsg.): Handwörterbuch der Betriebswirtschaft, 6. Aufl., Stuttgart, S. 1605-1614.

Voeth, M./Gawantka, A./Rabe, C. (2004): Produktbegleitende Dienstleistungen, in: Die Betriebswirtschaft, 64. Jg., Nr. 6, S. 773-780.

Voeth, M./Rentner, B./Niederauer, C. (2007): Angebot und Relevanz von produktbegleitenden Dienstleistungen in der Bauindustrie. Ergebnisse einer empirischen Studie, Stuttgart.

Voeth, M./Niederauer, C./Rentner, B. (2008): Nachfragerakzeptanz bei produktbegleitenden Dienstleistungen, in: Controlling, 20. Jg., Nr. 8/9, S. 459-466.

Andreas Herrmann/René Algesheimer/
Jan R. Landwehr/Frank Huber

Management von Kundenbeziehungen durch Brand Communities

1. Relevanz von Communities für das Management von Kundenbeziehungen

2. Zum Wesen von Communities

3. Charakterisierung von Brand Communities

4. Typisierung von Brand Communities

5. Erkenntnisse über die Bearbeitung von Brand Communities

6. Implikationen für das Management von Kundenbeziehungen

Prof. Dr. Andreas Herrmann ist Direktor der Forschungsstelle für Customer Insight an der Universität St. Gallen. Prof. Dr. René Algesheimer arbeitet als Professor an der Universität Zürich. Dr. Jan R. Landwehr ist Oberassistent und Habilitand an der Forschungsstelle für Customer Insight der Universität St. Gallen. Prof. Dr. Frank Huber ist Inhaber des Lehrstuhls für Marketing an der Johannes Gutenberg-Universität in Mainz.

1. Relevanz von Communities für das Management von Kundenbeziehungen

Das Marketing wurde in den letzten Jahrzehnten durch die Betrachtung von *dyadischen* Beziehungen zwischen Anbietern und Nachfragern dominiert (Bruhn/Georgi 2006). Dabei verstand man Transaktionen zunächst als diskrete (voneinander unabhängige) Ereignisse, später auch als relationale Phänomene (Bruhn 2002a; 2002b). Die Marketingtheorie und -praxis vernachlässigte (mit wenigen Ausnahmen) jedoch, Interaktionen *zwischen* Konsumenten zu analysieren. Gerade Begegnungen zwischen Individuen beeinflussen jedoch deren Wahrnehmung, Beurteilung und Akzeptanz von Produkten und Marken (Bearden/Etzel 1982). Die isolierte Betrachtung des Konsumentenverhaltens als Entscheidung Einzelner ist daher um Einflüsse der näheren und weiteren Umwelt zu ergänzen. Die Bedeutung dieser *sozialen Aspekte des Konsums* lässt sich als Komplement zu der vorherrschenden, individualistisch ausgerichteten Forschung zum Konsumentenverhalten verstehen (Cova 1997; 1999).

Die Bedeutung der Konsumenteninteraktionen beim Kauf und Konsum von Produkten ist im Lichte der Informations- und Kommunikationsmedien zu bewerten (Thiedecke 2000). Personen kommunizieren heute virtuell in Communities (z. B. www.nutella-ville.it), in Foren oder Chats (etwa smart-forum.de) sowie auf Meinungsportalen (z. B. www.ciao.com) miteinander. Schätzungen zufolge sind derzeit über 100 Millionen Menschen weltweit miteinander vernetzt, und man erwartet eine rasante Ausweitung nicht nur der Quantität, sondern auch der Qualität der Interaktionen (Kozinets 2002; Bagozzi/Dholakia 2006).

Den meisten empirischen Untersuchungen zufolge ranken sich viele dieser Interaktionen im Netz um Marken. Individuen berichten über ihre Produkterfahrungen, geben Produktwissen weiter oder sammeln die Einschätzungen anderer und tauschen diese aus (Kozinets 1999). Auf diese Weise entstehen Gruppen von Kunden, die sich um eine Marke scharen und im Laufe der vielfältigen Interaktionen ihr Repertoire an Themen ergänzen. Beispiele hierfür sind Kundengruppen, die sich in den letzten Jahren etwa um Lego, Lomo, Nutella, oder eBay gebildet haben und aufgrund ihrer Markenorientierung als *Brand Communities* gelten. Den Prototyp einer Brand Community bildet die von Schouten und McAlexander (1995) beschriebene Harley-Davidson Owner's Group, die eigenen Angaben zufolge, über 700.000 Mitglieder umfasst. Das Unternehmen organisiert diesen Club global über das Netz, unterstützt aber auch Ortsverbände, die zur Dachorganisation gehören, und initiiert für die Mitglieder gemeinsame Ausflüge oder bietet ihnen Kleider, Accessoires und Schmuck an. Die größte BMW Community mit dem größten Markt für gebrauchte Pkw findet sich in eBay (Myers 2003). Dort tauschen sich die BMW-Fans über alle möglichen Themen aus, kaufen und verkaufen Fahrzeuge dieser Marke und vereinbaren Treffen, um etwa die Freizeit miteinander zu verbringen. Mit dem Bonusprogramm „Anything Points" vergibt eBay

Bonuspunkte für vollzogene Transaktionen in dieser Community und fördert damit die Absicht der Mitglieder, auch zukünftig eBay als Plattform für die Kommunikation mit anderen BMW-Fans zu nutzen (Dholakia et al. 2004).

Das Interesse von Managern an Brand Communities jedweder Art rührt aus der Vermutung her, dass sich die Mitglieder bei der Markenwahl beeinflussen (Keller 2003). Zudem ist eine rasche Diffusion von Wissen über und Erfahrung mit Erzeugnissen vorstellbar, wobei dieser Meinungsaustausch zwischen den Nachfragern in besonderer Weise die Produktwahl prägen dürfte (Thompson/Sinha 2008). Hinzu kommt, dass sich diese Prozesse in einigen Märkten unabhängig davon vollziehen, ob sie aus Sicht des Anbieters wünschenswert sind oder nicht. Offenbar bergen Brand Communities erhebliche Chancen und Risiken für Unternehmen (McAlexander et al. 2002; Algesheimer et al. 2005): Sie sind dann ein Risiko für Umsatz und Gewinn, wenn losgelöst von unternehmerischen Anstrengungen Meinungen diffundieren (ob wahr oder falsch ist ohne Bedeutung), die einem Absatz der Produkte nicht zuträglich sind. Umgekehrt können positive Einschätzungen über ein Erzeugnis rasch multipliziert werden mit allen daraus resultierenden ökonomischen Konsequenzen (Algesheimer/Dholakia 2006).

In Anbetracht dieser Diskussion ist es unerlässlich, das Phänomen „Brand Community" und dessen Bedeutung für das Marketing zu betrachten. Daher soll in diesem Artikel im Folgenden das Wesen von Communities aufgearbeitet werden. Daraufhin gilt das Augenmerk einer Charakterisierung von Brand Communities; hieran schließt sich eine Typisierung an. Ferner interessieren Erkenntnisse über die Bearbeitung von Brand Communities, aus denen sich Implikationen im Sinne einer Erweiterung des Repertoires von Maßnahmen zum Management von Kundenbeziehungen ergeben.

2. Zum Wesen von Communities

Der ursprüngliche Begriff einer sozialen Gemeinschaft oder Community wurde einer sozial vernetzten Gruppe von Personen zugeschrieben, die in gegenseitiger Verantwortung, Abhängigkeit und Sorge durch *einen* gemeinsamen geografischen Ort des sozialen Austauschs verbunden waren und miteinander Lebens- und Arbeitsalltag teilten. Diese Communities sind vor allem durch ein gegenseitiges Zugehörigkeitsgefühl, geteilte Traditionen und Erfahrungen, eine gemeinsame Sprache, gemeinsames Eigentum und gemeinsame Rituale, sowie einer moralischen Verantwortlichkeit gegenüber den Mitgliedern der Community charakterisiert (Muniz/O'Guinn 2001).

Dieser ursprüngliche Gedanke einer sozialen Community wurde mit wachsendem technologischen Fortschritt geweitet. Durch die Entwicklung von Verkehrsnetzen und der Telekommunikationsmedien wurde die Verbindung geografisch verstreuter Individuen gleicher Gesinnung mit gleichen Interessen ermöglicht. Communities im heutigen Sinne sind daher nicht an einen geografischen Ort gebunden, sie können als „.... a network of social relations marked by mutuality and emotional bonds ..." (Bender 1978, S. 145) definiert werden. „... community became more than place ... it is a common understanding of a shared identity ..." (McAlexander/Schouten 1998; Muniz/ O'Guinn 2001, S. 413).

Obgleich Communities tiefe historische Wurzeln haben, sind sie erst ab Mitte der neunziger Jahre im Marketing ins Gespräch gekommen. Hintergrund für diese Entwicklung ist die Auflösung gemeinschaftlicher Lebensformen durch den sozialen Wandel. Als Regulierungsmechanismen verloren traditionelle Verhaltenskontrollen und soziale Zwänge an Bedeutung, während die Zunahme individueller Autonomie und eine Ausdifferenzierung von Lebensstilen sichtbar wurde (Gross 1994). Studien belegten einen Rückgang individuellen Engagements in Gemeinschaften (Putnam 1995; 2000). Die Familie als Primärgruppe, sowie Nachbarschaften oder die Mitgliedschaft in Vereinen haben diesen Studien zufolge an Bedeutung verloren. „An die Stelle traditioneller Bindungen und Sozialformen (soziale Klasse, Kleinfamilie) treten sekundäre Instanzen und Institutionen, die den Einzelnen prägen (Beck 1986). Die Rückbesinnung auf die Selbstverwirklichung individueller Lebensvorstellungen und das steigende materielle Konsumverlangen von Individuen wurde als Ursachen dieser Entwicklung ausgemacht (Cova 1997).

Muniz und O'Guinn (2001, S. 413) heben die Relevanz dieser historischen Entwicklung hervor: „Throughout the twentieth century and to this day, the legacy of community lost has informed, infused, and perhaps infected social thought ...". Individualisierung und Entstrukturalisierung, die negativen Konsequenzen des beschriebenen Verlusts an sozialer Gemeinschaft, werden aber gerade als Ursachen dafür gesehen, dass sich Menschen Ende des 20. und zu Beginn des 21. Jahrhunderts wieder nach solchen Gemeinschaften sehnen, in denen sie sozialen Anschluss und soziale Akzeptanz finden (Cova 1997; 1999). Dieses Wiedererstarken des Gemeinschaftsbegriffs bzw. die Renaissance der Gemeinschaft führt zu einer Weiterentwicklung des Gemeinschaftsbegriffs, einer Anpassung an aktuelle soziale, technische, wirtschaftliche und politische Rahmenbedingungen.

3. Charakterisierung von Brand Communities

Eine Brand Community ist „... a specialized, non-geographically bound community, based on a structured set of social relationships among admirers of a brand. It is specialized because at its center is a branded good or service. Like other communities, it is marked by a shared consciousness, rituals and traditions, and a sense of moral responsibility …" (Muniz/O'Guinn 2001, S. 412). Bereits der Begriff „Brand Community" deutet auf einen Zusammenhang zwischen Konsum und Community hin. Muniz und O'Guinn (2001, S. 415) heben diese Tatsache hervor: „… we also see brand communities as explicitly commercial …". Dabei betonen sie, dass dieser Kommerz weder im Geheimen getätigt wird noch von naiver Natur ist, sondern in kommunaler Selbsterfahrung und Selbstreflexion abläuft. Die Autoren betonen die Existenz einer Brand Community sowohl in rein physischen als auch rein virtuellen Umgebungen, weisen aber darauf hin, dass der zentrale Fokus eine einzige Marke ist (Maffesoli 1996).

Unter „Consciousness of Kind" verstehen sie die intrinsische Verbindung, die Mitglieder einer Community untereinander empfinden. Es ist ein Wir-Gefühl, das die Zugehörigkeit zur eigenen Community manifestiert und gleichzeitig die Unterschiede und Abgrenzung zu anderen Gruppierungen hervorhebt. Die gemeinsame Verbindung zur Marke gibt dem Einzelnen das Gefühl, andere Mitglieder auf eine gewisse Art und Weise zu kennen, obgleich er sie vielleicht noch nie gesehen hat. Charakteristisch für eine Brand Community ist somit nicht mehr die rein dyadische Beziehung zwischen Marke und Kunde, sondern vielmehr die Triade Marke – Kunde – Kunde.

„Shared Rituals and Traditions" sind die zentralen sozialen Prozesse, mit deren Hilfe die Bedeutung der Community reproduziert sowie innerhalb als auch außerhalb der Community verbreitet wird. Rituale und Traditionen dienen dazu, das gemeinsame Bewusstsein sowie die Geschichte und Kultur der Community aufrecht zu erhalten (Muniz/Schau 2005). Einem Bedeutungswandel innerhalb einer Community wird damit entgegen gewirkt, denn durch Rituale und Traditionen erhält die Community eine nach außen hin sichtbare Definition bezüglich ihrer verhaltensrelevanten Normen und Werte (Kozinets 2001).

Schließlich gilt „A Sense of Moral Responsibility", also das Gefühl des Einzelnen, der Community als Ganzer sowie ihren einzelnen Mitgliedern verpflichtet zu sein. Diese moralische Verpflichtung trägt zu gemeinsamen Handlungen und zur Gruppenkohäsion bei. In Bezug auf Brand Communities werden zwei Bereiche hervorgehoben, in denen die moralische Verpflichtung eine besondere Rolle spielt: Die Integration neuer und das Halten bestehender Mitglieder sowie die Unterstützung von Mitgliedern im Hinblick auf eine Nutzung der Marke (Cova/Cova 2002).

In der Regel nutzen Brand Communities virtuelle Kommunikationsformen zur Interaktion untereinander, aber auch zur Interaktion mit internationalen Gleichgesinnten. Mindestens ebenso wichtig sind in den meisten Brand Communities jedoch physische Treffen, die als gemeinsame Events zelebriert werden. Insofern sind Brand Communities meist als Mischformen zwischen virtuellen und physischen Communities anzusehen. Beispielhaft für Brand Communities werden im amerikanischen Raum häufig die Harley-Davidson Owner's Group (HOG), die MacUser's Group und die Jeep Community genannt. Im europäischen Raum sind etwa Swatch The Club oder automobile Fan-Communities wie das Smart-Forum oder der Mini-Club zu erwähnen (Cova/Pace 2006).

4. Typisierung von Brand Communities

Bagozzi und Dholakia (2002; 2006) unterscheiden zwischen netzwerkbasierten und kleingruppenbasierten Brand Communities. Erstere werden dabei als „… a specialized, non-geographically bound community, based on a structured set of social relationships among admirers of a brand …" (Muniz/O'Guinn 2001, S. 412) definiert, deren primärer Fokus ein Netzwerk von Beziehungen zwischen Konsumenten ist. Dieses Netzwerk ist um eine spezifische Marke herum organisiert und zeichnet sich typischerweise durch nicht-physische Interaktionen wie etwa webbasierte virtuelle Communities aus.

Letztere lassen sich als „… a group of consumers with a consciously shared social identity, whose members act jointly in group actions to accomplish group goal and/or express mutual sentiments and commitments …" (Bagozzi/Dholakia 2006, S. 2) charakterisieren. Im Gegensatz zu netzwerkbasierten Brand Communities stehen Interaktionen von Angesicht zu Angesicht im Vordergrund. Wissensbereicherung oder nutzengetriebene Aspekte sind in kleingruppenbasierten Brand Communities sekundär. Die Autoren weisen darauf hin, dass diese beiden Formen sozialen Handelns nicht wechselseitig exklusiv sein müssen und die Grenzen zwischen netzwerkbasierten und kleingruppenbasierten Brand Communities durchaus verschwimmen können.

Neben dieser Unterscheidung von Brand Communities nach der Anzahl ihrer Mitglieder können sie auch nach ihrer Organisationsform unterschieden werden (Algesheimer 2004). Es finden sich Brand Communities, die von Unternehmen initiiert wurden (*zentrale* Communities) wie traditionelle Kundenclubs bei Ikea oder Lufthansa. Die Mitglieder solcher Communities haben in der Regel untereinander keinen direkten Kontakt und keine direkte Interaktion. *Dezentrale* Communities sind von Kunden auf den Weg gebracht worden. Dabei organisieren sich die Mitglieder der Community selbst meist ohne Unterstützung des Unternehmens. Hierunter fallen lokale Automobil-Fanclubs oder Sport-Fanclubs. Weiterhin existieren Mischformen der genannten Varianten. So organisiert BMW etwa in der Dachorganisation Bundesverband Weiss-Blau für viele dezentrale Communities gemeinsame Events, publiziert ein eigenes BMW-Fanmagazin oder unterstützt die Communities mit Unternehmensmaterial (Wellman/Gulia 1999).

Die Tatsache, dass der Community-Begriff zu einem buzzword im Marketing geworden ist, liegt am Aufkommen der virtuellen Communities. In einschlägigen Publikationen findet man unter dem Stichwort Community in erster Linie Beiträge zu virtuellen Communities, Online-Communities oder Cyber-Communities – drei Begriffe, die für das gleiche Phänomen stehen. Rheingold (1993) begründete den Terminus virtuelle Community, indem er seine Erfahrungen mit der Online-Community „The Well" beschreibt. Dabei definiert er diese Erscheinung folgendermaßen: „Virtual communities are social aggregations that emerge from the net when enough people carry on those public discussions long enough, with sufficient human feeling, to form webs of personal relationships in cyberspace ... „ (Rheingold 1993, S. 5). Es fällt auf, dass in der Definition die sozialen Aspekte einer virtuellen Community im Mittelpunkt stehen.

Einige Jahre später hoben Hagel und Armstrong neben den sozialen vor allem die kommerziellen Aspekte von virtuellen Communities hervor. Sie schreiben: „Virtual communities are groups of people with common interests and needs who come together online. Most are drawn by the opportunity to share a sense of community with like-minded strangers, regardless of where they live. But virtual communities are more than just a social phenomenon. What starts off as a group drawn together by common interests ends up as a group with a critical mass of purchasing power, partly thanks to the fact that communities allow members to exchange information on such things as a product's price and quality ..." (Hagel/Armstrong 1997, S. 143). Diese Betonung der kommerziellen Aspekte von virtuellen Communities führte dazu, dass eine zunehmende Anzahl von Marketers ihre Bedeutung würdigte (Kozinets 2002).

5.   Erkenntnisse über die Bearbeitung von Brand Communities

Obgleich die Relevanz von Brand Communities in Wissenschaft und Praxis unbestritten ist, liegen bislang nur sehr wenige Studien zu diesem Thema vor. Im Folgenden sollen die wichtigsten empirischen Untersuchungen zu Brand Communities dargestellt und gewürdigt werden.

(1)   Die Studie von Muniz und O'Guinn

Die von Muniz und O'Guinn (2001) vorgelegte Studie zielt darauf ab, den Begriff der Brand Community zu spezifizieren, die Existenz solcher Communities in der Realität nachzuweisen sowie die Charakteristika von Brand Communities herauszuarbeiten und in den Kontext der Marketingliteratur einzuordnen. Hierzu führen die beiden Autoren zwei empirische Untersuchungen durch: In einer ersten geht es darum, mehrere Haushalte zu besuchen, deren Mitglieder zu einer Saab- und einer Macintosh-Community gehören. Muniz und O`Guinn veranstalten Workshops mit diesen Individuen und nehmen an Veranstaltungen der beiden Communities teil. Eine zweite Studie verfolgt das Anliegen, die Existenz von Brand Communities im virtuellen Raum zu überprüfen. Dazu dient eine Analyse von Websites, die von privaten Usern oder Clubs erstellt wurden, bezüglich Saab, Macintosh und Ford Bronco.

Hieraus ergeben sich zahlreiche Implikationen: Zunächst belegt die Studie das soziale Wesen von Marken; Kunden verkörpern einen wichtigen Bestandteil einer Marke. Die Studie suggeriert darüber hinaus einen positiven Einfluss von Brand Communities auf den Wert der entsprechenden Marke. Die Autoren verweisen auf die Relevanz der Brand Community für die Loyalität der Kunden zur Marke. Schließlich postulieren Muniz und O'Guinn (2001, S. 427) die Bedeutung der Brand Community für das Relationship Marketing. „… a strong brand community can lead to a socially embedded and entrenched loyalty, brand commitment …, and even hyper-loyalty".

Die Analyse von Muniz und O'Guinn liefert ohne Zweifel wertvolle Erkenntnisse zur Erfassung und ökonomischen Nutzbarmachung von Brand Communities. Jedoch tauchen Unklarheiten insbesondere im Hinblick auf den (nicht-) kommerziellen Charakter solcher Gruppen auf. Kritisch anzumerken ist, dass die Aussage, Brand Communities seien per Definition kommerziell, irreführend sein kann. Darunter kann man verstehen, dass Brand Communities kommerziell betrieben werden in dem Sinne, dass sie das entsprechende Markenunternehmen ins Leben ruft. Doch Muniz und O'Guinn schließen gerade solche Communities in ihrer empirischen Untersuchung aus. Gleichzeitig betonen sie die Bedeutung einer Brand Community für Markenloyalität und andere erfolgsrelevante Größen. Jedoch sind solche Communities für Unternehmen erst dann ein wertvoller, weil steuerbarer Hebel, wenn sie diese selbst ins Leben rufen, pflegen und ausbauen können (vgl. auch Holt 1997 und Rheingold 1993).

Interessant ist ferner, dass Brand Communities auch in kleinen sozialen Gebilden, z. B. Nachbarschaften, nachgewiesen werden können und dass solche Gruppen auch als „Imagined Communities" existieren. Offenbar sind keine regelmäßigen Treffen nötig, um das Gefühl zu entwickeln, einer Brand Community anzugehören. Weiterhin ist der qualitative Charakter der empirischen Untersuchung von Muniz und O'Guinn anzumerken. Dieses Vorgehen ist geeignet, um das Phänomen zu erfassen, nicht jedoch, um Wirkungszusammenhänge zwischen der Beschaffenheit von Brand Communities und Erfolgsvariablen zu analysieren.

(2) Die Studie von McAlexander, Schouten und Koenig

Die Studie von McAlexander et al. (2002) baut auf dem Ansatz von Muniz und O'Guinn (2001) auf, ist aber in vierfacher Hinsicht als Erweiterung angelegt: Zunächst umfasst die Definition von Brand Community nicht nur die Elemente der Triade (Kunde, Marke, Community), sondern auch die Unternehmensvertreter. Ferner werden wesentliche Merkmale einer Community, wie etwa geographische Nähe, nicht mehr statisch, sondern dynamisch betrachtet. Zudem interessieren Möglichkeiten zur Beeinflussung von Brand Communities, und die Kundenloyalität ist Teil des Brand-Community-Konzepts. Gerade der letzte Punkt ist von Relevanz, zeigt er drei zentrale Unterschiede im Vergleich zu Ansatz von Muniz und O'Guinn (2001) auf:

Der Zusammenhang zwischen der Beschaffenheit einer Brand Community und der Markenloyalität ihrer Mitglieder steht im Mittelpunkt. Damit ist diese Studie auf eine zentrale Zielgröße der Markenführung fokussiert. Eng damit verbunden ist die Ergänzung der ethnographischen qualitativen Untersuchung von Muniz und O`Guinn durch eine strukturanalytisch quantitative. Die Konzeptualisierung von Kundenloyalität als integraler Bestandteil einer Brand Community führt zu einer Skala zur Erfassung der Brand Community-Qualität, aus der sich unmittelbar Implikationen für das Markenmanagement ergeben.

Die von McAlexander et al. (2002) durchgeführte empirische Studie umfasst drei Phasen: In einer ethnographischen Studie analysieren die Autoren die Jeep- und die Harley-Davidson-Community. Hinzu kommen der Besuch von Markenevents und Tiefeninterviews mit einzelnen Mitgliedern dieser Communities. Es schließt sich eine quantitative Studie mit zwei wesentlichen Zielen an: Es geht darum, die Qualität der Brand Community mittels einer Skala zu erfassen und die Auswirkungen einzelner Community-Aktivitäten auf die Beziehungen Kunde – Marke, Kunde – Kunde, Kunde – Produkt und Kunde – Marketer offen zu legen. Hierzu dienen zwei Erhebungsrunden, einerseits zur Validierung der Skala und andererseits zur Analyse des Wirkungszusammenhangs zwischen den Variablen. Den Abschluss bildet eine weitere ethnographische Studie mit dem Anliegen, ein tieferes Verständnis über den Aufbau und die Entwicklung von Beziehungen in einer Brand Community zu erhalten. Aus den vielfältigen Analysen lassen sich die folgenden Erkenntnisse ableiten: (1) Mitglieder einer Brand Community wirken als Markenmissionare („Brand Missionaries") und tragen die Markenbotschaft weiter. (2) Sie sind weniger streng bei Produktfehlern oder Mängeln in der Servicequalität. (3) Sie sind weniger geneigt, die Marke zu wechseln auch dann nicht, wenn Produkte einer anderen Marke über bessere Leistungsmerkmale verfügen. (4) Sie sind motiviert, dem Unternehmen Feedback zu geben. (5) Sie bilden einen aufnahmefähigen Markt für Lizenzprodukte und Markenerweiterungen. (6) Bisweilen sind sie auch bereit, Investitionen in die Aktie des Unternehmens zu tätigen.

Kritisch zu sehen sind jedoch zwei Punkte: Bei der Operationalisierung der Konstrukte fehlt eine Diskussion, ob die Indikatoren formativ oder reflektiv sind. Die Autoren unterstellen eine durch reflektive Messgrößen geprägt Modellstruktur, obgleich man die Beziehung zwischen Konstrukt und Indikator an vielen Stellen auch formativ interpretieren könnte. Zudem berücksichtigen McAlexander et al. (2002) nur einzelne Facetten der von Muniz und O`Guinn (2001) dargelegten Brand Community-Definition, obwohl sie in der Diskussion an den Beitrag dieser beiden Autoren anschließen. Hier müsste deutlich werden, dass McAlexander, Schouten und Koenig (2002) eigentlich von einer anderen Spezifikation der Brand Community ausgehen.

(3) Die Studie von Algesheimer, Dholakia und Herrmann

Basierend auf einem umfassenden Datensatz zeigt die Studie von Algesheimer et al. (2005) die Wirkung von Brand Communities auf unternehmerische Zielvariablen und das Zusammenspiel zwischen Marke und Brand Community. Die Befunde suggerieren die Relevanz von Brand Communities bei der Herausbildung der individuellen Markenwahl bzw. Weiterempfehlung. Lassen sich Individuen zur Teilnahme an Aktivitäten in der Community motivieren, entsteht eine dauerhafte Mitgliedschaft, die in der Treue zur Marke zum Ausdruck kommt.

Aus theoretischer Perspektive bieten Thibaut und Kelleys klassische Austauschtheorien und Festingers Theory of Informal Social Communication relevante Einsichten bezüglich Brand Communities. Auf dieser Basis konnte ein Modell abgeleitet werden, das die realen Gegebenheiten sehr gut reflektiert und die meisten der postulierten Hypothesen vorläufig bestätigt. Die Ergebnisse suggerieren, dass die Beziehung des Konsumenten zur Marke seine Beziehung zur Brand Community positiv beeinflusst. Weiterhin belegen die Resultate, dass die Mitgliedschaft in einer Brand Community einen positiven Effekt auf die Loyalität des Mitglieds zur Marke entfaltet. Die Markenloyalität ist daher nicht allein die Konsequenz einer positiv wahrgenommenen Beziehung zur Marke, sondern lässt sich deutlich durch die Qualität des sozialen Erlebnisses beeinflussen, das die Individuen mit Gleichgesinnten im Umfeld der Marke erfahren.

Weiterhin fällt auf, dass der Gruppensog, den Mitglieder einer Community erleben, ein wichtiger Treiber einer Vielzahl von unternehmerischen Zielvariablen ist, wie etwa die Absicht zur Weiterempfehlung der Community und der Wille, ihr gegenüber loyal zu sein. Im Rahmen der Nachfolgeuntersuchung konnte gezeigt werden, dass die Verhaltensabsicht signifikant das tatsächliche Verhalten zu einem späteren Zeitpunkt beeinflussen.

In Ergänzung zu existierenden Studien, die meist nur positive Einflüsse der Community auf das Verhalten betrachten, ließ sich belegen, dass von Brand Communities auch negative Einflüsse auf die Wahrnehmung ihrer Mitglieder und deren Verhalten ausgehen. Die Mitgliedschaft in einer Brand Community belohnt daher nicht nur das individuelle Verhalten, sondern bestraft es gleichzeitig durch einen eingeschränkten Entscheidungsspielraum. Der Gruppendruck, d. h. sich im Einklang mit den Werten, Regeln und Traditionen der Community zu verhalten, beeinflusst negativ die Konsequenzen der wahrgenommenen Beziehungsqualität zur Community. Fühlen die Mitglieder eine Einschränkung ihres persönlichen Spielraums durch die Community, entwickeln sie eine Reaktanz, um den ursprünglichen Freiraum wieder herzustellen. Dies äußert sich beispielsweise darin, dass sie sich nicht vorschreiben lassen wollen, welche Marke sie nutzen. Insgesamt unterstützten die gewonnenen Erkenntnisse die Auffassung, dass soziale Kräfte wie Gruppendruck und Gruppensog als normbestätigende Mechanismen funktionieren und Größen sind, die das Interaktionsverhalten der Mitglieder in der Community und damit ihr soziales Erlebnis mit der Marke (positiv wie negativ) beeinflussen.

Die Netzwerkidee manifestiert sich bereits in dem Villaging-Gedanken von Oliver (1999). Seine Überlegung basiert auf der Vorstellung, dass Konsumenten einen Gemeinschaftssinn dann spüren, wenn sie mit anderen gleiche Konsumwerte und gleiches Konsumverhalten teilen. Von ihm als konzeptionelle Gedanken präsentiert, erlauben die Ergebnisse der Studie den Schluss, dass Brand Communities über das Teilen einer gemeinsamen Marke tatsächlich Zugehörigkeit und auch Gemeinschaft bieten. Konsumenten erkennen die Regeln, Normen und Werte der Community an und unterwerfen sich diesen. Diesen physischen Kosten entgegen wirken die Mitgliedschaft, die Möglichkeit Freundschaften aufzubauen und der Schutz des Kollektivs als Belohnung.

(4) Die Studie von Thompson und Sinha

Die Studie von Thompson/Sinha (2008) untersucht die Wirkung von Brand Communities auf die Akzeptanz und Diffusion von Neuprodukten. Diese Untersuchung basiert auf zwei Gedanken: Mitglieder in Brand Communities entwickeln einerseits durch ihr soziales Engagement mit Gleichgesinnten eine Markenloyalität. Unternehmen sind daran interessiert, Menschen für die Mitgliedschaft und aktive Teilnahme in Brand Communities zu gewinnen, um dadurch die Nachfrage nach der eigenen Marke zu erhöhen. Andererseits entsteht durch das soziale Aufleben der Markenidentität auch eine Ablehnung von Konkurrenzmarken, es entwickelt sich eine „Oppositional Loyalty" (Muniz/Hammer 2001). Unternehmen versprechen sich davon, bei Mitgliedern von Brand Communities die Wahrscheinlichkeit zukünftiger Käufe von Konkurrenzmarken zu senken. Man profitiert demnach doppelt bei der Einführung von Neuprodukten: sie erhöhen die Akzeptanzrate bei existierenden Kunden und verkleinern sie bei Kunden der Konkurrenz.

In der Untersuchung wurden Längsschnittdaten von Mitgliedern erhoben, die vier unterschiedlichen Brand Communities angehören und in zwei Produktkategorien eingeteilt werden können. Durch diesen Forschungsansatz konnten die Autoren multiple Mitgliedschaften in unterschiedlichen Brand Communities untersuchen, eine Verzerrung, die bei alleiniger Betrachtung von einer einzelnen Community oft vernachlässigt wird. Im Fokus der Untersuchung lagen die Produktkategorien der x86 Mikroprozessoren der Marken AMD und Intel, sowie 3D Grafikkarten der Marken ATI und NVIDIA. In beiden Produktkategorien nahmen die zugehörigen Marken zusammen etwa einen Marktanteil von 98 Prozent ein. Über einen Zeitraum von drei Monaten wurden einerseits Produktinformationen dieser im Mittelpunkt stehenden Marken gesammelt, andererseits wurden zwei Internetforen identifiziert, in denen Computer Hardware und 3D Videokarten im Mittelpunkt standen und dort diskutiert wurden. Die Internetforen wurden zunächst auf die Charakteristika einer Brand Community überprüft. Anschließend wurden in dieser Untersuchung Informationen von circa 7.500 Nutzern aus den Foren gesammelt und analysiert. In die Erhebung eingeflossen sind vor allem Informationen aus Mailsignaturen, in denen die Nutzer ihre Computerkonfiguration angeben. So konnten die Nutzer den entsprechenden Marken im Fokus der Studie zugewiesen werden. Im wöchentlichen Rhythmus wurde kontrolliert, ob Nutzer ihre Hardware verändert haben. Weiterhin wurden u.a. die Anzahl an Postings in den einzelnen Internetforen, die Dauer der Mitgliedschaft in den Foren und Cross Postings in anderen Foren gemessen.

Die Autoren konnten ihre Hypothesen bestätigen, dass sich eine längere Mitgliedschaft sowie eine höhere aktive Teilnahme in Brand Communities signifikant positiv auf die Akzeptanz von Neuprodukten der präferierten Marke und signifikant negativ auf die Produktakzeptanz der Konkurrenzmarken auswirkt. Allerdings kann diese Annahme nicht gehalten werden, sofern die vergleichbaren Produkte der präferierten Marke nicht am Markt erhältlich sind. Dies ist etwa dann der Fall, wenn ein Unternehmen mit der Neuprodukteinführung die Konkurrenz kurzzeitig übertrumpft. Existiert eine große Brand Community, können First Mover erhebliche Wettbewerbsvorteile ausnutzen in Form höherer Akzeptanzraten und kürzere Akzeptanzzeiten gegenüber der Konkurrenz. Dadurch können Eintrittsbarrieren für Wettbewerber aufgebaut werden.

6. Implikationen für das Management von Kundenbeziehungen

Betrachtet man das Phänomen Brand Community und seine theoretische Basis, so geht es im Kern um einen Wandel von der transaktions- zur relationsbezogenen Perspektive, was einer Neudefinition der Austauschbeziehung zwischen Anbieter und Nachfrager zur Folge hat. Während das Transaktionsmarketing episodenhaft und auf einzelne Geschäfte ausgerichtet ist, ist die Relationsperspektive durch eine historisch-ganzheitliche Betrachtung der Anbieter-Kunden-Beziehung gekennzeichnet. Hier dominiert die dynamische Perspektive, bei der das Verhalten der Marktakteure nicht nur in eine Richtung beeinflusst werden soll, sondern ein Wechselspiel darstellt.

An dieser Stelle interessiert die Netzwerkperspektive, die in unterschiedlichen Ausprägungen existiert. Allen Varianten gemeinsam ist die Idee, die Interaktionen zwischen Individuen zu analysieren und im Sinne des Unternehmens zu gestalten. Dahinter stehen die im Rahmen der Studien gewonnenen Erkenntnisse, dass der Gruppensog oder die Verbreitung von Markenwissen die Loyalität der Kunden zur Marke treiben. Gleichzeitig gilt es, negative Gruppeneinflüsse zu vermeiden, die zu einem reaktanten Verhalten der Betroffenen führen. Die erzielten Ergebnisse suggerieren die Notwendigkeit, Interaktionen zwischen Kunden nicht als gegeben zu akzeptieren, sondern sie auf den beschriebenen Wegen zu steuern, immer in Anbetracht der Tatsache, dass sich Effekte auf die Markenloyalität ergeben. So verstanden schließt sich die Netzwerkorientierung an die zwei bereits etablierten Perspektiven zur Gestaltung von Austauschbeziehungen zwischen Anbieter und Nachfrager an.

Diese Diskussion bestätigt zudem Covas Postulat (1997, S. 303ff.) „… the link is more important than the thing …" in der Hinsicht, dass bei zahlreichen Produkten der soziale Wert, hier verstanden als Fähigkeit des Erzeugnisses, Interaktion mit anderen Individuen zu ermöglichen, den funktionalen Wert übertrifft. Damit bieten Brand Communities einem Manager die Möglichkeit, eine neue Dimension des psycho-sozialen Produktnutzens zu eröffnen, die von zentraler Bedeutung im Kampf um nachhaltige

Wettbewerbsvorteile sein kann. Ein Beispiel verdeutlicht diese Idee: In vielen Fällen lassen sich Erzeugnisse mit Produktmerkmalen versehen, die einer Formierung von Brand Communities zuträglich sind und den psycho-sozialen Wert des Guts verbessern. Ein Beispiel bilden Spielekonsolen wie Sony Playstation oder Microsoft Xbox, die in ihrer ersten Generation lediglich ein Spiel gegen den Computer ermöglichten. Die zweite Generation ließ bereits ein Spiel gegen einen Mitspieler zu, der jedoch physisch präsent sein musste. Konsolen der dritten Generation und Internet-Spiele erlauben Spielern auf der ganzen Welt, verbunden über das Internet, sich in Communities zu treffen und miteinander zu spielen. Die Spieler können Headsets mit Kopfhörer und Mikrofon verwenden, um mit den virtuell verknüpften Mitspielern in Echtzeit etwa über das Spiel zu diskutieren.

Literaturverzeichnis

Algesheimer, R. (2004): Brand Communities. Begriff, Grundmodell und Implikationen, Wiesbaden.

Algesheimer, R./Dholakia, U./Herrmann, A. (2005): The Social Influence of Brand Communities. Evidence from European Car Clubs, in: Journal of Marketing, Vol. 69, No. 3, S. 19-34.

Algesheimer R./Dholakia U. (2006): Community Marketing Pays, in: Harvard Business Review, Vol. 84, No. 11, S. 26-28.

Bagozzi, R.P./Dholakia, U.M. (2002): Intentional Social Action in Virtual Communities, in: Journal of Interactive Marketing, Vol. 16, No. 2, S. 2-21.

Bagozzi, R.P./Dholakia, U.M. (2006): Antecedents and Purchase Consequences of Customer Participation in Small Group Brand Communities, in: International Journal of Research in Marketing, Vol. 23, No. 1, S. 45-61.

Bearden, W.O./Etzel, M.J. (1982): Reference Group Influence on Product and Brand Purchase Decisions, in: Journal of Consumer Research, Vol. 9, No. 2, S. 183-194.

Beck, U. (1986): Risikogesellschaft, auf dem Weg in eine andere Moderne, Frankfurt am Main.

Bender, T. (1978): Community and Social Change in America, New Brunswick.

Bruhn, M. (2002a): Integrierte Kundenorientierung, Wiesbaden.

Bruhn, M. (2002b): Relationship Marketing: Managing Customer Relationships, Harlow.

Bruhn, M./Georgi, D. (2006): Services Marketing: Managing the Service Value Chain, Harlow.

Cova, B. (1997): Community and Consumption: Towards a Definition of the Linking Value of Products and Services, in: European Journal of Marketing, Vol. 31, No. 3/4, S. 297-316.

Cova, B. (1999): From Marketing to Societing: When the Link is More Important than the Thing, in: Borwnlie, D., Saren, M., Wensley, R., Whittington, R. (Hrsg.): Rethinking Marketing: Towards Critical Marketing Accountings, London, S. 64-83.

Cova, B./Cova, V. (2002): Tribal Marketing: The Tribalisation of Society and its Impact on the Conduct of Marketing, in: European Journal of Marketing, Vol. 36, No. 5/6, S. 595-620.

Cova, B./Pace, S. (2006): Brand Community of Convenience Products: New Forms of Customer Empowerment – the Case „My Nutella the Community", in: European Journal of Marketing, Vol. 40, No. 9/10, S. 1087-1105.

Dholakia, U.M./Bagozzi, R.P./Klein, L.P. (2004): A Social Influence Model of Consumer Participation in Network- and Small-Group-Based Virtual Communities, in: International Journal of Research in Marketing, Vol. 21, No. 3, S. 241-263.

Gross, P. (1994): Die Multioptionsgesellschaft, Frankfurt am Main.

Hagel, J./Armstrong, A.G. (1997): Net Gain: Expanding Markets Through Virtual Communities, Boston.

Holt, D.B. (1997): Poststructuralist Lifestyle Analysis: Conceptualizing the Social Patterning of Consumption in Postmodernity, in: Journal of Consumer Research, Vol. 23, No. 4, S. 326-350.

Keller, K.L. (2003): Brand Synthesis: The Multidimensionality of Brand Knowledge, in: Journal of Consumer Research, Vol. 29, No. 4, S. 595-600.

Kozinets, R.V. (1999): E-Tribalized Marketing? The Strategic Implications fo Virtual Communities of Consumption, in: European Management Journal, Vol. 17, No. 3, S. 252-264.

Kozinets, R.V. (2001): Utopian Enterprise: Articulating the Meanings of Star Trek's Culture of Consumption, in: Journal of Consumer Research, Vol. 28, No. 1, S. 67-87.

Kozinets, R.V. (2002): Can Consumers Escape the Market? Emancipatory Illuminations from Burning Man, in: Journal of Consumer Research, Vol. 29, No. 1, S. 20-38.

Maffesoli, M. (1996): The Time of the Tribes: The Decline of Individualism in Mass Society, Oxford.

McAlexander, J.H./Schouten, J.W. (1998): Brandfests: Servicescapes for the Cultivation of Brand Equity, in: Sherry, J.F. (Hrsg.): Servicescapes: The Concept of Place in Contemporary Markets, Chicago, S. 377-402.

McAlexander, J.H./Schouten, J.W./Koenig, H.F. (2002): Building Brand Community, in: Journal of Marketing, Vol. 66, No. 1, S. 38-54.

Muniz, A.M. Jr./Hammer, L.O. (2001): Us Versus Them: Oppositional Brand Loyalty and the Cola Wars, in: Gilly, M.C./Meyers-Levy, J. (Hrsg.): Advances in Consumer Research, Vol. 28, No. 1, Valdosta/GA: Association for Consumer Research, S. 355-361.

Muniz, A.M.Jr./O'Guinn, T.C. (2001): Brand Community, in: Journal of Consumer Research, Vol. 27, No. 4, S. 412-432.

Muniz, A.M. Jr./Schau, H.J. (2005): Religiosity in the Abandoned Apple Newton Brand Community, in: Journal of Consumer Research, Vol. 31, No. 4, S. 737-747.

Oliver, R.L. (1999): Whence Consumer Loyalty?, in: Journal of Marketing, Vol. 63, No. 4, S. 33-44.

Putnam, R.D. (1995): Bowling Alone: America's Declining Social Capital, in: The Journal of Democracy, Vol. 6, No. 1, S. 65-78.

Putnam, R. (2000): Bowling Alone: The Collapse and Revival of American Community, New York.

Rheingold, H. (1993): The Virtual Community: Homesteading on the Electronic Frontier, Reading.

Schouten, J.W./McAlexander, J.H. (1995): Subcultures of Consumption: An Ethnography of the New Bikers, in: Journal of Consumer Research, Vol. 22, No. 1, S. 43-61.

Thiedeke, U. (2000): Virtuelle Gruppen. Begriff und Charakteristik, in: Thiedecke, U. (Hrsg.): Virtuelle Gruppen. Charakteristika und Problemdiskussionen, Wiesbaden, S. 23-73.

Thompson, S.A./Sinha, R.V. (2008): Brand Communities and New Product Adoption. The Influence and Limits of Oppositional Loyalty, in: Journal of Marketing, Vol. 72, No. 6, S. 65-80.

Wellman, B./Gulia, M. (1999): Virtual Communities as Communities: Net Surfers Don't Ride Alone, in: Wellman, B. (Hrsg.): Networks in the Global Village, Boulder, S. 331-366.

Franz-Rudolf Esch/Kerstin Hartmann/ Dominika Gawlowski

Interne Markenführung zum Aufbau von Mitarbeiter-Marken-Beziehungen

1. Bedeutung der Marke für die Mitarbeiter und der Mitarbeiter für die Marke

2. Wissen, Identifikation und Commitment als Determinanten der Mitarbeiter-Marken-Beziehung

3. Wirkung der Mitarbeiter-Marken-Beziehungen

4. Gestaltung der Internen Markenführung zur Stärkung der Mitarbeiter-Marken-Beziehungen
    4.1 Notwendigkeit zur Schaffung fördernder Rahmenbedingungen für positive Markenbeziehungen
    4.2 Nutzung verschiedener Instrumente zur Stärkung der Mitarbeiter-Marken-Beziehungen

5. Fazit: An die Marke gebundene Mitarbeiter stellen ein wertvolles Asset der Markenführung dar

Prof. Dr. Franz-Rudolf Esch, Universitätsprofessor für Betriebswirtschaftslehre mit dem Schwerpunkt Marketing und Direktor des Instituts für Marken- und Kommunikationsforschung an der Justus-Liebig-Universität Gießen sowie Gründer und wiss. Beirat von ESCH. The Brand Consultants, Saarlouis. Dipl.-Kffr. Kerstin Hartmann, Doktorandin an der Professur für Marketing an der Justus-Liebig-Universität Gießen. Dipl.-Kffr. Dominika Gawlowski, Doktorandin an der Professur für Marketing sowie wissenschaftliche Mitarbeiterin an der Professur für Marketing und Projektmitarbeiterin am Institut für Marken- und Kommunikationsforschung der Justus-Liebig-Universität Gießen.

1. Bedeutung der Marke für die Mitarbeiter und der Mitarbeiter für die Marke

Mitarbeiter gelten als „the organization's most valuable asset" (Papasolomou-Doukakis 2002, S. 87). Dies ist spätestens seit den Zeiten des „war for talents" bekannt, dem Krieg um die besten Mitarbeiter. Die Erkenntnis, dass Mitarbeiter auch „the brands most valuable asset" darstellen können, hat sich erst in den letzen Jahren durchgesetzt. Die Bedeutung der Mitarbeiter für die Markenführung basiert darauf, dass es nicht allein damit getan ist, eine Marke durch bunte Bilder und schöne Anzeigen in der klassischen Kommunikation aufzubauen, sondern dass das in der Werbung aufgebaute Markenversprechen an allen weiteren Kontaktpunkten eingelöst werden muss (Esch et al. 2008, S. 123). Um die integrierte Kommunikation (Bruhn 2006a; Esch 2006) wirksam über alle Kontaktpunkte umsetzen zu können, wird zu Recht gefordert, dass insbesondere die Mitarbeiter mit Kundenkontakt die Markenidentität kennen und entsprechend handeln müssen. Vor allem in der Kommunikationsabteilung sollte die Bedeutung und Notwendigkeit integrierter Kommunikation bekannt sein (Bruhn, 2006b, S. 26). Das Ziel ist, dass alle Mitarbeiter die Marke gegenüber dem Kunden „leben" (de Chernatony 2001, S. 34; Tosti/Stotz 2001, S. 28ff.; Esch et al. 2006). Dies lässt sich an einem einfachen Beispiel verdeutlichen: Betritt man beispielsweise ein BMW- und/oder ein MINI-Autohaus, erwartet man von dem Personal neben den Hygienefaktoren Freundlichkeit und Kompetenz entsprechend der Markenidentität unterschiedliches Auftreten. Während der BMW-Mitarbeiter seriös und mit entsprechenden Umgangsformen ausgestattet auftreten sollte, darf im Gegensatz dazu der Mini-Mitarbeiter unkonventioneller und legerer dem Kunden gegenübertreten (Esch et al. 2008, S. 123). Die Bedeutung der Mitarbeiter für die Bildung des Markenimages ist in Abbildung 1 veranschaulicht.

Die Grundvoraussetzung für das „Leben der Marke" ist eine positive Beziehung des Mitarbeiters zu der Marke, für die er arbeitet. Basis hierfür ist seine gefühlte Bindung („Commitment") an diese Marke. Die Verbundenheit ist auch über das markenkonforme Verhalten hinaus von Bedeutung: Zahlreiche Studien konnten den Zusammenhang zwischen dem Mitarbeiterengagement, und damit der Markenbindung, mit dem Unternehmenserfolg nachweisen (Esch 2008, S. 126). Gallup (2009) ermittelte allerdings, dass 87 Prozent aller Mitarbeiter in Deutschland kein oder nur geringes Commitment zu ihrem Unternehmen aufweisen und bezifferte den daraus resultierenden volkswirtschaftlichen Schaden auf 81,2 bis 109 Mrd. EUR (Gallup 2009). Diese Zahlen untermauern die Notwendigkeit der Stärkung des Markencommitments bei den Mitarbeitern (Esch et al. 2008, S. 123).

Abbildung 1: *Rolle der Mitarbeiter beim Aufbau des Markenimages*
(Quelle: in Anlehnung an Esch et al. 2005, S. 988)

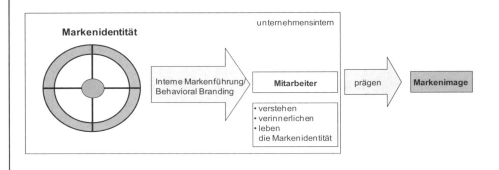

Um die Marken im Unternehmen zu verankern und das Markencommitment zu stärken, muss die interne Markenführung an zwei Punkten ansetzen:

(1) Die Führungskräfte müssen die Marke verstehen, damit sie die Maßnahmen markenkonform gestalten können und danach handeln.

(2) Die Mitarbeiter können die Marke nur dann leben, wenn sie diese auch verstehen und sich mit ihr identifizieren (Esch/Hartmann 2008, S. 58).

Ziel dieses Beitrags ist die Analyse, wie interne Markenführung eingesetzt werden kann, um eine positive Mitarbeiter-Marken-Beziehung zu erreichen. Dazu werden im nächsten Abschnitt die Determinanten sowie nachfolgend die Wirkungsweisen der Mitarbeiter-Marken-Beziehungen dargestellt. Im Anschluss daran werden verschiedene Instrumente der internen Markenführung zu ihrer Wirkung auf die Mitarbeiter-Marken-Beziehungen untersucht.

2. Wissen, Identifikation und Commitment als Determinanten der Mitarbeiter-Marken-Beziehung

Um mit interner Markenführung die Mitarbeiter-Marken-Beziehungen zu beeinflussen und verbessern zu können, ist ein grundlegendes Verständnis der Wirkungsbeziehungen notwendig. Diese Wirkungszusammenhänge lassen sich an der Wertkette des Behavioral Brandings veranschaulichen (Abbildung 2). Unter Behavioral Branding werden alle Maßnahmen verstanden, die dazu geeignet sind, den Aufbau und die Pflege von Marken durch zielgerichtetes Verhalten und persönliche Kommunikation zu stützen (Tomczak et al. 2005, S. 29; Kernstock 2008, S. 7). Nach dieser Wertkette führen Markenwissen und Identifikation mit der Marke zum Markencommitment. Dieses resultiert in markenunterstützendem Verhalten, was wiederum das Markenimage stärkt (Esch et al. 2006, S. 410; Esch 2008, S. 127). Wissen, Identifikation und Commitment werden hier als Determinanten der Mitarbeiter-Marken-Beziehungen verstanden, die zu markenkonformen Verhalten und entsprechender Stärkung des Markenimages führen.

Abbildung 2: *Wertkette der internen Markenführung*
(Quelle: Esch 2008, S. 127)

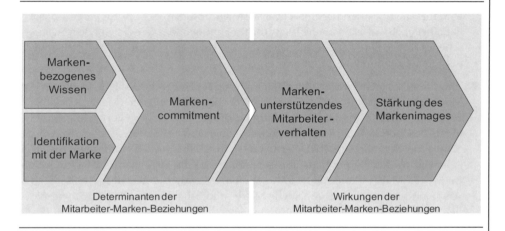

Das Markencommitment gilt als Schlüsselkonstrukt für markenkonformes Verhalten. Unter Commitment wird die Bindung an ein Objekt verstanden. Das Commitment-Konstrukt wurde erst in den letzten Jahren aus dem Bereich des organisationalen Commitments (vgl. exemplarisch Meyer/Allen 1997) auf die Marke adaptiert (vgl. exemplarisch Zeplin 2006 und Strödter 2008). So versteht Zeplin unter Markencommitment die psychologische Bindung eines Mitarbeiters an die Marke (Zeplin 2006, S. 85). Als grundlegend für die Adaption auf den Markenkontext kann die prominenteste Klassifikation des organisationalen Commitments nach Meyer und Allen (1991; 1997) angesehen werden. Die Autoren unterscheiden auf Basis einer Analyse der bis dato herrschenden Commitment-Definitionen drei Komponenten des Commitments, die nicht unabhängig voneinander sind, sondern gleichzeitig erlebt werden können (Meyer/Allen 1997, S. 13):

■ *Fortsetzungsbezogenes Commitment*: Die englische Bezeichnung „Continuance Commitment" wird mit fortsetzungsbezogenem oder rationalem Commitment übersetzt und fußt auf rationalen Kosten-Nutzen-Überlegungen. Diese Commitment-Komponente basiert auf der Seitenwetten-Theorie nach Becker (1960). Danach stellt der Mitarbeiter Kosten-Nutzen-Überlegungen hinsichtlich seines Verbleibs im Unternehmen an, wobei insbesondere die Anzahl der möglichen Alternativen und die bereits getätigten Investments in die Organisation, den Ausschlag für den Verbleib geben. „Seitenwetten", die die Kosten des Wechsels erhöhen, sind beispielsweise der Erwerb von Pensionsansprüchen, die beim Verlassen des Unternehmens wegfallen würden, oder unternehmensspezifische Weiterbildung. Hohes fortsetzungsbezogenes Commitment bedeutet, dass der Mitarbeiter im Unternehmen verbleibt, weil er die mit einem Wechsel verbundenen Kosten als zu hoch empfindet. Der Mitarbeiter verlässt das Unternehmen nicht, weil er zu viel zu verlieren hat (Meyer/Becker/van Dick 2006, S. 666). Er verbleibt demnach im Unternehmen, weil er dies muss (Meyer/Allen 1991, S. 67). In Bezug auf die Marke kann beispielsweise eine hohe Identifikation mit den Markenwerten oder ein angesehenes Image der Marke die Kosten des Wechsels erhöhen und das fortsetzungsbezogene Commitment fördern.

■ *Affektives Commitment*: Der Mitarbeiter empfindet eine emotionale Bindung an die Marke und bleibt im Unternehmen, weil er dies gerne möchte (Meyer/Allen 1984, S. 373). Durch die emotionale Bindung an die Marke ist diese Form des Commitments besonders stark mit positiven Konsequenzen verbunden (Esch et al. 2008, S. 124). Eine der wichtigsten Determinanten des affektiven Commitments ist das Ausmaß, in dem Individuen ihre eigenen Werte als zu denen der Organisation (bzw. der Marke) kongruent wahrnehmen (Mowday/Porter/Steers 1982, S. 26). Angle und Perry (1981, S. 4f.) sowie Mayer und Schoorman (1992, S. 673) bezeichnen diese Form des Commitments daher auch treffend als Wertecommitment (Esch et al. 2008, S. 237). Dies verdeutlicht die Bedeutung des affektiven Commitments für die interne Markenführung: Kann sich der Mitarbeiter sehr stark mit den Markenwerten identifizieren, wirkt sich dieser Fit positiv auf das affektive Commitment zur Marke aus.

■ *Normatives Commitment*: Fühlt sich ein Mitarbeiter aus moralisch-ethischen Gründen mit der Organisation verbunden, liegt normatives Commitment vor (van Dick 2004, S. 3). Gründe für eine moralisch-ethische Bindung können beispielsweise folgende Überlegungen sein: „Die Firma hat meine Ausbildung bezahlt, jetzt darf ich sie nicht einfach verlassen" oder „Mein Vorgesetzter hat mich immer unterstützt, ich kann ihn nicht enttäuschen" (van Dick 2004, S. 3). Der Mitarbeiter verbleibt im Unternehmen, weil er sich verpflichtet fühlt (Meyer/Allen 1991, S. 67; 1997, S. 11).

Diese drei Komponenten können von unterschiedlichen Antezedenten beeinflusst werden und sind mit spezifischen Konsequenzen verbunden. Von besonderer Bedeutung für die nachfolgenden Ausführungen ist insbesondere das affektive Commitment, da dieses auf einer emotionalen Bindung zur Organisation basiert und besonders stark mit wünschenswerten Verhaltensweisen verbunden ist (Meyer et al. 2002).

Identifikation und *Markenwissen* werden entsprechend der Wertkette als dem Commitment vorgelagerte Größen verstanden. Auch wenn die Abgrenzung zwischen Identifikation und Commitment in der Literatur nicht unumstritten ist, wird in aktuellen Publikationen davon ausgegangen, dass beide Konstrukte unterscheidbar sind und miteinander in Beziehung stehen, d. h., dass die Identifikation das Commitment positiv beeinflusst (Cole/Bruch 2006, S. 589; Meyer/Becker/van Dick 2006, S. 668). Insbesondere ist anzunehmen, dass die Identifikation mit den Markenwerten das Commitment zur Marke fördert. Daneben ist das Markenwissen von hoher Bedeutung. Der Mitarbeiter muss die Marke und ihre Werte kennen, um sie in Verhalten umsetzen zu können. Der internen Markenführung kommt daher als zentrale Aufgabe zu, das Markenwissen der Mitarbeiter zu formen und das Commitment zur Marke zu stärken. Hierfür es erforderlich, dass man die in der Markenidentität festgelegten wesensprägenden Merkmale der Marke den Mitarbeitern vermittelt (Esch 2008).

3. Wirkung der Mitarbeiter-Marken-Beziehungen

Auch im Bereich der Mitarbeiter-Marken-Beziehung ist die *Markenbeziehungsqualität* von entscheidender Bedeutung (Zeplin 2006, S. 19ff.; Esch/Strödter 2008a, S. 144ff.). Zur Untersuchung der Mitarbeiter-Marken-Beziehungen bietet sich ein Rückgriff auf die Erforschung der zwischenmenschlichen sowie der Konsumenten-Marken-Beziehungen an.

Die Forschung zu zwischenmenschlichen Beziehungen zeigt, dass grundsätzlich in „Exchange Relationships" und in „Communal Relationships" unterschieden werden kann (Clark/Mills 1979; Clark 1984; Clark/Mills/Powell 1986). *Exchange Relationships* sind reine Austauschbeziehungen, d. h. eine Person erwartet, dass sie für eine Leistung im Gegenzug eine vergleichbare zurückbekommt. Batson (1993) beschreibt die Haltung in Exchange Relationships mit „quid pro quo" nach dem vorherrschenden Motto „Gibst du mir, geb' ich dir" (Batson 1993, S. 677). Im Kontrast dazu sind Communal Relationships dadurch gekennzeichnet, dass keine direkte Gegenleistung erwartet wird, sondern der durch die Leistung entstehende Nutzen im Wohlergehen des anderen liegt. Dennoch sind auch *Communal Relationships* nicht als altruistisch einzuschätzen, da die erwartete Gegenleistung nur in anderer Form erwartet wird (Batson 1993). Während die Exchange-Beziehung sich auf die Befriedigung rationaler Nutzen bezieht, ist die Communal-Beziehung von mit der Beziehung verbundenen Gefühlen geprägt (Clark/Mills 1979; Clark 1984; Clark et al. 1986; Esch et al. 2006).

Die Forschung im Konsumenten-Markenkontext zeigt, dass Markenbeziehungen eine starke Ähnlichkeit zu zwischenmenschlichen Beziehungen aufweisen (Fournier/Yao 1997; Fournier 1998). Fournier konnte, aufbauend auf qualitativen Interviews, verschiedene Markenbeziehungsformen zwischen Konsumenten und Marken ableiten (Fournier 1998; 2005). Wenn Konsumenten Beziehungen zu Marken aufbauen, liegt der Schluss nahe, dass auch Mitarbeiter unterschiedliche Beziehungen zu ihren (Arbeitgeber-)Marken erschaffen können.

Überträgt man die Exchange- und Communal-Beziehungen auf die Mitarbeiter-Marken-Beziehungen ist davon auszugehen, dass bei Exchange-Beziehungen markenkonformes Verhalten gezeigt wird, um die Marke zu unterstützen. Es ist anzunehmen, dass insbesondere das affektive Commitment eine Communal-Beziehung fördert. Demgegenüber ist zu erwarten, dass Exchange-Beziehungen stark mit fortsetzungsbezogenem Commitment verbunden sind, da rationale Kosten-Nutzen-Überlegungen dominieren und der Mitarbeiter nur bereit ist, sich für die Marke anzustrengen, wenn er dafür eine direkte Gegenleistung, z. B. in Form von Bezahlung, erhält.

Auch die Fournier-Beziehungstypen (Fournier 1998; 2005) scheinen Analogien in den Mitarbeiter-Marken-Beziehungen zu haben. So ist vorstellbar, dass Mitarbeiter eine Beziehung wie „Engagierte Partnerschaften", die durch „langfristige, freiwillig eingegangene und sozial unterstützte Gemeinschaften mit Liebe, Intimität, Vertrauen und dem Engagement, trotz widriger Umstände zusammenzubleiben" (Fournier 2005, S. 226) gekennzeichnet ist, ein Pendant in den Mitarbeiter-Marken-Beziehungen findet. Ein weiteres Beispiel der Fournier-Beziehungen, die im Mitarbeiter-Kontext vorstellbar sind, sind „Beste Freundschaften", deren Kennzeichen langfristige, freiwillige und auf Gegenseitigkeit beruhende Beziehungen sind, bei denen Übereinstimmung bezüglich der Vorstellungen und Interessen der Partner herrschen (Fournier 1998; 2005, S. 226). Beide Beziehungsformen liegen im Mitarbeiter-Marken-Kontext dann vor, wenn die Mitarbeiter auf eigenen Wunsch und gerne für die Marke arbeiten. Sie werden zu dieser Marke affektives Commitment aufweisen. Beziehungen wie „arrangierte Hochzeiten" (unfreiwillige Gemeinschaft, auferlegt durch die Präferenz einer dritten Partei; Fournier 2005, S. 226) oder „Zweckmäßigkeits-Ehen" (langfristige, engagierte Verbindungen, durch äußere Einflüsse und weniger durch bewusste Wahl vorgegeben, bestimmt durch Zufriedenheitsmaßstäbe; Fournier 2005, S. 226) sind ebenfalls im Mitarbeiter-Marken-Kontext vorstellbar, wenn der Arbeitnehmer, beispielsweise aufgrund von Zeitarbeit oder aus Mangel an Alternativen, für die Marke arbeitet. Es ist anzunehmen, dass diese Beziehungstypen stark mit fortsetzungsbezogenem Commitment verbunden sind und das markenkonforme Verhalten durch Anreizsysteme sichergestellt werden muss. Die Zusammenhänge zwischen Commitment, Markenbeziehungen und markenkonformem Verhalten sind in Abbildung 3 veranschaulicht.

Abbildung 3: *Zusammenhänge zwischen Commitment, Markenbeziehungen und markenkonformem Verhalten*

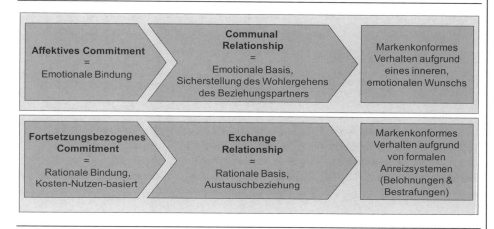

4. Gestaltung der Internen Markenführung zur Stärkung der Mitarbeiter-Marken-Beziehungen

4.1 Notwendigkeit zur Schaffung fördernder Rahmenbedingungen für positive Markenbeziehungen

Für das Commitment, und damit für die Mitarbeiter-Marken-Beziehungen, gibt es grundlegende „Hygiene-Bedingungen", die eine starke Auswirkung auf das Organisationale und in dessen Folge auch auf das Markencommitment haben, ohne dass sie direkt durch interne Markenführung zu beeinflussen sind.

Es zeigt sich, dass Mitarbeiter häufig als Bedingung oder als „Gegenleistung" für ihre Bindung an Unternehmen oder Marke erwarten, dass sie „gut behandelt werden", d. h., es bestehen positive Rahmenbedingungen. Jene reziproke Beziehung ist in Abbildung 4 verdeutlicht. Diese Gegenleistung kann auch bei Communal-Beziehungen auftreten, da in diesen zwar kein direktes Äquivalent auf ein gezeigtes Verhalten erwartet wird, sie aber dennoch nicht altruistisch geprägt sind (Batson 1993).

Abbildung 4: *Wirkungsbeziehung zwischen Mitarbeitern und Unternehmen bzw. Marke (Quelle: eigene Darstellung)*

Die gefühlte „gute Behandlung" lässt sich wissenschaftlich in dem Konstrukt des *Perceived Organizational Support* (POS), also als empfundene Unterstützung des Mitarbeiters durch das Unternehmen operationalisieren. Teil des POS ist beispielsweise die Wertschätzung, die die Mitarbeiter von ihrem Arbeitgeber erfahren, oder die Unterstützung bei Problemen. Studienergebnisse belegen, dass der POS das affektive Commitment fördert (Eisenberger et al. 1986, S. 500ff.; Meyer et al. 2002, S. 38). Darüber hinaus ist affektives Commitment stark mit den verschiedenen Formen der empfundenen *Gerechtigkeit* sowie mit *transformationaler Führung* verbunden (Meyer et al. 2002, S. 38). Transformationale Führung ist durch idealisierten Einfluss, inspirationale Motivation und intellektuelle Stimulation sowie individuelle Berücksichtigung gekennzeichnet (Bass/Avolio 1993, S. 112; Avolio/Bass/Jung 1999, S. 442; Esch et al. 2008, S. 246). Entscheidend, sowohl für das Führungsverhalten als auch für das Commitment, ist das Vorbildverhalten des CEOs (Esch/Knörle 2008, S. 351ff.). Dieser muss mit gutem Beispiel vorangehen und die Marke nach innen und außen leben. Einflussfaktoren dieser Art werden hier als Hygienefaktoren für die Bildung des Markencommitments und in dessen Folge einer positiven Mitarbeiter-Marken-Beziehung gesehen.

Weiteren Einfluss auf die Mitarbeiter-Marken-Beziehung üben auch formale *Entlohnungssysteme* aus. Entsprechend der Anreiz-Beitrags-Theorie (Barnard 1938; March/ Simon 1958; Simon 1976) ist davon auszugehen, dass mit materiellen Anreizen markenkonformes Verhalten gefördert werden kann (Esch/Strödter 2008b, S. 63). Dies zeigt sich jedoch nicht aufgrund von affektivem Commitment oder aufgrund einer Communal-Beziehung, sondern resultiert eher aus einer Austauschbeziehung, basierend auf fortsetzungsbezogenem Commitment.

Auch die *Personalauswahl* hat einen entscheidenden Einfluss auf die Mitarbeiter-Marken-Beziehungen. Eine aktuelle Studie von Strödter (2008) konnte zeigen, dass ein hoher Fit zwischen den Werten des Mitarbeiters und den Markenwerten das affektive Commitment positiv beeinflusst (Strödter 2008). Es gilt daher, schon bei der Auswahl der Bewerber statt den „High Potentials" vielmehr die „Right Potentials" zu rekrutieren, die von Beginn an eine hohe Affinität zur Marke und einen hohen Fit zu den Markenwerten aufweisen. Dies sollte über markenbezogenes Arbeitgebermarketing („Employer Branding") sowie über entsprechende Selektionskriterien geschehen (Esch et al. 2008, S. 233ff.). Sind die Right Potentials eingestellt, muss die vorhandene positive Beziehung zur Marke über interne Markenführung ausgebaut und das affektive Commitment der Mitarbeiter gefördert werden.

4.2 Nutzung verschiedener Instrumente zur Stärkung der Mitarbeiter-Marken-Beziehungen

Als Instrumente der internen Markenführung lassen sich grundlegend persönliche und Massenkommunikation unterscheiden, die jeweils verschiedene Instrumente umfassen. Alle diese Kommunikationsinstrumente haben mannigfaltige Stärken und Schwächen – sie sind daher zu orchestrieren und aufeinander abzustimmen, damit sie sich bestmöglich ergänzen. Grundsätzlich sollte sich das Kommunikationskonzept durch eine ausgewogene Mischung persönlicher und massenmedialer Kommunikation auszeichnen, um die Vorteile beider Kommunikationsinstrumente nutzen zu können und alle Mitarbeiter optimal anzusprechen (Esch et al. 2006). Die Vorteile der Massenkommunikation bestehen in der großen unternehmensinternen Reichweite, die der persönlichen Kommunikation in den Interaktionsmöglichkeiten und der Flexibilität, mit der gezielt auf die Informationsbedürfnisse des Kommunikationspartners eingegangen werden kann.

Instrumente der internen Massenkommunikation sind beispielsweise das Intranet, die Mitarbeiterzeitung, ein Markenhandbuch, Informationsbroschüren, das Schwarze Brett, Infoterminals oder das Business TV. Mit Blick auf die Wertkette der internen Markenführung eignet sich die Massenkommunikation vor allem zum Aufbau von Markenwissen. Als ihr grundlegendes Instrument zur Sensibilisierung für markenkonformes Verhalten und zur Vermittlung der Markenwerte, bietet sich eine interne Markenkampagne an (siehe dazu ausführlich Esch 2008, S. 173ff.). Bei der Gestaltung einer solchen internen Kampagne ist sicherzustellen, dass neben der Vermittlung der Markenwerte auch Anregungen zur Umsetzung in Verhaltensweisen gegeben werden. In der Realisierung der internen Kampagnen bietet sich an, sowohl die visuellen Motive als auch die Headlines und Slogans auf das Ziel der Kampagne abzustimmen. In den Bildmotiven können beispielsweise idealtypische markenwertkonforme Verhaltensweisen verdeutlicht werden, um zu zeigen, wie sich der Mitarbeiter gegenüber seinen Kollegen und Kunden gemäß den Werten der Marke verhalten soll. Bezieht man wichtige Führungskräfte oder gar den Vorstand in solche Kampagnen ein, steigt die Wahrscheinlichkeit, dass die Werte für das eigene Verhalten übernommen werden. Führungspersönlichkeiten wirken besonders glaubwürdig und genießen in der Regel einen Expertenstatus. Dies setzt allerdings voraus, dass ein Fit zwischen den Führungskräften und der Marke vorhanden ist und der Vorstand durch sein bisheriges Handeln ein positives Bild bei den Mitarbeitern abgegeben hat. Alternativ können auch Abteilungsleiter oder herausragende Mitarbeiter in die Kampagnen miteinbezogen werden. Diese Aktionen sollten ferner die Relevanz markenkonformen Verhaltens betonen (Gürntke/ Inglsperger 2005). Eine solche interne Kampagne wurde beispielsweise von ratiopharm geschaltet. Sie lief unter dem Motto „Act Orange!" und forderte durch die Claims die Mitarbeiter permanent dazu auf, sich markenkonform zu verhalten. In der Initiative wurden verschiedene Anforderungen der Mitarbeiter an die Marke verdeutlicht: Hierzu zählten beispielsweise „Jeder Mitarbeiter ist mitverantwortlich für die Marke ratiopharm", „Überlege, wie Du bei Deiner täglichen Arbeit zur Entfaltung der Marke ratiopharm beitragen kannst" und „Trage dazu bei, dass sich die Außenwelt in ihrer Meinung über ratiopharm positiv bestätigt fühlt" (Gosnell 2004). Bei O2 werden hingegen so genannte „Can do Stories" im Intranet veröffentlicht, die das gewünschte Mitarbeiterverhalten beschreiben (Zeplin 2006, S. 120f.). Solche Kampagnen sollten gemäß den Erkenntnissen zur integrierten Kommunikation (Esch 2006), abgestimmt über alle massenmedialen Kommunikationsinstrumente, wie die Mitarbeiterzeitung, Business-TV, E-Mails oder das Intranet, verbreitet werden, um die durch die Kommunikation erzeugten Eindrücke zu vereinheitlichen. Es kann zwischen inhaltlicher, formaler und zeitlicher Integration differenziert werden (Bruhn 2005, S. 90f.). Gleichzeitig sollte bei solchen Kampagnen auch die Möglichkeit gegeben sein, sich als Mitarbeiter über die Marke näher zu informieren. Hierzu eignet sich insbesondere das Intranet. Ernst & Young haben z. B. eine Webseite namens „The Branding Zone" eingerichtet, auf der sich die Mitarbeiter über die Marke und die Kommunikation informieren können (Davis 2005, S. 236, siehe dazu auch: Esch et al. 2008, S. 175f.). Als ergänzende Kommunikationsmaßnahmen sind z. B. die Verteilung einer Markenzeitschrift oder eines „Brand Books" an die Mitarbeiter genauso denkbar, wie Markenidentitätskarten, welche die zentralen Werte der Marke skizzieren. Ritz Carlton verteilt beispielsweise an seine Mitarbeiter kleine Kärtchen mit dem Brand Credo und den zwölf Servicewerten, die die Mitarbeiter immer bei sich tragen sollen (Strödter 2008, S. 20).

In Bezug auf die Massenkommunikation betont Bruhn (2002) die Bedeutung von multimedialen Kommunikationskanälen, wie beispielsweise Direct Mailing, Internet oder Business TV. Diese ermöglichen die Interaktion zwischen externen und internen Anspruchsgruppen (Bruhn 2002, S. 145, 261). Gerade Interaktionsmöglichkeiten scheinen für das Commitment von besonderer Bedeutung: Wenn der Mitarbeiter die Möglichkeit hat, commitmenthemmende Zustände (z. B. mangelnde empfundene Wertschätzung) zu äußern, können entsprechende Gegenmaßnahmen ergriffen werden.

Problematisch an der Massenkommunikation ist zum einen, dass die Interaktionsmöglichkeiten begrenzt sind, und dass das Interesse der Mitarbeiter, insbesondere derer, die in ihrer täglichen Arbeit keinen direkten Kontakt mit der Marke haben, eher gering ist. Die Wirkung der Massenkommunikation darf daher nicht überschätzt werden. Vielmehr eignet sie sich lediglich dazu, die Markenwerte breit zu kommunizieren und für die Marke zu sensibilisieren. Um ihre Nachteile zu kompensieren, muss persönliche Kommunikation ergänzend eingesetzt werden. Vor allem deren Vermittlung durch die Führungskräfte spielt eine zentrale Rolle, wenn diese in ihrem Verantwortungsbereich als Markenbotschafter fungieren und ihre Mitarbeiter entsprechend ausbilden. Besonders in kritischen Phasen kommt der persönlichen Kommunikation eine primäre Bedeutung zu (Esch et al. 2006).

Bei der *persönlichen Kommunikation* lässt sich die interne in horizontale Kommunikation, die die der Mitarbeiter untereinander umfasst, und vertikale Kommunikation, welche die der Vorgesetzten mit den Mitarbeitern bezeichnet, unterscheiden (Bruhn 2002, S. 130). Hierbei ist insbesondere die Rolle der Führungskräfte herauszustellen. So ist beispielsweise Mentoring ein wichtiger Baustein im Rahmen der markenbezogenen Sozialisation (siehe dazu ausführlich Esch et al. 2008, S. 173ff.). Die Führungskräfte fungieren für die Mitarbeiter als Vorbilder, an denen sie ihr Verhalten und ihre Wertvorstellungen ausrichten, und sind somit ein kritischer Erfolgsfaktor für deren markenkonformes Verhalten. In der Mentoren-Mitarbeiter-Beziehung müssen die Mentoren stets darauf achten, dass sie durch ihr Verhalten den neuen Mitarbeitern die Werte der Marke im Arbeitsalltag idealtypisch vermitteln. Zusätzlich können sie auch gezielt das Storytelling einsetzen, um diese für das „Leben der Marke" sensibilisieren (Esch et al. 2008, S. 175). Nike setzt die markenbefürwortenden Führungskräfte als Storyteller ein, die mittels Legenden das markenbezogene Denken und Verhalten fördern (Ind 2004).

Besonders wichtig für die Umsetzung der Markenwerte für die Mitarbeiter mit Kundenkontakt sind Markentrainings und -schulungen (siehe dazu im Folgenden Esch et al. 2008). Dazu bietet sich an, typische Situationen des Mitarbeiteralltags unter Berücksichtigung der Werte wiederholt zu üben. Trainer, die auch die Vorgesetzten sein können, müssen das Verhalten bewerten und auf Abweichungen von den durch die Markenwerte vorgegebenen Verhaltensweisen aufmerksam machen. Solche Trainings erlauben einen direkten Transfer des Gelernten in die Alltagssituation am Arbeitsplatz und bauen durch das erworbene Transferwissen Fähigkeiten auf, um die Marke zu leben (Esch et al. 2008, S. 174). So werden beispielsweise Mitarbeiter von Ritz Carlton pro Jahr ca. 120 Stunden in einem Trainingsprogramm namens „The Gold Standard" trainiert, um bei ihnen eine positive Einstellung gegenüber der Marke und dem markenkonformen Verhalten aufzubauen (Davis 2005, S. 237f.). Die Markenakademie von BMW kann in diesem Kontext als weiteres Erfolgsbeispiel für die Schulung neuer Führungskräfte und Mitarbeiter für die Marken BMW, Mini und Rolls Royce angeführt werden. Da zahlreiche Unternehmen nicht über solche Trainingscenter verfügen, können auch weniger aufwendige Trainings durchgeführt werden. Um bei den Mitarbeitern rasche Umsetzungserfolge zu erzielen, erweist sich beispielsweise auch die Kartentechnik als geeignetes Mittel. Die Mitarbeiter bekommen bei dieser Technik verschiedene Karten mit bildlich dargestellten Situationen gezeigt und müssen entsprechend der Markenwerte auf diese Situation reagieren. Um intensivere Lernprozesse seitens der Mitarbeiter zu initiieren und eine dauerhafte Umsetzung der Inhalte sicherzustellen, sollten darüber hinaus Schulungsmaßnahmen institutionalisiert werden, die eine tiefere gedankliche Durchdringung der Aufgabenstellung sowie der Verhaltensweisen erforderlich machen (Esch et al. 2008, S. 174). Ein eng mit Trainings verbundenes Instrument im Rahmen der Sozialisierung sind Corporate Universities. Diesen Weiterbildungszentren gehören neben unternehmenseigenen Experten auch externe Spezialisten aus der Wissenschaft oder Beratungspraxis rund um das Thema Marke an. Durch diese Kombination von Fachkräften ist es möglich, den Mitarbeitern einerseits in Vorträgen und Schulung die Bedeutung markenkonformen Verhaltens zu vermitteln sowie andererseits auch spezifische Fragestellungen zu markenkonformen Verhaltensweisen zu untersuchen. Mittels einer solchen unternehmenseigenen „Universität" institutionalisiert man die Beantwortung von Fragestellungen rund um die Marke (Esch et al. 2008, S. 175).

Die Vorteile der persönlichen Kommunikation liegen in den direkten Feedbackmöglichkeiten zu den Mitarbeitern. Auf diese Art können Probleme angesprochen und Fragen geklärt sowie eventuell bestehende Ängste und Unsicherheiten ausgeräumt werden. Die persönliche Kommunikation eignet sich daher besonders zum Aufbau einer engen Beziehung zur Marke und zur Förderung des affektiven Commitments.

Als Fazit zu den Kommunikationsinstrumenten lässt sich festhalten, dass zur Umsetzung in Verhalten immer die Notwendigkeit besteht, den Mitarbeitern die Möglichkeit zur Interaktion zu geben, um Fragen zu stellen, Bedenken oder Probleme bei der Umsetzung anzusprechen. So bieten beispielsweise Maßnahmen, wie ein „Marken-Tag", Workshops oder so genannte „Brown Paper Sessions" die Möglichkeit über zweiseitige Kommunikation ein Feedback der Mitarbeiter einzuholen (Brehm 2002, S. 279; Bruhn 2002, S. 145). Bei der Orchestrierung der internen Markenführung gilt es, alle verschiedenen Instrumente so aufeinander abzustimmen, dass die notwendige Reichweite erzielt wird und gleichzeitig die Mitarbeiter auch die Möglichkeit haben, mit persönlichen Ansprechpartnern Rücksprache zu halten.

5. Fazit: An die Marke gebundene Mitarbeiter stellen ein wertvolles Asset der Markenführung dar

Für die Umsetzung der integrierten Kommunikation stellen die Mitarbeiter vor allem bei Dienstleistungsunternehmen ein wichtiges Erfolgskriterium dar. Mitarbeiter, die sich an ihre Marke affektiv gebunden fühlen, sind ein wichtiges Asset der Markenführung, das zum entscheidenden Erfolgskriterium werden kann.

Ziel aller Instrumente der internen Markenführung ist die Schaffung einer markenbezogenen Kultur im Unternehmen. Im Idealfall wird markenkonformes Verhalten für die Mitarbeiter zum Automatismus (Esch et al. 2008, S. 177). Bis zur derartigen Umsetzung der Markenwerte und Prinzipien durch die Mitarbeiter ist es ein langer Weg. Nur wenige Unternehmen erreichen dieses Ziel. Dazu ist es erforderlich, dass sich die oberste Unternehmensführung, alle Führungskräfte und sämtliche Mitarbeiter dauerhaft dazu verpflichten, in ihrem täglichen Verhalten die Werte der Marke zum Ausdruck zu bringen (Esch et al. 2008, S. 177). Um dieses Ziel zu erreichen, ist ein gezielter Einsatz und Abstimmung der internen Kommunikationsmittel notwendig. Instrumente der Massenkommunikation eigenen sich vornehmlich zur Verbesserung des Markenwissens der Mitarbeiter und zur Kommunikation und Erläuterung der Markenwerte. Ergänzend muss dieses Markenwissen durch persönliche Kommunikation verstärkt werden. Die persönliche Kommunikation kann in besonderem Maße zur Umsetzung des Markenwissens in eine affektive Bindung an die Marke beitragen. Besonders wichtig ist die Einbeziehung der Mitarbeiter durch Interaktionsmöglichkeiten, insbesondere in der persönlichen Kommunikation. Diese führen dazu, dass sie sich wahrgenommen und wertgeschätzt fühlen, gleichzeitig bieten Rückmeldungen von Seiten der Mitarbeiter einzigartige Möglichkeiten, deren Stimmungslage zu erfassen und Hemmnisse für eine emotionale Beziehung zur Marke zu identifizieren. Gefragt sind hier vor allem die Führungskräfte, die neben einem entsprechenden Führungsstil die Marke den Mitarbeitern vorleben und markenkonformes Verhalten immer wieder thematisieren müssen.

Literaturverzeichnis

Angle, H.L./Perry, J.L. (1981): An Empirical Assessment of Organizational Commitment and Organizational Effectiveness, in: Administrative Science Quarterly, Vol. 26, No. 1, S. 1-14.

Avolio, B.J./Bass, B.M./Jung, D. (1999): Reexamining the Components of Transformational and Transactional Leadership using the Multi-Factor Leadership Questionnaire, in: Journal of Occupational and Organizational Psychology, Vol. 7, No. 4, S. 441-462.

Barnard, C.I. (1938): The Functions of the Executive, Cambridge.

Bass, B.M./Avolio, B.J. (1993): Transformational Leadership and Organizational Culture, in: Public Administration Quarterly, Vol. 17, No.1, S. 112-121.

Batson, C.D. (1993): Communal and Exchange Relationships – What is the Difference?, in: Personality and Social Psychology Bulletin, Vol. 19, No. 6, S. 677-683.

Becker, H.S. (1960): Notes on the concept of commitment, in: The American Journal of Sociology, Vol. 66, No. 1, S. 32-40.

Brehm, C.R. (2002): Kommunikation im Wandel, in: Krüger, W. (Hrsg.): Excellence in Change – Wege zur strategischen Erneuerung, Wiesbaden, S. 231-291.

Bruhn, M. (2002): Integrierte Kundenorientierung. Implementierung einer kundenorientierten Unternehmensführung, Wiesbaden.

Bruhn, M. (2005): Kommunikationspolitik, 3. Aufl., München.

Bruhn, M. (2006a): Integrierte Unternehmens- und Markenkommunikation: Strategische Planung und operative Umsetzung, 4. Aufl., Stuttgart.

Bruhn, M. (2006b): Integrierte Kommunikation in den deutschsprachigen Ländern, Wiesbaden.

Clark, M.S. (1984): Record Keeping in Two Types of Relationships, in: Journal of Personality and Social Psychology, Vol. 47, No. 3, S. 549-557.

Clark, M.S./Mills, J. (1979): Interpersonal Attraction in Exchange and Communal Relationships, in: Journal of Personality and Social Psychology, Vol. 37, No. 1, S. 12-24.

Clark, M.S./Mills, J./Powell, M. C. (1986): Keeping Track of Needs in Communal and Exchange Relationships, in: Journal of Personality and Social Psychology, Vol. 51, No. 2, S. 333-338.

Cole, M.S./Bruch, H. (2006): Organizational Identity Strength, Identification, and Commitment and Their Relationships to Turnover Intention: Does Organizational Hierarchy Matter?, in: Journal of Organizational Behavior, Vol. 27, No. 4, S. 585-605.

Davis, S. M. (2005): Building a Brand-Driven Organization, in: Tybout, A. M./Calkins,T. (Hrsg.): Kellogg on Branding, Hoboken, S. 226-243.

De Chernatony, L. (2001): From brand vision to brand evaluation: Strategically building and sustaining brands, Oxford.

Eisenberger, R./Huntington, R./Hutchison, S./Sowa, D. (1986): Perceived Organizational Support, in: Journal of Applied Psychology, Vol. 71, No. 3, S. 500-507.

Esch, F.-R. (2006): Wirkung integrierter Kommunikation, 4. Aufl., Wiesbaden.

Esch, F.-R. (2008): Strategie und Technik der Markenführung, 5. Aufl., München.

Esch, F.-R./Langner, T./Schmitt, B. H./Geus, P. (2006): Are Brands Forever? How Brand Knowledge and Relationships Affect Current and Future Purchases, in: Journal of Product and Brand Management, Vol. 15, No. 2, S. 98-105.

Esch, F.-R./Hartmann, K. (2008): Aufgaben und Bedeutung der Markenkommunikation im Rahmen der identitätsorientierten Markenführung, in: Herrmanns, A./ Ringle, T./van Overloop, P. (Hrsg.): Handbuch Markenkommunikation, München, S. 53-69.

Esch, F.-R./Knörle, C. (2008): Führungskräfte als Markenbotschafter, in: Tomczak, T./ Esch, F.-R./Kernstock, J./Herrmann, A. (Hrsg.): Behavioral Branding. Wie Mitarbeiterverhalten die Marke stärkt, Wiesbaden, S. 351-365.

Esch, F.-R./Strödter, K. (2008a): Aufbau des Markencommitment in Abhängigkeit des Mitarbeiter-Marken-Fit in: Tomczak, T./Esch, F.-R./Kernstock, J./Herrmann, A. (Hrsg.): Behavioral Branding. Wie Mitarbeiterverhalten die Marke stärkt, Wiesbaden, S. 141-159.

Esch, F.-R./Strödter, K. (2008b): Bindung der Mitarbeiter an Marke und Unternehmen durch Aufbau und Stärkung des Markencommitments, in: Zeitschrift für Management, Vol. 3, No. 1, S. 51-72.

Esch, F.-R./Strödter, K./Fischer, A. (2006): Behavioral Branding. Wege der Marke zu Managern und Mitarbeitern, in: Strebinger, A./Mayerhofer, W./Kurz, H. (Hrsg.): Werbe- und Markenforschung. Meilensteine, aktuelle Befunde und Ausblick, Wiesbaden, S. 403-434.

Esch, F.-R./Fischer, A./Hartmann, K. (2008): Von abstrakten Markenwerten zu konkretem Verhalten, in: Tomczak, T./Esch, F.-R./Kernstock, J./ Herrmann, A. (Hrsg.): Behavioral Branding. Wie Mitarbeiterverhalten die Marke stärkt, Wiesbaden, S. 161-180.

Esch, F.-R./Fischer, A./Hartmann, K./Strödter, K. (2008): Management des Marken-commitments in Dienstleistungsunternehmen, in: Bruhn, M./Stauss, B. (Hrsg.): Dienstleistungsmarken. Forum Dienstleistungsmanagement, Wiesbaden, S. 233-254.

Esch, F.-R./Rutenberg, J./Strödter, K./Vallaster, C. (2005): Verankerung der Marken-identität durch Behavioral Branding, in: Esch, F.-R. (Hrsg.): Moderne Markenfüh-rung. Grundlagen. Innovative Ansätze. Praktische Umsetzungen, Wiesbaden, S. 985-1008.

Fournier, S.M. (1998): Consumers and Their Brands: Developing Relationship Theory, in: Journal of Consumer Research, Vol. 24, No. 4, S. 343-373.

Fournier, S.M. (2005): Markenbeziehungen. Konsumenten und ihre Marken, in: Esch, F.-R. (Hrsg.): Moderne Markenführung. Grundlagen, Innovative Ansätze, Prak-tische Umsetzungen, Wiesbaden, S. 209-237.

Fournier, S.M./Yao, J.L. (1997): Reviving Brand Loyalty: A Reconceptualization within the Framework of Consumer-Brand Relationships, in: International Journal of Re-search in Marketing, Vol. 14, No. 5, S. 451-472.

Gallup (2009): Engagement Index 2008.

Gosnell, J. (2004): ratiopharm: Die Marke nach innen durchsetzen, in: Brandmeyer, K./Prill, C. (Hrsg.): Markenerfolg ist machbar. 18 Manager berichten, Hamburg, S. 147-160.

Gürntke, K./Inglsperger, A. (2005): Interne Markenbildung, in: BBDO Consulting (Hrsg.): Point of View, Düsseldorf, S. 4-19.

Ind, N. (2004): Living the Brand. How to Transform Every Member of Your Organiza-tion Into a Brand Champion, 2. Aufl., London.

Kernstock, J. (2008): Behavioral Branding als Führungsansatz, in: Tomczak, T./Esch, F.-R./Kernstock, J./Herrmann, A. (Hrsg.): Behavioral Branding. Wie Mitarbeiterverhal-ten die Marke stärkt, Wiesbaden, S. 3-33.

March, J.G./Simon, H.A. (1958): Organizations, New York.

Mayer, R.C./Schoorman, F.D. (1992): Predicting Participation and Production Out-comes through a Two-Dimensional Model of Organizational Commitment, in: Academy of Management Journal, Vol. 35, No. 3, S. 671-684.

Meyer, J.P./Allen, N.J. (1984): Testing the „Side-Bet Theory" of Organizational Com-mitment: Some Methological Considerations, in: Journal of Applied Psychology, Vol. 69, No. 3, S. 372-378.

Meyer, J.P./Allen, N.J. (1991): A Three-Component Conceptualization of Organizational Commitment, in: Human Resource Management Review, Vol. 1, No. 1, S. 61-89.

Meyer, J.P./Allen, N.J. (1997): Commitment in the Workplace. Theory, Research, and Application, Thousand Oaks.

Meyer, J.P./Becker, T.E./van Dick, R. (2006): Social Identities and Commitment at Work: Toward an Integrative Model, in: Journal of Organizational Behavior, Vol. 27, No. 5, S. 665-683.

Meyer, J.P./Stanley, D.J./Herscovitch, L./Topolnytsky, L. (2002): Affective, Continuance, and Normative Commitment to the Organization: A meta-analysis of Antecedents, Correlates and Consequences, in: Journal of Vocational Behavior, Vol. 61, No. 1, S. 20-52.

Mowday, R.T./Porter, L./Steers, R. (1982): Organizational Linkages: The Psychology of Commitment, Absenteeism, and Turnover, San Diego.

Papasolomou-Doukakis, I. (2002): Internal Marketing: A Means for Creating a Sales or Marketing Orientation? The Case of US Retail Banks, in: Journal of Marketing Communications, Vol. 8, No.2, S. 87-100.

Simon, H.A. (1976): Administrative Behavior, 3. Aufl., New York.

Strödter, K. (2008): Markencommitment bei Mitarbeitern: Bedeutung der Kongruenz von Mitarbeiter und Marke für das Markencommitment in Unternehmen, Berlin.

Tomczak, T./Herrmann, A./Brexendorf, T.O./Kernstock, J. (2005): Behavioral Branding - Markenprofilierung durch persönliche Kommunikation, in: Thexis, 22. Jg., Nr. 1, S. 28-31.

Tosti, D.T./Stotz, R. D. (2001): Building Your Brand Form the Inside Out, in: Marketing Management, Vol. 10, No. 2, S. 28-33.

van Dick, R. (2004): Commitment und Identifikation mit Organisationen, Göttingen.

Zeplin, S. (2006): Innengerichtetes identitätsbasiertes Markenmanagement, Wiesbaden.

Auszug aus dem Schriftenverzeichnis von Prof. Dr. Manfred Bruhn

(1) Selbständige Schriften

Marketing. Grundlagen für Studium und Praxis, 9. Aufl., Wiesbaden 2009.

Dienstleistungsmarketing. Grundlagen, Konzepte, Methoden, 6. Aufl., Wiesbaden 2009 (gemeinsam mit H. Meffert).

Relationship Marketing. Das Management von Kundenbeziehungen, 2. Aufl., Wiesbaden 2009.

Qualitätsmanagement für Dienstleistungen. Grundlagen, Konzepte, Methoden, 7. Aufl., Berlin 2008.

Kundenorientierung. Bausteine für ein exzellentes Customer Relationship Management (CRM), 3. Aufl., München 2007.

Dienstleistungsmanagement in Banken. Konzeption und Umsetzung auf Basis der Service Value Chain, Frankfurt am Main 2006 (gemeinsam mit D. Georgi).

Integrierte Kommunikation in den deutschsprachigen Ländern. Bestandsaufnahme in Deutschland, Österreich und der Schweiz, Wiesbaden 2006.

Integrierte Unternehmens- und Markenkommunikation. Strategische Planung und operative Umsetzung, 4. Aufl., Stuttgart 2006.

Produkt- und Servicemanagement. Konzepte, Methoden, Prozesse, München 2006 (gemeinsam mit K. Hadwich).

Services Marketing. Managing The Service Value Chain, Harlow u.a. 2006 (gemeinsam mit D. Georgi).

Marketing als Managementprozess. Grundlagen und Fallstudien, 2. Aufl., Zürich 2005 (gemeinsam mit S. Michalski).

Marketing für Nonprofit-Organisationen. Grundlagen, Konzepte, Instrumente, Stuttgart 2005.

Unternehmens- und Marketingkommunikation. Handbuch für ein integriertes Kommunikationsmanagement, München 2005.

Sponsoring. Systematische Planung und integrativer Einsatz, 4. Aufl., Wiesbaden 2003.

Integrierte Kundenorientierung. Implementierung einer kundenorientierten Unternehmensführung, Wiesbaden 2002.

Kosten und Nutzen des Qualitätsmanagements. Grundlagen, Methoden, Fallbeispiele, München/Wien 1999 (gemeinsam mit D. Georgi).

Wirtschaftlichkeit des Qualitätsmanagements. Qualitätscontrolling für Dienstleistungen, Berlin u.a. 1998.

Sozio- und Umweltsponsoring. Engagements von Unternehmen für soziale und ökologische Aufgaben, München 1990.

Konsumentenzufriedenheit und Beschwerden. Erklärungsansätze und Ergebnisse einer empirischen Untersuchung in ausgewählten Konsumbereichen, Frankfurt am Main/Bern 1982.

Das soziale Bewußtsein von Konsumenten. Erklärungsansätze und Ergebnisse einer empirischen Untersuchung in der Bundesrepublik Deutschland, Wiesbaden 1978.

(2) Herausgeberschaft Handbücher

Handbuch Kommunikation. Grundlagen – Innovative Ansätze – Praktische Umsetzungen, Wiesbaden 2009 (gemeinsam mit F.-R. Esch und T. Langner).

Handbuch Kundenbindungsmanagement. Strategien und Instrumente für ein erfolgreiches CRM, 6. Aufl., Wiesbaden 2008 (gemeinsam mit Ch. Homburg).

Gabler Marketing Lexikon, 2. Aufl., Wiesbaden 2004 (gemeinsam mit Ch. Homburg).

Handbuch Markenführung. Kompendium zum erfolgreichen Markenmanagement. Strategien, Instrumente, Erfahrungen, 2. Aufl., Wiesbaden 2004.

Handbuch Dienstleistungsmanagement. Von der strategischen Konzeption zur praktischen Umsetzung, 2. Aufl., Wiesbaden 2001 (gemeinsam mit H. Meffert).

(3) Herausgeberschaft Sammelwerke

Dienstleistungsmarken. Forum Dienstleistungsmanagement, Wiesbaden 2008 (gemeinsam mit B. Stauss).

Wertschöpfungsprozesse bei Dienstleistungen. Forum Dienstleistungsmanagement, Wiesbaden 2007 (gemeinsam mit B. Stauss)

Dienstleistungscontrolling. Forum Dienstleistungsmanagement, Wiesbaden 2006 (gemeinsam mit B. Stauss).

Internationalisierung von Dienstleistungen. Forum Dienstleistungsmanagement, Wiesbaden 2005 (gemeinsam mit B. Stauss).

Dienstleistungsinnovationen. Forum Dienstleistungsmanagement, Wiesbaden 2004 (gemeinsam mit B. Stauss).

Medium Gerücht. Studien zu Theorie und Praxis einer kollektiven Kommunikationsform, Bern u.a. 2004 (gemeinsam mit W. Wunderlich).

Dienstleistungsnetzwerke. Dienstleistungsmanagement Jahrbuch 2003, Wiesbaden 2003 (gemeinsam mit B. Stauss).

Electronic Services. Dienstleistungsmanagement Jahrbuch 2002, Wiesbaden 2002 (gemeinsam mit B. Stauss).

Handelsmarken. Entwicklungstendenzen und Zukunftsperspektiven der Handelsmarkenpolitik, 3. Aufl., Stuttgart 2001.

Interaktionen im Dienstleistungsbereich. Dienstleistungsmanagement Jahrbuch 2001, Wiesbaden 2001 (gemeinsam mit B. Stauss).

Integrierte Kommunikation in Theorie und Praxis. Betriebswirtschaftliche und kommunikationswissenschaftliche Perspektiven. Mit Meinungen und Beispielen aus der Praxis, Wiesbaden 2000 (gemeinsam mit S.J. Schmidt und J. Tropp).

Kirche und Marktorientierung. Impulse aus der Ökumenischen Basler Kirchenstudie, Freiburg Schweiz 2000 (gemeinsam mit A. Grözinger).

Dienstleistungsqualität. Konzepte, Methoden, Erfahrungen, 3. Aufl., Wiesbaden 2000 (gemeinsam mit B. Stauss).

Kundenbeziehungen im Dienstleistungsbereich. Dienstleistungsmanagement Jahrbuch 2000, Wiesbaden 2000 (gemeinsam mit B. Stauss).

Internes Marketing. Integration der Kunden- und Mitarbeiterorientierung. Grundlagen, Implementierung, Praxisbeispiele, 2. Aufl., Wiesbaden 1999.

Wertorientierte Unternehmensführung. Perspektiven und Handlungsfelder für die Wertsteigerung von Unternehmen, Wiesbaden 1998 (gemeinsam mit M. Lusti, W.R. Müller, H. Schierenbeck, T. Studer).

Marktorientierte Unternehmensführung im Umbruch. Effizienz und Flexibilität als Herausforderungen des Marketing, Stuttgart 1994 (gemeinsam mit H. Meffert und F. Wehrle).

(4) Aufsätze in Zeitschriften

Beendigungen von Kundenbeziehungen aus Anbietersicht. Wirkung der wahrgenommenen Gerechtigkeit auf die Zufriedenheit und Verbundenheit ehemaliger Kunden in unterschiedlichen Beendigungsszenarien, in: Marketing ZFP, 30. Jg. (2008), Nr. 4, S. 221-238.

Customer Equity Management as Formative Second-order Construct in: Journal of Business Research, Vol. 61 (2008), No. 12, S. 1292-1301 (gemeinsam mit D. Georgi und K. Hadwich).

Integrierte Kommunikation – Ein Bewertungsmodell für Communication Excellence, in: Marketing Review St. Gallen, o. Jg. (2008), Nr. 1, S. 14-18 (zusammen mit M. Stumpf).

Stand der Integrierten Kommunikation in den deutschsprachigen Ländern. Ausgewählte empirische Befunde und Implikationen für die Unternehmenspraxis, in: Die Unternehmung, 62. Jg. (2008), Nr. 4, S. 339-360.

Wie viel Markt braucht eine NPO? – ein Scheingefecht oder eine „never ending story"?, in: Die Unternehmung, 61. Jg. (2007), Nr. 4, S. 325-333 (gemeinsam mit A. Lucco).

Prozessorientierte Organisationsgestaltung für die Integrierte Kommunikation von Unternehmen, in: Studies in Communication Sciences – Journal of the Swiss Association of Communication and Media Research, Vol. 7 (2007), No. 2, S. 199-226 (gemeinsam mit G.M. Ahlers).

Dimensions and Implementation Drivers of Customer Equity Management (CEM)-Conceptual Framework, Qualitative Evidence and Preliminary Results of a Quantitative Study, in: Journal of Relationship Marketing, Vol. 5 (2006), No. 1, S. 21-38 (gemeinsam mit D. Georgi und K. Hadwich).

Dynamik von Kundenerwartungen im Dienstleistungsprozess. Empirische Befunde eines experimentellen Designs zur Bildung und Wirkung von Erwartungen, in: Marketing ZFP, 28. Jg. (2006), Nr. 2, S. 116-133 (gemeinsam mit M. Richter und D. Georgi).

Umweltbewusstsein in der Bevölkerung der Bundesrepublik Deutschland – empirische Ergebnisse einer Langzeitstudie, in: Die Unternehmung, 60. Jg. (2006), Nr. 1, S. 7-26 (gemeinsam mit H. Meffert).

Führung, Organisation und Kommunikation, in: ZfO Zeitschrift Führung und Organisation, 74. Jg. (2005), Nr. 3, S. 132-138 (gemeinsam mit R. Reichwald).

Integrating customer orientation, employee compensation and performance management: a conceptual framework, in: International Journal of Business Performance Management, Vol. 7 (2005), No. 3, S. 255-274 (gemeinsam mit S. Tuzovic).

Ambush Marketing – „Attack from Behind", in: Yearbook of Marketing and Consumer Research, Hrsg.: GfK e.V., Vol. 2 (2004), Nr. 1, S. 40-61 (gemeinsam mit G.M. Ahlers).

Der Streit um die Vormachtstellung von Marketing und Public Relations in der Unternehmenskommunikation – Eine unendliche Geschichte?, in: Marketing ZFP, 26. Jg. (2004), Nr. 1, S. 71-80 (gemeinsam mit G.M. Ahlers).

Development of Relationship Marketing Constructs Over Time: Antecedents and Consequences of Customer Satisfaction in a Business-to-Business Environment, in: Journal of Relationship Marketing, Vol. 3 (2004), No. 4, S. 61-76 (gemeinsam mit A. Frommeyer).

Interne Servicebarometer als Instrument interner Kundenorientierung – Messung und Steuerung der Qualität und Zufriedenheit interner Dienstleistungen, in: Marketing ZFP, 26. Jg. (2004), Nr. 4, S. 282-294.

Was ist eine Marke? – Aktualisierung der Markendefinition, in: Jahrbuch der Absatz- und Verbrauchsforschung, 50. Jg. (2004), Nr. 1, S. 4-30.

Ambush Marketing – „Angriff aus dem Hinterhalt" oder intelligentes Marketing?, in: Jahrbuch der Absatz- und Verbrauchsforschung, 49. Jg. (2003), Nr. 3, S. 271-294 (gemeinsam mit G.M. Ahlers).

Analyse von Kundenabwanderungen – Forschungsstand, Erklärungsansätze, Implikationen, in: Zeitschrift für betriebswirtschaftliche Forschung, 55. Jg. (2003), Nr. 5, S. 431-454 (gemeinsam mit S. Michalski).

Implementierung einer kundenorientierten Unternehmensführung. Ansatzpunkte einer Integrierten Kundenorientierung, in: ZfO Zeitschrift Führung und Organisation, 72. Jg. (2003), Nr. 1, S. 13-19.

Internal Service Barometers. Conceptualization and Empirical Results of a Pilot Study in Switzerland, in: European Journal of Marketing, Vol. 37 (2003), No. 9, S. 1187-1204.

Customer Relationship Management – die personellen und organisatorischen Anforderungen, in: ZfO Zeitschrift Führung und Organisation, 17. Jg. (2002), Nr. 3, S. 132-140.

Rückgewinnungsmanagement – eine explorative Studie zum Stand des Rückgewinnungsmanagements bei Banken und Versicherungen, in: Die Unternehmung, 55. Jg. (2001), Nr. 2, S. 111-125 (gemeinsam mit S. Michalski).

Information-Based Analysis of Service Quality Gaps – Managing Service Quality by Internal Marketing, in: Journal of Professional Services Marketing, Vol. 21 (2000), No. 2, S. 105-124 (gemeinsam mit D. Georgi).

Kundenerwartungen – Theoretische Grundlagen, Messung und Managementkonzept, in: Zeitschrift für Betriebswirtschaft, 70. Jg. (2000), Nr. 9, S. 1031-1053.

Theory, Development and Implementation of National Customer Satisfaction Indices: The Swiss Index of Customer Satisfaction, in: Total Quality Management, Vol. 11 (2000), No. 7, S. S1017-S1028 (gemeinsam mit M.A. Grund).

Kundenerwartung als Steuergröße. Konzept, empirische Ergebnisse und Ansätze eines Erwartungsmanagements, in: Marketing ZFP, 22. Jg. (2000), Nr. 3, S. 185-196 (gemeinsam mit D. Georgi).

Wertorientiertes Relationship Marketing: Vom Kundenwert zum Customer Lifetime Value, in: Die Unternehmung, 54. Jg. (2000), Nr. 3, S. 167-187 (gemeinsam mit D. Georgi, M. Treyer, S. Leumann).

Perspektivenwechsel bei Dienstleistungsunternehmen mit multiplen Kundenkontakten, in: Marketing ZFP, 21. Jg. (1999), Nr. 4, S. 284-296 (gemeinsam mit B. Murmann).

Kosten und Nutzen des Qualitätsmanagements – Ansatzpunkte einer Wirtschaftlichkeitsanalyse des Qualitätsmanagements, in: Die Unternehmung, 53. Jg. (1999), S. 177-191 (gemeinsam mit D. Georgi).

Messung der Dienstleistungsqualität für Versicherungsunternehmen – Modell und empirische Ergebnisse, in: Zeitschrift für die gesamte Versicherungswissenschaft, 88. Jg. (1999), Nr. 1, S. 111-147.

Nationale Kundenbarometer als Ansatzpunkt zur Verbesserung der Kundenorientierung – Konzept und empirische Ergebnisse des Schweizer Kundenbarometers, in: Die Unternehmung, 52. Jg. (1998), Nr. 5/6, S. 271-295.

Zur informationsökonomischen Erklärung der Werbewirkung. Ein dynamisches Modell der Wiederholungswirkung von Werbeimpulsen, in: Marketing ZFP, 20. Jg. (1998), Nr. 3, S. 167-179 (gemeinsam mit V. Janßen).

Kundenbezogene Wirtschaftlichkeitsanalyse des Qualitätsmanagements für Dienstleistungen. Konzept, Modellrechnung und Fallbeispiel, in: Marketing ZFP, 20. Jg. (1998), Nr. 2, S. 98-108 (gemeinsam mit D. Georgi).

Integrated Marketing Communications: The German Perspective, in: Journal of Integrated Marketing Communications, Vol. 8 (1997/98), S. 37-43.

Hyperwettbewerb – Merkmale, treibende Kräfte und Management einer neuen Wettbewerbsdimension, in: Die Unternehmung, 51. Jg. (1997), Nr. 5, S. 339-357.

Messung und Sicherstellung der Dienstleistungsqualität im Kreditgewerbe. Ansatzpunkte eines umfassenden Qualitätsmanagements im Finanzdienstleistungssektor, in: Kredit und Kapital, 30. Jg. (1997), Nr. 3, S. 412-444 (Teil I), und Nr. 4, S. 605-629 (Teil II).

Quality Function Deployment als Grundlage eines integrierten Qualitätsmanagements – Problemfelder und Erweiterungsbedarf, in: Die Betriebswirtschaft, 57. Jg. (1997), Nr. 2, S. 278-280.

Das Umweltbewußtsein von Konsumenten, in: Die Betriebswirtschaft, 56. Jg. (1996), Nr. 5, S. 631-648 (gemeinsam mit H. Meffert).

Neuere Entwicklungen in der Integrierten Kommunikation, in: Thexis, 13. Jg. (1996), Nr. 3, S. 12-16.

Beziehungsmarketing als integrativer Ansatz der Marketingwissenschaft – Ein „Beziehungsgeflecht" zwischen Neologismus und Eklektizismus?, in: Die Unternehmung, 50. Jg. (1996), Nr. 3, S. 171-194 (gemeinsam mit B. Bunge).

Business Gifts: A Form of Non-Verbal and Symbolic Communication, in: European Management Journal, Vol. 14 (1996), No. 1, S. 61-68.

Internes Marketing als Baustein der Kundenorientierung, in: Die Unternehmung, 49. Jg. (1995), Nr. 5, S. 381-402.

Schenkkultur deutscher Unternehmen im Business-to-Business-Bereich. Diskrepanzen zwischen Erwartungen und Verhalten bei Schenkern und Beschenkten, in: Jahrbuch der Absatz- und Verbrauchsforschung, 40. Jg. (1994), Nr. 4, S. 330-354.

Selektion und Strukturierung von Qualitätsmerkmalen – auf dem Weg zu einem umfassenden Qualitätsmanagement für Kreditinstitute, in: Jahrbuch der Absatz- und Verbrauchsforschung, 39. Jg. (1993), Nr. 3, S. 214-238 (Teil I), und Nr. 4 (1993), S. 314-337 (Teil II) (gemeinsam mit K. Hennig).

Chancen und Risiken des Ökosponsoring. Voraussetzungen für eine glaubwürdige Umweltkommunikation, in: Die Betriebswirtschaft, 53. Jg. (1993), Nr. 4, S. 465-478.

Position und Aufgaben der Geschäftsführer – eine empirische Analyse, in: Die Betriebswirtschaft, 48. Jg. (1988), Nr. 4, S. 421-434 (gemeinsam mit M. Wuppermann).

Marketing und Ökologie – Chancen und Risiken umweltorientierter Absatzstrategien der Unternehmungen, in: Die Betriebswirtschaft, 46. Jg. (1986), Nr. 2, S. 140-159 (gemeinsam mit H. Meffert, F. Schubert, Th. Walter).

Beschwerdeverhalten und Zufriedenheit von Konsumenten, in: Die Betriebswirtschaft, 41. Jg. (1981), Nr. 4, S. 597-613 (gemeinsam mit H. Meffert).

Die Beurteilung von Konsum- und Umweltproblemen durch Konsumenten. Ergebnisse einer empirischen Untersuchung über das soziale Bewußtsein in der Bundesrepublik Deutschland, in: Die Betriebswirtschaft, 38. Jg. (1978), Nr. 3, S. 371-382 (gemeinsam mit H. Meffert).

(5) Beiträge zu Sammelwerken

Der Beitrag von Public Relations für den Markenwert, in: Gröppel-Klein, A./Germelmann, C. Ch. (Hrsg.): Medien im Marketing, Wiesbaden 2009, S. 179-203.

Das Konzept der kundenorientierten Unternehmensführung, in: Hinterhuber, H.H./Matzler, K. (Hrsg.): Kundenorientierte Unternehmensführung. Kundenorientierung, Kundenzufriedenheit, Kundenbindung, 6. Aufl., Wiesbaden 2009, S. 33-68.

Der Einfluss der Mitarbeitenden auf den Markenerfolg, in: Bauer, H.H./Huber, F./Albrecht, C.-M. (Hrsg.): Erfolgsfaktoren der Markenführung. Know-how aus Forschung und Management, München 2008, S. 159-177.

Kundenorientiertes Controlling von Corporate-Shared-Services durch Interne Kundenbarometer, in: Keuper, F./Oecking, Ch. (Hrsg.): Corporate Shared Services. Bereitstellung von Dienstleistungen im Konzern, Wiesbaden 2008, S.171-190 (gemeinsam mit D. Georgi).

Nationale Kundenzufriedenheitsindizes, in: Homburg, Ch. (Hrsg.): Kundenzufriedenheit. Konzepte, Methoden, Erfahrungen, 7. Aufl., Wiesbaden 2008, S. 173-201.

Service Profit Chain – Ausrichtung des Bankvertriebs an kundenorientierten Zielen, in: Brost, H./Neske, R./Wrabetz, W. (Hrsg.): Vertriebssteuerung in der Finanzdienstleistungsindustrie, Frankfurt am Main 2008, S. 23-45 (gemeinsam mit D. Georgi).

Customer Touch Points – Aufgaben und Vorgehensweise einer Multi-Channel Communication, in: Wirtz, B.W. (Hrsg.): Handbuch Multi-Channel-Marketing, Wiesbaden 2007, S. 393-425 (gemeinsam mit G.M. Ahlers).

Determinanten der Kundenbindung im Bekleidungshandel – Theoretische Konzeption und empirische Analyse eines Wirkungsmodells, in: Trommsdorff, V. (Hrsg.): Handelsforschung 2007, 21. Jg., Stuttgart 2007, S. 130-145 (gemeinsam mit K. Hadwich und J.P. Rueff).

Marken-Konsumenten-Beziehungen: Bestandsaufnahme, kritische Würdigung und Forschungsfragen aus Sicht des Relationship Marketing, in: Florack, A./Scarabis, M./Primosch, E. (Hrsg.): Psychologie der Markenführung, München: Vahlen, S. 221-256 (gemeinsam mit F. Eichen)

Mitarbeiterzufriedenheit und Mitarbeiterbindung, in: Homburg, Ch./Hermann, A./Klarmann, M. (Hrsg.): Marktforschung, 3. Aufl., Wiesbaden 2008, S. 861-885 (gemeinsam mit M.A. Grund).

Vertrauen und Vertrautheit als Dimensionen der Beziehungsqualität Konzeptionalisierung, Determinanten und Wirkungen, in: Bauer, H.H./Neumann, M.M./Schüle, A. (Hrsg.): Konsumentenvertrauen. Konzepte und Anwendungen für ein nachhaltiges Kundenbindungsmanagement, München, S. 311-324 (gemeinsam mit D. Georgi und K. Hadwich).

Der investitionstheoretische Kundenwert und Ansatzpunkte zu seiner Steuerung in Banken, in: Kemper, F./Roesing, D./Schomann, M. (Hrsg.): Integriertes Risiko- und Ertragsmanagement. Kunden- und Unternehmenswert zwischen Risiko und Ertrag, Wiesbaden 2005, S. 383-405 (gemeinsam mit D. Georgi und C.B. Wöhle).

Interne Markenbarometer – Konzept und Gestaltung, in: Esch, F.-R. (Hrsg.): Moderne Markenführung. Grundlagen, Innovative Ansätze, Praktische Umsetzungen, 4. Aufl., Wiesbaden 2005, S. 1037-1060.

Die Bedeutung von Dienstleistungsmarken im internationalen Wettbewerb, in: Gardini, M.A./Dahlhoff, D. (Hrsg.): Management internationaler Dienstleistungen. Kontext, Konzepte, Erfahrungen, Wiesbaden 2005, S. 263-280 (gemeinsam mit K. Hadwich).

Kommunikationspolitik für Industriegüter, in: Backhaus, K./Voeth, M. (Hrsg.): Handbuch Industriegütermarketing. Strategien, Instrumente, Anwendungen, Wiesbaden 2004, S. 697-721.

Strategische Ausrichtung des Relationship Marketing, in: Payne, A./Rapp, R. (Hrsg.): Handbuch Relationship Marketing. Konzeption und erfolgreiche Umsetzung, 2. Aufl., München 2003, S. 45-57.

Interne Kommunikation, in: Meyer, A. (Hrsg.): Handbuch Dienstleistungs-Marketing, Band 1, Stuttgart 1998, S. 1045-1062.

Werbung und Kommunikation für internationale Märkte, in: Kumar, B.N./Haussmann, H. (Hrsg.): Handbuch der Internationalen Unternehmenstätigkeit. Erfolgs- und Risikofaktoren, Märkte, Export-, Kooperations- und Niederlassungsmanagement, München 1992, S. 703-734.

Der Informationswert von Beschwerden für Marketingentscheidungen, in: Hansen, U./Schoenheit, I. (Hrsg.): Verbraucherzufriedenheit und Beschwerdeverhalten, Frankfurt am Main 1987, S. 123-140.

Markenstrategien im Wettbewerb. Zur Akzeptanz von Markenartikeln, Handels- und Gattungsmarken aus Konsumenten- und Handelssicht, in: Mazanec, J./Scheuch, F. (Hrsg.): Marktorientierte Unternehmensführung, Wien 1984, S. 399-438 (gemeinsam mit H. Meffert).

Das soziale Bewußtsein von Konsumenten. Probleme der Operationalisierung und empirischen Prüfung eines theoretischen Konstrukts, in: Meffert H./Steffenhagen, H./Freter H. (Hrsg.): Konsumentenverhalten und Information, Wiesbaden 1979, S. 375-395.

Marketingtheorie – Quo Vadis?, in: Bratschitsch R./Heinen E. (Hrsg.): Absatzwirtschaft – Marketing. Betriebswirtschaftliche Probleme und gesellschaftlicher Bezug, Wien 1978, S. 1-24 (gemeinsam mit H. Meffert).

Stichwortverzeichnis

A

Always-a-Share-Markt 85, 87, 160ff.
Anbieter-Kunden-Beziehung 161
– Moderation der ~ 192
Angebotsalternativen,
    heterogene 409ff.
– Kaufprozess bei ~ 414ff.
– Wahrnehmung von ~ 420f.
Angebotsdifferenzierung 212ff.
Angebotssets, siehe Angebots-
    alternativen
Appraisaltheorie 61f.
Arbeitgebermarketing 495
Arzt-Patienten-Beziehung 433ff.
– Informed Decision Making 434
– paternalistisches Modell 434
– Rahmenbedingungen für die ~ 440
– Shared Decision Making 265,
    431ff., 434
Auditing Service, siehe Kontroll-
    leistung

B

Balanced Scorecard 118f.
– bzgl. Kundenlebenswert 217
Behavioral Branding 488f.
Beratungsleistung 33ff., 40ff., 45, 288
Beschwerdemanagement 83, 297ff.
– Beschwerdeanalyse 303, 306, 313, 316
– Beschwerdebehandlung 301f.,
    304ff., 316
– Beschwerdekanäle 302, 305, 313f.
– Beschwerderate 303, 305ff., 314ff.
– Beschwerdestimulierung 302,
    306, 314ff.

– Beschwerdezufriedenheit 303ff.,
    307ff., 310, 314
Beziehungsmanagement, siehe
    Kundenbeziehungs-
    management
Bonusprogramme, siehe Kunden-
    bindung
Brand Communities
– Bearbeitung 476ff.
– Beziehung zur ~ 479
– Charakterisierung 473f.
– Relevanz 471f.
– Typisierung 475f.
– Wesen 472f.
Brand Equity, siehe Markenwert
Brand Lands 327
– Einsatzmöglichkeiten 331ff.
– Wirkung 333
Bundling 292, 467

C

Cash Value Added 113f.
Co-creation 237f.
Community 11
– Online ~ 393
– Relevanz für Kunden-
    beziehungen 471
Consideration Set 220, 410
Consulting Service, siehe
    Beratungsleistung
Core Service, siehe unter
    Dienstleistung
Cross Buying 372, 377, 380
Cross Selling 88, 154, 167, 205, 394
– ~ Quote 378ff.

Customer Lifetime Value, siehe
    Kundenlebenswert
Customer Relationship Management,
    siehe Kundenbeziehungs-
    management
Customer-Migration-Modell, siehe
    Kundenmigration

D

Data Warehouse 24, 288f.
Dienstleistung
– Abgrenzung 13
– Bank~ 192, 286ff.
– ~ im Gesundheitswesen 431ff.
– Dienstleistungsbegleitende
    Dienstleistung 455
– Dienstleistungsbegleitendes Produkt
    453ff., 456ff., 460ff.
– ~ssektor 65
– Interne ~ 30ff., 32f., 35f., 41ff.
– Kerndienstleistung (Core Service)
    457f., 461f.
Direct Mail 352, 355, 392
– Adressierungsgrad 356f.
– appelative ~ 361f.
– Gestaltung 357f.
– Planungsprozess 353
– serviceorientierte ~ 359f.
Direktkommunikation 345ff.,
    siehe auch Direct Mail
– Besonderheiten 354f.
– Herausforderungen 355f.
– Instrumente 352
– Vorgehensweise 352ff.
Discounted-Cash-Flow Berechnung
    107, 111
Dispositionsrechnung 121f.

E

Economic Value Added 114f.
EFQM-Modell 233
eGovernment 350f.
Einstellungen 14, 58ff., 70, 210, 337f.
Emotionen 60f.
– Arten 63f.
– emotionale Aktivierung 67f.
– emotionale Ladung 67
– in der Kundenbeziehung 14f., 24,
    64ff., 162, 225
– in der Markenbindung 55, 59ff., 490
– Misch~ 58f., 68f.
– Theorien 61f.
Employer Branding, siehe
    Arbeitgebermarketing
Entscheidung 109, 124
– ~ in der Medizin 254, 260ff., 434ff.
– ~salternativen 59
– ~sunsicherheit
– Investitions~ 6
– kategoriezentrierte ~ 415ff., 421ff.
– Kauf~ 62, 203, 207, 220, 380, 410ff.
– Komplexität 409
– Noncomparable Choices 411
– Product Category Choices 411
– repräsentantenorientierte ~
    415ff., 421ff.
– Timing~ 9
– Typen 418, 421ff.
Erfolgskette 37f., 232ff.
– beim Technologieeinsatz 396f.

F

Fast Moving Consumer Goods
– Innovationen bei ~ 143f.
– Kundenbindung bei ~ 131
– und Markenbindung 136

G

Geschäftsmodell 184, 280f., 458
Geschäftsphilosophie 280f.
Gesundheitswesen
– Abgrenzung 257
– Ausgaben 255f.
– Dienstleistungs-
    beziehungen im ~ 431ff.
– in Deutschland 254ff.
– Kundenbeziehungen im ~ 258ff.
– Versorgungsformen 269ff.
Gewinn-und-Verlust-Rechnung 213
Gewohnheitskauf 59, 67, 371
Glaubwürdigkeit 70

H

Handelsunternehmensbindung
    59ff., 67ff.
Händlertreue, siehe Handelsunter-
    nehmensbindung

I

Impulskauf 62, 71, 393
Individualmarketing 192ff., 195
Informationstechnologie 38f., 389
– Instrumente
Innovation 9, 65, 136
– ~ in medizinischen Versorgungs-
    formen 269ff.
– ~sgrad
– ~szyklen 167
– Kundenbeteiligung 193
– Markentreue bei ~ 143ff.
Interessentenmanagement, siehe
    Neukundenakquisition
Interne Markenführung 488ff., 495
Internes Marketing 29f.
Involvement 67, 158, 413, 418

K

Kampagnenmanagement 214ff.
– Best Practice 21f.
Kaufabsicht 65, 221, 340
Kaufprozess
– Analyse 220f.
– Problembeseitigung 223
– Stufen 221, 414
Kaufwahrscheinlichkeit 85
– ~smodell 90ff., 96ff.
Kaufzyklusmodell 89f., 96ff.
Kernkompetenzen 108, 110, 281f.
Kommunikation 24, 70f., 143, 194f.,
    302, 327ff., 340, 392ff., 487, siehe
    auch Direktkommunikation
– Dialogkommunikation 328, 350f.
– interne Massen~ 495f.
– ~skanäle 90
– ~sportfolios 329ff.
– ~ssituation 70f.
– ~sstrategie 426f.
– Marken~ 327ff.
– Massenkommunikation 195, 495ff.
– Mund-zu-Mund-Kommunikation 13,
    65f., 240, 259, 303
– nonverbale Kommunikation 60, 71
– persönliche ~ 70ff., 497f.
– Push-Kommunikation 351
Komparative Konkurrenzvorteile
    283ff.
Konsumentenbedürfnis 301, 374, 399
Kontrollleistung 34f., 43ff.
Kundenbearbeitung 190f.
– Einzel~ 183f.
– Maßnahmen 192ff.
– Strategien 191
Kundenbetreuer 286ff.
Kundenbeziehung 7, 37f., 226, 286f.,
    290f., 354f., 378
– Beziehungsaufbau 373f.
– Beziehungsverhalten 373
– ~ im Gesundheitswesen 253ff.

– ~ öffentlicher Institutionen 345ff.
– ~szyklus 262, 325ff.
– nachhaltige ~ 279
– Profitabilität 83
– Programme 6, 9ff.
Kundenbeziehungsmanagement
– 4 Ks des ~ 179, 195f.
– Abgrenzung 5f., 36f.
– als Unternehmensressource 8
– Balanced Scorecard für das ~ 218
– Bedeutung 7ff., 204ff.
– Best-Practice-Beispiele 16ff.
– Erfolgsfaktoren im ~ 201ff.
– Erfolgsvorausetzungen 23f., 201ff.
– Ergebnisüberwachung 217 f
– holistisches ~ 207f.
– Instrumente 6, 131
– internes ~ 27ff.
– Online ~ 367ff.
Kundenbindung 58, 204ff.,
      333ff., 370ff.
– Arten 14, 131ff.
– Best Practice 20f.
– emotionale 14, 59f., 65ff., 225
– ~sprogramme 5, 11ff., 84, 216f.
– Stufen 13f.
– Technologieeinsatz 370ff., 393ff.
Kundencontrolling 105ff.
Kundendaten 131, 188f., 209ff., 288
Kundenerfolgsrechnung 115ff.
Kundengewinnung, siehe Neu-
      kundenakquisition
Kundenkapitalwert, siehe Kunden-
      lebenswert
Kundenkartensysteme, siehe
      Kundenbindung
Kundenlebenswert 83f.
– Berechnung 111
– Customer Lifetime
      Management 214f.
– Customer-Migration-Modell 87ff.
– im Migrationskonzept 159
– Kaufwahrscheinlichkeitsmodell 90ff.

– Kaufzyklusmodell 89f.
– Modelle 81 ff
– Steigerung 154
Kunden-Lieferanten-Beziehung 29, 39
Kundenmigration 151ff.
– Customer-Migration-Modell
      87ff., 99
– ~sstrategien 170
– ~streiber 163f.
– Lebenszyklusmigration 159
– Ursachen 160
Kundennutzenstrategie 283ff.
Kundenorientierung 29, 45f., 179,
      183, 279ff.
Kundenpartizipation 434
Kundenportfoliomanagement 205
Kundenrückgewinnung 5, 15f.
– Technologieeinsatz in der ~ 395f.
Kundensegmentierung 180ff.
– Bearbeitung von Segmenten 191
– bedürfnisbasierte ~ 211f.
– Kriterien 188ff.
– soziodemografische 213f.
– von Firmenkunden 281f.
Kundentreue 203f., 224
Kundenwert/Customer Equity 219ff.
– Auswirkungen 172
– ~ und Migration 162ff.
– ~bestimmung 87, 111ff., 188
– ~management 153ff.
– ~orientierung
– ~potenzial 168f.
– ~steigerung 171, 205
Kundenzufriedenheit 37f., 71f., 120
– Treiber der ~ 164f., 193
– mit Technologien 399

L

Lebensphasen 139
Lebenszykluskonzept
– Kundenlebenszyklus 5, 9ff., 12ff., 86,
  124, 327ff.
– Produkt 9f.
Live Communication 325ff.
– Arten 329
Lost-for-Good-Markt 85, 160ff.

M

Markenbindung 58ff., 69, 132f., 136ff.,
  139ff., 487ff.
Markenimage 336, 487ff.
Markenkommunikation 327ff.
Markenloyalität 477, 481
Markenorientierung 141, 471
Markenpersönlichkeit 225
Markentreue 20, 69, 143ff.
Markenwert 167, 490f., 497f.
Marketinginstrumente (Marketing-
  mix) 192ff., 392
Marktsättigung 36
Marktsegmentierung 180, 184
– Kriterien 186f.
Massenmarketing 131, 192f.
Mere Exposure 67
Migrationspotenzial 159, 168ff.
Mitarbeiter-Marken-Beziehung 485ff.
– Determinanten 488ff.
– Stärkung der ~ 493ff.
– Wirkung 491ff.

N

Neukundenakquisition 13f., 38, 108,
  154, 157ff., 171, 203
– Best Practice 18f.
– Bonusprogramme 18f.
– ~skosten 154
– ~squote 119

– Technologieeinsatz 392f.
– wertorientierte ~ 154, 157
New Public Management 348ff.
Nonprofit-Organisationen 229ff.

O

Öffentliche Institutionen 349ff., 356f.
Online Customer Experience 382
Online-Interaktion 370ff.
Onlineshop 209, 394
Out-of-Stock-Situationen 69
Outsourcing 164

P

Perceived Organizational Support 494
Permission Marketing 210
Positionierung 134, 142f.
Preisaktion 134, 149
Preisdifferenzierung 83, 291ff.
Preispolitik 15, 290ff., 392, 394, 463ff.
Premiummarke 141, 146
Principal-Agent-Problematik
  259ff., 434
Product Overload 409
Prospect-Theorie 310

Q

Qualität 7f., 163, 284. 290
– Definition
– Dimensionen 283
– Management 233f.
– ~ von Technologien 399
– Verbesserung 234
– von Dienstleistungen 39, 464
– Wahrnehmung 13, 37, 70, 259f., 288,
  399, 434

R

Relationship Management, siehe
    Kundenbeziehungs-
    management
Relationship Marketing, siehe
    Kundenbeziehungs-
    management
Risiko, wahrgenommenes 7, 66

S

Secondary Service, siehe
    Dienstleistungsbegleitende
    Dienstleistung
Service Profit Chain 236ff., 262,
    396, 399
Service Value Chain 236ff., 239f.
Servicedifferenzierung 83, 212f.
Service-Dominant Logic 237f.
Shared Decision Making 265, 431ff.,
    434
Sortimentsanalyse 122ff.
Sortimentsstrategie 84
SWOT-Analyse 120f.

T

Targeting 83, 195
Technologie 10f., 24, 158
– Auswirkungen 396ff.
– Commitment gegenüber ~ 399
– im Kundenbeziehungslebens-
    zyklus 392ff.
– Nutzungsdeterminanten 397ff.
– Qualität von ~ 399
– Rolle in Beziehungen 389ff.
– Vertrauen in ~ 399
– Wiedernutzung 399f.
– Zufriedenheit mit ~ 399
Timing-Strategien 9f., 15
Transaktionsmarketing 5, 226,

U

Up Selling 88, 154, 205, 394

V

Verkaufsgespräch 64, 70ff., 184, 288f.
Vermarktungsansätze 462ff.
Vertriebskanäle 209, 285
– Systematik 287

W

Wechselbarriere 12, 16, 162, 370f., 381
Wertkette 489
Wettbewerbsintensität 5, 17, 36
Wettbewerbsstrategien 6f., 12ff.
Wettbewerbsvorteile 7ff., 15, 355, 481
– Innovationsvorteile 9
– Komparative ~ 19, 22, 283f.
– Zeitvorteile 9f.
Wiederkauf 59, 143ff., 331

Z

Zahlungsbereitschaft 222, 290,
    463f., 466
Zielgruppenmarketing 192f.
Zielgruppenstrategie 84
Zusatzleistung 9, 14, 455ff., siehe auch
    Dienstleistungsbegleitende
    Dienstleistung und Dienst-
    leistungsbegleitendes Produkt

GfK GfK-Nürnberg e.V.

Aus Tradition Forschung fördern, Wissenschaft fordern – zum Nutzen von Gesellschaft und Unternehmen. Trends erkennen – Entscheidungs-hilfen für das Marketing, Antworten auf Entwicklungen, Orientierung bieten; Kommunikation betreiben und nutzen – Als Mitglied teilhaben an unserem Know-how – Wachstum aus Tradition!

www.gfk-verein.de

fair banking

WW|Z

MAS Marketing Management

Das berufsbegleitende MBA Programm für Fachkompetenz und Professionalität in Marketing und Vertrieb
Leitung: Prof. Dr. Manfred Bruhn

Bitte bestellen Sie die ausführlichen Programmunterlagen bei:
Wirtschaftswissenschaftliches Zentrum der Universität Basel
MAS Marketing Management
Peter Merian-Weg 6 | CH–4002 Basel
Tel.   +41 (0)61 267.32.07
eMail   masmarketing-wwz@unibas.ch

UNI
BASEL

www.masterofmarketing.ch

Mehr wissen – weiter kommen